민법판례분석

김재형

박영사

머리말

판례는 살아있는 법을 인식하는 창구이다. 판결을 읽는 것은 법을 이해하는 첩경이다. 이는 판례를 통하여 법을 형성하는 영미법계에 한정된 것이 아니고 법전이 있는 대륙법계에서도 마찬가지이다. 판결을 통해서 법조문이 구체적으로 어떠한 의미를 가지고 있는지, 실제 사건에서 어떻게 적용되는지를 쉽게 알 수 있기 때문이다. 더군다나 대법원 판결은 대법관뿐만 아니라 변호사나 하급심 판사 등 많은 법률가의 손을 거쳐 갈고 다듬어진 순차적 공동작업의 총체이기 때문에, 법학도뿐만 아니라 법률가들도 그 의미를 이해하는 일을 소홀히 할 수 없다.

이 책은 지난 15년 동안 대법원 판결들을 읽으면서 생각했던 기록이다. 2001년 정초에 2000년에 나온 민법 판례를 개관하는 글을 쓰면서 시작되었다. 2005년부터는 법률신문에 전년도 중요판례를 분석하는 글을 게재하였고, 2009년부터는 매년 1월 민사실무연구회 세미나에서 민법 판례 동향을 발표하였으며, 2010년 민사판례연구회 하계심포지엄에서는 채권법 분야에 관한 2000년대 판례의 경향과 흐름을 발표하였다. 이 글들은 몇몇 학술지나 연구회지에 수록되었거나 수록될 예정이고 그중 일부는 필자가 펴낸 「민법론」에도 재수록되어 있다. 그때그때의 요청이나 필요에 따라 썼던 글을 모아 민법 편제에 따라 판결을 재분류하고 그 내용과 표현을 다듬어 한 권의 책으로 묶은 것이 이 책이다. 이러한 연유로 이 책은 2000년부터 2014년까지 나온 대법원 판결 중에서 필자가 다루었던 민사 판결들로 채워졌다.

필자가 법과대학에 재학할 당시에는 이른바 교과서를 가지고 학습을 하였기 때문에 사법연수원에 들어가 대법원 판결을 읽기 시작하였다. 판결을 읽으면서 받았던 충격을 잊을 수 없다. 서서히 판결문을 읽는 즐거움을 깨달았다. 사실관계를 파악하고 그에 적용된 법리를 음미하는 과정을 통하여 법을 새롭게 이해할 수 있었다. 그 후 서울대학교 대학원에서 재산법판례연구 등의 강좌에서 대법원 판결을 소재로 세미나를 진행하기도 했고, 법학전문대학원이 도입된 후에는 민법기본과목이나 심화과목에서 판례를 분석하는 방식으로 강의를 하기도 했다. 2014년 2학기에는 필자의 글을 묶어 교재로 사용하였는데, 판례를 이해하는 데 도움이 되었다는 학생들이 많았다.

법학전문대학원을 도입한 이후 판례를 활용한 교육방법(case method)이나 문답식 방법(Socratic method)이 새로운 교수법으로 주목을 받고 있다. 그러한 방법이 성과를 거두기 위해서는 교수들 사이에 어떠한 판례를 어떠한 방식으로 다루어야 할지에 관한 공감대가 형성되어야 한다. 또한 새로운 교육방법과 내용에 관해서 학생들이 믿음을 가지고 학업에 전념하여야 할 뿐만 아니라, 학계와 실무계의 폭넓은 인정을 받을 수 있어야 한다.

이 책은 2000년 이후에 나온 주요한 민사판례를 소개하고 간략한 평석 또는 의견을 덧붙이거나 어떠한 경우에는 단순한 감상을 적은 것에 불과한 것도 있지만, 학생들이 민사판례를 이해하는 데 도움이 되기를 기대한다. 학생들이 이 책을 계기로 판결 전문을 찾아 읽으면서 즐거움을 느낄 수 있게 된다면 더할 나위 없이 기쁠 것이다. 그리고 교수들이 교육용 판결을 선정하고 판례를 활용한 강의를 하는 데 조금이나마 기여할 수 있기를 바란다.

판례를 읽는 즐거움을 일깨워주신 은사님, 판례를 가지고 발표와 토론을 하는 과정에서 유익한 의견을 주었던 교수와 실무가, 그리고 이 책을 발간하는 데 도움을 준 여러분들께 깊이 감사드린다. 독자 제현의 관심을 바탕으로 추후에 더 나은 책으로 발전시켜 나가고자 한다.

2015년 8월 12일

김재형

차 례

제1편 민법총칙

제3편 채권법

제4편 친족·상속법

일러두기

이 책은 필자가 발표한 다음의 문헌을 민법 편제에 따라 재편하여 수정·보완한 것이다.

"2000년도 민법판례의 동향," 인권과 정의 제297호, 2001(민법론 Ⅱ, 박영사, 2004 재수록).

"2004년 물권법 판례의 동향," 사법행정 제46권 3호, 2005(민법론 Ⅲ, 박영사, 2007 재수록).

"2005년 분야별 중요판례분석 ③ 민법총칙·물권법," 법률신문 제3441호, 2006("2005년 민법총칙·물권법 판례동향"이라는 제목으로 민법론 Ⅲ, 박영사, 2007 수록).

"2006년 분야별 중요판례분석 ③ 민법총칙·물권법," 법률신문 제3539호, 2007("2006년 민법총칙·물권법 판례동향"이라는 제목으로 민법론 Ⅲ, 박영사, 2007 수록).

"2007년도 민사법 분야 주요 판례 해설," 대한변호사협회 제50기 전문분야 특별연수 「2007년도 주요판례 해설」, 2008("2007년 민법 판례 동향"이라는 제목으로 민법론 Ⅳ, 박영사, 2011 수록).

"2008년 민법 판례 동향," 민사재판의 제문제 제18권, 2009(민법론 Ⅳ, 박영사, 2011 재수록).

"2009년 민법 판례 동향," 민사재판의 제문제 제19권, 2010(민법론 Ⅳ, 박영사, 2011 재수록).

"2010년 민법 판례 동향," 민사재판의 제문제 제20권, 2011(민법론 Ⅴ, 박영사, 2015 재수록).

"2011년 민법 판례 동향," 민사재판의 제문제 제21권, 2012(민법론 Ⅴ, 박영사, 2015 재수록).

"2012년 민법 판례 동향," 민사재판의 제문제 제22권, 2013(민법론 Ⅴ, 박영사, 2015 재수록).

"2013년 민법 판례 동향," 민사재판의 제문제 제23권, 2015.

"2014년 민법 판례 동향," 민사재판의 제문제 제24권, 2016.

"2000년대 민사 판례의 경향과 흐름: 채권법," 민사판례연구[XXXIII－하], 2011.

인용방법

1. 판결·결정의 인용

대판(전) 2005. 7. 21, 2002다1178(집 53, 민 87)

: 대법원 2005. 7. 21. 선고 2002다1178 전원합의체 판결(대법원판례집 제53권 민사편 87면).

대판 2011. 1. 27, 2009다19864(공 2011, 396)

: 대법원 2011. 1. 27. 선고 2009다19864 판결(판례공보 2011년, 396면).

대결 2005. 1. 17, 2003마1477(공 2005, 391)

: 대법원 2005. 1. 17.자 2003마1477 결정(판례공보 2005년, 391면).

헌재 2013. 12. 26, 2011헌바234(판례집 25-2하, 649)

: 헌법재판소 2013. 12. 26. 선고 2011헌바234 결정[헌법재판소판례집 제25권 2집(하), 649면].

서울고판 1998. 7. 15, 97나36226(하집 1998-2, 106)

: 서울고등법원 1998. 7. 15. 선고 97나36226 판결(하급심판결집 제1998-2권, 106면).

그 밖에 서울지방법원 판결은 서울지판, 서울중앙지방법원 판결은 서울중앙지판 등의 약어를 사용하였고, 각급법원 판결공보는 각공으로 표기하였으며, 법원 종합법률정보나 법원도서관 법고을 DVD에서 인용하거나 검색되지 않는 미공간 판결을 인용한 경우도 있다. 판결을 인용하면서 굵은 글씨로 표시한 것은 강조를 위하여 필자가 한 것이다.

2. 법률 명칭

이 책에서 법률의 명칭 없이 인용한 조문은 민법의 조문이다.

제 1 편

민법총칙

民 法 判 例 分 析

제1장 총론

[1] Ⅰ. 사적 자치의 원칙
대판(전) 2007. 11. 22. 2002두8626(집 55-2, 특 685)

1. 대법원 판결

이 판결은 독점규제 및 공정거래에 관한 법률 제3조의2 제1항 제3호에서 금지하는 시장지배적 사업자의 지위남용행위의 한 유형으로서의 거래거절행위의 부당성에 관한 것인데, 사적 자치의 원칙에 관하여 중요한 언명을 하고 있다.

(1) 다수의견

헌법 제23조 제1항 전문은 "모든 국민의 재산권은 보장된다."라고 규정하고, 헌법 제119조 제1항은 "대한민국의 경제질서는 개인과 기업의 경제상의 자유와 창의를 존중함을 기본으로 한다."라고 규정함으로써, 우리 헌법이 사유재산제도와 경제활동에 관한 사적 자치의 원칙을 기초로 하는 시장경제질서를 기본으로 하고 있음을 선언하고 있다. 이는 국민 개개인에게 자유스러운 경제활동을 통하여 생활의 기본적 수요를 스스로 충족시킬 수 있도록 하고 사유재산의 자유로운 이용·수익과 그 처분을 보장해 주는 것이 인간의 자유와 창의를 보전하는 지름길이고 궁극에는 인간의 존엄과 가치를 증대시키는 최선의 방법이라는 이상을 배경으로 하고 있는 것이다. 그러나 한편, 헌법 제119조 제2항은 "국가는 … 시장의 지배와 경제력의 남용을 방지하기 위하여 … 경제에 관한 규제와 조정을 할 수 있다."라고 규정함으로써, '독점규제와 공정거래유지'라는 경제정책적 목표를 개인의 경제적 자유를 제한할 수 있는 정당한 공익의 하나로 하고 있다. 이는 경제를 자유방임 상태에 둘 경우 경제적 자유에 내재하는 경제력집중적 또는 시장지배적 경향으로 말미암아 반드시 시장의 자유가 제한받게 되므로 국가의 법질서에 의하여 공정한 경쟁질서를 형성하고 확보하는 것이 필요하고, 공정한 경쟁질서의 유지가 자연적인 사회현상이 아니라 국가의 지속적인 과제라는 인식에 그 바탕을 두고 있다.

다시 말하면 **사유재산제도와 경제활동에 관한 사적 자치의 원칙에 입각한 시장경제질서를 기본으로 하는 우리나라에서는 원칙적으로 사업자들에게 계약체결 여부의 결정, 거래상대방 선택, 거래내용의 결정 등을 포괄하는 계약의 자유가 인정되지만, 시장의 지배와 경제력의 남용이 우려되는 경우에는 그러한 계약의 자유가 제한될 수 있다 할 것이고, 이러한 제한 내지 규제는 계약자유의 원칙이라는 시민법 원리를 수정한 것이기는 하나 시민법 원리 그 자체를 부정하는 것은 아니며, 시민법 원리의 결함을 교정함으로써 그것이 가지고 있던 본래의 기능을 회복시키기 위한 것**으로 이해할 수 있다.

(2) 반대의견

우리 헌법은 제119조 제1항에서 경제활동에 관한 자유와 창의를 존중함을 기본으로 하고 있음을 선언하면서도, 그 제2항에서는 경제에 관한 규제와 조정을 통하여 국민경제의 성장 및 안정과 적정한 소득의 분배를 유지하고 시장의 지배와 경제력의 남용을 방지하며 경제주체 간의 조화를 통한 경제의 민주화를 도모할 수 있다고 규정하고 있다. **이는 사유재산권을 보장하면서도 자유시장경제에 수반되는 모순을 제거하고 정의사회와 경제민주화를 실현하기 위하여 국가적 규제와 조정들을 광범위하게 인정하는 사회적 시장경제질서를 헌법적 이념으로 선언한 것**이다. 이를 위하여 경제주체들은 서로 기회를 균등히 부여하여 각자의 능력을 최고도로 발휘하게 하고 상호 협력하여 자율과 조화를 바탕으로 정의로운 사회를 구현해 나가야 할 것이다.

2. 평석

(1) 종래 민법의 기본원리를 어떻게 파악할 것인지를 둘러싸고 논란이 있었다. 먼저 "우리 민법은 자유인격의 원칙과 공공복리의 원칙을 최고원리로 하며, 공공복리라는 최고의 존재원리의 실천원리 내지 행동원리로서 신의성실·권리남용의 금지·사회질서·거래안전의 여러 기본원칙이 있고, 다시 그 밑에 이른바 3대 원칙이 존재한다고 할 수 있다. 이것이 민법의 기본적인 원리적 구조이다."라는 견해가 있다.[1)] 이와 달리 "공공복리를 '최고의 존재원리'로 전제하는 것은 자유민주주의적 기본질서에 반한다. 공공복리 등은 지나친 경우의 폐해를 시정할 수 있는 것에 지나지 않는다. … 사적 자치의 원칙은 우리 헌법이 선언하고 있는 개인의 존엄과 가치(제10조)를 보장하기 위한 유일한 수단이다. 다른 한편 신의성실·권리남용의 금지·사회질서·거래안전 등은 원칙적으로 적용되는 「실천원리 내지 행동원리」가 아니고 예외적으로 적용되어야 할 제한규정에 불과하다."라는 견해도 있다.[2)]

(2) 이 판결에서 다수의견은 헌법 제23조와 제119조 제1항을 근거로 우리나라가 사유재산제도와 경제활동에 관한 사적 자치의 원칙에 입각한 시장경제질서를 기본으로 하고 있다고 한다. 나아가 계약의 자유가 인정되지만, 시장의 지배와 경제력의 남용이 우려되는 경우에는 그러한 계약의 자유가 제한될 수 있다고 하면서 "이러한 제한 내지 규제는 계약자유의 원칙이라는 시민법 원리를 수정한 것이기는 하나 시민법 원리 그 자체를 부정하는 것은 아니며, 시민법 원리의 결함을 교정함으로써 그것이 가지고 있던 본래의 기능을 회복시키기 위한 것"이라고 한다. 이에 반하여 반대의견은 헌법 제119조 제2항이 "사유재산권을 보장하면서도 자유시장경제에 수반되는 모순을 제거하고 정의사회와 경제민주화를 실현하기 위하여 국가적 규제와 조정들을 광범위하게 인정하는 사회적 시장경제질서를 헌법적 이념으로 선언한 것"이라고 한다.

다수의견과 반대의견은 위 (1)에서 본 견해의 대립과 일맥상통한다. 반드시 일대일 대응하는 것은 아니지만, 다수의견은 사적 자치의 원칙을 중시하는 뒤의 견해에 가깝고, 반개의견은 공공복리의 원칙을 중시하는 앞의 견해에 가깝다고 볼 수 있다.

(3) 이 사건에서 쟁점이 된 거래거절행위에 관하여 다수의견은 그 부당성을 좁게 인정한 반면, 위 반대의견은 그 부당성을 넓게 인정하고 있다. 다수의견에서는 "경쟁력 있는 사업자 위주로 시장이 재편되는 시장경제의 본래적 효율성"을 해치지 않아야 한다는 점을 강조하는 반면, 반대의견에서는 "시장지배적 사업자가 자신의 시장지배적 지위를 남용하여 시장에서의 공정하고 자유로운 경쟁을 저해할 우려가 있는 행위를 하는 것을 방지하"는 것을 강조하고 있다. 사적 자치나 계약자유에 대한 입장 차이만으로 그 결론을 도출하였다고 단정할 수는 없지만,[3)] 사적 자치나 계약자유의 원칙에 대한 상반된 이해가 거래거절행위의 부당성을 판단하는 데 영향을 미치고 있다고 볼 수 있다.

법률에서 불확정개념을 사용하거나 명확한 규정을 두고 있지 않은 경우에 일반조항이나 기본원리에 관한 관점이 구체적인 판단의 근거가 될 수 있다. 이 판결은 사적 자치의 원칙이나 계약자유의 원칙이 사법상의 거래에 관한 판단에 중요한 영향을 미칠 수 있다는 점을 보여준다.

---

1) 곽윤직, 민법총칙, 제7판, 2002, 38면.

2) 이영준, 민법총칙, 개정증보판, 2007, 19면.

3) 윤인성, "포스코열연코일 공급거절 판결의 주요 쟁점 및 향후 과제에 관한 소고," BFL 제30호(2008. 7), 66면 이하는 이 판결에 대한 재판연구관의 해설인데, 사적 자치의 원칙이나 계약자유의 원칙에 관해서는 다루고 있지 않다.

[2] Ⅱ. 사적 자치와 평등권

대판 2011. 1. 27, 2009다19864(공 2011, 396)

1. 사실관계와 원심판결

1903년에 설립된 비법인사단인 서울기독교청년회(서울 YMCA)가 남성 회원에게는 별다른 심사 없이 총회의결권 등을 가지는 총회원 자격을 부여하면서도, 여성 회원의 경우에는 지속적인 요구에도 불구하고 원천적으로 총회원 자격심사에서 배제한 것이 불법행위를 구성하는지 문제되었다(이하 '서울 YMCA' 사건이라고 한다).

원심은, 피고가 그 구성원인 회원들 중 여성에 대해서 오로지 그 성별만을 이유로 사단의 의사결정이나 기관 선출에 참여할 수 있는 지위에서 배제하는 것은 헌법 제11조가 선언한 평등원칙에 비추어 용인될 수 없는 성차별적 처우로서 우리 전체 법질서에 비추어 용인될 수 없는 위법행위에 해당하여 민법 제750조의 불법행위를 구성한다고 판단하였다.

2. 대법원 판결

대법원은 다음과 같은 이유로 피고의 상고를 기각하였다.

① "헌법상의 기본권은 제1차적으로 개인의 자유로운 영역을 공권력의 침해로부터 보호하기 위한 방어적 권리이지만 다른 한편으로 헌법의 기본적인 결단인 객관적인 가치질서를 구체화한 것으로서, 사법을 포함한 모든 법 영역에 그 영향을 미치는 것이므로 사인간의 사적인 법률관계도 헌법상의 기본권 규정에 적합하게 규율되어야 한다. 다만 기본권 규정은 그 성질상 사법관계에 직접 적용될 수 있는 예외적인 것을 제외하고는 사법상의 일반원칙을 규정한 민법 제2조, 제103조, 제750조, 제751조 등의 내용을 형성하고 그 해석 기준이 되어 간접적으로 사법관계에 효력을 미치게 된다."

② "사적 단체는 사적 자치의 원칙 내지 결사의 자유에 따라 그 단체의 형성과 조직, 운영을 자유롭게 할 수 있으므로, 사적 단체가 그 성격이나 목적에 비추어 그 구성원을 성별에 따라 달리 취급하는 것이 일반적으로 금지된다고 할 수는 없다.

그러나 사적 단체의 구성원에 대한 성별에 따른 차별처우가 사회공동체의 건전한 상식과 법감정에 비추어 볼 때 도저히 용인될 수 있는 한계를 벗어난 경우에는 사회질서에 위반되는 행위로서 위법한 것으로 평가할 수 있고, 위와 같은 한계를 벗어났는지 여부는 사적 단체의 성격이나 목적, 차별처우의 필요성, 차별처우에 의한 법익 침해의 양상 및 정도 등을 종합적으로 고려하여 판단하여야 한다."

3. 평석

(1) 사적 단체에서 헌법상 평등권을 침해한 경우에 민사상 불법행위책임이 발생하는가? 이 판결에서는 사적 단체에서 헌법상 평등권을 침해한 경우에 불법행위책임을 긍정하고 있다.

이 판결은 먼저 헌법상 기본권 규정이 사법관계에 적용되는지 여부에 관하여 '종립(宗立) 사립고교 종교교육 사건'(또는 '강의석 사건'이라고도 한다)에 관한 대판(전) 2010. 4. 22, 2008다38288(공 2010, 897)을 따르고 있다(위 ①부분). 이것은 기본권의 대사인적 효력에 관하여 이른바 간접적용설을 명백히 한 것이다. 즉, 헌법상의 기본권규정은 그 성질상 사법관계에 직접 적용될 수 있는 예외적인 것을 제외하고는 사법상의 일반원칙을 규정한 민법 제2조, 제103조, 제750조, 제751조 등의 내용을 형성하고 그 해석기준이 되어 간접적으로 사법관계에 효력을 미친다고 한다.

나아가 이 판결은 "사적 단체를 포함하여 사회공동체 내에서 개인이 성별에 따른 불합리한 차별을 받지 아니하고 자신의 희망과 소양에 따라 다양한 사회적·경제적 활동을 영위하는 것은 그 인격권 실현의 본질적 부분에 해당"한다고 보고, "평등권이라는 기본권의 침해도 민법 제750조의 일반규정을 통하여 사법상 보호되는 인격적 법익침해의 형태로 구체화되어 논하여질 수 있고, 그 위법성 인정을 위하여 반드시 사인간의 평등권 보호에 관한 별개의 입법이 있어야만 하는 것은 아니다."라고 하였다. 이는 성별에 따른 차별처우로 인한 손해배상책임의 성립 여부에 관하여 중요한 법리를 선언한 것이다. 이론적으로는 평등권 침해에서 곧바로 불법행위책임을 도출하지 않고, 평등권 침해를 사법상 보호되는 인격권 침해의 일종으로 파악하고 있다는 점도 의미가 있다.[1)]

(2) 사적 단체는 자율적 구성과 운영이 원칙적으로 인정되기 때문에, 성별에 따라 구성원을 달리 대우하는 것이 일반적으로 금지되는 것은 아니다. 이 판결은 사적 단체의 구성원에 대한 성별에 따른 차별처우가 위법한 것인지를 판단하는 데 고려해야 할 세 요소로 ① 사적 단체의 성격이나 목적, ② 차별처우의 필요성, ③ 차별처우에 의한 법익 침해의 양상 및 정도를 들고 있는데, 이를 다음과 같이 정리할 수 있다.

① 사적 단체의 성격이나 목적: 대외적으로 그 단체가 사회공동체 내에서 순수하게 사적인 영역에서만 활동하는지 아니면 일정 부분 공공적 영역에서 활동하며 공익적 기능도 수행하는지와 대내적으로 그 단체의 구성원들에게 제공되는 구체적인 역무의 내용과 성격 등.

② 차별처우의 필요성: 그러한 차별처우가 단체의 정체성을 유지하기 위하여 불가피한 것으로서 필요한 한도 내의 조치였는지 여부.

③ 차별처우에 의한 법익 침해의 양상 및 정도: 해당 구성원의 단체가입 목적, 이를 위한 단체 내 활동에서의 제약 정도와 기간, 그 가입목적 달성을 위한 대체적 단체의 가입 가능성 유무, 가입시 단체 내 차별처우의 존재에 대한 인식 여부, 차별처우에 대한 문제제기 기간과 이에 대한 그 단체의 대응방식 등.

(3) 이 사건에 대한 구체적인 판단에서 대법원은 피고가 원고들을 차별대우한 것에 대하여 다음과 같은 점을 고려하여 불법행위책임을 인정하고 있다. ① 피고가 부분적으로 공공적 영역에서 활동하는 단체로서의 성격도 가지면서 그에 따른 사회봉사적 역할을 수행하였기 때문에 순수하게 사적인 영역에서만 활동하는 단체가 아니다. 또한 피고는 다른 단체로 대체될 수 없는 독자적인 정체성을 가지고 있다. ② 원고들은 이러한 피고의 활동영역과 단체적 성격에 가치를 부여하여 총회원으로 가입을 희망하고 있는데도 피고가 남성단체로 출발하였다는 연혁적 이유만으로 여성들을 차별 처우할 만한 합리적인 필요성이 있다고 볼 수 없다. ③ 피고의 정체성 또한 이미 1967년도 헌장 개정으로 규범적인 의미에서뿐만 아니라, 실제 인적 구성면에서도 남성중심 단체를 탈피하였다. 위와 같은 1967년의 헌장개정 이후에도 장기간에 걸쳐 남성중심으로 총회를 운영하는 관행이 형성·유지되었다. 2003년도 제100차 정기총회에서 단체 내 의사결정과정에 여성과 남성이 동등하게 참여하며 여러 가지 형태의 성차별적인 요인을 찾아 이를 해소하기로 하는 개선방향의 원칙을 분명하게 천명하였지만, 특별한 장애도 없이 남성단체로서의 연혁과 정체성을 들거나 헌장개정 사안이라는 이유만을 들어 실질적이고도 진지한 개선노력이 이루어지지 않았고 그 과정 중에 국가기관(국가인권위원회)으로부터 공식적으로

1) 이 점에서는 강의석 사건에 관한 위 대법원 판결도 마찬가지인데, "피고 대광학원이 시행한 종교교육은 우리 사회의 건전한 상식과 법감정에 비추어 용인될 수 있는 한계를 벗어난 것으로 원고의 종교에 관한 인격적 법익을 침해하는 위법한 행위"에 해당한다고 하였다.

시정을 권고받기도 하였다. 특히 원고들은 비법인사단인 피고의 단체구성원으로서 회비를 부담하면서도 여성이라는 이유만으로 지속적으로 일반적인 사원에게 부여되는 고유하고 기본적인 권리인 총회의결권 등을 행사할 기회를 원천적으로 빼앗겨 왔다. 따라서 적어도 피고가 스스로 불합리한 총회 운영에 대한 개선노력을 천명한 2003년도 제100차 정기총회 이후에도 원고들을 총회원 자격심사에서 원천적으로 배제한 성차별적 처우는 우리 사회의 건전한 상식과 법감정에 비추어 용인될 수 있는 한계를 벗어나 사회질서에 위반되는 것으로서 원고들의 인격적 법익을 침해하여 불법행위를 구성한다.

(4) 종전에는 이와 같은 사건에서 차별대우가 없었더라면 있었을 그 지위의 확인을 구하는 형태의 소를 제기하는 데 그쳤으나, 이 사건에서는 피고의 차별대우가 위법하다는 확인을 넘어서서 불법행위에 기한 손해배상청구를 하고 있다. 이 판결은 특히 사적 단체에서 성별을 이유로 차별대우를 하는 것이 불법행위를 구성할 수 있다고 보고, 그 구체적인 판단 기준 또는 그 판단을 위한 고려 요소를 일목요연하게 제시하고 있다.

이 판결의 법리를 징계해고가 무효인 경우와 비교해볼 필요가 있다. 판례는 징계해고가 무효인 경우 엄격한 요건 하에 불법행위책임을 인정하고 있다. 일반적으로 사용자의 근로자에 대한 해고 등의 불이익처분이 정당하지 못하여 무효로 판단되는 경우에 그러한 사유만에 의하여 곧바로 그 해고 등의 불이익처분이 불법행위를 구성하지는 않는다. 그러나 사용자에게 부당해고 등에 대한 고의·과실이 인정되는 경우에는 불법행위가 성립되어 그에 따라 입게 된 근로자의 정신적 고통에 대하여도 이를 배상할 의무가 있다. 이에 해당하는 경우로는 사용자가 근로자에 대하여 징계해고 등을 할 만한 사유가 전혀 없는데도 오로지 근로자를 사업장에서 몰아내려는 의도하에 고의로 어떤 명목상의 해고사유 등을 내세워 징계라는 수단을 동원하여 해고 등의 불이익처분을 한 경우, 해고 등의 이유로 된 어느 사실이 취업규칙 등 소정의 징계사유에 해당되지 아니하거나 징계사유로 삼을 수 없는 것임이 객관적으로 명백하고, 또 조금만 주의를 기울였더라면 이와 같은 사정을 쉽게 알아 볼 수 있는데도 그것을 이유로 징계해고 등의 불이익처분을 한 경우를 들 수 있다.[2)]

사적 단체의 구성원에 대하여 성별에 따른 차별처우를 한 경우에도 불법행위책임이 인정되려면 성별에 따른 차별처우를 하였다는 사실만으로는 부족하고 위에서 본 바와 같이 여러 사정을 고려하여 위법성이 인정될 수 있어야 할 것이다.

2) 대판 1993. 10. 12, 92다43586(공 1993, 3061); 대판 1993. 12. 21, 93다11463(공 1994, 488); 대판 1996. 4. 23, 95다6823(집 44−1, 민 402). 또한 대판 2010. 7. 29, 2007다42433(공 2010, 1728)은 "기간임용제 대학교원에 대한 학교법인의 재임용거부결정이 재량권을 일탈·남용한 것으로 평가되어 그 사법상 효력이 부정된다고 하더라도 이것이 불법행위를 구성함을 이유로 학교법인에게 재산적 손해배상책임을 묻기 위해서는 당해 재임용거부가 학교법인의 고의 또는 과실로 인한 것이라는 점이 인정되어야 한다."라고 하였다.

[3] Ⅲ. 사정변경의 원칙
대판 2007. 3. 29, 2004다31302(공 2007, 601)

1. 대법원 판결

"이른바 사정변경으로 인한 계약해제는 계약성립 당시 당사자가 예견할 수 없었던 현저한 사정의 변경이 발생하였고 그러한 사정의 변경이 해제권을 취득하는 당사자에게 책임 없는 사유로 생긴 것으로서, 계약내용대로의 구속력을 인정한다면 신의칙에 현저히 반하는 결과가 생기는 경우에 계약준수 원칙의 예외로서 인정되는 것이고, 여기에서 말하는 사정이라 함은 계약의 기초가 되었던 객관적인 사정으로서, 일방당사자의 주관적 또는 개인적인 사정을 의미하는 것은 아니라 할 것이다. 또한, 계약의 성립에 기초가 되지 아니한 사정이 그 후 변경되어 일방당사자가 계약 당시 의도한 계약목적을 달성할 수 없게 됨으로써 손해를 입게 되었다 하더라도 특별한 사정이 없는 한 그 계약내용의 효력을 그대로 유지하는 것이 신의칙에 반한다고 볼 수도 없다."

2. 평석

(1) 이 판결은 사정변경의 원칙에 관하여 획기적인 판단을 하고 있다. "계약은 지켜져야 한다(pacta sunt servanda)"라는 계약준수 원칙은 계약법의 기본전제이다. 이 판결은 그 예외로서 사정변경의 원칙을 인정하였다. 계약성립 당시 당사자가 예견할 수 없었던 현저한 사정변경이 있는 경우에 계약을 해제할 수 있다는 것이다. 여기에서 말하는 사정이라 함은 계약의 기초가 되었던 객관적인 사정으로, 일방당사자의 주관적 또는 개인적인 사정을 의미하는 것은 아니라고 한다.

종래 우리 판례에서 사정변경의 원칙을 인정하고 있는지 여부에 관하여 논란이 있었는데, 적어도 매매계약에 관한 사례에서는 사정변경의 원칙을 인정한 재판례가 없었다.[1] 따라서 이 판결은 대법원이 매매계약에 관한 사례에서 사정변경의 원칙이 적용될 수 있다는 점을 선언하였다는 점에서 의의가 있다. 사정변경이라는 개념이 명확하게 확정되어 있지도 않고 법률에 명시적인 규정도 없기 때문에, 그 의미가 다양하게 사용될 수 있다. 이 판결은 다수설[2]을 따른 것이지만, 대법원이 인정하는—또는 인정하고자 하는— 사정변경의 원칙을 밝힌 것이다.

(2) 이 사건에서 사정변경이 있는지 여부가 문제되었다. 대법원이 인용하고 있는 원심판결 내용에 의하면 이 사건에서 중요한 사정변경이 있었던 것처럼 보인다. 즉, 원고는 이 사건 토지에 대하여 개발제한구역 지정이 해제되어 건축이 가능하게 될 것으로 알고 당시의 객관적인 시가보다 훨씬 비싼 가격으로 이 사건 토지를 매수하였다. 그 후 피고가 이 사건 토지를 공공공지로 지정함으로써 이 사건 토지 위에 건축을 할 수 없게 되고, 공공공지(公共空地) 개발계획에 따라 이 사건 토지가 수용될 상황이 되었다. 이와 같이 토지의 매매 당시 건축가능토지로 알았으나, 나중에 건축이 불가능해지고 오히려 토지가 수용될 상황으로 바뀌었다면, 이는 현저한 사정변경이 있다고 보아야 한다.

그러나 대법원은 원심의 판단과 달리 사정변경에 의한 해제를 인정할 수 없다고 하였다. 그 이유를 두 가지로 나누어 볼 수 있다. 첫째, 이 사건 토지의 매매가 공개매각절차를 통하여 이루어졌는데, 공개매각조건에 이 사건 토지의 매

---

1) 대판 1963. 9. 12, 63다452(집 11-2, 민 131); 대판 1991. 2. 26, 90다19664(공 1991, 1082). 다만 회사의 임직원이 회사의 채무에 관하여 계속적 보증계약을 체결한 경우에는 임직원의 퇴사와 같은 사정변경을 이유로 한 보증계약의 해지를 인정하고 있다. 대판 1990. 2. 27, 89다카1381(집 38-1, 78).

2) 가령 곽윤직, 채권각론, 제6판, 2003, 93면.

각 후 행정상의 제한 등이 있을 경우 피고가 이에 대하여 책임을 지지 아니한다는 내용이 명시되어 있으며, 이 사건 매매계약에서도 피고는 이 사건 토지의 인도 후에 발생한 일체의 위험부담에 대하여 책임지지 않는다는 내용이 명시되어 있었다. 따라서 공개매각조건이나 매매계약에서 이 사건 토지가 공공공지로 지정되어 건축이 불가능하고 토지가 수용될 수 있다는 것을 예정하고 있었다고 볼 수도 있다. 그렇다면 당사자들이 예상할 수 없는 현저한 사정변경이 인정되지 않을 것이다. 둘째, 대법원은 이 사건 토지상의 건축가능 여부는 원고가 이 사건 토지를 매수하게 된 주관적인 목적에 불과할 뿐 이 사건 매매계약 성립의 기초가 되었다고 보기 어렵다고 하였다. 이러한 사실관계가 맞다면 이 부분에 대한 판단도 정당한 것처럼 보인다.

(3) 그런데 원심판결[3]이 인정한 사실관계를 들여다보면, 굳이 위와 같이 판단할 필요가 있었는지 의문이다. 이 사건 토지는 **계약의 이행이 완료된 후에** 공공공지(公共空地)로 편입되었다고 한다.[4] 이와 같이 계약의 이행이 완료된 후에 사정변경이 있는 경우에는 사정변경을 이유로 계약을 해제할 수 없다.[5] 이 판결에서는 이 점을 들어 사정변경의 원칙이 적용되지 않는다고 판단하는 것으로 충분했을 것이다.

한편 이 사건에서 원고가 이 사건 토지에 건축이 가능한 것으로 믿고 토지를 낙찰받았고 피고도 원고가 토지 위에 건축을 하기 위해 토지를 매수한다는 사정을 알았다. 따라서 이 사건에서 건축의 가능 여부는 계약의 기초가 되었다고 볼 수도 있다.[6] 일반적으로 당사자들이 계약을 체결할 당시 건축이 가능한 토지로 생각하고 이를 전제로 계약을 체결하였다면, 계약의 기초가 되었다고 보아야 할 것이다. 위 두 가지 사항은 사정변경의 원칙과 관련하여 중요한 사항인데 대법원 판결문에는 이러한 사정이 드러나 있지 않다. 결국 이 사건에서 사정변경에 기한 해제권을 부정한 결론은 맞으나, 구체적인 이유 제시에는 문제가 있다고 볼 수 있다.

3) 광주고판 2004. 5. 14, 2003나1580.
4) 원고가 피고에게 매매대금을 지급한 다음 2001. 2. 1. 원고 앞으로 이 사건 토지에 관한 소유권이전등기를 마침으로써 이 사건 매매계약의 이행이 완료되었다고 볼 수 있고, 그 후 2002. 4. 29. 피고가 이 사건 토지를 포함한 34필지에 대하여 공공공지로 편입하기로 최종 결정하였다.
5) 상세한 것은 손봉기, "가. 사정변경으로 인한 계약해제가 인정되는지 여부 및 그 요건…," 대법원 판례해설 제67호, 13면.
6) 윤진수, "2007년도 주요 민법 관련 판례 회고," 서울대 법학 제49권 제1호(2008. 3), 323면.

[4] Ⅳ. 강행법규 위반과 신의성실의 원칙

대판 2000. 6. 9, 99다70860(공 2000, 1624)

1. 사실관계와 원심판결

원고는 A 유치원 설립자로서 그가 소유하는 건물과 부지를 유치원 교육에 제공하였다. 원고는 이 사건 부동산 위에 피고 B에게는 가등기를 경료하여 주고, 나머지 피고들에게는 근저당권을 설정하여 주었다.

원고는 위 가등기와 근저당권설정등기가 사립학교법을 위반한 것으로 원인무효라고 주장하였다. 그러나 원심은, 이 사건에서 강행규정을 스스로 위반한 원고가 그 규정에 위반하였음을 이유로 무효를 주장하는 것이 권리남용 내지 신의성실의 원칙에 위반되는 권리의 행사로서 허용되지 않는다고 판단하였다.

2. 대법원 판결

사립학교 경영자가 사립학교의 교지, 교사로 사용하기 위하여 출연·편입시킨 토지나 건물이 등기부상 학교 경영자 개인 명의로 있는 경우에도 그 토지나 건물에 관하여 경료된 담보 목적의 가등기나 근저당권설정등기는 사립학교법 제51조에 의하여 준용되는 법 제28조 제2항, 사립학교법 시행령 제12조에 위배되어 무효이다.

그리고 법 제28조 제2항, 법시행령 제12조가 학교법인이 학교교육에 직접 사용되는 학교법인의 재산 중 교지, 교사 등은 이를 매도하거나 담보에 제공할 수 없다고 규정한 것은 사립학교의 존립 및 목적 수행에 필수적인 교육시설을 보전함으로써 사립학교의 건전한 발달을 도모하는 데 그 목적이 있는 것이라고 해석된다. 강행법규인 법 제28조 제2항을 위반한 경우에 위반한 자 스스로가 무효를 주장함이 권리남용 내지 신의성실 원칙에 위배되는 권리의 행사라는 이유로 배척된다면 위와 같은 입법 취지를 완전히 몰각시키는 결과가 된다. 그러므로 명목상으로만 학교법인에 직접 사용되는 재산으로 되어 있을 뿐 실제로는 학교교육에 직접 사용되는 시설·설비 및 교재·교구 등이 아니거나 학교 자체가 형해화되어 사실상 교육시설로 볼 수 없는 경우와 같은 특별한 사정이 있다면 매도나 담보제공을 무효라고 주장하는 것은 법규정의 취지에 반하는 것이므로 신의성실 원칙에 반하거나 권리남용이라고 볼 것이지만, 그와 같은 특별한 사정이 없이 사립학교 경영자가 매도나 담보제공이 무효라는 사실을 알고서 매도나 담보제공을 하였다고 하더라도 매도나 담보제공을 금한 관련 법규정의 입법 취지에 비추어 강행규정 위배로 인한 무효주장을 신의성실 원칙에 반하거나 권리남용이라고 볼 것은 아니다.

3. 평석

(1) 사립학교법 제28조 제2항, 법시행령 제12조는, 학교교육에 직접 사용되는 학교법인의 재산 중 교지, 교사 등은 이를 매도하거나 담보에 제공할 수 없다고 규정하고 있고, 법 제51조는 사립학교 경영자에게도 학교법인에 관한 법 제28조 제2항을 준용한다고 규정하고 있다. 위 규정은 강행규정으로서 이에 위반한 약정은 무효이다.[1] 따라서 사립학교 경영자가 사립학교의 교지, 교사로 사용하기 위하여 출연·편입시킨 토지나 건물이 등기부상 학교 경영자 개인 명의로 있는 경우에도 그 토지나 건물에 관하여 경료된 담보 목적의 가등기나 근저당권설정등기는 원인무효의 등기이다.

(2) 그런데 강행법규를 위반한 자가 스스로 무효라고 주장하는 것이 허용되는지 문제된다. 강행법규에 위반한 법률행위에 기하여 급부를 하였다고 하더라도 이것은 민법 제746조의 불법

1) 대판 1997. 3. 14, 96다55693(공 1997, 1103); 대결 1983. 11. 16, 83마138(집 31-6, 민 10).

원인급여에 해당하지 않는다는 것이 통설, 판례이기 때문에, 사립학교법을 위반하여 가등기나 근저당권설정등기를 하여 준 사립학교 경영자가 위 등기의 말소를 청구하는 것이 민법 제746조에 반하는 것은 아니다. 그리하여 강행법규를 위반한 자가 스스로 무효라고 주장하는 것이 신의성실의 원칙, 특히 모순행위금지의 원칙에 반하거나 권리남용에 해당하는지 여부가 중요한 문제로 된다.

대법원은 舊 농지개혁법 제27조 또는 제19조 제2항을 위반한 사례에서, 매수인이 농가이거나 자영할 의사가 있는 경우 또는 그 목적물이 이미 농지가 아니게 된 경우에는 농지매매계약이 강행법규에 반하여 무효라고 주장하는 것이 신의칙에 반한다고 하였다.[2] 그러나 대법원은 국토이용관리법에 따른 토지거래허가규정을 위반한 자가 그 무효를 주장하는 것이 원칙적으로 신의칙에 반하지 않는다고 하였다.[3] 이것은 투기거래방지라는 국토이용관리법의 입법목적을 실현하기 위한 것으로 볼 수 있다.[4]

한편 사립학교법을 위반한 사건에서 대판 1997. 3. 14, 96다55693(공 1997, 1103)은 강행법규인 법 제28조 제2항을 위반한 경우에 위반한 자 스스로가 무효를 주장함이 권리남용 내지 신의성실 원칙에 위배되는 권리의 행사라는 이유로 이를 배척한다면 위와 같은 입법 취지를 완전히 몰각시키는 결과가 되므로, 특별한 사정이 없는 한 그러한 주장이 권리남용에 해당되거나 신의성실 원칙에 반한다고 할 수 없다고 하였다. 대상판결도 위 1997년 판결을 재확인하면서 "사립학교 경영자가 매도나 담보제공이 무효라는 사실을 알고서 매도나 담보제공을 하였다고 하더라도" 무효주장을 할 수 있다고 하였다.[5] 그런데 이 판결에서 주목할 점은 신의성실의 원칙이나 권리남용에 해당하는 특별한 사정을 명시하고 있는 점이다. 즉 "명목상으로만 학교법인에 직접 사용되는 재산으로 되어 있을 뿐 실제로는 학교교육에 직접 사용되는 시설·설비 및 교재·교구 등이 아니거나 학교 자체가 형해화되어 사실상 교육시설로 볼 수 없는 경우와 같은 특별한 사정이 있다면 매도나 담보제공을 무효라고 주장하는 것은 법규정의 취지에 반하는 것이므로 신의성실 원칙에 반하거나 권리남용이라고 볼 것"이라고 한다.[6] 따라서 사립학교법을 위반한 사건에서도 이러한 사정이 있는지를 심리하여야 할 것이다.

(3) 그러나 위와 같은 사정이 있는 경우에는 강행법규를 위반한 것이 아니라고 보아야 할 것

2) 대판 1977. 11. 22, 77다1947(집 25－3, 333); 대판 1980. 11. 11, 80다191(공 1981, 13394); 대판 1984. 11. 13, 84다75(집 32－4, 77) 등. 이 판결들에 관한 분석으로는 민법주해[Ⅰ], 1992, 127면 이하(양창수 집필) 참조.

3) 대판 1993. 12. 24, 93다44319(공 1994, 505); 대판 1997. 11. 11, 97다33218(공 1997, 3767). 강행법규인 국토이용관리법 제21조의3 제1항, 제7항을 위반하였을 경우에 위반한 자 스스로가 무효를 주장함이 신의성실의 원칙에 위배되는 권리의 행사라는 이유로 이를 배척한다면 국토이용관리법의 입법취지를 완전히 몰각시키는 결과가 된다는 것이다. 따라서 거래당사자 사이의 약정내용과 취득목적대로 관할관청에 토지거래허가신청을 하였을 경우에 그 신청이 국토이용관리법 소정의 허가기준에 적합하여 허가를 받을 수 있었으나 다른 급박한 사정으로 이러한 절차를 회피하였다고 볼 만한 특단의 사정이 엿보이지 아니하는 한, 그러한 주장이 신의성실의 원칙에 반한다고는 할 수 없다고 한다.

4) 또한 대판 1996. 11. 22, 96다37084(공 1997, 36); 대판 1999. 3. 23, 99다4405(공 1999, 752)도 참조.

5) 나아가 대판 2000. 6. 23, 2000다12761, 12778(공 2000, 1752)은, 사립학교법 제51조, 제28조 제2항이 헌법에 위배되지 않는다고 한다.

6) 이 부분은 이 사건의 해결에 직접 필요한 판단은 아니기 때문에, 방론에 해당한다고 볼 수 있다. 그러나 우리나라 판례의 형성과정을 보면 선행판결의 방론이 나중에 판례로 받아들여지는 경우가 상당수 있다. 대법원 판결의 방론은 판례라고 할 수는 없다고 하더라도, 방론이 현실적인 힘을 가지고 있기 때문에, 판례연구의 대상으로 등장하는 것이 기이한 일은 아니다.

이라고 생각한다. 사립학교법 제51조, 제28조 제2항, 법시행령 제12조의 입법취지에 비추어 사립학교 경영자 소유의 재산이 사립학교의 교지, 교사로 사용되지 않고 있는 경우에는 매매나 담보제공의 대상이 될 수 있다고 위 법규를 축소해석하는 방법으로 해결하여야 할 것이다.

[5] Ⅴ. 통상임금과 신의성실의 원칙

대판(전) 2013. 12. 18, 2012다89399(공 2014, 236)

1. 대법원 판결

이 판결은 통상임금에 관한 유명한 전원합의체 판결이다. 피고는 상여금지급규칙에 따라 이 사건 상여금을 근속기간이 2개월을 초과한 근로자에게는 전액을, 근속기간이 2개월을 초과하지 않는 신규입사자나 2개월 이상 장기 휴직 후 복직한 자와 휴직자에 대하여는 상여금 지급 대상기간 중 해당 구간에 따라 미리 정해 놓은 비율을 적용하여 산정한 금액을 각 지급하였으며, 상여금 지급 대상기간 중에 퇴직한 근로자에 대해서는 근무일수에 따라 일할계산하여 지급하였다. 먼저 이 사건 상여금이 통상임금에 해당하는지 여부가 쟁점이었다.

다수의견은 통상임금의 판단 기준을 상세하게 밝힌 후 "이 사건 상여금은 근속기간에 따라 지급액이 달라지기는 하나 일정 근속기간에 이른 근로자에 대해서는 일정액의 상여금이 확정적으로 지급되는 것이므로, 이 사건 상여금은 소정근로를 제공하기만 하면 그 지급이 확정된 것이라고 볼 수 있어 정기적·일률적으로 지급되는 고정적인 임금인 통상임금에 해당한다."라고 판결함으로써 이 사건 상여금이 통상임금에 해당한다는 점을 긍정하였다.[1)]

나아가 이 판결은 이 사건 상여금을 통상임금에서 제외하는 노사합의의 무효를 주장하여 추가 법정수당을 청구하는 것이 신의성실의 원칙에 위배되는지 여부를 상세하게 판단하고 있다. 신의성실의 원칙(이하 '신의칙'이라 한다)의 적용 문제에 관해서는 대법관들 사이에 견해가 크게 엇갈리고 있다. 다수의견은 이를 긍정한다. 그러나 대법관 3인의 반대의견은 정기상여금을 통상임금에서 제외하기로 하는 노사합의가 무효라는 주장이 신의칙 위반에 해당하지 않는다고 하면서 상세한 이유를 들어 다수의견을 반박한다. 그리고 통상임금의 판단 기준과 관련하여 이 사건 상여금이 통상임금에 속하지 않는다는 대법관 김창석의 별개의견이 있고, 신의칙 위반과 관련하여 다수의견에 대한 보충의견이 있다.

2. 평석

(1) 우리 민법에서 신의칙이 차지하는 지위를 어떻게 파악할 것인지 문제된다. 민법 제정 과정에서 민법의 기초자가 신의칙을 민법 제2조에 내세운 것은 신의칙을 매우 중요한 기본원칙으로 보았기 때문이다.[2)] 학설은 나뉘어져 있다. 신의칙을 민법의 기본원리의 내용으로 파악하는 견해[3)]가 있는 반면, 사적 자치의 원칙을 민법의 으뜸으로 두고 신의칙을 그 제한 규정으로 보는 견해[4)]도 있다.[5)]

대법원은 신의칙을 "법률관계의 당사자는 상대방의 이익을 배려하여 형평에 어긋나거나 신뢰를 저버리는 내용 또는 방법으로 권리를 행사하거나 의무를 이행하여서는 아니 된다는 추상적 규범"이라고 하였는데,[6)] 이것이 위 두 견해 중 어느 쪽에 해당하는지가 명확한 것은 아니다. 다만 다수의견에 대한 보충의견은 "신의칙은 실정법이나 계약 등을 형식적이고 엄격하게 적용함으로써 야기될 수 있는 부당한 결과를 막고 구체적 타당성을 실현하여야 할 필요가 있는 경우 법질서 전체를 관통하는 일반 원칙으로 작용한다."라고 하여 신의칙을 매우 중요한 원리로 보고 있다.

---

1) 이 부분은 근로기준법에서 정하고 있는 통상임금의 판단 기준에 관한 지침으로서 노동법학에서 다룬다.

2) 제26회 국회정기회의속기록 제30호(1957. 11. 6), 6면에 있는 김병로 대법원장의 발언.
3) 곽윤직, 민법총칙, 제7판, 2002, 31, 38면.
4) 이영준, 민법총칙, 개정증보판, 2007, 19면.
5) 이에 관해서는 우선 민법주해[Ⅰ], 1992, 85면 이하(양창수 집필) 참조.
6) 이 판결의 다수의견; 대판 1989. 5. 9, 87다카2407(집 37-2, 민 3); 대판 1991. 12. 10, 91다3802(공 1992, 467); 대판 2006. 5. 26, 2003다18401(공 2006, 1126).

제2조의 표현은 매우 추상적이다. 그렇기 때문에, 어떠한 경우에 어떠한 요건하에서 신의칙을 적용할 것인지에 관해서는 다양한 견해가 있을 수밖에 없다. 판례는 "신의칙에 위배된다는 이유로 그 권리행사를 부정하기 위해서는 상대방에게 신의를 공여하였거나 객관적으로 보아 상대방이 신의를 가지는 것이 정당한 상태에 이르러야 하고 이와 같은 상대방의 신의에 반하여 권리를 행사하는 것이 정의관념에 비추어 용인될 수 없는 정도의 상태에 이르러야 한다."라고 한다.[7)] 이에 관해서는 다수의견과 반대의견 사이에 견해가 다르지 않다. 따라서 신의를 공여, 제공하거나 상대방이 신의를 가지는 것이 정당한 상태에 있는지 여부와 신의에 반하는 권리행사가 정의관념상 용인되는지 여부가 신의칙의 판단기준이라고 할 수 있다.

(2) 이 사건에 대한 구체적 판단에서 다수의견은 "단체협약 등 노사합의의 내용이 근로기준법의 강행규정을 위반하여 무효인 경우에, 그 무효를 주장하는 것이 … 신의칙에 위배된다고 볼 수 없음이 원칙"이지만, "위에서 본 신의칙을 적용하기 위한 일반적인 요건을 갖춤은 물론 근로기준법의 강행규정성에도 불구하고 신의칙을 우선하여 적용하는 것을 수긍할만한 특별한 사정이 있는 예외적인 경우에 한하여 그 노사합의의 무효를 주장하는 것은 신의칙에 위배되어 허용될 수 없다."라고 한다.

그러나 반대의견은 실정법의 개별조항에 의하여 인정되는 권리·의무를 신의칙으로 변경하는 것은 최후 수단으로 인정될 뿐이라고 한다. 즉,

"특히 실정법의 개별 조항에 의하여 명백히 인정되는 권리·의무의 내용을 신의칙을 이유로 변경하는 것은 법체계에 심각한 혼란을 초래하여 법의 권위와 법적 안정성에 큰 위협이 될 수 있다. 신의칙을 적용하여 그와 같은 실정법상의 권리를 제한하는 것은, 개별적인 사안의 특수성 때문에 법률을 그대로 적용하면 도저히 참을 수 없는 부당한 결과가 야기되는 경우에 최후 수단으로, 그것도 법의 정신이나 입법자의 결단과 모순되지 않는 범위 안에서만 고려해 볼 수 있는 방안에 불과하다."

나아가 반대의견은 "강행규정에 위배되는 약정의 당사자가 그 약정의 무효를 주장하는 것이 신의칙에 위반되는 권리의 행사라는 이유로 그 주장을 배척한다면, 이는 강행규정에 의하여 배제하려는 결과를 실현시키는 셈이 되어 입법취지를 완전히 몰각하게 되므로 그러한 주장은 신의칙에 반하는 것이 아니"라고 하면서 "신의칙은 강행규정에 앞설 수 없다."라고 단정적인 표현을 사용한다.[8)]

종래 판례에서 강행법규를 위반한 자가 스스로 무효라고 주장하는 것이 허용되지 않는 경우는 오히려 극히 예외적이었다. 구 농지개혁법 제27조 또는 제19조 제2항을 위반한 사례에서 매수인이 농가이거나 자영할 의사가 있는 경우 또는 그 목적물이 이미 농지가 아니게 된 경우에는 농지매매계약이 강행법규에 반하여 무효라고 주장하는 것이 신의칙에 반한다고 하였다.[9)] 그리고 사립학교법 위반 사건에서 "명목상

7) 다수의견은 참조판결로 위 대판 1991. 12. 10, 91다3802; 대판 2006. 5. 26, 2003다18401을 인용하고 있다.

8) 반대의견은 "대법원은 최고의 법해석 기관으로서 통상임금에 관한 법리를 법에 따라 선언해야 한다. 그에 따른 경제적 우려를 최소화하는 것은 정부와 기업의 역할이다. 대법원은 통상임금의 법원칙을 바로 세우고, 정부는 대법원판결의 결론이 연착륙할 수 있도록 다양한 노동정책을 펼치면 되는 것이다. 그렇지 않고 대법원이 앞으로 시행될 노동정책까지 고려하여 현행 법률의 해석을 거기에 맞추려 한다면, 이는 법해석의 왜곡이다."라고 한다.

9) 대판 1977. 11. 22, 77다1947(집 25-3, 333) 등 다수. 이에 관해서는 민법주해[I], 1992, 127면 이하(양창수 집필) 참조.

으로만 학교법인에 직접 사용되는 재산으로 되어 있을 뿐 실제로는 학교교육에 직접 사용되는 시설·설비 및 교재·교구 등이 아니거나 학교 자체가 형해화되어 사실상 교육시설로 볼 수 없는 경우와 같은 특별한 사정이 있다면 매도나 담보제공을 무효라고 주장하는 것은 법규정의 취지에 반하는 것이므로 신의성실 원칙에 반하거나 권리남용이라고 볼 것"이라고 판결한 바 있다.[10] 다만 위와 같은 사정이 있는 경우에는 강행법규에 의하여 보호할 가치가 없어 아예 강행법규를 위반한 것이 아니라고 볼 수도 있을 것이다.[11]

이 사건에서 상여금을 통상임금에서 제외하는 노사합의의 무효를 주장하여 추가 법정수당을 청구하는 것이 신의칙에 위배되는지 여부에 관하여 다수의견과 반대의견은 정반대의 결론에 도달한다. 다수의견은 신의칙의 적용을 예외적이나마 인정하는 반면, 반대의견은 이를 부정한다. 다수의견의 결론이 종래의 판례에 비추어 볼 때 이례적이라고 볼 수 있다. 위에서 본 구 농지개혁법 위반 사건이나 사립학교법 위반 사건에서 인정된 '특별한 사정'은 없기 때문이다. 그런데 통상임금 사건에서는 강행법규에 배치되는 통상임금 산정 기준을 토대로 노사가 별도의 교섭과 합의를 하여 상여금 등을 결정하였다는 점[12]에서 위 사건들과는 달리 볼 여지가 있다. 강행법규를 정면으로 위반하는 약정은 당연히 무효이지만, 강행법규에 반하는 일정한 기준을 토대로 당사자들이 별도의 교섭을 하여 합의에 이르렀다면 그 합의에는 어느 정도 존중되어야 할 자율적 요소가 있다고 볼 수 있다. 그 합의가 강행법규 위반을 이유로 무효라고 하더라도 극히 예외적으로 교섭에 따른 신뢰형성을 근거로 신의칙을 적용할 수 있을 것이다.

(3) 한편 이와 같은 유형의 사건에서 신의칙의 적용을 긍정하더라도 그 요건을 엄격하게 설정한다면 신의칙 위반이 인정되는 경우가 대폭 줄어들 수도 있을 것이다.

다수의견은 이 사건에서 상세한 근거를 들어 신의칙의 적용을 긍정하는데, 그 결론 부분은 다음과 같다.

"앞서 본 바와 같은 방식의 임금협상 과정을 거쳐 이루어진 노사합의에서 정기상여금은 그 자체로 통상임금에 해당하지 아니한다고 오인한 나머지 정기상여금을 통상임금 산정 기준에서 제외하기로 합의하고 이를 전제로 임금수준을 정한 경우, 근로자 측이 앞서 본 임금협상의 방법과 경위, 실질적인 목표와 결과 등은 도외시한 채 임금협상 당시 전혀 생각하지 못한 사유를 들어 정기상여금을 통상임금에 가산하고 이를 토대로 추가적인 법정수당의 지급을 구함으로써, 노사가 합의한 임금수준을 훨씬 초과하는 예상외의 이익을 추구하고 그로 말미암아 사용자에게 예측하지 못한 새로운 재정적 부담을 지워 중대한 경영상의 어려움을 초래하거나 기업의 존립을 위태롭게 한다면, 이는 종국적으로 근로자 측에까지 그 피해가 미치게 되어 노사 어느 쪽에도 도움이 되지 않는 결과를 가져오므로 정의와 형평 관념에 비추어 신의에 현저히 반하고 도저히 용인될 수 없음이 분명하다. 그러므로 이와 같은 경우 근로자 측의 추가 법정수당 청구는 신의칙에 위배되어 받아들일 수 없다."[13]

---

10) 대판 2000. 6. 9, 99다70860(공 2000, 1624). 그러나 그와 같은 특별한 사정이 없는 경우에는 강행규정 위배로 인한 무효주장을 신의칙에 반하거나 권리남용이라고 볼 수 없다.

11) 김재형, "2000년도 민법판례의 동향," 민법론 Ⅱ, 2004, 458면.

12) 이와 같은 사정을 어느 정도까지 인정하여야 할 것인지는 별도의 문제이고, 이와 같은 사정이 없는 경우에는 다수의견의 결론이 적용되지 않을 수도 있을 것이다.

13) 이 부분에 대해서도 별개의견은 다수의견을 비판하고, 보충의견은 다수의견을 지지하고 있다. 보충의

이 사건 상여금을 통상임금에서 제외하는 노사합의의 무효를 주장하여 추가 법정수당을 청구하는 것에 대하여 신의칙을 적용하기 위해서는 두 가지 요건이 충족되어야 한다. 첫째, "임금협상 과정을 거쳐 이루어진 노사합의에서 정기상여금은 그 자체로 통상임금에 해당하지 아니한다고 오인한 나머지 정기상여금을 통상임금 산정 기준에서 제외하기로 합의하고 이를 전제로 임금수준을 정한 경우"여야 한다. 따라서 임금협상 과정을 거쳐 노사합의에서 정기상여금을 지급한 것이 아니라 회사가 일방적으로 임금을 정한 경우에는 위와 같은 합의가 없기 때문에 신의칙이 적용되지 않을 것이다. 둘째, 근로자가 추가적인 법정수당의 지급을 구함으로써, 노사가 합의한 임금수준을 훨씬 초과하는 예상외의 이익을 추구하고 그로 말미암아 사용자에게 예측하지 못한 새로운 재정적 부담을 지워 중대한 경영상의 어려움을 초래하거나 기업의 존립을 위태롭게 해야 한다. 다수의견은 통상임금 사건에서 신의칙의 적용을 긍정하면서도 위와 같은 두 개의 엄격한 요건을 설정하고 있다고 볼 수 있다.

통상임금 사건을 담당하는 하급심으로서는 대법원 판결에 따라 회사와 노동조합의 임금협상 실태, 회사와 직원들 사이에 상여금을 통상임금에서 제외하기로 하는 명시적 또는 묵시적 노사합의 또는 관행이 이루어졌는지 여부, 그리고 이 사건 상여금이 통상임금에 산입될 경우 피고가 부담하게 될 추가 법정수당액과 전년도 대비 실질임금 인상률 및 그에 관한 과거 수년간의 평균치, 회사의 재정 및 경영상태, 회사의 직원들에 대한 상여금의 구체적인 지급방식 및 그 변경 내용, 동기 및 경위, 그 변경된 지급방식의 직원에 대한 적용 여부 등을 고려하여 신의칙의 적용 여부를 판단해야 할 것이다. 통상임금 사건에서 이와 같은 요소들을 어떻게 반영하여 신의칙을 적용할 것인지에 관하여 일의적으로 답변하기는 매우 어렵다. 신의칙의 의미와 위상을 어떻게 보는지에 따라 구체적인 사건에서 신의칙의 적용 여부가 달라질 수 있기 때문이다. 다만 다수의견은 신의칙을 적용하기 위한 요건을 위와 같이 엄격하게 한정하고 있기 때문에, 그 요건을 충족하는 경우가 많지 않을 것이다.

견은 "당사자들이 상호 전제하거나 기초가 되는 사항에 관하여 착오가 있었을 경우 일정한 요건하에 가정적 의사를 밝혀내어 정당한 이익조정을 하는 것도 신의칙의 영역에 속한다."는 점도 고려하고 있는데, 공통의 착오에 관한 대법원 판례뿐만 아니라 매우 이례적이게도 공통의 착오에 관한 유럽계약법원칙(Principles of European Contract Law) 제4:105조 제3항과 독일 민법 제242조의 규정을 인용하기도 한다.

제2장 권리의 주체

제1절 법인

[6] Ⅰ. 법인격의 부인 또는 남용
대판 2008. 8. 21, 2006다24438(공 2008, 1269);
대판 2008. 9. 11, 2007다90982(공 2008, 1365)

1. 대법원 판결

(1) 대판 2008. 8. 21, 2006다24438은 법인격의 남용에 관한 기존의 판례 법리를 인용한 다음, 채무면탈의 의도를 판단할 때 고려하여야 할 요소를 제시하고 있다. 즉,

"기존회사가 채무를 면탈하기 위하여 기업의 형태·내용이 실질적으로 동일한 신설회사를 설립하였다면, 신설회사의 설립은 기존회사의 채무면탈이라는 위법한 목적 달성을 위하여 회사제도를 남용한 것에 해당한다. 이러한 경우에 기존회사의 채권자에 대하여 위 두 회사가 별개의 법인격을 갖고 있음을 주장하는 것은 신의성실의 원칙상 허용될 수 없으므로, 기존회사의 채권자는 위 두 회사 어느 쪽에 대하여서도 채무의 이행을 청구할 수 있다고 할 것인바(대법원 2004. 11. 12. 선고 2002다66892 판결 참조), 여기에서 기존회사의 채무를 면탈할 의도로 신설회사를 설립한 것인지 여부는 기존회사의 폐업 당시 경영상태나 자산상황, 신설회사의 설립시점, 기존회사에서 신설회사로 유용된 자산의 유무와 그 정도, 기존회사에서 신설회사로 이전된 자산이 있는 경우, 그 정당한 대가가 지급되었는지 여부 등 제반 사정을 종합적으로 고려하여 판단하여야 한다."

그러나 대법원은 이 사건에 대한 구체적인 판단에서 다음과 같은 이유를 들어 법인격 남용을 인정하지 않았다. 즉, 피고 회사는 A회사와 기업의 형태·내용이 같고 모두 B에 의하여 지배되고 있는 회사이지만, A회사의 부동산 등에 대한 낙찰대금 10억 4,500만 원 중 837,820,050원이 피고 회사 명의로 대출받거나 차용한 금원으로 지급되었고, 또한 피고 회사가 이 사건 의약품 제조 허가권 등과 관련하여 A회사에 7,500만 원을 대금으로 지급하였다. 따라서 피고 회사가 A회사의 채무를 면탈하기 위하여 신설된 것이라고 인정하려면, 이 사건 의약품 제조 허가권 등에 대한 가액 평가나 대금의 일부 면제가 부당하게 이루어졌거나, 거래처를 비롯한 영업권이 아무런 대가 없이 이전되었거나, 그 밖에 A회사의 자산이 피고 회사의 설립비용 등의 자금으로 유용되었다는 사실 등 A회사의 채권자에게 불리한 결과를 초래하는 채무면탈에 관한 사정이 인정될 수 있어야 한다는 것이다.

(2) 대판 2008. 9. 11, 2007다90982(공 2008, 1365)는 법인격 남용에 관하여 중요한 판단을 하고 있다. 이 판결은 대법원 2001. 1. 19. 판결[1]의

1) 대판 2001. 1. 19, 97다21604(집 49-1, 민 1)는 법인격의 남용에 관하여 중요한 기준을 제시하고 있다. 즉, "회사가 외형상으로는 법인의 형식을 갖추고 있으나 이는 법인의 형태를 빌리고 있는 것에 지나지 아니하고 그 실질에 있어서는 완전히 그 법인격의 배후에 있는 타인의 개인기업에 불과하거나 그것이 배후자에 대한 법률적용을 회피하기 위한 수단으로 함부로 쓰여지는 경우에는 비록 외견상으로는 회사의 행위라 할지라도 회사와 그 배후자가 별개의 인격체임을 내세워 회사에게만 그로 인한 법적 효과가 귀속됨을 주장하면서 배후자의 책임을 부정하는 것은 신의성실의 원칙에 위반되는 법인격의 남용으로서 심히 정의와 형평에 반하여 허용될 수 없다 할 것이고, 따라서 회사는 물론 그 배후자인 타인에 대하여도 회사의 행위에 관한 책임을 물을 수 있다." 라고 한다.

법리를 인용한 다음, 법인격의 형해화와 남용을 구분하여 다음과 같이 판단하고 있다.

"여기서 회사가 그 법인격의 배후에 있는 타인의 개인기업에 불과하다고 보려면, 원칙적으로 문제가 되고 있는 법률행위나 사실행위를 한 시점을 기준으로 하여, 회사와 배후자 사이에 재산과 업무가 구분이 어려울 정도로 혼용되었는지 여부, 주주총회나 이사회를 개최하지 않는 등 법률이나 정관에 규정된 의사결정절차를 밟지 않았는지 여부, 회사 자본의 부실 정도, 영업의 규모 및 직원의 수 등에 비추어 볼 때, 회사가 이름뿐이고 실질적으로는 개인영업에 지나지 않는 상태로 될 정도로 형해화되어야 한다.

또한 위와 같이 법인격이 형해화될 정도에 이르지 않더라도 회사의 배후에 있는 자가 회사의 법인격을 남용한 경우, 회사는 물론 그 배후자인 타인에 대하여도 회사의 행위에 관한 책임을 물을 수 있으나, 이 경우 채무면탈 등의 남용행위를 한 시점을 기준으로 하여, 회사의 배후에 있는 자가 회사를 자기 마음대로 이용할 수 있는 지배적 지위에 있고, 그와 같은 지위를 이용하여 법인 제도를 남용하는 행위를 할 것이 요구되며, 위와 같이 배후자가 법인 제도를 남용하였는지 여부는 앞서 본 법인격 형해화의 정도 및 거래상대방의 인식이나 신뢰 등 제반 사정을 종합적으로 고려하여 개별적으로 판단하여야 한다."

나아가 원심은 문제된 회사가 실질적으로는 피고의 개인기업이라는 이유로 법인격 남용을 인정하고 있으나, 대법원은 법인격이 형해화되었거나 법인격을 남용하고 있다고 볼 수 없다고 판단하였다. 법인격 형해화와 관련해서는 "법인이 형해화되어 그 법인격을 부인할 정도로 회사와 피고 사이에 심각한 재산의 혼용이 이루어졌다고 할 수 없다."라고 한다. 또한 법인격의 남용을 인정하려면 "피고가 자신에 대한 법률적용을 회피하기 위한 수단으로 법인 형식을 이용함으로써 그에 대한 법적 효과의 귀속을 부당하게 벗어나려고 하는 법인격 남용행위가 인정되어야 할 것인바, 주식회사의 물적·유한 책임성에 비추어 채권자를 해하는 경우가 아니라면 영업이 부진한 주식회사를 폐업하고 채권·채무를 청산한 다음 신규자본을 투입하여 새로운 회사를 설립하고 운영하는 것 자체를 위법하다고 할 수 없다."라고 한다.

2. 평석

(1) 우리나라에서 법인격의 부인 또는 남용에 관하여 많은 논의가 이루어져 왔고, 특히 2000년대에 들어와 이 분야에서 중요한 판결들이 나왔다.

위 (1) 판결에서 일반론으로 "채무를 면탈하기 위하여" 또는 "채무면탈이라는 위법한 목적"이라는 표현을 사용하고 있으나, 회사제도의 남용을 인정하기 위해서 주관적 목적이 반드시 필요하다고 판단하고 있지는 않다. 또한 이 사건에 대한 구체적 판단에서 채무면탈에 관한 객관적 요소에 관한 증거가 없다고 판단하고 있을 뿐이고, 주관적 요소에 관해서는 판단하지 않고 있다. 이 사건에서 객관적 요건을 충족하지 않았기 때문에, 주관적 요건에 관하여 판단하지 않은 것으로 볼 수도 있지만, 법인격 남용을 인정하는 데 주관적 요건이 필요하지 않다는 비판[2)]을 수용한 것으로 볼 여지도 있다. 이 판결에서 기존회사와 신설회사 사이에 재산 또는 자금의 혼용이 없다는 이유로 채무면탈에 관한 사정을 부정하였는데, 이와 같은 재산 또는 자금의 혼용이 있는지 여부는 법인격의 남용을 판단하는 데 매우 중요한 요소로서, 앞으로 법인격 남용에 관한 사건에서 이 점에 대한 입증이나

2) 정동윤, "주식회사의 법형태의 남용의 규제와 법인격부인이론," 저스티스 제10권 제1호(1972. 12), 132면.

사실인정이 중요한 문제가 될 것이다.

위에서 본 대법원 2001년 판결 이래 법인격 남용에 관한 법리가 점차 구체화되었는데, 위 (2) 판결은 법인격 남용이 인정되는 경우를 처음으로 법인격 형해화와 법인격 남용으로 명백하게 구분하고 각각의 판단시기와 판단기준을 제시하였다. 판단시기와 관련하여 문제의 법률행위 등이 법인격의 형해화나 남용이 있다고 볼 수 있는 시점 이전에 이루어진 경우에는 법인격 형해화나 남용을 인정할 수 없다고 하였다.

(2) 우리나라에서 주식회사 등 법인을 설립하여 유한책임제도를 악용하는 경우가 많고 사실상 1인회사도 적지 않다. 따라서 법인격부인 또는 남용을 인정할 필요성이 크다. 그러나 법인격을 남용하였다는 이유로 회사의 배후자의 책임을 인정한 대법원 판결은 서너 건밖에 없다. 법인격부인 또는 남용에 관하여 무수히 많은 논문[3]이 나왔는데도, 법인격 남용을 인정한 사례가 거의 없다는 것은 연구주제의 비효율성을 말해 주는 것은 아닐까 하는 생각이 들 정도이다. 이와 달리 미국에서는 법인격 무시론이 문제된 1,600건 중 법인격을 부인하고 책임을 인정한 사건이 40%가 넘는다는 분석결과가 있다.[4] 그리하여 법인격부인이 불가능하다는 생각은 신화에 불과하다고 한다.[5] 우리 실무에서 미국에 비하여 법인격 남용을 지나치게 소극적으로 인정하고 있다고 볼 수 있다. 우리나라에서는 결국 법인격부인 또는 남용의 법리를 억제하여야 한다는 사고가 지배하고 있다고 생각할 수 있다. 그 이유는 무엇일까? 이는 정당한 태도인가?[6]

법인격부인론은 법인격 자체를 부인하는 이론이라는 인상을 주고, 이것이 법인격부인 또는 남용을 쉽게 인정하지 못하게 하는 요인일 수 있다. 그러나 법인격이 부인되더라도 법인이 법인격을 완전히 상실하는 것은 아니다.[7] 미국에서는 "disregard of the corporate entity(법인격의 무시)" 또는 "piercing the corporate veil(회사의 베일을 꿰뚫는 것)"이라는 용어를 사용한다. 이는 회사가 법인격이 있더라도 회사나 그 배후자의 책임이 문제되는 경우에 회사라는 법인격을 무시하고 그 뒤에 있는 배후자에게 책임을 추궁한다는 의미이다. 법인격부인 또는 남용의 법리가 적용되면 유한책임의 원칙이 배제되어 회사와 그 배후자에 대해서 책임을 추궁할 수 있게 된다. 즉, 회사의 채권자는 직접 사원, 주주, 배후자에게 책임을 추궁할 수 있고, 사원 등에 대한 채권자는 회사에게 직접 책임을 추궁할 수 있다.

법인의 본질에 관해서는 법인의제설, 법인부인설, 법인실재설이 대립하고, 법인실재설은 다시 유기체설과 조직체설로 나누어진다.[8] 우리나라에서는 법인실재설을 따르고 있고, 법인의제설은 받아들여지지 않고 있다.[9] 그런데 영미법에서는 법인의 본질에 관하여 법인의제설이 우세하고 이러한 법인의제설은 법인격부인론에서 그 기능을 제대로 발휘한다는 견해가 있다.[10]

3) 법인격부인 또는 남용에 관하여 1961년에 논문이 발표된 이래 2008년까지 100개가 넘는 논문이 나왔다. 2008년 10월 대법원종합법률정보(http://glaw.scourt.go.kr/jbsonw/jbson.do), 국회도서관(http://www.nanet.go.kr), 한국교육학술정보원(http://www.riss4u.net), 한국학술정보(http://kiss.kstudy.com), 로앤비(http://sun.lawnb.com), 누리미디어(http://www.dbpia.co.kr)를 검색한 결과 107편(여기에는 학위논문은 박사학위논문만을 포함시켰고, 그중 12편은 고시잡지에 실린 글이다)을 찾을 수 있었다.

4) Robert B. Thompson, "Piercing the Corporate Veil: An Empirical Study," 76 *Cornell L. Rev.* 1036 (1991).

5) Mark S. Cohen, "Grounds for Disregarding the Corporate Entity and Piercing the Corporate Veil," 45 *American Jurisprudence Proof of Facts* 3d 1 (2008).

6) 상세한 것은 김재형, "법인격, 그 인정과 부정," 민사법학 제44호(2009. 3), 31면 이하.

7) 고평석, "법인격부인론의 부인," 상사법의 현대적 과제, 1984, 99면; 송호영, "법인격부인론의 요건과 효과," 저스티스 제66호(2002. 4), 265면.

8) 곽윤직 · 김재형, 민법총칙, 제9판 중판, 2015, 157~158면.

9) 곽윤직 · 김재형(주 8), 157면.

10) 민법주해[I], 1992, 449면(이주흥 집필).

독일에서도 일정한 경우에 회사와 그 주주를 동일체로 파악하는 실체파악이론(實體把握理論; Durchgriffslehre)[11]은 법인의제설과 밀접한 관계에 있다고 보는 견해가 있다.[12] 그러나 법인의 본질론과 법인격부인론은 직접적인 관계가 없다. 다만 법인격부인 또는 남용에 관하여 설명하는 방식만이 달라질 뿐이다. 법인의제설을 따를 경우에는 법인격부인론을 법인이라는 법적 의제를 무시하고 그 배후에 있는 자에게 책임을 추궁하는 것이라고 설명한다. 이와 달리 법인실재설을 따를 경우에는 법인의 실체를 파악하여 그 배후자에게 책임을 부과하는 방식으로 설명한다. 따라서 법인의제설을 따르지 않더라도 법인격부인 또는 남용을 인정할 수 있다.

법인격부인 또는 남용에 관하여 직접 규율하는 법규정이 없기 때문에, 이를 인정하는 것이 쉽지 않을 수 있다. 미국에서도 법인격부인에 관한 법규정이 없었지만, 미국은 판례법 국가이기 때문에 우리나라와는 상황이 다르다. 미국에서 법인격 무시론은 19세기부터 형평법상의 구제수단으로서 판례에 의하여 발전되었다. 우리나라는 성문법 국가이기 때문에 법률에 직접 규율하는 규정이 없는 상태에서 법인격부인 또는 남용을 쉽게 인정하기 어려웠을 것이다. 그러나 우리 민법은 제2조에서 신의성실의 원칙과 권리남용 금지의 원칙을 규정하고 있다. 이는 법인격부인 또는 남용에 관한 근거규정으로 작용한다.[13] 법인제도를 남용하는 것은 제도 남용의 일종으로 파악할 수 있다. 물론 단체법에서 신의성실의 원칙이나 권리남용 금지의 원칙이라는 일반조항이 적용되는 경우는 많지 않다. 그런데도 신의칙 위반이나 권리남용금지를 끌어들여 사원이나 주주 등의 책임을 인정한다면 법적 불확실성이 커질 위험이 있다. 따라서 신의칙 위반이나 법인격 남용을 이유로 법인의 사원이나 주주 또는 배후자의 책임을 인정하는 것은 극히 예외적으로만 인정해야 한다. 대법원 판결에서 문제된 사안들이 법인격 남용에 해당하는지 판단하는 것은 쉽지 않고 그 요건에 해당하는지 여부에 대한 판단은 사실인정의 문제가 있지만, 개별적인 경우에 형평에 맞는 결과를 도출하기 위하여 사실심에서 법인격 남용에 해당하는지 여부를 충실하게 하고, 법인격 남용의 법리를 좀 더 전향적으로 적용하는 것이 옳은 방향이라고 생각한다.

법인은 그 구성원인 사원으로부터 엄격하게 분리되어 있고,[14] 주식회사의 경우에 회사와 그 주주를 엄격하게 분리하는 분리의 원칙을 채택하고 있다. 이를 토대로 법인은 그 채무와 행위에 대하여 법인의 재산으로써만 책임을 진다는 유한책임의 원칙은 단체법에서 가장 중요한 특성 중의 하나이다. 따라서 분리의 원칙이나 유한책임의 원칙이 흔들리지 않도록 법인격부인을 좁게 인정하고 있다고 볼 수 있다. 그러나 법인의 사원 등 그 배후자가 법인제도를 이용하여

11) 이 이론은 1955년에 발표된 Rolf Serick의 견해에서 본격적으로 논의되기 시작하였다. Rolf Serick, *Rechtsform und Realität juristischer Personen: ein rechtsvergleichender Beitrag zur Frage des Durchgriffs auf die Personen oder Gegenstände hinter der juristischen Person*, 2., unveränd. Aufl., 1980. 그 후 1957년에 나온 Müller-Freienfels, "Zur Lehre vom sogennten "Durchgriff" bei juristischen Personen im Privatrecht," *AcP* 156, 522ff.에서 주장된 견해가 다수설이 되었다.

12) Werner Flume, *Allgemeiner Teil des bürgerlichen Rechts, Bd. 1. Teil 2. Die juristische Person*, 1983, § 3 I (S. 68).

13) 차한성, "법인격부인론," 민사판례연구(XXIV), 2002, 575면. 최기원, 신회사법론, 제12대정판, 2005, 57면은 권리남용금지에서 그 근거를 찾고 있다. 이와 달리 법인격의 개념에 내재하는 한계(상법 제171조)에서 그 근거를 찾는 견해도 있다. 손주찬, 상법(상), 제14정판, 2003, 436면; 정찬형, "법인격부인론," 현대민상법의 연구(위정 이재철박사 화갑기념), 1984, 403면.

14) 민법에서 단체를 사단과 조합으로 구분하는데, 그 구성원으로부터 단체가 독립되어 있는지 여부는 사단과 조합을 구분하는 중요한 요소이다.

불법적 행위를 하거나 모험을 하는 경우에 그로 인한 책임을 부담하여야 한다. '법인'이 무조건 배후자의 책임을 부정하는 수단으로 이용되어서는 안 된다. 실질적으로 그 배후자가 책임을 져야 하는 상황이라면 법인이라는 형식을 깨뜨리고 그 실질에 맞게 배후자의 책임을 인정하여야 한다.

[7] Ⅱ. 법인의 사원 등 의결기관의 불법행위책임
대판 2009. 1. 30, 2006다37465(공 2009, 211)

1. 사실관계와 원심판결

사안이 복잡한데, 주요한 부분은 다음과 같다. 체비지대장의 명의 변경을 금지하는 가처분 결정이 2001. 9. 21.경 토지구획정리조합에 송달되었다. 그러나 ① 위 조합의 조합장인 피고 1이 위 조합의 상임이사인 피고 5, 감사인 피고 6, 피고 7과 협의하여 2001. 10. 24.부터 2002. 12. 20.까지 사이에 체비지 합계 10,446.3㎡를 매각하고 위 가처분 결정을 위반하여 위 조합이 보관하고 있는 체비지대장의 소유자 명의를 매수인들로 변경하였다. ② 한편 위 조합의 대의원들인 피고 9 내지 20이 위 가처분 결정 후에 개최된 대의원회에서는 위 피고들이 체비지 매각에 관한 보고를 받고도 단순히 조합장인 피고 1이 그때까지 실행한 체비지의 매각에 대하여 아무런 이의를 제기하지 않거나, '전원의 동의'의 형식으로 이미 실행한 체비지 매각을 승인하고 잔여 체비지 매각문제를 피고 1을 비롯한 조합 집행부에게 일임하기로 하는 의결을 하였다. 또한 위 조합의 이사들인 피고 2 내지 4 역시 위 가처분 결정 후에는 위 대의원회의 의결과 비슷한 정도의 의결을 하였다.

원심은 위 피고들에게 불법행위에 기한 손해배상책임을 인정하였다.

2. 대법원 판결

그러나 대법원은 위 ① 부분과 위 ② 부분을 구분하여 결론을 달리하고 있다.

"법인의 대표자가 그 직무에 관하여 타인에게 손해를 가함으로써 법인에 손해배상책임이 인정되는 경우에, 대표자의 행위가 제3자에 대한 불법행위를 구성한다면 그 대표자도 제3자에 대하여 손해배상책임을 면하지 못하며(민법 제35조 제1항), 또한 사원도 위 대표자와 공동으로 불법행위를 저질렀거나 이에 가담하였다고 볼 만한 사정이 있으면 제3자에 대하여 위 대표자와 연대하여 손해배상책임을 진다. 그러나 사원총회, 대의원 총회, 이사회의 의결은 원칙적으로 법인의 내부행위에 불과하므로 특별한 사정이 없는 한 그 사항의 의결에 찬성하였다는 이유만으로 제3자의 채권을 침해한다거나 대표자의 행위에 가공 또는 방조한 자로서 제3자에 대하여 불법행위책임을 부담한다고 할 수는 없다. 이때 **의결에 참여한 사원 등이 대표자와 공동으로 불법행위를 저질렀거나 이에 가담하였다고 볼 수 있는지 여부**는, 그 의결에 참여한 법인의 기관이 당해 사항에 관하여 의사결정권한이 있는지 여부 및 대표자의 집행을 견제할 위치에 있는지 여부, 그 사원이 의결과정에서 대표자의 불법적인 집행행위를 적극적으로 요구하거나 유도하였는지 여부 및 그 의결이 대표자의 업무 집행에 구체적으로 미친 영향력의 정도, 침해되는 권리의 내용, 의결 내용, 의결행위의 태양을 비롯한 위법성의 정도를 종합적으로 평가하여 **법인 내부행위를 벗어나 제3자에 대한 관계에서 사회상규에 반하는 위법한 행위라고 인정될 수 있는 정도에 이르러야** 한다."

이 사건에 관한 구체적인 판단에서 대법원은 원심판결 중 위 ① 부분에 대한 판단을 지지하였다. 즉, "피고 1은 위와 같이 가처분 결정에 위반하는 행위를 함으로써 그 피보전권리를 침해한 불법행위자로서 원고가 입은 손해를 배상할 책임이 있고, 피고 5, 피고 6, 피고 7 역시 피고 1의 불법행위에 가담한 자로서 민법 제760조 제1항에 따라 원고에게 그 손해를 배상할 책임이 있다."라고 한다.

그러나 대법원은 위 ② 부분에 대해서는 원심판결[1)]을 파기환송하였다. 위 조합의 대의원회가 정관 제17조, 제19조에 따라 위 조합의 체비지 매각에 관한 사항을 의결할 권한이 있으나,[2] 이사회는 체비지의 매각에 관한 의결 권한이 없다. 또한 이 사건 체비지의 구체적인 매각 경위, 대의원회나 이사회의 의결 내용이나 의결행위의 태양 및 위법성의 정도, 원고와 위 조합 사이의 이 사건 분쟁에 이른 사정과 위 가처분 이의사건 및 그 본안소송의 소송 경과 등을 종합적으로 평가하여 볼 때, 위 피고들의 의결행위가 단순한 법인 내부의 행위를 벗어나 제3자에 대한 관계에서 사회상규에 반하는 위법한 행위라고 평가될 정도에 이르렀다고 보이지 않는다. 그러므로 위 조합의 대의원인 피고 9 내지 20과 위 조합의 이사인 피고 2 내지 4가 위와 같은 내용의 의결에 찬성하였다는 것만으로는, 위 조합의 체비지 매각 등으로 인하여 손해를 입게 된 원고에 대하여 실질적으로 대표자인 피고 1과 공동하여 직접 원고의 채권을 침해하는 불법행위를 저질렀다거나 그 불법행위에 가담하였다고 볼 수 없다고 한다.

3. 평석

법인의 대표자가 제3자에 대하여 불법행위책임을 지는 경우에 이에 관한 의결에 찬성한 이사나 대의원도 불법행위책임을 지는가? 이 판결에서는 법인의 대표자가 불법행위를 저지른 경우에 법인 내부의 사원총회 등에 참석한 사원 등도 불법행위책임을 지는지 여부가 문제되었다.

법인의 대표자가 그 직무에 관하여 불법행위를 저지른 경우에 대표자의 행위가 제3자에 대한 불법행위를 구성한다면 그 대표자도 제3자에 대하여 손해배상책임을 진다(민법 제35조 제1항). 또한 사원도 위 대표자와 공동으로 불법행위를 저질렀거나 이에 가담한 경우에는 제3자에 대하여 위 대표자와 연대하여 손해배상책임을 진다. 그러나 사원총회, 대의원 총회, 이사회에서 그와 같은 사항의 의결에 찬성한 사람(이하 편의상 '의결참여자'라고 한다)도 불법행위책임을 지는지 문제된다. 이와 같은 경우에 의결참여자의 책임을 무겁게 인정하여야 한다는 시각과 의결참여자의 책임을 부정하여야 한다는 시각이 있을 수 있다.

이 판결은 위 두 시각 중 어느 한쪽에 치우치지 않고 그 중간 부근에서 책임의 인정 여부를 가리고 있다. 사원총회 등의 의결이 원칙적으로 법인의 내부 행위에 불과하므로 그 사항의 의결에 찬성하였다는 이유만으로 불법행위책임을 부담하지 않는다. 의결참여자가 대표자와 공동으로 불법행위를 저질렀거나 이에 가담하였다고 볼 수 있는지 여부는, ㉠ 그 의결에 참여한 법인의 기관이 당해 사항에 관하여 의사결정권한이 있는지 여부 및 대표자의 집행을 견제할 위치에 있는지 여부, ㉡ 그 사원이 의결과정에

---

1) 원심은, 위 피고들의 행위가 원고의 소외 토지구획정리조합에 대한 채권을 침해한 것으로서 불법행위를 구성할 뿐만 아니라, 피고 1의 불법행위에 가공 또는 방조한 것이라고 보아 손해배상책임을 인정하였다.

2) 구 토지구획정리사업법 제26조는 토지구획정리조합의 총회의 의결사항을 규정하면서 제8호로 '제54조의 규정에 의한 체비지 등의 처분방법'을 들고 있고, 구 토지구획정리사업법 제27조 제3항은 "대의원회는 대통령령이 정하는 사항을 제외한 모든 총회의 권한을 대행한다."라고 정하고 있다. 한편, 구 토지구획정리사업법 시행령(2000. 8. 2. 대통령령 제16933호로 폐지되기 전의 것) 제18조는 "법 제27조 제3항의 규정에 의한 대통령령으로 정하는 사항이라 함은 다음 각 호에 게기하는 것을 말한다."라고 규정하면서 '조합장 · 이사 및 감사의 선임'과 '법 제26조 제1호 및 제2호에 게기된 사항' 및 '조합의 합병 또는 해산에 관한 사항'을 정하고 있다. 그리고 위 조합의 정관 제17조, 제19조에도 대체로 위 법령과 같은 내용으로 규정되어 있다. 그러므로 시행령 제18조와 위 조합의 정관이 구 토지구획정리사업법 제26조 제8호의 사항을 대의원회가 권한을 대행할 수 없는 사항으로 규정하지 않고 있는 이상 대의원회는 구 토지구획정리사업법 제27조 제3항에 따라 위 제8호의 사항에 관한 권한을 대행할 수 있다(대판 2003. 6. 27, 2001두11021 참조).

서 대표자의 불법적인 집행 행위를 적극적으로 요구하거나 유도하였는지 여부, ㉢ 그 의결이 대표자의 업무 집행에 구체적으로 미친 영향력의 정도, ㉣ 침해되는 권리의 내용, ㉤ 의결내용, ㉥ 의결행위의 태양을 비롯한 위법성의 정도를 종합적으로 평가하여 법인 내부 행위를 벗어나 제3자에 대한 관계에서 사회상규에 반하는 위법한 행위라고 인정될 수 있는 정도에 이르러야 한다고 하였다.

의결참여자가 대표자의 위법행위를 막지 못하였다는 이유로 제3자에 대하여 불법행위책임을 진다고 하는 것은 우리 현실에 맞지 않는다. 법인의 운영에서 권한에 상응하는 책임을 져야 한다. 법인 내부의 의결참여자가 대표자의 행위를 견제하기 어려운데도 의결참여자의 책임을 넓게 인정하는 것은 타당하지 않다. 이는 의결참여자에게 '적은 권한'에 비하여 '과도하게 무거운 책임'을 부과하는 결과가 되기 때문이다. 따라서 의결참여자의 권한과 지위, 행태 등 제반사정을 종합적으로 판단하여 위법한 경우에 한하여 의결참여자의 불법행위책임을 인정해야 할 것이다.

제2절 종중과 교회

[8] Ⅰ. 성년 여성의 종원으로서의 지위
대판(전) 2005. 7. 21, 2002다1178(집 53, 민 87)

1. 사실관계와 원심판결

피고는 용인 이씨 시조 길권의 18세손 말손을 중시조로 하는 종중이고, 원고들은 말손의 후손인 여성들로서 용인 이씨 33세손이다. 피고의 종중규약 제3조에 "본회는 용인 이씨 사맹공(휘 末字 孫字)의 후손으로서 성년이 되면 회원자격을 가진다."라고 규정되어 있다. 원고들은, (1) 위 규약에서 회원 자격을 남자로 제한하고 있지 않으므로 원고들도 피고 종회의 회원(종원) 자격을 갖는다고 주장하고, (2) 피고가 관습상의 종중과 다른 종중 유사단체에 해당한다고 주장하면서, 피고 종회의 회원임을 확인하는 소를 제기하였다. 원심은 원고의 주장을 배척하였다.

2. 대법원 판결

대법원은 원심판결을 파기환송하였는데, 다수의견과 별개의견으로 견해가 대립하였고, 다수의견에 대한 보충의견이 있다.

(1) 다수의견

㈎ 관습법의 요건

"사회의 거듭된 관행으로 생성된 사회생활규범이 관습법으로 승인되었다고 하더라도 사회 구성원들이 그러한 관행의 법적 구속력에 대하여 확신을 갖지 않게 되었다거나, 사회를 지배하는 기본적 이념이나 사회질서의 변화로 인하여 그러한 관습법을 적용하여야 할 시점에 있어서의 전체 법질서에 부합하지 않게 되었다면 그러한 관습법은 법적 규범으로서의 효력이 부정될 수밖에 없다."

㈏ 종중 구성원의 자격을 성년 남자로 제한하는 종래 관습법의 효력

"종원의 자격을 성년 남자로만 제한하고 여성에게는 종원의 자격을 부여하지 않는 종래 관습에 대하여 우리 사회 구성원들이 가지고 있던 법적 확신은 상당 부분 흔들리거나 약화되어 있고, 무엇보다도 헌법을 최상위 규범으로 하는 우리의 전체 법질서는 개인의 존엄과 양성의 평등을 기초로 한 가족생활을 보장하고, 가족 내의 실질적인 권리와 의무에 있어서 남녀의 차별을 두지 아니하며, 정치·경제·사회·문화 등 모든 영역에서 여성에 대한 차별을 철폐하고 남녀평등을 실현하는 방향으로 변화되어 왔으며, 앞으로도 이러한 **남녀평등의 원칙**은 더욱 강화될 것인바, 종중은 공동선조의 분묘수호와 봉제사 및 종원 상호간의 친목을 목적으로 형성되는 종족단체로서 공동선조의 사망과 동시에 그 후손에 의하여 자연발생적으로 성립하는 것임에도, 공동선조의 후손 중 성년 남자만을 종중의 구성원으로 하고 여성은 종중의 구성원이 될 수 없다는 종래의 관습은, 공동선조의 분묘수호와 봉제사 등 종중의 활동에 참여할 기회를 출생에서 비롯되는 성별만에 의하여 생래적으로 부여하거나 원천적으로 박탈하는 것으로서, 위와 같이 변화된 우리의 전체 법질서에 부합하지 아니하여 정당성과 합리성이 있다고 할 수 없다. 따라서 **종중 구성원의 자격을 성년 남자만으로 제한하는 종래의 관습법은 이제 더 이상 법적 효력을 가질 수 없게 되었다.**"

㈐ 종중 구성원의 자격

"종중이란 공동선조의 분묘수호와 제사 및 종원 상호간의 친목 등을 목적으로 하여 구성되는 자연발생적인 종족집단이므로, 종중의 이러한 목적과 본질에 비추어 볼 때 **공동선조와 성과**

본을 같이하는 후손은 성별의 구별 없이 성년이 되면 당연히 그 구성원이 된다고 보는 것이 조리에 합당하다."

㈑ **새로운 판례의 적용 시점과 이 사건에의 소급적용**

"이와 같은 종중 구성원의 자격에 관한 대법원의 견해의 변경은 관습상의 제도로서 대법원 판례에 의하여 법률관계가 규율되어 왔던 종중제도의 근간을 바꾸는 것인바, 대법원이 이 판결에서 종중 구성원의 자격에 관하여 위와 같이 견해를 변경하는 것은 그동안 종중 구성원에 대한 우리 사회일반의 인식 변화와 아울러 전체 법질서의 변화로 인하여 성년 남자만을 종중의 구성원으로 하는 종래의 관습법이 더 이상 우리 법질서가 지향하는 남녀평등의 이념에 부합하지 않게 됨으로써 그 법적 효력을 부정하게 된 데에 따른 것일 뿐만 아니라, 위와 같이 변경된 견해를 소급하여 적용한다면, 최근에 이르기까지 수십 년 동안 유지되어 왔던 종래 대법원판례를 신뢰하여 형성된 수많은 법률관계의 효력을 일시에 좌우하게 되고, 이는 법적 안정성과 신의성실의 원칙에 기초한 당사자의 신뢰보호를 내용으로 하는 법치주의의 원리에도 반하게 되는 것이므로, **위와 같이 변경된 대법원의 견해는 이 판결 선고 이후의 종중 구성원의 자격과 이와 관련하여 새로이 성립되는 법률관계에 대하여만 적용된다**고 함이 상당하다.

다만, 대법원이 위와 같이 종중 구성원의 자격에 관한 종래의 견해를 변경하는 것은 결국 종래 관습법의 효력을 배제하여 당해 사건을 재판하도록 하려는 데에 그 취지가 있고, 원고들이 자신들의 권리를 구제받기 위하여 종래 관습법의 효력을 다투면서 자신들이 피고 종회의 회원(종원) 자격이 있음을 주장하고 있는 이 사건에 대하여도 위와 같이 변경된 견해가 적용되지 않는다면, 이는 구체적인 사건에 있어서 당사자의 권리구제를 목적으로 하는 사법작용의 본질에 어긋날 뿐만 아니라 현저히 정의에 반하게 되므로, **원고들이 피고 종회의 회원(종원) 지위의 확인을 구하는 이 사건 청구에 한하여는 위와 같이 변경된 견해가 소급하여 적용되어야 할 것**이다."

(2) **별개의견**

별개의견은 "시대의 변화와 우리 사회의 법질서의 변천 등에 따라 종중에 관한 종래의 관습법에 일부 변화가 있어야 할 것"이라는 점에 대하여는 다수의견에 찬성한다. 그러나 "종래의 종중 구성에 관한 관습법의 효력을 통틀어 부정한 다음, 공동선조와 성과 본을 같이 하는 후손은 성년이 되면 당연히 그 구성원이 된다고 보는 것이 조리에 합당하다는 견해에는 찬성할 수 없다."라고 한다.

㈎ "**일반적으로 어떤 사적 자치단체의 구성원의 자격을 인정함에 있어서 구성원으로 포괄되는 자의 신념이나 의사에 관계없이 인위적·강제적으로 누구든지 구성원으로 편입되어야 한다는 조리는 존재할 수 없으며 존재하여서도 안 된다.** … 결사의 자유는 자연인과 법인 등에 대한 개인적 자유권이며, 동시에 결사의 성립과 존속에 대한 결사제도의 보장을 뜻하는 것이다. 그리고 그 구체적 내용으로서는 조직강제나 강제적·자동적 가입의 금지, 즉 가입과 탈퇴의 자유가 보장되는 것을 말하며, 특히 종중에서와 같이 개인의 양심의 자유·종교의 자유가 보장되어야 할 사법적(私法的) 결사에 있어서는 더욱 그러한 것이다."

㈏ "종래의 종중 구성에 관한 관습법 중 문제가 되는 부분은 종래의 관습법을 해석함에 있어 종중에 가입하려는 의사를 표명한 성년여자가 여자라는 이유만으로 종중 구성원에서 배제된

부분에 한정된다."

"우리는 위와 같은 문제는 현행 법질서 안에서 충분히 해결될 수 있다고 생각한다. 즉, 우리 민법 제103조는 선량한 풍속 기타 사회질서에 위반한 사항을 내용으로 하는 법률행위는 무효로 한다고 규정하고 있는데, 그 당연한 이치로서 사적 자치의 적용을 받는 단체라 하더라도 선량한 풍속 기타 사회질서에 반하는 행위로 타인에게 손해를 끼쳐서는 안 되는 것이므로, 이러한 법리에 비추어 보면, **어떤 단체가 그 단체에 대하여 중대하거나 본질적인 이해관계를 가지는 개인이 가입을 원하는 경우 합리적이고 정당한 이유 없이 가입을 거부함으로써 그 개인을 차별적으로 대우하거나 부당한 불이익을 주어서는 안 되는 것이다."**

(다) "종원 자격과 종중재산의 분배의 문제는 전혀 별개의 문제로 보아야 할 것이다. … 요컨대 종중이 소유하는 재산으로는 분묘수호 등에 쓰이는 종산(宗山)과 제사봉행 등에 소요될 식량 및 그 비용의 조달 등을 위한 위토전답(位土田畓) 그리고 제구(祭具) 등이 주된 것이고, 이러한 재산은 주로 재력 있는 선조나 후손들의 증여 또는 종원들의 출연에 의하여 마련된 종중의 총유로서, 일단 종중의 소유로 귀속되면 그 재산을 종중에 증여한 사람이나 그의 상속인이라도 배타적인 권리를 주장할 수 없고, 오로지 종중의 목적에 합당하게 사용되어야 하며, **종중재산을 처분하여 이를 개인에게 귀속시킴에 있어서는 신탁의 법리를 유추하여 후손 전원에게 합리적으로 분배**하고, 종원에게만 분배하는 것은 허용될 수 없는 것이다."

(라) 이 사건에서 피고 종회규약 제3조에는 "본회는 용인 이씨 사맹공(휘 末字 孫字)의 후손으로서 성년이 되면 회원자격을 가진다."라고만 규정하고 있을 뿐, 그 어디에도 성년의 여자를 회원에서 배제한다는 규정을 두고 있지 않다. "성년 여자인 원고들이 피고 종회에의 가입의사를 표명한 경우 원고들이 용인 이씨 사맹공의 후손이 아니라는 등 그 가입을 거부할 정당하고 합리적인 이유가 없는 이상 원고들은 가입의사를 표명함으로써 피고 종회 회원자격을 가진다."

3. 평석

(1) 이 판결은 성년 여성도 종중의 구성원이 될 수 있다고 판단하였다. 다만 성년 여자후손을 일률적으로 종원으로 보아야 하는지, 아니면 종중에 가입하기를 희망하는 성년 여자후손만을 종원으로 보아야 하는지를 둘러싸고 다수의견과 별개의견이 팽팽하게 대립하였다. 다수의견은 "종중 구성원의 자격을 성년 남자로 제한하는 종래 관습법의 효력"을 부정한 다음, "공동선조와 성과 본을 같이하는 후손은 성별의 구별 없이 성년이 되면 당연히 그 구성원이 된다고 보는 것이 조리에 합당하다."라고 한다. "종중 구성원의 자격을 성년 남자만으로 제한하는 종래의 관습법은 이제 더 이상 법적 효력을 가질 수 없게 되었다."라고 선언하고, "이 판결 선고 이후의 종중 구성원의 자격과 이와 관련하여 새로이 성립되는 법률관계"에서 성년 여자를 종원으로 취급해야 한다고 한다.

이에 대하여 별개의견은 성년 여자 중에서 종원이 될 의사를 표명한 사람만이 종원이 된다고 한다. 성년 여자인 원고들이 피고 종회에 가입할 의사를 표명하였으면, 원고들이 공동선조의 후손이 아니라는 등 그 가입을 거부할 정당하고 합리적인 이유가 없는 이상 종원 자격을 갖는다는 것이다.

이 판결은 종중 분야에서 남녀평등의 실현에 기여하였다는 평가를 받고 있지만, 여러 각도에서 다의적으로 읽을 수 있다는 점에서도 매우 흥미롭다. 종중의 단체로서의 성격, 종중에서 남녀평등의 실현 문제, 기본권의 대사인적 효력,

관습법의 효력, 종중재산의 분배문제, 판결의 소급효 등 여러 문제에 대하여 다양한 시각에서 접근할 수 있다.[1]

(2) 여자후손도 종원이 될 수 있다는 점에는 찬성한다. 그러나 종중가입을 원하지 않는 성년여자도 종원으로 취급하여야 할 것인지는 의문이다. 이는 남자의 경우에도 마찬가지이다. 헌법은 인간으로서의 존엄과 가치를 보장하고 있고, 양심의 자유와 결사의 자유를 보장하고 있다. 자녀에게 무조건 아버지의 성(姓)만을 쓰도록 강제하는 것은 인간으로서의 존엄과 가치 등을 침해할 수 있는데,[2] 이와 동일한 논리로 모든 사람이 의지와는 상관없이 단체의 구성원이 된다는 것은 위와 같은 헌법규정에 배치될 수 있다.

다수의견은 종중이 자연발생적 단체라는 견해에 입각하고 있다. 이러한 자연발생적 단체설은 일제시대의 관습조사를 통하여 확립되었다.[3] 해방 이후 대법원도 이를 따르고 있다. 그 결과 종중은 공동선조의 사망과 함께 곧바로 성립하고, 그 후손 중 성년남자는 당연히 종원이 된다는 논리로 이어졌다.[4] 다수의견은 여기에서 나아가 종중이 자연발생적 단체이기 때문에, 그 구성원도 후손들로 자동적으로 정해져야 하고, 성년여자도 당연히 종원이 된다는 것이 조리에 합당하다고 본 것이다. 결국 자연발생적 단체설과 남녀평등의 원칙은 다수의견을 뒷받침하는 두 축으로 작용하고 있다.

종중이 자연발생적 단체라는 것은 혈연관계에 있는 후손들이 공동선조에 대한 제사를 지내면서 자연스럽게 종중이라는 단체를 형성하였다는 의미이다. 그러나 종중에 인위적인 측면이 있다는 점을 부정할 수는 없다. 후손들이 모여 제사를 지내는 것 자체가 인위적인 행위이고, 종중규약, 즉 종약을 작성하는 것 역시 조직체로서의 인위적인 활동이다. 종중은 자연발생적 요소와 인위적 요소를 모두 갖추고 있는데, 다른 단체에 비하여 월등하게 자연발생적 요소가 강한 단체일 뿐이다. 자연발생적 단체설은 종중의 한 측면만을 부각한 것으로 더 이상 유지될 수 없다. 따라서 자연발생적 단체설에 토대를 두고 있는 대법원판결은 전면적으로 재검토할 필요가 있다.

공동선조의 사망과 동시에 종중이 성립하고, 그 후손이 자동적으로 구성원이 된다는 판례는 개인으로 하여금 너무 많은 단체 소속원으로 만들어버린다는 문제점이 있다. 사법상의 단체인 종중에 대하여 사적 자치의 원칙이 적용된다. 공동선조의 후손이라는 이유로 그 의지와는 상관없이 일률적으로 종중에 소속하게 하는 것은 개인의 자율성이나 자기결정권을 침해한다. 또한 개인의 의사와 관계없이 종중이라는 단체에 가입하는 것을 강제하는 것은 결사의 자유를 보장한 헌법취지에 반할 수 있다.

(3) 종중 사건에서 종중재산의 분배는 실질적

1) 상세한 것은 김재형, "단체로서의 종중," 민법론 Ⅲ, 2007, 1면 이하 참조.
2) 헌재 2005. 12. 22, 2003헌가5등(헌집 17—2, 544).
3) 野村調太郎 編, 朝鮮祭祀相續法論 序說, 朝鮮總督府中樞院, 1939, 509면 이하; 野村調太郎, "宗中に關する法律關係," 司法協會雜誌 제18권 제11호(1939. 11), 992면; 1940년 2월 7일 大邱覆審法院 民事 第三部 問議 1940년 3월 30일 中樞院議長回答(정광현, 한국가족법연구, 서울대학교 출판부, 1967, 172~174면에 원문과 번역문이 있음).
4) 이에 대한 비판으로는 김두헌, 한국가족제도연구, 재판, 1969, 91면; 김시승, "종중의 법률적 성격," 판례연구 제4집(부산판례연구회), 1994, 340면 이하; 심희기, 한국법사연구, 1992, 350면 이하; 유현석, "종중의 성립시기," 판례연구 제4집(서울지방변호사회), 1991, 66면 이하; 이재성, "우리나라 구래의 관습에 의한 종중의 성립시기," 변호사 제25집(서울지방변호사회), 1995, 146면 이하; 정귀호, "종중법에 대하여," 민법학논총(후암 곽윤직교수 화갑기념), 1985, 80면; 정긍식, "종중재산의 법적 문제," 한국근대법사고, 2001, 285면; 김재형(주 1), 18~21면; 윤진수, "변화하는 사회와 종중에 대한 관습," 사법 창간호(2007. 9), 29면 이하.

으로 가장 중요한 문제이다. 판례는 종중재산을 총유로 파악하고 있다. 종원들이 종중총회에서 종중재산을 분배하는 결정을 할 수 있고, 종중재산을 분배받을 수 있는 사람은 원칙적으로 종원에 한정된다. 미성년자는 종원이 아니므로, 종중재산의 분배에서 배제되거나 불리한 취급을 받을 것이다. 그런데 별개의견은 종원 자격과 종중재산의 분배 문제를 분리함으로써, 종중재산분배에 관하여 새로운 해결방안을 제시하고 있다. 즉, 종중재산을 분배할 때 신탁의 법리를 유추하여 후손 전원에게 합리적으로 분배하여야 한다고 하였다. 여기에서 종중재산 분배의 실마리를 찾을 수 있으리라 생각한다.

[9] Ⅱ. 종중의 본질과 종중규약의 자율성

대판 2008. 10. 9, 2005다30566(공 2008, 1521)

1. 사실관계와 원심판결

이 사건에서 종중회칙이 유효한지 문제되었다. 문제된 종중회칙의 내용은 다음과 같다. 종중의 대표자인 회장은 종손 또는 종손이 추천하는 학식과 덕망을 겸비한 종친을 종무위원회에서 선출한다(피고 종중회칙 제6조). 종무위원회는 종중의 최고의사결정기관으로 회칙의 개폐, 회장·부회장·감사의 선출, 예산 및 결산의 심의·승인, 재산의 취득 및 처분 등 종중의 주요 안건을 의결할 권한이 있고, 종무위원회를 구성하는 종무위원들은 종손이 계열별 및 원로 종친의 자문을 감안하여 선출하고 총회에서 추인한다(피고 종중회칙 제11조, 제12조). 원심은, 피고 종중회칙에서 종손에게 회장후보자 추천권과 종무위원 선출권을 함께 부여하고 있다는 점만으로는 위 회칙이 종중의 본질이나 설립 목적에 크게 반하는 것으로서 무효라고 볼 수 없다고 판단하였다.

2. 대법원 판결

대법원도 원심판결을 지지하였는데, 먼저 종중의 독자성과 자율성을 존중하여야 한다는 점을 강조한다.

"종중은 공동선조의 분묘수호와 제사, 그리고 종원 상호간의 친목도모 등을 목적으로 자연발생적으로 성립한 종족 집단체로서, 종중이 규약이나 관습에 따라 선출된 대표자 등에 의하여 대표되는 정도로 조직을 갖추고 지속적인 활동을 하고 있다면 비법인사단으로서의 단체성이 인정된다(대법원 2006. 10. 26. 선고 2004다47024 판결 등 참조).

이와 같은 종중의 성격과 법적 성질에 비추어 보면, 종중에 대하여는 가급적 그 독자성과 자율성을 존중해 주는 것이 바람직하고, 따라서 원칙적으로 종중규약은 그것이 종원이 가지는 고유하고 기본적인 권리의 본질적인 내용을 침해하는 등 종중의 본질이나 설립 목적에 크게 위배되지 않는 한 그 유효성을 인정하여야 할 것이다."

나아가 대법원은 문제된 종중회칙이 유효한 이유로 세 가지를 들고 있다. 첫째, 피고 종중회칙상 종손에게 회장후보자 추천권을 부여하면서도 그 선출 여부를 결정하는 권한은 전적으로 종무위원회에 위임하고 있다. 종손이 종무위원들을 선출할 때에도 계열별 및 원로 종친의 자문을 감안하여야 하며 최종적으로는 종중원 총회의 추인을 받도록 규정함으로써 종손의 전횡을 방지할 수 있는 나름대로의 장치를 마련하고 있다. 둘째, 실제로 그동안 피고 종중에서 선출된 종무위원들을 보면 각 계파별로 안배하여 종무위원을 선출해 왔다. 종손이 자신과 이해관계가 일치하는 특정한 종원 또는 특정 계열에 속한 종원만을 임의로 종무위원으로 선출해 오지는 않은 것으로 보인다. 이는 이 사건에서 문제된 2003. 6. 8.자 종무위원회에서 종손이 추천한 종친 A와 종손인 B 자신이 연이어 회장후보자로 나섰으나 종무위원들의 찬반투표에서 부결되어 종중회장으로 선출되지 못한 사실에서도 분명히 알 수 있다.[1] 셋째, 관습상 종중 내에서 종손이 상징적인 지위를 차지하고 있다.

3. 평석

이 판결은 종중규약은 원칙적으로 유효하지만, 예외적으로 종중규약이 "종원이 가지는 고유하고 기본적인 권리의 본질적인 내용을 침해하는 등 종중의 본질이나 설립 목적에 크게 위

1) 첫 번째와 두 번째 사항은 종손에 대한 견제장치가 있고, 이것이 실제로 작동하고 있다는 것이다.

배"되는 경우에 한하여 그 규약이 효력이 없다고 한다.[2] 이 사건에서는 구체적으로 종중회칙에서 종손에게 회장후보자 추천권을 부여한 것이 문제되었는데, 이는 허용된다고 판단하였다.

이 결론에 대한 평가는 두 방향에서 행해질 수 있다. 하나는 단체의 독자성과 자율성을 존중하였다는 점에서 긍정적인 평가를 할 수 있고, 다른 하나는 종손은 남자인 데다가 출생으로 정해지는 것이기 때문에 남녀평등을 비롯한 평등의 원칙에 저해가 될 수 있다는 점에서 부정적인 평가를 할 수도 있다.

먼저 종원들은 모두 공동 선조의 후손으로서 종중에서 평등한 지위를 갖는지 문제될 수 있다. 私法상의 단체인 종중에서 종원들을 똑같이 대우하지 않는 규약이 있더라도 그것만으로 평등원칙 위반을 이유로 그 규약이 무효로 되는 것은 아니다. 그러나 종중규약에서 과도하게 종손 등 일부 종원을 우대하는 경우에는 사회질서 위반의 법률행위에 관한 민법 제103조의 규정에 따라 무효가 될 수 있을 것이다. 2005년 대법원 전원합의체 판결[3]은 여성도 남성과 마찬가지로 종원이 된다고 하였는데, 종손에게 회장후보자 추천권을 부여한 종중규약이 평등의 원칙에 반하는 것이라고 생각할 여지도 있다. 그러나 이 판결에 의하면 종중규약에서 종손에게 대표자 추천권을 부여하더라도 그 규약이 유효하다고 보았으므로, 이러한 점에서는 종손을 우대하는 규약을 허용한 것이다. 전통적으로 종중에서 종손은 제사를 주재하는 등 특별한 지위를 갖고 있고,[4] 종중의 정통성을 상징하는 존재로 인식되고 있다. 따라서 종중규약에서 종손에게 회장후보자에 대한 추천권을 부여하고 있지만 회장선출권한은 종무위원회가 갖고 있는 등 견제장치가 작동하고 있기 때문에, 위와 같은 종중규약이 비합리적인 것은 아니다. 또한 종중은 사법적 단체로서, 그 조직을 자율적으로 구성할 수 있어야 한다. 법원이 사법적 단체의 대표자 선출에 관한 규정을 무효화하는 등으로 단체에 대한 통제를 강화한다면, 결사의 자유를 보장한 헌법 규정에 배치될 뿐만 아니라, 단체 내부의 분쟁이 줄어들기보다는 오히려 분쟁이 증폭될 수 있다. 종중의 규약에 대해서도 그 자율성을 넓게 인정하고, 이것이 지극히 불합리한 예외적인 경우에 한해서 이를 무효화하여야 할 것이다. 이 사건에서도 위 규약을 무효라고 선언해서는 안 되고, 다만 종손이 규약에 따라 후보자를 추천하지 않았다면 그 공백을 어떻게 메울 것인지를 심리하여야 할 것이다.

한편 종중의 법리에 대하여 논란이 계속되고 있는 이유에 관해서 생각해 볼 필요가 있다. 가장 큰 이유는 종중이 평등원칙에 부합하지 않는다는 것이다. 종중 자체가 남녀차별이 당연시되던 시대의 전통에서 비롯된 것인 데다가 종중에 관한 관습이 이를 토대로 구성된 것이기 때문

2) 종중의 본질이나 설립목적에 배치되는 경우로는 가령 공동 후손 일부에게 종원자격을 박탈하는 경우를 들 수 있다. 대판 1983. 2. 8, 80다1194(집 31-1, 민 46)는 "종중이 그 구성원인 종원에 대하여 그 자격을 박탈하는 소위 할종이라는 징계처분은 비록 그와 같은 관행이 있다 하더라도 이는 공동선조의 후손으로서 혈연관계를 바탕으로 하여 자연적으로 구성되는 종족단체인 종중의 본질에 반하는 것이므로 그러한 관행이나 징계처분은 위법 무효하여 피징계자의 종중원으로서의 신분이나 지위를 박탈하는 효력이 생긴다고 할 수 없다."라고 판결하였다. 또한 대판 2006. 10. 26, 2004다47024(공 2006, 1966)는 "종중이 '종원 중 불미부정(不美不正)한 행위로 종중에 대하여 피해를 끼치거나 명예를 오손하게 한 종원은 이를 변상시키고 이사회의 결의를 거쳐 벌칙을 가하고 총회에 보고한다'는 내용의 종중 규약에 근거하여 종원에 대하여 10년 내지 20년간 종원의 자격(각종 회의에의 참석권·발언권·의결권·피선거권·선거권)을 정지시킨다는 내용의 처분을 한 것은 종원이 가지는 고유하고 기본적인 권리의 본질적인 내용을 침해하므로 그 효력을 인정할 수 없다."라고 판결하였다.

3) 대판(전) 2005. 7. 21, 2002다1178(공 2005, 1326).

4) 일반적으로 종손이라 함은 '장자계(長子系)의 남자손(男子孫)으로서 적장자(嫡長子)'를 지칭한다. 대판(전) 2008. 11. 20, 2007다27670(공 2008, 1727).

에, 양성평등을 지향하는 우리 사회에 맞지 않는 측면이 있다. 또 하나의 중요한 이유는 종중에 관한 자연발생적 단체설에서 연유한다고 생각한다.

이 판결도 자연발생적 단체설을 전제로 하고 있다. 종중은 공동선조의 사망과 함께 그 공동후손으로 성립하는 단체라는 것이다. 종중의 본질에 반하는 처분이나 규약은 효력이 없다고 하는데, 이에 해당하는 사유로는 공동 후손인데도 종원의 자격을 배제하거나 이를 박탈하는 경우를 들고 있다. 종중이 자연발생적 단체이기 때문에, 인위적으로 그 자격을 배제하거나 박탈하는 것은 이와 같은 종중의 본질에 배치된다는 것이므로, 이 법리도 자연발생적 단체설의 연장선상에 있다고 파악할 수 있다. 이 판결에서 종중의 조직구성에 관해서는 자율성을 존중하고 있지만, 종중이라는 단체의 성립 자체에 관해서는 자율성을 인정하지 않고 있다.

그러나 종중을 자연발생적 단체로 볼 수 없다.[5] 종중은 공동선조의 사망과 함께 그 후손으로 성립되는 자연발생적 종족 집단체라는 판례가 확고하지만, 이것이 우리의 전통적인 관습에 연유한다기보다는 '일제에 의하여 만들어진 전통'이라고 할 수 있다. 나아가 자연발생적 단체설은 헌법에서 인간으로서의 존엄과 가치를 보장하고(헌법 제10조), 결사의 자유를 기본권으로 보장하고 있는 것(헌법 제21조 제1항)과 합치하지 않을 뿐만 아니라, 민법의 기본원칙인 사적 자치의 원칙에도 반한다. 대법원 판결은 자연발생적 단체설에 따라 종중의 경우에 관습상 사단이 당연히 성립하는 것이고, 그 성립을 위하여 어떠한 조직행위를 필요로 하지 않는다고 하고,[6] 규약이나 정관이 서면으로 작성될 필요가 없다고 한다.[7] 그러나 대법원 판결에서 위와 같은 판결을 따르면서도 "종중이 규약이나 관습에 따라 선출된 대표자 등에 의하여 대표되는 정도로 조직을 갖추고 지속적인 활동을 하고 있다면 비법인사단으로서의 단체성이 인정"된다고 하는데,[8] 이는 자연발생적 단체설과 모순되는 것으로 볼 수도 있다. 종중이라는 단체를 만들 생각도 없고, 단체의 구성원으로서 아무런 활동을 하지 않는데도 종중이라는 단체에 속한다고 하는 것은 인간으로서의 존엄과 가치에서 나오는 자기결정권을 침해하는 결과가 될 수 있다.[9]

결국 자연발생적 단체설은 단체의 본질에 맞지 않고 또한 현대사회에서 더 이상 유지하기 어렵다. 이 판결이 종중의 구성에 관하여 독자성과 자율성을 인정한 점에서 의미를 찾을 수 있지만, 여기에서 나아가 종중의 성립에 관해서도 자율성을 인정해야 할 것이다.

---

5) 이에 관해서는 위 [8] 판결에 대한 해설 참조.

6) 대판 1983. 2. 22, 81다584(집 31-1, 민 119); 대판 1988. 9. 6, 87다카514(공 1988, 1258). 대판 1997. 9. 12, 97다20908(공 1997, 3099)은 "이러한 사단이라 함은 일정한 목적을 위하여 조직된 다수인의 결합체로서 대외적으로 사단을 대표할 기관에 관한 정함이 있는 단체를 말한다고 할 것이고, 종중 또는 문중과 같이 특별한 조직행위 없이도 자연적으로 성립하는 예외적인 사단이 아닌 한, 법인 아닌 사단이 성립하려면 사단으로서의 실체를 갖추는 조직행위가 있어야 한다."고 한다.

7) 대판 1966. 7. 26, 66다881(집 14-2, 민 227); 대판 1972. 9. 12, 72다1090(집 20-3, 민 5); 대판 1985. 11. 26, 85다카659(집 20-3, 민 5); 대판 1998. 7. 10, 96다488(공 1998, 2051).

8) 대판 1991. 8. 27, 91다16525(공 1991, 2428); 대판 1994. 9. 30, 93다27703(공 1994, 2822).

9) 김재형, "단체로서의 종중," 민법론 Ⅲ, 2007, 29면.

[10] Ⅲ. 종중재산의 분배 기준

대판 2010. 9. 9, 2007다42310, 42327(공 2010, 1870); 대판 2010. 9. 30, 2007다74775

1. 대법원 판결

종중재산의 분배 기준에 관하여 2010년에 2개의 중요한 대법원 판결이 나왔다.

(1) 먼저 대판 2010. 9. 9, 2007다42310, 42327(공 2010, 1870)은 다음과 같은 기준을 제시하였다.

"비법인사단인 종중의 토지 매각대금은 종원의 총유에 속하고, 그 매각대금의 분배는 총유물의 처분에 해당하므로(대법원 1994. 4. 26. 선고 93다32446 판결 참조), 정관 기타 규약에 달리 정함이 없는 한 종중총회의 결의에 의하여 그 매각대금을 분배할 수 있고, 그 분배 비율, 방법, 내용 역시 결의에 의하여 자율적으로 결정할 수 있다. 그러나 종중은 공동선조의 분묘수호와 제사 및 종원 상호간의 친목 등을 목적으로 하여 구성되는 자연발생적인 종족집단으로 그 공동선조와 성과 본을 같이하는 후손은 그 의사와 관계없이 성년이 되면 당연히 그 구성원(종원)이 되는 종중의 성격에 비추어, 종중재산의 분배에 관한 종중총회의 결의 내용이 현저하게 불공정하거나 선량한 풍속 기타 사회질서에 반하는 경우 또는 종원의 고유하고 기본적인 권리의 본질적인 내용을 침해하는 경우 그 결의는 무효라고 할 것이다. 여기서 종중재산의 분배에 관한 종중총회의 결의 내용이 현저하게 불공정한 것인지 여부는 종중재산의 조성 경위, 종중재산의 유지·관리에 대한 기여도, 종중행사 참여도를 포함한 종중에 대한 기여도, 종중재산의 분배 경위, 전체 종원의 수와 구성, 분배 비율과 그 차등의 정도, 과거의 재산분배 선례 등 제반 사정을 고려하여 판단하여야 한다."

"총유물인 종중 토지 매각대금의 분배는 정관 기타 규약에 달리 정함이 없는 한 종중총회의 결의에 의하여만 처분할 수 있고 이러한 분배결의가 없으면 종원이 종중에 대하여 직접 분배청구를 할 수 없다(대법원 1994. 4. 26. 선고 93다32446 판결 등 참조). 따라서 종중 토지 매각대금의 분배에 관한 종중총회의 결의가 무효인 경우, 종원은 그 결의의 무효확인 등을 소구하여 승소판결을 받은 후 새로운 종중총회에서 공정한 내용으로 다시 결의하도록 함으로써 그 권리를 구제받을 수 있을 뿐이고 새로운 종중총회의 결의도 거치지 아니한 채 종전 총회결의가 무효라는 사정만으로 곧바로 종중을 상대로 하여 스스로 공정하다고 주장하는 분배금의 지급을 구할 수는 없다."

(2) 대판 2010. 9. 30, 2007다74775는 위 판결과 동일하게 판단을 하고 있으나, 남녀 성별에 따른 분배에 관하여 다음과 같은 법리를 추가하고 있다.

"공동선조와 성과 본을 같이하는 후손은 남녀의 구별 없이 성년이 되면 당연히 그 구성원(종원)이 되는 것이므로(대법원 2005. 7. 21. 선고 2002다13850 전원합의체 판결 참조), 종중재산을 분배함에 있어 단순히 남녀 성별의 구분에 따라 그 분배 비율, 방법, 내용에 차이를 두는 것은 개인의 존엄과 양성의 평등을 기초로 한 가족생활을 보장하고, 가족 내의 실질적인 권리와 의무에 있어서 남녀의 차별을 두지 아니하며, 정치·경제·사회·문화 등 모든 영역에서 여성에 대한 차별을 철폐하고 남녀평등을 실현할 것을 요구하는 우리의 전체 법질서에 부합하지 아니한 것으로 정당성과 합리성이 없어 무효라고 할 것이다."

2. 평석

위 두 번째 판결에서 인용하고 있는 2005년 대법원 전원합의체 판결에서 성년 여성도 당연히 종원이 된다고 선언한 이후 종중재산을 어떻게 분배해야 할 것인지 논란이 있었다. 위 전원합의체 판결에서 별개의견은 "종중재산을 처분하여 이를 개인에게 귀속시킴에 있어서는 신탁의 법리를 유추하여 후손 전원에게 합리적으로 분배하고, 종원에게만 분배하는 것은 허용될 수 없는 것이다."라고 하였다. 필자는 종중재산의 분배에 관하여 다음과 같이 주장하였다.

"별개의견이 종중재산을 분배할 때 신탁의 법리를 유추하여 후손 전원에게 합리적으로 분배하여야 한다고 한 점은 시사하는 바가 많다. 여기에서 종중재산 분배의 실마리를 찾을 수 있으리라 생각한다. 종중은 비법인 사단이기 때문에 그 재산은 총유에 속한다. 종중규약에 재산의 처분이나 분배에 관한 규정이 있으면 이러한 규정에 따라야 하고(민법 제275조 제2항), 그러한 규정이 없으면 민법 제276조가 적용되어 종중총회의 결의로 결정하여야 한다. 총유지분은 인정되지 않기 때문에, 종중원이 지분권을 주장할 수는 없다. 분배대상이 된 종중재산은 원칙적으로 후손 전원에게 평등하게 분배하여야 할 것이나, 종중이나 종중재산에 대한 기여 등 제반 사정을 고려하여 결정하여야 한다. 즉, 종중이 종중재산의 분배를 자율적으로 결정하되, 후손 사이의 평등한 분배를 고려하여야 한다. 다만 현실적으로 종원이 아닌 후손들은 종중재산 분배에서 불리하게 될 수 있는데, 법원이 어떠한 방식으로 관여할 수 있을지는 어려운 문제로 등장한다."[1)]

대법원은 2010년 9월에 선고한 위 두 판결을 통하여 종중재산의 분배에 관한 판단기준을 제시하고 있다. 이를 정리하면 다음과 같다. ① 종중은 정관 기타 규약에 달리 정함이 없는 한 종중총회의 결의에 의하여 자율적으로 종중재산을 분배할 수 있다. 가령 종원이 아닌 미성년의 후손에게 재산을 분배하는 것도 허용된다. ② 종중재산의 분배에 관한 종중총회의 결의 내용이 현저하게 불공정하거나 선량한 풍속 기타 사회질서에 반하는 경우 또는 종원의 고유하고 기본적인 권리의 본질적인 내용을 침해하는 경우 그 결의는 무효이다. 종중재산의 분배에 관한 종중총회의 결의 내용이 현저하게 불공정한 것인지 여부를 판단할 때 "종중재산의 조성 경위, 종중재산의 유지·관리에 대한 기여도, 종중행사 참여도를 포함한 종중에 대한 기여도, 종중재산의 분배 경위, 전체 종원의 수와 구성, 분배 비율과 그 차등의 정도, 과거의 재산분배 선례 등 제반 사정"을 고려하여야 한다. ③ 단순히 남녀 성별의 구분에 따라 종중재산의 분배에 차이를 두는 것은 남녀평등의 원칙 등에 비추어 허용되지 않는다. ④ 종중재산의 분배에 관한 종중총회의 결의가 무효인 경우, 종원이 곧바로 종중을 상대로 하여 스스로 공정하다고 주장하는 분배금의 지급을 구할 수는 없고, 새로운 종중총회의 결의를 통해서만 중중재산을 분배받을 수 있다.

대법원은 종중재산의 분배에서 종중의 단체로서의 자율성 또는 독자성을 인정하면서도(위 ①, ④ 부분),[2)] 종중재산의 분배에 대한 내용통제를 하고 있다(위 ②, ③ 부분). 대판 2008. 10. 9, 2005다30566(공 2008, 1521)은 "종중에 대하여는 가급적 그 독자성과 자율성을 존중해 주는 것이 바람직하고, 따라서 원칙적으로 종중규약은 그것이 종원이 가지는 고유하고 기본적인 권리의 본질적인 내용을 침해하는 등 종중의 본질

1) 김재형, "단체로서의 종중," 민법론 Ⅲ, 2007, 41면.

2) 종중의 재산을 분배하는 데 종중의 정관 등에 따르도록 하고 종중총회의 결의를 거치도록 한 것이 이에 해당한다.

이나 설립 목적에 크게 위배되지 않는 한 그 유효성을 인정하여야 할 것"이라고 하였다. 종중재산 분배에 관한 판결들은 이러한 논리를 종중재산의 분배에도 적용한 것인데, 종중규약의 경우와 비교할 때 종중재산의 분배라는 성격에 맞게 현저한 불공정성 등으로 무효사유를 좀 더 넓게 설정하였다.[3]

3) 한편 대법원은 종중재산의 분배에 대한 내용통제를 하는 근거의 하나로 종중이 공동선조의 후손을 구성원으로 하는 자연발생적 단체라는 점("종중은 공동선조의 분묘수호와 제사 및 종원 상호간의 친목 등을 목적으로 하여 구성되는 자연발생적인 종족집단으로 그 공동선조와 성과 본을 같이하는 후손은 그 의사와 관계없이 성년이 되면 당연히 그 구성원(종원)이 되는 종중의 성격")을 들고 있다. 자연발생적 단체설에 대해서는 비판적인 입장을 밝힌 적이 있다. 김재형(주 1), 18면 이하 참조. 종중의 구성원이나 목적을 고려하여 종중재산의 분배에 관한 위와 같은 판단 기준을 도출할 수도 있기 때문에, 종중을 자연발생적 단체설로 보아야만 위와 같은 법리를 도출할 수 있는 것은 아니다.

[11] Ⅳ. 교회의 분열과 교회재산의 귀속

대판(전) 2006. 4. 20, 2004다37775(집 54-1, 민 91)

1. 대법원 판결

다수의견은 다음과 같다.

(1) "우리 민법이 사단법인에 있어서 구성원의 탈퇴나 해산은 인정하지만 사단법인의 구성원들이 2개의 법인으로 나뉘어 각각 독립한 법인으로 존속하면서 종전 사단법인에게 귀속되었던 재산을 소유하는 방식의 사단법인의 분열은 인정하지 아니한다. 따라서 그 법리는 법인 아닌 사단에 대하여도 동일하게 적용되며, 법인 아닌 사단의 구성원들의 집단적 탈퇴로써 사단이 2개로 분열되고 분열되기 전 사단의 재산이 분열된 각 사단들의 구성원들에게 각각 총유적으로 귀속되는 결과를 초래하는 형태의 법인 아닌 사단의 분열은 허용되지 않는다."

(2) "교회가 법인 아닌 사단으로서 존재하는 이상 그 법률관계를 둘러싼 분쟁을 소송적인 방법으로 해결함에 있어서는 법인 아닌 사단에 관한 민법의 일반 이론에 따라 교회의 실체를 파악하고 교회의 재산 귀속에 대하여 판단하여야 한다. 이에 따라 위에서 본 법인 아닌 사단의 재산관계와 그 재산에 대한 구성원의 권리 및 구성원 탈퇴, 특히 집단적인 탈퇴의 효과 등에 관한 법리는 교회에 대하여도 동일하게 적용되어야 한다.

따라서 교인들은 교회 재산을 총유의 형태로 소유하면서 사용·수익할 것인데, 일부 교인들이 교회를 탈퇴하여 그 교회 교인으로서의 지위를 상실하게 되면 탈퇴가 개별적인 것이든 집단적인 것이든 이와 더불어 종전 교회의 총유 재산의 관리처분에 관한 의결에 참가할 수 있는 지위나 그 재산에 대한 사용·수익권을 상실하고, 종전 교회는 잔존 교인들을 구성원으로 하여 실체의 동일성을 유지하면서 존속하며 종전 교회의 재산은 그 교회에 소속된 잔존 교인들의 총유로 귀속됨이 원칙이다.

그리고 교단에 소속되어 있던 지교회의 교인들의 일부가 소속 교단을 탈퇴하기로 결의한 다음 종전 교회를 나가 별도의 교회를 설립하여 별도의 대표자를 선정하고 나아가 다른 교단에 가입한 경우, 그 교회는 종전 교회에서 집단적으로 이탈한 교인들에 의하여 새로이 법인 아닌 사단의 요건을 갖추어 설립된 신설 교회라 할 것이어서, 그 교회 소속 교인들은 더 이상 종전 교회의 재산에 대한 권리를 보유할 수 없게 된다."

(3) "앞서 본 바와 같이 특정 교단에 가입한 지교회가 교단이 정한 헌법을 지교회 자신의 자치규범으로 받아들였다고 인정되는 경우에는 소속 교단의 변경은 실질적으로 지교회 자신의 규약에 해당하는 자치규범을 변경하는 결과를 초래하고, 만약 지교회 자신의 규약을 갖춘 경우에는 교단변경으로 인하여 지교회의 명칭이나 목적 등 지교회의 규약에 포함된 사항의 변경까지 수반하기 때문에, 소속 교단에서의 탈퇴 내지 소속 교단의 변경은 사단법인 정관변경에 준하여 의결권을 가진 교인 2/3 이상의 찬성에 의한 결의를 필요로 한다."

"위의 교단변경 결의요건을 갖추어 소속 교단에서 탈퇴하거나 다른 교단으로 변경한 경우에 종전 교회의 실체는 이와 같이 교단을 탈퇴한 교회로서 존속하고 종전 교회 재산은 위 탈퇴한 교회 소속 교인들의 총유로 귀속된다."

이에 관하여는 별개의견, 반대의견, 다수의견에 대한 보충의견이 있다.

2. 평석

(1) 이 판결은 교회의 분열에 관한 종래의 판례를 변경한 것이다. 종래의 대법원 판결[1)]은 교회의 분열을 인정하고 하나의 교회가 2개의 교회로 분열된 경우 종전 교회의 재산은 분열 당시 교인들의 총유에 속한다고 보았다. 교인들은 각 교회활동의 목적범위 내에서 총유권의 대상인 교회재산을 사용·수익할 수 있으므로 어느 한쪽이 상대방에 대하여 교회 건물의 명도를 청구할 수 없다고 하였다.[2)]

그러나 이 판결은 종전 판례와는 정반대로 교회의 분열을 부정하고, 소속 교단에서 탈퇴하거나 소속 교단을 변경하려면 의결권을 가진 교인 2/3 이상의 찬성이 필요하다고 판결하였다.

(2) 다수의견의 논리는 다음과 같이 요약할 수 있다. 즉, 우리 민법은 '사단법인의 구성원들이 2개의 법인으로 나뉘어 각각 독립한 법인으로 존속하면서 종전 사단법인에게 귀속되었던 재산을 소유하는 방식'으로 사단법인이 분열하는 것을 인정하지 않는다. 이 법리는 법인 아닌 사단에 대하여도 동일하게 적용된다. 교회는 법인 아닌 사단에 속하므로, 법인 아닌 사단에 관한 민법의 일반 이론에 따라 해결하여야 한다는 것이다.

이에 반하여 별개의견은 우리 민법이 사단법인의 분열을 특별히 금지하지 않고 있고 이를 금지하여야 할 특별한 이유도 없다고 한다. 사단법인이 사실상 분열된 상태가 초래되어 하나의 사단으로 회복될 가능성이 없어진 경우, 그 상태를 그대로 기정사실로 인정하여 사단법인이 분열된 것으로 보아 법률관계를 정리하는 것을 허용할 수 있고, 종전 교회에 속한 권리의무는 분열된 각 교회에 공유적 형태로 분리하여 포괄승계된다고 한다.

사단법인의 조직과 해체에도 사적 자치의 원칙이 적용된다. 따라서 사단법인의 분열에 관한 의사의 합치가 있다면 이에 따라야 한다. 사단법인의 구성원 전원이 사단법인을 두 개 또는 그 이상으로 분열시키고 각각의 사단법인에 재산을 귀속시키기로 한 경우가 이에 해당한다. 또한 정관에서 사단법인의 분열에 관하여 규정하고 이에 관한 결의방법이나 절차를 정하였다면 이에 따라 사단법인을 분열할 수 있다. 그러나 사단법인의 분열에 관하여 구성원의 의사합치를 인정할 수 없는 경우에는 원칙적으로 법률의 근거규정이 있어야만 사단법인의 분열이 인정된다. 법률에 근거가 없는데도 법인 등 단체가 사실상 분열되었다는 상태를 그대로 인정하여 법률관계로 승인하는 것은 신중을 기하여야 한다. 사실에서 곧바로 규범을 도출할 수는 없기 때문이다. 교회에 헌금을 내거나 출연을 하였다고 해서 교회재산에 대한 권리가 인정되는 것도 아니다. 오히려 교회의 분열을 법적으로 인정할 경우에 불필요한 분쟁이 양산될 수도 있다. 따라서 교회의 분열이라는 사실상태를 법적 규범으로 승인할 필요성도 크다고 볼 수 없다. 결론적으로 교회의 분열에 따른 법률관계를 인정하지 않은 다수의견에 찬성한다.

(3) 교인들의 총의에 따른 교단의 탈퇴나 변경을 부정할 수 없는 이상, 그 의결정족수는 다수결의 원리가 적용된다. 그러나 그 의결정족수에 관해서는 아무런 규정이 없기 때문에, 사단

---

1) 대판(전) 1993. 1. 19, 91다1226(집 41-1, 민 17).

2) 이 판결 이전에 교회의 분열을 부정하는 견해로는 변동걸, "교회의 분렬과 교회재산의 귀속," 법과 정의(이회창 화갑기념), 1995, 482면 이하 등이 있었다. 이 판결이 선고된 이후에는 이 판결의 다수의견에 찬성하는 견해가 많다. 민유숙, "교인들이 집단적으로 교회를 탈퇴한 경우 법률관계," 대법원판례해설 제60호(2006년 상반기), 2006, 31면 이하; 홍기태, "교인들의 탈퇴에 따른 교회재산의 귀속관계," 민사판례연구(XXIX), 2007, 613면 이하; 윤진수, "2006년도 주요 민법 관련 판례 회고," 서울대학교 법학 제48권 제1호(2007. 3), 372면 참조.

법인에 관한 규정을 유추적용하여야 할 것이다. 이 판결의 다수의견은 지교회가 소속 교단에서 탈퇴하거나 소속 교단을 변경하기 위해서는 의결권을 가진 교인 2/3 이상의 찬성에 의한 결의를 필요로 한다고 판결하였다. 이는 교단 변경을 사단법인 정관변경(민법 제42조 제1항)과 같이 본 것이다. 이와 달리 별개의견은 사단법인의 해산결의에 관한 민법 제78조를 유추적용하여 의결권을 가진 교인 3/4 이상의 동의를 얻은 경우에 한하여 소속 교단을 탈퇴하거나 변경할 수 있다고 하였다. 교단 탈퇴나 교단 변경을 어느 정도로 중요한 것이라고 판단하여야 할 것인지에 따라 결론이 달라질 것이지만, 정관 변경과 유사한 정도로 본 다수의견을 수긍할 수 있을 것이다.

(4) 종전의 판례는 법원이 교회의 분열에 관하여 실질적인 분쟁해결기능을 포기하였다는 비판을 받았다. 법원이 종교단체의 분쟁에 개입하지 않으려는 태도가 투영된 것으로 볼 수 있다. 그러나 교회의 분열로 인한 재산귀속 문제는 교회 내부에서 해결될 수 있는 것이 아니라는 것이 드러났다. 이에 따라 이 판결은 종래의 판례를 변경함으로써 교회의 분열에 관하여 법원의 분쟁해결기능을 복원한 것으로 볼 수 있다. 이 판결은 교회의 분열이라는 사회현상을 단순히 법적으로 승인하는 방식으로 해결한 것이 아니라, 민법의 일반법리를 적용함으로써 그 해결책을 제시하고 있다는 점에서 의미 있는 판결이다.

제3장 법률행위

제1절 법률행위의 해석

[12] Ⅰ. 법해석의 방법과 한계
대판 2009. 4. 23, 2006다81035(공 2009, 724)

1. 사실관계와 원심판결

원심이 인정한 사실관계는 다음과 같다. 이 사건 임대주택의 임차 목적은 분명히 피고 2의 주거공간을 구하는 것이었고, 이 사건 임대주택을 임차하여 그곳에 거주하겠다는 결정을 한 자도 피고 2(피고 1의 아버지)이었으며, 보증금으로 지급된 자금 역시 그의 것이었다. 다만 피고 2가 처의 병수발로 자리를 뜰 수 없었던 절박한 사정이 있었기 때문에 직접 원고 공사의 사무실을 찾아가 자신의 명의로 임대차계약을 체결하지 못하고 출가한 딸인 피고 1에게 임대차계약의 체결을 부탁하였는데, 피고 1은 법적 권리에 관하여 정확한 지식과 정보를 갖지 못하였기 때문에 계약 체결과정에서의 실수로 인하여 아버지(피고 2)의 이름이 아닌 자신(피고 1)의 명의로 이 사건 임대차계약을 체결하였다. 피고 1이 법적으로 허용되지 않는 어떤 이익을 얻거나 법적 규제를 회피하기 위하여 그렇게 한 것은 아니었다. 피고 2는 현재 75세의 고령에 홀로 살고 있는 노인으로서 경제적 활동을 할 능력을 잃었고 넉넉한 재정능력도 갖고 있지 못하다. 원고는 임대차계약 기간 만료를 이유로 피고들에게 명도와 퇴거를 구하는 소를 제기하였다.

원심은 임대주택법[1])이 달성하고자 한 정책적 목표, 위 법이 의도한 계획과 보호 범위 등 법해석학의 관점에서 볼 때, 임대주택법 제15조 제1항의 '임차인'의 의미를 문언적·법형식적으로만 해석할 것이 아니라 위에서 본 바와 같은 특별한 사정이 있는 이 사건에서는 임대차계약의 목적, 재정적 부담과 실제 거주자라는 실질적 측면에서 사회적 통념상 임차인으로 여겨지는 피고 2가 이른바 '실질적 의미의 임차인'에 해당되어 이 사건 임대주택에 관하여 우선분양을 받을 권리를 가지므로, 임대차계약 기간 만료를 이유로 피고들에게 명도와 퇴거를 구하는 원고의 청구는 허용되지 않는다고 판단하였다.

2. 대법원 판결

그러나 대법원은 다음과 같은 이유로 원고의 상고를 받아들여 원심판결을 파기환송하였다.

① "법은 원칙적으로 불특정 다수인에 대하여 동일한 구속력을 갖는 사회의 보편타당한 규범이므로 이를 해석함에 있어서는 법의 표준적 의미를 밝혀 객관적 타당성이 있도록 하여야 하고, 가급적 모든 사람이 수긍할 수 있는 일관성을 유지함으로써 법적 안정성이 손상되지 않도록 하여야 한다. 그리고 실정법이란 보편적이고 전형적인 사안을 염두에 두고 규정되기 마련이므로 사회현실에서 일어나는 다양한 사안에서 그 법을 적용함에 있어서는 구체적 사안에 맞는 가장 타당한 해결이 될 수 있도록, 즉 구체적 타당성을 가지도록 해석할 것도 또한 요구된다. **요컨대, 법해석의 목표는 어디까지나 법적 안정성을 저해하지 않는 범위 내에서 구체적 타당성을 찾는 데에 두어야 할 것이다.** 그리고 그 과정에서 가능한 한 법률에 사용된 문언의 통상적인 의미에 충실하게 해석하는 것을 원칙으로 하고, 나아가 법률의 입법 취지와 목적, 그 제·개정 연혁, 법질서 전체와의 조화, 다른 법령과의 관계 등을 고려하는 체계적·논리적 해석방법을 추가적으로 동원함으로써, 앞서 본 법해석의 요청

1) 2005. 7. 13. 법률 제7598호로 개정되기 전의 것.

에 부응하는 타당한 해석이 되도록 하여야 할 것이다.

한편, 법률의 문언 자체가 비교적 명확한 개념으로 구성되어 있다면 원칙적으로 더 이상 다른 해석방법은 활용할 필요가 없거나 제한될 수 밖에 없고, 어떠한 법률의 규정에서 사용된 용어에 관하여 그 법률 및 규정의 입법 취지와 목적을 중시하여 문언의 통상적 의미와 다르게 해석하려 하더라도 당해 법률 내의 다른 규정들 및 다른 법률과의 체계적 관련성 내지 전체 법 체계와의 조화를 무시할 수 없으므로, 거기에는 일정한 한계가 있을 수밖에 없다."

② "결론적으로, 임대주택법 제15조 제1항에서 규정하는 '임차인'이란 어디까지나 **위 법률이 정한 요건과 절차에 따라 임대주택에 관하여 임대사업자와 임대차계약을 체결한 당사자 본인으로서의 임차인**을 의미한다고 할 수밖에 없고, 이와 달리 당사자 일방의 계약목적, 경제적 부담이나 실제 거주사실 등을 고려한 '실질적 의미의 임차인'까지 포함한다고 변경, 확장 해석하는 것은 앞서 본 법률 해석의 원칙과 기준에 어긋나는 것으로서 받아들일 수 없다."

③ "이 사건 임대차계약의 당사자 본인으로서의 임차인은 계약체결행위를 실제로 하였고 또한 계약서상으로도 임차인으로 표시되어 있는 피고 1이라고 볼 수밖에 없다."

3. 평석

(1) 이 판결의 원심판결은 추운 겨울에 임대주택에 살고 있는 노인을 쫓아내려는 원고의 청구를 배척하여 '따뜻한 가슴'을 느끼게 하는 '아름다운 판결'로 언론에 보도되었던 그 유명한 판결이다.[2)]

(2) 법률의 해석에서 법률의 문언에 따라 해석하는 것이 원칙이다. 그러나 법률의 목적을 고려하여 법률을 해석하는 경우도 드물지 않다. 예외적으로 문언과 달리 법규정을 해석하는 것도 허용될 수 있다. 중요한 것은 어떠한 경우에 법규정의 문언과 달리 해석할 수 있는지 여부이다. 이에 대해서는 여러 입장과 견해가 있는데, 이 판결의 원심을 맡은 재판장은 종전에 다음과 같은 경우에 법률문언을 넘은 해석과 법률문언에 반하는 해석이 가능하다고 하였다. '① 법률에 흠결이 있는 경우, ② 법률의 내용이 상호 모순적이거나 충돌하는 경우, ③ 법률에 명백한 실수가 있는 경우, ④ 법률의 내용이 심하게 비합리적이거나 반도덕적인 경우, ⑤ 사회변화로 규범상황이 변한 경우 등'.[3)] 나아가 법률의 문언과 달리 해석한 결과가 정당한 것인지는 합리성과 도덕성에 근거하여 논증이 정당한 것인지에 따라 판단하여야 한다고 설명하기도 한다.[4)]

원심판결을 파기한 대법원 판결은 별다른 주목을 받지 못했지만, 법해석에 관하여 중요한 판단기준을 제시하고 있다. 법해석에서 법적 안정성과 구체적 타당성이 충돌하는 경우가 있는데, 이 판결은 법해석에서 법적 안정성을 깨뜨려서는 안 된다고 하고 있다. 즉, "법해석의 목표는 어디까지나 법적 안정성을 저해하지 않는 범위 내에서 구체적 타당성을 찾는 데에 두어야 할 것"이라고 한다. 나아가 법해석의 방법은 문언해석이 원칙이고 추가적으로 입법취지나 목적 등 여러 요소를 고려하여야 한다고 하고 있다. 이것은 일반적인 경우에 법해석에 관한 판단기준으로 받아들여질 수 있을 것이다. 그러나

2) 이 원심판결에 관해서는 김재형, "황금들녘의 아름다움: 법해석의 한 단면," 법학평론 제1호(2010. 9), 200면 이하에서 검토하였는데, 아래의 내용은 그 상고심 판결이 나온 것을 계기로 위 글의 내용 중 일부를 간추린 것이다.

3) 박철, "법률의 문언을 넘은 해석과 법률의 문언에 반하는 해석," 법철학연구 제6권 제1호(2003. 5), 232면.

4) 박철(주 3), 232면은 "어떤 법률문제에 대하여 법률의 문언을 넘은 해석이나 법률의 문언에 반하는 해석에 의하여 답을 찾았다면 그 해석의 정당성은 합리성과 도덕성에 근거하여 얼마나 설득력 있게 논증되었는가에 의하여 결정될 것이다."라고 한다.

예외적으로 구체적 타당성을 위해서 법적 안정성을 깨뜨리는 법해석을 해야 하는 경우도 있을 것이다.

(3) 이 사건에서 임대주택법상의 임차인이 누구인지 문제되고 있다. 원심은 이른바 '실질적 의미의 임차인'이라는 개념을 도입하여 임차인의 개념을 넓히고 있으나, 대법원은 이와 같은 개념을 인정하지 않고 민법상 임차인과 동일한 것으로 보고 있다(위 ② 부분). 대법원의 논리는 매우 명확하다. 임대주택법상 임대주택의 '임차인'에 관하여 특별한 해석규정은 없다. 따라서 임대주택법상의 임차인이라는 용어는 임대차에 관한 일반법인 민법의 규정, 그리고 사회에서 통상적으로 이해되는 '임차인'의 의미로 돌아가 해석할 수밖에 없다. 그것은 민법 제618조가 규정하는 바와 같이 임대차계약에서 목적물의 사용수익권을 가짐과 동시에 차임지급의무를 부담하는 측의 일방당사자를 의미한다고 보는 것이 문언에 충실하면서도 가장 보편타당한 해석이라고 할 것이다. 그런데 여기에서 임대차의 일방당사자라는 것은 위와 같은 사용수익 및 차임지급을 약정하여 임대차계약을 체결한 당사자를 말하는 것이지, 목적물을 실제로 사용·수익하거나 보증금·차임 등을 실제 출연하는 자를 의미하지 않는다.

(4) 한편 이 사건에서 피고 1이 피고 2를 위하여 이 사건 임대차계약을 체결하는 과정에서 자신 명의로 임대차계약을 체결한 것이므로, 피고 2가 이 사건 임대차계약의 당사자 본인으로서의 임차인에 해당하는지 문제될 수 있다. 그러나 대법원은 원심판결의 이유와 기록에 있는 사실을 토대로 피고 1이 이 사건 임대차계약을 체결하였고 임대차계약서에도 피고 1이 임차인으로 기재되어 있으므로, 임차인을 피고 1로 보아야 한다고 하였다. 이에 관한 판단은 원심과는 다른 사실관계를 토대로 한 것으로 볼 수 있지만, 자기 명의로 계약체결행위를 한 사람을 계약의 당사자로 인정한 것으로, 그 정당성을 인정받을 수 있을 것이다. 결국 이 판결은 임대주택법상 임차인을 그의 명의로 임대차계약을 체결한 사람을 기준으로 판단하였는데, 2009년에 나온 금융실명제에 관한 전원합의체 판결과 함께 계약의 당사자를 판단할 때 명의인이 중요한 기준이 된다는 것을 밝히고 있다고 볼 수 있다.

[13] Ⅱ. 예금계약의 당사자에 관한 판단기준

대판(전) 2009. 3. 19, 2008다45828(공 2009, 456)

1. 사실관계와 원심판결

원고의 남편인 A가 2006. 2. 13. 원고를 대리하여 B은행(주식회사 좋은상호저축은행)에서 원고 명의로 신규 정기예금계좌(이하 '이 사건 예금계좌'라 한다)를 개설하고 4,200만 원을 예치하였다. 이 사건 예금계좌 개설 당시 작성된 예금거래신청서의 신청인란에는 원고의 성명과 주민등록번호가 기재되어 있고 원고의 주민등록증 사본이 붙어 있으며, 위 예금거래신청서의 실명확인란에는 담당자와 책임자의 확인 도장이 날인되어 있다. 이 사건 예금계좌의 통장 등은 원고 명의로 발급되었고, B은행의 거래내역 현황에는 원고를 이 사건 예금계좌의 권리자로 기재하고 있다.

원심은 B은행과 A 사이에서 실명확인 절차를 거쳐 위 예금거래신청서 등에 예금명의자로 기재된 원고가 아닌 A를 이 사건 예금계좌의 예금반환청구권이 귀속되는 예금계약의 당사자로 하기로 하는 묵시적 약정이 체결되었다는 취지로 판단하였다. 그 근거로 위 4,200만 원은 A 명의로 다른 금융기관에 개설된 다른 예금계좌에서 인출되어 이 사건 예금계좌에 입금된 것이고, 위 예금거래신청서는 A에 의하여 작성된 것으로서 A의 도장이 거래인감으로 등록·사용되고, 이 사건 예금계좌의 비밀번호가 A 명의의 다른 정기예금계좌의 비밀번호와 동일하며, 이 사건 예금계좌의 이자가 매월 A 명의의 다른 은행 예금계좌로 자동이체되도록 신청되어 있는 사정 등을 들었다.

2. 대법원 판결

이에 대하여 원고가 상고하였고, 대법원은 원심판결을 파기환송하였다.[1] 다수의견의 주요한 판단은 다음과 같다.

"결국, 위에서 본 처분문서에 표시된 의사표시의 해석에 관한 일반적인 법리와 아울러 투명한 금융거래를 추구하는 금융실명제 관련 법령의 규정과 입법 취지, 예금계약 관련 기본약관, 금융실무의 관행, 예금거래의 특수성, 예금명의자와 금융기관의 의사 및 신뢰보호의 필요성 등을 종합하여 보면, 금융실명법에 따라 실명확인 절차를 거쳐 예금계약을 체결하고 그 실명확인 사실이 예금계약서 등에 명확히 기재되어 있는 경우에는, 일반적으로 그 예금계약서에 예금주로 기재된 예금명의자나 그를 대리한 행위자 및 금융기관의 의사는 예금명의자를 예금계약의 당사자로 보려는 것이라고 해석하는 것이 경험법칙에 합당하고, 예금계약의 당사자에 관한 법률관계를 명확히 할 수 있어 합리적이라 할 것이다. 그리고 이와 같은 예금계약 당사자의 해석에 관한 법리는, 예금명의자 본인이 금융기관에 출석하여 예금계약을 체결한 경우나 예금명의자의 위임에 의하여 자금 출연자 등의 제3자(이하 '출연자 등'이라 한다)가 대리인으로서 예금계약을 체결한 경우 모두 마찬가지로 적용된다고 보아야 한다."

"따라서 본인인 예금명의자의 의사에 따라 예금명의자의 실명확인 절차가 이루어지고 예금명의자를 예금주로 하여 예금계약서를 작성하였음에도 불구하고, 위에서 본 바와 달리 예금명의자가 아닌 출연자 등을 예금계약의 당사자라고 볼 수 있으려면, **금융기관과 출연자 등과 사이에서 실명확인 절차를 거쳐 서면으로 이루어진 예금명의자와의 예금계약을 부정하여 예금명의자의 예금반환청구권을 배제하고, 출연자 등과 예금계약을 체결하여 출연자 등에게 예금반환청구권을 귀속시키겠다는 명확한 의사의 합**

---

1) 이 판결에는 다수의견과 별개의견, 2개의 보충의견이 있다.

치가 있는 극히 예외적인 경우로 제한되어야 할 것이고, 이러한 의사의 합치는 금융실명법에 따라 실명확인 절차를 거쳐 작성된 예금계약서 등의 증명력을 번복하기에 충분할 정도의 명확한 증명력을 가진 구체적이고 객관적인 증거에 의하여 매우 엄격하게 인정하여야 한다."

3. 평석

(1) 이 판결은 약 10년 만에 금융실명제하에서 예금주의 결정기준에 관한 종전의 판례를 변경하였다.

1993년 금융실명거래 및 비밀보장에 관한 긴급재정경제명령으로 금융실명제가 실시되었고, 1997년 이를 「금융실명거래 및 비밀보장에 관한 법률」(이하 '금융실명법'이라고 한다)로 대체하였다. 이에 따라 "거래자의 실지명의(實名)에 의하여 금융거래를 하여야 한다."는 것이 법률에 명문화되었다(금융실명법 제3조 제1항).

금융실명제는 예금거래 등 금융거래에서 누구를 당사자로 볼 것인지에 관한 판례에 결정적인 영향을 미쳤다. 금융실명제 실시 전에는 예금계약에서 "예금을 실질적으로 지배하고 있는 자"를 예금주로 보고, 그 명의자가 누구인지 또는 금융기관이 누구를 예금주라고 믿었는지는 상관없다고 하였다.[2] 금융실명제 실시 후 판례는 종전과 달리 원칙적으로 명의인을 예금주로 보고, "특별한 사정으로 금융자산의 출연자와 금융기관 사이에 거래명의인이 아닌 출연자에게 금융자산채권을 귀속시키기로 하는 명시적 또는 묵시적 약정이 있는 경우"에는 그 출연자를 예금주로 보았다.[3] 그러나 대법원이 묵시적 약정을 넓게 인정함으로써, 결과적으로 금융실명제의 취지가 잠탈되었다.

필자는 위와 같은 종전의 판례를 변경하여야 한다고 주장하였다.[4] 금융기관 직원의 권유로 출연자가 타인 명의를 차용하여 예금을 하였더라도 출연자를 예금주로 하기로 하는 묵시적 약정이 있다고 볼 수 없다. 왜냐하면 위와 같은 금융기관 직원의 행위는 아래에서 보는 바와 같이 법률에 위반한 것으로서 징계의 대상이 될 뿐만 아니라 은행거래약관에 위배되는 것이기 때문에, 위와 같은 금융기관 직원의 의사를 금융기관의 의사로 볼 수는 없기 때문이다.[5]

(2) 이번 전원합의체 판결은 "금융실명법에 의하여 예금명의자에 대한 실명확인 절차를 거쳐 예금계약서 등을 작성함으로써 그의 명의로 예금계약이 이루어진 사안"에서 "금융기관과 출연자 등 사이에서 예금명의자와의 예금계약을 부정하여 예금명의자의 예금반환청구권을 배제하고 출연자 등과 예금계약을 체결하여 출연자 등에게 예금반환청구권을 귀속시키려는 명확한 의사의 합치가 있다고 인정되는 극히 예외적인 경우"에 한하여 출연자 등을 예금주로 인정하고 있다. 이로써 "그에 이르지 아니한 명시적 또는 묵시적 약정에 의하여서도 예금명의자가 아닌 출연자 등에게 예금반환청구권이 귀속될 수 있다."라고 한 종래의 판례[6]를 변경하였다. 대법원은 옳은 방향을 제시하였다고 생각한다.[7]

---

2) 대판 1987. 10. 28, 87다카946(집 35－3, 민 183); 대판 1988. 12. 27, 88누10060(공 1989, 250); 대판 1995. 8. 22, 94다59042(공 1995, 3239) 등 다수.

3) 대판 1998. 11. 13, 97다53359(공 1998, 2855) 등 다수. 이에 관해서는 윤진수, "계약당사자의 확정에 관한 고찰 —특히 예금계약을 중심으로—," 판례실무연구(Ⅱ), 1998; 송덕수, "금융실명제하에 있어서 예금계약의 당사자 내지 예금채권자의 결정," 판례실무연구(Ⅱ), 1998; 김유진, "금융실명제하에서의 예금주의 인정," 민사판례연구(XXII), 2000도 참조.

4) 김재형, "금융거래의 당사자에 관한 판단기준," 민법론 Ⅲ, 2007, 73~77면, 88면.

5) 위 논문은 원래 2006년 5월 16일 대법원 비교법실무연구회 제55회 세미나에서 발표한 것이다. 당시 서울고판 2004. 7. 22, 2003나71145를 검토의 대상으로 삼았는데, 상고심 판결인 대판 2007. 6. 14, 2004다45530에서도 종전의 법리와 동일하게 판단하였다.

6) 대판 2000. 3. 10, 99다67031(공 2000, 248) 등 다수.

7) 이 판결에 찬성하는 견해로는 오영준, "금융실명제

예금계약의 당사자를 정하는 것은 의사표시의 해석 문제이다. 그런데 "대량적·반복적으로 이루어지는 예금계약과 같은 금융거래"의 경우에는 일반적인 계약과는 달리 정형적이고 신속하게 그 당사자를 정할 필요가 있다. 이 경우에는 "다른 계약의 경우보다 훨씬 더 실명확인 절차를 통하여 객관적으로 표시된 예금명의자 및 금융기관의 의사에 기초하여 예금계약의 당사자, 즉 예금반환청구권을 갖는 예금주를 정하여야 한다."[8]

이 사건에서 예금계약에서 자금 출연경위, 거래인감 및 비밀번호의 등록·관리와 예금의 인출 상황 등의 사정은 B은행과의 예금계약과는 구별되는 것으로, 원고와 A 사이의 내부적 법률관계에 불과하고, 이 사건 예금계좌의 개설 당시 B은행이 명확히 알기 어렵다. 따라서 실명확인 절차를 거쳐 위 예금거래신청서 등에 예금명의자로 기재된 원고를 예금계약의 당사자로 보아야 할 것이다.

실지명의에 의하여 금융거래를 하여야 한다는 금융실명법 제3조 제1항에서 금융거래의 당사자들에게 명의인을 당사자로 보려는 의사가 있다는 것을 끌어낼 수 있고, 이에 기하여 명의인을 금융거래의 당사자로 보아야 한다는 원칙을 도출할 수 있다. 이를 도식화하면, 「금융실명법 제3조 제1항 — 당사자의 의사 — 명의인이 금융거래의 당사자라는 원칙」이라고 표시할 수 있다.[9] 최근에는 고객주의의무 제도, 즉 고객알기 정책의 도입과 함께 금융실무에서 고객을 확인하는 절차를 더욱 강화하고 있기 때문에,[10] 이러한 논리가 더욱 강화될 수 있다.

하에서 예금계약의 당사자 확정 방법," 사법 제8호(2009. 6), 265면 이하; 손철우, "금융실명제와 예금주 확정," 민사판례연구(XXXII), 2010, 155면 이하.

8) 이 부분은 판결의 이유(다수의견) 중 1. 나.에 있는 내용을 요약한 것이다.

9) 김재형(주 4), 70면.

10) 2005. 1. 17. 개정된 「특정 금융거래정보의 보고 및 이용 등에 관한 법률」 제5조의2.

이 판결에서 '금융기관과 출연자 등 사이에서 출연자 등과 예금계약을 체결하여 출연자 등에게 예금반환청구권을 귀속시키려는 명확한 의사의 합치가 있다고 인정되는 극히 예외적인 경우'에 한하여 출연자 등을 예금주로 인정하고 있는데, 출연자 등을 예금주로 인정하는 것은 명시적 약정에 의해서만 가능하고 묵시적 약정에 의해서는 불가능한 것인가라는 문제[11]에 관하여 생각해 볼 필요가 있다. 실제 사안에서 이와 같은 묵시적 약정이 인정되는 경우를 찾기는 어렵겠지만, 논리적으로는 묵시적 약정에 의해서도 '출연자 등에게 예금반환청구권을 귀속시키려는 명확한 의사의 합치'가 있는 경우를 배제할 수는 없을 것이다. 묵시적 의사표시는 명시적 의사표시에 대응하는 개념이고, 묵시적 의사표시에 의해서도 명확한 의사가 드러날 수 있기 때문이다.[12]

(3) 한편 금융거래에서 명의인 아닌 출연자 등을 당사자로 하는 약정이 있는 경우에 그 사법적 효력을 어떻게 볼 것인지 문제된다. 이 점은 별개의견과 다수의견에 대한 보충의견에서 상세히 다루어졌다.

대법관 박시환의 별개의견은 다수의견이 출연자 등이 실명확인 절차를 거치지 아니한 채 배후에 숨어서 예금계약상의 예금반환청구권을 갖는 예금계약의 당사자로 인정받는 범위를 엄

11) 이 판결의 사안은 출연자 등에게 예금반환청구권을 귀속시키려는 명확한 의사의 합치를 인정할 수 없는 것이기 때문에, 이 점은 이 판결의 쟁점이 아니고, 따라서 이에 대한 명시적인 판단을 하고 있지 않다.

12) 당사자에게 명확한 의사가 있는 경우에 이것이 표시되는 방법은 명시적일 수도 있고 묵시적일 수도 있다. 의사표시가 명시적인지 묵시적인지라는 의사표시의 명시성 여부와 의사표시가 명확한지 불명확한지라는 의사표시의 명확성 여부는 보는 관점이 다르다고 할 수 있다. 달리 말하면, 묵시적 약정에서도 명확한 의사의 존재를 인식할 수 있을 것이다.

격하게 제한하려는 취지에는 기본적으로 찬성한다. 그러나 금융실명제 아래에서 누구를 예금주로 확정할 것인가 하는 문제를 의사표시 해석에 관한 일반 법리에 따라 해결하려고 하는 접근방법에 반대하고, 결국 금융실명법 제3조 제1항을 강행규정으로 보고 있다. "출연자 등이 예금명의자 명의로 실명확인 절차를 거쳐 예금계약을 하면서, 금융기관과의 합의하에 출연자 등을 예금계약상의 예금반환청구권을 갖는 예금계약의 당사자로 하기로 별도로 약정한 경우 등에는, 그 별도의 약정에 관하여 당사자들이 명확한 증명력을 가진 구체적이고 객관적인 증거를 남겨 두었는지 여부와 관계없이, 그러한 별도의 약정 자체는 강행규정인 금융실명법 제3조 제1항에 위반되어 효력이 없는 것으로 보아야 한다."라는 것이다. 출연자와 예금명의자, 금융기관 등 관련 당사자들의 내심의 의사도 출연자 등을 예금주로 하는 예금계약이 효력을 인정받지 못할 경우에는 예금명의자를 예금주로 하는 예금계약이라도 형성시키려는 의사였다고 보는 것이 합리적일 것이므로, 결국 이러한 경우에는 금융기관과 예금명의자 사이의 예금계약만이 유효하게 성립할 뿐이어서, 예금반환청구권을 갖는 예금계약의 당사자는 예금명의자라고 한다. 다만 별개의견은 실명확인 절차를 거치지 않은 모든 예금계약이 강행규정 위반을 이유로 무효라고 하지는 않고, "이 사건과 같이 예금명의자의 명의로 실명확인 절차까지 마쳐지고 그 명의로 예금계약이 체결되어 금융실명법이 요구하는 요건을 갖춘 예금계약의 외관이 따로 있음에도 불구하고, 이를 무시하고 실명확인 절차를 거친 자 외의 다른 사람을 예금주로 하는 예금계약을 인정하는 것은 금융실명법의 취지에 정면으로 반하는 것으로서, 최소한 그와 같은 경우에는 위 금융실명법의 규정을 강행규정으로 적용하여 실명확인 절차를 거친 예금명의자 이외의 예금계약은 이를 유효한 예금계약으로 허용할 수 없다."라고 한다.

이에 대하여 대법관 차한성의 다수의견에 대한 보충의견은 금융실명법 제3조 제1항만을 근거로 예금계약을 일률적으로 무효로 하는 해석론을 채용할 수 없다고 하고, 다만 금융기관과 출연자 등 사이의 예금계약이 범죄수익금 등의 은닉·보관이나 뇌물 등의 제공을 위하여 체결된 경우 등에는, 이러한 개별 예금계약의 동기, 목적, 경위 및 내용과 금융기관의 인식 및 관여 정도 등을 따져서 당해 예금계약을 민법 제103조에 의하여 무효로 하는 것이 얼마든지 가능하다고 한다.

금융기관과 출연자 등 사이에서 출연자 등과 예금계약을 체결하여 출연자 등에게 예금반환청구권을 귀속시키려는 명확한 의사의 합치가 있는 경우에 그 효력을 인정할 것인지 문제된다. 이에 관한 명시적 규정이 없기 때문에, 법해석을 통하여 그 유·무효를 결정하여야 한다. 금융실명법 제3조의 규정이 강행규정이 아니라고 하더라도 이를 위반한 계약이 항상 유효인 것은 아니다. 금융기관 직원의 권유로 당사자들이 고의적으로 금융실명법, 예금자보호법, 금융감독규정 등 관련 법령과 은행거래약관을 회피할 목적으로 차명거래를 하는 경우에는 무효가 될 수 있을 것이다.[13)]

(4) 이 판례법리는 예금계약에 한정하여 적용되는지 문제된다. 대법관 양창수의 다수의견에 대한 보충의견은 특히 계약당사자의 확정에 관한 대판 1995. 10. 13, 94다55385(집 43-2, 민 290)[14)]

---

13) 김재형(주 4), 77, 87면.

14) "계약의 당사자가 타인의 이름을 임의로 사용하여 법률행위를 한 경우에는 행위자 또는 명의인 가운데 누구를 당사자로 할 것인지에 관하여 행위자와 상대방의 의사가 일치한 경우에는 그 일치하는 의사대로 행위자의 행위 또는 명의인의 행위로서 확정하여야 하지만, 그러한 일치하는 의사를 확정할 수 없을 경우에는 그 계약의 성질·내용·목적·체결경위 등 그 계약 체결 전후의 구체적인 제반 사정을 토대로 상

와 이에 따른 판결을 비판적으로 검토하고 있는데, "계약당사자의 확정에 관한 의사표시 해석에서 그 기준이 되는 '당사자'를 행위자(즉 명의차용인)와 상대방의 두 사람으로 제한하고, 명의인은 아예 거기서 배제"하는 것은 부당하다고 한다. "예금계약의 당사자는 무엇보다도 그 명의에 좇아 정하여져야 하고, 그 경우 실제로 금융기관에서 예금계좌의 개설을 신청하는 사람은 통상적으로 그의 대리인 또는 사자로서 행위하는 것으로 보아야" 하며, 그 예외는 "극히 엄격한 기준 아래서만 인정된다."고 한다. 이와 같이 보는 것이 "의사표시 해석의 일반적 기준인 상대방의 입장에서의 '합리적 이해'의 요청에 적합하다."고 한다. 이 견해는 예금계약에서 당사자 확정에 관한 이 판결의 논리가 다른 계약들에서 그대로 적용되지 않더라도 거의 유사하게 적용될 수 있다는 점을 지적한 것이다.[15]

대방이 합리적인 인간이라면 행위자와 명의자 중 누구를 계약 당사자로 이해할 것인가에 의하여 당사자를 결정한 다음, 그 당사자 사이의 계약 성립 여부와 효력을 판단하여야 한다."

15) 대출명의자를 제3자로 하는 차명대출의 경우에는 금융실명법이 적용되지 않지만, 이 경우에도 원칙적으로 명의인을 대출채무자로 보아야 한다. 이에 관해서는 김재형(주 4), 70면 이하 및 그곳에 있는 문헌 지시 참조.

[14] Ⅲ. 금융실명제하에서 출연자와 예금명의자의 관계

대판 2012. 2. 23, 2011다86720(공 2012, 515)

1. 사실관계와 원심판결

이 판결에서는 금융실명거래 및 비밀보장에 관한 법률(이하 '금융실명법'이라 한다) 시행 이후 금융기관이 출연자에게 예금을 지급한 경우에 예금명의자가 출연자를 상대로 부당이득반환청구를 할 수 있는지 여부를 다루고 있다.

A는 2002. 12. 12.경 B에 자신의 아들 소외 2의 자녀로서 자신의 손자녀인 원고들 명의로 그들의 실명확인을 거쳐 투자신탁계약에 의한 수익증권계좌(이하 '이 사건 계좌'라 한다)를 개설한 뒤 자신의 자금으로 각 3,000만 원을 입금하였는데, 이 사건 계좌는 모두 A 명의의 인장을 이용하여 개설되었고, 개설 이후 A가 사망한 2007. 4. 30. 전까지 A가 이 사건 계좌의 통장과 인장을 관리하면서 B로부터 원고들 명의로 이 사건 계좌에 입금된 돈을 인출하기도 하였다. A의 딸인 피고는 A의 사망 후에 이 사건 계좌의 통장과 인장을 이용하여 2007. 7. 23. 이 사건 계좌에 있던 수익증권을 전부 매도한 후 같은 달 24일 그 매도대금을 전액 출금하여 B에 피고 명의로 개설된 수익증권계좌에 입금하였다. 원심은, 원고들이 금융기관인 B에 대한 관계에서 이 사건 계좌의 수익증권에 관한 권리가 귀속되는 투자신탁계약의 당사자라고 하여 피고의 부당이득반환의무를 인정하였다.

2. 대법원 판결

그러나 대법원은 다음과 같은 이유로 원심판결을 파기환송하였다.

"금융실명거래 및 비밀보장에 관한 법률 시행 이후 예금주 명의의 신탁이 이루어진 다음 출연자가 사망함에 따라 금융기관이 출연자의 공동상속인들 중 전부 또는 일부에게 예금채권을 유효하게 변제하였다면, 그 변제된 예금은 출연자와 예금명의자의 명의신탁약정상 예금명의자에 대한 관계에서는 출연자의 공동상속인들에게 귀속되었다고 봄이 상당하다 할 것이므로, 이러한 경우 예금명의자는 예금을 수령한 공동상속인들의 전부 또는 일부를 상대로 예금 상당액의 부당이득반환을 구할 수 없다고 할 것이다. 또한 명의신탁관계는 반드시 신탁자와 수탁자 간의 명시적 계약에 의하여서만 성립되는 것이 아니라 묵시적 합의에 의하여서도 성립될 수 있는 것이다(대법원 2001. 1. 5. 선고 2000다49091 판결 등 참조)."

대법원은 A가 원고들에게 이 사건 계좌와 관련된 자금이나 권리를 증여하였다고 볼 만한 뚜렷한 자료가 없는 이 사건에서 A가 원고들에게 적어도 묵시적으로나마 이 사건 계좌의 명의를 신탁한 것이고, 이와 같이 이 사건 계좌의 명의신탁이 이루어진 다음 A가 사망함에 따라 B가 이 사건 계좌의 통장과 인장을 소지한 A의 공동상속인 중 1인인 피고에게 이 사건 계좌에 있던 수익증권의 매도대금을 유효하게 변제하였다고 볼 여지가 충분히 있다고 한다. 이러한 경우 그 변제된 매도대금은 출연자인 A와 예금명의자의 명의신탁약정상 원고들에 대한 관계에서 A의 공동상속인들에게 귀속되었다고 할 것이어서, 결국 원고들은 피고를 상대로 위 매도대금 상당액의 부당이득반환을 구할 수 없다고 한다.

3. 평석

(1) 이 사건에서 원심판결은 원고들의 피고에 대한 부당이득반환청구권을 인용하면서 그 근거로 투자신탁계약의 당사자가 원고들이라는 점을 들고 있다. 원심판결이 이 계약의 당사자가 누구인지를 판단한 부분은 대판(전) 2009. 3.

19, 2008다45828(공 2009, 456)에서 금융실명법에 의하여 예금명의자에 대한 실명확인 절차를 거쳐 그의 명의로 예금계약이 이루어진 사안에서 "금융기관과 출연자 등 사이에서 예금명의자와의 예금계약을 부정하여 예금명의자의 예금반환청구권을 배제하고 출연자 등과 예금계약을 체결하여 출연자 등에게 예금반환청구권을 귀속시키려는 명확한 의사의 합치가 있다고 인정되는 극히 예외적인 경우"에 한하여 출연자 등을 예금주로 인정하여야 한다고 선언한 법리를 따른 것이다.

그러나 대법원은 투자신탁계약의 당사자가 누구인지 여부를 따지지 않고 있다. 예금주 명의의 신탁이 이루어진 다음 출연자가 사망함에 따라 금융기관이 출연자의 공동상속인들 중 전부 또는 일부에게 예금채권을 유효하게 변제하였다면, 그 변제된 예금은 출연자와 예금명의자의 명의신탁약정상 예금명의자에 대한 관계에서는 출연자의 공동상속인들에게 귀속되었다고 한다.

(2) 이 판결에서 예금채권이 유효하게 변제되었다는 것을 전제로 판단하고 있는데, 이것이 무엇을 의미하는지는 명확하지 않다. 금융기관이 출연자에게 예금채권을 유효하게 변제하는 경우는 예금주가 출연자인 경우도 있고, 출연자가 예금주는 아니지만 채권의 준점유자에 대한 변제에 해당하는 경우도 있기 때문이다.

또한 금융기관이 예금주에게 변제한 예금이 출연자와 예금명의자의 명의신탁약정상 예금명의자에 대한 관계에서는 출연자의 공동상속인들에게 귀속되었다고 판단한 부분도 검토가 필요하다. 이 사건에서 예금명의자가 이 사건 예금의 존재를 알았는지 여부, 나아가 출연자와 예금명의자 사이에 명의신탁약정이 있었는지 여부가 불분명한데도, 대법원은 출연자와 예금명의자 사이에 묵시적으로나마 명의신탁약정이 있었다고 판단하고 있다. 한편 출연자와 예금명의자 사이에 명의신탁약정을 인정하는 것은 예금명의자와 금융기관 사이에서는 그 예금이 예금명의자에게 귀속된다는 것을 전제로 한 것으로 볼 수 있을 것이다. 그러나 예금이 예금명의자와 금융기관 사이에서는 예금명의자에게 귀속하고 있고 출연자와 예금명의자 사이에서는 출연자의 공동상속인들에게 귀속된다는, 이른바 예금의 상대적 귀속을 인정하는 것이 정당한 것인지는 의문이다. 예금은 예금명의자에게 귀속하고 있고, 출연자 또는 그 상속인은 예금명의자에게 계약관계나 그 밖의 법률관계에서 나오는 권리만을 보유한다고 보아야 할 것이다.

이 문제는 세 경우로 구분하여 살펴볼 필요가 있다. 첫째, 출연자가 예금주로 인정되는 경우에는 현재의 판례에 따르면 금융기관은 출연자에게 예금을 반환하여야 할 것이다. 둘째, 예금명의자가 예금주라면 금융기관은 예금명의자에게 예금을 반환하여야 할 것이다. 이 경우 금융기관이 출연자에게 예금을 반환하더라도 원칙적으로 유효한 변제가 아니기 때문에, 예금명의자는 여전히 금융기관을 상대로 예금채권을 행사할 수 있다. 셋째, 금융기관이 출연자에게 예금을 반환한 것이 채권의 준점유자에 대한 변제가 되는 경우에는 금융기관의 예금반환채무는 소멸한다. 이 경우 예금명의자와 출연자 사이의 법률관계는 그들 사이의 내부관계에 기하여 해결하여야 할 것이다.[1] 이 판결에서는 위에서 본 바와 같이 그들 사이에 명의신탁약정이 있었다고 인정하고 있는데 그와 같은 약정을 인정할 수 있는지는 의문이다. 명의신탁에 관한 의사의 합치가 있다고 보기 어렵기 때문이다. 또한 그들 사이에 명의신탁약정이 있었다고 해서 무조건 예금명의자에 대한 관계에서 출연자에게 예금이 귀속되었다고 볼 수는 없을 것이다.

1) 김재형, "금융거래의 당사자에 관한 판단기준," 민법론 Ⅲ, 2007, 66면.

[15] Ⅳ. 계약의 해석 — 융통어음을 이용한 상업어음대출이 신용보증의 대상에 해당하는지 여부

대판(전) 2008. 5. 23, 2006다36981(공 2008하, 888)

1. 사실관계와 원심판결

원고(신용보증기금)는 이 사건 신용보증서에 의하여 소외 1 주식회사가 금융기관인 원고보조참가인에게 부담하는 채무에 대하여 신용보증을 하였고, 피고 1, 2는 원고가 원고보조참가인에게 신용보증채무를 이행할 경우 소외 1 주식회사가 원고에게 지게 되는 구상금채무에 대하여 연대보증하였다. 원고가 발급한 이 사건 신용보증서에는 신용보증 대상이 되는 '대출과목'이 '할인어음'이라고 기재되어 있는 한편, "본 보증서는 사업자등록증을 교부받은 업체 간에 당해 업체의 사업목적에 부합되고 경상적 영업활동으로 이루어지는 재화 및 용역거래에 수반하여 발행된 상업어음(세금계산서가 첨부된)의 할인에 대하여 책임을 진다."라는 내용의 특약사항이 기재되어 있다. 그런데 소외 1 주식회사가 금융기관인 원고보조참가인으로부터 진정한 상업어음의 할인에 의한 대출을 받은 것이 아니라, 소외 2 주식회사가 발행한 이 사건 융통어음을 이용하여 대출을 받았다. 이 사건 신용보증의 대상이 위 융통어음을 이용한 대출을 포함하는지 문제되었다.

원심은 단지 이 사건 약속어음이 상업어음이 아닌 것으로 드러났다는 이유만으로 위 어음할인대출채무에 대하여는 신용보증관계가 성립되지 아니하고 원고는 이에 대하여 신용보증책임을 부담하지 않는다고 판단하였다.

2. 대법원 판결

대법원은 원심판결을 파기환송하였다.

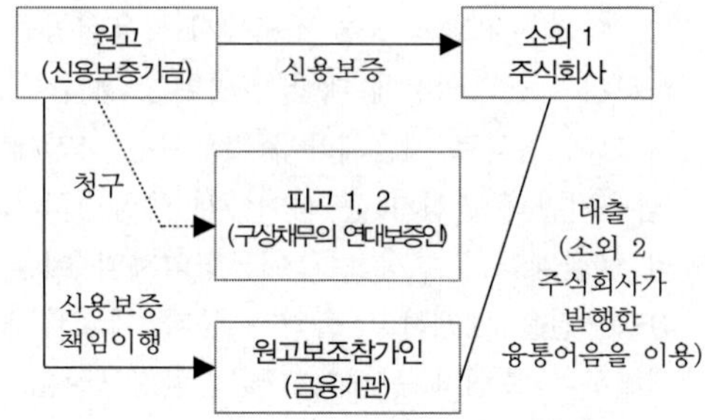

3. 평석

(1) 이 판결에서는 다수의견과 반대의견이 처분문서인 신용보증서의 해석을 둘러싸고 상세하게 그 이유를 제시하고 있는데, 그 결론에 해당하는 내용은 다음과 같다. 먼저 다수의견은 "이 사건 신용보증서에 의한 신용보증은 금융기관이 상업어음할인이라는 방법에 의하여 실시하는 대출, 즉 상업어음할인대출을 그 보증 대상으로 하는 것임은 명백하다."는 점을 인정한다. 그러나 상업어음이 아니라는 것이 드러난 경우에도 보증대상에 포함된다고 한다. 즉,

"위와 같은 이 사건 신용보증서에 기재된 대출과목과 특약사항의 내용, 원고의 설립 취지, 신용보증이 이루어지는 동기와 경위, 신용보증에 의하여 달성하려는 목적, 신용보증에 의하여 인수되는 위험 및 상업어음할인대출 절차의 엄격성 등을 종합적으로 고려하면, 이 사건 신용보증서의 상업어음할인 특약에 의해 신용보증을 한 당사자의 의사는, 금융기관이 선량한 관리자로서의 주의의무를 다하여 정상적인 업무처리절차에 의해 상업어음인지 여부를 확인하고 상업어음할인의 방식으로 실시한 대출에 대하여 신용보증책임을 진다는 취지로 해석함이 합리적이라 하겠고, 따라서 금융기관이 상업어음으로서 할인한 어음이 사후에 상업어음이 아님이 드러났다 하여도 그 할인에 의한 대출과정에서 선량한 관리자로서의 주의의무를 다하였

다면 그에 대하여는 원고가 신용보증책임을 부담한다는 취지로 해석하여야 할 것이다."

다수의견은 이 사건에 대한 구체적인 판단으로 "원고가 그 어음할인대출채무에 대하여 신용보증책임을 부담하는지 여부를 판단하기 위해서는 원고보조참가인이 위 어음할인대출 당시 이 사건 약속어음이 상업어음인지 여부를 조사·확인하는 과정에서 선량한 관리자로서의 주의의무 위반이 없었는지 여부에 관하여 살펴보아야 할 것"이라고 하였다.

그러나 반대의견은 처분문서인 이 사건 신용보증서상의 신용보증조건에 관한 특약에 대한 문리해석을 통하여 다수의견과 반대의 결론을 도출하고 있다. 즉, "사업자등록증을 교부받은 업체 간에 당해 업체의 사업목적에 부합되고 경상적 영업활동으로 이루어지는 재화 및 용역 거래에 수반하여 발행된 '상업어음'에 해당하지 아니하는 이른바 자금융통을 목적으로 하여 발행된 융통어음이나 그 융통어음의 할인이 포함되는 것으로 해석할 여지는 없다."고 한다. 다수의견에 대하여 이 사건 신용보증조건에 관한 특약에 "금융기관이 주의의무를 다하였음에도 융통어음임을 알아채지 못한 채 이를 상업어음으로 잘못 알고 어음할인을 한 경우에도 원고가 보증책임을 진다."는 뜻이 포함된 문구가 추가되어 있다고 가정하여 해석하는 것이라고 비판한다.

(2) 이 사건의 쟁점은 신용보증기금이 상업어음할인대출을 대상으로 하는 신용보증을 하였는데, 금융기관이 할인한 어음이 사후에 상업어음이 아닌 것으로 판명된 경우 신용보증기금이 보증책임을 부담하는지 여부이다. 이를 긍정한다면 금융기관인 원고보조참가인에게 신용보증책임을 이행한 원고(신용보증기금)가 소외 1주식회사의 신용보증기금에 대한 구상채무를 연대보증한 피고들에게 그 이행을 청구할 수 있다. 이와 달리 이를 부정한다면 신용보증기금은 원고보조참가인을 상대로 부당이득반환청구를 하여야 할 것이다. 따라서 이 사건에서 신용보증서를 믿고 대출을 한 금융기관을 보호할 것인지, 아니면 신용보증기금 또는 위 구상채무에 대한 연대보증인을 보호할 것인지 문제되고 있다.

기존의 판례는 금융기관이 이 사건과 같은 상업어음할인 특약이 있는 신용보증서에 기하여 할인을 한 어음이 사후에 상업어음이 아닌 것으로 판명된 경우 그 어음할인대출채무에 대하여는 신용보증관계가 성립되지 아니하고, 금융기관이 어음할인대출을 할 당시 할인 대상 어음이 상업어음인지 여부에 관하여 조사하는 과정에서 주의의무 위반이 없었다고 하더라도 원고는 신용보증책임을 부담하지 않는다고 하였다.[1] 그러나 대법원은 기업구매자금대출에 대한 신용보증의 해석에 관한 사안에서, 금융기관이 기업구매자금대출을 한 후 그 대출한 자금이 기업구매자금이 아닌 것으로 판명된 경우에도 그 대출과정에서 통상의 주의의무를 다하였다면 원고가 보증책임을 부담한다고 판단하였다.[2] 두 문언을 비교해 보자.

* **어음할인대출**: 사업자등록증을 교부받은 업체 간에 당해 업체의 사업목적에 부합되고 경상적 영업활동으로 이루어지는 재화 및 용역거래에 수반하여 발행된 상업어음(세금계산서가 첨부된)의 할인.

* **기업구매자금대출**: 금융기관이 사업자등록증을 교부받은 업체 간의 거래와 관련하여 그 업체의 사업목적에 부합하는 경상적 영업활동으로써 재화 및 용역을 구매하는 업체에 대하여 취급한 대출.

1) 이 판결에 의하여 변경된 대판 2001. 11. 9, 2000다23952; 대판 2002. 1. 22, 2001다57983; 대판 2003. 2. 11, 2002다55953; 대판 2003. 10. 10, 2003다38108.
2) 대판 2006. 3. 9, 2004다67899; 대판 2006. 3. 10, 2005다24349; 대판 2006. 4. 27, 2006다8597 등.

다수의견은 이 사건 상업어음대출에 대한 신용보증과 그 취지, 내용 및 형식이 기업구매자금대출에 대한 신용보증과 거의 동일하다고 본 반면, 반대의견은 기업구매자금대출에 대한 신용보증의 의미·내용이 일의적으로 명확하다고 할 수 없는 등 이 사건 상업어음할인대출과는 동일하게 취급할 수 없으므로, 양자의 해석론이 반드시 동일할 필요가 없다고 한다. 상업어음할인대출과 기업구매자금대출 사이에는 결론을 달리할 만큼 차이가 있다고 보기는 어렵다. 두 경우는 모두 사업자등록증을 교부받은 업체 간의 거래에 관한 것이고, 그 업체의 사업목적에 부합하는 경상적 영업활동으로 이루어지는 재화 및 용역거래를 기초로 한다는 점에서 동일하다. 상업어음할인대출의 경우에는 세금계산서가 첨부된 상업어음이 발행되고 이에 기하여 할인이 이루어지는 것이 명시되어 있는데, 기업구매자금대출의 경우에도 세금계산서가 발생되어야 할 것이기 때문에 이 점에서는 차이가 없다. 따라서 두 경우를 동일하게 규율하는 것이 바람직할 것이다. 자구의 미세한 차이를 들어 위 두 경우를 다르게 규율하는 것은 납득하기 어려울 것이다.

(3) 그렇다면 어떠한 방향으로 견해를 통일할 것인가? 문리해석에 따르면 반대의견이 타당한 것으로 보인다.[3] 일반적으로 융통어음은 현실적인 상거래 없이 발행된 것이어서 그 지급의 확률이 낮은 반면, 상업어음은 상품의 매매를 기초로 하고 있고 상품의 단기적인 매각으로 인하여 어음의 결제기간이 길지 않을 뿐만 아니라 어음채무자도 발행인·배서인 등 다수가 존재하는 것이 통상이어서 그 지급의 확률이 높다. 그리고 어음할인의 대상이 융통어음인지 상업어음인지 여부에 따라 원고의 신용보증사고 발생률과 원고가 보증채무 이행 후 어음상의 권리를 대위행사하여 어음채무자들로부터 회수할 수 있는 채권의 비율 등에 상당한 영향을 받는다. 따라서 신용보증기금이 보증책임을 부담하는 주채무의 내용을 상업어음의 할인으로 한정할 이유도 있다.[4]

그러나 금융기관으로서는 진정한 상업어음인지 여부를 판별하기 쉽지 않다. 상업어음은 위와 같은 재화 및 용역거래에 수반하여 발행된다는 데 그 특징이 있을 뿐 형식적인 측면에서 다른 어음과 아무 차이가 없어 외형만으로는 이를 가려낼 수 없다. 그러므로 금융기관으로서는 일정한 조사·확인절차를 마련하여 그에 따라 수집된 여러 자료에 의하여 할인 대상 어음이 위와 같은 거래에 수반하여 발생된 것이라고 판단되는 경우에 이를 상업어음으로 취급하여 할인함으로써 대출을 실시한다. 다수의견은 이 사건 신용보증서가 보증 대상으로 삼는 상업어음할인대출이 오로지 진정한 상업어음의 할인에 의한 대출만을 의미하는 것이 아니라, 어음의 발행 경위 자체를 따짐이 없이 금융기관이 소정의 조사·확인절차에 의해 상업어음으로 판단하여 실시하는 이른바 '상업어음할인대출'이라는 과목의 대출을 가리키는 것으로 보고 있다. 이는 결국 융통어음을 이용하여 상업어음할인의 절차에 의하여 대출을 한 경우에 그 위험을 금융기관에 귀속시키지 않고 신용보증기금인 원고(또는 구상금채무의 보증인)에게 귀속시킨 것이다.[5] 금융기관이 선량한 관리자로서의 주의의

3) 이기택, "신용보증기금이 어음할인대출에 관한 신용보증을 함에 있어서 상업어음의 할인에 대하여 보증책임을 부담한다는 특약을 한 경우 그 특약의 해석," 대법원판례해설 제38호(2001 하반기), 2002, 185면 이하.

4) 반대의견을 정리한 것이다.

5) 이와 같이 융통어음으로 인한 위험의 종국적 귀속자를 금융기관이 아니라 신용보증기금으로 상정한 것이 신용보증제도의 목적에 부합하는지 문제된다. 신용보증제도는 담보능력이 미약한 기업의 채무를 보증함으로써 기업의 자금융통을 원활히 하는 데 그 목적이 있다(신용보증기금법 제1조). 신용보증기금

무를 다하여 진정한 상업어음인지 여부에 대하여 확인한 경우에는 나중에 그 어음이 융통어음으로 드러났다고 하더라도 금융기관을 보호할 필요가 있다는 점에서 다수의견을 이해할 수도 있을 것이다.

은 신용보증을 필요로 하는 기업의 경영상태·사업전망·신용상태 등을 조사하여 일정한 심사를 거쳐 보증료를 받고 신용보증서를 발급한다(법 제23조, 제27조, 제33조, 같은 법 시행령 제24조의2). 금융기관은 담보능력이 미약한 기업이 대출을 신청한 경우에도 별도의 담보를 요구함이 없이 신용보증서만을 의존하여 그 기업에게 대출을 할 수 있다(법 제23조). 따라서 신용보증기금이 보증금액의 범위 안에서 대출로 인한 위험을 인수하였다고 보더라도 신용보증제도와 관련 법령에 배치되지는 않는다.

[16] Ⅴ. 연명치료 중단의 허용 요건

대판(전) 2009. 5. 21, 2009다17417(공 2009, 849)

1. 사실관계와 원심판결

원고는 피고(학교법인 연세대학교)가 운영하는 세브란스병원에 입원하고 있던 중 식물인간상태에 빠져 연명치료를 받고 있었다. 원고에 대한 뇌 자기공명영상(MRI) 검사에서 뇌가 전반적으로 심한 위축을 보이고 대뇌피질의 요철이 단지 가느다란 띠 형상으로 보일 정도로 심하게 파괴되어 있으며 기저핵 시상(視床)의 구조가 보이지 아니하고 뇌간 및 소뇌도 심한 손상으로 위축되어 있었다. 원고의 담당 주치의는 원고에게 자발호흡은 없지만 뇌사상태는 아니며 지속적 식물인간상태로서 의식을 회복할 가능성은 매우 낮아 5% 미만이라는 견해를 피력하였다. 그러나 진료기록 감정의는 원고가 자발호흡이 없어 일반적인 식물인간상태보다 더 심각하여 뇌사상태에 가깝고 회복가능성은 거의 없다고 하였다. 신체감정의들도 모두 원고가 지속적 식물인간상태로서 회생가능성이 희박하다는 취지의 견해를 밝혔다. 원고는 자발호흡이 없어 인공호흡기에 의하여 생명이 유지되는 상태였다.

원고는 독실한 기독교 신자로서 15년 전 교통사고로 팔에 상처가 남게 된 후부터는 이를 남에게 보이기 싫어하여 여름에도 긴팔 옷과 치마를 입고 다닐 정도로 항상 정갈한 모습을 유지하고자 하였다. 텔레비전을 통해 병석에 누워 간호를 받으며 살아가는 사람의 모습을 보고 "나는 저렇게까지 남에게 누를 끼치며 살고 싶지 않고 깨끗이 이생을 떠나고 싶다."라고 말하기도 하였다. 3년 전 남편의 임종 당시 며칠 더 생명을 연장할 수 있는 기관절개술을 거부하고 그대로 임종을 맞게 하면서 "내가 병원에서 안 좋은 일이 생겨 소생하기 힘들 때 호흡기는 끼우지 말라. 기계에 의하여 연명하는 것은 바라지 않는다."라고 말한 적도 있다.

원고는 피고를 상대로 연명치료 중단을 청구하였다. 원심은, 원고가 회복불가능한 사망의 단계에 진입하였고, 일상생활에서의 대화 및 원고의 현 상태 등 여러 사정을 종합하여, 원고가 현재의 상황에 관한 정보를 충분히 제공받았을 경우 원고에게 현재 시행되고 있는 연명치료를 중단하고자 하는 의사가 있었을 것으로 추정하여 원고의 청구를 받아들였다.

2. 대법원 판결

피고가 상고하였으나, 대법원은 이를 기각하였다. 대법원은 먼저 환자의 자기결정권에 기하여 연명치료 중단을 인정하지만, 극히 제한적으로 이를 허용한다. 즉,

"환자의 신체 침해를 수반하는 구체적인 진료행위가 환자의 동의를 받아 제공될 수 있는 것과 마찬가지로, 그 진료행위를 계속할 것인지 여부에 관한 환자의 결정권 역시 존중되어야 하며, 환자가 그 진료행위의 중단을 요구할 경우에 원칙적으로 의료인은 이를 받아들이고 다른 적절한 진료방법이 있는지를 강구하여야 할 것"이나, "인간의 생명은 고귀하고 생명권은 헌법에 규정된 모든 기본권의 전제로서 기능하는 기본권 중의 기본권이라 할 것이므로, 환자의 생명과 직결되는 진료행위를 중단할 것인지 여부는 극히 제한적으로 신중하게 판단하여야 한다."

그러나 연명치료 중단의 허용 요건에 관해서는 견해가 나뉘고 있다. 다수의견은 "회복불가능한 사망 단계에 진입한 환자에 대한 진료중단의 허용 요건"에 관하여 다음과 같이 판단하고 있다.

① "**의학적으로 환자가 의식의 회복가능성이 없고 생명과 관련된 중요한 생체기능의 상실을 회복할 수 없으며 환자의 신체상태에 비추어 짧은 시간 내에 사망에 이를 수 있음이 명백한 경우**(이하 '**회복불가능한 사망의 단계**'라 한다)에 이루어지는 진료행위(이하 '연명치료'라 한다)는 원인이 되는 질병의 호전을 목적으로 하는 것이 아니라 질병의 호전을 사실상 포기한 상태에서 오로지 현 상태를 유지하기 위하여 이루어지는 치료에 불과하므로, 그에 이르지 아니한 경우와는 다른 기준으로 진료중단 허용 가능성을 판단하여야 한다."

"생명권이 가장 중요한 기본권이라고 하더라도 인간의 생명 역시 인간으로서의 존엄성이라는 인간 존재의 근원적인 가치에 부합하는 방식으로 보호되어야 할 것이다. 따라서 이미 의식의 회복가능성을 상실하여 더 이상 인격체로서의 활동을 기대할 수 없고 자연적으로는 이미 죽음의 과정이 시작되었다고 볼 수 있는 회복불가능한 사망의 단계에 이른 후에는, 의학적으로 무의미한 신체 침해 행위에 해당하는 연명치료를 환자에게 강요하는 것이 오히려 인간의 존엄과 가치를 해하게 되므로, 이와 같은 예외적인 상황에서 죽음을 맞이하려는 환자의 의사결정을 존중하여 환자의 인간으로서의 존엄과 가치 및 행복추구권을 보호하는 것이 사회상규에 부합되고 헌법정신에도 어긋나지 아니한다고 할 것이다.

그러므로 **회복불가능한 사망의 단계에 이른 후에 환자가 인간으로서의 존엄과 가치 및 행복추구권에 기초하여 자기결정권을 행사하는 것으로 인정되는 경우**에는 특별한 사정이 없는 한 연명치료의 중단이 허용될 수 있다."

② "**환자가 회복불가능한 사망의 단계에 이르렀을 경우에 대비하여 미리 의료인에게 자신의 연명치료 거부 내지 중단에 관한 의사를 밝힌 경우**(이하 '**사전의료지시**'라 한다)에는 비록 진료 중단 시점에서 자기결정권을 행사한 것은 아니지만 사전의료지시를 한 후 환자의 의사가 바뀌었다고 볼 만한 특별한 사정이 없는 한 사전의료지시에 의하여 자기결정권을 행사한 것으로 인정할 수 있다.

다만, 이러한 사전의료지시는 진정한 자기결정권 행사로 볼 수 있을 정도의 요건을 갖추어야 한다. 따라서 의사결정능력이 있는 환자가 의료인으로부터 직접 충분한 의학적 정보를 제공받은 후 그 의학적 정보를 바탕으로 자신의 고유한 가치관에 따라 진지하게 구체적인 진료행위에 관한 의사를 결정하여야 하며, 이와 같은 의사결정 과정이 환자 자신이 직접 의료인을 상대방으로 하여 작성한 서면이나 의료인이 환자를 진료하는 과정에서 위와 같은 의사결정 내용을 기재한 진료기록 등에 의하여 진료 중단 시점에서 명확하게 입증될 수 있어야 비로소 사전의료지시로서의 효력을 인정할 수 있다."

③ "한편, 환자의 사전의료지시가 없는 상태에서 회복불가능한 사망의 단계에 진입한 경우에는 환자에게 의식의 회복가능성이 없으므로 더 이상 환자 자신이 자기결정권을 행사하여 진료행위의 내용 변경이나 중단을 요구하는 의사를 표시할 것을 기대할 수 없다. 그러나 **환자의 평소 가치관이나 신념 등에 비추어 연명치료를 중단하는 것이 객관적으로 환자의 최선의 이익에 부합한다고 인정되어 환자에게 자기결정권을 행사할 수 있는 기회가 주어지더라도 연명치료의 중단을 선택하였을 것이라고 볼 수 있는 경우에는 그 연명치료 중단에 관한 환자의 의사를 추정할 수 있다**고 인정하는 것이 합리적이고 사회상규에 부합된다.

이러한 환자의 의사 추정은 객관적으로 이루어져야 한다. 따라서 환자의 의사를 확인할 수 있는 객관적인 자료가 있는 경우에는 반드시 이를 참고하여야 하고, 환자가 평소 일상생활을 통하여 가족, 친구 등에 대하여 한 의사표현, 타인에 대한 치료를 보고 환자가 보인 반응, 환자의 종교, 평소의 생활 태도 등을 환자의 나이, 치료의 부작용, 환자가 고통을 겪을 가능성, 회복불가능한 사망의 단계에 이르기까지의 치료 과정, 질병의 정도, 현재의 **환자 상태 등 객관적인 사정과 종합하여 환자가 현재의 신체상태에서 의학적으로 충분한 정보를 제공받는 경우 연명치료 중단을 선택하였을 것이라고 인정되는 경우**라야 그 의사를 추정할 수 있을 것이다."

④ "환자 측이 직접 법원에 소를 제기한 경우가 아니라면, 환자가 회복불가능한 사망의 단계에 이르렀는지 여부에 관하여는 전문의사 등으로 구성된 위원회 등의 판단을 거치는 것이 바람직하다."

이에 대하여 대법관 이홍훈, 김능환의 반대의견[1]은 연명치료 중단의 허용기준을 더욱 엄격하게 한정하여야 한다고 한다. 즉,

"생명에 직결되는 진료에 있어서 환자의 '자기결정권'은 소극적으로 그 진료 내지 치료를 거부하는 방법으로는 행사될 수 있어도 이미 환자의 신체에 삽입, 장착되어 있는 인공호흡기 등의 생명유지장치를 제거하는 방법으로 치료를 중단하는 것과 같이 적극적인 방법으로 행사되는 것은 허용되지 아니하며, 따라서 원고의 이 사건 청구는 인용될 수 없다고 본다."[2]

또한, 이 사건에서 원고가 회복불가능한 사망의 단계에 들어섰고 연명치료 중단의 의사가 추정되는지 여부에 대한 구체적 판단에서도 의견이 나뉘고 있다. 다수의견은 이를 긍정한다. 즉, 원심은 원고가 회복불가능한 사망의 단계에 진입하였고, 원고가 현재의 상황에 관한 정보를 충분히 제공받았을 경우 원고에게 현재 시행되고 있는 연명치료를 중단하고자 하는 의사가 있었을 것으로 추정하였는데, 다수의견도 원심판단을 지지하였다. 이에 대한 대법관 안대희, 양창수의 반대의견은 다음과 같다.[3]

① "특히 원고를 치료하여 온 피고의 담당의사가 원고의 의식회복가능성이 5% 미만으로라도 남아 있고 원고의 현재 상태를 기준으로 하더라도 그 기대여명이 적어도 4개월 이상이라고 판단하고 있는 점 등에 비추어, 원고가 의식회복가능성이 없다거나 원고가 짧은 시간 내에 사망에 이를 것이 명백하다 할 수 있는지 의문이고, 원고가 회복불가능한 사망의 단계에 있다고 쉽사리 단정할 수는 없다." ② "이 사건에서 설령 원고가 회복불가능한 사망의 단계에 이르렀다고 하더라도, 연명치료 중단을 구하는 원고의 '추정적 의사'가 있다고는 할 수 없다." "연명치료의 중단을 환자의 자기결정권에 의하여 정당화하는 한, 그 **'추정적 의사'란 환자가 현실적으로 가지는 의사가 객관적인 정황으로부터 추단될 수 있는 경우에만 긍정**될 수 있으며, 다수의견이 말하는 바와 같은 '가정적 의사' 그 자체만으로 이를 인정할 수 없다."[4]

대법관 이홍훈, 김능환의 반대의견은 원고가 생명유지장치인 인공호흡기가 이미 삽입, 장착되어 있는 상태에서 그 장치의 제거를 구하고 있으므로 그 청구가 정당하려면 원고가 생명유지장치가 삽입, 장착되어 있는 상태에서도 비교적 아주 짧은 기간 내에 사망할 것으로 예측·판단되는 돌이킬 수 없는 사망의 과정에 진입하였

1) 판결이유 6.
2) 이 반대의견에 대해서는 대법관 김지형, 차한성의 다수의견에 대한 보충의견이 있다. 판결이유 7.

3) 판결이유 5.
4) 다만 이 의견은 원고의 대리인이 주장하지 않아 판단하지 않았지만, "연명치료의 중단은 반드시 환자의 '자기결정권'으로부터만 인정된다고 할 것은 아니고, 비록 예외적이기는 하지만, 법질서 일반의 관점에서 정당화될 수 있는 경우도 있다."라고 한다.

다는 점이 전제되어야 할 것이라고 한 다음, 원고가 아직 뇌사상태에는 이르지 아니한 지속적 식물인간상태이고, 원고의 기대여명은 현재 적어도 4개월 이상이므로, 원고를 가리켜 이른바 돌이킬 수 없는 사망의 과정에 진입하였다고는 도저히 말할 수 없다고 하였다.

한편 연명치료 중단에 관한 법적 판단절차에 대한 대법관 김지형, 박일환의 별개의견[5]이 있다. 환자의 사전의료지시가 없는 상태에서 회복불가능한 사망의 단계에 진입한 경우, 이 사건과 같이 민사소송의 형태로 소를 제기할 수 있지만, 민법 제947조 제2항을 유추적용하여 후견인이 가사비송절차에 따라 연명치료의 중단에 관한 허가를 받을 수도 있다고 한다.

3. 평석

(1) 이 판결은 대법원이 최초로 연명치료 중단의 허용요건을 제시한 것이다. 다수의견에 따르면, 사람이 회복불가능한 사망의 단계에 진입한 경우에 대비하여 미리 연명치료를 중단해달라는 선택을 할 수 있다. 따라서 연명치료 중단의 요건으로 ① 환자가 회복불가능한 사망의 단계에 도달할 것, ② 미리 연명치료 중단의 의사를 표시하였을 것(이른바 '사전의료지시')이 요구된다.

㈎ 회복불가능한 사망의 단계

다수의견에서는 회복불가능한 사망의 단계는 의학적으로 환자가 의식의 회복가능성이 없고 생명과 관련된 중요한 생체기능의 상실을 회복할 수 없으며 환자의 신체상태에 비추어 짧은 시간 내에 사망에 이를 수 있음이 명백한 경우라고 한다. 원고의 상태가 이 단계에 있는지에 관해서 다수의견은 이를 긍정하지만, 대법관 안대희, 양창수의 반대의견은 원고가 의식회복가능성이 없다고 볼 수 없고, 짧은 시간 내에 사망에 이를 수 있음이 명백하지도 않다고 한다. 대법관 이홍훈, 김능환의 반대의견은 연명치료 중단이 인정되는 경우를 "아주 짧은 기간 내에 사망할 것으로 예측, 판단되는 돌이킬 수 없는 사망의 과정에 진입"한 경우로 보아야 한다고 하면서, 원고의 상태가 이 요건을 충족하지 못하고 있다고 한다.

어떠한 경우에 사람이 의식이나 중요 생체기능을 회복하는 것이 불가능하고 짧은 시간 내에 사망에 이를 것인지를 판단하는 것은 매우 어렵다. 이 사건에서 원고는 대법원 판결이 선고된 날로부터 7개월이 넘게 생존하였는데, 이것을 '짧은 시간'이라고 볼 수는 없을 것이다. 결과적으로 짧은 시간 내에 사망에 이를 것이라는 판단은 맞지 않게 된 셈이다. 학설 중에는 연명치료 중단을 판단하는 데 '짧은 시간 내에 사망에 이를 수 있음이 명백할 것'이라는 요건은 필요하지 않다는 견해가 있다.[6] 사람의 의식과 생체기능이 상실되어 그 회복가능성이 없다면, 짧은 시간 내에 사망할 것인지가 명확하지 않더라도 연명치료를 중단할 수 있는 단계에 있다고 볼 수 있다. 따라서 짧은 시간 내에 사망에 이를 수 있음이 명백하여야 한다는 것은 독립적인 요건으로 보아서는 안 될 것이다. 다만 짧은 시간 내에 사망에 이를 것이 명확하지 않은 경우에는 회복가능성이 좀 더 크다고 볼 수 있기 때문에, 이는 회복불능여부를 판단하는 하나의 요소로 작용할 수 있다.

㈏ 사전의료지시

환자가 사전에 명시적으로 회복불가능한 사망의 단계에서 연명치료를 하지 않겠다고 한 경우에는 그의 의사에 따르면 된다. 그러나 연명

5) 판결이유 8.

6) 가령 김천수, "연명치료 중단에 대한 대법원판결의 분석과 향후 논의과제," 법률신문 제3759호(2009. 7. 6). 또한 박철, "연명치료 중단의 허용기준," 민사판례연구(XXXII), 2010, 81면도 위 요건을 부가하는 것에 비판적이다.

치료에 관하여 '사전의료지시'가 없거나 불명확한 경우가 많을 것이다. 이러한 경우에 어떠한 요건 하에서 연명치료 중단을 허용할 것인지 문제된다. 다수의견은 "환자의 평소 가치관이나 신념 등에 비추어 연명치료를 중단하는 것이 객관적으로 환자의 최선의 이익에 부합한다고 인정되어 환자에게 자기결정권을 행사할 수 있는 기회가 주어지더라도 연명치료의 중단을 선택하였을 것이라고 볼 수 있는 경우에는 그 연명치료 중단에 관한 환자의 의사를 추정할 수 있다고 인정하는 것이 합리적이고 사회상규에 부합된다."라고 하고, "환자가 현재의 신체상태에서 의학적으로 충분한 정보를 제공받는 경우 연명치료 중단을 선택하였을 것이라고 인정되는 경우라야 그 의사를 추정할 수 있을 것"이라고 한다. 환자가 연명치료를 거부하거나 중단하려는 의사가 실제로 있는 경우에는 여러 사정을 종합하여 그 의사를 추정하거나 묵시적 의사표시를 인정할 수 있다. 그러나 "환자가 현재의 신체상태에서 의학적으로 충분한 정보를 제공받는 경우 연명치료 중단을 선택하였을 것이라고 인정되는 경우"라고 하더라도 연명치료를 중단하겠다는 의사를 추정할 수는 없을 것이다. 다수의견은 추정적 의사(또는 묵시적 의사)가 아니라 가정적 의사를 인정한 것이라는 반대의견의 지적이 타당하다.

원고는 이 사건 소송을 통하여 연명치료 중단을 청구하고 있지만, 의식불명상태로서 연명치료 중단에 관한 의사를 법원에 직접 표명할 수 없었다. 의식불명상태에 들어가기 전에 연명치료 거부 또는 중단에 관하여 미리 의사표시를 하였는지도 불명확하다. 환자가 가족이나 가까운 사람들과의 대화 등을 통하여 연명치료를 받지 않겠다는 의사를 표명하였다면 이를 연명치료 중단 여부를 판단할 때 고려할 수 있지만, 가족의 증언 등을 토대로 환자의 연명치료 중단에 관한 의사를 쉽게 인정한다면 그 가족(또는 후견인)의 의사에 따라 환자의 생명이 좌우될 수 있고, 경우에 따라서는 법원이 환자의 생사를 결정하는 판단자로 될 수도 있다.

(2) 그렇다면 연명치료 중단의 의사 — 명시적이든 묵시적이든 — 가 없는 경우에 연명치료 중단을 허용할 수 없는가? 이러한 경우에도 연명치료의 중단이 허용되는 경우가 있다. 위 반대의견에서는 "연명치료의 중단은 반드시 환자의 '자기결정권'으로부터만 인정된다고 할 것은 아니고, 비록 예외적이기는 하지만, 법질서 일반의 관점에서 정당화될 수 있는 경우도 있다."라고 한다. 그 하나의 예로 의료기관이 의료계약의 '보충적 해석'에 기하여 연명장치를 중단하여야 할 의무를 부담하게 될 수 있다고 한다. 이것은 표현상 차이는 있지만 다수의견에서 "환자가 현재의 신체상태에서 의학적으로 충분한 정보를 제공받는 경우 연명치료 중단을 선택하였을 것이라고 인정되는 경우"에 연명치료 중단의 의사를 추정하는 것과 마찬가지이다.[7] 환자의 의사를 객관적으로 밝히는 것이 곤란한 경우에는 환자측과 의료기관의 제반 사정을 고려하여 연명치료 중단 여부를 결정하여야 할 것이다.

한편 많은 경우에 환자측과 의료기관이 실제로는 대립관계에 있지 않을 것이다. 이와 같은 점에서 연명치료 중단문제를 판단하는 것은 변론주의와 처분권주의를 기본원칙으로 하는 민사소송절차와 부합하지 않는 면이 있다. 따라서 별개의견이 밝힌 바와 같이 이 문제를 비송사건으로 다룰 필요가 있다.

7) 다만 위 반대의견은 이 사건 청구가 원고의 '자기결정권'에 기하여 연명치료의 중단에 관한 원고 자신의 '추정적 의사'를 기초로 하여서만 행하여지고 있기 때문에, 가정적 의사나 보충적 해석에 기한 판단을 하는 것은 변론주의나 처분권주의에 배치된다고 한다.

제2절 강행법규 위반

[17] 제한 초과 부동산 중개수수료 약정의 효력

대판(전) 2007. 12. 20, 2005다32159(공 2008, 99)

1. 대법원 판결

이 판결은 부동산 중개수수료를 법령상의 기준을 초과하여 받기로 약정한 경우에 그 초과부분에 관한 약정은 무효라고 하였다.

"부동산중개업법은 부동산중개업을 건전하게 지도·육성하고 부동산중개 업무를 적절히 규율함으로써 부동산중개업자의 공신력을 높이고 공정한 부동산거래질서를 확립하여 국민의 재산권 보호에 기여함을 입법목적으로 하고 있으므로(제1조), 중개수수료의 한도를 정하는 한편 이를 초과하는 수수료를 받지 못하도록 한 부동산중개업법 및 같은 법 시행규칙 등 관련 법령(이하 '부동산중개업법 관련 법령'이라고 함) 또는 그 한도를 초과하여 받기로 한 중개수수료 약정의 효력은 이와 같은 입법목적에 맞추어 해석되어야 할 것이다. 뿐만 아니라, 중개업자가 부동산중개업법 관련 법령 소정의 한도를 초과하여 수수료를 받는 행위는 물론 위와 같은 금지규정 위반 행위에 의하여 얻은 중개수수료 상당의 이득을 그대로 보유하게 하는 것은 투기적·탈법적 거래를 조장하여 부동산거래질서의 공정성을 해할 우려가 있고, 또한 부동산중개업법 관련 법령의 주된 규율대상인 부동산의 거래가격이 높고 부동산중개업소의 활용도 또한 높은 실정에 비추어 부동산 중개수수료는 국민 개개인의 재산적 이해관계 및 국민생활의 편의에 미치는 영향이 매우 커 이에 대한 규제가 강하게 요청된다고 할 것이다. 그렇다면 앞서 본 입법목적을 달성하기 위해서는 고액의 수수료를 수령한 부동산 중개업자에게 행정적 제재나 형사적 처벌을 가하는 것만으로는 부족하고 부동산중개업법 관련 법령 소정의 한도를 초과한 중개수수료 약정에 의한 경제적 이익이 귀속되는 것을 방지하여야 할 필요가 있다고 할 것이므로, 부동산 중개수수료에 관한 위와 같은 규정들은 중개수수료 약정 중 소정의 한도를 초과하는 부분에 대한 사법상의 효력을 제한하는 이른바 강행법규에 해당한다고 보아야 한다."

2. 평석

(1) 구 부동산중개업법은 부동산 중개수수료의 한도에 관하여 일정한 범위에서 특별시, 광역시 또는 도의 조례로 정하도록 규정하였다.[1) 중개업자가 이를 위반한 경우에 중개업등록이 취소되거나 형사처벌의 제재를 받는다.[2)

부동산중개업법 관련 법령에서 정한 한도를 초과하여 부동산 중개수수료를 약정한 경우에 유효한지 여부에 관하여 판례가 엇갈렸는데,[3) 이번에 전원합의체 판결로서 "부동산중개업법[4) 관련 법령에서 정한 한도를 초과하는 부동산 중개수수료 약정은 그 한도를 초과하는 범위 내에서 무효"라고 하였다. 필자도 위 법령을 강행규

1) 구 부동산중개업법 제2조 제1호, 제3조, 제20조 제1항·제3항 및 같은 법 시행규칙 제23조의2 제1항.

2) 부동산중개업법 제15조 제2호, 제22조 제2항 제3호, 같은 법 제38조 제2항 제5호.

3) 대판 2001. 3. 23, 2000다70972는 부동산 중개업법 관련 법령의 금지규정이 단속규정에 불과하고 효력규정은 아니라고 봄으로써 그 한도를 초과한 수수료 약정의 사법상 효력이 부정되는 것이 아니라고 판결하였다. 그러나 대판 2002. 9. 4, 2000다54406, 54413(공 2002, 2308)은 위 규정이 강행법규에 속하는 것으로서 그 한도액을 초과하는 부분은 무효라고 판결하였다.

4) 2005. 7. 29. 법률 제7638호 '공인중개사의 업무 및 부동산 거래신고에 관한 법률'로 전문 개정되기 전의 것을 가리킨다.

정으로 보는 방향으로 판례를 정리하여야 한다고 주장한 바 있고,[5] 이 판결의 결론에 찬성한다. 나아가 이 판결은 법령에서 보수를 일정한 도로 규제하고 이를 초과한 약정의 효력을 무효화한 것으로, 장차 이와 유사한 법령의 효력을 정할 때 중요한 지침이 될 것이라고 생각한다.

(2) 대판(전) 1975. 4. 22, 72다2161(집 23－1, 민 218)에서는 외국환관리법과 그 시행령에 있는 금지규정이 강행규정인지 문제되었는데, 대법원은 "외국환관리법에 의한 위의 규정들은 원래 자유로이 할 수 있었어야 할 대외거래를 국민경제의 발전을 도모하기 위하여 과도적으로 제한하는 규정들로서 단속법규라고 해석함이 타당"하다고 하면서, 외국환관리법의 위 금지규정을 위반한 법률행위를 무효라고 한다면, 거래의 안전을 심각하게 해치는 결과를 초래할 것이라는 점도 고려하고 있다. 대판(전) 1985. 11. 26, 85다카122(집 33－3, 민 177)에서는 당시 시행되던 상호신용금고법 제17조에 위반한 차입행위의 효력이 문제되었다. 다수의견은 "이러한 차입 등 채무부담의 제한규정은 단순한 단속법규가 아니라 효력법규로서 이에 위반한 채무부담행위는 무효"라고 판단하면서, 상호신용금고법의 입법취지, 위와 같은 개별적 차입행위의 거래상대방인 채권자의 이익보호보다도 일반서민거래자의 이익보호가 우선되어야 한다는 점을 그 이유로 들고 있다. 그러나 반대의견은 위 규정을 "상호신용금고의 금융업무의 건실한 경영을 확보하고 계원 및 부금자등의 이익보호를 도모하기 위한 내부적인 제약규정으로 단속규정"이라고 하고, 내부적인 절차위반에 대하여는 금고임원에 대한 민사상의 책임과 벌칙에 의한 제재로서 그 실효를 거두어야 할 것이고 그 차입행위 자체를 무효로 볼 수는 없다는 것은 거래의 안전성 보호를 위하여도 당연한 해석이라고 하였다. 이 판결은 결국 효력규정에 해당하는지 여부를 이익형량을 통하여 결정하고 있다.

(3) 법령에서 일정한 행위를 금지하고 이에 위반한 행위의 효력을 정하고 있으면 그에 따라야 한다. 그러나 법령에서 법령에 위반한 행위의 효력을 명확하게 정하고 있지 않은 경우가 많다. 이러한 경우에 법규정의 목적, 보호법익, 위반의 중대성, 법규정을 위반하려는 의도가 있었는지 여부 등을 종합적으로 고려하여 법령에 위반한 법률행위의 효력을 결정하여야 한다. 법규정의 문언이나 내용에 따라 강행법규에 해당하는지 여부가 기계적으로 정해지는 것이 아니어서, 강행법규의 판단과정에서 이익형량은 매우 중요한 위치를 차지하고 있다.[6]

이 판결이 위 법령을 강행규정으로 보는 근거로서 들고 있는 판단요소를 살펴보자. 첫째, 입법목적이다. 그러나 입법목적에 따라 위와 같은 규정을 강행규정으로 볼 것인지, 아니면 단속규정으로 볼 것인지를 판단하는 것은 매우 어렵다. 둘째, 금지규정 위반행위에 대한 규제의 필요성이다. 규제의 필요성이 크면 강행규정으로 볼 가능성이 높게 된다. 그러나 그 정도를 판정하는 기준도 역시 모호하다. 셋째, 경제적 이익의 귀속 방지이다. 입법목적을 달성하기 위해서는 행정적 제재나 형사적 처벌을 가하는 것만으로는 부족하고 법령에서 정한 한도를 초과하여 이루어진 약정에 따라 경제적 이익이 귀속되는 것을 방지하여야 할 필요가 있다면 그 약정을 무효로 하여야 한다는 것이다.[7]

5) 김재형, "법률에 위반한 법률행위—이른바 강행법규의 판단기준을 중심으로—," 민법론 Ⅰ, 2004, 60면.

6) 김재형(주 5), 45면 이하.

7) 이러한 판단요소는 표현상의 차이는 있지만, 대판 2002. 9. 4, 2000다54406, 54413(공 2002, 2308)이 들었던 판단요소와 거의 유사하다. 다만 2002년 판결에서는 "그와 같은 위반행위에 대한 일반사회의 평가를 감안할 때 위와 같은 금지행위 위반은 반사회적이거나 반도덕적으로 보아야 할 것인 점"을 들었

강행법규를 판단하는 기준이 모호하기 때문에, 금지법규에 위반한 법률행위의 효력에 관하여 기본입장을 정하는 것이 중요하다. 종래 실무에서 법령에 위반한 법률행위의 효력을 원칙적으로 유효라고 보는 견해가 많았다. 이는 입법과정에 대한 뿌리 깊은 불신과 공사법 준별론에 그 중요한 이유가 있다. 그러나 필자는 이러한 태도가 계속 유지되어서는 안 된다고 주장한 바 있다.[8] 오히려 금지법규에 위반한 법률행위는 원칙적으로 무효라고 보아야 한다. 한쪽에서는 규제하고 다른 쪽에서는 허용하는 모순은 억제되어야 하기 때문이다.

[추기]

대판 2011. 4. 21, 2009다97079(공 2011, 993)는 임대주택법에서 정한 분양전환가격 산정기준에 관한 규정을 강행법규라고 판단하였다.

이 사건 임대사업자인 대한주택공사가 2000. 6. 5. 입주자모집공고를 하고 원고들과 임대차계약을 체결하였다. 그 후 임대의무기간이 경과하자 대한주택공사가 원고들에게 해당 임대주택을 우선분양전환하면서 임대주택법 등 관련 법령의 분양전환가격 규정을 위반하여 분양계약을 체결하였다. 원심이 구 임대주택법 등 관련 법령에서 정한 분양전환가격 산정기준을 위반한 가격으로 체결된 분양계약은 그 산정기준의 범위 내에서만 유효하고 이를 초과하는 부분은 무효로 보아야 한다고 판단하였는데, 대법원도 이를 지지하면서 다음과 같이 판단하였다.

"위와 같이 구 임대주택법 등 관련 법령은 임대주택의 건설을 촉진하고 국민주거생활의 안정을 도모함을 입법 목적으로 하고 있고, 그 목적 달성을 위해 임대사업자에게 각종 지원과 더불어 각종 제한을 부과하면서, 특히 임대의무기간 경과 후 무주택 임차인에게 임대주택의 우선분양전환권을 인정하고 분양전환가격의 산정기준을 상세히 규정함으로써 임대사업자가 자의적으로 분양전환가격을 정하는 것을 방지하고 합리적인 분양전환가격에 임대주택의 분양이 이루어지도록 하고 있다. 그런데도 임대사업자가 위와 같은 분양전환가격 산정기준에 기속되지 않는다고 해석하게 되면, 임대사업자가 임대의무기간이 경과한 후 임의로 분양전환가격 산정기준을 초과하여 분양전환가격을 정한 다음 임차인에게 그에 따라 분양계약을 체결할 것을 통고하고 이에 응한 임차인으로부터 분양전환가격 산정기준을 초과한 분양대금을 수령하여 이를 보유하는 것이 허용되게 되어 구 임대주택법 등 관련 법령의 입법 취지를 심하게 훼손할 뿐만 아니라, 만일 임차인이 구 임대주택법 등 관련 법령이 정한 분양전환가격 산정기준에 따를 것을 요구하면서 분양계약 체결을 거절할 경우 임대사업자가 이를 이유로 임차인의 우선분양전환권을 박탈하고 임대주택을 제3자에게 매각하여 그 시세 차익을 독점할 수 있게 되는 등 임대주택제도가 임대사업자의 경제적 이익을 위한 수단으로 변질될 우려도 있다.

이는 구 임대주택법의 입법 목적을 본질적으로 침해하는 것이므로, 이를 방지하고 구 임대주택법의 입법 목적을 달성하기 위해서는 구 임대주택법 등 관련 법령에 정한 분양전환가격 산정기준을 위반하여 임대주택을 분양전환한 임대사업자에게 형사적 처벌을 가하는 것만으로는 부족하고 그 산정기준을 위반하여 정한 분양전환가격에 의한 경제적 이익이 임대사업자에게 귀속되는 것을 금지시킬 필요가 있다. 분양전환가격 산정기준에 관한 구 임대주택법 등 관련 법령의 규정들은 강행법규에 해당한다고 보아야 하고, 그 규정들에서 정한 산정기준에 의한 금액을 초과한 분양전환가격으로 체결된 분

으나, 2007년 판결에서는 이 점을 들고 있지 않다.

8) 김재형(주 5), 42, 61면.

양계약은 그 초과하는 범위 내에서 무효라고 할 것이다."[9]

이 판결은 강행법규에 관한 또 하나의 전원합의체판결을 추가하고 있다. 이 판결은 결국 분양전환가격 산정기준에 관한 구 임대주택법 등 관련 법령의 규정들은 강행법규에 해당한다고 보아야 하고, 그 규정들에서 정한 산정기준에 의한 금액을 초과한 분양전환가격으로 체결된 분양계약은 그 초과하는 범위 내에서 무효라고 한 것이다.

이 판결은 문제된 규정이 강행법규인지 여부를 판단하면서 법률의 입법 취지와 입법 목적, 경제적 이익의 귀속을 금지할 필요성이 있는지 여부를 고려하고 있다. 이는 위 (1)에서 본 전원합의체 판결들의 연장선상에 있다고 볼 수 있다. 한편 위 1975년 대법원 전원합의체 판결은 문제된 규정을 단속규정이라고 하였지만, 위 1985년 전원합의체 판결 이래 이 판결까지 3개의 전원합의체 판결이 모두 문제된 규정을 강행규정이라고 판단하고 있다는 점도 주목할 필요가 있다. 이러한 경향은 긍정적으로 평가할 수 있다.[10]

9) 이와 달리 임대주택법 시행규칙에서 정한 산정기준에 위배된 분양전환가격으로 분양계약을 체결하였다는 사정만으로 그 사법상의 효력까지 부인된다고 할 수는 없고, 그 분양전환가격이 지나치게 높아서 임차인의 우선분양전환권을 사실상 박탈하는 것과 같은 정도에 이르러 임대주택법의 입법 목적을 본질적으로 침해하는 경우에만 위 규정에 위배되어 허용될 수 없다고 한 대판 2004. 12. 10, 2004다33605는 이 판결의 견해에 배치되는 범위에서 변경되었다.

10) 김재형(주 5), 60~61면.

제3절 반사회적 법률행위

[18] 고율의 이자약정의 효력과 불법원인급여

대판(전) 2007. 2. 15, 2004다50426(공 2007, 437)

1. 대법원 판결

(1) 이 판결은 먼저 고율의 이자약정을 민법 제103조 위반의 법률행위로서 무효라고 한다.

"금전 소비대차계약과 함께 이자의 약정을 하는 경우, 양쪽 당사자 사이의 경제력의 차이로 인하여 그 이율이 당시의 경제적·사회적 여건에 비추어 사회통념상 허용되는 한도를 초과하여 현저하게 고율로 정하여졌다면, 그와 같이 허용할 수 있는 한도를 초과하는 부분의 이자 약정은 대주가 그의 우월한 지위를 이용하여 부당한 이득을 얻고 차주에게는 과도한 반대급부 또는 기타의 부당한 부담을 지우는 것이므로 선량한 풍속 기타 사회질서에 위반한 사항을 내용으로 하는 법률행위로서 무효라 할 것이다."

(2) 이 경우에 차주가 대주에게 이미 지급한 초과이자를 반환청구할 수 있는지 문제되는데, 이 판결에서는 다수의견과 반대의견이 대립하고 있다. 다수의견은 "이와 같이 선량한 풍속 기타 사회질서에 위반하여 무효인 부분의 이자 약정을 원인으로 차주가 대주에게 임의로 이자를 지급하는 것은 통상 불법의 원인으로 인한 재산급여라고 볼 수 있을 것이나, … 대주가 사회통념상 허용되는 한도를 초과하는 이율의 이자를 약정하여 지급받은 것은 그의 우월한 지위를 이용하여 부당한 이득을 얻고 차주에게는 과도한 반대급부 또는 기타의 부당한 부담을 지우는 것으로서 그 불법의 원인이 수익자인 대주에게만 있거나 또는 적어도 대주의 불법성이 차주의 불법성에 비하여 현저히 크다고 할 것이어서 차주는 그 이자의 반환을 청구할 수 있다."라고 한다. 이에 대하여 반대의견은 차주가 적정이율을 초과한 이자를 임의로 지급한 경우, 오로지 대주에게만 불법성이 있다거나 대주의 불법성이 차주의 불법성보다 현저히 크다고 보기는 어렵고, 따라서 민법 제746조 본문에 따라 차주의 반환청구는 허용될 수 없다고 한다.

2. 평석

(1) 고율의 이자약정의 효력

이 판결은 이자제한법[1]이 없는 상태에서 이자약정이 사회통념상의 허용한도를 초과한 경우에 그 초과부분에 관하여 무효라고 선언한 점에서 중요한 의미가 있다. 민법 제104조는 불공정한 법률행위에 관하여 규정하고 있는데, 고율의 이자 약정은 급부와 반대급부 사이에 현저한 불균형이 있는 경우에 해당한다. 그러나 민법 제104조의 불공정한 법률행위에 해당하려면 궁박, 경솔, 무경험이라는 요건을 충족하여야 한다. 그런데 이 판결은 이러한 요건을 충족하지 못한 경우라도 고율의 이자약정이 민법 제103조의 사회질서 위반에 포섭될 수 있다고 본 것이다.[2]

그렇다면 고율의 이자약정은 어떠한 경우에 무효로 되는가? 대법원은 양쪽 당사자 사이에

1) 이자제한법은 1998. 1. 13. 폐지되었다가, 이 판결 선고 이후인 2007. 3. 29. 새로이 제정되었다. 현행 이자제한법 제2조 제3항에서는 계약상의 이자가 이자의 최고한도를 초과하는 경우에 그 초과부분을 무효로 하고, 제4항에서 "채무자가 최고이자율을 초과하는 이자를 임의로 지급한 경우에는 초과 지급된 이자 상당금액은 원본에 충당되고, 원본이 소멸한 때에는 그 반환을 청구할 수 있다."라고 규정하고 있다. 이는 이 판결의 내용과 동일한 것이다.

2) 서민석, "선량한 풍속 기타 사회질서에 반하여 현저하게 고율로 정해진 이자 약정의 효력 및 이미 지급된 초과이자의 반환청구권," 민사재판의 제문제 제16권, 2007, 165면.

'경제력의 차이'가 있고, 이로 인하여 그 이율이 '사회통념상 허용되는 한도'를 초과하여 현저하게 고율로 정해진 경우에 초과이자 부분을 무효라고 하였다. 이와 같은 경우에 대주가 그의 우월한 지위를 이용하여 부당한 이득을 얻고 차주에게는 과도한 반대급부 또는 기타의 부당한 부담을 지우는 것이라고 한다. 결국 이 판결은 '경제력의 차이'와 '사회통념상의 허용한도 초과'라는 두 요소를 고율의 이자약정의 효력을 판단하는 기준으로 설정한 것으로 볼 수 있다.

먼저 경제력의 차이에 관하여 보자. 대판 1996. 4. 26, 94다34432(집 44-1, 민 419)는 주식매매에 관한 사례에서 '당사자의 일방이 그의 독점적 지위 내지 우월한 지위를 악용하여 자기는 부당한 이득을 얻고 상대방에게는 과도한 반대급부 또는 기타의 부당한 부담을 과하는 법률행위'를 법률행위의 목적이 불법인 경우에 해당한다고 보고, 이는 반사회적인 것으로서 무효라고 하였다. 여기에서 당사자의 일방이 독점적 지위 내지 우월한 지위를 악용하였는지 여부를 판단하는 것은 어려운 문제이다. 경제력에서 우위에 있다고 해서 독점적 지위 내지 우월적 지위를 이용한 것으로 볼 수는 없다. 그런데 2007년 대법원 판결에서는 당사자들 사이에 경제력의 차이가 있어서 고율의 이자약정을 하였으면 대주가 우월적 지위를 이용하였다고 보았다. 이는 고율의 이자약정을 한 경우에 사회질서 위반을 비교적 쉽게 인정하기 위한 것이다.[3)]

다음으로 '사회통념상의 허용한도 초과'라는 요소에 관하여 살펴보자. 이 판결은 통상적으로 상상하기 힘든 고율의 이자약정에 관한 사안이기 때문에, 사회통념상의 허용한도를 초과하였다고 쉽게 판단할 수 있다. 그러나 어떠한 경우에 이율이 사회통념상 허용되는 한도를 현저하게 초과하는지, 그 한도를 어떻게 정할 것인지는 매우 어렵다.[4)] 사회통념상의 허용한도라는 기준은 기준이라고 할 수 없을 만큼 예측가능성이 없고, 따라서 법관의 자의적인 판단을 정당화하는 기능을 수행할 위험이 있다. 그리하여 고율의 이자약정을 이와 같이 모호한 기준에 따라 무효화하는 것에 반대하는 견해가 있다.[5)] 그러나 기준이 모호하다고 하여 기준을 정할 수 없는 것은 아니다. 명확한 판단기준이 없다고 하더라도 개별 사건에 대하여 판단을 하여야 하는 것이 재판이다.

(2) 한도를 초과하여 지급한 이자의 반환청구 — 불법원인급여의 문제

다수의견은 차주가 대주에게 이미 지급한 초과이자의 반환을 인정하고 있다. 구 이자제한법 하에서 판례[6)]는 차주가 구 이자제한법[7)]상의 초과이자를 지급한 경우에 이를 반환청구할 수 없다고 하였다. 이 판결은 이자제한법을 폐지한 상태에서 나온 것으로서, 종래의 판례를 변경한다고 표현하고 있지는 않지만, 실질적으로는 위 판례를 변경한 것이다. 다수의견은 그 근거로 대주가 고율의 이자약정에 기하여 이자를 지급받은 경우에는 불법의 원인이 수익자인 대주에

3) 한편 양쪽 당사자 사이에 경제력의 차이가 있는 경우에 한하여 고율의 이자약정을 무효로 할 것인지 문제된다. 대주와 차주의 경제력이 비슷하거나, 아니면 차주가 대주보다 경제력이 나은 경우에도 고율의 이자약정을 무효로 할 필요가 있을 것이다.

4) 일반적으로는 금융기관의 대출금리, 원리금의 회수가능성, 당사자의 직업과 경제력, 차용목적 등 적정 이자율을 결정하는 요소들을 고려하여 개별적으로 판단하여야 할 것이다. 서민석(주 2), 175면.

5) 이러한 주장은 경제학자들이 많이 하였다.

6) 대판 1961. 7. 20, 4293민상617; 대판 1988. 9. 27, 87다카422, 423(집 36-2, 민 159); 대판 1994. 8. 26, 94다20952(공 1994, 2526) 등 참조.

7) 이자제한법은 1997년 금융위기로 인하여 국제통화기금(IMF)의 구제금융을 받게 되자, 1998. 1. 13. 폐지되었다. 그 후 이자제한법을 부활하여야 한다는 주장이 계속되었고, 이 판결이 선고된 후 2007. 3. 29. 이자제한법이 다시 제정되어 2007. 6. 30.부터 시행되고 있는데, 이 판결의 내용이 반영되어 있다(제2조 제3항·제4항).

게만 있거나 또는 적어도 대주의 불법성이 차주의 불법성에 비하여 현저히 크다는 점을 들고 있다. 즉, 민법 제746조 단서의 "불법원인이 수익자에게만 있는 때"에 해당하거나 불법성 비교론[8]을 적용하여 민법 제746조 본문을 적용하지 않은 것이다.[9] 그러나 반대의견은 차주가 적정 이율을 초과한 이자를 임의로 지급한 경우, 오로지 대주에게만 불법성이 있다거나 대주의 불법성이 차주의 불법성보다 현저히 크다고 보기는 어렵다고 한다. 고율의 이자약정을 한 경우에 일반적으로 차주에게 불법성이 있다고 보는 것은 정의관념에 배치된다. 차주에게 불법성이 있는 경우도 있겠지만, 이는 매우 예외적인 경우일 것이다. 또한 고율의 이자약정으로 인한 이익을 대주에게 그대로 남겨둘 이유를 찾기도 어렵다. 초과이자로 지급한 금원에 대한 차주의 반환청구를 거부하는 방식으로 차주를 응징한다고 해서 고율의 이자약정이 없어지는 것도 아니다. 따라서 고율의 이자약정으로 초과이자 부분이 무효로 된 경우에는 그로 인하여 지급한 초과이자의 반환청구를 인정하여야 한다는 다수의견의 결론에 찬성한다.

(3) 법률에 명확한 기준이 있으면 예측가능성이 높아지고 법적 안정성을 달성할 수 있다. 그러나 법률에 규정이 없더라도 법적 판단을 하여야 하는 경우가 많다. 일정한 기준을 정하는 것은 사회질서 등 불확정개념의 구체화 과정으로서 법적 판단의 중요한 부분이다. 법적 판단의 폭은 이들 사안을 포괄하는 데 아무런 지장이 없을 만큼 넓고 깊다. 법원이 이른바 정책법원이 되어야만 비로소 이러한 판단을 할 수 있게 되는 것도 아니다. 이러한 판단을 하는 데 하급심 법원과 대법원 사이에 차이를 둘 필요가 없다.

---

8) 대판 1993. 12. 10, 93다12947(공 1994, 345); 대판 1997. 10. 24, 95다49530, 49547(공 1997, 3570); 대판 1999. 9. 17, 98도2036(공 1999, 2267).

9) 양창수, "공서양속에 반하는 이자약정에서 임의로 지급된 과잉이자의 반환청구," 민법연구 제9권, 2007, 274면은, 이와 같은 사건에서 차주에게 불법의 원인이 있다고 할 수 없고, 수익자인 대주에게만 불법원인이 있다고 볼 수도 있다고 한다.

제4절 허위표시

[19] Ⅰ. 허위표시와 제3자

대판 2000. 7. 6. 99다51258(공 2000, 1861)

1. 사실관계와 원심판결

피고는 소외 A회사의 소외 B에 대한 선급금 반환채무를 보증하였다. 피고가 보증채무를 이행하면 A회사가 피고에게 구상금채무를 부담하게 되는데, 소외 3개의 회사가 위 구상금채무를 연대보증하였다. 그런데 A회사의 B에 대한 채무는 통정허위표시에 의한 것이었으나, 피고는 A회사의 기망행위에 의하여 위 채무가 있는 것으로 믿고 위와 같이 보증계약을 체결한 다음 보증채무를 이행하였다.

피고가 민법 제108조 제2항의 제3자에 해당하는지 문제되었다. 원심은 이를 부정하였다. 즉 보증채무는 주채무의 존재를 전제로 하여 성립하는 것으로서 주채무가 발생하지 아니하는 경우에는 보증채무도 성립할 수 없다. 주채무인 A의 B에 대한 선급금반환채무가 통정허위표시로서 무효인 이상 피고의 B에 대한 보증채무도 또한 성립하지 아니한 것이므로, 피고가 B에게 금 6억 6600만 원을 지급하였다 하더라도 이는 보증채무 없이 지급한 것에 불과하며, A회사나 3개 회사는 피고에 대하여 위 금원지급으로 인한 구상금채무를 부담하지 아니한다고 판단하였다.

2. 대법원 판결

상대방과 통정한 허위의 의사표시는 무효이고 누구든지 그 무효를 주장할 수 있는 것이 원칙이나, 허위표시의 당사자와 포괄승계인 이외의 자로서 허위표시에 의하여 외형상 형성된 법률관계를 토대로 실질적으로 새로운 법률상 이해관계를 맺은 선의의 제3자에 대하여는 허위표시의 당사자뿐만 아니라 그 누구도 허위표시의 무효를 대항하지 못한다. 허위표시를 선의의 제3자에게 대항하지 못하게 한 취지는 이를 기초로 하여 별개의 법률원인에 의하여 고유한 법률상의 이익을 갖는 법률관계에 들어간 자를 보호하기 위한 것이므로, 제3자의 범위는 권리관계에 기초하여 형식적으로만 파악할 것이 아니라 허위표시행위를 기초로 하여 새로운 법률상 이해관계를 맺었는지 여부에 따라 실질적으로 파악하여야 한다.

보증인이 주채무자의 기망행위에 의하여 주채무가 있는 것으로 믿고 주채무자와 보증계약을 체결한 다음 그에 따라 보증채무자로서 그 채무까지 이행한 경우, 그 보증인은 주채무자에 대한 구상권 취득에 관하여 법률상의 이해관계를 가지게 되었고 그 구상권 취득에는 보증의 부종성으로 인하여 주채무가 유효하게 존재할 것을 필요로 한다는 이유로 결국 그 보증인은 주채무자의 채권자에 대한 채무부담행위라는 허위표시에 기초하여 구상권 취득에 관한 법률상 이해관계를 가지게 되었다고 보아야 하므로, 민법 제108조 제2항 소정의 제3자에 해당한다.

3. 평석

(1) 민법 제108조 제2항에서 정한 제3자는 허위표시의 당사자와 포괄승계인 이외의 자로서 허위표시에 의하여 형성된 법률관계를 토대로 새로운 법률상 이해관계를 맺은 자를 가리킨다. 이는 제3자의 범위를 목적론적 해석을 통하여 문언의 표현보다 좁게 해석한 것으로 볼 수 있는데, 대법원은 그 이유를 이 규정의 취지에서 찾고 있다. 즉, “허위표시를 선의의 제3자에게 대항하지 못하게 한 취지는 이를 기초로 하여 별개의 법률원인에 의하여 고유한 법률상의 이

익을 갖는 법률관계에 들어간 자를 보호하기 위한 것이므로, 제3자의 범위는 권리관계에 기초하여 형식적으로만 파악할 것이 아니라 허위표시행위를 기초로 하여 새로운 법률상 이해관계를 맺었는지 여부에 따라 실질적으로 파악하여야 한다."라는 것이다.

이와 같이 제3자의 범위를 형식적으로 파악하는 것이 아니라 실질적으로 파악하는 것이기 때문에 구체적인 사례에서 제3자에 속하는지 여부를 개별적으로 판단하는 것이 중요한 문제이다. 가장매매의 매수인으로부터 목적부동산을 다시 양수한 자[1]나 저당권을 설정받은 자는 물권을 취득한 경우에 해당하여 제3자의 범위에 쉽게 포섭할 수 있다.[2] 그러나 제3자가 채권관계에 이해관계를 갖는 경우에는 민법 제108조 제2항에서 정한 제3자에 해당하는지 여부를 판단하기가 어렵다. 예컨대 채권을 가장양도한 경우에 채무자가 위 규정에서 말하는 제3자에 해당하는지 문제되나, 이러한 경우에 채무자는 허위표시의 당사자로부터 독립한 이익을 갖는 법률관계에 들어간 자가 아니기 때문에 제3자로서 보호받지 못한다.[3] 대판 1983. 1. 18, 82다594(공 1983, 422)은 A가 피고회사에 대한 퇴직금채권을 B에게 가장양도한 후 원고가 A의 퇴직금채권에 대한 전부명령을 받은 사안에 관한 것인데, 채무자인 피고가 선의의 제3자로서 가장양수인인 B에게 변제하여야 하는지 문제되었으나, 채무자가 채무를 변제하지 아니하고 있는 중 진실한 채권자가 밝혀진 경우에는 가장 양수인에게 변제해서는 안 되고 진실한 채권자에게 변제해야 한다고 하였다.[4] 그런데 채무자가 채권의 가장 양수인에게 변제 기타 채무를 소멸시키는 행위를 하였다면 채권의 준점유자에 대한 변제(민법 제470조)에 해당할 수 있다.[5] 이러한 경우에도 변제 기타 채무를 소멸시키는 행위를 한 채무자는 허위표시의 제3자(민법 제108조 제2항)로서 보호받을 수 있다는 견해가 있다.[6]

(2) 이 판결은 가장의 채무에 대한 보증인이 그 보증채무를 이행한 경우에 허위표시의 제3자의 범위에 해당한다고 보았다. 가장의 채무에 대하여 보증계약을 체결하였다고 하더라도 주채무에 관한 약정이 허위표시에 해당하여 무효이기 때문에,[7] 보증채무의 부종성 원칙에 따라 보증인은 보증채무를 부담하지 않는다. 이러한 경우에 보증인(피고)이 채권자(B)에게 보증채무를 변제하면 비채변제에 해당하여 채권자(B)를 상대로 부당이득반환청구를 할 수 있을 것이다. 이 판결에서는 보증인이 허위표시의 제3자에 해당하여 주채무자(A회사)에 대한 구상권을 취득할 수 있는지 문제되었는데, 이를 긍정한 것이다.

---

1) 대판 1970. 6. 30, 70다415, 416(집 18-2, 96).
2) 허위표시에 의한 무효등기를 전제로 가등기를 취득한 자도 제3자에 포함된다. 대판 1970. 9. 29, 70다466(집 18-3, 94).
3) 곽윤직·김재형, 민법총칙, 제9판, 2015, 313면.
4) 한편 대판 1988. 10. 11, 87다카1934(판례월보 218, 80)는 채권양도가 강박에 의한 의사표시였다고 하면 양도인은 채무자가 그 채권을 양수인에게 변제하기 전에 그 양도행위 내지 양도통지를 취소하여야 할 것이고 채무자가 그 채권을 변제한 후에는 양도행위를 취소하더라도 채무자에게 대항할 수 없다고 하였다.
5) 채권의 준점유자에 대한 변제로서 유효하려면 변제자의 선의, 무과실이 요구된다.
6) 황적인, 현대민법론 I, 증보판, 1985, 175면; 김용한, 민법총칙론, 재전정판, 1993, 291면; 민법주해[II], 1992, 372면(송덕수 집필).
7) 금융기관의 대출실무에서 실질적인 주채무자가 아닌 제3자를 형식상의 주채무자로 내세우고 금융기관의 양해하에 제3자 명의로 대출약정을 체결하는 경우가 있다. 이러한 약정도 허위표시에 해당하는 것으로 무효이다. 대판 1996. 8. 23, 96다18076(공 1996, 2847); 대판 1999. 3. 12, 98다48989(공 1999, 657).

[20] Ⅱ. 허위표시의 제3자와 파산관재인

대판 2003. 6. 24, 2002다48214(공 2003, 1581)

1. 원심판결

원심은, 원고가 주식회사 열린상호신용금고와 맺은 이 사건 대출약정이 통정한 허위의 의사표시에 따른 것으로서 무효라고 하더라도, 이 사건 대출약정이 있은 뒤 주식회사 열린상호신용금고에 대하여 파산이 선고되었으므로, 원고는 이 사건 대출약정이 무효라는 사유를 들어 주식회사 열린상호신용금고의 파산관재인인 피고에게 대항할 수 없다고 판단하였다.

2. 대법원 판결

대법원도 원심판결을 지지하였다.

"파산자가 파산선고시에 가진 모든 재산은 파산재단을 구성하고, 그 파산재단을 관리 및 처분할 권리는 파산관재인에게 속하므로, 파산관재인은 파산자의 포괄승계인과 같은 지위를 가지게 되지만, 파산이 선고되면 파산채권자는 파산절차에 의하지 아니하고는 파산채권을 행사할 수 없고, 파산관재인이 파산채권자 전체의 공동의 이익을 위하여 선량한 관리자의 주의로써 그 직무를 행하므로, 파산관재인은 파산선고에 따라 파산자와 독립하여 그 재산에 관하여 이해관계를 가지게 된 제3자로서의 지위도 가지게 된다. 따라서 파산자가 상대방과 통정한 허위의 의사표시를 통하여 가장채권을 보유하고 있다가 파산이 선고된 경우 그 가장채권도 일단 파산재단에 속하게 되고, 파산선고에 따라 파산자와는 독립한 지위에서 파산채권자 전체의 공동의 이익을 위하여 직무를 행하게 된 파산관재인은 그 허위표시에 따라 외형상 형성된 법률관계를 토대로 실질적으로 새로운 법률상 이해관계를 가지게 된 민법 제108조 제2항의 제3자에 해당한다."

3. 평석

(1) 파산관재인이 민법 제108조 제2항에서 말하는 제3자에 해당하는가? 이 판결은 이를 긍정하였다.[1] 그 이유로 '파산관재인은 파산채권자 전체의 공동의 이익을 위하여 선량한 관리자의 주의로써 그 직무를 행하여야 하는 지위에 있다'는 점을 든다. 나아가 대판 2006. 11. 10, 2004다10299는 그 선의·악의도 파산관재인 개인의 선의·악의를 기준으로 할 수는 없고, 총파산채권자를 기준으로 하여 파산채권자 모두가 악의로 되지 않는 한 파산관재인은 선의의 제3자라고 할 수밖에 없다고 한다. 파산관재인을 허위표시의 제3자로 본 이상 파산관재인의 선의·악의를 총파산채권자를 기준으로 판단할 수밖에 없었을 것이다.

(2) 그렇다면 파산관재인은 제3자인가? 이 부분에 대하여는 논란이 많지만,[2] 파산관재인은 당사자가 아니기 때문에 제3자에 해당한다고 볼 수 있다. 이것이 제3자라는 문구에 맞는 해석일

---

1) 대판 2006. 11. 10, 2004다10299(공 2006, 2066)도 이를 재확인하고 있다. 이 평석 부분은 원래 위 2006년 판결에 대한 설명이었으나(김재형, "2006년 민법 총칙·물권법 판례동향," 민법론 Ⅲ, 2007, 473~476면), 대법원 판결을 2003년 판결로 대체하였다.

2) 파산관재인을 제3자로 보는 견해로는 양창수, "2003년 민사판례 관견," 민법연구 제8권, 2005, 369면; 윤남근, "파산관재인 및 화의관재인의 권한과 지위," 남효순·김재형 공편, 도산법강의, 2005, 704면 이하; 전병서, 도산법, 2006, 91면 등이 있고, 이에 반대하는 견해로는 권영준, "통정허위표시로 인한 법률관계에 있어서 파산관재인의 제3자성," 법조 제608호(2007. 5), 65면 이하; 윤진수, "차명대출을 둘러싼 법률문제(하)," 법조 제604호(2007. 1), 230면 이하; 윤진수, "2006년도 주요 민법 관련 판례 회고," 서울대학교 법학 제48권 제1호(2007. 3), 388면; 이동형, "통정허위표시를 한 자의 파산관재인이 민법 제108조 제2항의 제삼자인지 여부," 법조 제573호(2004. 6), 139면 등이 있다.

것이다. 그러나 민법 제108조 제2항에서 규정하는 '선의의 제3자'에 관해서는 종래 복잡한 법리가 전개되어 왔다. 대법원은 표현의 차이는 있지만, 민법 제108조 제2항의 제3자에 관한 판단기준으로 '당사자 및 그 포괄승계인 이외의 자로서 그 허위표시에 따라 외형상 형성된 법률관계를 토대로 실질적으로 새로운 법률상 이해관계를 맺었는지 여부'를 제시하고 있다.[3] 파산관재인을 제3자로 보는 것이 이 기준에 맞는 것인지 논란이 있고, 그 당부를 판단하기 쉽지 않다.

먼저 파산관재인이 파산자의 포괄승계인인지 문제된다. 우리나라에서는 파산관재인을 파산자의 포괄승계인으로 보려는 경향이 있다. 그 이유 중의 하나는 도산실무에서 채무자가 회생이나 파산신청을 하는 경우가 많고, 관리인이나 파산관재인이 채무자나 파산자를 대표 또는 대리하는 것처럼 행동하는 경우가 많다는 점에서 찾을 수 있다. 그러나 파산관재인을 파산자의 포괄승계인으로 볼 수는 없다. 파산선고로 파산관재인이 선임되더라도 파산자의 재산은 파산재단에 속하는 것이고, 파산관재인에게 이전되는 것은 아니다. 파산관재인이 파산자의 재산에 관한 관리처분권이 있지만, 이는 파산자의 이익을 위한 것이 아니라 파산채권자 전체의 공동의 이익을 위한 것이다. 나아가 파산관재인은 파산자나 채권자로부터 독립하여 이해관계를 조정하고 파산절차상의 권한을 행사한다. 이 판결에서는 파산관재인이 제3자라고 판단하면서 "파산관재인은 선임되어 파산의 종결에 이르기까지 다양하게 설명되는 법적 지위에서 여러 가지 직무권한을 행사"한다고 하였다. 파산관재인이 파산자의 포괄승계인이기 때문에, 무조건 제3자로 볼 수 없다는 논리는 타당하지 않다.

다음으로 허위표시의 제3자가 되려면 허위표시에 따라 외형상 형성된 법률관계를 토대로 실질적으로 법률상 이해관계를 가져야 하는지 문제된다. 허위표시의 외관을 갖고 있는 사람과 매매 등 법률행위를 한 사람만을 제3자로 볼 근거는 없다. 민법 제108조 제2항에서 단순히 '제3자'라고 표현하고 있기 때문에, 제3자를 허위표시의 외관을 갖고 있는 사람과 법률행위를 한 사람으로 한정할 이유가 없다. 이러한 의미에서 압류채권자를 허위표시의 제3자로 본 판결[4]을 이해할 수 있다.

한편 파산관재인이 제3자인지 여부와 관련하여 파산관재인을 압류채권자와 유사하게 보아야 하는지 논란이 되고 있다. 파산채권자는 파산절차에 의하지 아니하고는 파산채권을 행사할 수 없고, 파산관재인을 통하여 그 권한을 행사하여야 한다. 민사집행절차가 개별적인 집행절차라고 한다면 파산 등 도산절차는 포괄적이고 집단적인 집행절차라고 할 수 있다. 파산선고를 통하여 파산자의 재산이 집단적으로 압류되었다고 볼 수도 있다. 따라서 압류채권자와 마찬가지로 파산관재인도 허위표시의 제3자로 보는 것이 형평에 부합할 것이다.

(3) 대법원은 허위표시의 제3자를 문언과는 달리 좁게 개념 정의하였으나, 구체적인 사례를 통하여 허위표시의 제3자에 속하는 범위가 확대되어 왔다. 대법원은 '파산관재인은 파산선고에 따라 파산자와 독립하여 그 재산에 관하여 이해관계를 가지게 된 제3자로서의 지위도 갖는다'고 판단하고 있다. 이러한 판단에 찬성한다. 다만 이것이 허위표시의 제3자에 관한 종래의 판단기준에 부합하는지는 의문이다. 이 단계에서 대법원이 허위표시의 제3자에 관한 판단기준으로 제시했던 법리가 적절한지 재검토할 필요가 있다.

3) 대판 2000. 7. 6, 99다51258(공 2000, 1861) 등.

4) 대판 2004. 5. 28, 2003다70041(공 2004, 1069).

제5절 무권대리

[21] 무권대리인의 상대방에 대한 책임
대판 2014. 2. 27, 2013다213038(공 2014, 700)

1. 사실관계와 원심판결

사안은 다음과 같다. 피고가 이 사건 토지의 소유자인 A의 대리인 자격으로 원고와 사이에 이 사건 근저당권설정계약을 체결하고 원고에게 이 사건 토지에 관한 근저당권설정등기를 마쳐주었다. 그러나 A를 자칭하는 사람으로부터 대리권을 수여받았을 뿐 실제 소유자인 A 본인으로부터 대리권을 수여받은 바 없다. A는 이 사건 토지에 관한 원고 명의의 근저당권설정등기가 무효라고 주장하면서 원고를 상대로 그 말소등기절차의 이행을 구하는 소를 제기하여 승소확정판결을 받았다. 원심은 이 사건 토지에 관한 원고 명의의 근저당권설정등기가 원인무효로 된 것은 피고의 대리행위 없이 A를 자칭한 사람이 본인으로 나서 직접 원고와 근저당권설정계약을 체결하였더라도 그 결과가 마찬가지라는 점에서 A를 자칭하는 사람의 위법행위 때문이지 피고의 무권대리행위에서 비롯된 것이 아니므로, 피고에게 민법 제135조에서 규정한 무권대리책임이 있다고는 볼 수 없다고 판단하였다.

2. 대법원 판결

대법원은 원고의 상고를 받아들여 원심판결을 파기환송하였다. 이 판결은 "무권대리인의 상대방에 대한 책임은 무과실책임"이라고 하면서 "대리권의 흠결에 관하여 대리인에게 과실 등의 귀책사유가 있어야만 인정되는 것이 아니고, 무권대리행위가 제3자의 기망이나 문서위조 등 위법행위로 야기되었다고 하더라도 그 책임은 부정되지 아니한다."라고 판단하였다.

이 사건에 대한 구체적인 판단에서 "피고가 A의 대리인으로 이 사건 근저당권설정계약을 체결하였지만 A로부터 대리권을 수여받은 사실이 없고 A로부터 추인을 얻지도 못하였으므로, 그러한 대리권의 흠결에 대하여 피고에게 귀책사유가 있는지 여부를 묻지 아니하고, 피고는 상대방인 원고에게 민법 제135조 제1항에 따른 책임을 져야 한다. 피고의 무권대리행위로 인하여 이 사건 근저당권설정계약이 체결된 이상 그 무권대리행위가 A를 자칭한 사람의 위법행위로 야기되었다거나 그 사람이 직접 원고와 이 사건 근저당권설정계약을 체결하였더라도 동일한 결과가 야기되었을 것이라는 사정만으로 위와 같은 책임이 부정될 수는 없다."라고 하였다.

3. 평석

(1) 이 판결은 무권대리인의 상대방에 대한 책임에 관하여 판단한 드문 판결이다.

민법 제135조 제1항은 "타인의 대리인으로 계약을 한 자가 그 대리권을 증명하지 못하고 또 본인의 추인을 얻지 못한 때에는 상대방의 선택에 좇아 계약의 이행 또는 손해배상의 책임이 있다."라고 규정하고 있다.

무권대리인의 상대방에 대한 책임에 관해서는 근거, 법적 성질, 요건과 내용에 관해서 다양한 견해들이 있었다. 책임의 법적 성질에 관해서는 법정의 무과실책임이라는 견해가 많았지만,[1] 과실책임으로 보아야 한다는 견해[2]를 비롯하여 비판적인 견해도 있다.

---

1) 곽윤직 · 김재형, 민법총칙, 제9판, 2013, 380면.
2) 강태성, "민법상의 무권대리에 있어서의 여러 문제점," 법학논고(경북대학교 법학연구소) 제16집(2000), 61면; 김증한 · 김학동, 민법총칙, 제10판, 2013, 580면.

제135조에서 정한 무권대리인의 책임은 법률행위 또는 의사표시에 기한 책임이 아니라는 점은 분명하다. 무권대리인과 상대방은 모두 법률행위나 의사표시에 따른 효과가 무권대리인에게 귀속되는 것을 의도하지 않았는데도, 무권대리인에게 계약의 이행 또는 손해배상의 책임을 지우고 있기 때문이다. 이 규정에서 말하는 손해배상이 신뢰이익의 배상인지 이행이익의 배상인지 문제된다. 통설은 단지 대리권이 있다고 믿었음으로 인한 손해의 배상(신뢰이익의 배상)이 아니라, 계약이 적절하게 이행되었다면 얻었을 이익의 배상(이행이익의 배상)이라고 한다.[3] 이 규정에서 계약의 이행과 손해배상을 병렬적으로 규정하면서 상대방이 그중 하나를 선택하도록 하고 있다. 따라서 상대방이 손해배상을 선택한 경우 그 손해배상은 이행을 갈음하는 손해의 배상, 즉 이행이익의 배상이라고 보아야 한다.[4]

위 규정에서 책임의 요건으로 과실을 언급하고 있지 않다. 이와 같이 무과실책임인지 여부를 명시하고 있지 않기 때문에, 손해배상에 관한 일반원칙에 따라 과실을 요건으로 하는 것이 타당할 것이라는 견해가 있다.[5] 무권대리인의 책임은 법률행위에 기한 책임이 아닌데도 책임의 내용을 이행이익의 배상으로 규정하고 있기 때문에, 그 요건에서 과실을 요구하거나 아니면 과실여부에 따라 책임의 내용을 달리보아야 한다는 견해도 있다.[6]

(2) 대판 1962. 4. 12, 4294민상1021(집 10-2, 민 87)은 민법 제135조의 책임을 "대리권이 있다고 믿었던 상대방을 보호함으로써 거래의 동적 안전을 기하기 위"한 것이라고 한다. 그리고 "상대방이 대리권이 없음을 알았다는 사실 또는 알 수 있었음에도 불구하고 알지 못하였다는 사실에 관한 입증책임은 무권대리인 자신에게 있다."라고 판단하면서, 그 근거로 "민법 제135조 제2항(구민법 제117조 제2항)의 규정은 무권대리인의 무과실책임 원칙에 관한 규정인 제1항의 예외적 규정"이라는 점을 들고 있다. 다만 이 판결에서는 민법 제135조 제2항에 관한 입증책임이 문제되었던 것이고, 민법 제135조의 책임이 무과실책임인지 여부가 쟁점은 아니었다.

(3) 위 2014년 대법원 판결에서는 무권대리인의 상대방에 대한 책임이 무과실책임이라고 하고 그에 따라 무권대리행위가 제3자의 위법행위로 야기된 경우 책임이 부정되지 않는다고 판단하였다. 이로써 판례는 위 책임의 법적 성질이 무과실책임이라는 것을 분명히 한 것으로 볼 수 있다.

이러한 판례는 제135조에 관한 정당한 해석론이라고 할 수 있다. 문언해석에 따르면 무권대리인의 상대방에 대한 책임은 무과실책임이라고 보아야 한다. 제135조 제1항의 문언상 무권대리인의 책임 요건에 고의 또는 과실 요건이 포함되어 있지 않기 때문이다. 채무불이행책임에 관한 제390조와 불법행위책임에 관한 제750조는 모두 고의 또는 과실을 요건으로 함으로써, 과실책임의 원칙을 손해배상에 관한 일반원칙으로 정하고 있다.[7] 그러나 이러한 규정들에

3) 고상룡, 민법총칙, 2003, 552면; 곽윤직 · 김재형(주 1), 382면; 김기선, 한국민법총칙, 제3개정증보판, 1985, 309면; 김상용, 민법총칙, 전정판, 2009, 625면; 김증한 · 김학동(주 1), 580면; 백태승, 민법총칙, 2000, 516면; 양창수 · 김재형, 계약법, 2010, 239면; 이영준, 민법총칙, 2005, 597면; 이은영, 민법총칙, 제4판, 2005, 663면; 황적인, 현대민법론 I, 증보판, 1985, 240면.

4) 다만 상대방이 계약의 이행을 청구한 경우에 객관적 이행불능의 상태에 있다면 그 이행을 청구할 수 없을 것이고, 그 불이행에 대하여 고의 또는 과실이 없는 경우에는 제390조 단서에 따라 손해배상책임이 없게 될 것이다.

5) 김증한 · 김학동(주 2), 580면.

6) 이 판결에 대한 평석인 김천수, "무권대리인의 손해배상책임," 민사판례연구(XXXVII), 2015, 71면 이하.

7) 다만 제390조는 고의 또는 과실이 소극적 요건인 반

서 정한 요건이 손해배상에 관한 모든 규정에 일반적으로 적용되는 것은 아니다. 법규정에서 고의 또는 과실에 관한 언급을 하지 않고 있는 경우에는 조문의 체계나 책임의 성질 등을 고려하여 고의 또는 과실이 요구된다고 해석할 수 있는데, 원칙적으로는 무과실책임으로 보아야 한다.[8] 특히 제135조 제2항에서 "대리인으로서 계약을 맺은 자에게 대리권이 없다는 사실을 상대방이 알았거나 알 수 있었을 때 또는 대리인으로서 계약을 맺은 사람이 제한능력자일 때에는 제1항을 적용하지 아니한다."라고 정함으로써, 상대방의 고의 또는 과실을 무권대리인의 책임에 대한 소극적 요건으로 명시하고 있다. 따라서 제135조 제1항에서 무권대리인의 고의 또는 과실을 언급하지 않는 것은 무권대리인의 책임을 무과실책임으로 정한 것으로 보아야 한다. 제2항에서 고의 또는 과실을 언급한 상태에서 제1항에 따른 책임을 과실책임으로 정하려고 한다면 제1항에서도 고의 또는 과실을 요건으로 정했어야 할 것이다. 또한 무권대리인은 본인을 확인할 의무가 있을 뿐만 아니라, 상대방에 비하여 본인을 확인하기 쉬운 위치에 있다. 본인 또는 의뢰인이 소유자가 아니라는 것에서 발생하는 위험은 상대방이 아니라 무권대리인에게 귀속되어야 한다. 따라서 문언해석뿐만 아니라 체계적 해석과 목적론적 해석에 비추어볼 때에도 무권대리인의 책임을 무과실책임으로 본 것은 정당화될 수 있다.

다만 무권대리인의 책임이 과중하게 규정되어 있다는 문제가 있다. 이는 입법적 선택의 문제이고 그 개선이 필요하다면 민법 개정이 필요할 것이다.

면 제750조는 이를 적극적 요건으로 규정하고 있다. 일반원칙도 규정방식에 따라 그 내용이 달라진다는 것을 알 수 있다.

8) 가령 매도인의 담보책임이나 수급인의 하자담보책임에서는 고의 또는 과실을 요건으로 정하고 있지 않는데, 그 책임을 무과실책임으로 보고 있다. 매도인의 담보책임에 관한 것으로는 대판 1995. 6. 30, 94다23920(공 1995, 2544), 수급인의 하자담보책임에 관한 것으로는 대판 1980. 11. 11, 80다923, 924(공 1981, 13366); 대판 1990. 3. 9, 88다카31866(집 38-1, 민 121).

제6절 무효행위의 전환

[22] 매매계약이 매매대금 과다로 무효인 경우 무효행위의 전환의 인정여부

대판 2010. 7. 15, 2009다50308(공 2010, 1566)

1. 사실관계와 원심판결

원고는 재건축정비사업조합으로 2002. 5. 28. 조합설립인가를 받았다. 피고들은 2003. 6. 17. 서울 강동구 암사동에 있는 임야 198㎡(이하 '이 사건 토지'라고 한다)의 공유자들 중 A의 7분의 3 지분을 3억 8,000만 원(피고마다 각 1억 9,000만 원)에 공동으로 매수하여 같은 해 7. 3. 각 7분의 1.5 지분(면적으로 환산하면 42.42㎡ 또는 12.83평이다. 이하 '이 사건 각 지분'이라고 한다)에 관한 이전등기를 마쳤다. 원고는 재건축사업에 관한 사업계획승인조건에 따라 재건축사업을 계속 추진하기 위하여 2005. 4. 22. 피고들로부터 이 사건 토지 중 피고들의 7분의 3 지분을 18억 원(피고마다 각 9억 원. ㎡당 21,216,407원, 평당 70,148,090원)에 매수하는 계약(이하 '이 사건 매매계약'이라고 한다)을 체결하였다. 이 사건의 쟁점은 이 사건 매매계약이 불공정한 법률행위인지 여부와 이를 무효로 할 경우 계약상의 매매대금을 변경하여 계약의 효력을 유지할 수 있는지 여부이다.

원심은 (1) 이 사건 매매계약 중 '정당한 매매대금'을 초과하는 부분이 불공정행위로 무효이고, (2) 이 사건 각 지분에 관한 매매대금은 평당 5,000만 원으로 계산한 641,500,000원(5,000만 원 × 12.83평)이 정당하고, 원고 및 피고들은 이 사건 매매계약에서 정한 매매대금이 무효일 경우 위 금액을 매매대금으로 하여 이 사건 매매계약을 유지하였을 것이라고 인정된다고 판단하였다. 원심이 위 (2)와 같이 이 사건 각 지분에 관한 매매대금을 정하면서 그 사유로 ① 원고는 재건축사업의 수행을 위하여 이 사건 토지 중 이 사건 각 지분을 매수하는 것이 반드시 필요하고 피고들 역시 이제 이 사건 각 지분의 자신들 앞으로의 환원을 원하지 아니하는 점, ② 피고들은 당초 원고 조합원에 대한 보상가격인 평당 2,200만 원을 매매대금으로 요구하였고, 원고가 피고들을 상대로 제기했던 매도청구에 기한 소유권이전등기청구소송의 제1심 법원이 이 사건 각 지분 중 재건축사업에 필요한 면적인 각 7분의 0.1169 지분(약 1평)을 5,001만 원에 매도하는 내용의 조정결정을 하였음에 대하여 피고 2는 "평당 5,000만 원 선으로 조정하여 준 것에는 감사하나 다만 위 결정에서 장차 도로로 편입될 부분이 제외되어 응할 수 없다."는 취지로 이의신청을 한 점, ③ 이 사건 각 지분을 매수하는 과정에서의 어려움은 기본적으로 재건축사업을 추진하는 원고가 부담하여야 하는 점 등과 같은 사정을 종합적으로 고려하고 있다.

2. 대법원 판결

이에 대하여 원고·피고들이 상고하였으나, 대법원은 이를 기각하였는데, 위 (2) 부분에 대한 판결이유는 다음과 같다.

"매매계약이 약정된 매매대금의 과다로 말미암아 민법 제104조에서 정하는 '불공정한 법률행위'에 해당하여 무효인 경우에도 무효행위의 전환에 관한 민법 제138조가 적용될 수 있다. 따라서 당사자 쌍방이 위와 같은 무효를 알았더라면 대금을 다른 액으로 정하여 매매계약에 합의하였을 것이라고 예외적으로 인정되는 경우에는, 그 대금액을 내용으로 하는 매매계약이 유효하게 성립한다고 할 것이다. 이때 당사자의 의사는 매매계약이 무효임을 계약 당시에 알았다면 의욕하였을 가정적(假定的) 효과의사로서,

당사자 본인이 계약 체결시와 같은 구체적 사정 아래 있다고 상정하는 경우에 거래관행을 고려하여 신의성실의 원칙에 비추어 결단하였을 바를 의미한다. 이와 같이 여기서는 어디까지나 당해 사건의 제반 사정 아래서 각각의 당사자가 결단하였을 바가 탐구되어야 하는 것이므로, 계약 당시의 시가와 같은 객관적 지표는 그러한 가정적 의사의 인정에 있어서 하나의 참고자료로 삼을 수는 있을지언정 그것이 일응의 기준이 된다고도 쉽사리 말할 수 없다. 이와 같이 가정적 의사에 기한 계약의 성립 여부 및 그 내용을 발굴·구성하여 제시하게 되는 법원으로서는 그 '가정적 의사'를 함부로 추단하여 당사자가 의욕하지 아니하는 법률효과를 그에게 또는 그들에게 계약의 이름으로 불합리하게 강요하는 것이 되지 아니하도록 신중을 기하여야 한다."

나아가 대법원은 원심판결에 대하여 "이 사건 매매계약 중 '정당한 매매대금'을 초과하는 부분만이 무효라고 하거나 '정당한 매매대금'(이 표현은 이른바 '정당한 가격(iustum pretium)'의 이론, 즉 매매대금 기타 계약상의 대가는 계약목적물의 객관적 가치에 상응하여야 하고, 그렇지 아니한 계약은 그 이유만으로 그 효력이 제한된다는 주장을 연상시킨다. 위의 이론은 교회법 등에서 논의되었으나, 우리 법이 원칙적으로 그러한 법리를 채택하지 아니하였음은 명백하다)을 새로운 계약내용의 지표로 제시하는 등 그 이유제시에 있어서 부적절한 점이 없지 아니하나, 대체로 앞서 본 법리에 좇은 것으로 이해될 수 있고 또 그 결과도 굳이 수긍할 수 없다고는 말하기 어렵다."라고 하였다.

3. 평석

(1) 이 판결은 이른바 '알박기'에 관한 판결로서 주목을 끌었다. 매매계약이 매매대금의 과다로 말미암아 '불공정한 법률행위'에 해당하는 경우[1)]에 무효행위의 전환에 관한 민법 제138조를 적용한 부분은 선례로서 중요한 의미가 있다. 특히 이 사건에서 매매대금의 과다 문제를 해결하기 위하여 무효행위의 전환에 관한 규정을 적용함으로써, 매매계약상의 매매대금보다 낮은 금액으로 매매계약이 성립하였다는 것을 인정하고 있다는 점을 주목할 필요가 있다. 계약상의 대금이나 이율이 과도하게 많은 경우에 계약 전체를 무효로 하는 것이 아니라 그 대금이나 이율 중에서 일정 한도를 초과하는 부분에 한해서만 무효를 인정하는 것을 양적 일부 무효라고 하는데, 이와 같은 문제를 해결하는 방안을 무효행위의 전환에서 찾고 있다고 볼 수 있다.

종래 법원의 실무에서 양적 일부 무효를 인정한 판결들이 적지 않다. 가령 대판 1991. 12. 13, 91다8722, 91다8739(공 1992, 503)는 변호사의 보수에 관하여 "그 약정보수액이 부당하게 과다하여 신의성실의 원칙이나 형평의 원칙에 반하는 특단의 사정이 있는 때에만 예외로서 이 경우에는 위와 같은 제반사정을 고려하여 상당하다고 인정되는 범위를 초과하는 보수액에 대하여는 그 지급을 청구할 수 없다."라고 하였다.[2)] 대판(전) 2007. 2. 15, 2004다50426(집 55-1, 민 66)은 현행 이자제한법이 제정되기 전에 나온 판결인데, 금전 소비대차계약과 함께 이자의 약정을 하는 경우, 사회통념상 허용되는 한도를 초과하여 현저하게 고율로 정하여졌다면, 그와 같이 허용할 수 있는 한도를 초과하는 부분의 이자 약정은 선량한 풍속 기타 사회질서에 위반한 사항을 내용으로 하는 법률행위로서 무효라고 하였다. 대판(전) 2007. 12. 20, 2005다32159(집 55-2,

1) 이 판결에서 불공정한 법률행위에 관하여 판단한 부분은 종래의 판례를 이 사안에 적용한 것이다. 피고들이 원고의 급박한 곤궁상태를 이용하여 매수가격의 약 5배 가까이 높은 가격으로 이 사건 매매계약을 체결하였으므로, 이 사건 매매계약이 불공정한 법률행위로서 무효라고 판단한 것은 정당하다.
2) 同旨: 대판 1992. 3. 31, 91다29804(공 1992, 1404).

민 373)는 강행법규 위반에 관한 것으로 "부동산 중개업법 관련 법령에서 정한 한도를 초과하는 부동산 중개수수료 약정은 그 한도를 초과하는 범위 내에서 무효"라고 하였다. 그런데 이와 같은 판결들에서 일정한 한도를 초과하는 부분은 무효이고 나머지는 유효라고 판단한 점에 대한 근거를 명백하게 제시하지는 않고 있다.

그러나 대판 2008. 9. 11, 2008다32501[3]은 "이 사건 토지에 관한 위 근저당권설정약정 중 피담보채무가 20억 원을 초과하는 부분이 구 의료법 제41조 제3항에 위반되어 무효라고 하더라도 이미 허가받은 나머지 부분의 근저당권설정약정까지 무효가 된다고 할 수는 없다."고 하였는데, 그 전제로서 "민법 제137조는 임의규정으로서 의사자치의 원칙이 지배하는 영역에서 적용된다고 할 것이므로, 법률행위의 일부가 강행법규인 효력규정에 위반되어 무효가 되는 경우 그 부분의 무효가 나머지 부분의 유효·무효에 영향을 미치는가의 여부를 판단함에 있어서는 개별 법령이 일부 무효의 효력에 관한 규정을 두고 있는 경우에는 그에 따라야 하고, 그러한 규정이 없다면 원칙적으로 민법 제137조가 적용될 것이나 당해 효력규정 및 그 효력규정을 둔 법의 입법 취지를 고려하여 볼 때 나머지 부분을 무효로 한다면 당해 효력규정 및 그 법의 취지에 명백히 반하는 결과가 초래되는 경우에는 나머지 부분까지 무효가 된다고 할 수는 없다."고 하였다. 따라서 이 판결은 강행법규에 관한 것이기는 하지만, 제137조를 적용하여 양적 일부무효를 해결하고 있다고 볼 수 있을 것이다.

그런데 제137조는 일부 무효의 경우에 전부무효를 원칙으로 하고 있고, 예외적으로 그 무효부분이 없더라도 법률행위를 하였을 것이라고 인정될 때에는 나머지 부분을 유효로 하고 있다. 이 규정에 따라 일부 무효를 인정하려면 법률행위의 내용을 분할할 수 있어야 한다.[4] 따라서 법률행위를 분할할 수 없는 경우에는 효력유지적 축소해석 등 다른 방법으로 해결할 수 없는지 문제되고 있다.

위 대법원 2010. 7. 15. 판결에서 위와 같은 문제에 대한 해결책으로 제시하고 있는 '무효행위의 전환'에 관해서 살펴보자. 제138조는 법률행위가 다른 법률행위의 요건을 갖추고 또 당사자가 그 무효임을 알았더라면 다른 법률행위를 의욕하였으리라고 인정될 때에는 다른 법률행위로서 효력을 가진다고 정하고 있다. 종래 무효행위의 전환이 인정되는 예로는 통상 법률행위가 방식을 갖추지 못하거나 기간이 도과되는 등 형식적 사유로 인하여 효력이 없는 경우를 들었다. 제1071조는 비밀증서에 의한 유언이 그 방식에 흠결이 있어 무효라도 그 증서가 자필증서의 방식에 적합한 때에는 이를 자필증서에 의한 유언으로서 유효하다고 정하고 있는데, 이는 명문의 규정으로 무효행위의 전환을 인정한 것이다. 혼인외의 출생자가 아닌 사람(자연적 혈연관계가 없는 사람)에 대한 인지(認知)는 무효인데, 이는 입양의 의사로의 전환을 인정하여도 좋을 경우도 있을 것이다.[5] 나아가 제607조, 제608조에 의하여 대물반환의 약정이 무효가 됨으로써 소비대주는 차주에게 차용물에 갈음한 대물의 인도청구는 하지 못하더라도, 대부분의 경우에 제138조에 기하여 이를 통상의 담보약정으로 전환하여 그 대물을 목적물로 하는 담보권을 가지게 되어, 정산의무를 수반하는 담보권의 실행을 청구할 수 있을 것이다.[6]

---

3) 미간행. 대한민국법원 종합법률정보(http://glaw. scourt. go.kr/ jbsonw/jbson.do) 참조.

4) 대판 1994. 5. 24, 93다58332(공 1994, 1807)는 "법률행위의 내용이 불가분인 경우에는 그 일부분이 무효일 때에도 일부 무효의 문제는 생기지 아니하나, 분할이 가능한 경우에는 민법 제137조의 규정에 따라 그 전부가 무효로 될 때도 있고, 그 일부만 무효로 될 때도 있"다고 한다.

5) 대판 1992. 10. 23, 92다29399(공 1992, 4230).

6) 이에 관해서는 양창수·김재형, 계약법, 2010, 705면 이하.

이 판결에서는 매매대금이 과다하게 된 사안에서 매매계약을 불공정한 법률행위라는 이유로 무효로 보고, "당사자 쌍방이 위와 같은 무효를 알았더라면 대금을 다른 액으로 정하여 매매계약에 합의하였을 것이라고 예외적으로 인정되는 경우에는, 그 대금액을 내용으로 하는 매매계약이 유효하게 성립한다."고 하였다. 이때 당사자의 의사는 "매매계약이 무효임을 계약 당시에 알았다면 의욕하였을 가정적 효과의사"라고 한다.7)

이 사안과 같이 매매대금의 과다 등을 이유로 불공정한 법률행위에 해당하는 경우에 일부무효에 관한 제137조에 해당하지는 않는다. 무효행위의 전환에 관한 제138조가 법률행위가 무효인 경우에 다른 종류의 법률행위로 전환할 수 있다는 취지의 규정이라면, 이 사건과 같이 동종의 법률행위로서 대금액만을 줄이는 것은 이 규정에 의하여 포섭되지 않는다고 볼 수 있다. 그러나 제138조에 의하여 무효행위를 다른 종류의 법률행위로 전환할 수 있다면 이 사안과 같이 동일한 종류의 법률행위 안에서 대금액만을 줄인 법률행위로 전환하는 것을 부정할 수 없을 것이다. 이 규정의 문언에 따르면 무효행위를 다른 종류의 법률행위로 전환하는 것도 허용된다고 볼 수 있다. 따라서 이 사안에 대하여 제138조를 적용하여 매매대금을 줄인 법률행위로서 효력이 있다고 보아야 한다.

(2) 한편 이 사건의 구체적인 결론에 관해서 살펴보자. 이 사건에서 원고는 재건축사업의 수행을 위하여 반드시 이 사건 토지 중 이 사건 각 지분을 매수하여야 하는 처지에 있었다. 피고들도 이 사건 각 지분의 매수경위, 조정 당시의 상황 등에 비추어 원고에게 이를 매도하려는 의사가 있다고 볼 수 있다. 다만 매매대금에 관해서만 원·피고들 사이에 의견이 일치하지 않은 상태라고 볼 수 있다. 원고 및 피고들에게는 이 사건 매매계약에서 정한 매매대금이 무효일 경우에 매매대금을 다른 금액으로 정하는 의사가 있다고 볼 수 있을 것이다. 물론 위 매매대금이 계약 당시에 무효임을 알았다면 매매대금으로 의욕하였을 가정적 효과의사를 정하는 것이 쉽지는 않다. 이 판결이 지적한 대로 시가를 기준으로 그 매매대금을 정할 것은 아니다. 그러나 그 매매대금을 피고들이 당초 매매대금으로 요구하였던 원고 조합원에 대한 보상가격인 평당 2,200만 원을 기준으로 해야 할 것인지, 아니면 원고가 피고들을 상대로 제기한 매도청구에 기한 소유권이전등기청구소송에서 피고 2가 한 발언을 참고하여 평당 5,000만 원을 기준으로 해야 할 것인지는 논란의 소지가 있다. 원심판결은 후자를 기준으로 하였는데, 계약체결 당시의 당사자들의 가정적 의사를 탐구할 때 이와 같이 계약 체결 이후의 사정을 고려할 수 있을 것이다. 물론 이 판결은 가정적 의사에 기하여 위와 같이 매매대금을 정할 수 있는 사안에 관한 것이기 때문에, 그렇지 않은 사안에서는 무효행위의 전환에 관한 규정으로 해결할 수 없을 것이다.

---

7) 당사자들의 가정적 의사를 탐구하여야 한다는 점은 제137조의 일부 무효와 제138조의 무효행위의 전환의 경우에 마찬가지이다. 대판 1996. 2. 27, 95다38875(공 1996, 1095)는 제137조에 관한 것으로 "그 당사자의 의사는 실재하는 의사가 아니라 법률행위의 일부분이 무효임을 법률행위 당시에 알았다면 당사자 쌍방이 이에 대비하여 의욕하였을 가정적 의사를 말하는 것"이라고 하였다.

제4장 소멸시효

제1절 시효의 중단

[23] 가압류에 의한 시효중단의 효력
대판 2000. 4. 25, 2000다11102(공 2000, 1290)

1. 사실관계와 사건의 경과

A는 1982. 2. 6. B를 상대로 대여금채권을 피보전권리로 하여 B의 부동산에 관하여 가압류결정을 받았고, 그 본안소송으로 대여금청구의 소를 제기하여 1982. 4. 28.경 승소판결을 받아 그 판결이 확정되었다. A가 1985년 사망하자 그 처인 C가 상속을 받았는데, 위 판결이 확정된지 10년이 훨씬 지난 후에 B는 C를 상대로 위 가압류결정의 취소를 구하였다. 위 대여금채무의 소멸시효가 완성되었는지 문제되었으나, 원심과 대법원은 이를 부정하였다.

2. 대법원 판결

민법 제168조에서 가압류를 시효중단사유로 정하고 있는 것은 가압류에 의하여 채권자가 권리를 행사하였다고 할 수 있기 때문인데 가압류에 의한 집행보전의 효력이 존속하는 동안은 가압류채권자에 의한 권리행사가 계속되고 있다고 보아야 할 것이므로 가압류에 의한 시효중단의 효력은 가압류의 집행보전의 효력이 존속하는 동안은 계속된다고 하여야 할 것이다.

또한 민법 제168조에서 가압류와 재판상의 청구를 별도의 시효중단사유로 규정하고 있는데 비추어 보면, 가압류의 피보전채권에 관하여 본안의 승소판결이 확정되었다고 하더라도 가압류에 의한 시효중단의 효력이 이에 흡수되어 소멸된다고 할 수도 없다.

3. 평석

시효가 중단된 때에는 중단까지의 경과한 시효기간은 이를 산입하지 아니하고 중단사유가 종료한 때로부터 새로이 진행한다(민법 제178조 제1항). 가압류로 인하여 시효가 중단된 경우에 시효가 다시 진행하는 시기를 가압류집행이 종료된 때로 볼 것인지, 아니면 가압류절차가 종료된 때로 볼 것인지 문제된다.

종래 가압류절차가 종료될 때까지 시효가 중단된다고 볼 수 있으나,[1] 언제 가압류절차가 종료된다고 보아야 할지는 명확한 것은 아니었다. 이 판결은 집행보전의 효력이 존속하는 동안은 그 절차가 종료되지 않았다고 보고 가압류등기를 한 때부터 시효가 다시 진행하는 것은 아니라고 하였다.[2] 그 이유로 가압류의 집행보전의 효력이 존속하는 동안 가압류채권자에 의한 권리행사가 계속되고 있다고 보아야 한다는 점을 들었다. 또한 가압류의 피보전채권에 관하여 본안의 승소판결이 확정되더라도 가압류에 의한 시효중단의 효력이 소멸되지 않는다고 한다. 따라서 채권자가 채무자의 재산을 가압류하고 있으면 소멸시효가 완성되지 않는다.

그러나 확정판결을 받은 경우에도 그때로부터 10년이 지나면 소멸시효가 완성되는 것(민법 제165조 제1항)과 비교해보면 균형이 맞지 않는다. 오히려 가압류를 한 경우에는 그 집행이 종료된 때로부터 소멸시효가 다시 진행한다는 견해[3]가 더욱 설득력이 있다. 이 판결에서 위와

1) 곽윤직 · 김재형, 민법총칙, 제9판, 2015, 445면; 민법주해[III], 1992, 542면(윤진수 집필).
2) 이에 관한 재판연구관의 판례해설로 이균용, "가압류와 시효중단효력의 계속 여부," 대법원판례해설 2000년 상반기, 법원도서관, 43면 이하가 있다.
3) 양창수, "가압류의 시효중단효의 종기," 민법연구 제6권, 2001, 499면.

같은 결론을 도출하기 위하여 가압류를 해두면 "가압류채권자에 의한 권리행사가 계속"된다고 보고 있는데, 가압류를 해둔 것이 시효를 계속 중단시킬만한 권리행사로 볼 수 있는지는 의문이다.

이러한 판결이유는 이미 회사정리절차[현재는 채무자 회생절차][4]에 관한 대법원 판결에서 나타난다. 즉 회사정리절차참가로 인한 시효중단의 효력은 회사정리절차의 폐지확정시까지 존속한다고 하면서, "회사정리절차참가라는 권리행사가 계속되는 한" 시효중단의 효력이 그대로 유지된다는 것이다.[5] 회생절차가 개시되면 회생채권자는 개별적으로 권리행사를 할 수 없고 회생계획에 따라 변제를 받도록 되어 있기 때문에, 시효중단의 효력이 폐지확정시까지 계속된다고 볼 수 있다. 그러나 가압류의 경우에는 개별적인 권리행사가 금지되는 것도 아니고, 그 자체만으로 채권의 만족을 얻을 수 있는 것이 아니기 때문에, 회생절차참가의 경우와 동일하게 볼 수는 없다.

---

4) 구 회사정리법 제5조는 회사정리절차참가를 시효중단사유로 규정하고 있었다. 현재는 채무자 회생 및 파산에 관한 법률 제32조에서 규정하고 있다.

5) 대판 1988. 2. 23, 87다카2055(공 1988, 588); 대판 1995. 5. 26, 94다13893(공 1995, 2248); 1995년 판결에 관한 평석으로는 김재형, "회사정리절차가 보증채무의 소멸시효에 미치는 영향," 상사판례연구(Ⅰ), 1996, 699면 이하.

제2절 제척기간과 소멸시효

[24] Ⅰ. 제척기간과 소멸시효의 관계: 하자담보에 기한 손해배상청구권이 소멸시효의 대상이 되는지 여부

대판 2011. 10. 13, 2011다10266(공 2011, 2339)

1. 사실관계와 원심판결

원고는 1998. 7. 21. A로부터 그 소유의 부동산을, 1998. 8. 29. 망 B로부터 그 소유의 부동산을 매수하는 계약을 체결하고, A 소유의 부동산에 대하여는 1998. 9. 14., B 소유의 부동산에 대하여는 1998. 10. 16. 원고 앞으로 소유권이전등기를 마쳤다. 원고는 이 사건 부동산을 C, D에게 매도하고, 그들은 이를 다시 E에게 매도하였는데, 그 후 E는 2006. 8. 초순 이 사건 부동산 지하에 폐콘크리트 9,221t과 건설폐토석 1,680t(이하 '이 사건 폐기물'이라 한다)이 매립되어 있는 것을 발견하고, 2006. 8. 7.경 원고에게 그 사실을 통지하였다. 원고는 E로부터 위와 같은 통지를 받은 직후인 2006. 8. 17.과 2006. 8. 23. 및 2006. 8. 31. 총 3회에 걸쳐 A와 B에게 이 사건 폐기물의 발견 사실과 A 및 B가 위 폐기물을 처리하여 줄 것과 미처리 시 손해배상을 청구할 예정이라는 내용의 내용증명우편을 발송하였다. E는 이 사건 폐기물을 처리한 후 원고를 상대로 2006. 11. 9. 그 처리비용 상당의 손해배상청구의 소를 제기하였고, 원고는 위 소송에서 1억 5,000만 원 및 그 지연손해금을 지급하라는 판결을 선고받자 2008. 10. 2. E에게 위 판결금 합계 166,764,765원을 지급하였으며, 위 판결은 2009. 1. 15. 확정되었다. 원고는 2009. 8. 7. A 및 B의 상속인들인 나머지 피고들에게 하자담보책임에 기한 손해배상으로서 원고가 이 사건 폐기물의 처리비용 상당액으로 E에 기지급한 금원의 배상을 구하는 이 사건 소를 제기하였다. 원심은, 이 사건 부동산에 대하여 계약이 체결된 1998. 7. 21. 내지 1998. 8. 29.경부터 소멸시효가 진행한다는 이유로 원고의 청구를 기각하였다.

2. 대법원 판결

원고가 상고하였으나, 대법원은 이를 기각하였는데, 하자담보에 기한 손해배상청구권의 소멸시효에 관하여 다음과 같이 판단하고 있다.

"매도인에 대한 하자담보에 기한 손해배상청구권에 대하여는 민법 제582조의 제척기간이 적용되고, 이는 법률관계의 조속한 안정을 도모하고자 하는 데에 그 취지가 있다. 그런데 **하자담보에 기한 매수인의 손해배상청구권은 그 권리의 내용·성질 및 취지에 비추어 민법 제162조 제1항의 채권 소멸시효의 규정이 적용된다**고 할 것이고, **민법 제582조의 제척기간 규정으로 인하여 위 소멸시효 규정의 적용이 배제된다고 볼 수 없으며**, 이때 다른 특별한 사정이 없는 한 무엇보다도 매수인이 매매의 목적물을 인도받은 때부터 그 소멸시효가 진행한다고 해석함이 상당하다."

나아가 대법원은 이 사건에서 원고의 이 사건 하자담보에 기한 손해배상청구권은 원고가 A와 B로부터 이 사건 부동산을 인도받았을 것으로 보이는 1998. 9. 14. 내지 1998. 10. 16.부터 소멸시효가 진행된다고 하고, 원고는 그로부터 10년이 경과한 2009. 8. 7.에서야 A와 나머지 피고들에게 이를 구하는 이 사건 소를 제기하였으므로, 원고의 하자담보책임에 기한 손해배상청구권은 이 사건 소 제기 이전에 이미 소멸시효 완성으로 소멸되었다고 판단하였다.[1)]

1) 대법원은 원심의 위 판단은 적절하다고 할 수 없으

3. 평석

(1) 이 판결은 제척기간과 소멸시효의 관계에 관하여 중요한 판단을 하고 있다. 매도인의 하자담보책임에 관하여 제582조에서 권리행사기간을 정하고 있다. 이 규정에 의하면 제580조와 제581조에 의한 권리는 매수인이 그 사실을 안 날로부터 6월내에 행사하여야 한다. 이 규정은 제척기간으로 이해되고 있다. 판례는 위 규정에서 정한 매도인의 하자담보책임에 관한 매수인의 권리행사기간은 재판상 또는 재판 외의 권리행사기간이고 재판상 청구를 위한 출소기간은 아니라고 한다.[2] 여기에서 재판 외에서의 권리행사는 특별한 형식을 요구하는 것이 아니므로 매수인이 매도인에 대하여 적당한 방법으로 물건에 하자가 있음을 통지하고, 계약의 해제나 하자의 보수 또는 손해배상을 구하는 뜻을 표시함으로써 충분하다고 한다.[3]

그런데 이 판결에서는 매수인이 매도인에 대한 하자담보에 기한 손해배상책임을 청구하는 경우에 이것이 소멸시효의 대상이 된다고 보고, 제582조의 권리행사기간에 관한 규정이 소멸시효의 적용을 배제하지 않는다고 한다. 이 사건에서 제582조의 권리행사기간이 도과되지 않았으므로, 이 판결에서 매수인의 손해배상청구권에 관하여 소멸시효가 적용되는지 여부는 이 사건을 해결하는 데 결정적인 쟁점이었기 때문에, 이 판결은 선례로서 중요한 의미가 있다.

(2) 집합건물의 소유 및 관리에 관한 법률(이하 '집합건물법'이라 한다)에서 분양자의 담보책임과 관련하여 제척기간을 정하고 있는 규정이 있는데도 이와 별도로 소멸시효에 관한 규정이 적용되는지 여부에 관하여 다수의 대법원 판결들이 나오고 있다.

대판 2008. 12. 11, 2008다12439(공 2009, 24)는 "집합건물법 제9조는 건축업자 내지 분양자로 하여금 견고한 건물을 짓도록 유도하고 부실하게 건축된 집합건물의 소유자를 두텁게 보호하기 위하여 집합건물의 분양자의 담보책임에 관하여 민법상의 도급인[수급인]의 담보책임에 관한 규정을 준용하도록 함으로써 분양자의 담보책임의 내용을 명확히 하는 한편, 이를 강행규정화한 것으로서 집합건물법 제9조에 의한 책임은 분양계약에 기한 책임이 아니라 집합건물의 분양자가 집합건물의 현재의 구분소유자에 대하여 부담하는 법정책임이므로(…), 이에 따른 손해배상청구권에 대해서는 민법 제162조 제1항에 따라 10년의 소멸시효기간이 적용된다."라고 판단하였다.[4] 이것은 토지·건물 등에 대한 수급인의 담보책임에 관하여 제671조에서 그 존속기간을 정하고 있는데도 소멸시효기간이 적용된다고 함으로써, 제척기간과 소멸시효기간의 병행을 인정한 것이다. 특히 대판 2009. 6. 11, 2008다92466[5]은 "집합건물의 하자보수에 갈음한 손해배상채권의 소멸시효기간은 각 하자가 발생한 시점부터 별도로 진행하고(…), 민법 제671조 제1항의 제척기간은 인도한 때로부터 진행되는바, 만약 2007. 9. 11.로부터 역산하여 10년 내에 이 사건 각 하자가 발생하거나 이 사건 아파트가 인도된 것이 아니라면 위 손해배상채권은 소멸시효의 완성 또는 제척기간의 도과로 소멸하게 된다."라고 함으로써, 소멸시효기간과 제척기간이 별도로 진행된다는 것을 분명히 하였다.

청구권에 관한 제척기간을 정하고 있는 규정

나, 원고의 하자담보책임에 기한 손해배상청구권이 이들 부동산을 인도받을 때를 기준으로 하더라도 소멸시효가 완성된 이상 원심의 위와 같은 잘못은 판결 결과에 영향이 없다고 하였다.

2) 대판 1985. 11. 12, 84다카2344(집 33-3, 민 108).

3) 대판 2003. 6. 27, 2003다20190(공 2003, 1621).

4) 同旨: 대판 2009. 2. 26, 2007다83908(공 2009, 407). 이 판결은 나아가 "하자보수에 갈음한 손해배상청구권의 소멸시효기간은 각 하자가 발생한 시점부터 별도로 진행되는 것"이라고 하였다.

5) 미간행. 대한민국 법원 종합법률정보.

이 있는 경우에 소멸시효에 관한 규정이 적용되지 않는다는 견해가 있다.[6] 독일 민법에서는 명문의 규정으로 제척기간과 소멸시효기간을 정하고 있는 경우[7]가 있는데, 이와 같이 제척기간과 소멸시효기간이 병존한다는 규정이 없는 경우에는 소멸시효기간과 제척기간은 양립되지 않는다고 한다.

우리 민법에서 제척기간과 소멸시효의 관계에 관하여 명문의 규정을 두고 있지 않으므로, 이 문제는 해석에 의하여 해결할 수밖에 없다. 법률의 규정만을 보면, 제척기간을 정하고 있는 권리라고 하더라도 소멸시효에 걸릴 수 있다고 볼 수 있다. 가령 제162조 제1항은 "채권은 10년간 행사하지 아니하면 소멸시효가 완성한다."라고 정하고 있고, 제2항은 "채권 및 소유권 이외의 재산권은 20년간 행사하지 아니하면 소멸시효가 완성한다."라고 정하고 있는데, 위 규정에 포섭되는 채권 등 재산권에 관하여 제척기간에 관한 규정이 있는 경우에 소멸시효가 적용되지 않는다고 정한 규정이 없기 때문이다. 그렇다면 제척기간을 규정한 입법자의 의도, 입법취지, 법규정의 체계에 비추어 제척기간과 소멸시효는 양립할 수 없다고 보아야 하는지 문제된다. 이를 부정하는 견해가 있지만,[8] 이에 관해서 민법에 명시적인 규정을 두고 있지 않은 이상 논란이 있을 수밖에 없다.

이 판결에서 문제된 사안에 관해서 살펴보고자 한다. 이 사건에서 매수인인 원고는 매도인인 피고를 상대로 제580조의 하자담보책임에 기한 손해배상책임을 추궁할 수도 있고, 제390조의 채무불이행에 기한 손해배상책임을 추궁할 수도 있다. 대부분의 경우에는 하자담보책임의 권리행사기간이 먼저 도과되겠지만, 제582조에서 하자담보책임에 의한 권리는 "매수인이 그 사실을 안 날부터" 기산하도록 하고 있으므로, 이 기간이 계속 도래하지 않을 수 있다. 이와 같이 매도인의 하자담보책임에 관한 제척기간이 도과하지 않았더라도 채무불이행에 기한 손해배상책임에 관한 소멸시효가 완성되었다면, 그 후에는 매도인의 하자담보책임에 기하여 손해배상을 청구할 수 없다고 보아야 할 것이다.

(3) 한편 이 판결은 매매의 목적물에 하자가 발생한 때부터가 아니라 매수인이 매매의 목적물을 인도받은 때부터 소멸시효가 진행한다고 보고 있다. 제166조 제1항은 "소멸시효는 권리를 행사할 수 있는 때로부터 진행한다."라고 정하고 있다. 여기서 "권리를 행사할 수 있는 때"라 함은 권리를 행사함에 있어 이행기의 미도래, 조건이 성취되지 아니한 정지조건부 권리와 같이 권리의 성질상 그 자체에 내재하는 장애, 즉 법률상의 장애가 없는 경우를 말하며 이러한 상태에 있어서 권리를 행사하지 아니할 때로부터 소멸시효는 진행하는 것이며, 권리자의 개인적 사정이나 법률적 지식의 부족, 권리의 존재의 부지 또는 채무자의 부재 등 사실상 장애로 권리를 행사하지 못한 경우라 하여 시효가 진행을 하지 아니하는 것은 아니라는 것이 판례이다.[9] 소멸시효의 기산점에 관하여 '법률상 장애/사실상 장애의 기초적인 구분기준'은 '구체적 법률요건 및 법률효과로써 구성되는 법규칙'으로 적용되어 왔다.[10]

이에 대해서는 몇 가지 예외적인 판결들이 있다. 가령 보험금청구권의 소멸시효에 관하여 원칙적으로 보험사고가 발생한 때로부터 진행하

6) 김진우, "청구권에 관한 제척기간과 소멸시효," 재산법연구 제26권 제3호(2010. 2), 22면.

7) 독일 민법 제651조의g는 제1항에서 여행자의 여행주최자에 대한 청구권에 관하여 제척기간을 정하고, 제2항에서 위 청구권의 소멸시효에 관하여 정하고 있다.

8) 김진우(주 6), 22면.

9) 대판 1982. 1. 19, 80다2626(공 1982, 257); 대판(전) 1984. 12. 26, 84누572(집 32-4, 특 462) 등 다수.

10) 대판 2010. 5. 27, 2009다44327(공 2010, 1233).

지만, 객관적으로 보아 보험사고가 발생한 사실을 확인할 수 없는 사정이 있는 경우에는 보험금액청구권자가 보험사고의 발생을 알았거나 알 수 있었던 때로부터 보험금액청구권의 소멸시효가 진행한다고 한다.[11] 또한 법인의 이사회결의가 부존재함에 따라 발생하는 제3자의 부당이득반환청구권처럼 법인이나 회사의 내부적인 법률관계가 개입되어 있어 청구권자가 권리의 발생 여부를 객관적으로 알기 어려운 상황에 있고 청구권자가 과실 없이 이를 알지 못한 경우에는 이사회결의부존재확인판결의 확정과 같이 객관적으로 청구권의 발생을 알 수 있게 된 때로부터 소멸시효가 진행된다고 한다.[12]

소멸시효의 기산점에 관하여 법률적 장애가 없는 경우에 소멸시효가 진행하고 사실적 장애가 있는지 여부는 문제되지 않는다는 '법률적 장애/사실적 장애 이분론'에 대해서는 논란이 있다.[13] 부동산 매수인이 목적물을 인도받기 전에는 목적물의 하자로 인한 손해배상책임을 청구할 수 없다고 보아야 할 것이므로, 제166조 제1항에서 정한 "권리를 행사할 수 있는 때"에 해당한다고 볼 수 없다. 여기에서 나아가 과연 이 사건과 같이 매수인이 목적물을 인도받았다고 하더라도 여전히 폐기물이 매립되어 있다는 것을 알 수 없는 경우에는 권리를 행사할 수 없었다고 볼 수 있다. 그런데도 매수인이 권리를 행사할 수 있다고 보아 소멸시효의 완성을 인정하는 것이 타당할까? 이 판결의 구체적인 판단을 보면, 원고는 이 사건 폐기물이 매립되어 있는 부동산의 중간매도인으로서 최종 매수인(이 사건에서 E)에게 손해를 배상해 주었으나, 그 사이에 원고의 매도인이나 그 상속인들에 대한 손해배상청구권은 시효로 소멸하였다. 이 사건에서 최종 매수인이 원고를 상대로 손해배상을 청구했을 때 원고도 피고들을 상대로 손해배상청구의 소를 제기할 수 있었다고 볼 수 있다. 그러나 폐기물이 그보다도 늦게 발견된 때에는 폐기물의 존재를 모르는 상태에서 소멸시효가 완성될 수 있다. 이와 같은 문제를 해결하기 위하여 소멸시효의 기산점에 관한 판례를 수정하는 방안을 생각해 볼 수 있을 것이다.

(4) 민법은 매도인의 담보책임에 관하여 제척기간을 정하고 있는데, 입법론으로서는 독일 민법 제477조, 제490조와 같이 이를 소멸시효기간으로 정하는 것이 바람직할 것이다. 채무불이행으로 인한 손해배상책임의 경우에는 소멸시효기간만이 적용된다. 매도인의 담보책임의 법적 성질을 채무불이행책임으로 보고 있는데, 이 경우에 굳이 제척기간을 정할 이유를 찾기 어렵다. 또한 매도인의 담보책임에서 제척기간과 소멸시효기간의 기산점을 달리할 필요성도 없다. 매도인의 담보책임에 관하여 제척기간을 정함으로써 제척기간과 소멸시효의 관계에 관한 혼란만을 초래하고 있다. 매도인의 담보책임의 효과로 손해배상책임뿐만 아니라 해제권이나 대금감액의 효과가 발생하는데, 이와 같은 형성권은 소멸시효에 걸리지 않는다고 생각할 수 있으나, 형성권에 대해서도 법률의 규정으로 소멸시효를 정할 수 있을 것이다.

---

11) 대판 1993. 7. 13, 92다39822(집 41－2, 민 189).
12) 대판 2003. 4. 8, 2002다64957, 64964(공 2003, 1079).
13) 다수설에 관해서는 민법주해[III], 1992, 461면 이하(윤진수 집필); 주석 민법[총칙(3)], 제4판, 2010, 572면 이하(이연갑 집필) 참조. 판례의 문제점을 지적하거나 비판적인 견해로는 김학동, "소멸시효의 기산점에 관한 판례분석," 민법의 과제와 현대법의 조명(경암 홍천룡박사화갑기념), 1997, 98면; 김제완, "국가권력에 의한 특수유형 불법행위에 있어서 손해배상청구권의 소멸시효," 인권과 정의 제368호(2007. 4), 61면 이하; 권영준, "소멸시효와 신의칙," 재산법연구 제26권 제1호(2009. 6), 17면 이하; 조용환, "역사의 희생자들과 법: 중대한 인권침해에 대한 소멸시효의 적용문제," 법학평론 제1호(2010. 9), 20면 이하.

[25] Ⅱ. 채권양도의 통지와 하자담보추급권의 제척기간 준수

대판(전) 2012. 3. 22, 2010다28840(공 2012, 619)

1. 사실관계와 원심판결

원고 입주자대표회의가 구 집합건물법 제9조에 의한 하자담보추급권에 기하여 손해배상을 직접 청구할 수 있다고 주장하여 피고를 상대로 이 사건 아파트의 하자로 인한 손해배상청구의 소를 제기하였다가 그 소송 계속 중 위 아파트의 구분소유자들 1,240세대 가운데 2007. 11.경 1차로 1,002세대로부터, 2008. 3.경 2차로 29세대로부터 각 하자보수에 갈음하는 손해배상청구권을 양도받았고, 그 채권양도통지는 원고 입주자대표회의가 구분소유자들의 위임을 받아 1차 채권양도의 경우 2007. 11. 9.에, 2차 채권양도의 경우 2008. 3. 11.에 이루어졌다. 위 1차 채권양도 세대들 중 967세대는 1997. 11. 10. 이후 아파트를 인도받았고, 8세대는 그 인도일이 1997. 11. 10. 이후일 가능성이 크나 이를 구체적으로 알 수 있는 자료가 없으며, 2차 채권양도 세대들 가운데 8세대는 1998. 3. 12.(원심판결의 2008. 3. 12.은 오기임이 명백하다) 이후 아파트를 인도받았다. 원고는 2008. 4. 25. 제1심법원에 위 채권양수를 청구원인으로 하는 청구취지 및 청구원인 변경신청서를 제출하였다.

원심은 구분소유자들의 위와 같은 채권양도통지는 피고에게 하자담보책임에 따른 의무이행을 최고한 것으로서 각 하자 부분에 대한 자신들의 권리인 하자보수에 갈음하는 손해배상청구권을 재판외에서 행사한 것이고, 위 1차 채권양도 세대 중 967세대와 2차 채권양도 세대 중 8세대는 그 권리행사가 아파트를 인도받은 날부터 10년의 제척기간 내에 이루어졌으므로 위 각 세대의 하자보수에 갈음하는 손해배상청구권은 제척기간 만료로 소멸하였다고 보기 어려우며, 1차 채권양도 세대 중 위 8세대의 경우 그 권리행사가 제척기간 도과 후에 이루어졌다고 인정할 증거가 없다고 보아 피고의 제척기간 도과 주장을 배척하였다.

2. 대법원 판결

대법원은 다음과 같은 이유로 피고의 상고를 받아들여 원심판결을 파기환송하였다.

"구 집합건물의 소유 및 관리에 관한 법률(2003. 7. 18. 법률 제6925호로 개정되기 전의 것, 이하 '구 집합건물법'이라 한다) 제9조에 의하여 준용되는 민법 제667조 내지 제671조에 규정된 하자담보책임기간은 재판상 또는 재판외의 권리행사기간인 제척기간이므로 그 기간의 도과로 하자담보추급권은 당연히 소멸한다(대법원 2004. 1. 27. 선고 2001다24891 판결, 대법원 2009. 5. 28. 선고 2008다86232 판결 등 참조).

한편 **채권양도의 통지는 그 양도인이 채권이 양도되었다는 사실을 채무자에게 알리는 것에 그치는 행위이므로, 그것만으로 제척기간의 준수에 필요한 권리의 재판외 행사에 해당한다고 할 수 없다.**

따라서 집합건물인 아파트의 입주자대표회의가 스스로 하자담보추급에 의한 손해배상청구권을 가짐을 전제로 하여 직접 아파트의 분양자를 상대로 손해배상청구 소송을 제기하였다가, 그 소송 계속 중에 정당한 권리자인 구분소유자들로부터 그 손해배상채권을 양도받고 분양자에게 그 통지가 마쳐진 후 그에 따라 소를 변경한 경우에는, 그 채권양도통지에 채권양도의 사실을 알리는 것 외에 그 이행을 청구하는 뜻이 별도로 덧붙여지거나 그 밖에 구분소유자들이 재판외에서 그 권리를 행사하였다는 등의 특별한 사정이 없는 한, 위 손해배상청구권은 입주자대표회의가 위와 같이 소를 변경한 시점에 비로소 행사된 것으로 보아야 할 것이다(대법원

2008. 12. 11. 선고 2008다12439 판결 등 참조)."

이에 대하여 대법관 박일환, 박병대, 김용덕의 반대의견이 있다. 반대의견은 "제척기간의 준수사유가 되는 행위의 태양은 그 성질상 소멸시효의 중단사유보다는 넓게 새겨야" 한다는 입장에 서 있다. 즉, 제척기간의 대상인 권리가 채권인 경우에는 "상대방에 대하여 직접 이행청구를 하는 경우뿐 아니라 채권의 다른 권능을 행사하는 등으로 그 채권 내지 청구권을 행사·실현하려는 행위를 하거나 이에 준하는 것으로 평가될 수 있는 객관적 행위 태양이 존재하면 제척기간을 준수한 것으로 보는 것이 제도의 취지에 맞다."라고 한다. 이 사건에서 문제된 채권양도의 통지에 관해서 제척기간 준수사유로 보는 이유를 다음과 같이 설명한다.

"채권의 양도는 그 자체로 채권자의 권리실행행위에 준하는 것으로 볼 여지가 있고, 더구나 채권자가 그 양도에 관하여 채무자에게 승낙을 구하거나 양도통지를 하는 경우에는 자신의 처분행위에 대한 대항력의 취득이라는 법적 효과를 획득하기 위하여 채무자를 상대로 채권 자체가 가지는 권능을 행사하는 것에 해당한다고 볼 수 있다. 특히 채권양도의 통지는 양도인이 채무자에 대하여 당해 채권을 양도하였다는 사실을 알리는 것으로서 이론적으로는 이른바 관념의 통지에 불과하지만, 양도인으로서는 이를 통하여 자신이 채무자에 대하여 채권을 보유하고 있었던 사실과 이를 양도하여 그 귀속주체가 변경된 사실, 그리고 그에 따라 채무자는 이제 그 채무를 채권양수인에게 이행해야 할 의무를 부담한다는 사실을 함께 고지하는 것이므로, 이는 채무자에 대하여 권리의 존재와 그 권리를 행사하고자 하는 의사를 분명하게 표명하는 행위를 한 것으로 평가하기에 충분하다. 따라서 비록 그것이 이행청구나 최고와 같이 시효중단의 효력이 인정될 정도의 사유는 아니라고 하더라도 제척기간 준수의 효과가 부여될 수 있는 권리행사의 객관적 행위 태양이라고 인정하는 데에는 부족함이 없다."

3. 평석

(1) 이 판결은 채권양도 통지가 하자담보추급권의 제척기간 준수사유가 되는지에 관하여 판단하고 있다. 이 사건 아파트의 구분소유자들이 이 사건 아파트에 관한 하자담보추급에 의한 손해배상채권을 단순히 원고에게 양도하고 이를 피고에게 통지하였다는 것만으로는 그 채권을 행사하였다고 볼 수 없다고 하였다. 그러나 채권양도통지에 이행청구의 뜻이 포함되어 있었다면 재판외에서 권리를 행사하였다고 볼 수 있기 때문에, 이에 관하여 심리하여야 한다고 하였다.

(2) 이 판결에서는 채권양도 통지만으로 제척기간 준수에 필요한 '권리의 재판외 행사'가 이루어졌다고 볼 수 있는지 여부가 문제되고 있는데, 이를 부정하는 다수의견과 이를 긍정하는 반대의견이 대립하고 있다. 종전에 채권양도의 통지를 한 때에 소멸시효가 중단된다고 본 판결도 있으나,[1] 양수금채권을 청구한 때에 소멸시효가 중단되거나 제척기간에서 말하는 권리행사가 있다고 인정한 판결들이 많았다.[2]

먼저 제척기간의 준수사유가 되는 행위의 태양을 그 성질상 소멸시효의 중단사유보다는 넓게 새겨야 하는지 문제된다. 그러나 제척기간의 준수사유는 일반적으로 권리행사인데, 이를 소멸시효 중단사유보다 넓게 해석해야 할 근거를 찾기 어렵다. 제척기간의 목적은 권리관계를 조

1) 대판 2009. 2. 26, 2007다83908(공 2009, 407); 대판 2009. 4. 9, 2008다29178.
2) 대판 2008. 12. 11, 2008다12439(공 2009, 24); 대판 2008. 12. 24, 2008다48490; 대판 2009. 5. 28, 2008다86232 등.

속하게 확정하려는 데 있다. 따라서 소멸시효 중단사유 중에는 채무의 승인(제168조 제3호)과 같이 제척기간 준수사유인 권리의 행사로 보기 어려운 경우도 있지만, 권리의 행사와 관련해서는 소멸시효 중단사유보다 좀 더 엄격하게 제척기간 준수사유를 인정해야 할 것이다.

제척기간 준수사유인 권리의 행사가 무엇을 의미하는지 문제된다. 소멸시효의 중단사유인 이행의 청구가 권리의 행사에 해당하는데, 권리자가 자신에게 권리가 있다는 것을 채무자에게 알리는 것은 이행을 청구하는 것이 아님은 분명하다. 채권자가 자신에게 권리가 있다는 것을 알리는 것에서 나아가 이행할 것을 청구하여야 비로소 권리를 행사하였다고 볼 수 있다.

이 판결에서 채권양도의 통지를 어떻게 파악할 것인지 문제된다. 반대의견은 채권양도의 통지는 채무자에 대하여 권리의 존재와 권리를 행사하고자 하는 의사를 분명하게 표명하는 행위를 한 것으로 평가할 수 있다고 한다. 그러나 채권양도의 통지는 채권양도를 채무자 또는 제3자에 대한 대항력을 갖추기 위한 요건이다. 따라서 채권양도의 통지는 채권의 귀속에 관한 것이지 채권을 행사하는 것은 아니라고 할 것이다. 이를 동산이나 부동산에 대한 물권의 양도와 비교해보면, 물권을 양도하고 등기나 점유를 이전하는 것과 유사하다고 볼 수 있다. 다만 채권양도의 통지는 채권의 귀속에 관한 것이기는 하지만, 채무자에게 통지하는 것이기 때문에, 채무자에 대하여 채권을 행사하는 것과 중첩되는 측면이 있다. 이 지점에서 반대의견이 나온 것이라고 볼 수 있다. 그러나 채권자가 채권을 행사하였다고 볼 수 있으려면 채권양도의 통지 이외에(또는 그 안에) 이행을 청구하려는 의사가 포함되어 있다고 볼 수 있어야 할 것이다. 즉, 채권양도의 경우에는 양도인이 채권양도의 통지를 한 후 양수인이 그 이행을 청구하여야 권리를 행사하였다고 볼 수 있고 단순히 양도인이 채권양도의 통지를 했다는 것만으로 권리를 행사한 것이라고 볼 수 없는 것이다.[3)]

(3) 그런데 이 사건에서 아파트 입주자대표회의가 하자담보추급에 의한 손해배상청구권을 가짐을 전제로 분양자를 상대로 손해배상을 청구하는 소를 제기하였고, 그 소송 계속 중 구분소유자들에게서 손해배상청구권을 양도받고 양도통지가 이루어진 후 양수금청구로 소를 변경하였다. 이러한 경우에 채권양도의 통지에 권리를 행사할 것이라는 사정이 나타나 있고 조만간 이행을 청구할 것이라는 것을 채무자가 알 수 있었다고 볼 수도 있겠지만, 다수의견은 채권양도의 통지에 이행청구의 뜻이 포함되어 있었는지 여부를 살펴보아야 한다고 하고 있다. 따라서 채권양도의 통지에 시효중단을 위한 최고의 효력이나 제척기간 준수의 효력이 있다고 하려면 그 통지에 이행청구의 의사가 포함되어 있는지를 심리하여야 할 것이다. 앞으로 당사자들은 이 판결의 결론에 따라 채권양도의 통지를 하고 제척기간이나 소멸시효기간을 준수하기 위한 권리의 행사를 하게 될 것이다.

반대의견은 이 사건에서 구체적 타당성을 중시한 반면, 다수의견은 법적 안정성을 중시한 것이라고 할 수 있다. 소멸시효기간이나 제척기간의 준수여부는 명확하게 결정하는 것이 바람직하다는 점에서 채권양도 통지가 가지고 있는 본래의 의미에 충실하게 결론을 내린 다수의견에 찬성할 수 있다.

---

3) 독일민법에서는 채권양도를 하지 않았거나 효력이 없는 때에 채권양도통지가 문제되는데, 이 경우에 채권자에 의한 소 제기를 시효중단사유로 설명하고 있다. 독일 연방대법원은 채권자가 채무자에게 채권양도의 통지를 하였으나 채권양도가 이루어지지 않았거나 무효이고 채무자가 제3자에게 지급을 하지 않았을 경우에, 채권자는 통지의 철회에 대한 표현양수인의 동의를 얻지 못하였더라도 소를 제기하여 시효를 중단시킬 수 있다고 한다. BGH NJW 1975, 1160.

제 2 편

물권법

民法判例分析

제1장 물권과 물권의 변동

[26] Ⅰ. 물권적 청구권의 이행불능으로 인한 전보배상청구권의 성부

대판(전) 2012. 5. 17, 2010다28604(공 2012, 1064)

1. 사실관계와 원심판결

이 사건 토지에 관하여 1974. 6. 26. 피고(대한민국) 앞으로 소유권보존등기가 되었고, 이 사건 토지 중 각 5,109분의 2,554.5 지분에 관하여 1997. 12. 2.자 매매를 원인으로 하여 1998. 1. 22. A와 B 앞으로 각 소유권이전등기가 되었다. 원고가 피고를 상대로 위 소유권보존등기의, A와 B를 상대로 위 소유권이전등기의 각 말소등기를 청구한 사건에서 법원은 2009. 4. 2.에 피고에 대한 청구는 인용하고, A와 B에 대해서는 등기부취득시효가 완성되었다는 이유로 그 청구를 기각하는 판결을 선고하였다. 이 판결은 2009. 4. 30.에 최종 확정되었다(이하 '선행소송'이라고 한다). 그 직후 원고가 피고를 상대로 손해배상을 청구하는 이 사건 소를 제기하였다.

원심은, 피고가 이 사건 토지의 소유권을 상속한 원고에게 위 소유권보존등기의 말소등기절차를 이행할 의무가 있는데, 선행소송에서 A와 B 명의의 소유권이전등기가 취득시효 완성을 이유로 유효한 것으로 인정됨에 따라 피고의 위 말소등기절차 이행의무는 결국 이행불능이 되었으므로, 그 손해를 배상할 의무가 있다고 판결하였다.

2. 대법원 판결

그러나 대법원은 피고의 상고를 받아들여 원심판결을 파기환송하였는데,[1] 다수의견은 다음과 같다.

"**소유자가 자신의 소유권에 기하여 실체관계에 부합하지 아니하는 등기의 명의인을 상대로 그 등기말소나 진정명의회복 등을 청구하는 경우**에, 그 권리는 물권적 청구권으로서의 방해배제청구권(민법 제214조)의 성질을 가진다. 그러므로 **소유자가 그 후에 소유권을 상실함으로써 이제 등기말소 등을 청구할 수 없게 되었다면**, 이를 위와 같은 청구권의 실현이 객관적으로 불능이 되었다고 파악하여 등기말소 등 의무자에 대하여 그 권리의 이행불능을 이유로 **민법 제390조상의 손해배상청구권을 가진다고 말할 수 없다.** 위 법규정에서 정하는 채무불이행을 이유로 하는 손해배상청구권은 계약 또는 법률에 기하여 이미 성립하여 있는 채권관계에서 본래의 채권이 동일성을 유지하면서 그 내용이 확장되거나 변경된 것으로서 발생한다. 그러나 위와 같은 등기말소청구권 등의 물권적 청구권은 그 권리자인 소유자가 소유권을 상실하면 이제 그 발생의 기반이 아예 없게 되어 더 이상 그 존재 자체가 인정되지 아니하는 것이다. 이러한 법리는 이 사건 선행소송에서 이 사건 소유권보존등기의 말소등기청구가 확정되었다고 하더라도 그 청구권의 법적 성질이 채권적 청구권으로 바뀌지 아니하므로 마찬가지이다."

3. 평석

(1) 이 판결에서는 물권적 청구권의 경우에 이행불능으로 인한 전보배상청구권이 성립하는

---

1) 대법원은 원심판결이 처분권주의를 위반하였다는 점도 지적하고 있다. 즉, 원고의 청구원인은 피고의 불법행위로 인한 소유권 상실의 손해배상을 구하는 것이다. 그런데도 원심은, 원고의 청구원인을 '소유권보존등기 말소등기절차 이행의무의 이행불능'으로 인한 손해배상청구라고 함부로 파악하고, 그 손해배상책임을 인정하였다. 따라서 원심판결에는 처분권주의에 위반하여 당사자가 신청하지 아니한 사항에 대하여 판결한 위법이 있다.

지 여부가 문제되었다. 다수의견은 물권적 청구권인 말소등기청구권의 이행불능으로 인한 전보배상청구권을 부정하고, 다만 "원고가 불법행위를 이유로 소유권 상실로 인한 손해배상을 청구할 수 있음은 별론"으로 한다고 하여 불법행위책임은 인정될 수 있다고 한다.

이에 대하여 별개의견은 "청구권이 발생한 기초가 되는 권리가 채권인지 아니면 물권인지와 무관하게 이미 성립한 청구권에 대하여는 그 이행불능으로 인한 전보배상을 인정하는 것이 법리적으로 불가능하지 아니하며, 이를 허용할 것인지는 법률 정책적인 결단이므로, 이미 대법원에서 이를 허용하여 채권에 못지않게 물권을 보호하는 견해를 취한 것은 구체적 타당성 면에서 옳고, 확정판결을 거쳐 기판력이 발생되어 있는 경우에는 더욱 그러하다고 보이며, 장기간 이와 같은 견해를 유지하여 온 판례들을 뒤집어 물권 내지는 물권자의 보호에서 후퇴하여야 할 이론적·실무적인 필요성이 없다."라고 한다. 그러나 다수의견에 대한 보충의견은 매우 상세하게 별개의견을 반박하면서 물권적 청구권의 경우에는 이행불능으로 인한 전보배상을 청구할 수 없다고 한다.

(2) 물권적 청구권은 물권 내용의 실현을 방해받거나 또는 방해받을 염려가 있는 경우에 물권자가 방해자에 대하여 그 방해의 배제 또는 예방을 청구할 수 있는 권리이다. 물권적 청구권에 채권편의 규정이 적용 또는 준용되는지 문제된다. 일반적으로 채권편의 규정은 '성질에 반하지 않는 한' 물권적 청구권에 준용된다고 한다.[2] 물권적 청구권에 준용되는 규정으로 이행지체, 수령지체, 변제에 관한 규정을 들고 있다. 그런데 이 사건에서 문제되고 있는 이행불능에 관한 규정이 물권적 청구권, 특히 소유물반환청구권에 적용될 수 있는지 여부에 관하여 부정하는 견해가 있다.[3]

종전의 대법원 판결들은 물권적 청구권에 채권에 관한 민법 제390조[4]의 규정을 준용할 수 있는 근거를 구체적으로 설시하지 않은 채 그 규정을 그대로 준용하여 물권적 청구권의 이행불능으로 인한 전보배상청구권을 인정하였다. 이러한 판결들에는 두 유형이 있다. 첫 번째 유형은 무권리자가 타인 소유의 부동산에 관하여 임의로 소유권보존등기를 마친 후 그 부동산을 제3자에게 처분하였는데, 제3자의 등기부취득시효가 완성되어 소유자가 소유권을 상실하게 된 경우[5]이다. 두 번째 유형은 증여계약 등 원인행위에 의하여 소유권이전등기가 마쳐졌다가 나중에 그 원인행위가 강박에 의한 의사표시 등으로 취소되었으나, 부동산에 관하여 선의의 제3자 명의로 소유권이전등기가 되어 소유권이전등기의 말소가 집행불능에 이르게 된 경우이다.[6]

(3) 이 판결에서 다수의견은 물권적 청구권의 이행불능을 이유로 한 전보배상청구권은 인정할 수 없다고 한다. 그 이유로 제390조에서 정하는 채무불이행을 이유로 하는 손해배상청구권은 계약 또는 법률에 기하여 이미 성립하여 있는 채권관계에서 본래의 채권이 동일성을 유지하면서 그 내용이 확장되거나 변경된 것으로서

---

2) 독일에서는 소유권에 기한 반환청구권에 대하여 채권적 청구권에 관한 규정이 적용될 수 있는지 여부와 관련하여 물권법적인 특별 규정이 없고 그 적용이 물권법의 원칙에 반하지 않는 경우에만 적용할 수 있다고 한다. Baur/Stürner, Sachenrecht, 18. Aufl., 2009, §11 C I 3 (S. 128).

3) 민법주해[V], 1992, 188~189면(양창수 집필); 김제완, "계약취소시 소유권이전등기 말소의무의 이행불능으로 인한 전보배상청구권의 소멸시효 기산점," 민사재판의 제문제 제15권, 2006, 102면 이하.

4) 이하에서 민법의 조항을 인용할 때에는 조항만으로 표시하기로 한다.

5) 대판 2008. 8. 21, 2007다17161; 대판 2009. 6. 11, 2008다53638.

6) 대판 2005 9. 15, 2005다29474(공 2005, 1608); 대판 2006. 3. 10, 2005다55411.

발생하는 데 반해, 등기말소청구권 등의 물권적 청구권은 그 권리자인 소유자가 소유권을 상실하면 이제 그 발생의 기반이 아예 없게 되어 더 이상 그 존재 자체가 인정되지 않는다는 점을 들고 있다.[7)]

이에 대하여 별개의견은 물권적 청구권에도 이행불능으로 인한 채무불이행책임에 관한 규정이 준용된다고 한다. 그 이유를 정리해보면 다음과 같다. 첫째, 청구권은 특정인에 대하여 일정한 작위 또는 부작위를 청구할 수 있는 권리이므로, 그 발생의 근거가 채권인지 아니면 물권인지와 무관하게 그 권리의 내용인 그 작위 또는 부작위라는 급부 및 이에 대한 이행의무가 생기게 된다. 이에 따라 물권적 청구권의 경우에도 채권의 경우와 마찬가지로 그 급부 이행의무에 대한 이행지체 및 이행불능의 문제가 발생될 수 있다. 둘째, 소유물에 대한 점유 또는 등기 명의의 반환청구권은 소유권에 기초하여 발생되지만, 청구권이라는 점에서 물권과는 다른 독자성이 인정될 수 있으므로, 일단 그 청구권이 발생되었다면 그 후에는 반드시 소유권의 소멸과 운명을 같이 한다고 새길 것은 아니다. 셋째, 물권의 대상인 목적물이 소멸되었거나 소유자가 그에 대한 권리를 상실하였다고 하여 이미 발생된 목적물이나 그 소유권에 대한 반환의무 및 그에 대한 이행불능을 부정하는 것이 논리필연적이라거나 법리적으로 불가피하다고 볼 필요는 없다.

(4) 이 판결은 물권적 청구권의 법적 성질을 들어 물권적 청구권에는 이행불능으로 인한 전보배상이 인정되지 않는다고 하였다. 나아가 이 판결에 의하여 변경하지 않은 판결들을 포함하여 물권적 청구권에 준용되거나 유추적용되는 채권법 규정의 범위에 관하여 재검토해야 한다는 과제를 던져주고 있다.

물권의 방해와 침해에 대한 구제수단은 물권적 청구권과 불법행위책임이고 채권채무관계에 있는 당사자 사이의 구제수단은 채무불이행책임이다. 채권채무관계가 없는 경우에는 채무불이행책임이 성립하지 않는다는 것은 민법의 기본원칙이라고 할 수 있다.

물권적 청구권에 대해서는 물권편에서 규정하고 있다(제213조, 제214조 등). 물권적 청구권은 물권에 기한 청구권이기 때문에 그 성질에 반하지 않는 한 채권편의 규정이 준용된다고 하지만, 이에 해당하는 명문의 규정은 없다. 따라서 물권적 청구권의 상대방이 그 이행을 할 수 없는 경우에 채무불이행으로 인한 손해배상책임이 인정되는지 여부는 물권적 청구권의 경우에 제390조의 유추적용 문제로 귀결된다고 할 수 있다.

물권적 청구권은 물권에서 나오는 것으로, 물권을 상실하면 물권적 청구권도 소멸한다.[8)] 이행불능으로 인한 손해배상책임은 채권의 존속을 전제로 채무자의 채무가 이행할 수 없는 상태에 이른 경우에 전보배상을 인정하는 것인 반면에, 소유권 등 물권 자체가 소멸한 경우에는 물권적 청구권이 소멸하는 것이지 그 이행이 불가능하게 되었다고 볼 수 없다. 이 사건에서 등기부취득시효의 완성으로 A와 B가 부동산 소유권을 취득하여 원고가 부동산에 대한 소유권을 상실하였고, 이에 따라 원고의 피고에 대한 소유권보존등기의 말소등기청구권도 소멸되었다. 즉, 원고의 피고에 대한 물권적 청구권이 이행불능상태로 된 것이 아니라 물권적 청구권이 소멸한 것이다.

물권적 청구권이 있는 경우에 물권자가 수령지체에 빠지거나 상대방이 그 이행을 지체하는

7) 다수의견에 찬성하는 견해로는 지원림, "물권적 방해배제청구의 이행불능과 전보배상," 법률신문 제4038호(2012. 6. 11), 13면; 윤진수, "소유물 반환의무 위반으로 인한 손해배상책임의 법적 성질," 법률신문 제4055호(2012. 8. 13), 13면.

8) 대판(전) 1969. 5. 27, 68다725(집 17-2, 민 103).

때에는 물권적 청구권이 존속하고 있기 때문에, 채권자지체나 수령지체에 관한 규정은 물권적 청구권에 적용될 수 있다. 다만 이 경우에도 물권법에 별도의 규정이 있는 경우에는 물권법의 규정에 따라야 할 것이다. 또한 변제에 관한 규정 등도 이와 동일한 이유로 채권편의 규정이 적용될 수 있다. 따라서 이행지체나 채권자지체 또는 변제에 관한 규정이 물권적 청구권에 준용된다고 해서 이행불능으로 인한 전보배상청구권도 인정된다고 볼 수는 없다.

피고가 위법하게 이 사건 부동산에 관한 소유권보존등기를 하고 A와 B에게 소유권이전등기를 함으로써 이 사건 부동산에 대한 등기부취득시효가 완성되도록 하였으므로 피고의 위법한 행위로 말미암아 원고가 이 사건 부동산에 대한 소유권을 상실하였다. 따라서 원고는 피고를 상대로 불법행위에 기한 손해배상책임을 청구할 수 있다(제750조). 실제로 이 사건에서 파기환송 후 원심법원은 원고가 피고를 상대로 한 불법행위에 기한 손해배상청구를 인정하고 있다.[9] 따라서 불법행위책임이 인정되는 이 사건에서는 이행불능을 이유로 채무불이행책임을 인정할 실익을 찾기 어렵다. 물론 별개의견에서 지적한 바와 같은 소멸시효 등의 문제로 불법행위에 기한 손해배상책임을 청구할 수 없는 경우에는 채무불이행책임을 인정할 실익이 있을 것이다. 그러나 물권을 가지고 있던 사람이 물권 자체를 상실한 경우에 대해서는 부당이득이나 불법행위에 의한 규율만이 문제된다고 보아야 한다. 이것이 민법에서 물권과 채권을 준별하고 있는 기본적 태도에 합치된다. 만일 물권의 침해에 대한 구제수단으로 물권적 청구권, 부당이득, 불법행위 이외에 채무불이행에 대한 구제수단을 인정한다면 법률관계의 혼란을 초래할 것이다.

그런데 별개의견에서는 채권의 효력으로 인정되는 전보배상책임을 물권적 청구권에서 부정한다면, 이는 오히려 물권에 대한 보호를 채권보다 더 소홀히 하는 셈이 되어 납득하기 어렵다고 한다. 소유권 등 물권에는 대세적 효력이 인정된다는 점에서 물권자가 채권자보다 강력한 권리를 갖는다고 말할 수 있지만, 소유자의 방해자에 대한 권리가 채권자의 채무자에 대한 권리보다 항상 강력한 것은 아니다.[10] 가령 채권자가 채무불이행을 이유로 계약을 해제하는 경우에 원상회복의 범위는 소유자가 점유자에 대해서 갖는 권리보다 더 클 수 있는 것이다. 물권적 청구권의 내용은 법률의 규정에 따라 정해지는 것이고, 채권자에게 인정되는 모든 권능을 포함하고 있어야 하는 것은 아니다.

9) 피고 대한민국은 이 사건 토지의 사정명의인 및 그 상속인의 생존 여부 등을 확인하거나 무주부동산 공고 등 민법상 국가귀속절차를 거치지 않은 채 아무런 권원 없이 소유권보존등기를 마치는 위법한 행위를 저질렀고, 피고가 위와 같이 위법한 소유권보존등기를 마치지 않았더라면 원고가 이 사건 토지의 소유권을 상실하지 않았을 것이어서 상당인과관계가 인정되므로, 피고는 원고에게 이 사건 토지 소유권 상실로 인한 손해를 배상할 책임이 있다고 하여 불법행위에 기한 손해배상책임을 인정하였다. 나아가 소유자가 제3자를 상대로 제기한 등기말소 청구소송이 패소 확정될 때에 그 손해의 결과발생이 현실화된다고 하여 위 등기의 말소등기청구소송의 패소확정시부터 손해배상청구권의 소멸시효기간이 진행된다고 보아 소멸시효항변을 배척하였다. 서울고판 2012. 10. 18, 2012나41306.

10) 다수의견에 대한 보충의견.

제2편 물권법

[27] Ⅱ. 공동 명의로 가등기를 마친 채권자들의 매매예약완결권의 귀속형태

대판(전) 2012. 2. 16, 2010다82530(공 2012, 442)

1. 사실관계와 원심판결

원고는 2005. 3. 11. 피고에게 1억 원을 대여하면서 이를 담보하기 위하여 피고에 대한 다른 채권자들인 소외 1, 2, 3, 4, 5와 공동명의로 피고와 이 사건 부동산 중 피고 소유의 1,617분의 1,607 지분(이하 '이 사건 담보목적물'이라고 한다)에 관하여 매매예약을 체결하였다. 이에 따라 이 사건 담보목적물에 관하여 원고는 2,498,265분의 241,050 지분(이하 '이 사건 지분'이라 한다), 소외 1은 2,498,265분의 1,205,250 지분, 소외 2는 2,498,265분의 795,465 지분, 소외 3은 2,498,265분의 120,525 지분, 소외 4는 2,498,265분의 72,315 지분, 소외 5는 2,498,265분의 48,210 지분(위 각 지분은 원고 등 6인 각자의 채권액의 비율에 따라 산정되었다)으로 특정하여 이 사건 가등기를 마쳤다.

원심은, 원고를 포함한 6인의 채권자가 각자의 지분별로 별개의 독립적인 매매예약완결권을 갖는 것으로 보아, 채권자 중 1인인 원고는 단독으로 이 사건 담보목적물 중 이 사건 지분에 관하여 매매예약완결권을 행사할 수 있고, 이에 따라 단독으로 이 사건 지분에 관하여 가등기에 기한 본등기절차의 이행을 구할 수 있다고 판단하였다.

2. 대법원 판결

대법원은 다음과 같은 이유로 피고의 상고를 기각하고 원심을 지지하였다.

① "수인의 채권자가 각기 그 채권을 담보하기 위하여 채무자와 채무자 소유의 부동산에 관하여 수인의 채권자를 공동매수인으로 하는 1개의 매매예약을 체결하고 그에 따라 수인의 채권자 공동명의로 그 부동산에 가등기를 마친 경우, 수인의 채권자가 공동으로 매매예약완결권을 가지는 관계인지 아니면 채권자 각자의 지분별로 별개의 독립적인 매매예약완결권을 가지는 관계인지는 **매매예약의 내용**에 따라야 하고, 매매예약에서 그러한 내용을 명시적으로 정하지 않은 경우에는 수인의 채권자가 공동으로 매매예약을 체결하게 된 동기 및 경위, 그 매매예약에 의하여 달성하려는 담보의 목적, 담보 관련 권리를 공동 행사하려는 의사의 유무, 채권자별 구체적인 지분권의 표시 여부 및 그 지분권 비율과 피담보채권 비율의 일치 여부, 가등기담보권 설정의 관행 등을 종합적으로 고려하여 판단하여야 한다."

② "공동명의로 담보가등기를 마친 수인의 채권자가 각자의 지분별로 별개의 독립적인 매매예약완결권을 가지는 경우, **채권자 중 1인은 단독으로 자신의 지분에 관하여** 가등기담보 등에 관한 법률이 정한 청산절차를 이행한 후 소유권 이전의 본등기절차이행청구를 할 수 있다고 할 것이다."

3. 평석

(1) 여러 채권자가 채권 담보를 위해 채무자와 채무자 소유 부동산에 관하여 자신들을 공동매수인으로 하는 1개의 매매예약을 체결하고 공동명의로 가등기를 마친 경우에, 채권자들이 매매예약완결권을 어떻게 행사하여야 하는가?

이 사건에서 1인의 채무자에 대한 여러 채권자의 채권을 담보하기 위하여 그 채권자들과 채무자가 채무자 소유의 부동산에 관하여 그 채권자들을 권리자로 하는 1개의 매매예약을 체결하고 그에 따른 가등기를 마쳤다. 이러한 경우에 채권자 전원이 공동으로 매매예약완결권을 행사하여야 하는지, 아니면 그중 1인이 매매예약완결권을 행사할 수 있는지 문제되고 있다.

(2) 먼저 이 전원합의체 판결로써 변경된 판례들을 살펴보자. 기존의 판례는 "1인의 채무자에 대한 수인의 채권자의 채권을 담보하기 위하여 그 수인의 채권자와 채무자가 채무자 소유의 부동산에 관하여 수인의 채권자를 권리자로 하는 1개의 매매예약을 체결하고 그에 따른 가등기를 마친 경우에, 매매예약의 내용이나 매매예약완결권 행사와 관련한 당사자의 의사와 관계없이 언제나 수인의 채권자가 공동으로 매매예약완결권을 가진다고 보고, 매매예약완결의 의사표시도 수인의 채권자 전원이 공동으로 행사하여야 한다."고 하였다.[1] 이를 '공동행사설'이라고 한다.

위 판례의 논리는 두 부분으로 나누어 볼 수 있다. 첫째, 당사자의 의사와 관계없이 언제나 여러 채권자가 공동으로 매매예약완결권을 가진다고 하고 이를 준공유로 설명하였다. 그러나 그와 같이 판단한 이유에 관해서는 명확히 밝히지 않았다. 둘째, 이와 같이 여러 채권자가 공동으로 매매예약완결권을 가진다고 보는 경우에 매매예약완결의 의사표시를 여러 채권자 전원이 공동으로 행사하여야 한다고 하였다. 그 이유로는 매매예약완결권의 행사 즉 채무자에 대한 매매예약 완결의 의사표시 및 이에 따른 목적물의 소유권이전의 본등기를 구하는 소의 제기는 매매예약완결권의 보존행위 또는 관리행위가 아니라[2] 매매예약완결권의 처분행위라는 점을 들었다.[3]

그러나 2002년의 대법원 판결은 위 판결들과는 달리 판결하였다. 즉, "공유자가 다른 공유자의 동의 없이 공유물을 처분할 수는 없으나 그 지분은 단독으로 처분할 수 있으므로, 복수의 권리자가 소유권이전청구권을 보전하기 위하여 가등기를 마쳐 둔 경우 특별한 사정이 없는 한 그 권리자 중 한 사람은 자신의 지분에 관하여 단독으로 그 가등기에 기한 본등기를 청구할 수 있다. 이는 명의신탁해지에 따라 발생한 소유권이전청구권을 보전하기 위하여 복수의 권리자 명의로 가등기를 마쳐 둔 경우에도 마찬가지이며, 이때 그 가등기 원인을 매매예약으로 하였다는 이유만으로 가등기권리자 전원이 동시에 본등기절차의 이행을 청구하여야 한다고 볼 수 없다."라고 판단하였다.[4] 이 판결은 소유권이전등기청구권을 보전하기 위한 가등기에 관한 사안에 관한 것이기는 하지만, 복수의 권리자가 소유권이전청구권 보전을 위한 가등기를 마친 경우 그중 한 사람이 자신의 지분에 관하여 단독으로 가등기에 기한 본등기를 청구할 수 있다고 판단한 점에서 위에서 본 종전의 판결들과 달리 판단한 것이다. 그 근거를 공유지분을 단독으로 처분할 수 있다는 점에서 찾고 있다. 이는 '단독행사설'을 따른 것이라고 할 수 있다.

(3) 기존의 판결 중 공동행사설을 따른 판결들에 대하여 반대하는 견해들이 있었다. 먼저 공동명의로 가등기를 한 매매예약자들이 본등기를 단독으로 할 수 있는지 여부는 당사자들의 의사에 따라 판단하여야 한다는 견해가 있다.[5] 즉, "매매예약의 준공유이론은 여러 형태의 매매예약에 관한 법률관계를 일관성 있게 설명할 수 없"고, "매매예약완결권을 복수의 권리자 공동으로 행사하여야 할지 여부는 결국 당사자의 의사에 달려 있다."라고 한다. 당사자의 의사가 명백하지 않을 경우에는 의사의 해석 문제로서 매매예약의 내용과 성질에 따라 당사자의 의사

1) 대판 1984. 6. 12, 83다카2282(집 32-3, 민 81); 대판 1985. 5. 28, 84다카2188(공 1985, 908); 대판 1985. 10. 8, 85다카604(공 1985, 1477); 대판 1987. 5. 26, 85다카2203(집 35-2, 민 44).
2) 대판 1985. 5. 28, 84다카2188(공 1985, 908); 대판 1985. 10. 8, 85다카604(공 1985, 1477).
3) 대판 1984. 6. 12, 83다카2282(집 32-3, 민 81).
4) 대판 2002. 7. 9, 2001다43922, 43939(공 2002, 1908).
5) 양승태, "공동명의로 가등기한 수인의 매매예약자의 법률관계," 민사판례연구(VII), 1985, 25면.

를 추지(推知)할 수밖에 없는데, 특정 부동산을 수인이 장차 공동으로 사용수익할 것을 목적으로 그 매수를 예약하는 유형이라면 복수의 권리자 전원이 목적물 전부에 관하여 예약완결권을 행사하기로 하는 의사이고, 채권담보의 목적으로 채무자 (또는 물상보증인) 소유 부동산에 관하여 여러 채권자와 채무자 사이에 매매예약을 하는 유형이라면 각 채권자가 일정지분에 관하여 단독으로 예약완결권을 행사하게 할 의사였다고 추단함이 타당하다고 한다. 담보목적으로 공동명의의 가등기가 된 경우에도 채권자 중 1인은 자신의 지분에 관하여 단독으로 완결의 의사표시를 하고 또 그 지분에 관하여 가등기에 기한 본등기를 청구할 수 있다고 한다.[6)]

한편, 여러 채권자에 의한 매매예약완결권의 귀속형태가 준공유라고 하더라도 매매예약완결권의 행사는 공유물의 처분행위가 아니기 때문에 반드시 공동으로 행사할 필요는 없다는 견해가 있다.[7)] 이 견해에 의하면 공유자는 그 지분을 처분할 수 있고 자신의 지분의 비율에 따라 공유물을 사용·수익할 수 있으므로, 복수의 채권자 중 1인은 자신의 지분 범위 내에서 예약완결권을 행사할 수 있다고 한다. 다만 매매예약의 내용 중 예약완결권을 공동행사하기로 하는 특약이 있는 경우, 그 매매예약의 성질이나 체결경위에 비추어 단독으로 행사하는 것이 상당하지 아니하다고 보이는 경우, 매매예약 채권자 사이의 내부적 관계가 긴밀하여 공동으로만 행사할 필요가 있는 경우에는 그 예외를 인정하여야 할 것이라고 한다.[8)]

여러 채권자 명의로 가등기가 되어 있는 경우에 매매예약완결권을 행사하여 가등기에 기한 본등기를 청구하는 것을 공유물의 사용·수익행위라고 볼 수 있는지 문제되고 있다. 공동행사설을 따른 기존의 대법원 판결이 채택한 처분행위설에 대하여 반대하는 견해에서는 매매예약완결의 의사표시에 의하여 매매예약완결권의 존재 자체는 소멸되지만, 이로 인하여 완결권 자체가 처음부터 존재하지 아니한 상태로 돌아가는 것이 아니라 오히려 매매예약완결권이 지향하는 '본계약의 성립'이라는 목적달성으로 인하여 소멸하는 것이므로 이는 처분행위가 아니라고 한다.[9)] 그러나 가등기에 기한 본등기절차의 이행을 청구하는 것을 공유물을 사용·수익하는 행위라고 볼 수는 없다. 매매예약완결권의 성격이 형성권이고, 예약완결의 일방적인 의사표시로 매매계약 체결의 효과가 발생함과 동시에 매매예약완결권은 소멸한다. 또한 가등기에 기하여 본등기를 함으로써 부동산소유권을 취득할 수 있게 된다. 이와 같이 형성권의 행사로 권리가 변동되는 경우에는 처분행위로 보아야 한다.[10)] 따라서 매매예약완결권의 행사를 사용·수익행위로 보는 것은 타당하지 않다.

그렇다면 여러 권리자가 공동으로 가지고 있는 매매예약완결권의 행사를 공유물의 처분행위로 보아 공유물의 처분행위에 관한 규정에 따라 공유자 전원이 행사하여야 하는가? 공유자는 그 지분을 자유롭게 처분할 수 있으므로(제263조), 매매예약완결권을 준공유한다고 보는 경우에도 그중 1인이 그 지분 범위 내에서 본등기절차의 이행을 청구할 수 있다고 보아야 할 것이다. 공유관계에 기한 소송은 필수적 공동소송이지만, 공유지분에 기한 소송은 공유자가 지분권에 기해서 단독으로 할 수 있다.[11)] 따라서 매매예약완결권의 행사가 공유물의 사용·수익행위인지 처분행위인지는 중요한 문제가 아니다.

6) 양승태(주 5), 25~26면.
7) 윤경, "공동명의의 가등기권자가 매매예약이 완결된 매매목적물에 대한 본등기의 이행을 구하는 소의 형태," 법조 제555호(2002. 12), 220~225면.
8) 윤경(주 7), 224면.
9) 윤경(주 7), 221면.
10) 곽윤직·김재형, 민법총칙, 제9판, 2015, 267면.
11) 김재형, "공유물에 대한 보존행위의 범위," 민법론 I, 2004, 232면.

(4) 이 판결은 여러 채권자가 각기 그 채권을 담보하기 위하여 채무자와 채무자 소유의 부동산에 관하여 여러 채권자를 공동매수인으로 하는 1개의 매매예약을 체결하고 그에 따라 여러 채권자 공동명의로 그 부동산에 가등기를 마친 경우, 여러 채권자가 공동으로 매매예약완결권을 가지는 관계인지 아니면 채권자 각자의 지분별로 별개의 독립적인 매매예약완결권을 가지는 관계인지는 매매예약의 내용에 따라야 한다고 하고 있다.

매매예약에 기하여 여러 채권자 명의로 가등기가 되어 있는 경우에 예약완결권의 귀속형태와 행사방법이 어떻게 되는지는 매매예약과 그 공시방법인 가등기를 구분하여 생각해 볼 필요가 있다. 먼저 계약자유의 원칙에 따라 매매예약에 정한 대로 예약완결권의 귀속형태나 행사방법이 달라질 것이다. 여러 채권자가 당사자들의 의사와 무관하게 매매예약완결권을 항상 공동으로 행사해야만 한다고 보는 것은 계약자유의 원칙에 반한다. 여러 채권자 공동명의로 그 부동산에 가등기를 마쳤다고 해서 그들의 관계가 갑자기 매매예약완결권을 공동으로 행사해야 하는 관계로 전환된다고 볼 수 없다. 가등기에서 매매예약완결권의 귀속형태나 행사방법에 관하여 달리 공시하고 있지 않은 이상 당사자들이 약정한 내용에 따라서 매매예약완결권의 귀속형태나 행사방법이 정해진다고 보아야 한다. 이는 가등기가 담보목적의 가등기인지 아니면 순위 보전을 목적으로 하는 가등기인지에 따라 결론을 달리 할 이유가 없다. 다음으로 가등기의 등기내용을 어떻게 취급할 것인지 문제된다. 가등기에서 지분을 특정하여 등기를 한 경우에는 각각의 채권자에게 그 지분이 귀속된다고 볼 수 있다. 이러한 경우에는 특별한 사정이 없는 한 각각의 채권자들이 그 지분에 따라 매매예약완결권을 행사한다는 것이 공시되어 있다고 보아야 할 것이다. 가등기에서 지분을 정하지 않고 등기를 하고 있는 경우에는 각각의 채권자들이 균등한 지분을 갖고 있는 것으로 추정될 것이다. 이러한 경우에는 가등기의 목적과 매매예약의 내용 등을 고려하여 매매예약완결권의 귀속형태나 행사방법을 정해야 할 것이다.

여러 채권자가 각자의 지분별로 별개의 독립적인 매매예약완결권을 가지는 경우에, 채권자 중 1인은 단독으로 자신의 지분에 관하여 소유권이전의 본등기절차의 이행을 청구할 수 있다고 보아야 한다. 등기부에 이를 공시하는 데도 아무런 문제가 없다.[12] 한편, 매매예약완결권을 준공유한다고 볼 수 있는 경우에도 공유자는 그 지분을 자유롭게 처분할 수 있으므로, 원칙적으로 그중 1인이 자신의 지분에 관하여 본등기절차의 이행을 청구하는 것도 가능하다고 보아야 할 것이다.

매매예약완결권을 공동으로 행사하여야 하는지 여부는 공유물의 처분행위 또는 사용·수익행위에 해당하는지에 따라 일률적으로 결정할 문제가 아니라 결국 매매예약의 내용에 따라 결정해야 한다고 보아야 할 것이다. 이 판결은 매매예약완결권의 행사를 처분행위가 아니라고 한 것은 아니고 매매예약의 내용을 좀 더 자세하게 검토하여 여러 채권자가 공동으로 매매예약완결권을 가지는 관계인지 아니면 채권자 각자의 지분별로 별개의 독립적인 매매예약완결권을 가지는 관계인지를 파악하여야 한다고 본 것이다. 이 사건에서는 채권자들이 지분별로 권리를 행사하기로 약정하였다고 볼 수 있다. 특히 이 사건에서는 여러 채권자가 각자의 채권액 비율에 따라 지분을 정하여 가등기를 하였다는 점을 주목할 필요가 있다. 이와 같이 여러 채권

12) 현재의 등기실무에서는 하나의 가등기에 관하여 여러 사람의 가등기권자가 있는 경우에, 가등기권자 모두가 공동의 이름으로 본등기를 신청하거나, 그중 일부의 가등기권자가 자기의 가등기지분에 관하여 본등기를 신청할 수 있다. 가등기에 관한 업무처리 지침(등기예규 제1057호, 2002. 8. 14. 제정).

자가 각자의 채권액 비율에 따라 지분을 정하여 가등기를 마친 경우에는 원칙적으로 각자가 지분별로 매매예약완결권을 갖는 것이라고 보아야 할 것이다.[13)]

만일 당사자의 의사와 가등기로 공시된 내용이 합치하지 않는 경우에 매매예약의 내용에 따를 것인지, 아니면 가등기의 내용에 따를 것인지 문제된다.[14)] 이러한 경우에는 당사자의 의사를 그대로 관철할 수 없고 원칙적으로 가등기로 공시된 내용에 따라 그 법률관계가 달라진다고 보아야 한다.

13) 한편 여러 채권자 명의로 가등기를 하면서 그 지분을 등기부에 기록하지 않은 경우에도 그들의 관계가 준공유관계에 있다고 볼 수 있다면 그 지분이 균등한 것으로 추정된다고 보아야 할 것이다(제262조).

14) 그러나 이 사건에서는 매매예약의 내용과 가등기의 내용이 일치하고 있기 때문에, 그 둘이 일치하지 않는 경우에 발생하는 법률관계는 쟁점이 아니다.

[28] Ⅲ. 동산의 이중양도와 배임죄

대판(전) 2011. 1. 20, 2008도10479(공 2011, 482)

1. 대법원 판결

이 판결은 형사판결이지만, 민법과 밀접한 관련이 있기 때문에 여기에서 민법과 관련되는 부분을 중심으로 다루고자 한다. 이 판결에는 다수의견 외에도 반대의견과 보충의견들이 상세하게 논거를 제시하고 있는데, 민법과 관련되는 한도에서 간략하게 다루고자 한다.

이 사건 공소사실은 피고인이 이 사건 인쇄기를 A에게 135,000,000원에 양도하기로 하여 그로부터 1, 2차 계약금 및 중도금 명목으로 합계 43,610,082원 상당의 원단을 제공받아 이를 수령하였는데도 그 인쇄기를 자신의 채권자인 B에게 기존 채무 84,000,000원의 변제에 갈음하여 양도함으로써 동액 상당의 재산상 이익을 취득하고 A에게 동액 상당의 손해를 입혔다는 것이다. 원심은 피고인이 이 사건 동산매매계약에 따라 A에게 이 사건 인쇄기를 인도하여 줄 의무는 민사상의 채무에 불과할 뿐 타인의 사무라고 할 수 없으므로 위 인쇄기의 양도와 관련하여 피고인이 타인의 사무를 처리하는 자의 지위에 있다고 볼 수 없다는 이유로, 피고인에 대하여 무죄를 선고하였다. 대법원도 검사의 상고를 기각하고 원심판결을 지지하였다. 다수의견은 배임죄에서 '타인의 사무를 처리하는 자'에 관한 기존의 판례법리[1)]를 요약한 후 다음과 같이 판단하고 있다.

"이 사건 매매와 같이 당사자 일방이 재산권을 상대방에게 이전할 것을 약정하고 상대방이 그 대금을 지급할 것을 약정함으로써 그 효력이 생기는 계약의 경우(민법 제563조), 쌍방이 그 계약의 내용에 좇은 이행을 하여야 할 채무는 특별한 사정이 없는 한 '자기의 사무'에 해당하는 것이 원칙이다. **매매의 목적물이 동산일 경우, 매도인은 매수인에게 계약에 정한 바에 따라 그 목적물인 동산을 인도함으로써 계약의 이행을 완료하게 되고 그때 매수인은 매매목적물에 대한 권리를 취득하게 되는 것이므로, 매도인에게 자기의 사무인 동산인도채무 외에 별도로 매수인의 재산의 보호 내지 관리 행위에 협력할 의무가 있다고 할 수 없다.** 동산매매계약에서의 매도인은 매수인에 대하여 그의 사무를 처리하는 지위에 있지 아니하므로, 매도인이 목적물을 매수인에게 인도하지 아니하고 이를 타에 처분하였다 하더라도 형법상 배임죄가 성립하는 것은 아니다."

이에 대해서는 반대의견이 있고, 다수의견에 대한 2개의 보충의견과 반대의견에 대한 보충의견이 있다.

2. 평석

(1) 이 사건에서 동산의 이중양도에서 매도인을 '타인의 사무를 처리하는 자'로 볼 수 있는지 문제되고 있다.[2)]

1) "배임죄는 타인의 사무를 처리하는 자가 그 임무에 위배하는 행위로 재산상 이익을 취득하여 사무의 주체인 타인에게 손해를 가함으로써 성립하는 것이므로 그 범죄의 주체는 타인의 사무를 처리하는 지위에 있어야 한다. 여기에서 '타인의 사무를 처리하는 자'라고 하려면 당사자 관계의 본질적 내용이 단순한 채권관계상의 의무를 넘어서 그들 간의 신임관계에 기초하여 타인의 재산을 보호 내지 관리하는 데 있어야 하고, 그 사무가 타인의 사무가 아니고 자기의 사무라면 그 사무의 처리가 타인에게 이익이 되어 타인에 대하여 이를 처리할 의무를 부담하는 경우라도 그는 타인의 사무를 처리하는 자에 해당하지 아니한다(대법원 1976. 5. 11. 선고 75도2245 판결, 대법원 1987. 4. 28. 선고 86도2490 판결, 대법원 2009. 2. 26. 선고 2008도11722 판결 등 참조)."

2) 이 판결에 대한 재판연구관의 평석으로는 신종열, "동산의 이중매매와 배임죄," 사법 제16호(2011. 6), 273면 이하.

대법원의 확립된 판례는 부동산의 매매에서 매도인이 중도금을 수령한 이후에 매매목적물을 제3자에게 처분하는 행위가 매수인을 위한 등기협력의무에 위배하는 것으로 배임죄에 해당한다고 하고 있다. 그런데 다수의견은 동산을 이중으로 양도한 경우에는 부동산의 경우와는 달리 매도인에게 "매수인의 재산의 보호 내지 관리 행위에 협력할 의무"가 있다고 볼 수 없다는 이유로 배임죄의 성립을 부정한다.

그러나 대법관 안대희, 차한성, 양창수, 신영철, 민일영의 반대의견은 부동산 이중매매에서 확립된 위와 같은 대법원의 판례가 동산 이중매매의 경우에도 적용된다고 한다. 그 이유는 다음과 같다. 첫째, 매매계약에서 매매목적물이 부동산이든 동산이든 매매목적물에 대한 권리의 변동은 당사자 간의 합의와 공시방법의 구비에 의하여 발생한다는 점에서 그 법적 구조가 동일하고 다만 그 공시방법이 각기 등기 또는 인도라는 점에서 차이가 있을 뿐이다. 둘째, 부동산매매에서 매도인이 등기에 필요한 서류를 매수인에게 교부하고 매수인이 그 서류를 이용하여 등기를 신청하는 것과 마찬가지로 동산매매에서도 매도인이 목적물을 인도하기 위해서는 매도인과 매수인 사이의 협력이 필요하다는 점에서 차이가 없다. 셋째, 특정물인 동산의 매매에서 중도금을 교부하여 그 계약이 계약의 내용에 좇아 이행될 것으로 기대하는 매수인의 신뢰를 형법적으로 보호해야 할 필요성은 부동산의 경우와 다르지 않다.

다수의견에 대한 대법관 김지형, 이홍훈, 김능환의 보충의견(이하 '제1보충의견'이라 한다)은 "판례가 부동산의 이중매매행위가 배임죄를 구성한다고 본 것은 종래 물권변동에 관하여 의사주의를 채택한 의용민법 아래에서 부동산의 이중매매를 범죄시해 오던 태도를 물권변동에 관하여 형식주의로 전환한 현재의 법제 아래에서도 그대로 유지한 결과 그 적용법조를 배임죄로 바꾸어 계속 처벌하려고 한 것으로 보이고, 이는 부동산의 이중매매에 관한 기존 판례가 처음부터 민사법의 기본원리와 어긋나게 배임죄에 관한 형벌법규를 해석한 것이라는 비판에 직면할 근거가 될 수 있다."라고 한다. 또한 다수의견에 대한 대법관 전수안의 보충의견은 "부동산 등기절차의 고유한 특성을 매개로 타인의 재산보호 내지 관리를 위한 협력의무의 존재를 긍정한 기존 판례의 취지를 감안하면 그와 같은 내용의 협력의무를 상정하기 어려운 동산매매의 경우에 매도인은 매수인의 사무를 처리하는 자에 해당하지 않는다고 보는 것이 단순한 채무불이행은 배임죄를 구성하지 않는다는 기본 법리에 보다 충실한 법해석"이라고 한다.

반대의견에 대한 대법관 안대희, 양창수, 민일영의 보충의견은 우리나라에서 "매수인을 보호하기 위하여 매도인의 이중양도 자체가 아예 일어나지 않도록 조치하는 것, 그리하여 그 금압의 수단으로 배임죄의 형사적 제재를 시인하는 것은 쉽사리 이해할 수 있는 일"이라고 하면서 매우 상세한 이유를 들어 보충의견들을 반박한다. 결국 매매에서 매도인의 의무의 구조는 그 목적물이 부동산이든 동산이든 전혀 다를 바 없고, 이중매매에 대하여 배임의 죄책을 인정하는 것이 그러한 의무의 위반행위 중 일정한 양태에 대한 형사법적 평가라고 한다면, 이에 관하여 부동산과 동산을 달리 취급할 이유는 없다는 것이다.

(2) 위에서 본 대법관의 의견 중에는 부동산의 이중양도를 배임죄로 처벌하는 기존의 판례법리에 반대하는 견해는 없다. 다만 제1보충의견은 위 판례법리에 '법리적으로 오류'가 있으나, '판례법리가 오랫동안 판례법으로 굳어진 마당에 이를 정면으로 부정하는 입장을 택하기 어려운 측면이 있다'고 한다.

그렇다면 부동산 매도인의 의무와 동산 매도

인의 의무를 다르게 취급할 것인지 문제된다. 이 문제에 관하여 반대의견, 보충의견들에서 공방을 벌이고 있지만, 반대의견에 대한 보충의견에서 상세히 설명하고 있듯이 양자를 다르게 취급할 근거는 없다. 매도인은 매수인에게 목적물의 소유권을 이전할 의무가 있다. 부동산 매도인의 경우에는 소유권이전등기를 이전하여야 하고, 동산 매도인의 경우에는 동산을 인도하여야 한다. 의용민법에서와 같이 당사자의 약정에 의하여 소유권이 이전되는 의사주의를 채택하는 경우에는 당사자의 약정에 의하여 소유권이 이전되지만, 매도인은 매수인에게 소유권이전등기를 하거나 동산을 인도함으로써 소유권을 온전히 행사할 수 있도록 할 의무를 부담한다. 따라서 매도인이 매수인으로 하여금 소유권을 취득하지 못하도록 하거나 매수인이 취득한 소유권을 박탈하는 결과를 초래하는 행위를 하는 것은 허용되지 않는다.

제1보충의견에서는 부동산의 이중양도를 배임죄로 처벌하는 것이 잘못되었다는 전제에서 현단계에서 이에 관한 판례법리를 바꿀 수 없으니, 동산의 이중양도라도 배임죄의 처벌대상에 포함시키지 않도록 하여야 한다고 판단한 것으로 보인다. 그러나 유사한 문제를 다르게 취급하는 것은 형평에 맞지 않는다. 같은 것은 같게, 다른 것은 다르게 다루어야 한다. 부동산의 이중양도, 채권의 이중양도 등 유사한 문제를 배임죄로 처벌하면서 동산의 이중양도에 관해서만 배임죄의 처벌대상에서 배제할 만한 '차이'를 찾을 수 없다.[3]

3) 한편, 이 판결 이후에 나온 대판(전) 2014. 8. 21, 2014도3363(공 2014, 1923)은 이른바 '대물변제예약 사안에서 배임죄 사건'에서 채권 담보 목적으로 부동산에 관한 대물변제예약을 체결한 채무자가 대물로 변제하기로 한 부동산을 제3자에게 처분한 경우, 배임죄가 성립하지 않는다고 판결하였다. 즉 다수의견은 "채무자가 대물변제예약에 따라 부동산에 관한 소유권을 이전해 줄 의무는 그 예약 당시에 확정적으로 발생하는 것이 아니라 채무자가 차용금을 제때에 반환하지 못하여 채권자가 예약완결권을 행사한 후에야 비로소 문제가 되는 것이고, 채무자는 예약완결권 행사 이후라도 얼마든지 금전채무를 변제하여 당해 부동산에 관한 소유권이전등기절차를 이행할 의무를 소멸시키고 그 의무에서 벗어날 수 있다. 한편 채권자는 당해 부동산을 특정물 그 자체보다는 담보물로서의 가치를 평가하고 이로써 기존의 금전채권을 변제받는 데 주된 관심이 있으므로, 채무자의 채무불이행으로 인하여 대물변제예약에 따른 소유권등기를 이전받는 것이 불가능하게 되는 상황이 초래되어도 채권자는 채무자로부터 금전적 손해배상을 받음으로써 대물변제예약을 통해 달성하고자 한 목적을 사실상 이룰 수 있는 것이다. 이러한 점에서 대물변제예약의 궁극적 목적은 차용금반환채무의 이행 확보에 있고, 채무자가 대물변제예약에 따라 부동산에 관한 소유권이전등기절차를 이행할 의무는 그 궁극적 목적을 달성하기 위해 채무자에게 요구되는 부수적 내용이어서 이를 가지고 배임죄에서 말하는 신임관계에 기초하여 채권자의 재산을 보호 또는 관리하여야 하는 '타인의 사무'에 해당한다고 볼 수는 없다."라고 하였다.

제2장 소유권

제1절 소유권의 내용

[29] Ⅰ. 도롱뇽 사건 – 환경영향평가와 소유권에 기한 공사금지청구권

대결 2006. 6. 2, 2004마1148, 1149(공 2006, 1240)

1. 사실관계와 대법원 결정

신청인들(천성산에 있는 사찰들, 도롱뇽, 천성산의 자연보전을 위하여 설립된 단체인 '도롱뇽의 친구들')이 천성산을 관통하는 터널의 공사금지가처분을 신청하였다. 원심은 위 사찰들의 공사중지청구 부분을 기각하였다.[1] 대법원도 원심의 결정을 지지하였는데, 환경영향평가제도와 소유권에 기한 공사금지청구에 관하여 흥미 있는 판단을 하고 있다.

"헌법 제35조 제1항은 "모든 국민은 건강하고 쾌적한 환경에서 생활할 권리를 가지며, 국가와 국민은 환경보전을 위하여 노력하여야 한다."라고 규정하여 환경권을 헌법상의 기본권으로 명시함과 동시에 국가와 국민에게 환경보전을 위하여 노력할 의무를 부과하므로, 국가는 각종 개발·건설계획을 수립하고 시행함에 있어 소중한 자연환경을 보호하여 그 자연환경 속에서 살아가는 국민들이 건강하고 쾌적한 삶을 영위할 수 있도록 보장하고 나아가 우리의 후손에게 이를 물려줄 수 있도록 적극적인 조치를 취하여야 할 책무를 부담한다.

(중략)

1) 부산고결 2004. 11. 29, 2004라41, 42.

환경영향평가제도는 환경 등에 미치는 영향이 큰 사업에 대한 계획을 수립·시행함에 있어서 그 사업이 환경 등에 미칠 영향을 미리 평가·검토하여 건전하고 지속가능한 개발이 되도록 함으로써 쾌적하고 안전한 국민생활을 도모함을 목적으로 하는바(환경·교통·재해 등에 관한 영향평가법 제1조, 아래에서는 '통합 영향평가법'이라 한다), 피신청인이 국가의 전 지역에서 장기간 이루어지는 고속철도사업을 시행함에 있어서는 위 법에 의한 환경영향평가절차를 충실히 이행할 뿐 아니라, 환경영향평가절차를 이행한 후 환경영향평가시에 고려되지 아니하였던 새로운 사정이 발견되어 그 사업으로 인하여 사업시행구간 관련 토지 소유자들의 환경이익을 침해할 수 있다는 개연성이 나타나고 종전의 환경영향평가만으로는 그와 같은 개연성에 관한 우려를 해소하기에 충분하지 못한 경우에는 새로이 환경영향평가를 실시하거나 그 환경이익의 침해를 예방할 수 있는 적절한 조처를 먼저 행한 후 사업을 시행하도록 함이 상당하고, 위 토지소유자들은 이를 사법상의 권리로 청구할 수 있을 것이다.

그러나 위와 같은 환경영향평가를 통한 권리의 보장은 실체적인 환경이익의 침해를 보호하기 위한 것이므로, 비록 위와 같이 다시 환경영향평가를 함이 상당한 새로운 사정들이 발생되었다고 하더라도, 그 새로운 사정들과 소유자들의 환경이익 사이에 구체적인 피해가능성 내지는 연관성을 인정하기 어려운 사정이 소명되는 경우 또는 새로운 환경영향평가 절차 내지는 이에 준하는 조사가 이루어지고 환경이익의 침해를 예방할 수 있는 적절한 방법이 보완되는 등 소유자들의 환경이익이 침해될 수 있다는 개연성이 부정될 만한 사정이 소명되는 경우에는 더 이상 사업시행의 중지를 구할 수는 없다."

2. 평석

(1) 이 결정은 그 유명한 도롱뇽 사건에 대한 대법원 결정이다. 대법원은 한국철도시설공단이 고속철도사업을 시행할 때 "환경·교통·재해 등에 관한 영향평가법"에 따른 환경영향평가 절차를 충실히 이행하여야 하고, 환경영향평가절차를 이행한 후 환경영향평가시에 고려되지 아니하였던 새로운 사정이 발견되어 그 사업으로 인하여 사업시행구간 관련 토지소유자들의 환경이익을 침해할 수 있다는 개연성이 나타나고 종전의 환경영향평가만으로는 그와 같은 개연성에 관한 우려를 해소하기에 충분하지 못한 경우에는 새로이 환경영향평가를 실시하거나 그 환경이익의 침해를 예방할 수 있는 적절한 조치를 먼저 행한 후 사업을 시행하도록 함이 상당하다고 판단하였다. 나아가 대법원은 "위 토지소유자들은 이를 사법상의 권리로 청구할 수 있을 것"이라고 한다.

환경영향평가제도는 공법적인 제도이므로, 여기에서 곧바로 사법상의 청구권을 도출할 수는 없다. 그러나 환경영향평가제도는 대형사업이 환경 등에 미치는 영향을 평가함으로써 인근 토지소유자로 하여금 쾌적하고 안전한 생활을 도모하려는 목적을 갖고 있기 때문에, 이는 토지소유자의 사법상의 청구권에 영향을 미칠 수 있다.[2)] 대법원 결정은 환경영향평가에 관한 공법규정이 사법상의 청구권에 영향을 미칠 수 있다고 판단하였는데, 이 점은 매우 의미 있는 판단이다.

그런데 결정문의 문언대로 토지소유자가 환경영향평가를 실시하거나, 환경이익의 침해를 예방할 수 있는 적절한 조치를 먼저 행한 후 사업을 시행하라고 청구할 수 있는지는 의문이다. 이 사건에서는 공사의 중지만을 청구하고 있을 뿐이기 때문에, 이에 관한 판단이 선례가 될 수 없다. 나아가 대법원은 환경영향평가와 관련된 판단의 결론부분에서 "비록 위와 같이 다시 환경영향평가를 함이 상당한 새로운 사정들이 발생되었다고 하더라도, … 소유자들의 환경이익이 침해될 수 있다는 개연성이 부정될 만한 사정이 소명되는 경우에는 더 이상 사업시행의 중지를 구할 수는 없다."라고 하였다. 따라서 결정문의 내용이 명확하지 않지만, 결정문의 전체적인 취지를 보면 대형사업을 하면서 환경영향평가를 게을리한 경우에 토지소유자는 사법상의 권리로서 사업시행의 중지를 청구할 수 있다는 것으로 보아야 할 것이다.

(2) 민법 제214조는 소유권에 기한 방해배제 및 예방청구권에 관하여 규정하고 있고, 민법 제217조 제1항은 토지소유자가 매연 등으로 "이웃 토지의 사용을 방해하거나 이웃거주자의 생활에 고통을 주지 아니하도록 적당한 조처를 취할 의무"가 있다고 규정하고 있다. 소유자의 환경이익을 침해하는 경우에 소유자는 민법 제214조와 제217조 제1항에 기하여 환경이익의 침해를 예방할 수 있는 적절한 조치를 취할 것을 청구하거나 환경을 침해하는 공사의 중지 등을 청구할 수 있다. 그런데 환경영향평가를 하는 것이 제214조의 소유물에 대한 방해를 예방하기 위한 조치 또는 제217조 제1항의 "적당한 조처"에 해당한다고 볼 수 있는지, 따라서 소유자가 사법상의 권리로서 환경영향평가를 실시하라고 청구할 수 있는지는 의문이다. 토지소유자가 환경영향평가를 청구할 사법상 권원이 있다고 볼 수는 없고, 환경영향평가를 하여야 하는데도 이를 이행하지 않았다면, 이를 소유자의 공사금지 청구권을 판단하는 하나의 요소로 보는 것으로 충분할 것이다.

제2편 물권법

2) 이에 관하여는 김재형, "소유권과 환경보호," 민법론 I, 2004, 153면 이하.

[30] Ⅱ. 토지에 관한 사용수익권의 포기
대판 2009. 3. 26, 2009다228, 235(공 2009, 571)

1. 사실관계와 원심판결

이 사건 토지는 원래 A의 소유이었는데, 그가 2006. 7. 20. 사망하여 원고가 위 토지를 단독으로 상속하였다. A는 1982년경에 피고에 대하여 '피고가 위 토지 위에 농촌지도소 사무실로 쓸 이 사건 건물을 신축하여 그 부지로 위 토지를 사용하는 것'을 승낙하였다. 원고는 이 사건 건물의 철거 및 토지인도를 청구하였다.

그러나 원심은 원고가 위 토지를 피고의 위 건물 건축 및 사용에 제공함으로써 이 사건 토지에 대한 배타적인 사용수익권을 포기하였다고 판단하였다. 그 이유로 이 사건 토지가 소재하는 진성면의 면민들이 1982년에 이 사건 건물을 신축하기 위하여 각 부락별로 일부 금원을 갹출한 바 있고, 피고가 1982년경부터 2003년경까지 이 사건 토지의 소유자이던 A에 대하여 세금을 전혀 부과하지 아니하였으며, 이 사건 소를 제기할 때까지 원고가 피고의 이 사건 토지 사용에 대하여 이의를 제기하거나 임료 상당의 부당이득을 청구한 사실이 있다고 보이지 않는다는 점을 들었다.

2. 대법원 판결

이에 대하여 원고가 상고하였는데, 대법원은 원심판결을 파기 환송하였다. 먼저 소유자는 사용수익권을 대세적으로 포기할 수 없다고 한다.

"소유권은 외계 물자의 배타적 지배를 규율하는 기본적 법질서에서 그 기초를 이루는 권리로서 대세적 효력이 있으므로, 그에 관한 법률관계는 이해당사자들이 이를 쉽사리 인식할 수 있도록 명확하게 정하여져야 한다. 그런데 소유권의 핵심적 권능에 속하는 사용·수익의 권능이 소유자에 의하여 대세적으로 유효하게 포기될 수 있다고 하면, 이는 결국 처분권능만이 남는 민법이 알지 못하는 새로운 유형의 소유권을 창출하는 것으로서, 객체에 대한 전면적 지배권인 소유권을 핵심으로 하여 구축된 물권법의 체계를 현저히 교란하게 된다."

3. 평석

(1) 타인의 토지를 도로 등으로 무단 점용하는 자에 대하여 소유자가 그 사용이득의 반환을 사후적으로 청구하는 사안에서 소유자가 배타적 사용수익권을 포기하였다는 이유로 그 청구를 배척한 판결들이 있다. 대법원은 그 당부는 별론으로 하고 그와 같은 판결들의 논리가 물권적 청구권을 행사하는 사안에서는 적용되지 않는다고 하였다. 그 이유로 "이른바 공평을 이념으로 한다는 부당이득법상의 구제"와 "소유권의 내용을 장래를 향하여 원만하게 실현하는 것을 내용으로 하여 소유권의 보호를 위한 원초적 구제수단인 소유물반환청구권 등의 물권적 청구권"이 구별된다는 점을 들고 있다. 이는 민법상의 구제수단을 형식적으로 이해하지 않고 그 이념이나 제도목적[1]에서 구체적인 법리를 도출하였다고 볼 수 있다. 즉, 소유권 침해의 경우에 물권적 청구권과 부당이득청구권이라는 구제수단이 이용되지만, 그 구제수단의 목적이나 지향점에 차이가 있기 때문에, 사용수익권의 포기 법리의 적용 여부가 달라질 수 있다는 것이다.

나아가 이 사건에서 A 또는 원고가 이 사건 토지에 관한 사용수익권을 피고에 대한 관계에서 채권적으로 포기한 것인지에 관하여 다음과 같이 판단하고 있다. 첫째, A 등이 위와 같이 그 사용수익권을 채권적으로 '포기'하였다고 하여도, 그것이 피고의 사용·수익을 일시적으로 인정하는 취지라면, 이는 사용대차의 계약관계에

1) 이에 관해서는 민법주해[V], 1992, 179면 이하(양창수 집필).

다름 아니다. 그렇다면 사용대주인 A 등은 계약관계의 해지 기타 그 종료를 내세워 이 사건 토지의 반환 및 그 원상회복으로서의 이 사건 건물의 철거(민법 제615조 참조)를 청구할 수 있다. 둘째, 사용수익권의 채권적 포기를 이유로 이 사건 청구들이 배척되려면, 그 포기가 일시적인 것이 아닌 영구적인 것이어야 한다. 그러나 원심이 드는 사정만으로는 그러한 영구적 포기를 인정할 수 없다.

(2) 종래 토지의 무단점유로 인한 부당이득반환소송에서 이른바 '배타적 사용수익권 포기 법리'는 그 법적 근거를 찾기 어려웠는데도 지나치게 넓게 인정되어 왔다.[2] 이 사건의 원심판결은 물권적 청구권에 대해서도 이 법리를 적용하였다. 그러나 대법원은 "소유권을 핵심으로 하여 구축된 물권법의 체계"를 토대로 사용수익권 포기 법리의 적용을 배척하고 있다.

나아가 이 판결은 물권적 청구권에 한정하여 판단하고 있지만, 그 논리는 부당이득반환소송의 경우에도 중요한 시사점을 던져주고 있다. 소유자가 토지의 사용수익권을 포기하는 의사표시는 매우 엄격하게 인정하여야 할 것이고, 이것이 인정된다고 하더라도 이는 대세적으로 사용수익권을 포기한 것이 아니라 채권적으로 포기한 것에 불과하다고 볼 수 있다. 그렇다면 사용수익권의 포기가 일시적인지, 영구적인지를 검토하여 그에 상응하게 부당이득의 반환 여부를 결정하여야 한다고 볼 수 있을 것이다.

2) 이에 관해서는 권영준, "배타적 사용수익권 포기 법리에 관한 비판적 검토," 서울대학교 법학 제47권 제4호(2006. 12), 303면 이하.

제2절 취득시효

[31] Ⅰ. 타인의 토지의 매매와 자주점유
대판(전) 2000. 3. 16, 97다37661(집 48-1, 민 78)

1. 사실관계와 원심판결

이 사건 토지에 관하여 1929. 12. 16. 망 A 명의로 소유권보존등기가 되었다가 1990. 7. 23. 원고 외 7인 명의로 상속을 원인으로 한 소유권이전등기가 마쳐졌다. C는 1965. 1.경 B로부터 이 사건 토지를 매수하여 채소밭으로 경작하였고 1965. 5.경 그 위에 건물을 신축하여 그 부지 및 마당으로 점유, 사용하다가, 1985. 5. 피고에게 이 사건 토지와 그 지상 건물을 매도하여 피고가 이를 점유, 사용하고 있다.

원고는 피고를 상대로 이 사건 토지의 소유권에 기하여 그 지상 건물 등의 철거를 구하였으나, 원심은 피고의 항변을 받아들여 원고의 청구를 기각하였다. 즉, 피고는 C가 1965. 1.경부터 이 사건 토지를 소유의 의사로 평온, 공연하게 점유하였다고 할 것이므로 1985. 1. 31. 점유취득시효가 완성되었다. 피고는 C에 대한 위 매매를 원인으로 한 소유권이전등기청구권을 보전하기 위하여 원고를 포함한 이 사건 토지의 공유자들에 대하여 C를 대위하여 위 취득시효 완성을 원인으로 한 소유권이전등기절차를 구할 지위에 있다. 원고가 위와 같은 지위에 있는 피고에게 이 사건 토지의 소유권에 기하여 그 지상 건물의 철거를 구하는 것은 신의칙에 반한다는 것이다.

2. 대법원 판결

대법원은 원고의 상고를 기각하였으나, 다수의견, 보충의견과 반대의견이 있다.

[다수의견] 현행 우리 민법은 법률행위로 인한 부동산 물권의 득실변경에 관하여 등기라는 공시방법을 갖추어야만 비로소 그 효력이 생긴다는 형식주의를 채택하고 있음에도 불구하고 등기에 공신력이 인정되지 아니하고, 또 현행 민법의 시행 이후에도 법생활의 실태에 있어서는 상당기간 동안 의사주의를 채택한 구 민법에 따른 부동산 거래의 관행이 잔존하고 있었던 점 등에 비추어 보면, 토지의 매수인이 매매계약에 의하여 목적 토지의 점유를 취득한 경우 설사 그것이 타인의 토지의 매매에 해당하여 그에 의하여 곧바로 소유권을 취득할 수 없다고 하더라도 그것만으로 매수인이 점유권원의 성질상 소유의 의사가 없는 것으로 보이는 권원에 바탕을 두고 점유를 취득한 사실이 증명되었다고 단정할 수 없을 뿐만 아니라, 매도인에게 처분권한이 없다는 것을 잘 알면서 이를 매수하였다는 등의 다른 특별한 사정이 입증되지 않는 한, 그 사실만으로 바로 그 매수인의 점유가 소유의 의사가 있는 점유라는 추정이 깨어지는 것이라고 할 수 없다. 민법 제197조 제1항이 규정하고 있는 점유자에게 추정되는 소유의 의사는 사실상 소유할 의사가 있는 것으로 충분한 것이지 반드시 등기를 수반하여야 하는 것은 아니므로 등기를 수반하지 아니한 점유임이 밝혀졌다고 하여 이 사실만 가지고 바로 점유권원의 성질상 소유의 의사가 결여된 타주점유라고 할 수 없다.

[보충의견] 등기를 수반하지 아니한 채 소유권이전 목적의 법률행위만에 의한 부동산의 점유는 그 권원의 성질상 타주점유라고 보아야 한다는 반대견해가 타당하기 위하여는, 점유취득시효제도가 법률행위에 의한 부동산소유권취득의

제도일 것과 점유취득기간 완성의 효과로서 점유자가 등기 없이 그 부동산의 소유권을 취득하게 되는 장치가 전제되어야 할 것이다. 그런데 점유취득시효제도가 법률행위로 인한 부동산 물권취득제도가 아니라 법률의 규정에 의한 부동산 물권취득제도인 점에 관하여는 이견이 없고, 한편 점유로 인한 부동산물권의 취득은 법률의 규정에 의한 물권변동이지만 민법 제187조의 예외로서 점유기간 완성 후에 등기를 하여야 비로소 그 물권의 취득이 이루어지도록 마련되어 있어서 시효기간을 완성시킨 점유자로서는 그 완성으로써 등기 없이 바로 그 점유부동산의 소유권을 취득하게 되는 것이 아니라 채권적 청구권인 당해 부동산의 소유권이전등기청구권을 취득함에 그치는 것이고, 또한 반대의견처럼 점유취득시효완성을 주장하는 사람이 등기를 수반하는 점유를 하는 것을 그 시효완성의 요건으로 삼는다면 그 시효완성 후에라야 그 시효기간 완성의 효과로서 등기청구권을 취득하게 되는 점유취득시효제도에 있어서 그 등기를 할 수 있기 위한 요건으로서 등기를 수반해야 한다는 순환론적 모순에 빠지고 만다.

[반대의견] 여기에서 '소유의 의사'라 함은 점유자가 타인의 소유권을 배제하여 자기의 소유물처럼 배타적으로 지배하는 의사를 말하는 것으로서, 점유자의 점유가 이러한 소유의 의사가 있는 자주점유인지 아니면 소유의 의사가 없는 타주점유인지 여부는 점유자의 내심의 의사에 의하여 결정되는 것이 아니라 점유권원의 성질이나 점유와 관계가 있는 모든 사정에 의하여 외형적·객관적으로 결정되어야 하는 것이다. 또한 여기에서 점유권원이라 함은 점유를 정당화하는 법적 원인이 되는 사실관계라는 의미로 이해할 수 있고, 이러한 점유권원에는 매매, 임대차 등과 같은 법률행위를 비롯하여 무주물 선점, 매장물 발견 등과 같은 비법률행위 또는 상속, 공용징수, 판결, 경매 기타 법률의 규정에 의한 물권의 취득 사유 등도 있을 수 있다. 어떠한 부동산 점유의 권원이 등기를 수반하지 아니한 매매 등 소유권이전 목적의 법률행위로 밝혀졌다면, 그 점유에 대하여는 민법 제197조 제1항이 규정하는 자주점유의 추정은 더 이상 유지될 여지가 없어지고, 나아가 부동산 물권 변동에 관하여 의사주의가 아닌 형식주의를 취하고 있음이 명백한 현행 민법 아래에서 그러한 점유는 권원의 성질상 타주점유로 보아 이로 인한 소유권의 취득시효를 부정하여야 할 것이다.

3. 평석

(1) 민법은 제245조 제1항에서 "20년간 소유의 의사로 평온, 공연하게 부동산을 점유하는 자는 등기함으로써 그 소유권을 취득한다."라고 규정하고, 제197조 제1항에서 "점유자는 소유의 의사로 선의, 평온 및 공연하게 점유한 것으로 추정한다."라고 규정하고 있다. 그런데 취득시효에서 "소유의 의사"가 무엇인지는 명확하지 않고, 이에 관한 판례도 변천을 거듭하였다.

먼저 대판(전) 1983. 7. 12, 82다708, 709, 82다카1792, 1793(집 31-4, 민 7)은 점유취득시효의 성립요건인 "소유의 의사"에도 민법 제197조 제1항이 적용된다고 보았다. 즉, 민법 제197조 제1항에 의하면 물건의 점유자는 소유의 의사로 점유한 것으로 추정되므로 점유자가 취득시효를 주장하는 경우에 있어서 스스로 소유의 의사를 입증할 책임은 없고, 오히려 그 점유자의 점유가 소유의 의사가 없는 점유임을 주장하여 점유자의 취득시효의 성립을 부정하는 자에게 그 입증책임이 있다고 하였다. 그 후 대판(전) 1997. 8. 21, 95다28625(집 45-3, 민 84)는 위 1983년 판결을 폐기한 것은 아니지만, 점유취득시효에 관한 전환점을 형성한다. 즉 대법원은 점유자가 점유 개시 당시에 소유권 취득의 원인이 될 수 있는 법률행위 기타 법률요건이 없이 그와 같은 법률요건이 없다는 사실을 잘 알면서 타인 소유의 부동산을 무단점유한 것임이 입증된 경우, 특별한 사정이 없는 한 점유자는 타인의 소유권을 배척하고 점유할 의사를 갖고 있지 않다고 보아야 한다고 판결함으로써, 점유취득시효의 인정범위가 대폭 축소되었다.

대판(전) 2000. 3. 16, 97다37661에서는 부동산 소유자가 아닌 사람으로부터 부동산을 매수하여 점유한 경우에도 자주점유의 추정이 유지되는지 문제되었다. 부동산을 매수한 자가 소유권이전등기를 경료하지 않은 경우에 반대의견과 같이 자주점유의 추정이 깨진다고 본다면 제245조 제1항에서 점유취득시효를 인정한 취지가 몰각될 수 있다. 이 판결의 다수의견[1)]이 "소유의 의사는 사실상 소유할 의사가 있는 것으로 충분한 것이지 반드시 등기를 수반하여야 하는 것은 아니므로" 등기를 수반하지 아니한 점유라고 하더라도 타주점유라고 할 수 없다고 한 점을 수긍할 수 있다.[2)]

그리고 이 판결은 "점유권원인 법률행위가 타인의 토지 매매에 해당되는 경우에도 매도인에게 처분권한이 없다는 것을 잘 알면서 이를 매수하였다는 등의 특별한 사정이 입증되지 않는 한 자주점유의 추정이 깨어지지 않는다."라고 하였다.

(2) 타인의 토지 매매라고 하더라도 매수인이 소유권이전등기명의인으로부터 토지를 매수하여 소유권이전등기를 마치고 점유하기 시작하였으나, 나중에 진정한 소유자가 나타나 소유권이전등기를 말소하게 된 경우에는 매수인의 점유는 그 시초에 자주점유라고 보아야 할 것이다. 그러나 이 사건은 등기명의인이 따로 있는데도 제3자로부터 토지를 매수하여 점유하기 시작한 경우에 관한 것이다.[3)] 그럼에도 불구하고 다수의견은 원칙적으로 자주점유의 추정이 깨지지 않는다고 하였는데, 이 사건에서 문제된 토지가 농촌지역에 있었고 개인이 현실적으로 이를 점유, 사용하였던 점과 이 토지를 매수하여 점유하기 시작한 것이 1965년 1월이라는 점에 주목할 필요가 있다. 구민법하에서는 부동산 물권변동에 관하여 의사주의를 채택하였으나 현행 민법이 시행된 1960년부터 형식주의, 즉 등기주의로 전환하였다. 따라서 이 사건에서 타인의 토지를 매수하여 점유하기 시작할 당시에는 실제 거래생활에서 의사주의 하에서의 부동산거래관행이 남아 있었고, 특히 농촌지역에서는 도시지역보다 이러한 부동산거래관행이 뚜렷하다는 점이 판결의 결론에 영향을 미쳤을 것으로 생각된다. 대법원판결에서도 "현행 민법의 시행 이후에도 법생활의 실태에 있어서는 상당기간 동안 의사주의를 채택한 구 민법에 따른 부동산 거래의 관행이 잔존하고 있었던 점"을 중요한 이유로 들고 있다.

그러나 2000년대에 이루어지고 있는 부동산 거래에서도 동일한 결론을 내릴 수 있는지는 의문이다. 부동산에 관하여 등기된 소유자가 있는데도 아무런 처분권한이 없는 제3자로부터 부동산을 매수하여 점유한 경우에는 원칙적으로 자주점유의 추정이 깨어졌다고 보는 것이 타당하지 않을까 한다.

1) 이 점에 관해서는 보충의견과 반대의견이 있다.
2) 한기택, "부동산 점유의 권원이 매매 등 소유권이전 목적의 법률행위로서 등기를 수반하지 아니한 것임이 밝혀진 경우 그 점유는 타주점유인가?," 민사판례연구(XXIII), 2001, 117면은 다수의견에 찬성하면서 "부동산을 매수하여 이를 점유하는 자는 특별한 사정이 없는 한 목적 부동산에 관하여 '자기의 소유물처럼 배타적 지배를 행사하는 의사'가 있다고 보는 것이 사회통념 및 생활경험에 부합한다."라고 한다.
3) 한편 부동산의 미등기전매에 관하여는 김재형, "부동산의 미등기전매가 타인의 권리매매에 해당하는지 여부," 인권과 정의 제260호(1998. 4), 72면 이하.

[32] Ⅱ. 부동산의 점유취득시효 완성 후 소유명의자의 변동으로 인한 법률관계
대판(전) 2009. 7. 16, 2007다15172, 15189(공 2009, 1298)

1. 사실관계와 원심판결
이 판결은 부동산 점유취득시효 완성 후 등기부상 소유명의자가 여러 차례 변경된 경우에 시효취득을 주장한 사안에 관한 것이다. 사안은 다음과 같다. 밀양시 삼문동에 있는 대 155㎡ 외 3필지는 1987. 9. 26. 같은 동에 있는 대 360㎡(이하 '이 사건 대지'라 한다)로 합병되었다. 합병 전의 이 사건 대지에 관하여 1982. 2. 15. 소외 1 명의로 소유권이전등기를 한 후, 이 사건 대지에 관하여 1988. 3. 25. 소외 2 명의로, 1988. 9. 10. 원고(반소피고, 이하 '원고'라 한다) 명의로 각 소유권이전등기가 순차로 마쳐졌다. 피고(반소원고, 이하 '피고'라 한다)는 1961. 1.경 이 사건 대지와 연접한 같은 동에 있는 대 79㎡(이하 '이 사건 매수토지'라 한다)를 소외 3으로부터 매수하면서 이 사건 대지의 일부인 이 사건 계쟁토지의 점유를 승계하여 텃밭으로 점유·사용하여 왔다. 피고는 반소청구로서 취득시효완성을 이유로 이 사건 계쟁토지에 관한 소유권이전등기를 구하였다.

그러나 원심은, 소외 1 명의로 소유권이전등기가 마쳐진 이후에 소외 2 및 원고 명의로 소유권이전등기가 순차로 마쳐졌다는 이유로 소외 1 명의로 소유권이전등기가 마쳐진 시점을 새로운 취득시효의 기산점으로 삼을 수는 없다고 판단하였다.

2. 대법원 판결
대법원은 피고의 상고를 받아들여 원심판결을 파기환송하였다.

"부동산에 대한 점유취득시효가 완성된 후 취득시효완성을 원인으로 한 소유권이전등기를 하지 않고 있는 사이에 그 부동산에 관하여 제3자 명의의 소유권이전등기가 경료된 경우라 하더라도 당초의 점유자가 계속 점유하고 있고 소유자가 변동된 시점을 기산점으로 삼아도 다시 취득시효의 점유기간이 경과한 경우에는 점유자로서는 제3자 앞으로의 소유권 변동시를 새로운 점유취득시효의 기산점으로 삼아 2차의 취득시효의 완성을 주장할 수 있다(대법원 1994. 3. 22. 선고 93다46360 전원합의체 판결 등 참조).

그리고 취득시효기간이 경과하기 전에 등기부상의 소유명의자가 변경된다고 하더라도 그 사유만으로는 점유자의 종래의 사실상태의 계속을 파괴한 것이라고 볼 수 없어 취득시효를 중단할 사유가 되지 못하므로(대법원 1976. 3. 9. 선고 75다2220, 2221 판결, 대법원 1997. 4. 25. 선고 97다6186 판결 등 참조), 새로운 소유명의자는 취득시효완성 당시 권리의무 변동의 당사자로서 취득시효완성으로 인한 불이익을 받게 된다 할 것이어서 시효완성자는 그 소유명의자에게 시효취득을 주장할 수 있는바(대법원 1973. 11. 27. 선고 73다1093, 1094 판결, 대법원 1992. 3. 10. 선고 91다43329 판결 등 참조), 이러한 법리는 **위와 같이 새로이 2차의 취득시효가 개시되어 그 취득시효기간이 경과하기 전에 등기부상의 소유명의자가 다시 변경된 경우**에도 마찬가지로 적용된다고 봄이 상당하다."

3. 평석
(1) 이 판결은 종래 이와 달리 부동산의 취득시효가 완성된 후 토지소유자가 변동된 시점을 새로운 취득시효의 기산점으로 삼아 2차의 취득시효의 완성을 주장하려면 그 새로운 취득시효기간 중에는 등기명의자가 동일하고 소유자의 변동이 없어야만 한다는 판례[1]를 변경하였다.

제2편 물권법

1) 이 전원합의체 판결은 변경되는 판결로 대판(전)

나아가 이 사건의 구체적 판단에 관해서, "피고는 최초 점유일로부터 기산하여 이 사건 계쟁토지에 관한 1차의 취득시효가 완성된 후 이를 등기하지 않고 있는 사이에 이 사건 대지에 관하여 이루어진 소외 1 앞으로의 소유권 변동시를 새로이 2차의 취득시효 기산점으로 삼을 수 있고, 그때로부터 2차의 취득시효기간이 경과하기 전에 이 사건 대지의 등기부상 소유명의를 취득한 원고에게 이 사건 계쟁토지에 관한 시효취득을 주장할 수 있다."라고 하였다.

그러나 반대의견은 다수의견이 등기부상 소유명의자 변동 시점을 새로운 점유취득시효의 개시 시점으로 보는 것이라고 하면서 비판한다. 첫째, 민법이 법률행위로 인한 물권변동은 등기하여야 한다는 이른바 형식주의를 취하고 부동산의 점유취득시효에 관하여도 등기함으로써 소유권을 취득한다고 규정하고 있으므로, 등기가 아니라 점유에 기하여 법률관계가 정해지도록 하는 것은 예외적으로 제한된 범위 내에서만 허용된다. 다수의견은 등기에 앞서 점유상태를 기준으로 하여 법률관계를 결정하려는 것이고, 이는 원칙과 예외가 뒤바뀐 것이다. 점유취득시효가 일단 완성되었음에도 그 등기를 경료하지 않고 있는 사이에 등기명의인이 이를 타에 처분하였다면 이는 적법한 소유권의 행사이고 따라서 그 상대방은 적법하게 소유권을 취득한 것으로 볼 수밖에 없다고 한다. 둘째, 다수의견은 이른바 형식주의를 채택한 우리 민법 아래에서 거래의 안전을 심각하게 침해하는 결과를 초래할 수 있다. 셋째, 다수의견은 1차 점유취득시효가 완성된 후에 등기부상의 소유명의자가 변경된 경우에 그 등기부상의 명의 변경 시점을 새로이 점유취득시효의 기산점으로 볼 수 있는 근거 내지 이유에 대한 설명이 없다. 만일 당초의 점유자가 그와 같은 등기부상 소유자의 변경 사실을 잘 알면서도 감히 점유를 개시한 것이라면 이는 타주점유에 해당하는 것으로 보아야 할 것이고, 그렇지 아니하고 당초의 점유자가 등기부상 소유자의 변경 사실을 알지 못한 채 점유를 계속한 것이라면 그 등기부상 소유자의 변경 시점을 새로운 점유의 기산점으로 볼 아무런 이유가 없다.

이에 대하여 다수의견에 대한 보충의견이 2개 있다. 먼저, 대법관 김영란, 이홍훈, 전수안은 다수의견이 "2차의 취득시효가 1차의 취득시효와는 독립한 새로운 법률관계로서 그 취득시효는 그 시효 진행에 적합한 상태가 형성됨으로써 새로 진행될 수 있다는 점에 입각한 것으로 부동산점유취득시효의 법리에 충실한 해석"이라고 재반박한다. 다음으로, 대법관 박시환은 위 보충의견을 따르면서, "부동산에 대한 점유취득시효제도를 입법으로 채택하고 있는 우리 법제도하에서 그 제도가 갖고 있는 본래의 기능이 훼손될 정도로 이를 억제하거나 과도하게 요건을 강화하는 것은 타당하지 않다."라고 한다.

(2) 우선 부동산 점유취득시효 완성 후 제3자 명의의 소유권이전등기가 마쳐진 경우, 그 소유권 변동시를 새로운 기산점으로 삼아 2차 취득시효의 완성을 주장할 수 있는지 문제된다. 논리적으로만 본다면, 소유명의자가 변동되었다고 하여 새로운 점유가 시작되었다고 볼 수 없을 것이다. 그러나 점유취득시효 완성 후 제3자 명의의 소유권이전등기가 마쳐진 경우에는 점유자가 취득시효를 주장할 수 없는 상태가 되었으므로, 그때부터 점유취득시효기간이 다시 진행되고 20년이 경과하면 취득시효가 완성된다고 보는 것이 형평에 부합할 것이다.

그런데 이 사건에서 부동산 점유취득시효 완성 후 제3자 명의의 소유권이전등기가 경료됨으

1994. 3. 22, 93다46360; 대판 1994. 4. 12, 92다41054; 대판 1995. 2. 28, 94다18577; 대판 1999. 2. 12, 98다40688; 대판 2001. 12. 27, 2000다43963을 들고 있다.

로써 새로이 2차 점유취득시효가 개시되었는데, 그 취득시효기간이 지나기 전에 등기부상 소유명의자가 다시 변경되었다. 이러한 경우 2차 점유취득시효 완성 후 점유자는 그 취득시효 완성 당시의 등기부상 소유명의자에게 시효취득을 주장할 수 있다고 보아야 할 것이다.[2] 1차 점유취득시효의 기간 중에 소유명의자가 변경된 경우에 점유자는 그 취득시효 완성 당시의 등기부상 소유명의자에게 시효취득을 주장할 수 있는데, 이와 달리 2차 점유취득시효의 경우에는 이와 달리 보는 것은 납득하기 어렵다. 이 점에 관해서는 다수의견이 타당하고 생각한다.

한편, 반대의견에서 당초의 점유자가 등기부상 소유자의 변경 사실을 잘 알면서 점유를 개시한 경우에 타주점유에 해당한다고 하였으나, 보충의견은 이와 같은 경우에도 자주점유라고 하고 있다. 점유취득시효 완성 후 등기부상 소유명의자가 변경된 경우에 점유자가 시효취득을 주장할 수 없는데, 점유자가 자신이 점유하고 있는 부동산에 관하여 위와 같은 사실이 있다는 점을 알았다면 그 등기가 무효라는 등 특별한 사정이 없는 한 점유자의 점유를 타주점유로 보아야 할 것으로 생각된다. 왜냐하면 부동산 점유자가 그가 점유하고 있는 부동산이 타인 소유이고 타인 명의의 등기로 인하여 시효취득 완성을 주장할 수도 없다는 것을 알았기 때문이다. 이와 같은 경우에 새로운 소유명의자의 희생 하에 점유자를 보호하여야 할 것인지도 의문이다. 따라서 점유자가 취득시효 완성 후 등기부상 소유명의자가 변경된 사실을 몰랐던 경우에 한하여 2차 점유취득시효 기간 중 소유명의자 변경된 경우에도 시효취득을 주장할 수 있다고 보아야 할 것이다.

2) 김상용, "2차 점유취득시효 요건의 완화와 그 파급효과," 법률신문 제3766호(2009. 8. 6)는 다수의견에 반대하는데, 등기명의자의 처분에 시효중단의 효력이 인정되지 않게 되어 등기보다는 점유에 우월적 효력을 인정하는 결과가 되었다고 한다. 한편 윤진수, "점유취득시효 완성 후 재진행의 요건," 법률신문 제3767호(2009. 8. 10)는 다수의견에 찬성하는데, 그 근거로 다시 소유권을 취득한 사람이 취득시효를 중단시킬 수 있다는 점을 든다.

제3절 구분소유

[33] Ⅰ. 구분소유의 성립요건과 그 시기
대판(전) 2013. 1. 17, 2010다71578(공 2013, 298)

1. 사실관계와 원심판결

이 사건에서는 아파트에 관한 구분소유의 성립요건과 그 시기가 문제되었다. 원심의 판단은 다음과 같다. 피고는 2002. 5. 15.경부터 이 사건 아파트를 신축하면서 그 내부의 구분건물 각각에 대하여 분양계약을 체결함으로써 구분의사를 외부에 표시하였다(구분행위의 존재). 이 사건 아파트는 2003. 8. 25.까지 지하 2층부터 지상 12층까지 각 층의 기둥, 주벽 및 천장 슬래브 공사가 이루어져 2003. 8. 25.경에는 1동의 건물 내부의 각 전유부분이 구조상·이용상의 독립성을 갖추었다(전유부분의 독립성). 이 사건 토지에 관하여 부동산담보신탁계약이 체결되고 이 사건 신탁등기가 마쳐진 2003. 9. 4.경에는 이 사건 아파트의 전유부분에 관하여 이미 구분소유권이 성립한 상태였다.

피고는, 당시 이 사건 아파트에 관하여 아직 건축물대장에 구분건물로 등록이 이루어지지 않았으므로 구분소유가 성립하지 않았다고 주장하였지만, 원심은 이 주장을 받아들이지 않았다.

2. 대법원 판결

이에 대하여 피고가 상고하였으나, 대법원은 다음과 같은 이유로 이를 기각하였다.

"1동의 건물에 대하여 구분소유가 성립하기 위해서는 객관적·물리적인 측면에서 1동의 건물이 존재하고 구분된 건물부분이 구조상·이용상 독립성을 갖추어야 할 뿐 아니라 1동의 건물 중 물리적으로 구획된 건물부분을 각각 구분소유권의 객체로 하려는 구분행위가 있어야 한다(대법원 1999. 7. 27. 선고 98다35020 판결 등 참조). 여기서 구분행위는 건물의 물리적 형질에 변경을 가함이 없이 법률관념상 그 건물의 특정 부분을 구분하여 별개의 소유권의 객체로 하려는 일종의 법률행위로서, 그 시기나 방식에 특별한 제한이 있는 것은 아니고 처분권자의 구분의사가 객관적으로 외부에 표시되면 인정된다. 따라서 구분건물이 물리적으로 완성되기 전에도 건축허가신청이나 분양계약 등을 통하여 장래 신축되는 건물을 구분건물로 하겠다는 구분의사가 객관적으로 표시되면 구분행위의 존재를 인정할 수 있고, 이후 1동의 건물 및 그 구분행위에 상응하는 구분건물이 객관적·물리적으로 완성되면 아직 그 건물이 집합건축물대장에 등록되거나 구분건물로서 등기부에 등기되지 않았더라도 그 시점에서 구분소유가 성립한다(대법원 2006. 3. 10. 선고 2004다742 판결 등 참조)."

그러나 대법관 김창석, 김신의 반대의견은 대체로 다음과 같은 이유로 반대하고 있다.

① "구분소유권은 물권으로서의 기본적 성격인 배타성과 대세적 효력이 있으므로 그에 관한 법률관계는 이해당사자들이 쉽게 인식할 수 있도록 명확하게 정해져야 한다." ② "구분소유권이 성립하여 건물과 그 대지인 토지가 일체화되는 시기와 일체화된 법률관계의 내용을 명확하게 정하는 것은 거래의 안전에 매우 중요한 의미를 갖게 되며, 그러한 점에서 명료한 기준 설정의 필요성이 강력하게 요청되는 것이다." ③ "법률관계의 명확성과 안정성을 담보하기 위해서는 부동산 소유권의 내용을 변경시키는 법적 행위로서의 구분행위는 부동산 물권변동에 있어서 요구되는 공시방법인 등기에 준할 정도로

명료한 공시기능을 갖추는 것이 반드시 필요하다." ④ "집합건축물대장에의 등록은 1동의 건물이 독립한 부동산으로 존재하고 1동에 존재하는 전유부분이 구조상·이용상 독립성이라는 물리적 요건이 구비되었음을 전제로, 그 건물의 소유자와 같이 처분권한 있는 자가 건물의 단독소유권을 구분소유권으로 변동시키는 구분행위의 필수적인 방식으로 보아야 한다. 이러한 확정적인 구분행위인 집합건축물대장 등록이 이루어지기 전에 이루어진 건축허가신청, 분양계약 등의 행위에서 어떤 구분의사가 표시되었는지는 구분소유권의 성립에 영향을 미치지 않는다." ⑤ "따라서 구분소유권은 대법원이 여러 차례 밝힌 바와 같이 원칙적으로 건물 전체가 완성되어 당해 건물에 관한 건축물대장에 구분건물로 등록된 시점에 성립하고[판례 인용 생략], 다만 예외적으로 건축물대장에 등록되기 전에 등기관이 집행법원의 등기촉탁에 의하여 미등기건물에 관하여 소유권 처분제한의 등기를 하면서 구분건물의 표시에 관한 등기를 할 경우에는 그 등기된 시점에 구분소유권이 성립한다."

이에 대하여 다수의견에 대한 대법관 박병대, 김용덕의 보충의견이 있고, 다시 반대의견에 대한 대법관 김창석의 보충의견이 있다.

3. 평석

(1) 집합건물의 소유 및 관리에 관한 법률(이하 '집합건물법'이라고 한다)은 "1동의 건물 중 구조상 구분된 여러 개의 부분이 독립한 건물로서 사용될 수 있을 때에는 그 각 부분은 이 법이 정하는 바에 따라 각각 소유권의 목적으로 할 수 있다."라고 정하고 있다(제1조). 1동의 건물 중 독립한 건물로서 사용될 수 있는 건물부분, 즉 전유부분을 목적으로 하는 소유권을 구분소유권이라고 정의하고 있다(제2조 제1호, 제3호). 이와 같이 1동의 건물에 대하여 구분소유권이 성립하는 경우, 그 1동의 건물을 집합건물이라고 하고 1동의 건물 중 구분된 건물부분을 구분건물이라고 한다.

구분소유의 성립을 인정하기 위하여 반드시 집합건축물대장의 등록이나 구분건물의 표시에 관한 등기가 필요한지 여부에 관해서는 종래부터 논란이 있었다. 학설은 구분행위만으로 충분하다는 견해, 건축물대장의 등록이 필요하다는 견해, 구분등기가 필요하다는 견해로 나누어져 있다.[1)]

구분건물이 되기 위해서는 각 건물부분이 객관적·물리적 측면에서 구조상·이용상의 독립성을 갖추어야 하고 건물을 구분소유권의 객체로 하는 행위, 즉 구분행위가 있어야 한다고 하였다. 이 점에 관해서는 다수의견이나 반대의견 사이에 차이가 없다. 또한 다수의견이든 반대의견이든 구분소유의 성립을 위해서 구분등기가 필요하다는 견해는 없다. 구분행위에 제186조가 적용되는지 논란이 있는데, 이를 부정한 것으로 볼 수 있다. 그런데 이 사건의 쟁점, 즉 구분소유의 성립을 인정하기 위하여 반드시 집합건축물대장의 등록이나 구분건물의 표시에 관한 등기가 필요한지 여부에 관하여 대법관들 사이에 견해가 대립하고 있다. 다수의견은 이를 부정한 반면, 반대의견은 이를 긍정하고 있다.

대법원 판결들 중에는 이 문제에 관하여 상반되는 판결들이 있었다. 구분소유가 성립하는 시점은 원칙적으로 건물 전체가 완성되어 당해 건물에 관한 건축물대장에 구분건물로 등록된 시점이라고 본 판결이 있었다.[2)] 이와 달리 구분행

1) 이홍권, "건물구분소유권의 성립과 소멸에 관한 몇 가지 문제," 민사재판의 제문제 제7권(1993), 503면 이하; 이현종, "집합건물의 구분소유 성립시점," 민사판례연구(XXIII), 2001, 56면 이하에서는 위와 같은 견해를 소개한 다음, 구분소유의 성립요건으로 구분행위만으로 충분하다고 한다.

2) 대판 1999. 9. 17, 99다1345(공 1999, 2185); 대판 2006. 11. 9, 2004다67691(공 2006, 2055).

위가 있는 것으로 충분하고 건축물대장의 등록은 구분소유의 성립에 필요한 요건이 아니라고 본 판결들도 있었다.[3] 이번 전원합의체 판결에서는 구분소유는 건물 전체가 완성되고 원칙적으로 집합건축물대장에 구분건물로 등록된 시점, 예외적으로 등기부에 구분건물의 표시에 관한 등기가 마쳐진 시점에 비로소 성립한다는 기존의 판결은 이 판결의 견해와 저촉되는 한도에서 변경되었다.

구분행위는 건물의 특정부분을 구분하여 별개의 소유권의 객체로 하려는 법률행위이다. 다수의견은 구분행위의 시기나 방식에 특별한 제한이 없고 처분권자의 구분의사가 객관적으로 외부에 표시되면 구분행위가 인정된다고 보고 있다. 그 건물이 집합건축물대장에 등록되거나 구분건물로서 등기부에 등기되지 않았더라도 구분소유가 성립할 수 있다고 한다. 이에 반하여 반대의견은 구분소유의 성립을 인정하기 위하여 반드시 집합건축물대장의 등록이나 구분건물의 표시에 관한 등기가 필요하다고 하면서 상세한 논거를 밝히고 있다.

(2) 집합건물법에는 구분행위의 요건이나 시기에 대한 제한이 없다. 따라서 건축허가신청, 분양계약 등에서 구분행위가 있다고 볼 수 있다면 구분행위에 해당한다고 볼 수 있다. 또한 구분건물로서의 물리적 요건을 갖추는 것과 구분행위를 하는 것 사이에 시간적 선후도 문제되지 않는다고 보아야 할 것이다. 따라서 분양계약 등의 구분행위가 구분건물로서의 물리적 완성보다 선행하는 것도 가능하다. 건축물대장 등록을 구분행위의 요건으로 하면 법률관계가 명확해진다고 볼 수 있으나, 이와 같은 이유만으로 법률에 규정되지 않는 요건을 추가할 수 없다.

3) 대판 1999. 7. 27, 98다35020(공 1999, 1747); 대판 2006. 3. 10, 2004다742(공 2006, 600).

(3) 한편 대판 2006. 11. 9, 2004다67691(공 2006, 2055)은 건물의 구조와 형태가 구분소유권의 객체가 될 수 있을 정도에 이르고 토지의 부합물로 볼 수 없는 미완성 건물을 건축주로부터 양수받아 나머지 공사를 진행하여 그 구조와 형태 등이 건축허가의 내용과 사회통념상 동일하다고 인정될 정도로 건물을 축조한 경우, 그 건물 소유권의 원시취득자를 양수인으로 보았다. 그 이유 중 하나로 "구분소유가 성립하는 시점은 원칙적으로 건물 전체가 완성되어 당해 건물에 관한 건축물대장에 구분건물로 등록된 시점"이라는 점을 들었다. 이 점은 이번 전원합의체 판결에 의하여 변경되었다. 다만 전원합의체 판결에서는 구분소유권의 객체가 될 수 있는 미완성 건물을 건축주로부터 양수받아 나머지 공사를 마친 경우 그 건물 소유권의 원시취득자가 누구인지의 문제에 대해서는 이 사건의 쟁점이 아니라서 판단하지 않았다. 이 문제는 건축물대장의 등록과는 무관하게 판단하여야 할 것임은 분명하다.

이러한 경우 종전 건축주가 공사를 한 부분이 구분소유권의 객체가 될 정도로 공사를 하였다면, 종전 건축주가 위 건물을 원시취득하였다고 보아야 할 것이다.[4] 구분건물로서 구조상·이용

4) 필자는 위 대판 2006. 11. 9, 2004다67691에 대하여 다음과 같이 비판적인 견해를 밝혔다(김재형, "2006년 민법총칙·물권법 판례동향," 민법론 Ⅲ, 2007 476~478면).

"종전 건축주가 공사를 한 부분이 구분소유권의 객체가 될 수 없는 경우에는 나중에 공사를 완공한 사람이 건물 전체를 원시취득하였다고 볼 수 있다. 그러나 종전 건축주가 공사를 한 부분이 구분소유권의 객체가 될 정도로 공사를 하였다면, 이 당시에 종전 건축주가 위 건물을 원시취득하였다고 보아야 한다. 그렇지 않으면 소유권의 객체가 존재하고, 그 귀속주체가 있는데도 소유권자가 없는 상태가 발생하기 때문이다.[중략]

그런데 종전 건축주가 완성한 부분과 제3자가 완성한 부분을 구분하여 위 두 사람이 건물을 나누어 원시취득하였다고 본다면 소유권보존등기를 어떻게 할 것인지 복잡한 문제가 발생한다. 이와 달리 종전

상의 독립성이 갖춰진 상태에서 미완성 건물을 양도하는 경우에 부동산을 양도한 것이라고 보아야 한다. 따라서 부동산 양도 당시에 원시취득자가 없다고 볼 수는 없기 때문이다. 또한 구분소유가 성립하려면 구분행위가 필요하지만, 양도 당시에는 종전 건축주가 이미 건축된 건물을 소유하는 데 아무런 문제가 없고, 나중에 양수인이 나머지 공사를 마친 경우에는 양도인과 양수인이 각각 건축한 부분을 구분소유하려는 의사가 합치되었다고 보는 것이 합리적일 것이다.

건물신축의 경우에 소유권보존등기나 건축물대장 등록은 소유권취득의 요건이 아니다. 신축건물의 경우에 소유자를 누구로 할 것인지라는 소유권귀속의 문제는 등기나 등록과 무관하게 결정되어야 한다. 이것은 구분소유의 성립에 관한 문제에서든 미완성건물의 양수인이 건물을 완성한 경우 그 소유권의 귀속 문제에서든 마찬가지이다.

건축주가 제3자가 완공한 부분까지 포함하여 건물 전체를 원시취득하였다고 한다면 형평에 부합하지 않는다. 그리하여 대법원은 건물 전체를 하나의 소유권의 객체로 보아 그 제3자가 그 건물 전체의 소유권을 원시취득하였다고 보았을 것으로 추측된다. 대법원은 여러 사람이 신축한 건물의 소유관계를 간명하게 처리하기 위하여 새로운 법리를 전개한 것이라고 볼 수 있다. 그렇지만 제3자가 종전 건축주가 완공하여 소유권을 취득했다고 볼 수 있는 부분까지 원시취득하였다고 보는 것은 논리적으로 타당하지 않다. 이에 관한 이론적인 논의나 입법적 대응이 요구된다."

[34] Ⅱ. 집합건물의 대지사용권

대판(전) 2000. 11. 16, 98다45652, 45669(집 48-2, 민 197)

1. 사실관계와 쟁점

피고 A의 아들인 피고 B 명의로 이 사건 아파트 전유부분과 그 대지지분을 소외 C회사로부터 분양받았다. 1990. 1. 23. 이 사건 아파트 전유부분에 대하여만 피고 B 명의로 소유권이전등기를 마쳤으나, 대지지분에 대하여는 아직 대지권 등기가 이루어지지 아니하여 소유권이전등기를 마치지 못하였다. 피고 B가 1992. 4. 23. 처인 원고와 협의이혼을 하기로 하면서 이 사건 아파트 전유부분과 그 대지지분을 양도하기로 하고 4. 27. 위 전유부분에 관하여 증여를 원인으로 한 소유권이전등기를 마치고 명도하였다. 그 후 피고 A가 피고 B를 상대로 위 아파트의 대지지분에 대한 명의신탁을 해지하고 위 대지지분에 대하여 피고 B 명의로 소유권이전등기를 마친 다음 다시 피고 A 명의로 소유권이전등기를 마쳤다.

이 사건에서 피고 B와 원고가 이 사건 아파트의 전유부분에 대한 소유권이전등기를 경료받을 당시 집합건물의 대지사용권을 취득하였는지 문제되었다.

2. 대법원 판결

아파트와 같은 대규모 집합건물의 경우, 대지의 분·합필 및 환지절차의 지연, 각 세대당 지분비율 결정의 지연 등으로 인하여 전유부분에 대한 소유권이전등기만 수분양자를 거쳐 양수인 앞으로 경료되고, 대지지분에 대한 소유권이전등기는 상당기간 지체되는 경우가 종종 생기고 있다. 이러한 경우 집합건물의 건축자로부터 전유부분과 대지지분을 함께 분양의 형식으로 매수하여 그 대금을 모두 지급함으로써 소유권취득의 실질적 요건은 갖추었지만 전유부분에 대한 소유권이전등기만 경료받고 대지지분에 대하여는 위와 같은 사정으로 아직 소유권이전등기를 경료받지 못한 자는 매매계약의 효력으로써 전유부분의 소유를 위하여 건물의 대지를 점유·사용할 권리가 있다. 매수인의 지위에서 가지는 이러한 점유·사용권은 단순한 점유권과는 차원을 달리하는 본권으로서 집합건물의소유및관리에관한법률(이하 '집합건물법'이라 한다) 제2조 제6호 소정의 구분소유자가 전유부분을 소유하기 위하여 건물의 대지에 대하여 가지는 권리인 대지사용권에 해당한다고 할 것이고, 수분양자로부터 전유부분과 대지지분을 다시 매수하거나 증여 등의 방법으로 양수받거나 전전 양수받은 자 역시 당초 수분양자가 가졌던 이러한 대지사용권을 취득한다.

집합건물법의 규정내용과 입법취지를 종합하여 볼 때, 대지의 분·합필 및 환지절차의 지연, 각 세대당 지분비율 결정의 지연 등의 사정이 없었다면 당연히 전유부분의 등기와 동시에 대지지분의 등기가 이루어졌을 것으로 예상되는 경우, 전유부분에 대하여만 소유권이전등기를 경료받았으나 매수인의 지위에서 대지에 대하여 가지는 점유·사용권에 터잡아 대지를 점유하고 있는 수분양자는 대지지분에 대한 소유권이전등기를 받기 전에 대지에 대하여 가지는 점유·사용권인 대지사용권을 전유부분과 분리 처분하지 못할 뿐만 아니라, 전유부분 및 장래 취득할 대지지분을 다른 사람에게 양도한 후 그 중 전유부분에 대한 소유권이전등기를 경료해 준 다음 사후에 취득한 대지지분도 전유부분의 소유권을 취득한 양수인이 아닌 제3자에게 분리 처분하지 못한다 할 것이고, 이를 위반한 대지지분의 처분행위는 그 효력이 없다.

3. 평석

집합건물법 제20조 제1항은 "구분소유자의 대지사용권은 그가 가지는 전유부분의 처분에 따른다."라고 규정하고, 제2항은 "구분소유자는 그가 가지는 전유부분과 분리하여 대지사용권을 처분할 수 없다. 다만, 규약으로써 달리 정한 때에는 그러하지 아니하다."라고 규정하고 있다. 이것은 전유부분과 대지사용권의 일체성을 규정한 것으로, 집합건물의 전유부분과 대지사용권이 분리되는 것을 최대한 억제하기 위한 것이다. 한편 집합건물법 제2조 제6호는 "대지사용권"을 구분소유자가 전유부분을 소유하기 위하여 건물의 대지에 대하여 가지는 권리라고 정의하고 있는데,[1] 대지를 매수하였으나 그 등기를 마치지 아니한 경우에도 대지사용권이 있다고 볼 수 있는지 여부에 관하여 논란이 있었다.

대판 1996. 12. 20, 96다14661(공 1997, 352)은 이를 부정하였다. 즉, 구분건물과 함께 그 대지지분을 매수하고 매도인에게 그 대지지분에 관한 매매를 원인으로 한 소유권이전등기청구권을 가지고 있는 것은 집합건물법에 정해진 대지사용권에 해당하지 않는다는 것이다. 즉, 대지사용권은 구분소유자가 전유부분을 소유하기 위하여 건물의 대지에 대하여 가지는 권리이므로 반드시 소유권일 필요는 없으나 적어도 전유부분을 소유하기 위하여 건물의 대지에 대하여 가지는 권리여야 하고, 단순히 구분건물과 함께 그 대지지분을 매수한 자로서 매도인에게 매매를 원인으로 하여 그 대지지분에 관하여 가지는 소유권이전등기청구권과 같은 것은 같은 법 소정의 대지사용권에 해당하지 않는다고 하였다. 이 판결에 대하여는 유력한 반대견해가 있었다.[2]

2000년 대법원 전원합의체 판결은 위 1996년 대법원 판결을 폐기하였다. 즉 집합건물의 건축자로부터 전유부분과 대지지분을 함께 매수하여 그 대금을 모두 지급함으로써 소유권 취득의 실질적 요건은 갖추었지만 전유부분에 대한 소유권이전등기만 경료받고 대지지분에 대하여는 소유권이전등기를 받지 못한 경우에도 매수인이 대지를 점유사용할 수 있는 권리는 집합건물법에 정해진 '대지사용권'에 해당한다는 것이다.[3] 부동산을 매수하여 이를 인도받아 점유하고 있는 경우에는 매수인이 매매계약의 효력으로써 건물의 대지를 점유사용할 권리를 갖고 있다.[4] 따라서 이러한 경우에도 대지사용권이 있다고 보는 것이 타당할 것이다.

그리고 집합건물의 전유부분에 대하여만 소유권이전등기를 받은 매수인이 대지지분에 대한 소유권이전등기를 받기 전에 대지사용권을 전유부분과 분리하여 처분할 수 없다. 또한 매수인이 전유부분 및 장래 취득할 대지지분을 다른 사람에게 양도하여 그중 전유부분에 대한 소유권이전등기를 경료하여 준 다음 사후에 취득한 대지지분을 전유부분의 소유권을 취득한 양수인이 아닌 제3자에게 분리 처분할 수도 없다.

---

1) 대판 1995. 8. 22, 94다12722(공 1995, 3232)는 "구분건물의 전유부분만에 관하여 설정된 저당권의 효력은 대지사용권의 분리처분이 가능하도록 규약으로 정하는 등의 특별한 사정이 없는 한 그 전유부분의 소유자가 사후에라도 대지사용권을 취득함으로써 전유부분과 대지권이 동일 소유자의 소유에 속하게 되었다면 그 대지사용권에까지 미치고 여기의 대지사용권에는 지상권 등 용익권 이외의 대지소유권도 포함된다."라고 하였다.

2) 박순성, "대지지분소유자의 구분소유권매도청구권," 민사판례연구(XX), 1998, 114면 이하.

3) 그 후에 나온 대판 2001. 1. 30, 2000다10741(공 2001, 532)도 마찬가지이다.

4) 대판 1998. 6. 26, 97다42823(공 1998, 1968)은, 토지의 매수인이 아직 소유권이전등기를 경료받지 아니하였다 하여도 매매계약의 이행으로 그 토지를 인도받은 때에는 매매계약의 효력으로서 이를 점유·사용할 권리가 생기게 된 것으로 보아야 하고, 또 매수인으로부터 위 토지를 다시 매수한 자는 위와 같은 토지의 점유사용권을 취득한 것으로 봄이 상당하므로 매도인은 매수인으로부터 다시 위 토지를 매수한 자에 대하여 토지소유권에 기한 물권적청구권을 행사할 수 없다고 한다.

[35] Ⅲ. 전유부분의 경매와 대지권의 이전
대판 2004. 7. 8. 2002다40210(공 2004, 1303)

1. 사실관계와 쟁점

피고는 1992. 12. 22. A에게 아파트 101호를 그 대지(이하 위 아파트의 전유부분을 '전유부분'으로, 대지의 공유지분을 '대지지분'이라 한다)와 함께 분양하고, 전유부분에 대하여는 1993. 4. 30. 자신의 명의로 소유권보존등기를 경료한 다음 1993. 6. 26. A에게 소유권이전등기를 경료해 주었다. 그러나 당시 대지지분에 대하여는 대지의 지번과 대지권의 비율 등이 확정되지 않은 관계로 등기를 이전해 주지 못하였다. 그 후 전유부분에 대하여 1996. 11. 22. B 명의로 매매를 원인으로 하는 소유권이전등기 및 1999. 10. 23. 원고 명의로 1999. 9. 14. 낙찰을 원인으로 하는 소유권이전등기가 각 경료되었다. 한편 위 아파트의 대지는 1996. 9.경 지번이 확정되고, 1996. 11. 4. 피고 명의의 소유권이전등기가 경료되었다. 그러나 이 사건 대지지분에 대하여는 아직까지 집합건물등기부상 대지권 표시등기나 토지등기부상 대지권인 취지의 등기가 경료되지 아니하였다.

원고는 분양자인 피고를 상대로 대지권의 표시를 변경하여달라는 대지권변경등기절차의 이행을 구하는 소를 제기하였다. 원심은 이 사건 소가 소의 이익이 없다는 이유로 부적법 각하하였다. 그러나 대법원은 원심판결을 파기환송하였다.

2. 대법원 판결

분양자가 지적정리 등의 지연으로 대지권에 대한 지분이전등기는 지적정리 후 해 주기로 하는 약정하에 우선 전유부분만에 관하여 소유권보존등기를 한 후 수분양자에게 소유권이전등기를 경료하였는데, 그 후 대지에 대한 소유권이전등기가 되지 아니한 상태에서 전유부분에 관한 경매절차가 진행되어 제3자가 전유부분을 경락받은 경우, 그 경락인은 본권으로서 집합건물의 소유 및 관리에 관한 법률(이하 '집합건물법'이라 한다) 제2조 제6호 소정의 대지사용권을 취득한다.

따라서 경락 후 경매법원의 등기촉탁 이전에 대지지분에 대하여 전유부분의 소유자 명의로 소유권이전등기가 경료되었다면 전유부분과 아울러 대지지분에 대하여도 경매법원의 등기촉탁에 의하여 경락인 앞으로 소유권이전등기가 경료된다 할 것이나, 만일 등기촉탁시까지 대지지분에 대한 소유권이전등기가 경료되어 있지 아니한 경우에는 경락인으로서는 전유부분에 대하여서만 등기촉탁의 방법으로 소유권이전등기를 경료할 수 있고, 그 대지권에 대하여는 분양자가 경락인을 위하여 부동산등기법 시행규칙 제60조의 2에 의한 대지권변경등기를 하거나 경락인이 분양자로부터 수분양자를 거쳐 순차로 대지의 지분소유권이전등기를 경료한 후 전유부분의 대지권변경등기를 하는 방법에 의하여야 한다.

그리고 분양자가 전유부분의 소유자인 경락인을 위하여 하는 부동산등기법 시행규칙 제60조의 2에 의한 대지권변경등기는 그 형식은 건물의 표시변경등기이나 실질은 당해 전유부분의 최종 소유자가 그 등기에 의하여 분양자로부터 바로 대지권을 취득하게 되는 것이어서 분양자로부터 전유부분의 현재의 최종 소유명의인에게 하는 토지에 관한 공유지분이전등기에 해당되고, 그 의사표시의 진술만 있으면 분양자와 중간소유자의 적극적인 협력이나 계속적인 행위가 없더라도 그 목적을 달성할 수 있으므로, 전유부분의 소유권자는 분양자로부터 직접 대지권을 이전받기 위하여 분양자를 상대로 대지권변경등기절차의 이행을 소구할 수 있다.

3. 평석

집합건물법에서 전유부분과 대지권은 일체로서 이전될 것을 예정하고 있다. 그러나 집합건물을 분양할 당시 분양자가 대지권을 확보하지 못한 채 수분양자에게 전유부분만을 먼저 이전하는 경우가 있다. 그 후 분양자가 대지사용권을 취득하였다면, 분양자는 대지권에 관한 등기를 함으로써 수분양자 등 현재의 전유부분 소유자가 대지권을 취득할 수 있도록 하여야 할 것이다. 이러한 경우에 적용되는 것이 부동산등기법 시행규칙 제60조의2이다. 따라서 분양자는 이 규정에 따라 대지사용권의 등기와 대지권변경등기를 하여야 할 의무가 있다고 볼 수 있다. 이 판결은 이러한 상황에서 분양자가 대지권변경등기를 신청하지 않고 있다면, 구분건물의 현 소유자가 분양자를 상대로 대지권변경등기를 직접 청구할 이익이 있다고 한 것이다. 대지권변경등기는 그 형식은 건물의 표시변경등기이나 실질은 당해 전유부분의 최종 소유자가 그 등기에 의하여 분양자로부터 바로 대지권을 취득하게 되는 것이다.[1] 따라서 그 변경등기절차의 이행을 청구하는 소를 제기할 이익이 있다고 보아야 할 것이다.

그런데 대지권변경등기를 청구할 실체법상의 권리가 있는 것인지, 그 근거가 무엇인지는 명확하지 않다.[2] 대지권에 대한 지분이전등기를 해 주기로 하는 약정하에 수분양자에게 전유부분에 대한 소유권이전등기를 경료하였으나, 대지에 대한 소유권이전등기가 되지 않은 상태에서 제3자가 수분양자로부터 전유부분을 매수한 경우에 제3자는 대지사용권을 취득한다는 것이 판례이다.[3] 전유부분의 분양자에게는 대지권에 대한 지분을 전유부분의 수분양자나 그로부터 이를 매수한 전득자에게 이전하겠다는 의사가 있었고, 그 대가를 모두 지급받았다. 그런데 이를 이전하는 방법으로 구분소유건물을 공시하고 있는 등기부에 대지권등기와 그 표시를 변경하는 것으로 충분하다. 따라서 전유부분이 매매 등의 법률행위에 의하여 이전되는 경우에는 대지권에 관한 지분도 이전하고, 그 방법으로 분양자가 현재의 전유부분 소유자에게 대지권표시등기를 하기로 약정하였다고 볼 수 있다.

이 판결은 여기에서 나아가 제3자가 경매절차에서 경락을 받은 경우에도 대지사용권을 취득한다고 하였다. 이는 집합건물의 경매에서 대지권과 관련된 복잡한 문제를 간명하게 해결하기 위한 것으로 보인다. 그러나 경매절차로 전유부분이 이전되는 경우에는 장래 취득할 대지권도 이전된다는 결론은 현실적 필요성에 비추어 수긍할 수 있으나, 어떻게 이론구성할 것인지는 어려운 문제이다. 경매단계에서 분양자가 대지권에 관한 권리를 취득하지 못하였다가 나중에 대지권에 관한 권리를 취득한 경우에 특히 그러하다. 결국 전유부분에 관한 경매에서 장래에 성립할 대지권에 관한 권리도 경매목적물에 포함된 것으로 볼 수밖에 없을 것으로 생각된다. 따라서 대지권에 관하여 등기가 되어 있지 않더라도 특별한 예외적인 사정이 없는 한 미등기 대지권으로서 경매목적물에 포함시켜 경락대금을 산정하여야 할 것이다.

이 판결은 아파트 등 집합건물의 등기문제가 여전히 정비되지 않은 부분이라는 것을 보여준다.

1) 대판 1995. 6. 16, 94누11019(공 1995, 2637).

2) 이 판결에 대한 평석인 박순성, "대지사용권의 사후취득과 대지권변경등기," 민사재판의 제문제 제13권, 2004, 306면 이하는 계약인수를 그 근거로 제시하고 있으나, 경매절차에서 전유부분을 경락받았다고 하여 계약을 인수하였다고 볼 수 있는지는 의문이다.

3) 대판(전) 2000. 11. 16, 98다45652, 45669(집 48-2, 민 197). 위 [34] 판결.

제4절 공동소유

[36] Ⅰ. 비법인사단의 채무보증행위가 총유물의 관리·처분행위에 해당하는지 여부

대판(전) 2007. 4. 19, 2004다60072, 60089(공 2007, 693)

1. 대법원 판결

다수의견은 다음과 같다.

(1) "위 법조[제275조, 제276조 제1항, 제278조를 가리킴]에서 말하는 총유물의 관리 및 처분이라 함은 총유물 그 자체에 관한 이용·개량행위나 법률적·사실적 처분행위를 의미하는 것이므로, 타인 간의 금전채무를 보증하는 행위는 총유물 그 자체의 관리·처분이 따르지 아니하는 단순한 채무부담행위에 불과하여 이를 총유물의 관리·처분행위라고 볼 수는 없다 할 것이다."[1)]

(2) "… 따라서 이 사건 규약에서 정한 조합 임원회의 결의를 거치지 아니하였다거나 조합원총회 결의를 거치지 않았다고 하더라도 그것만으로 바로 이 사건 보증계약이 무효라고 할 수는 없다 할 것이다. 다만, 이와 같은 경우에 조합 임원회의 결의를 거치도록 한 이 사건 규약은 그 조합장의 대표권을 제한하는 규정에 해당하는 것이므로, 거래 상대방이 그와 같은 대표권 제한 및 그 위반 사실을 알았거나 과실로 인하여 이를 알지 못한 때에는 그 거래행위가 무효로 된다고 봄이 상당하며, 이 경우 그 거래 상대방이 대표권 제한 및 그 위반 사실을 알았거나 알지 못한 데에 과실이 있다는 사정은 그 거래의 무효를 주장하는 측이 이를 주장·입증하여야 할 것이다(대법원 2003. 7. 22. 선고 2002다64780 판결 참조)."

이에 대하여 별개의견, 반대의견과 반대의견에 대한 보충의견이 있다.

2. 평석

(1) 비법인사단의 채무보증행위와 총유물의 처분

비법인사단에 속하는 피고의 조합장이 타인의 채무에 대한 보증을 하면서 조합 규약에 따른 조합 임원회의 결의를 거치지 않았다. 이 사건 보증행위가 총유물의 관리·처분에 속하는지, 조합 임원회의 결의 없이 행해진 보증계약이 무효인지 여부가 문제되었다.[2)]

민법 제275조, 제276조 제1항은 총유물의 관리 및 처분에 관하여 정관이나 규약에 정한 바가 있으면 그에 의하되 정관이나 규약에서 정한 바가 없으면 사원총회의 결의에 의하도록 규정하고 있다. 이 규정은 민법 제278조에 의하여 소유권 이외의 재산권에 대하여 준용된다. 이 판결의 다수의견은 비법인사단이 단순히 채무를 보증하는 경우에는 총유물의 관리·처분의 법리가 적용되지 않는다고 한다.[3)]

이에 대하여 반대의견은 보증채무 부담행위를 장래의 총유물의 처분과 같다고 본다. 채무의 변제기가 도래하고 주채무자가 채무를 이행하지 않으면 비법인사단은 자신이 보유하고 있

1) 이에 따라 종전에 단순히 채무를 보증하는 경우에도 총유물 관리·처분의 법리가 적용된다고 했던 대판 2001. 12. 14, 2001다56256을 변경하였다.

2) 다수의견에 찬성하는 견해로는 최철환, "보증약정의 총유물 관리·처분 해당 여부," 사법 창간호(2007. 9), 217면 이하; 윤진수, "2007년도 주요 민법 관련 판례 회고," 서울대학교 법학 제49권 제1호(2008. 3), 347면. 반대하는 견해로는 문준섭, "사원총회 결의 없는 비법인사단법인 금전채무 보증행위의 효력," 저스티스 제99호(2007. 8), 246면.

3) 이와 배치되는 종전의 대법원 판결(대판 2001. 12. 14, 2001다56256)을 변경하였다.

는 현금이나 총유물을 처분하여 그 채무를 만족시켜야 하기 때문이다. 또한 총유물의 관리·처분을 수반하지 않는 금전채무 부담행위는 생각하기 어려울 것이므로 현재 또는 장래에 보유하는 금전을 유상 또는 무상으로 지급하기로 하는 행위와 금전채무 부담행위는 결국 실질적으로 같다고 한다.[4)]

비법인사단이 타인에 대하여 금전채무를 보증하는 것은 민법 제276조 제1항의 '총유물'이나 민법 제278조의 '재산권'에 해당하지 않는다고 해석하는 것이 문언에 충실한 것이다. 채무부담이 물건이나 권리 자체를 처분하는 것은 아니기 때문이다. 그러나 비법인사단이 물건이나 채권 등 권리를 관리·처분하는 경우에 사원총회의 결의를 얻어야 한다면,[5)] 비법인사단이 타인 간의 금전채무를 보증하는 경우에도 사원총회의 결의를 얻어야 한다고 보는 것이 공평한 것이다. 비법인사단이 총유물이나 권리 자체를 처분하는 것보다 타인의 채무에 대하여 보증을 하는 것이 비법인사단에 더 불리할 수 있고, 보증채무를 이행하려면 총유에 속하는 물건이나 채권 등 권리를 처분하여야 한다.[6)] 가령 1만 원짜리 총유물을 처분하는 경우에는 사원총회의 결의를 거쳐야 유효하고, 1억 원의 채무를 부담하는 행위에 대하여는 사원총회의 결의가 없더라도 유효라고 하는 것은 형평에 맞지 않는다. 채무부담행위가 총유물의 처분으로 연결되지 않는 경우도 있지만, 이 사건과 같이 비법인사단이 채무부담행위로 인하여 소송을 해야 하는 상황에서는 총유물의 처분으로 연결될 수밖에 없다. 따라서 이 규정들은 채무보증에도 준용 또는 유추적용되어야 한다.

(2) 민법 제276조 제1항을 위반한 행위의 효력 문제

한편, 피고의 조합규약 제21조에서는 "예산으로 정한 사항 외에 조합원의 부담이 될 계약 등에 관한 사항은 임원회의 결의를 거쳐야 한다."라고 규정하고 있었다. 채무보증이 이 규정에서 말하는 '조합원의 부담이 될 계약'에 속하므로, 이 규약을 위반한 행위의 효력 문제로 귀결된다. 따라서 채무보증의 경우 총유물의 관리·처분에 관한 규정이 적용되는지 여부에 관한 논의는 의미가 없는 것처럼 보인다. 그러나 판례가 민법 제276조 제1항에 위반하여 총유물을 관리·처분하는 행위를 절대적 무효로 보고 있기 때문에,[7)] 위 규약의 법적 성격을 총유물의 관리, 처분에 관한 것으로 본다면 위 규약을 위반한 행위도 절대적으로 무효로 볼 여지가 있다.

그런데 다수의견과 반대의견은 이 규약의 성격을 다르게 파악한다. 반대의견은 이 규약을 민법 제275조 제2항에서 말하는 정관 기타 규약으로 총유물의 관리 및 처분에 관하여 정하고 있는 경우로 파악하고, 피고의 조합장이 이 사건 보증계약의 체결에 관하여 피고의 임원회의

4) 별개의견도 이 점에 관해서는 반대의견에 찬성한다. 다만 이 사건의 경우 피고가 소외 회사를 시공회사로 선정하거나 소외 회사와 사이에 이 사건 아파트 신축공사에 관한 공사도급계약을 체결하는 데 대하여 피고의 조합원총회 또는 조합 규약에서 정한 임원회의 결의가 있었고, 그 결의 속에는 이 사건 아파트신축공사가 원활하게 진행되게 하기 위하여 필요한 경우 피고가 소외 회사의 공사하수급업자에 대한 하도급대금지급채무를 보증하는 행위를 허용하는 취지의 결의도 포함된 것이라고 볼 수 있다고 한다.

5) 대판 2006. 1. 27, 2004다45349("원고가 출자한 대지에 관하여 다른 조합원들과는 달리 실제면적 이상의 할증보상을 하여 주겠다는 약정"). 또한 대판 1992. 7. 14, 92다534(공 1992, 2392)에서는 어업권의 소멸에 따른 손실보상금은 어촌계의 총유에 속하고, 총유물인 위 손실보상금의 처분은 정관 기타 규약에서 달리 정하지 않는 한 계원총회의 결의에 의하여야 한다고 하였다.

6) 비법인사단이 보증을 하였다고 하더라도 주채무자가 이행을 하면 보증인에게는 아무런 손해가 발생하지 않지만, 이러한 이유로 비법인사단의 보증행위를 장래의 재산을 처분하는 경우와 다르게 볼 수는 없다.

7) 대판 1989. 3. 14, 87다카1574(집 37-1, 민 124); 대판 1992. 10. 13, 92다27034(공 1992, 3135) 등.

결의를 거치지 않았다면 이 사건 보증계약은 효력이 없다고 한다. 그러나 다수의견은 이 사건 보증계약이 총유물의 관리·처분행위에 해당하지 않는다는 이유로 총유물 관리·처분에 관한 법리가 적용될 수 없고, 따라서 이 사건 규약에서 정한 조합 임원회의 결의를 거치지 아니하였다거나 조합원총회 결의를 거치지 않았다고 하더라도 그것만으로 바로 이 사건 보증계약이 무효라고 할 수는 없다고 한다. 다만, 이와 같은 경우에 조합 임원회의 결의를 거치도록 한 이 사건 규약은 그 조합장의 대표권을 제한하는 규정에 해당하는 것이므로, 거래 상대방이 그와 같은 대표권 제한 및 그 위반 사실을 알았거나 과실로 인하여 이를 알지 못한 때에는 그 거래행위가 무효라고 한다.[8] 즉, 피고의 이 사건 규약과 그 위반에 대하여 원고가 선의·무과실인 경우에는 채무보증행위가 유효라는 것이다. 여기에 이르러 보증계약이 총유물의 관리, 처분에 해당하는지에 관한 견해의 대립이 실질적인 의미를 가지게 된다.

과연 보증계약이 총유물의 관리·처분에 해당하는지 여부에 따라 이 사건 정관의 법적 지위를 다르게 파악하여야 하는지 의문이다. 이 사건 정관이 총유물의 관리·처분에 관한 것인지, 아니면 대표권의 제한에 관한 것인지 여부와 무관하게, 이에 위반한 행위의 효력을 결정하여야 하지 않을까 한다.[9] 종래 비법인사단의 경우에 사원총회의 결의 없이 이루어진 총유물의 관리·처분행위를 절대적으로 무효라고 본 위 판례[10]를 피하기 위하여 다수의견에서는 채무보증행위가 총유물의 관리·처분에 속하지 않는다고 본 것이다. 그러나 이와 같은 전제가 타당한지에 관해서 논란이 있는데,[11] 민법 제276조 제1항 위반행위의 효력을 포함하여 거래상대방의 보호문제를 재검토할 필요가 있다.

8) 이 경우 그 거래 상대방이 대표권 제한 및 그 위반사실을 알았거나 알지 못한 데에 과실이 있다는 사정은 그 거래의 무효를 주장하는 측이 이를 주장·입증하여야 할 것이라고 한다. 대판 2003. 7. 22, 2002다64780(공 2003, 1775).

9) 반대의견에 대한 보충의견은 비법인사단의 거래 상대방의 안전을 보호하기 위한 해석방법이 있을 수 있다고 하면서, 비법인사단의 대표자가 정관이나 사원총회의 결의에 반하여 총유물의 관리·처분행위를 하는 것이란 사실을, 거래 상대방이 알았거나 과실로 인하여 알지 못한 때에 한하여 그 거래행위를 무효로 보고, 그렇지 아니한 경우에는 무효로 보지 않는 해석방법을 제시하고 있다.

10) 위 주 7.

11) 이에 반대하는 견해로는 문준섭(주 2), 247면 및 그 곳에 있는 문헌 참조.

[37] Ⅱ. 총유물의 보존행위

대판(전) 2005. 9. 15, 2004다44971(공 2005, 1597)

1. 대법원 판결

민법 제276조 제1항은 "총유물의 관리 및 처분은 사원총회의 결의에 의한다.", 같은 조 제2항은 "각 사원은 정관 기타의 규약에 좇아 총유물을 사용·수익할 수 있다."라고 규정하고 있을 뿐 공유나 합유의 경우처럼 보존행위는 그 구성원 각자가 할 수 있다는 민법 제265조 단서 또는 민법 제272조 단서와 같은 규정을 두고 있지 아니한바, 이는 법인 아닌 사단의 소유형태인 총유가 공유나 합유에 비하여 단체성이 강하고 구성원 개인들의 총유재산에 대한 지분권이 인정되지 아니하는 데에서 나온 당연한 귀결이라고 할 것이다.

따라서 총유재산에 관한 소송은 법인 아닌 사단이 그 명의로 사원총회의 결의를 거쳐 하거나 또는 그 구성원 전원이 당사자가 되어 필수적 공동소송의 형태로 할 수 있을 뿐 그 사단의 구성원은 설령 그가 사단의 대표자라거나 사원총회의 결의를 거쳤다 하더라도 그 소송의 당사자가 될 수 없고, 이러한 법리는 총유재산의 보존행위로서 소를 제기하는 경우에도 마찬가지라 할 것이다.

2. 평석

(1) 이 사건에서 종중의 구성원이 총유물의 보존행위에 기하여 원인무효의 소유권이전등기에 대한 말소청구를 할 수 있는지 문제되었다. 대법원은 "총유재산에 관한 소송은 법인 아닌 사단이 그 명의로 사원총회의 결의를 거쳐 하거나 또는 그 구성원 전원이 당사자가 되어 필수적 공동소송의 형태로 할 수 있을 뿐 그 사단의 구성원은 설령 그가 사단의 대표자라거나 사원총회의 결의를 거쳤다 하더라도 그 소송의 당사자가 될 수 없고, 이러한 법리는 총유재산의 보존행위로서 소를 제기하는 경우에도 마찬가지라 할 것"이라고 하면서 이에 배치되는 종전의 대법원 판결들을 변경하였다.

(2) 총유물의 보존행위를 인정할 것인지 논란이 제기되었고, 판례도 혼란스러운 모습을 띠었다. 법인 아닌 사단의 대표자 또는 구성원 일부가 합유물의 경우와 마찬가지로 총유재산의 보존을 위한 소를 제기할 수 있다는 대법원 판결도 있었고,[1] 총유재산에 관한 소송은 권리능력 없는 사단 명의로 하거나 또는 그 구성원 전원이 당사자가 되어 할 수 있을 뿐이고 후자의 경우에는 필요적 공동소송이라는 판결도 있었다.[2]

민법 제276조 제1항은 "총유물의 관리 및 처분은 사원총회의 결의에 의한다."라고 규정하고, 제2항은 "각 사원은 정관 기타의 규약에 좇아 총유물을 사용·수익할 수 있다."라고 규정하고 있을 뿐이고, 총유의 경우에는 공유(민법 제265조 단서)나 합유(민법 제272조 단서)의 경우처럼 그 구성원 각자가 보존행위를 할 수 있다는 규정이 없다. 따라서 총유물의 보존에 관하여는 공유물의 보존에 관한 규정이 적용될 수 없고, 특별한 사정이 없는 한 민법 제276조 제1항 소정의 사원총회의 결의를 거쳐야 한다.

총유물의 보존에 관하여 공동소유의 다른 형태인 공유나 합유에 관한 규정을 유추적용할 수 있는지 문제되나, 대법원은 이를 부정하고 있다고 볼 수 있다. 총유의 경우에 보존행위에 관한 규정이 없다고 하여 당연히 공유나 합유의 경우와 다르게 보아야 하는 것은 아니다. 그리하여 대법원은 총유가 공유나 합유에 비하여 단체성이 강하고 구성원 개인들의 총유재산에 대한 지

1) 대판 1960. 5. 5, 4292민상191(집 8, 민 53).
2) 대판 1994. 5. 24, 92다50232(집 42-2, 민 35); 대판 1995. 9. 5, 95다21303(공 1995, 3356). 필요적 공동소송은 2002년 민사소송법 개정으로 필수적 공동소송으로 그 명칭이 바뀌었다.

분권이 인정되지 않는다는 점을 부가하고 있다.

대법원은 공유자 1인이 무단점유자에 대하여 명도청구를 하거나 원인 무효의 등기에 대한 말소등기절차의 이행을 구하는 것이 보존행위에 속한다고 보았으나,[3] 필자는 공유자의 말소등기청구나 명도청구를 공유물의 보존행위로 볼 수 없고, 공유자의 지분권에 기한 청구로 보아야 한다는 견해에 찬성하였다.[4] 총유의 경우에는 구성원이 총유재산에 대한 지분권이 없으므로, 지분권에 기한 명도청구나 말소등기청구도 할 수 없다.

법인 아닌 사단이나 재단은 대표자 또는 관리인이 있는 경우에는 그 사단이나 재단의 이름으로 당사자가 될 수 있다(민사소송법 제52조). 법인 아닌 사단에서 사단 명의의 소송과 구성원 전원에 의한 필수적 공동소송이 인정되는 상태에서 대표자나 그 구성원이 개별적으로 소를 제기할 수 있도록 한다면, 매우 혼란스러운 상황이 발생할 것이다. 이 사건에서 종중의 대표자가 소를 제기하였는데, 이러한 경우에는 종중 이름으로 소를 제기하는 것이 어려운 일이 아니다. 그러한 의미에서 대법원판결의 결론에 수긍할 수 있다.

한편 조합에 관한 소송에서는 법인 아닌 사단에 관한 소송과는 다른 방식으로 해결하고 있다. 대법원은 조합에 관한 소송은 원칙적으로 필수적 공동소송이지만, 업무집행조합원 이름으로 소송을 할 수 있다고 하였다. 합유물의 보존행위에 속하지 않는 경우에도 업무집행조합원에 의한 소송을 허용하고 있다. 초기에는 임의적 소송신탁으로 이론구성하였으나,[5] 최근에는 조합해산시의 잔여재산분배청구에 관한 사건에서도 조합원 개인이 소를 제기할 수 있는 범위를 넓히고 있다.[6] 대법원 판결은 조합의 소송과 법인 아닌 사단의 소송을 엄밀하게 분리하였다고 볼 수 있다. 그러나 조합에 관한 소송과 법인 아닌 사단에 관한 소송을 엄밀하게 구분하여 접근하는 것이 타당한지 여부에 관해서는 검토할 필요가 있다.

3) 대판(전) 1994. 3. 22, 93다9392, 9408(집 42-1, 민 208); 대판 1988. 2. 23, 87다카961(공 1988, 580).

4) 김재형, "공유물에 대한 보존행위의 범위," 민법론 I, 2004, 227면 이하.

5) 대판 1984. 2. 14, 83다카1815(공 1984, 508).

6) 대판 2000. 4. 21, 99다35713(공 2000, 1233). 아래 [94] 판결.

제3장 용익물권

[38] Ⅰ. 관습상 법정지상권과 가압류

대판(전) 2012. 10. 18, 2010다52140(공 2012, 1877)

1. 사실관계와 원심판결

원고는 2005. 6. 13. 소외 1, 소외 2로부터 그들 소유의 이 사건 토지를 매수하여 2005. 11. 30. 원고 명의로 소유권이전등기를 마쳤다. 한편 소외 3은 2003. 1. 3. 당시 소외 1 등의 소유이던 이 사건 토지 위에 건립되어 있던 이 사건 건물에 관하여 자기 명의로 소유권보존등기를 마쳤다. 그 후 이 사건 건물에 관하여는 2003. 10. 20. 소외 3의 채권자인 A를 위한 가압류등기가, 2004. 9. 18. 위 가압류를 바탕으로 강제경매개시결정의 등기가 되었다. 원고는 위 경매절차가 진행 중이던 2005. 11. 29. 소외 3으로부터 이 사건 건물을 매수하여 2005. 12. 12. 원고 명의로 소유권이전등기를 마쳤으나, 그 경매절차에서 이 사건 건물이 2006. 6. 9. 피고에게 매각되어 그 대금이 완납되고 이를 원인으로 하여 2006. 6. 15.에 원고 명의의 위 소유권이전등기가 말소되고 피고 명의로 소유권이전등기를 마쳤다.

원심은 피고가 매각대금을 완납한 시점을 기준으로 동일인이 이 사건 토지와 그 지상 건물을 소유하였는지 여부를 따져서 이 사건 건물의 강제경매로 이 사건 건물을 위한 관습상 법정지상권이 성립한다고 판단하였다.

2. 대법원 판결

그러나 대법원은 원고의 상고를 받아들여 원심판결을 파기환송하였다. 먼저 압류가 있는 경우에는 압류의 효력이 발생하는 때를 기준으로 판단하여야 한다고 보았는데, 그 이유는 다음과 같다.

"그런데 부동산강제경매절차에서 목적물을 매수한 사람의 법적 지위는 다른 특별한 사정이 없는 한 그 절차상 압류의 효력이 발생하는 때를 기준으로 하여 정하여지고, 매수신청인·담보권자·채권자·채무자 기타 그 절차에 이해관계를 가지는 여러 당사자는 그와 같이 하여 정하여지는 법적 지위를 전제로 하여 자신의 이해관계를 계산하고, 나아가 경매절차에의 참여, 채무이행, 대위변제 기타의 재산적 결정에 이르게 된다. 이는 토지와 지상 건물 중 하나 또는 그 전부가 경매의 목적물이 된 경우에 그 경매로 인하여 종국적으로 소유자가 달라지면 이제 토지가 건물의 소유를 위한 사용권의 부담을 안게 되고 건물은 계속 유지되어 존립할 수 있는지와 같이 이해관계인에게 중요한 의미가 있는 사항에 관련하여서도 다를 바 없다고 할 것이다."[1)]

나아가 경매의 목적이 된 부동산에 대하여 가압류가 있고 그것이 본압류로 이행되어 경매절차가 진행된 경우에는 애초 가압류가 효력을 발생하는 때를 기준으로 토지와 그 지상 건물이 동일인에 속하였는지 여부를 판단할 것이라고 한다.[2)] "강제경매개시결정 이전에 가압류가 있는 경우에는, 그 가압류가 강제경매개시결정으로 인하여 본압류로 이행되어 가압류집행이 본집행에 포섭됨으로써 당초부터 본집행이 있었던 것과 같은 효력이 있"기 때문이다.[3)]

1) 이 판결은 또한 "강제경매개시결정의 기입등기가 이루어져 압류의 효력이 발생한 후에 경매목적물의 소유권을 취득한 이른바 제3취득자는 그의 권리를 경매절차상 매수인에게 대항하지 못하고, 나아가 그 명의로 경료된 소유권이전등기는 매수인이 인수하지 아니하는 부동산의 부담에 관한 기입에 해당하므로(민사집행법 제144조 제1항 제2호 참조) 매각대금이 완납되면 직권으로 그 말소가 촉탁되어야 하는 것이어서, 결국 매각대금 완납 당시 소유자가 누구인지는 이 문제맥락에서 별다른 의미를 가질 수 없다는 점"도 들고 있다.
2) 대판 1990. 6. 26, 89다카24094(집 38-2, 민 118).
3) 대결 2002. 3. 15, 2001마6620(공 2002, 951).

이 사건에서 위 경매의 목적물인 이 사건 건물에 대하여는 이 사건 강제경매개시결정 이전에 A의 가압류가 있었고 그 후 그 가압류가 본압류로 이행하였으므로, 위 경매절차상의 매수인인 피고가 관습상 법정지상권을 취득하는지 하는 문제에서 피고가 그 매각대금을 완납한 2006. 6. 9.이 아니라 위 가압류가 효력을 발생한 2003. 10. 20.을 기준으로 이 사건 토지와 그 지상의 이 사건 건물이 동일인에게 속하였는지를 판단하여야 한다고 한다.

3. 평석

(1) 이 판결은 토지 또는 그 지상 건물의 소유권이 강제경매로 인하여 그 절차상 매수인에게 이전된 경우에 관습상 법정지상권의 성립 요건인 '토지와 그 지상 건물이 동일인 소유에 속하였는지'를 판단하는 기준시기는 매각대금 완납시가 아니라 압류 또는 가압류의 효력 발생시라고 하면서, 그 이유를 명료하게 제시하고 있다.

종래 대법원 판례는 관습상 법정지상권[4]을 폭넓게 인정하고 있다. 토지와 건물이 동일한 소유자에게 속하였다가 건물 또는 토지가 매매 그 밖의 원인으로 각각 소유자가 다르게 될 때에 그 건물을 철거한다는 특약이 없는 한 건물소유자는 토지소유자에 대하여 그 건물을 위한 관습상 법정지상권을 취득한다.[5] 토지와 그 지상 건물의 소유자가 달라진 원인이 강제경매 또는 국세징수법에 의한 공매인 경우에도 관습상 법정지상권이 성립한다.[6] 다만 이 판결에서는 동일인의 소유에 속하고 있던 토지와 그 지상 건물이 강제경매 또는 국세징수법에 의한 공매 등으로 인하여 소유자가 다르게 된 경우에는 그 건물을 철거한다는 특약이 없는 한 건물소유자는 토지소유자에 대하여 그 건물의 소유를 위한 관습상 법정지상권을 취득한다고 판단하고 있다. 이 판결의 사안은 강제경매에 의하여 토지와 건물의 소유권이 달라진 경우에 대한 것이라서, 매매 등 법률행위에 의하여 토지와 건물의 소유자가 달라진 경우에 대해서는 판단할 필요가 없다.

그런데 관습상 법정지상권이 성립되기 위해서는 토지와 건물 중 어느 하나가 처분될 당시에 토지와 그 지상 건물이 동일인의 소유에 속하였으면 족하고 원시적으로 동일인의 소유였을 필요는 없다.[7] 이 판결에서는 건물에 대한 가압류가 있는 경우에 토지와 지상 건물이 언제 동일인 소유이어야 하는지 여부가 쟁점이 되었다. 종전에 강제경매의 목적이 된 토지 또는 그 지상 건물의 소유권이 강제경매로 인하여 그 절차상의 매수인에게 이전된 경우에 토지와 그 지상 건물이 동일인에 속하였는지 여부는 그 매수인이 소유권을 취득하는 매각대금의 완납시를 기준으로 판단한 대법원 판결도 있었고,[8] 가압류 시를 기준으로 판단한 대법원 판결도 있었다.[9] 그러나 이 전원합의체 판결은 가압류 시를 기준으로 해야 한다고 하여 판례를 통일하였다.[10]

부동산에 가압류등기를 하면 채무자가 당해 부동산에 관한 처분행위를 하더라도 이로써 가

4) 이에 관해서는 관습상 지상권, 관습상 법정지상권, 관습법상의 법정지상권이라는 용어가 혼용되고 있다.
5) 대판 1960. 9. 29, 4292민상944("위 관습은 법적 효력이 있는 일반관습으로서 현저한 사실"이라고 하면서 조선고등법원 판례를 참조하고 있다); 대판 1966. 2. 22, 65다2223(집 14-1, 민 86).
6) 대판 1967. 11. 28, 67다1831(집 15-3, 민 323); 대판 1970. 9. 29, 70다1454(집 18-3, 민 119).
7) 대판 1995. 7. 28, 95다9075, 9082(공 1995, 2975).
8) 대판 1970. 9. 29, 70다1454(집 18-3, 민 119); 대판 1971. 9. 28, 71다1631(집19-3, 민 19).
9) 대판 1990. 6. 26, 89다카24094.
10) 배병일, "관습법상 법정지상권과 가압류," 저스티스 제129호(2012. 4), 98면은 가압류시설에 찬성하면서 가압류 이후 처분행위로 인한 등기는 장차 말소될 운명에 있기 때문에, 말소될 운명에 있는 등기를 근거로 관습법상 법정지상권에서 동일한 소유자인지 여부를 결정할 수 없다고 한다.

압류채권자에게 대항할 수 없다.[11] 이와 같은 가압류의 처분금지효에 따라 부동산에 대한 가압류가 있고 그것이 본압류로 이행되어 경매절차가 진행된 경우에 목적물을 매수한 사람의 법적 지위는 그 절차상 가압류의 효력이 발생하는 때를 기준으로 정해진다. 그러므로 관습상 법정지상권에서 '토지와 그 지상 건물이 동일인에 속하였는지 여부'는 매각대금 납부시가 아니라 가압류의 효력이 발생하는 때를 기준으로 판단하여야 할 것이다.

이 사건 건물에 대한 가압류 당시 토지와 건물의 소유자가 소외 1, 2와 소외 3으로 각각 달랐으나, 그 후 원고가 소외 1, 2로부터 토지를 매수하고 소외 3으로부터 건물을 매수하여 토지와 건물의 소유자가 동일하게 되었다. 위 가압류에 기하여 본압류로 이행되고 경매절차가 진행되어 토지와 건물의 소유자가 달라지게 되었더라도 건물에 대한 가압류채권자는 가압류 당시 건물을 위한 관습상 법정지상권이 성립할 것이라는 기대를 하였다고 볼 수 없다. 그 후 토지와 건물의 소유자가 동일하게 되었다고 해서 가압류채권자의 기대를 보호할 필요는 없고, 위 가압류에 기하여 진행된 경매절차에서 건물을 매수한 사람도 관습상 법정지상권을 취득할 것이라는 기대를 하지 못했다고 보는 것이 합리적이다.

(2) 한편 관습상 법정지상권에 대해서는 비판하는 견해가 많다.[12] 관습상 법정지상권은 건물이 철거되는 것을 막고 건물로서의 가치를 계속 유지하게 하는 것이 사회경제적으로 바람직하다는 점에 근거를 두고 있다. 그러나 동일인에 속하였던 토지와 건물 중 어느 하나를 매매나 증여 등으로 양도할 때에는 임대차계약을 맺거나 지상권을 설정하는 등의 조치를 하여야 할 것이고, 이와 같은 조치를 취하지 않은 경우에는 건물 철거의 위험을 감수하여야 한다. 따라서 매매 등으로 토지와 건물의 소유자가 달라진 경우에 건물의 소유자를 위하여 관습상 법정지상권을 인정하는 것은 합리적인 제도라고 할 수 없다. 또한 관습상 법정지상권은 등기 없이 토지소유권을 취득한 제3자에 대해서도 주장할 수 있기 때문에,[13] 부동산거래의 안전을 해치는 결과를 초래한다.[14]

만일 위와 같은 이유를 들어 입법론이나 해석론으로 관습상 법정지상권을 일반적으로 부정하는 견해를 채택한다면, 관습상 법정지상권에 관한 수많은 판례 법리는 무의미하게 될 것이다. 그러나 이 사건과 같이 건물에 대한 강제경매 등으로 인하여 토지와 건물의 소유자가 달라진 경우에는 당사자들이 지상권이나 임차권을 설정할 기회가 없었기 때문에, 법률의 규정에 의한 지상권을 인정할 필요가 있다. 제366조는 저당권에 기한 경매로 토지와 건물의 소유자가 달라지는 경우에 법정지상권이 성립한다는 규정을 두고 있는데, 강제경매나 공매의 경우에 이 규정을 준용하는 규정을 신설하여야 할 것이다. 그와 같은 준용규정이 신설되기 전에는 강제경매 또는 공매로 토지와 건물의 소유자가 달

11) 대판 2011. 11. 24, 2009다19246(공 2012, 4).

12) 곽윤직·김재형, 물권법, 제8판 보정, 2015, 329면; 이영준, 물권법, 전정신판, 2009, 700~701면.

13) 관습상 법정지상권은 법률행위로 인한 물권의 취득이 아니고 관습법에 의한 부동산에 관한 물권의 취득이므로 등기를 필요로 하지 아니하고 지상권취득의 효력이 발생하는 것이며, 이 관습상 법정지상권은 물권으로서의 효력에 의하여 이를 취득할 당시의 토지 소유자나 이로부터 그 토지소유권을 전득한 제3자에게 대하여도 등기 없이 위 지상권을 주장할 수 있다. 대판 1971. 1. 26, 70다2576(집 19-1, 민 28); 대판 1984. 9. 11, 83다카2245(집 32-4, 민 10).

14) 관습상 법정지상권에 관해서는 민법개정안이 나오기도 하였다. 2004년 법무부의 민법개정안에서는 제279조의2를 신설하여 "동일한 소유자에 속하는 토지와 그 지상 건물이 법률행위에 의하여 그 소유자를 달리하게 되는 때에는 그 건물소유자를 위하여 존속기간의 정함이 없는 지상권설정계약이 체결된 것으로 추정한다."는 규정을 둘 것을 제안하였다.

라지는 경우에 제366조의 규정을 유추적용하여 법정지상권을 인정하여야 할 것이다. 이러한 경우는 저당권의 실행으로 토지와 건물의 소유자가 달라지는 경우와 이익상황이 유사하기 때문이다. 따라서 가압류와 압류에 관한 이 판결의 법리는 관습상 법정지상권이 폐지된 이후에도 여전히 의미를 가지게 될 것이다.

[39] Ⅱ. 관습상 법정지상권에서 토지와 건물의 동일인 소유를 판단하는 기준시기

대판 2013. 4. 11, 2009다62059(공 2013, 837)

1. 대법원 판결

이 판결은 강제경매의 목적이 된 토지 또는 그 지상 건물에 관하여 강제경매를 위한 압류나 그 압류에 선행한 가압류가 있기 이전에 저당권이 설정되어 있다가 강제경매로 저당권이 소멸한 경우, 건물 소유를 위한 관습상 법정지상권의 성립 요건인 '토지와 그 지상 건물이 동일인 소유에 속하였는지'를 판단하는 기준 시기를 저당권 설정 당시라고 판단하고 있다. 그 이유는 다음과 같다.

"강제경매의 목적이 된 토지 또는 그 지상 건물에 관하여 강제경매를 위한 압류나 그 압류에 선행한 가압류가 있기 이전에 저당권이 설정되어 있다가 그 후 강제경매로 인해 그 저당권이 소멸하는 경우에는, 그 저당권 설정 이후의 특정 시점을 기준으로 토지와 그 지상 건물이 동일인의 소유에 속하였는지 여부에 따라 관습상 법정지상권의 성립 여부를 판단하게 되면, 저당권자로서는 저당권 설정 당시를 기준으로 그 토지나 지상 건물의 담보가치를 평가하였음에도 저당권 설정 이후에 토지나 그 지상 건물의 소유자가 변경되었다는 외부의 우연한 사정으로 인하여 자신이 당초에 파악하고 있던 것보다 부당하게 높아지거나 떨어진 가치를 가진 담보를 취득하게 되는 예상하지 못한 이익을 얻거나 손해를 입게 되므로, 그 저당권 설정 당시를 기준으로 토지와 그 지상 건물이 동일인에게 속하였는지 여부에 따라 관습상 법정지상권의 성립 여부를 판단하여야 할 것이다."

2. 평석

(1) 판례에 의하면, 토지와 건물이 동일한 소유자에게 속하였다가 건물 또는 토지가 매매 그 밖의 원인으로 각각 소유자가 다르게 될 때에 그 건물을 철거한다는 특약이 없는 한 건물소유자는 토지소유자에 대하여 그 건물을 위한 관습상 법정지상권을 취득한다.[1] 토지와 그 지상 건물의 소유자가 달라진 원인이 강제경매 또는 국세징수법에 의한 공매인 경우에도 관습상 법정지상권이 성립한다.[2]

(2) 제366조 본문은 법정지상권에 관하여 "저당물의 경매로 인하여 토지와 그 지상건물이 다른 소유자에 속한 경우에는 토지소유자는 건물소유자에 대하여 지상권을 설정한 것으로 본다."라고 정하고 있다. 법규정에서 명시하고 있지는 않지만, 통설은 저당권설정 당시부터 토지위에 건물이 존재하는 경우에만 법정지상권을 인정한다.[3] 그 이유로 건물이 없는 토지에 저당권을 설정하는 경우에는 저당권자는 토지의 담보가치를 높게 평가하므로 그 후에 세워진 건물에 관하여 법정지상권이 성립하면 토지의 교환가치는 떨어지고 저당권자가 피해를 입게 된다는 점을 든다. 판례도 통설과 마찬가지이다. 즉, 저당권설정 당시부터 저당권의 목적되는 토지위에 건물이 존재하는 경우에 한하여 본조의 법정지상권이 성립되며, 건물 없는 토지에 대하여 저당권이 설정되었는데 그 후에 설정자가 그 위에 건물을 건축한 경우에는 법정지상권이 생길 수 없다고 한다.[4]

1) 대판 1960. 9. 29, 4292민상944; 대판 1966. 2. 22, 65다2223(집 14-1, 민 86).
2) 대판 1967. 11. 28, 67다1831(집 15-3, 민 323); 대판 1970. 9. 29, 70다1454(집 18-3, 민 119).
3) 곽윤직·김재형, 물권법, 제8판 보정, 2015, 465면; 김증한·김학동, 물권법, 제9판, 1997, 532면; 주석 민법-물권(4), 제4판, 2011, 204면(김재형 집필).
4) 대판 1978. 8. 22, 78다630; 대판 1993. 6. 25, 92다20330; 대결 1995. 12. 11, 95마1262; 대판 1995. 12.

그러나 관습상 법정지상권에서는 저당권 설정이 없는 경우에 적용되므로, 그 성립요건인 '토지와 그 지상 건물이 동일인 소유에 속하였는지 여부'를 저당권 설정 시를 기준으로 삼을 수 없다. 그리하여 판례는 토지와 그 지상 건물의 소유권이 달라진 시점을 기준으로 그 요건을 판단하고 있다. 다만 위 대법원 전원합의체 판결은 부동산강제경매로 토지와 건물의 소유자가 달라진 경우 압류 시 또는 가압류 시를 기준으로 그 요건을 판단하고 있다. 그 이유로 강제경매절차에서 목적물을 매수한 사람의 법적 지위가 그 절차상 압류의 효력이 발생하는 때를 기준으로 정해진다는 점을 든다. 이와 같은 결론은 압류 또는 가압류의 처분금지효에서 도출할 수도 있다.

위 대법원 2013. 4. 11. 판결[5]은 관습상 법정지상권에 대한 것인데도 저당권 설정 당시를 기준으로 토지와 그 지상 건물이 동일인 소유였는지를 판단하였다는 점이 이례적인 것처럼 보인다. 그러나 이 판결의 사안은 특수한 사례에 관한 것으로, 강제경매의 목적이 된 토지 또는 그 지상 건물에 관하여 강제경매를 위한 압류나 그 압류에 선행한 가압류가 있기 이전에 저당권이 설정되어 있다가 그 후 강제경매로 인해 그 저당권이 소멸하는 경우에 관한 것이다.[6] 이러한 경우 저당권자는 저당권 설정 당시를 기준으로 그 토지나 지상 건물의 담보가치를 평가하게 된다. 그런데도 저당권 설정 이후의 특정 시점을 기준으로 토지와 그 지상 건물이 동일인의 소유에 속하였는지에 따라 관습상 법정지상권의 성립 여부를 판단하게 되면, 저당권 설정 이후에 토지나 그 지상 건물의 소유자가 변경되었다는 외부의 우연한 사정으로 인하여 자신이 당초에 파악하고 있던 것보다 부당하게 높아지거나 떨어진 가치를 가진 담보를 취득하게 되는 예상하지 못한 이익을 얻거나 손해를 입게 된다. 따라서 저당권 설정 당시를 기준으로 토지와 그 지상 건물이 동일인에게 속하였는지에 따라 관습상 법정지상권의 성립 여부를 판단하도록 한 것이다.

26, 95다24524.

5) 이 판결에 대한 재판연구관의 해설로는 신용호, "강제경매의 목적이 된 토지 또는 그 지상 건물에 관하여 강제경매를 위한 압류나 그 압류에 선행한 가압류가 있기 이전에 저당권이 설정되어 있다가 강제경매로 저당권이 소멸한 경우, 건물 소유를 위한 관습상 법정지상권의 성립 요건인 '토지와 그 지상 건물이 동일인 소유에 속하였는지'를 판단하는 기준 시기," 대법원판례해설 제95호(2013년 상), 법원도서관, 2013, 40면 이하.

6) 이러한 경우에 관습상 법정지상권을 인정하지 않고 법정지상권에 관한 제366조를 유추적용하는 것이 바람직하다. 곽윤직·김재형(주 3), 330면. 이와 같이 본다면 저당권 설정시를 기준으로 판단하여야 한다는 결론을 쉽게 도출할 수 있다.

제4장 담보물권

제1절 유치권

[40] Ⅰ. 유치권의 효력 제한 문제 — 특히 상사유치권의 경우

대판 2013. 2. 28, 2010다57350(공 2013, 539)

1. 대법원 판결

“상사유치권은 민사유치권과 달리 그 피담보채권이 ‘목적물에 관하여’ 생긴 것일 필요는 없지만 유치권의 대상이 되는 물건은 ‘채무자 소유’일 것으로 제한되어 있다(상법 제58조, 민법 제320조 제1항 참조). 이와 같이 상사유치권의 대상이 되는 목적물을 ‘채무자 소유의 물건’에 한정하는 취지는, 상사유치권의 경우에는 목적물과 피담보채권 사이의 견련관계가 완화됨으로써 피담보채권이 목적물에 대한 공익비용적 성질을 가지지 않아도 되므로 피담보채권이 유치권자와 채무자 사이에 발생하는 모든 상사채권으로 무한정 확장될 수 있고, 그로 인하여 이미 제3자가 목적물에 관하여 확보한 권리를 침해할 우려가 있어 상사유치권의 성립범위 또는 상사유치권으로 대항할 수 있는 범위를 제한한 것으로 볼 수 있다. 즉 상사유치권이 채무자 소유의 물건에 대해서만 성립한다는 것은, 상사유치권은 그 성립 당시 채무자가 목적물에 대하여 보유하고 있는 담보가치만을 대상으로 하는 제한물권이라는 의미를 담고 있다 할 것이고, 따라서 유치권 성립 당시에 이미 그 목적물에 대하여 제3자가 권리자인 제한물권이 설정되어 있다면, 상사유치권은 그와 같이 제한된 채무자의 소유권에 기초하여 성립할 뿐이고, 기존의 제한물권이 확보하고 있는 담보가치를 사후적으로 침탈하지는 못한다고 보아야 한다. 그러므로 **채무자 소유의 부동산에 관하여 이미 선행(先行)저당권이 설정되어 있는 상태에서 채권자의 상사유치권이 성립한 경우**, 상사유치권자는 채무자 및 그 이후 그 채무자로부터 부동산을 양수하거나 제한물권을 설정받는 자에 대해서는 대항할 수 있지만, **선행저당권자 또는 선행저당권에 기한 임의경매절차에서 부동산을 취득한 매수인에 대한 관계에서는 그 상사유치권으로 대항할 수 없다.**”[1)]

2. 평석

(1) 2000년대 이후 부동산 유치권을 주장하는 사건이 급증하고 있다. 종전에는 민사유치권이 주로 문제되었는데, 최근에는 상사유치권에 관한 사건도 늘어나고 있다.

민법과 상법에서 유치권에 관해서는 유치적 효력을 인정한 데 불과하고 우선변제권을 인정하지 않고 있다. 그러나 민사집행법 제91조 제5

1) 이 사건에 대한 구체적 판단에서 다음과 같은 이유로 원심판결을 파기환송하였다. “이 사건 115호 점포에 대하여 원고 2가 주장하는 상사유치권이 성립하려면 위 115호 점포에 대한 점유 요건 외에 피담보채권의 발생 요건도 갖추어져야 하는 것이고, 또 그로써 근저당권자인 피고에게 대항하려면 상사유치권이 성립한 시점이 근저당권의 성립 시점보다 앞서야만 할 것이다. 그런데 A회사의 원고 2에 대한 위 115호 점포에 관한 소유권이전등기의무가 이행불능이 됨으로써 원고 2가 주장하는 전보배상청구권이 발생한 것은, A회사가 피고에 대한 위 본등기에 의하여 부동산에 대한 권리는 이전되었음을 전제로 그에 따른 청산금청구소송을 제기한 2007. 7. 30. 경이라 할 것이고, 그와 달리 위 근저당권설정등기가 마쳐진 2006. 9. 7. 이전에 원고 2가 주장하는 상사유치권의 피담보채권이 발생하였다는 점을 인정할 다른 자료는 없다. 그러므로 원고 2는 선행저당권자이자 선행저당권에 기한 임의경매절차에서 낙찰을 받아 소유권을 취득한 피고에 대한 관계에서는 위 전보배상청구권을 피담보채권으로 한 상사유치권으로 대항할 수 없다.”

항은 경매절차에서 매수인은 유치권자에게 "유치권으로 담보하는 채권을 변제할 책임이 있다." 라고 정함으로써, 저당권 등 다른 담보물권과는 달리 이른바 인수주의를 채택하고 있다. 그리하여 유치권자는 사실상 최우선변제권을 가지고 있는 결과가 되었다. 그 결과 경매절차 등에서 유치권으로 인한 폐해가 매우 심각해지고 있다.[2)]

대법원에서는 2005년 이후 유치권의 효력을 제한하는 판결을 하고 있다. 전반적인 경향은 부동산 유치권에 대한 부정적 인식을 반영하여 민사집행법 제91조 제5항의 의미를 축소하거나 제한하고 있다. 대판 2005. 8. 19, 2005다22688(공 2005, 1503)은 채무자 소유의 부동산에 경매개시결정의 기입등기가 경료되어 압류의 효력이 발생한 이후에 취득한 유치권에 관해서는 경매절차의 매수인에게 대항할 수 없다고 한다.[3)]

2) 2009년 설치된 법무부 민법개정위원회에서는 부동산 유치권 제도를 개선하기 위하여 개정안을 마련하였고, 2013년 정부안으로 확정되어 국회에 제출된 상태이다. 개정안의 작성과정에 관해서는 김재형, "부동산 유치권의 개선방안," 민사법학 제55호(2011. 9), 339면 이하; 윤진수, "유치권 및 저당권설정청구권에 관한 민법개정안," 민사법학 제63-1호(2013. 6), 193면 이하 참조.

3) 이 판결은 채무자 소유의 부동산에 경매개시결정의 기입등기가 경료되어 압류의 효력이 발생한 이후에 채권자가 채무자로부터 위 부동산의 점유를 이전받고 이에 관한 공사 등을 시행함으로써 채무자에 대한 공사대금채권 및 이를 피담보채권으로 한 유치권을 취득한 경우, 이러한 점유의 이전은 목적물의 교환가치를 감소시킬 우려가 있는 처분행위에 해당하여 민사집행법 제92조 제1항, 제83조 제4항에 따른 압류의 처분금지효에 저촉되므로, 위와 같은 경위로 부동산을 점유한 채권자로서는 위 유치권을 내세워 그 부동산에 관한 경매절차의 매수인에게 대항할 수 없다고 한다. 그리고 민사집행법 제91조 제5항에 따라 매수인이 인수하는 유치권은 원칙적으로 경매절차의 압류채권자에게 대항할 수 있는 것인데, 경매부동산의 압류 당시에는 이를 점유하지 아니하여 유치권을 취득하지 못한 상태에 있다가 압류 이후에 경매부동산에 관한 기존의 채권을 담보할 목적으로 뒤늦게 채무자로부터 그 점유를 이전받음으로써 유치권을 취득하게 된 경우에는 위 법리에 비추어 이로써 경매절차의 매수인에게 대항할 수 없다고 한다.

판례는 위와 같이 유치권의 효력을 제한하는 법리를 민사집행법 제92조 제1항, 제83조 제4항에 따른 압류의 처분금지효에서 도출하고 있다. 따라서 위와 같은 법리는 경매로 인한 압류의 효력이 발생하기 전에 유치권을 취득한 경우에는 적용되지 않고, 유치권 취득시기가 근저당권설정 후이든지 유치권 취득 전에 설정된 근저당권에 기하여 경매절차가 개시되었는지는 상관없다.[4)] 또한 부동산에 가압류등기가 되어 있을 뿐 현실적인 매각절차가 이루어지지 않고 있는 상황에서는 채무자의 점유이전으로 인하여 제3자가 유치권을 취득하게 된다고 하더라도 이를 처분행위로 볼 수는 없다고 한다.[5)] 결국 민사집행법 제91조 제5항이 적용되는지 여부는 압류의 효력이 먼저 발생하였는지, 아니면 유치권이 먼저 성립하였는지 여부에 따라 달라진다.

그러나 대판 2011. 12. 22, 2011다84298(공 2012, 168)은 상사유치권이 성립한 이후에 경매절차가 개시되었는데도, 유치권의 행사를 신의칙에 반하는 권리행사 또는 권리남용으로서 허용되지 않는다고 판단하였다. 이 판결은 먼저 "유치권제도와 관련하여서는 거래당사자가 유치권을 자신의 이익을 위하여 고의적으로 작출함으로써 앞서 본 유치권의 최우선순위담보권으로서의 지위를 부당하게 이용하고 전체 담보권질서에 관한 법의 구상을 왜곡할 위험이 내재한다. 이러한 위험에 대처하여, 개별 사안의 구체적인 사정을 종합적으로 고려할 때 신의성실의 원칙에 반한다고 평가되는 유치권제도 남용의 유치권 행사는 이를 허용하여서는 안 될 것이다."라고 전제한 다음, "특히 채무자가 채무초과의 상태에 이미 빠졌거나 그러한 상태가 임박함으로써 채권자가 원래라면 자기 채권의 충분

同旨: 대판 2011. 10. 13, 2011다55214(공 2011, 2348); 대판 2013. 6. 27, 2011다50165(공 2013, 1294).

4) 대판 2009. 1. 15, 2008다70763(공 2009, 158).

5) 대판 2011. 11. 24, 2009다19246(공 2012, 4).

한 만족을 얻을 가능성이 현저히 낮아진 상태에서 이미 채무자 소유의 목적물에 저당권 기타 담보물권이 설정되어 있어서 유치권의 성립에 의하여 저당권자 등이 그 채권 만족상의 불이익을 입을 것을 잘 알면서 자기 채권의 우선적 만족을 위하여 위와 같이 취약한 재정적 지위에 있는 채무자와의 사이에 의도적으로 유치권의 성립요건을 충족하는 내용의 거래를 일으키고 그에 기하여 목적물을 점유하게 됨으로써 유치권이 성립하였다면, 유치권자가 그 유치권을 저당권자 등에 대하여 주장하는 것은 다른 특별한 사정이 없는 한 신의칙에 반하는 권리행사 또는 권리남용으로서 허용되지 아니한다."라고 판단하였다. 이 판결은 저당권자 등에 대한 유치권 행사를 신의칙 위반 또는 권리남용을 이유로 제한했다는 점에서 획기적이라고 할 수 있다. 사안이 상사유치권에 관한 것이지만, 이 판결은 유치권 일반에 관하여 법리를 전개하고 있다. 따라서 이 판결의 법리는 상사유치권에 한정하여 적용되는 것이 아니고 민사유치권에도 그대로 적용된다고 보아야 할 것이다.

유치권의 효력을 제한하는 판례의 전개는 여기에서 그치지 않는다. 2013년에 나온 이 판결은 상사유치권에 관하여 종전에 나온 판례의 논리를 뛰어넘는 법리를 선언하였다. 채무자 소유의 부동산에 관하여 이미 선행저당권이 설정되어 있는 상태에서 채권자의 상사유치권이 성립한 경우, 상사유치권자가 선행저당권자 또는 선행저당권에 기한 임의경매절차에서 부동산을 취득한 매수인에 대한 관계에서 상사유치권으로 대항할 수 없다고 한 것이다.[6]

(2) 위 대법원 2005. 8. 19. 판결은 채무자 소유의 부동산에 경매개시결정의 기입등기가 경료되어 압류의 효력이 발생한 이후에 취득한 유치권에 관해서는 경매절차의 매수인에게 대항할 수 없다고 하면서, 민사집행법이 정하고 있는 압류의 처분금지효에서 결론을 도출하고 있다. 유치권의 취득을 처분 개념으로 포섭할 수 있는지 논란이 있지만, 민사집행법 규정에서 위와 같은 유치권 제한의 근거를 찾고 있는데, 처분 개념을 확대하거나 유추적용을 한 것으로 볼 수 있다. 위 대법원 2011. 12. 22. 판결은 상사유치권이 성립한 이후에 경매절차가 개시되었는데도, 저당권자 등에 대한 유치권의 행사를 신의칙에 반하는 권리행사 또는 권리남용으로서 허용되지 않는다고 판단하였다. 민사집행법에서 정하고 있는 압류의 처분금지효가 적용될 여지가 없기 때문에, 민법의 일반조항으로 부당한 결과를 막은 것으로 볼 수 있다. 대법원은 민사집행법 제91조 제5항을 문언대로 적용할 경우 발생하는 부당한 결과를 막기 위한 방법으로 압류의 처분금지효로 해결할 수 없는 경우에는 신의칙 위반 또는 권리남용을 근거로 제시한 것이다.

그런데 위 대법원 2013. 2. 28. 판결은 채무자 소유의 부동산에 관하여 이미 선행(先行)저당권이 설정되어 있는 상태에서 채권자의 상사유치권이 성립한 경우, 상사유치권자는 채무자 및 그 이후 그 채무자로부터 부동산을 양수하거나 제한물권을 설정받는 자에 대해서는 대항할 수 있지만, 선행저당권자 또는 선행저당권에 기한 임의경매절차에서 부동산을 취득한 매수인에 대한 관계에서는 그 상사유치권으로 대항할 수 없다고 한다. 상사유치권에서 채무자 소유의 물건으로 한정하고 있다는 데서 위와 같은 결론을 도출하고 있다, 그러나 상법의 규정에서 위와 같이 상대적 대항력이라는 효과를 도출할 수 있는지 의문이 제기될 수 있다.

이 판결은 상사유치권의 대상을 채무자 소유의 물건으로 한정한 이유를 피담보채권이 모든 상사채권으로 확장될 수 있다는 점에서 찾는다. 상사유치권의 경우에는 목적물과 피담보채권

6) 대판 2013. 3. 28, 2012다94285(종합법률정보).

사이의 견련관계가 완화됨으로써 피담보채권이 '목적물에 대한 공익비용적 성질'을 가지지 않아도 된다는 것이다. 여기에서 목적물에 대한 공익비용적 성질이라는 것은 목적물의 가치를 증가시키는 효과가 있는 비용이라는 의미로 생각할 수 있지만, 그와 같이 한정적으로 이해할 수는 없다. 왜냐하면 민사유치권의 경우에 피담보채권은 목적물에 관한 채권이면 충분하고 목적물의 가치를 증가시키지 않아도 되고, 유치권의 피담보채권을 비용지출로 인한 채권에 한정하고 있지 않기 때문이다.

이 판결은 "상사유치권이 채무자 소유의 물건에 대해서만 성립한다는 것은, 상사유치권은 그 성립 당시 채무자가 목적물에 대하여 보유하고 있는 담보가치만을 대상으로 하는 제한물권이라는 의미를 담고 있다."고 한다. 그러나 채무자 소유의 물건에 대해서 유치권이 성립한다는 것은 '그 성립 당시 채무자가 목적물을 소유하고 있을 것'으로 충분한 것이고, 여기에서 나아가 '그 성립 당시 채무자가 목적물에 대하여 보유하고 있는 담보가치만을 대상'으로 한다고 볼 수는 없지 않을까? 상사유치권에 관한 규정에서 상대적 대항력을 인정할 수 있는 표현을 사용하고 있지 않다. 유치권 성립 당시에 이미 목적물에 대하여 제3자가 권리자인 제한물권이 설정되어 있는 경우 상사유치권은 기존의 제한물권이 확보하고 있는 담보가치를 사후적으로 침탈하지는 못하도록 한 것은 결과적으로는 바람직한 것으로 볼 수 있지만, 이는 법해석의 한계를 벗어난 것으로 보인다. 이 판결을 법관에 의한 법형성으로 볼 수도 있지만, 대법원이 더 이상 입법을 기다릴 수 없어서 '선취된 입법'을 한 것이 아닌가 하는 의문이 든다.[7]

(3) 이 판결은 상사유치권에만 적용되고 민사유치권에는 적용되지 않는다. 그런데 유치권 성립 당시에 이미 목적물에 대하여 제3자가 저당권 등 제한물권을 갖고 있는 경우에 유치권이 기존의 제한물권자에 우선하는 것은 부당한 결과를 초래할 수 있다. 물론 유치권자가 그 목적물의 가치를 증대시킨 경우라면 유치권자가 그 목적물에 대하여 우선권을 행사할 수 있는 것이 정당하다고 볼 수 있다. 그러나 유치권이 성립하는 것은 목적물의 가치를 증가시켰는지 여부와는 무관하다. 따라서 유치권 성립 당시에 이미 목적물에 대하여 제3자가 저당권 등 제한물권을 갖고 있는 경우에 상사유치권과 민사유치권의 효력을 달리 보는 것은 이 점에서도 의문의 여지가 있다.

7) 민법과 상법에서 유치권에 대하여 우선변제권을 인정하지 않고 있다. 따라서 민사집행법 제91조 제5항은 체계적합성이 없는 규정이라고 할 수 있다(곽윤직·김재형, 물권법, 제8판 보정, 2015, 385면). 이와 같은 규정은 이론적으나 실무상으로 많은 혼란을 초래하는 것으로서 법률개정을 통하여 삭제하여야 한다. 현실적으로 유치권자를 보호할 필요가 있는 경우가 있지만, 이러한 현실적 필요에 부응하기 위하여 민법에서 별도의 규정을 두는 것은 별론으로 하고 절차법인 민사집행법에서 유치권자에게 우선변제권을 인정하는 방식으로 입법을 해서는 안 된다.

[41] Ⅱ. 체납처분압류 후에 취득한 유치권의 효력
대판(전) 2014. 3. 20, 2009다60336(공 2014, 897)

1. 대법원 판결

이 판결에서는 체납처분압류가 되어 있는 부동산에 대하여 경매절차가 개시되기 전에 민사유치권을 취득한 유치권자가 경매절차의 매수인에게 유치권을 행사할 수 있는지 여부가 문제되었다. 다수의견과 반대의견 그리고 다수의견에 대한 보충의견들이 있다. 먼저 다수의견은 이러한 경우 유치권의 행사를 긍정하고 있다. 그 이유는 다음과 같다.

"한편 부동산에 관한 민사집행절차에서는 경매개시결정과 함께 압류를 명하므로 압류가 행하여짐과 동시에 매각절차인 경매절차가 개시되는 반면, 국세징수법에 의한 체납처분절차에서는 그와 달리 체납처분에 의한 압류(이하 '체납처분압류'라고 한다)와 동시에 매각절차인 공매절차가 개시되는 것이 아닐 뿐만 아니라, 체납처분압류가 반드시 공매절차로 이어지는 것도 아니다. 또한 체납처분절차와 민사집행절차는 서로 별개의 절차로서 공매절차와 경매절차가 별도로 진행되는 것이므로, 부동산에 관하여 체납처분압류가 되어 있다고 하여 경매절차에서 이를 그 부동산에 관하여 경매개시결정에 따른 압류가 행하여진 경우와 마찬가지로 볼 수는 없다.

따라서 **체납처분압류가 되어 있는 부동산이라고 하더라도 그러한 사정만으로 경매절차가 개시되어 경매개시결정등기가 되기 전에 그 부동산에 관하여 민사유치권을 취득한 유치권자가 경매절차의 매수인에게 그 유치권을 행사할 수 없다고 볼 것은 아니다.**"[1)]

이에 대하여 대법관 신영철, 민일영, 박보영의 반대의견은 다음과 같다.

"결론적으로, 국세징수법에 의한 체납처분절차는 압류로써 개시되고, 체납처분에 의한 부동산 압류의 효력은 민사집행절차에서 경매개시결정의 기입등기로 인한 부동산 압류의 효력과 같으므로, 조세체납자 소유의 부동산에 체납처분압류등기가 마쳐져 압류의 효력이 발생한 후에 조세체납자가 제3자에게 그 부동산의 점유를 이전하여 유치권을 취득하게 하는 행위는 체납처분압류권자가 체납처분압류에 의하여 파악한 목적물의 교환가치를 감소시킬 우려가 있는 처분행위에 해당하여 체납처분압류의 처분금지효에 저촉되므로 그 유치권으로써 공매절차의 매수인에게 대항할 수 없다.

나아가 체납처분에 의한 부동산 압류 후 그 부동산에 관하여 개시된 경매절차에서 그 부동산이 매각되는 경우에 마치 공매절차에서 그 부동산이 매각된 것과 같이 매수인이 체납처분압류의 부담을 인수하지 아니하고 체납처분압류등기가 말소되는바, 선행하는 체납처분압류에 의하여 체납처분압류권자가 파악한 목적물의 교환가치는 그 후 개시된 경매절차에서도 실현되어야 하므로, 체납처분압류의 효력이 발생한 후에 채무자로부터 점유를 이전받아 유치권을 취득한 사람은 그 유치권으로써 경매절차의 매수인에게 대항할 수 없다고 보아야 한다."

1) 대판 2014. 4. 10, 2010다84932는 "어느 부동산에 관하여 경매개시결정등기가 된 뒤에 비로소 민사유치권을 취득한 사람은 경매절차의 매수인에 대하여 그 유치권을 주장할 수 없다(…). 이러한 법리는 어디까지나 경매절차의 법적 안정성을 보장하기 위한 것이므로, 경매개시결정등기가 되기 전에 이미 그 부동산에 관하여 민사유치권을 취득한 사람은 그 취득에 앞서 저당권설정등기나 가압류등기 또는 체납처분압류등기가 먼저 되어 있다 하더라도 경매절차의 매수인에게 자기의 유치권으로 대항할 수 있다(…)."라고 판결하였다.

2. 평석

(1) 민법과 상법에서 유치권에 관해서는 유치적 효력을 인정하였을 뿐 우선변제권을 인정하지 않고 있다. 그러나 민사집행법 제91조 제5항은 경매절차에서 매수인은 유치권자에게 "유치권으로 담보하는 채권을 변제할 책임이 있다."라고 정함으로써, 저당권 등 다른 담보물권과는 달리 이른바 인수주의를 채택하고 있다. 그리하여 유치권자는 사실상 최우선변제권을 가지고 있는 결과가 되었다. 그리하여 대법원이 유치권의 효력을 제한하는 일련의 판결을 내놓고 있는데, 점차 그 근거가 다양해지고 있다.[2)]

(2) 이 판결의 다수의견과 반대의견은 모두 "부동산에 관하여 경매개시결정등기가 된 뒤에 비로소 부동산의 점유를 이전받거나 피담보채권이 발생하여 유치권을 취득한 경우에는 경매절차의 매수인에 대하여 유치권을 행사할 수 없다."라고 본 기존의 판례[3)]를 인정한다. 그러나 체납처분압류의 경우에 위 판례를 적용할 수 있는지 여부에 대하여 대법관들의 견해가 나뉘는데, 유치권의 효력을 제한하는 근거를 다르게 이해하고 있기 때문이다.

반대의견은 "민사집행절차인 경매절차에서 압류의 효력이 발생한 후에 점유를 이전받는 등으로 유치권을 취득한 경우 그 유치권의 취득은 압류의 처분금지효에 저촉되는 것"이고, "체납처분압류의 법적 효력인 처분금지효가 경매절차에서의 압류의 처분금지효와 동일한 이상 체납처분압류 후에 점유를 이전받는 등으로 유치권을 취득하는 경우 그 유치권의 취득이 체납처분압류의 처분금지효에 저촉되는 것은 당연한 이치"라고 한다. 이에 반하여 다수의견은 "부동산에 관하여 이미 경매절차가 개시되어 진행되고 있는 상태에서 비로소 그 부동산에 유치권을 취득한 경우에도 아무런 제한 없이 유치권자에게 경매절차의 매수인에 대한 유치권의 행사를 허용하면 경매절차에 대한 신뢰와 절차적 안정성이 크게 위협받게 됨으로써 경매 목적 부동산을 신속하고 적정하게 환가하기가 매우 어렵게 되고 경매절차의 이해관계인에게 예상하지 못한 손해를 줄 수도 있으므로, 그러한 경우에까지 압류채권자를 비롯한 다른 이해관계인들의 희생하에 유치권자만을 우선 보호하는 것은 집행절차의 법적 안정성이라는 측면에서 받아들일 수 없다."라고 하면서, "피고들이 유치권을 취득하기 전에 이 사건 호텔에 가압류등기나 체납처분압류등기가 되어 있었다고 하더라도 그러한 사정만으로 이 사건 경매절차의 매수인에게 유치권을 행사할 수 없는 것은 아니다."라고 한다. 또한 경매절차에서의 압류와 체납처분압류의 의미와 효력과 관련해서는 반대의견이 둘 사이의 유사성을 강조함에 반하여, 다수의견, 특히 다수의견에 대한 김소영 대법관의 보충의견은 둘 사이의 차이점을 강조한다. 이것이 결론이 달라진 실질적인 이유라고 볼 수도 있다.[4)]

반대의견은 압류 후 유치권 취득 사안에서 유치권의 효력을 제한하는 근거를 압류의 처분금지효에서 찾는다. 그러나 다수의견은 위와 같은 사안에서 "경매절차에 대한 신뢰와 절차적 안정성" 또는 "집행절차의 법적 안정성"을 보장할 목적으로 유치권의 효력을 제한한 것이라고 한다.

2005년 대법원 판결부터 이 판결까지 관통하는 공통점은 유치권에 관한 인수주의를 채택한 민사집행법 제91조 제5항이 부당하다는 인식이다.[5)] 그리하여 이 규정을 문언 그대로 적용할

2) 이에 관해서는 위 [40] 판결 참조.
3) 대판 2005. 8. 19, 2005다22688(공 2005, 1503). 위 [40] 판결에 대한 평석 참조.
4) 경매절차에서의 압류와 체납처분압류의 이동에 관해서는 여기에서 더 이상 다루지 않고자 한다.
5) 실체법인 민법에서 유치권에 우선변제권을 인정하지 않고 있는데도 절차법인 민사집행법에서 이와 같이 실체법적인 규정을 둔 것은 부당하다. 곽윤직·김재형, 물권법, 제8판 보정, 2015, 385면.

때 발생하는 문제점을 해소하기 위하여 유치권의 효력을 다양한 방식으로 제한하고 있다. 그러나 유치권의 효력을 제한하는 기준과 범위는 여전히 혼란스럽다.

(3) 대법원은 유치권의 효력이 문제되는 개별적인 사례에서 압류의 처분금지효, 신의성실의 원칙 또는 권리남용금지의 원칙, 상사유치권에 관한 목적론적 해석 등을 근거로 그 효력을 제한함으로써 구체적 타당성 있는 결론을 도출하려고 하고 있다. 이러한 판결들은 기본적으로 법률에 관한 문언해석이 아니라, 문언해석에 따른 부당한 결과를 해소하고자 목적론적 해석을 하거나 아니면 신의칙을 적용하여 형평에 맞는 해결책을 찾으려고 하고 있다.

이 판결의 다수의견이 유치권의 효력을 제한하는 근거가 무엇인지는 명확하지 않지만, 신의성실의 원칙이나 권리남용금지 원칙에 기하여 유치권의 효력을 제한한 판례[6]를 따르고 있지는 않다. 민사소송법 제91조 제5항의 의미를 제도의 목적에 비추어 문언의 의미보다 좁게 해석한 것으로 생각된다.[7] 반대의견은 압류의 처분금지효에서 유치권의 효력을 제한하는 근거를 찾으면서 이는 체납처분압류에도 동일하게 적용되어야 한다는 것이다. 일반적으로 부동산의 인도는 사실행위에 불과한 것이고 처분행위에 속하는 것이 아니다. 그러나 압류의 처분금지효에서 말하는 처분의 개념이 항상 명확한 것은 아니다.[8] 종래의 판례는 압류에 의하여 금지되는 '처분'의 개념을 확대하여 가령 유치권을 발생시키기 위하여 목적물을 인도하는 행위를 포함시킨 것이라고 볼 수 있다. 따라서 다수의견과 반대의견은 기본적으로 법규정의 목적을 고려하여 민사집행법 제91조 제5항이 정하고 있는 문언의 의미를 축소하여 해석하고 있는 것이므로, 목적론적 해석에 속한다고 볼 수 있다.

반대의견과 같이 유치권의 효력 제한에 관한 근거를 압류의 처분금지효에서 찾는 경우에는 비교적 명확한 기준을 제시할 수 있다. 이러한 입장에서는 압류를 기준으로 유치권의 효력을 정하는 것이 당연하기 때문이다. 그러나 반대의견에서는 가압류의 경우에도 처분금지효가 있는데도 압류의 경우와 달리 유치권의 효력을 제한하지 않는 판례[9]를 설명하지 못한다는 문제점이 있다.

이와 달리 다수의견과 같이 유치권의 효력 제한 근거를 경매절차에 대한 신뢰나 집행절차의

제2편 물권법

---

6) 대판 2011. 12. 22, 2011다84298(공 2012, 168). 이에 관해서는 위 [40] 판결에 대한 해설 참조.

7) 대법관 김창석의 다수의견에 대한 보충의견은 다수의견이 합목적적 해석이라고 하는데, "법적 안정성과 정의의 관점에서 합목적적 해석에 대한 요구가 생겨날 수밖에 없다."라고 하면서 "이와 같은 경우에 행하여지는 합목적적 해석은 입법자가 예정한 제도의 취지를 될 수 있는 한 손상하지 않으면서 그 제도의 폐해를 제거하는 데 필요한 범위 내에서 이루어져야 한다는 한계를 가지며, 이 같은 한계를 벗어날 경우 그러한 해석은 정당하다고 할 수 없다."라고 한다.

8) 가령 대판(전) 2012. 5. 17, 2011다87235(공 2012, 1080)에서는 채권자대위권의 행사로 인한 처분금지효가 채무불이행으로 인한 계약의 해제에도 미치는지 여부가 문제되었는데, "채무자가 채권자대위권행사의 통지를 받은 후에 채무를 불이행함으로써 통지 전에 체결된 약정에 따라 매매계약이 자동적으로 해제되거나, 채권자대위권행사의 통지를 받은 후에 채무자의 채무불이행을 이유로 제3채무자가 매매계약을 해제한 경우 제3채무자는 그 계약해제로써 대위권을 행사하는 채권자에게 대항할 수 있다고 할 것이다. 다만 형식적으로는 채무자의 채무불이행을 이유로 한 계약해제인 것처럼 보이지만 실질적으로는 채무자와 제3채무자 사이의 합의에 따라 계약을 해제한 것으로 볼 수 있거나, 채무자와 제3채무자가 단지 대위채권자에게 대항할 수 있도록 채무자의 채무불이행을 이유로 하는 계약해제인 것처럼 외관을 갖춘 것이라는 등의 특별한 사정이 있는 경우에는 채무자가 그 피대위채권을 처분한 것으로 보아 제3채무자는 그 계약해제로써 대위권을 행사하는 채권자에게 대항할 수 없다고 할 것이다."라고 한다. 이것은 처분 개념을 형식적으로가 아니라 실질적으로 파악한 것이다.

9) 위 대판 2011. 11. 24, 2009다19246.

법적 안정성에서 찾는 경우에는 개별적인 사안마다 경매절차에 대한 신뢰와 집행절차의 법적 안정성을 침해하는지 여부를 검토하여야 할 것이다. 체납처분압류는 압류보다는 가압류와 유사한 점이 많기 때문에, 가압류의 경우와 동일하게 판단하는 것은 이해할 수 있다. 그리고 경매절차에서 압류를 기준으로 그 이후에 유치권을 취득하는 행위에 대해서는 집행절차의 법적 안정성을 침해하는 것이라고 볼 수 있다. 그러나 이것은 법률에 의한 의제가 아니라 해석에 의한 의제[10]이다. 압류 시점을 기준으로 유치권의 효력을 제한하는 것이 정당한 것인지 의문이 제기될 수 있다. 또한 체납처분압류의 경우에도 다수의견에 따라 설명할 수 없는 예외적인 사례가 나올 수도 있다. 가령 체납처분압류 후 공매절차의 진행이 임박하였거나 공매절차가 진행되고 있는 상태에서 유치권을 취득한 경우에는 공매절차의 안정성을 이유로 유치권의 효력을 제한할 수 있을 것이다.

10) 한편 대법관 김소영의 다수의견에 대한 보충의견은 "경매개시결정이 등기로 공시된 이후에는 유치권 취득을 위한 점유의 이전을 압류의 처분금지효에 저촉되는 처분행위로 간주할 뿐만 아니라 압류에 대한 유치권자의 악의도 의제하겠다는 취지로 이해할 수 있다."라고 한다.

제2절 저당권과 근저당권

[42] Ⅰ. 저당권에 기한 방해배제청구권

대판 2006. 1. 27, 2003다58454(공 2006, 316)

1. 사실관계와 대법원 판결

대지의 소유자가 은행으로부터 금전을 차용하면서 대지에 관하여 근저당권설정등기를 마치고 그 대지 위에 20층 규모의 오피스텔을 신축하기 시작하였으나, 지하층의 공사를 한 상태에서 부도를 내자, 피고가 위 대지소유자로부터 건축사업 시행권을 양수하여 공사를 속행하였다. 그 후 원고가 위 은행으로부터 근저당권부 채권을 양수한 다음 담보권 실행을 위한 경매를 신청하여 경매절차가 개시되었으나, 피고가 공사를 강행하였다. 피고가 위와 같이 공사를 속행하는 것이 저당권을 침해하는 행위인지 문제되었다.

대법원은 저당권에 기한 방해배제청구권에 관한 일반론으로 "소유자 또는 제3자가 저당부동산을 점유하고 통상의 용법에 따라 사용·수익하는 한 저당권을 침해한다고 할 수 없"으나, "저당목적물의 소유자 또는 제3자가 저당목적물을 물리적으로 멸실·훼손하는 경우는 물론 그 밖의 행위로 저당부동산의 교환가치가 하락할 우려가 있는 등 저당권자의 우선변제청구권의 행사가 방해되는 결과가 발생한다면 저당권자는 저당권에 기한 방해배제청구권을 행사하여 방해행위의 제거를 청구할 수 있다."라고 판결하였다.

2. 평석

(1) 민법 제370조에서 소유물방해배제청구권에 관한 제214조의 규정을 저당권에 준용하고 있다. 이 규정은 민법 제정 당시 신설된 조문이다. 우리 민법에서 저당권에 기한 방해배제청구권에 관한 문제의 해결은 위 법률 규정의 해석에서 출발하여야 한다. 그런데 저당권에 기한 방해배제청구권 문제는 가치권으로서의 저당권이 소유자의 이용권능을 어느 정도로 제약할 수 있는지라는 근본적인 문제와 관련되어 있다.

저당권을 가치권으로 파악하는 것은 독일에서 유래된 것이고, 독일의 토지채무는 가장 발달된 형태의 가치권이라고 한다. 그러나 독일에서는 저당권이나 토지채무에 기하여 침해행위의 배제나 금지를 청구할 수 있다. 가치권 개념을 발전시킨 콜러(Kohler)도 저당권에 기한 방해배제청구권을 인정하였다.[1] 저당권의 본질이 가치권이라는 명제와 저당권에 기한 방해배제청구권을 인정하는 것은 모순되는 것이 아니다.

채무자가 피담보채무를 변제하지 않은 경우에 저당권자는 경매절차를 통하여 경매목적물을 환가하고 위 환가대금에서 저당권의 피담보채무를 우선 변제받을 권리가 있다. 경매절차가 개시된 경우에도 소유자는 여전히 저당목적물을 관리, 이용할 수 있지만(민사집행법 제83조 제2항), 이러한 권능은 환가권을 침해해서는 안 된다는 제약을 받는다(민사집행법 제83조 제3항). 경매절차가 진행되는 도중에 저당목적물을 훼손하는 경우에는 저당권자가 경매법원에 민사집행법에 따른 조치를 청구할 수 있을 뿐만 아니라, 민법 제370조에 따라 침해행위의 제거 또는 중지를 청구할 수 있다.[2]

(2) 대판 1996. 3. 22, 95다55184(공 1996, 1353)는 저당권에 기한 방해배제청구권에 관한 중요한 판결인데, 공장저당권의 목적 동산이 저당권

제2편 물권법

---

1) Kohler, Lehrbuch des Bürgerlichen Rechts, 1919, S. 370.
2) 김재형, "저당권에 기한 방해배제청구권의 인정범위," 저스티스 제85호(2005. 6), 101면 이하.

자의 동의를 얻지 아니하고 설치된 공장으로부터 반출된 경우에 저당권자는 원래의 설치 장소에 원상회복할 것을 청구할 수 있다고 하였다.

대판 2005. 4. 29, 2005다3243(공 2005, 837)은 저당권 침해의 요건을 밝히고 있다는 점에서 매우 의미 있는 판결이다. "저당권자는 원칙적으로, 저당부동산의 소유자가 행하는 저당부동산의 사용 또는 수익에 관하여 간섭할 수 없다."라고 한 다음, "저당부동산에 대한 점유가 저당부동산의 본래의 용법에 따른 사용·수익의 범위를 초과하여 그 교환가치를 감소시키거나, 점유자에게 저당권의 실현을 방해하기 위하여 점유를 개시하였다는 점이 인정되는 등, 그 점유로 인하여 정상적인 점유가 있는 경우의 경락가격과 비교하여 그 가격이 하락하거나 경매절차가 진행되지 않는 등 저당권의 실현이 곤란하게 될 사정이 있는 경우"에 저당권의 침해를 인정할 수 있다고 하였다. 따라서 저당권 침해를 주장하는 자로서는 상대방이 저당부동산의 본래 용법에 따른 사용·수익의 범위를 초과하여 교환가치를 감소시켰다는 점 등을 주장·입증하고, 법원도 이 점을 심리하여야 할 것이다.

(3) 2006년의 이 판결은 위 대판 2005. 4. 29, 2005다3243의 연장선상에서 나온 것이기 때문에, 두 판결을 비교해 볼 필요가 있다. 2005년 판결은 "저당부동산에 대한 점유가 저당부동산의 본래의 용법에 따른 사용·수익의 범위를 초과하여 그 교환가치를 감소시키거나, 점유자에게 저당권의 실현을 방해하기 위하여 점유를 개시하였다는 점이 인정되는 등, 그 점유로 인하여 정상적인 점유가 있는 경우의 경락가격과 비교하여 그 가격이 하락하거나 경매절차가 진행되지 않는 등 저당권의 실현이 곤란하게 될 사정이 있는 경우"에는 저당권의 침해를 인정할 수 있다고 판단하였다. 따라서 2006년 판결이 2005년 판결보다 저당권 침해의 인정범위를 좀 더 넓게 인정한 것으로 볼 수 있고, 2005년 판결에는 불명확한 점이 있기 때문에 2006년 판결에서 대법원이 좀 더 명확한 입장을 표명한 것이라고 볼 수 있다.

대법원은 이 사건에 대한 구체적인 판단에서 "대지의 소유자가 나대지 상태에서 저당권을 설정한 다음 대지상에 건물을 신축하기 시작하였으나 피담보채무를 변제하지 못함으로써 저당권이 실행에 이르렀거나 실행이 예상되는 상황인데도 소유자 또는 제3자가 신축공사를 계속한다면 신축건물을 위한 법정지상권이 성립하지 않는다고 할지라도 경매절차에 의한 매수인으로서는 신축건물의 소유자로 하여금 이를 철거하게 하고 대지를 인도받기까지 별도의 비용과 시간을 들여야 하므로, 저당목적 대지상에 건물신축공사가 진행되고 있다면 이는 경매절차에서 매수희망자를 감소시키거나 매각가격을 저감시켜 결국 저당권자가 지배하는 교환가치의 실현을 방해하거나 방해할 염려가 있는 사정에 해당한다."라고 판결하였다.

(4) 이 판결은 저당권에 기한 방해배제청구권의 인정기준을 제시하고 있을 뿐만 아니라, 대법원 판결로는 처음으로 저당권자가 저당목적물의 소유자를 상대로 제기한 공사중지청구를 받아들인 것이다. 이 판결에 관해서는 이미 많은 논란이 제기되고 있는데,[3] 그만큼 중요한 의미가 있는 판결이라고 볼 수 있다. 필자는 저당권에 기한 방해배제청구권에 관하여 견해를 밝힌 바 있고,[4] 이는 위 두 판결에 상당 부분 수용되어 있다.

---

3) 이 판결에 관한 논란에 관해서는 오현규, "저당권에 기한 방해배제청구권과 건물신축행위의 중지청구," 민사판례연구(XXIX), 2007, 531면 이하; 윤진수, "2006년도 주요 민법 관련 판례 회고," 서울대학교 법학 제48권 제1호(2007. 3), 411면 이하 및 각 그곳에 인용된 문헌 참조.

4) 김재형(주 2), 101면 이하.

저당권은 재화의 가치를 사용가치와 교환가치로 구분하여 그 교환가치만을 파악한 것이다. 따라서 저당권을 설정한 이후에도 저당권설정자는 목적물을 자유롭게 사용, 수익할 수 있는 것이 원칙이다. 그러나 저당권설정자는 저당권자가 파악하고 있는 담보가치를 침해해서는 안 될 것이다. 이것이 저당권설정자와 저당권자의 의사에 합치된다. 저당권자는 담보가치가 유지될 것이라는 기대를 갖고 채무자에게 자금을 융통하고 저당권을 설정받는다고 보아야 할 것이고, 이러한 저당권자의 기대를 해쳐서는 안 될 것이다.

물론 저당권에 기하여 저당권설정자나 제3자에 대하여 무조건 공사금지청구를 할 수는 없다. 가령 저당권자가 저당권설정자에게 건물 신축을 허용하였다고 볼 수 있는 경우에는 공사금지청구를 할 수 없다. 또한 담보가치가 훼손될 우려가 있는 경우에 한하여 공사금지청구를 허용하여야 할 것이므로, 담보가치의 훼손에 영향을 미치지 않는 사소한 공사에 대해서는 공사금지청구를 할 수 없을 것이다. 한편 어떠한 경우에 저당권에 기한 공사금지청구를 할 수 있는지, 공사금지청구의 인정범위가 어떻게 되는지에 관하여 논란이 발생할 것이기 때문에, 금융실무에서 저당토지 위에 신축공사를 허용할 것인지 여부나 그 규모에 관해서도 저당권설정계약에 반영하는 것이 바람직하다.

[43] Ⅱ. 토지와 그 지상 건물에 공동저당권 설정 후 건물을 재축한 경우 법정지상권 성립 여부

대판(전) 2003. 12. 18, 98다43601(공 2004, 134)

1. 대법원 판결

이 판결은 토지와 그 지상 건물에 공동저당권이 설정된 후 건물을 재축한 사안에서 법정지상권이 성립하는지 여부가 문제되었다. 다수의견은 법정지상권이 부정된다고 판결하였다. 즉, **동일인의 소유에 속하는 토지 및 그 지상건물에 관하여 공동저당권이 설정된 후 그 지상건물이 철거되고 새로 건물이 신축된 경우**에는 저당물의 경매로 인하여 토지와 그 신축건물이 다른 소유자에 속하게 되더라도 **그 신축건물을 위한 법정지상권은 성립하지 않는 것이 원칙**이고, 다만 그 신축건물의 소유자가 토지의 소유자와 동일하고, 토지의 저당권자에게 신축건물에 관하여 토지의 저당권과 동일한 순위의 공동저당권을 설정해 주는 등 특별한 사정이 있는 경우에는 법정지상권이 성립할 수 있다고 한다. 그 이유로 동일인의 소유에 속하는 토지 및 그 지상 건물에 관하여 공동저당권이 설정된 경우에는 건물이 철거된 후 신축된 건물에 토지와 동순위의 공동저당권이 설정되지 않았는데도 그 신축건물을 위한 법정지상권이 성립한다고 해석하게 되면, 공동저당권자가 법정지상권이 성립하는 신축건물의 교환가치를 취득할 수 없게 되는 결과 법정지상권의 가액상당가치를 되찾을 길이 막혀 위와 같이 당초 나대지로서의 토지의 교환가치 전체를 기대하여 담보를 취득한 공동저당권자에게 불측의 손해를 입게 한다는 점을 든다.[1)]

이에 대하여는 반대의견과 다수의견에 대한 보충의견이 있다.

1) 그 후 같은 취지의 판결로는 대판 2004. 3. 25, 2003다1359; 대판 2010. 1. 14, 2009다66150.

2. 평석

(1) 토지와 그 지상 건물을 소유하고 있는 사람이 토지와 건물에 관하여 공동저당권을 설정하는 경우가 적지 않다. 그 후 위 건물을 철거하고 새로 건물을 신축하였는데, 저당권의 실행으로 토지가 경락됨으로써 대지와 건물의 소유자가 달라졌다. 이러한 경우에 토지에 관하여 신축건물을 위한 법정지상권이 성립하는지 여부가 이 판결의 쟁점이다. 종래의 판례는 일관되게 이를 긍정하였다.[2)] 그러나 이 판결의 다수의견은 종래의 판례를 폐기하고 법정지상권의 성립을 부정한다.[3)]

이 판결은 토지와 건물에 공동저당이 설정된 경우에 한하여 법정지상권을 부정한 것이기 때문에, 토지나 건물 어느 한쪽에만 저당권이 설정된 경우에는 종전과 마찬가지로 법정지상권이 인정된다. 또한 신축건물의 소유자가 토지의 소유자와 동일하고, 토지의 저당권자에게 신축건물에 관하여 토지의 저당권과 동일한 순위의 공동저당권을 설정해 주는 등 특별한 사정이 있는 경우에는 법정지상권이 성립할 수 있다.

대법원은 이 문제를 이익형량을 통하여 해결하고 있다. 토지에 대하여만 저당권을 설정한 경우에는 저당권자가 지상 건물로 인하여 토지의 이용이 제한 받는 것을 용인하고 법정지상권의 가치만큼 감소된 토지의 교환가치를 담보로 취득한 것이다. 그러나 동일인의 소유에 속하는 토지 및 그 지상건물에 관하여 공동저당권이 설정된 경우에는 공동저당권자가 토지 및 건물 각각의 교환가치 전부를 담보로 취득한 것이다.

2) 대판 1990. 7. 10, 90다카6399(집 38-2, 민 167) 등 다수.

3) 이 판결은 日最判 1997(平成 9). 2. 14.(民集 51-2, 375)의 영향을 받은 것으로 보인다. 이에 관하여는 우선 손태호, "일괄경매와 법정지상권," 민사재판의 제문제 제10권, 2000, 112면 이하; 이균용, "공동저당권의 목적인 건물을 재건축한 경우에 법정지상권의 성부와 일괄경매의 가부," 법조 제533호(2001. 2), 81면 이하 참조.

건물이 철거된 후 건물을 신축한 경우에 건물에는 저당권의 효력이 미치지 않는다. 이러한 상태에서 신축건물에 관하여 법정지상권이 성립한다고 보면, 법정지상권의 가액에 해당하는 가치를 되찾을 수 없게 된다. 이는 공동저당권자에게 불측의 손해를 입게 한다는 것이다. 이에 대하여 반대의견은 법정지상권제도의 근본적 취지가 저당물의 경매로 인하여 토지와 그 지상 건물이 다른 사람의 소유에 속하게 된 경우에 건물이 철거됨으로써 생길 수 있는 사회경제적 손실을 방지하려는 공익상 이유에 있는 것이지 당사자 어느 한편의 이익을 보호하려는 데 있는 것이 아니고, 법정지상권은 저당권설정 당사자의 의사와 관계없이 객관적 요건만으로써 그 성립이 인정되는 법정물권이라고 한다.

(2) 토지와 그 지상 건물에 관하여 공동저당권을 설정한 후 위 건물을 헐고 새 건물을 신축한 경우에 법정지상권이 성립하는지 여부에 관하여 제366조의 규정만으로는 명확한 해결의 지침을 얻을 수 없다. 법정지상권의 성립을 인정하여 건물철거를 막는다는 것도 중요하지만, 그로 인하여 담보권자의 기대이익을 침해한다면 담보권이 형해화될 수 있다. 이 판결은 법정지상권의 성립여부는 담보권자의 이익과 건물소유자의 이익을 형량하여 판단하여야 한다는 것을 보여 준 의미 있는 판결이라고 할 수 있다.

[44] Ⅲ. 근저당권설정계약과 피담보채권의 관계
대판 2004. 5. 28, 2003다70041(공 2004, 1069)

1. 대법원 판결

통정한 허위표시에 의하여 외형상 형성된 법률관계로 생긴 채권을 가압류한 경우, 그 가압류권자는 허위표시에 기초하여 새로운 법률상 이해관계를 가지게 되므로 민법 제108조 제2항의 제3자에 해당한다.

근저당권은 근저당권설정행위와는 별도로 근저당권의 피담보채권을 성립시키는 법률행위가 있어야 한다. 한편, 근저당권이 있는 채권이 가압류되는 경우, 근저당권의 피담보채권이 존재하지 않는다면 그 가압류명령은 무효이다. 근저당권을 말소하는 경우에 가압류권자는 등기상 이해관계 있는 제3자로서 근저당권의 말소에 대한 승낙의 의사표시를 하여야 할 의무가 있다.

2. 평석

대법원은 "근저당권설정행위와는 별도로 근저당권의 피담보채권을 성립시키는 법률행위가 있어야 한다."고 한다. 그러나 근저당권은 근저당권설정계약을 체결하고 근저당권설정등기를 하면 성립한다. 이와 별도로 피담보채권을 성립시키는 법률행위가 있어야 하는 것은 아니다. 근저당권이 채권을 담보하는 것이기는 하지만, 채권을 담보한다는 의사로 근저당권설정계약을 체결하고 그 등기를 하면 근저당권은 적법하게 성립한다. 예를 들어 어떤 채권을 담보하기 위하여 근저당권설정계약을 체결하고 근저당권설정등기를 한 다음, 나중에 피담보채권을 발생시키는 법률행위를 하였다고 하자. 근저당권의 피담보채권을 성립시키는 법률행위를 하여야 한다는 대법원 판결의 논리에 따른다면, 위 근저당권설정등기는 무효이다. 그 후 피담보채권을 성립시키는 법률행위를 하였을 때 근저당권이 유효로 된다고 보거나, 무효인 근저당권설정등기를 유용하기로 하는 합의가 있다고 보는 것은 거래관행에도 맞지 않다.

근저당권설정계약과 함께 피담보채권을 발생시키는 법률행위가 필요하다는 이론의 유래를 살펴볼 필요가 있다. 이것은 일본에서 1971년 민법 개정을 통하여 근저당권에 관한 규정을 도입하기 전에 근저당권에 관한 규정이 없는 상태에서 저당권의 부종성과 관련하여 주장되었던 학설들[1] 중에서 법률적 객관설에 가깝다. 그러나 근저당권에 관한 명문의 규정이 있는 우리 민법에서 이러한 견해는 타당하지 않다. 종래의 판결들이나 거래관행과도 합치될 수 없다. 근저당권에서 부종성이라는 것은 어떤 채권을 담보한다는 점, 근저당권 실행시에 채권이 존재하여야 한다는 것으로 이해해야 하고, 근저당권설정시에 기본계약이 존재하여야 할 필요는 없다.[2] 따라서 근저당권에서 실행에 관한 부종성은 필요하지만, 발생, 존속, 소멸에 관한 부종성은 요구되지 않는다. 이러한 점에서 이 판결은 결론을 도출하는 논리구성에서 근저당권의 성립에 관한 오류를 안고 있다.

이 사건에서 근저당권설정등기가 유효하게 성립한 것으로 믿은 피고는 선의의 제3자로서 근저당권을 취득하였다고 볼 수 있다. 그러나 근저당권을 취득하였다고 하더라도 제3자로서는 그 피담보채권이 실제로 존속하는지는 알 수 없다. 근저당권의 피담보채권은 증감변동하는 것이기 때문이다. 그리하여 근저당권의 실행단계에서 피담보채권이 존속하지 않기 때문에, 근저당권은 말소되어야 한다는 것으로 볼 수도 있을 것이다.

1) 당시 근저당권에서 피담보채권의 발생가능성 문제에 관하여 법률적 객관설, 사실적 객관설, 주관설이 주장되었다. 상세한 것은 김재형, 근저당권연구, 2000, 41면 참조.
2) 김재형(주 1), 116면.

[45] Ⅳ. 근저당권설정비용의 부담주체에 관한 약관의 효력

대판 2014. 6. 12, 2013다214864(공 2014, 1387)

1. 사건의 경과와 원심판결

은행에서 2003. 3. 1.부터 사용된 은행여신거래기본약관과 대출거래약정서(이 사건 표준약관이라 한다)에서 은행은 담보설정에 필요한 비용의 종류와 산출근거를 채무자에게 설명하고, 각 항목별로 체크박스를 만들어 부담주체를 은행과 고객이 합의하여 결정하도록 하였다. 그 후 공정거래위원회는 한국소비자원으로부터 은행여신거래와 관련된 표준약관 중 소비자에게 불리하거나 소비자보호가 미흡한 부분을 개선하라는 요청을 받고 2008. 1. 30. 담보설정 비용의 대부분을 은행이 부담하도록 하는 내용으로 표준약관을 개정하여 2008. 2. 11. 은행연합회와 은행들에 대해 새로운 표준약관(이하 "개정 표준약관"이라 한다)의 사용권장처분을 내렸다. 이에 대해 은행연합회와 16개 은행들은 행정소송을 제기하였다. 서울고등법원에서는 표준약관 중 대출거래약정서 Ⅰ(가계용) 제3조 제1항 등 6종의 은행여신거래 관련 부분의 약관조항 자체가 불공정하다고 보기 어렵고, 실제 계약의 체결과정에서 고객의 선택권이 제대로 보장되는지 여부 등 거래관행은 약관조항의 불공정성 여부를 결정하는 데 고려할 필요가 없다고 하면서 위 처분이 위법하다고 판결하였다.[1)] 그러나 대판 2010. 10. 14, 2008두23184(공 2010, 2099)는 원심의 판단에는 약관조항의 불공정성의 판단 기준에 관한 법리를 오해하여 심리를 다하지 못한 위법이 있다고 하면서 원심판결을 파기환송하였다.[2)]

그 후 원고들은 피고 은행들을 상대로 부당이득반환 청구의 소를 제기하였다. 그 근거로 위 행정소송에 대한 판결에서 근저당권설정비용의 부담주체를 은행과 고객이 합의하여 결정하도록 한 이 사건 표준약관을 불공정하다고 판단한 이상 위 약관은 약관의 규제에 관한 법률(이하 '약관규제법'이라 한다) 제6조에 따라 무효이고, 근저당권설정비용은 본래 채권자인 은행이 부담하여야 하는 것이므로, 피고 은행들이 근저당권설정비용에 관하여 부당이득을 하였다고 주장하였다.

원고들이 피고들로부터 부동산담보 대출을 받으면서 피고들이 미리 마련하여 제시한 대출거래약정서, 근저당권설정계약서 등을 사용하여 계약을 체결하였는데, 그 계약서에는 「근저당권설정 절차에 드는 비용의 부담에 관하여 약정서 작성에 따른 인지세는 '본인', '은행', '각 50%씩 본인과 은행'의 난에 각 □를 두고, 등록세, 교육세, 국민주택채권매입, 법무사수수료, 저당권해지에 따른 말소 비용, 감정평가수수료 등은 그 비용 항목별로 '채무자', '설정자', '채권자' 난으로 나누고 이에 각 □를 두어, 각 난의 □ 안에 ∨ 표시를 하는 방법으로 그 정한 바에 따라 해당 비용을 부담한다」는 취지의 조항(이하 '이 사건 비용부담조항'이라 한다)이 포함되었다. 원고들은 명시적으로 그 조항의 자신이 부담하는 난에 ∨ 표시를 하거나 묵시적으로 이와 같은 취지로 약정하여 해당 비용을 부담하였다. 원고들이 이 사건 비용부담조항에서 피고들의 비용부담을 선택하는 경우에는 일반적으로 가산금리를 적용받거나 중도상환수수료를 부담하는 조건이 결부되었다.

원심은 이 사건 비용부담조항이 계약교섭의 결과로 예견 가능한 경우를 미리 정해 놓고 선택의 방법으로 그 결과를 계약 내용으로 포섭하

---

1) 서울고판 2008. 11. 20, 2008누7962.

2) 환송 후 원심인 서울고판 2011. 4. 6, 2010누35571은 이 사건 표준약관이 불공정하다는 이유로 공정거래위원회의 개정 표준약관 사용권장처분은 적법하다고 판결하였다.

제2편 물권법

기 위한 것으로서 계약교섭 후에 그 결과를 직접 적는 것보다 간편하게 한 것일 뿐이고, 원고들과 같은 고객들도 대출받을 금융기관에 대해 금리 기타 대출 부대비용에 관한 정보를 수집하고 비교하여 자신에게 가장 유리한 조건을 제시하는 상대방을 정하여 대출을 받았다고 봄이 타당하며, 대출거절의 위험 때문에 피고들이 지시하는 대로 선택할 수밖에 없었다면 이는 금융기관이 일방적으로 우월한 지위에 있었기 때문이 아니라 당해 대출수요자가 상대적으로 열악한 경제적 지위에 있었기 때문으로 봄이 타당하다는 등의 사정들만을 이유로 들어, 원고들이 이 사건 비용부담조항에 기초한 약정에 따라 비용을 부담하게 된 것은 개별약정에 따른 것이라는 취지로 판단하였다.

2. 대법원 판결

대법원은 "이 사건 비용부담조항에 의하여 원고들이 부담한 인지세 및 근저당권설정비용이 법률상 원인이 없는 것이라고 할 수 없으므로, 그 반환을 구하는 원고들의 부당이득 반환청구는 받아들일 수 없다."라고 판결함으로써 원고들의 상고를 기각하였다. 그러나 판결의 이유가 원심판결과는 다르다. 대법원 판결은 다음 두 부분으로 나누어진다.

(1) 원고들의 대출비용 부담이 약관에 기초한 약정에 따른 것인지 여부

"구 약관의 규제에 관한 법률(2010. 3. 22. 법률 제10169호로 개정되기 전의 것, 이하 '법'이라 한다) 제2조 제1항에 따르면, 약관은 그 명칭이나 형태 또는 범위를 불문하고 계약의 일방 당사자가 다수의 상대방과 계약을 체결하기 위하여 일정한 형식에 의하여 미리 마련한 계약의 내용이 되는 것을 말한다. 그런데 계약의 일방 당사자가 약관을 마련하여 두었다가 어느 한 상대방에게 이를 제시하여 계약을 체결하는 경우에도 그 상대방과 사이에 특정 조항에 관하여 개별적인 교섭(또는 흥정)을 거침으로써 상대방이 자신의 이익을 조정할 기회를 가졌다면, 그 특정 조항은 약관의 규제에 관한 법률의 규율대상이 아닌 개별약정이 된다고 보아야 한다. 이때 개별적인 교섭이 있었다고 하기 위해서는, 비록 그 교섭의 결과가 반드시 특정 조항의 내용을 변경하는 형태로 나타나야 하는 것은 아니라 하더라도, 적어도 계약의 상대방이 약관을 제시한 자와 사이에 거의 대등한 지위에서 당해 특정 조항에 대하여 충분한 검토와 고려를 한 뒤 영향력을 행사함으로써 미리 마련된 특정 조항의 내용에 구속되지 아니하고 이를 변경할 가능성이 있었어야 하고, 이처럼 약관조항이 당사자 사이의 합의에 의하여 개별약정으로 되었다는 사실은 이를 주장하는 사업자 측에서 증명하여야 한다(대법원 2010. 9. 9. 선고 2009다105383 판결 등 참조)."

"그러나 이 사건 비용부담조항은 피고들이 다수의 상대방과 계약을 체결하기 위하여 그 조항에서 정한 선택 항목의 범위에서 계약이 이루어질 수 있도록 일정한 형식을 갖추어 미리 마련한 계약의 내용으로서 법 제2조 제1항이 규정한 약관에 해당한다고 보인다(대법원 2010. 10. 14. 선고 2008두23184 판결 참조). 나아가 위에서 본 법리에 비추어 볼 때, 이 사건 비용부담조항에 의하여 이루어진 계약 내용이 원고들과 피고들 사이의 합의에 의한 개별약정으로 인정되기 위해서는, 이 사건 비용부담조항에서 정한 선택 항목에 따라 선택이 이루어졌다는 사정만으로는 부족하고, 원고들이 피고들과 거의 대등한 지위에서 그 비용 부담자 및 부담 정도에 관하여 충분한 검토와 고려를 한 후 개별적인 교섭 또는 흥정을 거쳐 이 사건 비용부담조항에서 제시된 제한적인 선택 항목에 구속되지 아니하고 그 내용을 변경함으로써 원고들의 이익을 조정할 수 있는 기회를 가졌음에 관한 개별·구체적 사정이 있어야 하며, 그 사정은 피고들이 주장·증명하여야 한다."

대법원은 위와 같이 전제한 다음, 원심이 위와 같은 개별·구체적 사정에 관한 피고들의 주장·증명이 있었는지에 관하여 살피지 않은 상태에서, 원고들의 대출비용 부담이 개별약정에 따른 것으로 판단한 것은 잘못이라고 지적한다.

(2) 이 사건 비용부담조항이 법 제6조 제1항에 해당하여 무효인지 여부

그러나 대법원은 이 사건 비용부담조항이 무효가 아니라고 판단하고 있다. 그 이유는 다음과 같다.[3)]

"법 제6조 제1항, 제2항 제1호에 따라 고객에 대하여 부당하게 불리한 조항으로서 '신의성실의 원칙에 반하여 공정을 잃은 약관조항'이라는 이유로 무효라고 보기 위해서는, 그 약관조항이 고객에게 다소 불이익하다는 점만으로는 부족하고, 약관 작성자가 거래상의 지위를 남용하여 계약 상대방의 정당한 이익과 합리적인 기대에 반하여 형평에 어긋나는 약관 조항을 작성·사용함으로써 건전한 거래질서를 훼손하는 등 고객에게 부당하게 불이익을 주었다는 점이 인정되어야 한다. 그리고 이와 같이 약관조항의 무효 사유에 해당하는 '고객에게 부당하게 불리한 조항'인지 여부는 그 약관조항에 의하여 고객에게 생길 수 있는 불이익의 내용과 불이익 발생의 개연성, 당사자들 사이의 거래과정에 미치는 영향, 관계 법령의 규정 등 모든 사정을 종

3) 이러한 판단을 하면서 들고 있는 사정은 다음과 같다. (1) 사단법인 전국은행연합회(이하 '전국은행연합회'라고 한다)가 2002. 12.경 법 제19조의2에 의하여 공정거래위원회로부터 사전심사를 거쳐 승인을 받은 표준약관인 은행여신거래기본약관(가계용) 등(이하 '이 사건 표준약관'이라 한다)에 담보권설정비용의 부담주체에 관하여 이 사건 비용부담조항과 같은 형식과 내용인 '선택형 약관조항'(이하 '이 사건 선택형 부담조항'이라 한다)이 있었다.

(2) 공정거래위원회는 2005. 1.경 소비자단체 등으로부터 이를 개정해 달라는 요청 등을 받고, 법 제19조의2에 따라 표준약관 심사청구의 권고 절차를 거쳐 비용별로 부담자를 미리 구체적으로 정하여 명시하는 취지로 이를 개정한 뒤, 2008. 2. 11. 전국은행연합회 및 주식회사 국민은행 등의 금융기관에 대하여 그 개정 표준약관(이하 '이 사건 개정 표준약관'이라 한다)의 사용권장 처분을 하였다.

(3) 법 제19조의2에서 정한 표준약관 제도는 건전한 거래질서를 확립하고 불공정한 내용의 약관이 통용되는 것을 방지하기 위하여 일정한 거래분야에서 표준이 될 약관을 마련하여 사용하도록 한 것이고, 공정거래위원회의 표준약관 사용권장 처분은 불공정한 약관이 있는 경우 등에 해당한다는 행정적인 판단에 의하여 일정한 거래분야의 경제적 조건과 구성원의 다양한 이해관계를 반영하여 표준이 될 약관을 마련하고 그 사용을 권장함으로써 다수의 고객에게 피해가 발생하는 것을 방지하기 위한 사전적·행정적인 조치로서, 위 법 규정은 이러한 표준약관 및 표준약관 사용권장 처분 제도의 취지를 고려하여 법 제6조 내지 제14조 및 제17조의 규정과는 별도의 절차적 요건과 법적 효과 등을 정하고 있다.

(4) 공정거래위원회가 이 사건 선택형 부담조항을 이 사건 개정 표준약관으로 개정하여 그 사용을 권장한 것도 이러한 표준약관 제도의 취지를 반영하여 소비자의 불만과 분쟁을 예방하고 공정한 거래질서를 확립하기 위한 정책적인 면을 고려한 것으로서, 고객으로 하여금 담보권설정비용의 부담에 관한 정보탐색비용을 절감하고 금융기관의 대출금리만을 비교하여 대출상품을 쉽게 선택할 수 있도록 하는 한편 금융기관에 대하여도 대출 부대비용을 절감하는 노력을 통해 경쟁력을 높이도록 함으로써, 고객의 편의를 도모함과 아울러 금융기관 사이의 경쟁을 촉진하는 효과를 기대할 수 있는 장점을 고려하여 장래를 향한 제도개선 차원에서 행정적인 판단을 한 것으로 보인다.

(5) 그리고 이 사건 표준약관이 시행되기 전의 구 표준약관에서는 인지세나 담보권설정비용을 고객이 전액 부담하도록 정하고 있었는데 이 사건 선택형 부담조항은 이를 개선하여 고객이 전액 부담에서 벗어날 수 있는 선택의 기회를 약관으로 명시함으로써 고객의 이익을 보호하기 위하여 마련되었던 것으로서 공정거래위원회의 사전심사 및 승인을 거쳐 표준약관으로 인정되었다. 또한 원심이 인정한 것과 같이 고객이 이 사건 선택형 부담조항에 따라 담보권설정 비용을 부담하는 선택을 하는 경우에 금융기관이 그 비용을 부담하는 경우와 비교하여 상대적으로 대출금리나 중도상환수수료 등에서는 고객에게 유리한 내용으로 거래가 이루어질 수 있는 측면도 있다.

합하여 판단하여야 한다(대법원 1991. 12. 24. 선고 90다카23899 전원합의체 판결, 대법원 2008. 12. 16.자 2007마1328 결정 등 참조)."

"이와 같은 이 사건 선택형 부담조항의 구체적인 내용과 이 사건 표준약관 개정 전후의 사정, 이 사건 비용부담조항에 의하여 고객에게 생길 수 있는 불이익과 그 발생의 개연성, 당사자들 사이의 거래과정에 미치는 영향, 불공정약관 및 표준약관 등에 관한 법 규정의 내용 및 입법 취지 등의 여러 사정들을 앞서 본 법리에 비추어 보면, 이 사건 선택형 부담조항을 폐지하고 이 사건 개정 표준약관에 대한 사용권장 처분이 확정되었다는 사정만으로, 이 사건 선택형 부담조항이나 이와 동일한 이 사건 비용부담조항이 건전한 거래질서를 훼손하는 등 고객에게 부당하게 불이익을 주는 약관조항으로서 법 제6조 제1항에 의하여 무효가 되는 '신의성실의 원칙에 반하여 공정을 잃은 약관조항'에 해당한다고 보기에 부족하고, 달리 이를 인정할 증거가 없다."

3. 평석

(1) 이 판결은 '근저당권설정비용의 부당이득반환청구 사건'에 대한 것으로, 근저당권설정비용을 부담하는 주체가 근저당권설정자인지 근저당권자인지가 문제되었다. 이 문제에 관해서는 논란이 많았고 하급심 판결들도 서로 엇갈렸기 때문에, 이 판결은 많은 주목을 받았다.

(2) 먼저 이 사건 비용부담조항에 의하여 이루어진 계약 내용이 원고들과 피고들 사이의 합의에 의한 개별약정으로 인정될 수 있는지 문제되었다. 이러한 약관에서 개별약정이 있었는지 여부는 당사자 사이의 교섭 또는 흥정이 있었는지 여부가 관건이다.

약관규제법에서 약관에 대한 내용통제를 규정하는 이유는, 사업자가 미리 약관을 마련하여 계약체결 시에 제시함으로써 고객의 계약내용 결정의 자유가 일방적으로 박탈당하기 때문이다. 약관에 포함된 사항이라도 계약체결에 즈음하여 당사자 사이에 그 사항에 대한 구체적 합의가 성립한 경우, 즉 개별적인 교섭이나 흥정을 통하여 고객이 자신의 이익을 반영할 수 있는 이익조정의 기회를 가진 경우에는 이러한 과정을 통해 계약내용으로 된 당해 규율은 더 이상 약관규제법의 적용대상인 약관이 될 수 없고 개별약정이 된다.[4] 개별적인 교섭이나 흥정이 있었다고 인정되기 위해서는 쌍방의 적극적인 의사표시의 합치가 있어야 하는 것은 아니며, 일방이 계약조건의 내용을 개별적, 구체적으로 설명하고 타방이 이를 양해하였다면 흥정이 있는 것으로 된다.[5] 우리나라 약관규제법의 모델이 되었던 독일법[6]에서도 계약당사자들이 개별적으로 교섭이나 흥정을 하여 정한 개별약정은 약관의 개념에 포함되지 않는다는 점을 명백하게 규정하고 있다.[7] 여기서 '계약 조항을 개별적으로 교섭하여 정한 경우'는 사업자가 계약상대방에게 내용적으로 진지하게 법에 규정된 본질적인 내용을 변경하거나 보충하는 계약 규정에 대해 처분할 수 있도록 하고, 또한 적어도 계약조건의 내용적인 형성에 영향을 줄 수 있는 현실적인 실현가능성을 보장하여 계약상대방에게 계약상대방 본인의 이익을 위해 계약내용을 자유롭게 형성할 자유를 준 경우를 말한다.[8] 그

4) 장경환, "보통거래약관의 개념 ― 약관의 규제에 관한 법률 제2조를 중심으로 ―," 기업법의 현대적 과제, 1992, 331~332면; 민법주해[XII], 1997, 302, 339면(손지열 집필).
5) 민법주해[XII], 1997, 302면(손지열 집필).
6) 1986년 제정된 우리나라 약관규제법은 1976년 12월 제정된 독일의 구 보통거래약관규제법을 대폭 수용하였다. 독일의 구 보통거래약관규제법은 2002. 1. 1. 독일민법 제2편 제2장으로 대부분의 내용이 흡수되었다.
7) 독일민법 제305조 제1항 3문.
8) BGHZ 143, 103, 111f.; BGHZ 150, 299, 302f.; BGH

러나 이러한 가능성이 있으면 족하고, 반드시 실제로 계약내용을 변경하여야 한다는 것은 아니다. 독일에서는 사업자가 여러 약관조항들을 제시하고 이에 대해 고객이 원하지 않는 조항을 ×표를 하거나 지움으로써 한 조항을 선택하도록 하는 경우, 사업자에 의해 선택의 폭이 제한되므로 고객이 자기책임하에서 자신의 이익을 충분히 확보할 수 있다고 보기 어렵다는 이유로 원칙적으로 흥정이 있다고 보기 어렵다고 한다. 그러나 고객이 미리 마련한 계약조항을 선택하여 계약의 내용에 편입시킬 수 있는 가능성이 존재하면 흥정의 존재가 인정될 수 있다고 한다. 즉, 고객의 선택의 자유가 당해 조항의 양식이나 또는 다른 방법에 의해 사업자의 영향을 받아 압도되지 않는 경우에는 이를 개별적인 교섭으로 볼 수 있다는 것이다.[9]

이 판결은 "이 사건 비용부담조항에서 정한 선택 항목에 따라 선택이 이루어졌다는 사정만으로는 부족"하다는 점을 지적하고 "원고들이 피고들과 거의 대등한 지위에서 그 비용 부담자 및 부담 정도에 관하여 충분한 검토와 고려를 한 후 개별적인 교섭 또는 흥정을 거쳐 이 사건 비용부담조항에서 제시된 제한적인 선택 항목에 구속되지 아니하고 그 내용을 변경함으로써 원고들의 이익을 조정할 수 있는 기회를 가졌음에 관한 개별·구체적 사정이 있어야 하며, 그 사정은 피고들이 주장·증명하여야 한다."라고 판단하였다. 이는 이와 같은 유형의 약관에 대하여 대법원의 기준을 제시한 것이라고 할 수 있다.

(3) 관련 행정사건의 판결[10]에서 이 사건 표준약관이 고객에게 부당하게 불리한 불공정 약관조항에 해당한다고 판단하였지만, 이는 구 약관규제법 제19조의2 제3항 내지 제5항에 따라 공정거래위원회가 내린 표준약관 사용권장처분의 적법성 여부에 관한 판단일 뿐 약관조항의 사법적 효력에 관한 약관규제법 제6조 소정의 '신의성실의 원칙에 위반하여 공정성을 잃은 약관조항'에 해당하는지 여부에 관한 판단이 아니다. 이 사건 표준약관에 있는 근저당권설정비용 부담주체 선택에 관한 조항이 구 약관규제법 제19조의2 제3항 소정의 '불공정한 약관'에 해당하여 개정 표준약관 사용권장처분이 적법하다고 하더라도, 그것만으로 위 약관조항이 그 사법적 효력을 부인해야 할 정도로 '신의성실의 원칙에 위반하여 공정성을 잃은 약관조항'(약관규제법 제6조)에 해당한다는 것은 아니다. 이 사건 표준약관이 '신의성실의 원칙에 위반하여 공정성을 잃은 약관조항'인지 여부는 약관규제법 제6조의 관점에서 별도로 판단되어야 한다. 표준약관 사용권장처분의 근거조항인 약관규제법 제19조의2 제3항과 약관조항의 사법적 효력에 관한 약관규제법 제6조의 입법취지와 규율대상이 다르다. 따라서 약관규제법 제19조의2 제3항 소정의 불공정성이 인정된다고 해서 곧바로 약관규제법 제6조 소정의 불공정성이 인정되어 당해 약관조항이 사법적으로도 무효가 되는 것은 아니다.

(4) 이 사건의 실체는 근저당권설정비용의 부담주체에 관한 문제이다. 근저당권설정등기에 관한 비용은 당사자 사이의 약정이 있으면 이에 따라야 한다. 그러나 근저당권설정비용에 관하여 합의가 없는 경우에 근저당권설정비용을 누가 부담해야 하는지 문제된다.

대판 1962. 2. 15, 4294민상291(집 10-1, 민 108)은 "저당권 설정등기에 있어서 당사자 간에 특별한 약정이 없는 한 그 비용은 채무자가 부담

NJW 2005, 2543, 2544; BGHZ 83, 56; Palandt, §305, Rn. 21.

9) BGH NJW 1996, 1676; BGH NJW 1998, 1066; BGH NJW 2003, 1313; BGH NJW 2008, 987.

10) 대판 2010. 10. 14, 2008두23184와 환송 후 원심판결인 서울고판 2011. 4. 6, 2010누35571.

함이 거래상 원칙"이라고 판단하였다. 그러나 양도담보의 경우에는 정반대의 판결들이 있다. 대판 1972. 1. 31, 71다2539(집 20-1, 민 61)는 가등기에 기한 본등기를 한 사안에 대한 것인데, "소유권 이전등기 비용과 취득세액은 피고가 그 담보권을 확보하기 위하여 지급한 것이므로, 이 것을 원고에게 부담시키려면 특별한 약정이 당사자 사이에 있어야 할 것"이라고 하였다. 대판 1975. 5. 27, 75다235(공 1975, 8516)는 "이른바 양도담보의 경우, 담보목적물의 소유권이전등기 비용이나 이에 따르는 세금 등은 일반적으로 채권자가 담보권을 확보하기 위하여 지급한 것이라고 볼 것이고, 이러한 비용 등을 채무자에게 부담시키려면 당사자 사이에 특별한 약정이 있음을 요한다."고 하였다. 그 후에도 이와 동일한 취지의 판결이 여러 차례 나왔다.[11] 이와 같이 담보권자가 담보설정비용을 부담하여야 한다는 판결들은 모두 양도담보에 관한 것이다. 그런데 이 판결들은 그 근거로 담보목적물의 소유권이전등기 비용이나 이에 따르는 세금 등은 일반적으로 채권자가 담보권을 확보하기 위하여 지급한 것이라는 점을 들고 있기 때문에, 근저당권설정비용의 경우와는 사정이 다르다.

근저당권설정비용은 누가 부담한다고 보아야 하는가? 채무자가 근저당권설정비용을 부담하여야 한다는 견해가 다수설이다.[12] 이 견해는 대체로 담보대출은 채무자의 요청에 따라 이루어지는 것으로서 채무자에게 이익이 된다는 점, 담보권 설정비용은 채무자가 부담하는 것이 거래의 실상이라는 점을 들고 있다. 이에 반하여 채권자가 부담하여야 한다는 견해[13]가 있는데, 저당권설정은 채권자가 자신의 채권을 담보하기 위한 담보권을 확보한다는 점에서 전적으로 채권자의 이익을 위한 행위이고, 이자부 채권을 담보하기 위해서라면 수익을 도모하는 채권자가 등기비용을 부담하는 것이 경제논리에 부합한다는 것이다.[14]

부동산 양도담보 등 소유권이전형 담보에 관한 대법원 판결을 담보권 일반에 확장하여 '담보설정비용은 채권자가 부담하는 것이 원칙'이라고 일반화할 수는 없다. 대법원은 저당권과 양도담보를 구별하여, 저당권의 경우에는 채무자가 그 비용을 부담하는 것이 원칙이고, 양도담보의 경우에는 담보권자가 소유권이전등기비용을 부담하여야 한다고 판단하고 있다. 양도담보의 경우에는 채권자가 담보 목적으로 부동산의 소유권을 확보하기 위하여 소유권이전등기를 하는 것이다. 따라서 이와 같은 소유권이전등기 비용은 채권자가 부담하는 것이 형평에 부합한다고 볼 수 있다. 그리고 민법 제473조는 "변제비용은 다른 의사표시가 없으면 채무자가 부담한다."라고 정하고 있다. 근저당권설정비용은 변제비용의 일종으로 볼 수 있다. 특히 근저당권설정등기는 근저당권설정계약의 채무이행행위라고 할 수 있으므로 그 비용을 채무자가 부담하는 것이라고 볼 수도 있다.

은행의 대출거래는 영리를 위하여 여신을 제공하는 것이다. 고객들은 자신의 신용만으로 대출받는 경우보다 근저당권을 설정해주고 대출을 받을 때 더 많은 액수의 금원을 대출받을 수

---

11) 대판 1981. 7. 28, 81다257(공 1981, 14208); 대판 1982. 4. 13, 81다531(집 30-1, 민128); 대판 1987. 6. 9, 86다카2435(공 1987, 1136).

12) 강태성, 물권법, 제3판, 2004, 1068면; 고상룡, 물권법, 2001, 639면; 곽윤직 · 김재형, 물권법, 제8판 보정, 2015, 437면; 김상용, 물권법, 2009, 647면; 박종두, 물권법, 제5판, 2010, 648면; 이영준, 물권법, 전정신판, 2009, 863면; 이용훈, "변칙적 담보에 있어서의 채권의 만족," 민사판례연구[Ⅱ], 제2판, 1992, 260면; 강병섭, "변칙담보에 있어서 피담보채권의 범위 및 채권의 만족방법," 재판자료 제13집, 1982, 146면.

13) 황적인 · 정권섭 · 김상용, 주석민법(Ⅱ)—물권법, 개정판, 1992, 628면; 노종천, 물권법론, 2005, 403면.

14) 최병규, "근저당권설정비의 부담주체에 대한 연구," 상사판례연구 제22집 제1호(2009. 3), 208~210면.

있고, 대출거래에 대한 위험이 줄어들어 더 낮은 이자를 부담한다. 이러한 의미에서 담보대출거래의 수익자는 대출을 받는 고객이기 때문에 근저당권설정비용은 고객이 부담하여야 할 것이다. 적어도 2010년의 위 대법원 판결이 나오기까지는 고객이 근저당권설정비용을 부담한다는 것을 전제로 대출이자를 결정하였다. 만일 근저당권자가 근저당권설정비용을 부담한다고 생각하였다면 대출이자가 더 올라갔을 것이다.

(5) 근저당권설정비용의 부담주체에 관한 약관조항이 약관규제법 제6조에 따라 불공정하여 무효라고 볼 것인지 문제된다. 약관규제법 제6조는 약관조항의 사법적 효력을 판단하는 기준을 정하고 있다. 제1항에서 "신의성실의 원칙을 위반하여 공정성을 잃은 약관 조항은 무효"라고 일반 원칙을 선언하고, 제2항에서는 개별적으로 공정성을 잃은 것으로 추정되는 조항을 열거하고 있는데, 그중 하나로 "고객에게 부당하게 불리한 조항"(제1호)을 들고 있다. 이 사건 표준약관은 근저당권설정비용의 부담주체를 당사자 사이의 구체적인 합의에 의하여 결정하도록 함으로써 고객에게 선택권을 부여하고 있다. 따라서 이 사건 표준약관은 그 자체로 불공정하다고 볼 수는 없다.

제3절 양도담보

[46] Ⅰ. 동산양도담보의 효력

대판 2000. 6. 23, 99다65066(공 2000, 1743)

1. 사실관계와 원심판결

원고는 B회사 소유의 이 사건 컨테이너에 대한 양도담보권을 이미 취득하였다. 그 후 피고가 B회사와 사이에 이 사건 컨테이너에 대한 이중의 양도담보약정을 체결하고 나아가 이 사건 컨테이너를 넘겨받아 제3자에게 처분하였다. 피고의 위 행위가 원고의 양도담보권을 침해하는 것으로서 불법행위에 해당하는지 문제되었는데, 원심은 이를 긍정하였고, 대법원도 이를 지지하였다.

2. 대법원 판결

동산에 대하여 점유개정의 방법으로 양도담보를 일단 설정한 후에는 양도담보권자나 양도담보설정자가 그 동산에 대한 점유를 상실하였다고 하더라도 그 양도담보의 효력에는 아무런 영향이 없다 할 것이고, 양도담보권 실행을 위한 환가절차에 있어서는 환가로 인한 매득금에서 환가비용을 공제한 잔액 전부를 양도담보권자의 채권변제에 우선 충당하여야 하고 양도담보설정자의 다른 채권자들은 양도담보권자에 대한 관계에 있어서 안분배당을 요구할 수 없다. 동산에 대하여 점유개정의 방법으로 이중양도담보를 설정한 경우 원래의 양도담보권자는 뒤의 양도[담보]권자에 대하여 배타적으로 자기의 담보권을 주장할 수 있으므로, 뒤의 양도담보권자가 양도담보의 목적물을 처분함으로써 원래의 양도담보권자로 하여금 양도담보권을 실행할 수 없도록 하는 행위는, 이중양도담보 설정행위가 횡령죄나 배임죄를 구성하는지 여부나 뒤의 양도담보권자가 이중양도담보 설정행위에 적극적으로 가담하였는지 여부와 관계없이, 원래의 양도담보권자의 양도담보권을 침해하는 위법한 행위라고 할 것이다.

3. 평석

동산에 대하여 점유개정의 방법으로 양도담보를 설정한 경우에 양도담보권자가 현실로 동산을 점유하고 있지 않기 때문에, 이중양도담보가 설정될 가능성이 높다. 이러한 경우에도 최초로 양도담보권을 취득한 자는 제3자에 대한 관계에서 그 동산의 소유자임을 주장하고 그 권리를 행사할 수 있기 때문에,[1] 나중에 점유개정의 방법으로 양도담보를 설정받은 자는 아무런 권리를 취득하지 못한다.[2] 한편 점유개정에 의하여 선의취득(민법 제250조)을 할 수 있는지 문제되나, 점유개정의 방법으로 동산을 인도한 경우에는 선의취득이 인정되지 않는다.[3]

이 판결은 동산에 관하여 2중으로 양도담보를 설정한 경우에 뒤의 양도담보권자의 목적물 처분행위가 불법행위에 해당한다고 하였다. 이것은 부동산 이중양도의 경우와 비교해볼 필요가 있다. 부동산을 이중으로 양도한 경우에는 제1양수인이 소유권이전등기를 이전받지 못한 상태에서는 채권자에 불과하고, 제2양수인이 매도인의 배임행위에 적극적으로 가담한 경우에 한하여 제2양도행위가 민법 제103조 위반을 이유로 무효로 된다. 그렇지 아니한 경우에는 제2양수인의 소유권이전등기가 유효하기 때문에, 그가 이를 제3자에게 처분하는 것이 허용됨은 물론이다. 그러나 동산양도담보의 경우에는 처

1) 대판 1994. 8. 26, 93다44739.
2) 대판 1988. 12. 27, 87누1043(공 1989, 244).
3) 대판 1964. 5. 5, 63다775(집 12−1, 민 61); 대판 1978. 1. 17, 77다1872(공 1978, 10607); 곽윤직 · 김재형, 물권법, 제8판 보정, 2015, 166면; 이영준, 물권법, 전정신판, 2009, 283면.

음의 양도담보권자가 제3자에 대한 관계에서 동산에 관한 소유권을 행사할 수 있으므로, 나중에 양도담보를 설정받은 자는 동산에 관한 양도담보권을 취득하지 못한다. 그가 양도담보설정자의 배임행위에 적극가담하였는지 여부는 문제가 되지 않고, 그가 제3자에게 위 동산을 처분하여 처음의 양도담보권자로 하여금 양도담보권을 실행할 수 없도록 하는 행위는 불법행위에 해당한다.

[47] Ⅱ. 동산의 이중양도담보에서 후순위 양도담보약정자의 지위

대판 2004. 10. 28, 2003다30463(공 2004, 1942)

1. 사실관계와 원심판결

원고는 1997. 4. 2. 양돈업을 하는 A회사와 사이에 대여금 10억 원의 채권담보를 위하여 A회사의 농장에서 사육중인 돼지 10,000마리를 점유개정의 방법으로 양도받고, 이에 부가하여 A회사가 위 금전채무를 이행하지 않을 경우에는 '즉시 강제집행을 하여도 이의가 없음'을 인낙하는 양도담보부 금전소비대차계약을 체결하고 이에 관한 공정증서를 작성하였다. 피고는 1997. 11. 6. A회사에 대한 투자금 5억 원 반환채권의 담보를 위하여, A회사 소유의 전체 돼지 약 8,000 내지 9,000마리 중 구체적으로 특정하지 아니한 5,000마리를 매수한다는 내용의 매매계약을 체결하였고, 같은 달 16. 피고에게 담보로 제공한 돼지 5,000마리를 포함하여 위 농장에 있는 돼지 전부를 피고에게 인도하였다. 원고가 1997. 11. 26. 집행력 있는 위 공정증서 정본에 기하여 위 농장에서 당시 사육되고 있던 돼지들 중 2,721마리(모돈 847마리와 생후 110 내지 145일 된 육성돈 1,874마리)를 압류하였다.

한편 원고가 위 양도담보를 취득하기 이전인 1996. 7. 25. B회사는 A회사로부터 B회사의 A회사에 대한 사료대금채권의 담보를 위하여 위 농장에 있는 돼지들 중 모돈 1,000마리를 포함하여 3,087마리를 4억 원에 매수하였다. C회사는 A회사와 사이에 1996. 7. 27. 사료대금 5천만 원의 채권담보를 위하여 위 농장에 있는 돼지들 중 모돈 800마리에 관하여 목적물이 증감·변경되어도 동종의 목적물이 당연히 담보목적물이 되는 것으로 약정하여 이를 점유개정의 방법으로 양도받았다. 위 농장에서 사육되는 모돈은 1,800마리를 넘지 않는다(이 부분은 대법원에서 인정한 사실임).

이 사건에서 원고가 위 모돈 847마리에 대한 양도담보권자인지 여부가 문제되었다. 원심은 이를 긍정하였다.

2. 대법원 판결

그러나 대법원은 피고의 상고를 받아들여 원심판결을 파기하였다.

"금전채무를 담보하기 위하여 채무자가 그 소유의 동산을 채권자에게 양도하되 점유개정에 의하여 채무자가 이를 계속 점유하기로 한 경우 특별한 사정이 없는 한 동산의 소유권은 신탁적으로 이전됨에 불과하여 채권자와 채무자 사이의 대내적 관계에서 채무자는 의연히 소유권을 보유하나 대외적인 관계에 있어서 채무자는 동산의 소유권을 이미 채권자에게 양도한 무권리자가 되는 것이어서 다시 다른 채권자와의 사이에 양도담보 설정계약을 체결하고 점유개정의 방법으로 인도를 하더라도 선의취득이 인정되지 않는 한 나중에 설정계약을 체결한 채권자는 양도담보권을 취득할 수 없는데, 현실의 인도가 아닌 점유개정으로는 선의취득이 인정되지 아니하므로, 결국 뒤의 채권자는 양도담보권을 취득할 수 없다 할 것이다(대법원 2004. 6. 25. 선고 2004도1751 판결 참조)."

이 사건에서 원고가 양도담보를 취득한 것은 1997년인데, 그 전인 1996년에 이미 위 돼지에 대하여 다른 회사인 B회사 또는 C회사가 양도담보를 취득하였다. 따라서 B회사 또는 C회사가 적어도 이 사건 돼지들 중 모돈 847마리 전부 또는 각 일부씩에 관한 양도담보권을 취득하였을 개연성이 충분한 반면, 원고가 위 모돈 847마리에 관한 양도담보권을 선의취득하였음을 인정할 아무런 자료도 없으므로, 원고가 이 사건 공정증서 작성 당시에 위 모돈 847마리에 관한 양도담보권을 취득하였다고 보기 어렵고, 나아가 그 후 B회사 또는 C회사의 위 모돈 847마리에 관한 양도담보권이 소멸하였다고 하여 그로써 양도담보권을 취득하지 못하였던 원고가 위 모돈 847마리에 관한 양도담보권을 당연히 새로 취득한다고 볼 수도 없다.

3. 평석

(1) 필자는 동산의 이중양도담보를 무효로 보아야 한다고 한 바 있다.[1] 대판 1988. 12. 27, 87누1043(공 1989, 244)은 법인세 등 부과처분의 취소를 구하는 사건에 관한 것인데, 이중양도담보를 무효라고 하였다. 즉, 원고은행과 A회사 사이에 맺어진 양도담보계약의 목적물이 원자재 등의 집합물이고 그것이 이미 소외 B은행과 A회사 사이에 맺어진 양도담보의 목적이 되어 있었다. 이와 같이 같은 집합물에 대하여 B은행보다 후에 원고은행이 B회사와의 사이에 이중으로 이 사건 양도담보계약을 체결한 바에야 특별한 사정이 없는 한 원고은행으로서는 그 담보권을 적법히 취득할 수 없다고 하였다. 따라서 원고은행이 A회사에 대한 양도담보권자임을 전제로 한 피고의 이 사건 과세처분이 위법하다고 판단하였다. 그 후 대판 2000. 6. 23, 99다65066(공 2000, 1743)도 "동산에 대하여 점유개정의 방법으로 이중양도담보를 설정한 경우 원래의 양도담보권자는 뒤의 양도담보권자에 대하여 배타적으로 자기의 담보권을 주장할 수 있"다고 한 바 있다.[2]

이 판결은 위와 같은 판결을 따른 것인데, 점유개정의 방법으로 동산에 대한 이중의 양도담보 설정계약이 체결된 경우, 뒤에 설정계약을 체결한 후순위 채권자가 양도담보권을 취득할 수 없다는 점을 확인하고, 그 이론적 구성을 분명히 한 점에서 의미가 있다. 이 판결의 이론구성을 분석해보면 다음과 같다. 대법원은 동산양도담보의 경우에 동산의 소유권이 신탁적으로 이전된다는 신탁적 양도설을 채택한다.[3] 따라서 채권자와 채무자 사이의 대내적 관계에서 채무자가 소유권을 보유하나 대외적인 관계에서는 동산의 소유권이 채권자에게 양도된다는 것이다. 채무자는 대외적인 관계에서 무권리자이기 때문에, 다시 다른 채권자와의 사이에 양도담보 설정계약을 체결하고 점유개정의 방법으로 인도를 하더라도 나중에 설정계약을 체결한 채권자(후순위 양도담보약정자)는 양도담보권을 취득할 수 없다. 후순위 양도담보약정자가 동산양도담보권을 선의취득할 수 있는지 문제되나, 현실의 인도가 아닌 점유개정으로는 선의취득(민법 제250조)이 인정되지 않는다.[4] 그러므로 후순위 양도담보약정자는 양도담보권을 취득할 수 없다. 특정동산에 대한 양도담보든지, 집합물에 대한 양도담보든지 구분 없이 이러한 논리가 적용된다.

(2) 동산양도담보의 성립요건을 동산양도담보약정이라는 채권계약과 점유개정이라는 공시방법으로 나누어볼 수 있다. 따라서 나중에 체결된 동산양도담보약정자가 먼저 성립한 동산양도담보를 알지 못한 경우라면 위 약정 자체는 채권계약으로서 유효하다고 볼 수 있다. 그러나 위 약정에 따라 양도담보권이라는 물권을 취득할 수는 없다. 이와 같이 보는 것이 하나의 물건에는 하나의 물권만이 성립할 수 있다는 일물일권주의에도 합치한다.

이 사건에서 농장에 있는 돼지들에 관하여 여러 차례 양도담보가 설정되었으나, 후순위 양도

1) 김재형, "담보법에서 담보목적물의 확장문제," 민법론 Ⅰ, 2004, 403면.
2) 이 판결에 관하여는 김재형(주 1), 474면.
3) 대판 1986. 8. 19, 86다카315(공 1986, 1218); 대판 1994. 8. 26, 93다44739(공 1994, 2514).
4) 대판 1964. 5. 5, 63다775(집 12-1 민 61); 대판 1978. 1. 17, 77다1872(공 1978, 10607).

담보약정자는 양도담보권을 취득할 수 없다. 이는 담보목적물을 효율적으로 활용하지 못하는 결과를 초래한다. 그리하여 동산양도담보권을 공시하는 등기 또는 등록제도를 마련할 필요가 있다.

[48] Ⅲ. 집합동산양도담보와 제3취득자의 관계
대판 2004. 11. 12, 2004다22858(공 2004, 2029)

1. 사실관계와 원심판결

원고측의 파산자인 철원축산업협동조합(이하 '원고 조합'이라 한다)은 1997. 12. 10. A에 대한 3억원의 사료대금채권을 담보하기 위하여 A의 농장에 있는 돼지 3,000두의 소유권을 매매대금 3억 원으로 정하여 원고 조합에 양도하되 점유개정의 방법으로 인도하고 A가 돼지를 계속 점유·관리하기로 하는 내용의 양도담보계약을 체결하였다. 그 후 A는 자금사정이 악화되자 2000. 12. 1. C에게 위 농장에서 사육하고 있던 돼지 전체인 3,000두를 대금 3억 원에 매도하였다. C는 위 농장의 돈사를 임차하여 여전히 같은 장소에서 돼지를 사육하다가 일부를 처분하고 남아 있던 돼지 770두를 2000. 12. 27. 피고에게 대금 9,150만 원에 매도하였다. 피고는 위 농장의 돈사를 임차하여 매수한 돼지를 사육하기 시작하였는데, 2001. 1. 8. D로부터 동인이 E에게 위탁하여 위 농장에서 사육하고 있던 돼지 840두를 1억 1,500만 원에 매수하여 위 770두와 함께 사육하였다. 그 후 피고는 위 돼지들의 자돈을 키우고 일부를 처분하기도 하고 새로운 돼지를 구입하기도 하는 일을 반복하여 현재 위 농장에는 3,000두 이상의 돼지가 사육되고 있다.

원고는 피고를 상대로 위 농장 내에서 피고가 사육하고 있는 돼지들 중 당초의 양도담보계약에서 정한 수량에 해당하는 돼지 3,000두의 인도를 구하였다. 원심은 원고의 이 사건 청구를 모두 인용하였다.

2. 대법원 판결

그러나 대법원은 피고의 상고를 받아들여 원심판결을 파기환송하였다.

원심이 원고 조합과 A가 체결한 이 사건 양도담보계약이 '유동집합물에 대한 양도담보계약'에 해당하는 것으로 보고, 돈사에서 대량으로 사육하는 돼지를 집합물에 대한 양도담보의 목적물로 삼은 경우에 그 돼지는 번식, 사망, 판매, 구입 등의 요인에 의하여 증감 변동하게 마련인데, 원고 조합이 그 때마다 별도의 양도담보권설정계약을 맺거나 점유개정의 표시를 하지 아니하였더라도 하나의 집합물로서 동일성을 잃지 아니한 채 양도담보권의 효력은 항상 현재의 집합물 위에 미치게 되며, 피고가 선의취득의 요건을 갖추지 못한 채 이러한 양도담보의 목적물인 돼지를 양수한 이상 그 양도담보권의 부담을 그대로 인수하는 것이라고 판단한 부분은 정당하다.

그러나 이 사건 양도담보권의 효력은 피고가 애초에 양수한 기원농장 내에 있던 돼지들 및 통상적인 양돈방식에 따라 그 돼지들을 사육·관리하면서 돼지를 출하하여 얻은 수익으로 새로 구입하거나 그 돼지와 교환한 돼지 또는 그 돼지로부터 출산시켜 얻은 새끼돼지에 한하여 미치는 것이지 피고가 별도의 자금을 투입하여 반입한 돼지가 있다면 그 돼지에는 미치지 않는다고 보아야 한다.

다만, 유동집합물에 대한 양도담보계약의 목적물을 피고가 선의취득하지 못한 상태에서 그 양도담보의 효력이 미치는 목적물에다 자기 소유인 동종의 물건을 섞어 관리함으로써 당초의 양도담보의 효력이 미치는 목적물의 범위를 불명확하게 한 경우에는 피고로 하여금 그 양도담보의 효력이 미치지 아니하는 물건의 존재와 범위를 입증하도록 하는 것이 공평의 원칙에 부합할 것이다.

3. 평석

(1) 증감·변동하는 동산에 관하여 양도담보계약을 체결하였는데, 그 후 위 동산에 다른 사

람의 동산이 섞인 사례에 관한 것이다. 판례와 다수설은 집합물론을 채택하고 있다. 즉, 집합물에 대하여 양도담보권설정계약이 이루어진 이상 그 집합물을 구성하는 개개의 물건이 변동되고, 양도담보권자가 그 때마다 양도담보권설정자와 별도의 양도담보권설정계약을 맺거나 점유개정의 표시를 하지 아니하였더라도, 집합물은 한 개의 물건으로서의 동일성을 잃지 아니하여 양도담보권의 효력은 항상 현재의 집합물에 미친다고 한다.[1] 이와 같은 양도담보계약은 유효하지만, 집합물이라는 개념을 끌어들여 설명하는 것에는 반대한다. 우리 민법은 집합물이라는 개념을 인정하지 않고 있고, 집합물론에 따른다면 개별 동산마다 하나의 소유권이 성립하는데도 양도담보권에서는 여러 동산을 집합적인 하나의 물건으로 다루는 모순이 발생한다. 따라서 장래에 취득하는 동산에 대해서 점유개정에 의한 양도담보약정을 하였으면, 양도담보설정자가 나중에 취득한 동산에도 위 약정의 효력이 미친다고 해석하는 것으로 충분하다.[2]

집합동산에 관하여 양도담보가 설정된 이후 양도담보목적물이 제3자에게 인도된 경우에도 양도담보의 효력이 미친다. 담보물권의 추급력이 양도담보에도 적용된다고 볼 수 있다.[3] 다만 동산의 경우에는 선의취득이 인정되기 때문에, 제3취득자가 양도담보목적물을 선의취득한 경우에는 양도담보권의 효력이 미치지 못하게 된다.

(2) 그렇다면 집합동산에 관하여 양도담보가 설정된 이후 양도담보설정자로부터 양도담보목적물을 취득한 제3취득자가 새로이 구입한 동종의 물건에도 위 양도담보의 효력이 미치는지 문제된다. 원심은 "유동집합물에 대한 양도담보의 목적인 집합물이 양도담보설정자로부터 제3자에게 양도된 경우에 양수인은 그 양도담보권의 부담을 인수한 채로 집합물을 양수한 것이 되어 양수인에게도 유동집합물에 대한 양도담보의 법리가 그대로 적용되므로 양수인이 양수할 당시에 존재하던 집합물 내의 개별 동산뿐만 아니라 그 후 양수 당시의 동산으로부터 산출되거나 양수인이 새로 구입하여 반입한 동산에도 양도담보권의 효력이 미치게 된다."라고 하였다. 이는 집합물이라는 개념에 충실한 것으로 볼 수도 있다.

그러나 대법원은 이 점에 관한 원심판결을 파기하였다. 집합물 양도담보에서 목적물이 변동하는데도 그 전체에 대하여 양도담보의 효력이 미치는 이유는 계약당사자들의 의사에 있다. 양도담보 설정계약 당시 양도담보권자가 나중에 취득하는 물건에 대해서도 양도담보의 효력이 미치는 것으로 합의하였을 뿐이다. 따라서 양도담보설정자로부터 양도담보목적물을 취득한 제3자가 신규로 구입한 물건에 관하여는 양도담보를 설정하려는 의사의 합치는 있을 수 없다. 이러한 의사의 합치가 있다고 하더라도 이것이 제3취득자를 구속하지는 못한다. 제3자가 양도담보목적물을 인도받았다고 하더라도 선의취득이 성립하지 않는 한 무권리자일 뿐이고, 양도담보설정계약에서 양도담보설정자의 지위를 인수한 것은 아니다. 양도담보권자는 양도담보설정자가 취득하는 물건에 대해서만 양도담보권을 취득하기로 하였다. 그런데 제3취득자 자신의 물건에 대해서도 양도담보권의 효력이 미친다면 양도담보권자는 망외의 이득을 얻게 된다. 제3취득자가 양도담보에 제공된 물건을

1) 대판 1988. 12. 27, 87누1043(공 1989, 244); 대판 1990. 12. 26, 88다카20224(공 1991, 601); 대판 1999. 9. 7, 98다47283(공 1999, 2069).
2) 양창수, "내용이 변동하는 집합적 동산의 양도담보와 그 산출물에 대한 효력," 저스티스 제30권 제1호, 115면 이하; 김재형, "동산양도담보의 새로운 전개," BFL 제5호(2004. 5), 44면.
3) 공장저당법 제9조는 공장저당권의 추급력에 관하여 명문의 규정을 두고 있다. 질권, 저당권에 관하여는 그 추급력에 관한 규정이 없으나 해석상 인정된다. 민법주해[VII], 1992, 110면(남효순 집필).

인도받았다고 하여 제3취득자 자신의 물건도 양도담보에 제공되었다고 보는 것은 지나친 제재가 될 것이다.

그런데 제3취득자가 양도담보설정자로부터 인도받은 물건과 자신의 동종의 물건을 섞어 관리하는 경우에 양도담보권의 효력이 미치는 범위를 정하려면 양자를 구분하여야 할 것이다. 양도담보권자로서는 이를 구분하기가 거의 불가능할 것이다. 그리하여 이를 관리하고 있는 제3취득자에게 이러한 구분에 관한 입증책임이 있다고 하였다. 제3취득자가 타인에게 양도담보로 제공된 동산을 선의, 무과실로 취득하였다면 민법 제249조에 따라 선의취득이 성립하여 양도담보권자는 제3취득자에게 아무런 권리를 주장할 수 없다. 이 사건에서는 제3취득자에게 과실이 있어 선의취득이 성립하지 않는다고 보았다. 따라서 과실이 있는 제3취득자에게 위와 같은 증명책임을 부과하는 것이 공평의 관념에 부합할 것이다.

[49] Ⅳ. 집합동산 양도담보설정계약의 효력
대판 2005. 2. 18, 2004다37430(공2005, 470)

1. 사실관계

양돈업자 A가 원고 또는 피고로부터 양돈 사료를 공급받던 중 그 사료대금채무를 담보하기 위하여 점유개정의 방법으로 농장에서 당시까지 사육하고 있거나 장래에 사육하게 될 모든 돼지(이하 '이 사건 돼지'라 한다)를 목적물로 하여 다음과 같이 순차로 유동 집합물 양도담보계약을 체결하고, 채무불이행시 이 사건 돼지에 대한 강제집행이 개시되더라도 이의가 없음을 인낙하는 취지의 공정증서도 함께 작성하였다. 먼저 ① 2000. 12. 21. 피고와 사이에 피담보채권액을 1억 원으로 정한 양도담보계약을, 그 후 ② 2002. 1. 28. 원고와 사이에 피담보채권액을 2억 원으로 정한 양도담보계약을, 다시 ③ 2002. 10. 25. 피고와 사이에 피담보채권액을 2억 원으로 정한 양도담보계약을 체결한 것이다. 그 후 유체동산 경매절차에서 이 사건 돼지가 소외 B에게 1억 3,160만 원에 일괄 매각되자 집행법원은 그 매각대금에서 집행비용을 뺀 나머지 131,451,600원을 피고에게 모두 배당하기로 하는 내용의 배당표를 작성하였다. 이 사건에서 피고가 1억 원만을 배당받고 그 나머지는 원고가 배당받아야 하는지, 아니면 피고가 모두 배당받아야 하는지 문제되었다.

2. 대법원 판결

대법원은 동산의 이중양도담보의 경우에 나중에 설정계약을 체결한 채권자로서는 양도담보권을 취득할 수 없다고 한다. 판례에 의하면, 채무자가 담보목적으로 그 소유의 동산을 채권자에게 양도하되 점유개정의 방법으로 인도한 경우 그 동산의 소유권은 신탁적으로 이전되고, 제3자가 채무자로부터 양도담보를 설정받더라도 양도담보권을 취득할 수 없다. 이 사건에서 점유개정의 방법으로 나중에 A와 사이에 이 사건 돼지에 관하여 이중양도담보계약을 체결하였을 뿐인 원고는 이 사건 돼지에 대하여 적법하게 양도담보권을 취득한 것이 아니라 A의 일반 채권자에 불과하다고 한다. 이 점은 종래의 판례(대판 2004. 10. 28, 2003다30463; 대판 2004. 12. 24, 2004다45943)를 따른 것이다.

여기에서 피고와 A 사이의 2002. 10. 25. 양도담보계약(위 ③부분)의 효력이 문제되었다. 대법원은 이를 그들 사이의 최초의 양도담보계약(위 ①부분)에서 약정하였던 피담보채권액을 증액한 것이라고 보았다. 동산양도담보에서 피담보채무액을 증액할 수 있다고 한 것은 매우 중요한 의미가 있다.

3. 평석

양도담보에서 유동, 교체하는 채무를 담보할 수 있는데, 이는 근담보의 일종인 근양도담보에 속한다. 이 사건에서도 양돈업자가 사료를 계속 공급받고 그 대금채무를 담보하기로 하였으므로, 특정되지 않은 채무를 담보하고 있다고 볼 수 있다. 담보는 특정채무를 담보할 수도 있고, 불특정채무를 담보할 수도 있다. 저당권은 특정채무를 담보하고, 근저당권은 불특정채무를 담보한다고 하지만, 실질적으로 이 경계는 명확하지 않다. 질권, 양도담보, 가등기담보에서 특정채무와 불특정채무를 모두 담보하고 있다. 담보의 기능을 수행하는 소유권유보부매매, 금융리스에서도 마찬가지이다. 일본의 근저당권을 제외하고는 많은 국가에서 법률로 담보권의 피담보채무의 범위를 한정하지 않고 있다.

한편 이 사건에서 양도담보설정계약에서 피담보채무로 정한 금액은 최고액으로서의 의미를 갖는다. 동산양도담보는 점유개정의 방법으로 이루어지기 때문에, 피담보채권이나 그 최고액은 계약에 정해져 있을 뿐이고 대외적으로 공시되지 않는다. 양도담보설정계약의 당사자들은 피담보채무의 범위나 그 최고한도액을 변경할 수 있다. 이러한 경우에 이 사건에서와 같이 나중에 동산양도를 설정받은 사람은 양도담보권을 취득하지 못한 일반채권자에 불과하기 때문에, 그의 이익은 고려되지 않는다. 다만 피담보채무가 확정된 경우라든지, 파산 등 도산절차가 개시된 경우에는 피담보채무의 범위 등을 변경하는 것이 제한될 것이다.

판례에 따르면 처음에 동산양도담보를 설정받은 사람은 절대적으로 유리하지만, 나중에 담보설정계약을 체결한 사람은 아무런 보호를 받을 수 없다. 동산의 경우에는 우선순위를 정하여 담보로 제공하지 못한다는 점에서 부동산저당에 비하여 동산담보는 매우 비효율적이다. 동산담보의 경우에도 등기 또는 등록제도를 도입하여 순위를 정하여 담보로 제공하는 방안이 마련되어야 한다.

[50] V. 집합채권양도담보권의 효력이 회생절차 개시 후에 발생하는 채권에도 미치는지 여부

대판 2013. 3. 28, 2010다63836(공 2013, 733)

1. 사실관계와 원심판결

원고와 피고가 제3채무자인 국민건강보험공단에 대한 의료비 등 채권을 담보목적물로 한 채권양도담보계약을 체결하면서 작성한 채권양도계약서에 양도채권으로 "채권양도인이 채권양도일 이후 제3채무자로부터 수령할 국민건강보험법에 의한 요양급여비용 및 의료급여법에 의한 의료급여비용", 양도금액으로 "금 일십억 원"이 각각 기재되어 있다. 피고가 국민건강보험공단에 통지한 채권양도통지서에도 양도채권으로 "본 통지서 도달일로부터 발생한 채권으로서, 채권양도인이 국민건강보험공단으로부터 수령할 국민건강보험법에 의한 요양급여비용 및 의료급여법에 의한 의료급여비용", 양도금액으로 "금 일십억 원", 변제방법으로 "귀사의 변제방법으로서 양도된 요양급여비 및 의료급여비는 아래 계좌로 입금하여 주시기 바랍니다."라고 각각 기재되어 있고, 입금할 계좌로 원고 은행에 개설된 원고 명의 계좌번호가 기재되어 있다. 원고가 담보목적물인 의료비 등 채권에 대하여 담보권을 실행하여 국민건강보험공단으로부터 17,749,460원을 회수하였다. 그 후 피고에 대한 회생절차개시 당시까지 담보목적물인 채권이 남아 있지 않게 되었다.

이 사건의 쟁점은 ① 원고가 담보권을 일부 실행한 시점 이후에 발생하는 의료비 등 채권에도 양도담보의 효력이 미치는지, 나아가 ② 회생절차가 개시된 이후에 발생하는 채권에도 양도담보의 효력이 미치는지 여부이다.

원심은 위 ①의 쟁점에 관하여 원고가 상계권을 행사하여 위 의료비 등 채권을 회수한 시점에 담보권 실행으로 담보채권이 고정된다고 판단하였다. 그리하여 위 ②의 쟁점에 관해서는 판단하지 않았다.

2. 대법원 판결

이에 대하여 원고가 상고하였으나, 대법원은 다음과 같은 이유로 원고의 상고를 기각하였다.

① "특별한 사정이 없는 한, 채권양수인인 원고가 담보목적물 중 일부인 그 당시 현존 의료비 등 채권에 대하여 담보권을 실행하여 국민건강보험공단으로부터 17,749,460원을 직접 회수하였다 하더라도, 원고가 피담보채권인 대출금채권 전액의 만족을 얻지 아니한 이상, 그 후 발생하는 의료비 등 채권에 대해서도 담보권을 실행할 수 있다고 할 것이고, 원고의 위와 같은 담보권 실행으로 인하여 그 후 발생하는 의료비 등 채권에 대하여 담보권의 효력이 미치지 아니하게 되는 것은 아니다."[1]

② "한편 장래 발생하는 채권이 담보목적으로 양도된 후 채권양도인에 대하여 회생절차가 개시되었을 경우, 회생절차개시결정으로 채무자의 업무의 수행과 재산의 관리 및 처분 권한은 모두 관리인에게 전속하게 되는데(채무자 회생 및 파산에 관한 법률 제56조 제1항), 관리인은 채무자나 그의 기관 또는 대표자가 아니고 채무자와 그 채권자 등으로 구성되는 이른바 이해관계인 단체의 관리자로서 일종의 공적 수탁자에 해당한다 할 것이므로(대법원 1988. 10. 11. 선고 87다카1559 판결 참조), 회생절차가 개시된 후 발생하는 채권은 채무자가 아닌 관리인의 지위에 기한 행위로 인하여 발생하는 것으로서 채권양도담보의 목적물에 포함되지 아니하고, 이에 따라 그러한 채권에 대해서는 담보권의 효력이 미치지 아니한다.

1) 원심이 이와 달리 원고가 상계권을 행사하여 위 의료비 등 채권을 회수한 시점에 담보권 실행으로 담보채권이 고정된다고 본 것은 잘못이라는 것이다.

[중략] 회생절차개시 후에 의료비 등 채권이 추가로 발생하였더라도 그러한 채권에 대해서는 더 이상 담보권의 효력이 미치지 아니하기 때문에, 피담보채권인 원고의 잔존 대출금채권은, 담보목적물이 존재하지 아니하는 회생채권에 해당하게 되었다고 볼 수 있다."

3. 평석

(1) 이 판결에서 장래 발생하는 채권이 담보목적으로 양도된 후 채권양도인에 대하여 회생절차가 개시된 경우, 회생절차가 개시된 후 발생하는 채권에 대하여 담보권의 효력이 미치는지 여부가 문제되었다.[2]

집합동산이나 집합채권에 대하여 양도담보를 설정한 후 파산 등 도산절차가 개시된 경우에 도산절차개시 이후에 취득한 동산이나 채권에 양도담보의 효력이 미치는지 문제된다. 이는 금융실무에서 매우 중요한 문제이다. 동산·채권 등의 담보에 관한 법률이 제정된 후에는 동산담보권과 채권담보권을 설정한 경우에도 동일한 문제가 발생한다.

(2) 이 판결은 먼저 위 ①부분에서 장래 발생하는 의료비 등 채권을 양도담보로 제공한 후 양수인이 담보로 제공된 채권에 대하여 담보권을 실행하여 채권 일부를 직접 회수한 경우에 담보채권이 고정되는지 여부에 대하여 판단하고 있다. 원심은 원고가 상계권을 행사하여 위 의료비 등 채권을 회수한 시점에 담보권 실행으로 담보채권이 고정된다고 보았다. 그러나 대법원은 담보권 실행으로 피담보채권 전액의 만족을 얻지 않았으면, 그 후 발생하는 의료비 등 채권에 대해서도 담보권을 실행할 수 있다고 보았다.

2) 이 판결에 대한 재판연구관의 해설로는 이상주, "집합채권양도담보에서의 담보권실행의 효력과 회생절차가 개시된 후 발생하는 채권에 대해서도 담보권의 효력이 미치는지 여부," 대법원판례해설 제95호(2013년 상), 법원도서관, 2013, 621면 이하.

근저당권에서 피담보채권의 확정이 문제되는데, 이 경우에는 경매절차의 개시 등을 피담보채권의 확정사유로 보고 있다.[3] 근저당권에서는 피담보채권의 확정이 문제되지만, 집합물양도담보에서는 담보목적물의 고정 또는 확정이 문제된다. 이 사건에서는 집합채권양도담보가 설정되었고, 담보의 목적이 된 채권을 추심하여 상계하는 방법으로 담보권을 일부 실행하였다. 근저당권과 달리 경매를 신청하거나 경매절차가 개시된 것이 아니기 때문에, 담보권이 일부 실행되었다는 것만으로는 담보목적물이 고정되었다고 볼 수 없을 것이다. 이 점에 대한 대법원의 판단은 정당하다.

(3) 나아가 이 판결은 위 ②부분에서 장래 발생하는 채권이 담보목적으로 양도된 후 채권양도인에 대하여 회생절차가 개시되었을 경우, 회생절차가 개시된 후 발생하는 채권은 채무자가 아닌 관리인의 지위에 기한 행위로 인하여 발생하는 것으로서 채권양도담보의 목적물에 포함되지 않는다고 판단하였다.[4]

필자는 집합동산양도담보나 집합채권양도담보가 설정된 경우 회생절차나 파산절차가 개시된 후에 채무자가 취득하는 동산이나 채권에는 양도담보의 효력이 미치지 않는다고 주장한 바 있다.[5]

"미국에서는 담보권이 설정된 후 채무자가 나중에 취득한 재산, 즉 추후취득재산(after-acquired property)에 대하여 담보권을 설정할 수 있는데,[6] 미국 연방 파산법은 파산신청전의 담보권이 파

3) 상세한 것은 김재형, 근저당권연구, 2000, 238면 이하.
4) 이 판결의 결론에 반대하는 견해로는 박진수, "회생절차개시결정과 집합채권양도담보의 효력이 미치는 범위," 민사판례연구(XXXVI), 2014, 561면 이하. 이연갑, "장래채권 양도담보와 회생담보권의 효력이 미치는 범위," 법조 제695호(2014. 8), 163면 이하.
5) 김재형, "도산절차에서 담보권자의 지위," 민법론 Ⅲ, 2007, 211~212면(다만 각주를 수정하였음).
6) 미국 통일상법전(UCC) 제9-204조 (a)항.

산신청 후에 파산재단이나 채무자가 취득한 재산에는 미치지 않는다고 규정하고 있다.[7] 따라서 채무자가 담보약정 후 나중에 취득하는 재산에도 담보의 효력이 미친다는 약정은 파산절차가 신청된 후에는 효력이 없다. 우리나라에서는 집합동산양도담보나 집합채권양도담보에 관하여 아무런 규정이 없기 때문에, 이 문제를 해석론으로 해결해야 한다. 그 근거에 관해서는 좀 더 검토할 필요가 있겠지만, 이를 부정하여야 할 것으로 생각한다. 위와 같은 양도담보를 설정받는 사람도 도산절차가 개시된 이후에 취득하는 동산이나 채권에 담보권이 미칠 것으로 기대하지는 않을 것이고, 그와 같이 기대하였다고 하더라도 그러한 기대를 보호할 이익보다는 다른 채권자 등 이해관계인을 보호할 필요성이 훨씬 크다. 이와 달리 해석하면 도산절차에서 채무자 또는 파산자의 재산이 형해화되어 다른 채권자 등 이해관계인에게 지나치게 불리한 결과를 초래할 것이다."[8]

집합동산이나 집합채권에 양도담보가 설정된 경우 파산선고가 있거나 회생절차가 개시된 이후에 취득하는 동산이나 채권에는 양도담보의 효력이 미치지 않는다는 것이다. 파산선고의 경우에는 그 이후에 채무자가 취득하는 동산이나 채권에는 양도담보의 효력이 미치지 않는다는 점은 의문의 여지가 없다. 집합채권양도담보가 설정된 후 회생절차가 개시된 경우에 관해서는 논란의 여지가 있으나, 필자의 견해와 마찬가지로 부정설을 주장하는 견해가 있다.[9] 일본에서는 찬부양론이 있으나,[10] 우리나라에서는 위와 같이 부정설만 있고 긍정설은 주장된 바 없다.

이 판결의 결론은 필자의 견해와 동일한 것이다. 그런데 그 이유에 관해서는 논란의 소지가 있다. 이 판결은 위와 같은 결론을 도출하면서 "회생절차가 개시된 후 발생하는 채권은 채무자가 아닌 관리인의 지위에 기한 행위로 인하여 발생하는 것"이라는 점을 든다. 회생절차개시결정으로 채무자의 업무의 수행과 재산의 관리 및 처분 권한은 모두 관리인에게 전속한다. 그러나 재산 자체가 관리인에게 귀속하는 것은 아니다. 관리인의 관리처분권에 기하여 취득한 재산도 채무자에게 귀속하는 것으로 보아야 한다. 관리인은 채무자의 재산과 사업에 관한 관리처분권의 행사주체일 뿐이고 재산권의 귀속주체는 여전히 채무자로 보아야 한다. 즉, 회생절차가 개시된 경우에는 관리처분권의 귀속주체와 재산권의 귀속주체가 달라진 것으로 파악해야 한다. 판례는 "관리인은 채무자나 그의 기관 또는 대표자가 아니고 채무자와 그 채권자 등으로 구성되는 이른바 이해관계인 단체의 관리자로서 일종의 공적 수탁자에 해당한다."[11]라고 한다. 이것이 회생절차가 개시된 후에 발생하는 채권의 귀속주체가 채무자일 수 없고 관리인이어야 한다는 의미는 아니다.

채무자 회생 및 파산에 관한 법률 제65조는 회생절차개시 후의 권리취득에 관하여 제1항에서 "회생절차개시 이후 회생채권 또는 회생담보권에 관하여 채무자의 재산에 대한 권리를 채무자의 행위에 의하지 아니하고 취득한 때에도 회

7) 미국 연방파산법 제552조는 파산신청 후 담보권의 효력에 관하여 규정하고 있는데, (a)항은 "이 조 (b)항에 정한 경우를 제외하고 사건의 개시 후에 재단 또는 채무자가 취득한 재산은 사건개시 전에 채무자가 체결한 담보약정에 의한 담보권의 효력이 미치지 않는다(Except as provided in subsection (b) of this section, property acquired by the estate or by the debtor after the commencement of the case is not subject to any lien resulting from any security agreement entered into by the debtor before the commencement of the case)."라고 정하고 있다.

8) 이는 증감·변동하는 동산에 관하여 동산담보권을 설정한 경우에도 마찬가지이다.

9) 오영준, "집합채권양도담보와 도산절차의 개시," 사법논집 제43집, 2006, 370~371면.

10) 위 논문 참조.

11) 대판 1974. 6. 25, 73다692(집 22-2, 민 108); 대판 1988. 10. 11, 87다카1559(공 1988, 1403).

생절차와의 관계에 있어서는 그 효력을 주장하지 못한다."라고 정하고 있다. 이 규정의 의미가 명확하지는 않지만, 회생절차개시 이후 회생담보권의 대상인 동산이나 채권이 발생한 경우에 그 동산이나 채권에 관해서는 그 효력을 주장할 수 없다고 볼 수 있다.[12] 이와 유사한 규정을 두고 있는 독일에서도 동일하게 해석하고 있다.[13] 채무자의 재산에 대한 권리를 채무자의 행위에 의하지 아니하고 취득한 때에도 주장할 수 없을 뿐만 아니라, 당연하게도 그 권리를 채무자의 행위에 의하여 취득한 때에는 더욱 주장할 수 없는 것으로 보아야 할 것이다. 다만 채권을 양도할 당시에 채권이 성립하였으나 그 변제기가 회생절차개시 이후에 도래한 경우에는 이 규정이 적용되지 않는다고 보아야 할 것이다. 이러한 경우에는 채무자가 채무자나 다른 사람의 행위에 의하여 재산권을 새롭게 취득한 것이 아니기 때문이다.

그리고 위에서 밝힌 바와 같이 이익형량의 관점에서도 집합물양도담보가 설정된 후 회생절차가 개시된 경우 그 이후에 취득하는 동산이나 채권에는 양도담보의 효력이 미치지 않는다고 보는 것이 타당하다. 즉, 도산절차를 둘러싼 이해관계인들의 이익을 적절하게 조정하기 위하여 채무자에 대한 회생절차 등 도산절차가 개시된 때를 기준으로 담보목적물이 확정되는 것으로 보아야 할 것이다. 특히 회생절차 개시 이후에 새로운 원인으로 취득한 동산이나 채권에는 집합물양도담보의 효력이 미치지 않는다고 보아야 한다.

이 사건에서 문제된 의료비 등 채권은 회생절차개시 전에 했던 의료행위가 아니라 회생절차 개시 후에 이루어진 의료행위로 인하여 발생한 것이기 때문에, 집합채권양도담보의 효력이 미치지 않는다고 보아야 한다. 만일 집합채권이 회생절차개시 전에 발생하였고 그 이행기가 회생절차개시 후에 발생한 것이라면 이러한 채권에 대해서는 집합채권양도담보의 효력이 미친다고 보아야 할 것이다.

12) 채무자 회생 및 파산에 관한 법률 제124조 제1항은 "임대인인 채무자에 대하여 회생절차가 개시된 때에는 차임의 선급 또는 차임채권의 처분은 회생절차가 개시된 때의 당기(當期)와 차기(次期)에 관한 것을 제외하고는 회생절차의 관계에서는 그 효력을 주장할 수 없다."라고 정하고 있다. 따라서 차임채권에 대해서는 이 규정이 적용된다고 보아야 한다.

13) 독일 도산법 제91조 제1항은 "도산재단의 목적물에 대한 권리는, 채무자의 처분과 도산채권자를 위한 강제집행에 기하지 않은 경우에도 도산절차 개시 후에 유효하게 취득할 수 없다."라고 정하고 있다. 따라서 원칙적으로 도산절차개시 이후에는 도산재단에 속하는 목적물에 대하여 별제권을 취득할 수 없다. 도산재단의 목적물에 대한 권리를 취득하기 위해서는 도산절차개시 이전에 권리의 성립요건이 완전히 충족되어 있어야 한다. 장래의 물건이나 채권에 질권이나 양도담보를 설정한 후에 질권설정자나 양도담보설정자에 대하여 도산절차가 개시된 경우 그 후에 발생하는 물건이나 채권에는 별제권을 취득하지 못한다. BGHZ 135, 140; BGH 162, 187; BGH NJW–RR 2009, 755; Ganter, in: Münchener Kommentar zur Insolvenzordnung, 3. Aufl., 2013, Vorbemerkungen vor §§49~52, Rn. 23ff. 등 참조.

제 3 편

채권법

民 法 判 例 分 析

제1장 총칙

제1절 채무불이행

[51] Ⅰ. 광고모델계약에서 품위유지의무
대판 2009. 5. 28, 2006다32354(공 2009, 980)

1. 사실관계와 원심판결

원고 회사가 2004. 3. 2. A(최진실)[1] 및 그 소속사인 피고 회사와 사이에 이 사건 광고모델계약을 체결하였다. 계약기간은 광고제작물의 최초 사용 개시일로부터 1년으로 하여 A는 원고 회사가 분양하는 이 사건 아파트 광고에 출연하고 원고 회사는 A에게 모델료로 2억 5천만 원을 지급하기로 하되, 계약기간 중 A의 귀책사유로 사회적·도덕적 명예를 훼손함으로써 원고 회사의 제품 및 기업 이미지를 훼손하여서는 안 되고, 이를 위반하였을 경우에는 A 또는 피고 회사는 수령한 모델료의 배액에 해당하는 손해배상금을 원고 회사에 지급하기로 약정하였다. 아파트는 가족의 공동생활이 이루어지는 주거 공간으로서 일반적으로 다른 주택에 비하여 가격이 높은 것을 고려하여, 원고 회사는 이 사건 아파트의 구매를 유인하기 위한 광고물의 내용에 아파트 자체의 편의성이나 경제적인 가치에 관한 홍보 외에도 이 사건 아파트에서의 여성 및 가족의 생활, 문화, 환경을 내세우고 이를 통하여 이루어질 수 있는 가족의 사랑과 행복 등을 부각시키는 한편, 품질과 품격이 높은 아파트라는 인상을 주는 표현을 사용하고 있어 그 광고물에 등장하는 광고모델 역시 이에 적합한 이미지를 유지할 필요가 있다. A는 2004. 8. 1. A의 집을 찾아 온 별거 중인 남편 B와 사이에 폭행사건이 일어나자 자신이 일방적으로 폭행을 당하였음에도 B가 서로 폭행한 것이라고 주장한다는 이유로, 2004. 8. 2. 오후 자신이 입원한 병실 안으로 기자들을 들어오도록 하여 자신이 일방적으로 폭행당하였다는 내용으로 그 경위를 상세히 진술하면서 오른쪽 눈 부위에 멍이 들고 부은 얼굴을 촬영하도록 허락하였다. A의 허락을 받은 매니저 C는 위 폭행사건으로 가구가 뒤집혀져 있고 유리파편 등이 어지럽게 널려 있는 A의 집안 모습을 기자들에게 촬영하도록 하였다. 같은 날 저녁 각 언론사의 인터넷 홈페이지와 2004. 8. 3.자 주요 일간지에는 A의 위와 같은 주장이 담긴 기사와 함께 A의 멍이 들고 부은 얼굴 사진 및 부서진 가재도구 등이 어지럽게 널려 있는 A의 집안 사진이 게재되었다.

원심은, A가 B로부터 일방적으로 폭행을 당한 것으로서, A의 위와 같은 공개행위는 이미 폭행사건이 기사화되어 있었고 B의 쌍방폭행 주장에 따른 일반인들의 오해를 불식시키기 위한 목적으로 이루어진데다가 A가 배우자의 폭력행위까지 숨기고 감내하여야 할 의무가 없기 때문에 A의 위와 같은 공개행위가 스스로 이 사건 광고모델계약상의 사회적·도덕적 명예를 훼손한 행위에 해당하지 않는다는 이유로 채무불이행에 기한 손해배상을 구하는 원고 회사의 이 사건 청구를 배척하였다.

2. 대법원 판결

그러나 대법원은 다음과 같은 이유로 파기환송하였다.

"광고주가 모델이나 유명 연예인, 운동선수 등과 사이에 광고모델계약을 체결하면서 출연하는 유명 연예인 등에게 일정한 수준의 명예를

1) 판례공보에는 이름이 익명으로 처리되어 있으나, 이는 지나친 것으로 생각된다.

유지할 의무를 부과하는 품위유지약정을 한 경우, 위와 같은 **광고모델계약은 유명 연예인 등을 광고에 출연시킴으로써 유명 연예인 등이 일반인들에 대하여 가지는 신뢰성, 가치, 명성 등 긍정적인 이미지를 이용하여, 광고되는 제품에 대한 일반인들의 구매 욕구를 불러일으키기 위한 목적으로 체결되는 것**이므로, 위 광고에 출연하기로 한 모델은 위와 같이 일정한 수준의 명예를 유지하기로 한 품위유지약정에 따라 계약기간 동안 광고에 적합한 자신의 긍정적인 이미지를 유지함으로써 그것으로부터 발생하는 구매 유인 효과 등 경제적 가치를 유지하여야 할 계약상 의무, 이른바 품위유지의무가 있고, 이를 이행하지 않는 경우에는 광고모델계약에 관한 채무불이행으로 인한 손해배상채무를 면하지 못한다.

… A는 이 사건 광고모델계약을 체결함에 있어 고액의 모델료를 지급받기로 하고 한편으로는 자신의 사회적, 도덕적 명예를 훼손하지 않기로 하는 내용의 위 유지약정을 하였으므로, 앞에서 본 법리와 같이 위 계약기간 동안 광고모델로서 활동할 수 있는 건강 상태와 용모를 유지하여야 할 뿐 아니라 위에서 본 원고 회사의 광고 내용에 맞추어 일반인들로 하여금 원고 회사 및 원고 회사가 분양하는 이 사건 아파트에 대하여 호감을 느끼게 함으로써 구매를 유인하는 데에 적합한 긍정적인 이미지를 지속적으로 유지하여야 하며, A에게 책임 없는 사유로 인하여 그 이미지가 손상될 수 있는 사정이 발생한 경우라 하더라도 적절한 대응을 통하여 그 이미지의 손상을 최대한 줄여야 하는 계약상의 의무를 진다. 그럼에도 불구하고, A는 그의 남편인 B와의 감정 다툼으로 인하여 물리적인 충돌에까지 이르고 용모도 훼손되어 모델로서의 활동도 잠정적으로 불가능한 상태에 이르렀을 뿐 아니라, 비록 A의 주장과 같이 일방적으로 폭행을 당하였음에도 B와의 물리적인 충돌 사실이 언론에 노출되어 그 경위에 관한 관심이 늘어남에 따라 사실과 다른 보도가 이루어지지 않도록 해명할 필요가 있었다고 하더라도, 기자들에게 그 충돌 경위를 상세히 진술하고 자신의 멍들고 부은 얼굴과 충돌이 일어난 현장을 촬영하도록 허락하여 그 진술 내용과 사진이 언론을 통하여 일반인들에게 널리 공개되도록 한 것은 적절한 대응의 정도를 넘는 것으로서, 이로 인하여 일반인들에게 호감을 주고 있었던 A의 종전 모습과는 달리 심하게 훼손된 얼굴이 널리 알려지고 또한, 가정 내부의 심각한 불화 사실이 상세히 공개되어 일반인들에 충격을 줌에 따라 A가 가지고 있었던 이 사건 아파트 광고에 적합한 긍정적인 이미지는 크게 손상되었고 그 이미지를 통하여 발생하는 구매 유인 효과라는 경제적 가치 역시 상당한 정도로 훼손되었다고 봄이 상당하다. 따라서 A의 위와 같은 행위는 이 사건 광고모델계약에서 정한 품위유지약정을 위반한 것으로서 피고 회사와 A는 원고 회사에 채무불이행으로 인한 손해배상책임을 진다고 할 것이다."

3. 평석

(1) 광고주가 모델이나 유명 연예인, 운동선수 등과 사이에 광고모델계약을 체결하면서 출연하는 유명 연예인 등에게 일정한 수준의 명예를 유지할 의무를 부과하는 품위유지약정을 하는 경우가 많다. 이러한 약정을 위반한 경우에 손해배상책임이 발생하는지 문제된다. 이 판결은 유명연예인 최진실 사건에 대한 것으로, 이 문제에 대한 최초의 대법원 판결이다.

(2) 최진실이 아파트건설회사인 원고와 아파트분양광고 모델계약을 체결한 뒤 남편과의 불화 및 폭력사건 등으로 언론에 보도되고 사회적 이미지가 훼손되었다. 이러한 경우 광고주인 원고에 대하여 광고모델계약상의 의무위반으로

인한 위약금 기타 손해배상책임이 있는지 여부가 쟁점이다. 이 문제는 광고주의 이익을 중시할 것인지 아니면 광고모델의 프라이버시권 또는 인격권을 중시할 것인지에 따라 결론이 달라질 수 있다. 양쪽의 이익이나 권리가 충돌하는 상황에서 어느 쪽을 중시할 것인지는 계약의 내용과 그 해석에서 출발하여야 한다. 광고모델계약에 품위유지약정이 있다면 모델인 유명 연예인 등은 이른바 품위유지의무를 부담한다. 이는 광고모델계약에 정해진 계약상 채무에 해당하고, 유명 연예인 등이 그 채무를 이행하지 않는 경우에 채무불이행책임을 진다. 위 약정 위반이 민법 제390조에 정하고 있는 '채무의 내용에 좇은 이행을 하지 아니한 때'에 해당하기 때문이다.

그렇다면 이 사건에서 A가 품위유지의무를 위반하였다고 볼 수 있는가?

먼저 광고모델계약에 있는 품위유지의무에 관한 조항을 엄밀하게 살펴보자. 이 조항에 따르면, A가 1년간의 계약기간 중 A의 귀책사유로 사회적·도덕적 명예를 훼손함으로써 원고 회사의 제품 및 기업 이미지를 훼손하여서는 안 되고, 이를 위반하였을 경우에는 A 또는 그 소속사인 피고 회사는 수령한 모델료의 배액에 해당하는 손해배상금을 원고 회사에 지급해야 한다. 이 규정에서 말하는 '사회적·도덕적 명예'가 무엇인지 명확하지는 않지만, '명예'는 사람에 대한 객관적 평가를 말하므로, A가 남편으로부터 폭행당한 모습을 공개한 행위로 말미암아 사생활 또는 프라이버시가 공개되었다고 할 수 있을지언정 명예, 특히 사회적 명예 자체가 훼손된 것은 아니라고 할 수 있다. 이러한 관점에서 원심은 A가 폭행당한 모습 등을 공개한 행위가 스스로 이 사건 광고모델계약상의 사회적·도덕적 명예를 훼손한 행위에 해당하지 않는다고 판단한 것으로 볼 수 있다.

그러나 대법원은 A가 품위유지의무를 위반하였다고 판단하면서 "위와 같은 광고모델계약은 유명 연예인 등을 광고에 출연시킴으로써 유명 연예인 등이 일반인들에 대하여 가지는 신뢰성, 가치, 명성 등 긍정적인 이미지를 이용하여, 광고되는 제품에 대한 일반인들의 구매 욕구를 불러일으키기 위한 목적으로 체결되는 것"이라는 점을 들고 있다. 이는 품위유지의무를 판단하면서 '계약의 목적'을 고려한 것이다. 여기에서 나아가 A의 행위로 인하여 "A가 가지고 있었던 이 사건 아파트 광고에 적합한 긍정적인 이미지는 크게 손상되었고 그 이미지를 통하여 발생하는 구매 유인 효과라는 경제적 가치 역시 상당한 정도로 훼손되었다."라고 판단하였다. 이 사건 아파트 광고에서 아파트에서의 여성 및 가족의 생활, 문화, 환경을 내세우고 이를 통하여 이루어질 수 있는 가족의 사랑과 행복 등을 부각시키는 한편, 품질과 품격이 높은 아파트라는 인상을 주는 표현을 사용하고 있다. 따라서 A의 위와 같은 행위로 이 사건 아파트 광고에 적합한 이미지가 훼손되었다고 볼 수 있다. 이러한 경우에 품위유지의무를 위반하였다고 보는 것이 계약당사자들의 의사에 합치한다는 것이다.

원심판결과 대법원 판결은 광고모델의 품위유지의무에 관한 계약조항을 다르게 해석하고 있다고 볼 수 있다. 즉, 원심이 계약의 문구를 중시한 반면, 대법원은 계약의 목적을 고려하고 있다. 따라서 이 판결을 계약해석의 방법을 다룬 판례로 파악할 수도 있다. 계약의 해석에서 문언해석이 원칙이지만, 당사자의 의도나 계약의 목적을 고려하여 계약의 문언과 다르게 계약을 해석하는 것도 허용된다. 이 사건과 같이 광고모델계약에서 품위유지의무의 위반 여부를 판단할 때에도 문구에 엄밀하게 구애받아서는 안 되고 광고계약의 목적, 품위유지의무를 정한 계약당사자들의 의도와 전체적인 맥락을 고려하여 A가 광고모델로서의 이미지를 손상하였는지 여부를 고려해야 할 것이다.

[52] Ⅱ. 임차건물에 화재가 발생한 경우 임차인의 채무불이행책임

대판 2000. 7. 4, 99다64384(공 2000, 1833)

1. 사실관계와 대법원 판결

이 사건 건물의 임차인이 임차건물을 사용하던 중 건물내부에서 화재가 발생하여 그 건물 일부가 소훼(燒燬)되었다. 임차인인 피고가 임대인에 대하여 임차목적물반환의무의 이행불능으로 인한 채무불이행책임이 있는지 문제되었다.

원심은 임차건물이 화재로 일부 소훼되어 임차인의 임차목적물반환채무가 일부 이행불능이 되었으나, 다음과 같은 사유로 임차인이 손해배상책임을 지지 않는다고 판단하였다. 이 사건 화재가 위 현관 천장 부분 비닐전선의 합선으로 인하여 발생한 것이다. 그런데 건물의 벽과 천장의 내부를 통과하고 있는 전기배선은 건물구조의 일부를 이루고 있어 거기에 어떤 하자가 있다 하더라도, 이를 수리 유지할 책임은 임차인이 그 하자를 미리 알았거나 알 수 있었다는 등의 특별한 사정이 없는 한, 임대차의 목적물을 임차인이 사용·수익하기에 필요한 상태로 유지할 의무가 있는 임대인에게 있다고 할 것인데, 피고로서는 위 발화부위인 전기배선의 이상을 미리 알았거나 알 수 있었다고 보기도 어렵다. 따라서 이 사건 건물의 일부가 소훼됨으로 인하여 피고가 이 사건 임대차계약상의 임차목적물의 일부를 반환할 수 없게 되었다고 하더라도 이는 임대인으로서의 의무를 다하지 못한 결과이고 임차인인 피고가 임차목적물의 보존을 위하여 선량한 관리자로서의 통상 필요한 주의의무를 다하지 아니한 결과가 아님이 분명하므로, 피고는 그로 인한 손해배상책임이 없다는 것이다. 대법원도 원심판단을 지지하였다.

2. 평석

(1) 원인불명의 화재로 인하여 임차목적물이 멸실된 경우 임차인이 채무불이행책임을 진다는 다수의 대법원 판결이 있다. 즉 "임차인의 임차물반환채무가 이행불능이 된 경우에 임차인이 그 이행불능으로 인한 손해배상책임을 면하려면 그 이행불능이 임차인의 귀책사유로 말미암은 것이 아님을 입증할 책임이 있으며, 임차건물이 그 건물로부터 발생한 화재로 소실된 경우에 있어서 그 화재의 발생원인이 불명인 때에도 임차인이 그 책임을 면하려면 그 임차건물의 보존에 관하여 선량한 관리자의 주의의무를 다하였음을 입증하여야 한다."는 것이다.[1)] 대판 1994. 10. 14, 94다38182(공 1994, 2988)는 화재의 원인은 불명이라 하더라도 최소한 임차건물 내에서 발생한 것으로 추정함이 상당하다면 비록 임차인이 영업을 마치고 평상시와 같이 화재 발생 우려가 있는 전기 조명스위치 등을 점검한 후 출입문을 잠그고 모두 귀가한 사실이 인정된다 하더라도, 그러한 사정만으로는 임차인이 경양식 음식점경영자로서의 지위에서 나오는 임차건물의 보존에 관한 선량한 관리자의 주의의무를 다하였다고 보기는 어렵다고 판단하였다.

그런데 민법 제623조는 "임대인은 목적물을 임차인에게 인도하고 계약존속 중 그 사용, 수익에 필요한 상태를 유지하게 할 의무를 부담한다."라고 정하고 있기 때문에, 임차건물에서 화재가 발생한 경우에 임대인이 임차목적물에 관한 유지·수선의무를 이행하지 않았다고 볼 여

1) 대판 1982. 8. 24, 82다카254(공 1982, 875); 대판 1985. 4. 9, 84다카2416(공 1985, 729); 대판 1987. 11. 24, 87다카1575(공 1988, 163); 대판 1994. 2. 8, 93다22227(공 1994, 1002); 대판 1994. 10. 14, 94다38182(공 1994, 2988); 대판 1999. 9. 21, 99다36273(공 1999, 2209). 이러한 판례에 찬성하는 견해로는 강동욱, "임차건물이 원인불명 화재로 소실된 경우의 법률관계," 민사판례연구(XXIII), 2001, 324면 이하가 있다.

지도 있다.[2] 그리하여 어떠한 경우에 임대인이 이러한 의무를 부담하는지 문제된다.

이 판결이 종래의 판례와 달리 임차인의 손해배상책임을 배척한 이유를 찾아보면 다음과 같다. 이 사건 화재는 위 현관 천장 부분 비닐전선의 합선으로 인하여 발생하였다. 건물의 벽과 천장의 내부를 통과하고 있는 전기배선은 건물 구조의 일부를 이루고 있어 거기에 어떤 하자가 있다고 하더라도, 이를 수리·유지할 책임은 임차인이 그 하자를 미리 알았거나 알 수 있었다는 등의 특별한 사정이 없는 한, 임대차의 목적물을 임차인이 사용·수익하기에 필요한 상태로 유지할 의무가 있는 임대인에게 있다고 볼 수 있다. 그러나 이 사건에서 피고가 위 발화부위인 전기배선의 이상을 미리 알았거나 알 수 있었다고 보기 어렵다. 따라서 이 사건 건물의 일부가 소훼(燒燬)됨으로 인하여 피고가 이 사건 임대차계약상의 임차목적물의 일부를 반환할 수 없게 되었다고 하더라도 이는 임대인으로서의 의무를 다하지 못한 결과이고 임차인인 피고가 임차목적물의 보존을 위하여 선량한 관리자로서의 통상 필요한 주의의무를 다하지 아니한 결과가 아니다.

이 판결은 임차건물의 벽과 천장의 내부를 통과하고 있는 전기배선의 합선으로 인하여 화재가 발생한 사안에서 임대인이 임차목적물의 유지·수선의무를 이행하지 않은 것이라고 판단하고 있다. 이는 종래의 판례를 형식적으로 적용하지 않고 사안의 특수성에 맞게 결론을 도출한 것으로 볼 수 있다.

그렇다면 이와 같이 상반된 결론에 도달한 대법원 판결들을 모순 없이 설명할 수 있는지 문제된다. 임차인이 임차목적물을 점유·사용하고 있는 경우에 그 목적물에서 발생하는 통상적인 위험은 임차인의 지배영역 내에 있다고 볼 수 있다. 이러한 관점에서 임차목적물이 원인불명의 화재로 소실된 경우에 임차인의 채무불이행책임을 긍정한 종래의 판례를 수긍할 수 있다. 그러나 **임차건물의 벽이나 천장 속에 있는 전기배선의 하자는 임차인의 지배영역 내에 있다고 볼 수는 없기 때문에, 그와 같은 하자로 인하여 발생하는 위험을 임차인에게 전가하여서는 안 된다**고 보아야 할 것이다.[3]

(2) 그 후 대판 2006. 1. 13, 2005다51013, 51020 (공 2006, 235)은 위 판결에서와 유사한 사안에서 화재원인이 누구의 지배관리 영역 내에 있는지 여부에 따라 판단하고 있다. 즉,

"임차인은 임차건물의 보존에 관하여 선량한 관리자의 주의의무를 다하여야 하고, 임차인의 임차물반환채무가 이행불능이 된 경우, 임차인이 그 이행불능으로 인한 손해배상책임을 면하려면 그 이행불능이 임차인의 귀책사유로 말미암은 것이 아님을 입증할 책임이 있는바, 임차건물이 건물구조의 일부인 전기배선의 이상으로 인한 화재로 소훼되어 임차인의 임차목적물 반환채무가 이행불능이 되었다고 하더라도, 당해 임대차가 장기간 계속되었고 화재의 원인이 된 전기배선을 임차인이 직접 하였으며 임차인이 전기배선의 이상을 미리 알았거나 알 수 있었던 경우에는, 당해 전기배선에 대한 관리는 임차인의 지배관리 영역 내에 있었다 할 것이므로, 위와 같은 전기배선의 하자로 인한 화재는 특별한 사정이 없는 한 임차인이 임차목적물의 보존에 관한 선량한 관리자의 주의의무를 다하

2) 민법주해[IX], 1995, 381면(양창수 집필); 문흥수, "임차건물의 화재로 인하여 소실된 경우에 있어서의 임대인과 임차인 사이의 법률관계," 인권과 정의 제268호(1998. 12), 144면 이하.

3) 김재형, "2000년도 민법판례의 동향," 민법론 II, 2004, 478면. 또한 이선희, "임차건물이 소훼된 경우 임차인의 채무불이행과 선관주의의무," 법조 제537호(2001. 6), 177면도 참조.

지 아니한 결과 발생한 것으로 보아야 한다."

이 사건은 장기의 임대기간, 화재의 원인이 된 위 인입선의 설치 위치 및 설치자, 위 인입선의 하자로 인한 화재 가능성에 대한 임차인의 인식, 위 인입선에 대한 전원 차단의 필요성 등에 비추어, 이 사건 화재의 원인으로 추정되는 위 인입선의 하자에 대한 관리책임은 임대인인 피고가 유지 및 수선의무를 부담하는 영역에 속해 있었던 것이 아니라 임차인이 선량한 관리자로서 임차목적물을 보존하여야 할 주의의무를 부담하는 영역에 속해 있었던 점을 들어 임차인의 책임을 인정하고 있다.

또한, 대판 2009. 5. 28, 2009다13170(공 2009, 1016)은 위 두 판결을 참조 판결로 인용하면서, "주택 기타 건물 또는 그 일부의 임차인이 임대인으로부터 목적물을 인도받아 이를 점유·용익하고 있는 동안에 목적물이 화재로 멸실된 경우에, 그 화재가 건물소유자측에서 설치하여 건물구조의 일부를 이루는 전기배선과 같이 임대인이 지배·관리하는 영역에 존재하는 하자로 인하여 발생한 것으로 추단된다면, 그 하자를 보수·제거하는 것은 임대차목적물을 사용·수익하기에 필요한 상태로 유지할 의무를 부담하는 임대인의 의무에 속하는 것이므로, 그 화재로 인한 목적물반환의무의 이행불능 등에 관한 손해배상책임을 임차인에게 물을 수 없다."고 하였다. 따라서 임차목적물이 원인불명의 화재로 소실된 경우에 화재의 원인이 임대인의 지배영역에서 발생하였는지, 임차인의 지배영역에서 발생하였는지에 따라 채무불이행책임을 정하는 것이 판례로 정착되었다고 볼 수 있다.

[53] Ⅲ. 계약 당시 예견할 수 있었던 장애사유의 불고지로 인한 채무불이행책임
대판 2011. 8. 25, 2011다43778(공 2011, 1932)

1. 사실관계와 원심판결

아파트건설업자인 피고는 아파트의 사전분양 공고 및 분양계약 체결 당시 장차 아파트 부지에 대한 문화재발굴조사가 진행되어 유적지 발견에 따른 현지 보존결정이 내려짐으로써 아파트 건설사업이 불가능하게 되거나 그 추진·실행에 현저한 지장을 가져올 가능성이 있음을 충분히 알았다. 그런데도 분양 공고문이나 분양계약서에 문화재 조사결과에 따라 사업계획 자체의 폐지나 그 부지가 변경될 수 있는 가능성에 관하여는 구체적인 언급이 없었다. 그 후 피고는 발굴조사가 완료되기 전에 이 사건 아파트 공사를 착공하였는데, 그로부터 얼마 후 이 사건 아파트 부지에서 고려시대 저택 유구가 발견되자 중앙문화재위원회는 문화재지도위원들의 의견에 따라 그 원형보존의 가치와 필요성을 인정하여 최종적으로 이 사건 아파트 부지에 대하여 현지 원형보존 결정을 하였고, 이에 따라 이 사건 아파트는 당초의 부지에 건축하는 것이 불가능하게 되었다.

원심은 이 사건 아파트의 분양계약에 따른 아파트 공급의무를 이행할 수 없게 된 데 대하여 그 귀책사유가 피고에게 있다고 판단하였다.

2. 대법원 판결

대법원도 다음과 같은 이유를 들어 원심판결을 지지하였다.

"계약당사자 일방이 자신이 부담하는 계약상 채무를 이행하는 데 장애가 될 수 있는 사유를 계약을 체결할 당시에 알았거나 예견할 수 있었음에도 이를 상대방에게 고지하지 아니한 경우에는, 비록 그 사유로 말미암아 후에 채무불이행이 되는 것 자체에 대하여는 그에게 어떠한 잘못이 없다고 하더라도, 상대방이 그 장애사유를 인식하고 이에 관한 위험을 인수하여 계약을 체결하였다거나 채무불이행이 상대방의 책임 있는 사유로 인한 것으로 평가되어야 하는 등의 특별한 사정이 없는 한, 그 채무가 불이행된 것에 대하여 귀책사유가 없다고 할 수 없다. 그것이 계약의 원만한 실현과 관련하여 각각의 당사자가 부담하여야 할 위험을 적절하게 분배한다는 계약법의 기본적 요구에 부합한다."

3. 평석

계약 당시 예견할 수 있었던 장애사유를 고지하지 않은 경우 채무불이행책임을 지는지 여부가 문제된다. 이 판결은 계약당사자 일방이 자신의 계약상 채무 이행에 장애가 될 수 있는 사유를 계약 체결 당시 알았거나 예견할 수 있었음에도 이를 상대방에게 고지하지 않은 경우, 원칙적으로 채무불이행에 대하여 귀책사유가 인정된다고 하되, 다만 그 예외로 두 가지 사유를 들고 있다. 하나는 상대방이 그 장애사유를 인식하고 이에 관한 위험을 인수하여 계약을 체결하였는지 여부이고, 다른 하나는 채무불이행이 상대방의 책임 있는 사유로 인한 것으로 평가되어야 하는 경우를 들고 있다.

이 판결이 고지의무 위반을 채무불이행책임으로 파악하고 있다는 점도 주목할 필요가 있다. 종래 대법원 판결에서 매매계약의 당사자가 고지의무를 위반한 경우에 그 법적 성질이 채무불이행책임인지 불법행위책임인지 명확히 밝히지 않거나 불법행위책임을 인정하는 경우가 많다.[1] 그러나 계약을 체결한 당사자가 계약체결 당시 또는 그 이행과정에서 고지의무 또는 정보제공의무를 이행하지 않은 경우에 채무불이행책임이 성립할 수 있다고 보아야

1) 가령 대판 2006. 10. 12, 2004다48515(미간행).

한다.[2)]

한편 제537조, 제538조에서 위험부담에 관한 규정을 두고 있고, 판례에서도 위험의 분담에 관하여 언급하고 있는 사례들이 있다.[3)] 이 판결은 "계약의 원만한 실현과 관련하여 각각의 당사자가 부담하여야 할 위험을 적절하게 분배한다."는 것이 계약법의 기본적 요구라고 한다. 계약의 당사자가 자신의 계약상 채무 이행에 장애가 될 수 있는 사유를 계약 체결 당시 알았거나 예견할 수 있는 경우에는 이를 상대방에게 고지하여야 할 의무가 있다고 볼 수 있으나, 상대방이 그와 같은 장애사유에 관한 위험을 인수하였다면 위와 같은 사유를 고지하지 않았다고 하더라도 귀책사유를 인정할 수 없을 것이다.

2) 계약이 체결된 경우에 설명의무 위반을 채무불이행의 한 유형인 부수의무위반으로 파악할 수 있다. 민법주해[IX], 1995, 390면(양창수 집필); 김재형, "분양광고와 계약," 민법론 Ⅳ, 2011, 113면.

3) 가령 대판 2010. 2. 25, 2009다22778(공 2010, 634)은 "채권자인 원고에 대하여 보증인으로서 보증채무를 이행하여야 할 지위에 있는 피고로서는 자신의 보증금지급채무가 발생하였는지 여부를 이 사건 보증계약에서 정하여진 대로 원고가 제출하는 관련 서류 등을 검토함으로써 스스로 판단하여야 할 것이고, 그 판단에 관한 위험은 보증인 자신이 부담하여야 한다."라고 하였다.

[54] Ⅳ. 재산적 거래관계에서 고지의무 위반

대판 2014. 4. 10, 2012다54997(공 2014, 1025);
대판 2014. 7. 24, 2013다97076(공 2014, 1658)

1. 대법원 판결

(1) 대판 2014. 4. 10, 2012다54997은 매매거래에서 매수인이 목적물의 시가를 고지하지 않거나 시가보다 낮은 가액을 시가라고 고지한 경우, 불법행위가 성립하는지 여부에 관하여 다음과 같이 판단하고 있다.

"일반적으로 매매거래에 있어서 매수인은 목적물을 염가로 구입할 것을 희망하고 매도인은 목적물을 고가로 처분하기를 희망하는 이해상반의 지위에 있으며, 각자가 자신의 지식과 경험을 이용하여 최대한으로 자신의 이익을 도모할 것으로 예상되기 때문에, 당사자 일방이 알고 있는 정보를 상대방에게 사실대로 고지하여야 할 신의칙상 의무가 인정된다고 볼 만한 특별한 사정이 없는 한, 매수인이 목적물의 시가를 묵비하여 매도인에게 고지하지 아니하거나 혹은 시가보다 낮은 가액을 시가라고 고지하였다 하더라도, 상대방의 의사결정에 불법적인 간섭을 하였다고 볼 수 없으므로 불법행위가 성립한다고 볼 수 없다(대법원 2001. 7. 13. 선고 99다38583 판결 참조). 더구나 매수인이 목적물의 시가를 미리 알고 있었던 것이 아니라 목적물의 시가를 알기 위하여 감정평가법인에게 의뢰하여 그 감정평가법인이 산정한 평가액을 매도인에게 가격자료로 제출하는 경우라면, 특별한 사정이 없는 한 매수인에게 그 평가액이 시가 내지 적정가격에 상당하는 것인지를 살펴볼 신의칙상 의무가 있다고 할 수 없고, 이러한 법리는 그 법적 성격이 사법상 매매인 공유재산의 매각에 있어서도 마찬가지라고 할 것이다."[1)]

(2) 대판 2014. 7. 24, 2013다97076에서는 재산적 거래관계에서 신의칙상 고지의무에 관하여 다음과 같이 판단하고 있다.

"재산적 거래관계에 있어서 계약의 일방 당사자가 상대방에게 그 계약의 효력에 영향을 미치거나 상대방의 권리 확보에 위험을 가져올 수 있는 구체적 사정을 고지하였다면 상대방이 그 계약을 체결하지 아니하거나 적어도 그와 같은 내용 또는 조건으로 계약을 체결하지 아니하였을 것임이 경험칙상 명백한 경우 그 계약 당사자는 신의성실의 원칙상 상대방에게 미리 그와 같은 사정을 고지할 의무가 있다. 그러나 이때에도 상대방이 고지의무의 대상이 되는 사실을 이미 알고 있거나 스스로 이를 확인할 의무가 있는 경우 또는 거래 관행상 상대방이 당연히 알고 있을 것으로 예상되는 경우 등에는 상대방에게 위와 같은 사정을 알리지 아니하였다고 하여 고지의무를 위반하였다고 볼 수 없다(대법원 2013. 11. 28. 선고 2011다59247 판결 등 참조)."

2. 평석

(1) 최근 고지의무, 나아가 정보제공의무가 중요한 문제로 되고 있다. 그러나 어떠한 경우에 고지의무 위반이 인정되는지 판단하는 것이 쉽지 않다. 재산적 거래관계에서도 고지의무 위반이 문제되는 사건이 점점 많아지고 있다. 위 두 판결에서 원심법원은 고지의무 위반을 인정하였으나, 대법원은 원심판결을 모두 파기하였다.

위 두 판결에서 고지의무 위반이 문제되고 있지만, 그 상황은 다르다. 위 (1) 판결은 부동산

---

1) 또한 이 판결은 구 공유재산 및 물품 관리법의 관련 조문에 비추어 "공유재산을 매각하는 지방자치단체는 그 책임하에 감정평가법인에 의뢰하여 그 감정평가액을 기초로 매각 목적물의 예정가격을 결정한 후 이를 토대로 매매계약을 체결하여야 하므로, 그 감정평가액이 시가를 반영한 적정한 것인지를 살펴볼 책임은 매도인인 지방자치단체에게 있다고 보아야 한다."라고 하고 있다.

거래에서 매수인이 목적물의 시가를 고지하지 않은 것이 위법한지 여부가 문제되었는데, 매수인은 시가에 대하여 고지할 의무가 없다고 한다. 위 (2) 판결에서는 사기에 의한 의사표시에서 고지의무 위반을 이유로 취소권이 발생하는지 여부가 문제되었다. 재산적 거래관계에서 고지의무 위반이 인정될 수 있지만, 그것이 인정되지 않는 예외적인 경우를 들고 있다.

(2) 민법은 사적 자치의 원칙과 계약자유의 원칙에 입각하고 있다. 계약의 내용이 공정하지 않다고 판단되는 경우에도 무조건 무효인 것이 아니다. 제104조는 "당사자의 궁박, 경솔 또는 무경험으로 인하여 현저하게 공정을 잃은" 경우에 한하여 법률행위를 무효로 하고 있다. 이와 같은 맥락에서 이른바 정당한 가격(iustum pretium)의 이론, 즉 매매대금 기타 계약상의 대가는 계약목적물의 객관적 가치에 상응하여야 하고, 그렇지 아니한 계약은 그 이유만으로 그 효력이 제한된다는 이론은 인정되지 않는다.[2] 또한 시가의 착오는 원칙적으로 제109조에서 말하는 착오에 해당하지 않고, 시가와 상당히 큰 차가 나는 경우에 한하여 중요부분의 착오가 된다.[3] 즉, 토지매매에서 시가에 관한 착오는 동기의 착오에 불과하고 중요부분의 착오가 아니라고 한다.[4] 토지현황을 알지 못하여 시가보다 싼 값으로 이를 매도한 경우에도 동기의 착오는 중요부분의 착오가 아니라고 한다.[5] 매도인이 목적물의 시가를 사실대로 고지하여야 할 의무는 없다는 판례[6]는 정당하다.[7]

그러나 판례는 "부동산 거래에 있어 거래 상대방이 일정한 사정에 관한 고지를 받았더라면 그 거래를 하지 않았을 것임이 경험칙상 명백한 경우"에는 신의성실의 원칙상 고지의무가 인정된다고 한다. 대판 2006. 10. 12, 2004다48515는 이러한 기준에 따라 아파트 분양계약의 경우에 아파트 단지 인근에 쓰레기 매립장이 건설예정인 사실은 신의칙상 분양업자가 분양계약자들에게 고지하여야 할 대상이라고 하였고, 대판 2007. 6. 1, 2005다5812, 5829, 5836(공 2007, 972)은 분양계약에서 아파트 주변에 있는 공동묘지의 존재사실을 고지할 의무가 있다고 하였다. 그러나 위 판결들에서 고지의무의 인정기준으로 별다른 제한 없이 "거래 상대방이 일정한 사정에 관한 고지를 받았더라면 그 거래를 하지 않았을 것임이 경험칙상 명백한 경우"를 제시한 것은 지나치게 포괄적이다. 여기에는 판례에서 고지의무의 대상이 아니라고 보고 있는 '목적물의 시가'도 포함될 수 있기 때문이다.

위 (2) 판결 등에서는 매매의 효력이나 매매에 따른 채무의 이행에 장애를 가져와 매수인이 매매목적물에 대한 권리를 확보하지 못할 위험이 생길 수 있는 사정은 고지의무의 대상이 될 수 있다고 한다.[8] 이는 고지의무의 인정범위를 한정하려고 한 것으로 볼 수 있다. 나아가 이러한 경우에도 상대방이 고지의무의 대상이 되는 사실을 이미 알고 있거나 스스로 이를 확인할 의무가 있는 경우 또는 거래 관행상 상대방이 당연히 알고 있을 것으로 예상되는 경우에는 고지의무가 없다고 하고 있다.[9] 재산적 거래관계

2) 대판 2010. 7. 15, 2009다50308(공 2010, 1566).
3) 곽윤직·김재형, 민법총칙, 제9판, 2015, 319면. 또한 김천수, "가격의 착오와 일부취소," 민사법학 제17호, 305면, 321~322면.
4) 대판 1985. 4. 23, 84다카890.
5) 대판 1984. 4. 10, 81다239.
6) 대판 2001. 7. 13, 99다38583(공 2001, 1839).
7) 김상중, "계약목적물의 시가에 관한 잘못된 관념과 계약 당사자의 보호," 법조 제581호(2005. 2), 162면 이하 참조.
8) 대판 1991. 12. 24, 91도2698(공 1992, 727) 등 다수.
9) 이 판결은 "이 사건 매매계약 당시 계약 당사자들이 파악하고 있었던 것 이상으로 이 사건 임차권이 박탈될 새로운 위험성이 발생한 상태였다고 보기 어려울 뿐 아니라, 가사 그러한 위험성이 실제로 있었다고 하더라도 피고가 그에 관하여 알고 있었다고 볼 수도 없는 이상, 원심이 인정한 것처럼 피고가 원고를 기망하였다고 할 수는 없는 것이다."라고 한다.

에서 고지의무 또는 정보제공의무가 인정되는 이유는 정보비대칭의 문제를 해결하기 위한 것이다. 따라서 상대방의 인식은 고지의무 위반의 한계를 정하는 중요한 요소라고 할 수 있다.

[55] V. 손해배상의 범위와 예견가능성
대판 2008. 12. 24, 2006다25745(공 2009, 82)

1. 대법원 판결

민법 제390조 본문은 "채무자가 채무의 내용에 좇은 이행을 하지 아니한 때에는 채권자는 손해배상을 청구할 수 있다."라고 규정하고 있다. 채무불이행책임에서 손해배상의 목적은 채무가 제대로 이행되었더라면 채권자가 있었을 상태를 회복시키는 것이므로, 계약을 위반한 채무자는 계약이 완전히 이행된 것과 동일한 경제적 이익을 배상하여야 한다. 한편, 민법 제393조 제1항은 "채무불이행으로 인한 손해배상은 통상의 손해를 그 한도로 한다."고 규정하고 있고, 제2항은 "특별한 사정으로 인한 손해는 채무자가 이를 알았거나 알 수 있었을 때에 한하여 배상의 책임이 있다."고 규정하고 있다. 제1항의 통상손해는 특별한 사정이 없는 한 그 종류의 채무불이행이 있으면 사회일반의 거래관념 또는 사회일반의 경험칙에 비추어 통상 발생하는 것으로 생각되는 범위의 손해를 말하고, 제2항의 특별한 사정으로 인한 손해는 당사자들의 개별적·구체적 사정에 따른 손해를 말한다.

2. 평석

(1) 이 판결은 먼저 손해배상의 범위에 관한 일반법리를 일목요연하게 설명하면서 채무불이행으로 인한 손해배상으로 이행이익을 배상하여야 한다는 점을 분명히 하고 있다. 즉 채무불이행으로 인한 손해배상의 목적은 "채무가 제대로 이행되었더라면 채권자가 있었을 상태를 회복시키는 것"이라고 하면서 채무자는 "계약이 완전히 이행된 것과 동일한 경제적 이익" 즉 이행이익을 배상하여야 한다고 선언하고 있다.

채무불이행으로 인한 손해배상에서 이행이익의 손해를 배상하여야 하는지, 신뢰이익의 손해를 배상하여야 하는지 문제된다. 이행이익의 손해는 이미 유효하게 성립된 채권의 존재를 전제로 하여 채무자가 채무의 내용에 좇은 이행을 하지 않았기 때문에 채권자가 입은 손해를 말하고, 신뢰이익의 손해는 계약이 유효하거나 이행될 것이고 믿었기 때문에 입은 손해를 말한다. 가령 매매목적물을 이행할 수 없는 경우에 매매목적물의 시가 상당액이나 매수인이 다른 사람에게 전매하여 얻을 수 있는 이익 등은 이행이익에 속한다. 계약비용, 계약의 이행을 준비하기 위하여 지출한 비용, 상대방이 계약을 이행하리라고 믿고 다른 사람의 보다 유리한 매수제의를 거절함으로써 발생한 손실 등은 신뢰이익의 손해에 해당한다.[1)]

대판(전) 1967. 5. 18, 66다2618(집 15-2, 11)은 타인의 권리매매에 관한 사안에서, 매도인이 "계약이 완전히 이행된 것과 동일한 경제적 이익"을 배상함이 상당할 것이므로 그 손해는 매수인이 입은 손해뿐만 아니라 얻을 수 있었던 이익의 상실도 포함된다고 판결하였다. 심지어 대법원은 1962년에 계약해제 시의 손해배상이 이행이익의 배상이기 때문에, 신뢰이익의 배상을 청구하는 것이 허용되지 않는다고 판결하였다.[2)] 이와 달리 지출비용의 배상 또는 신뢰이익의 배상을 인정하는 판결들이 있다.[3)]

채무불이행으로 인한 손해배상은 채무가 이행되었더라면 있었을 상태를 회복할 수 있도록 하는 것이므로, 이행이익에 해당하는 손해를 배상하여야 한다. 이 판결은 채무불이행으로 인한 손해배상의 목적에서 출발하여 이행이익을 배

제3편 채권법

1) 민법주해[IX], 1995, 474면 이하(지원림 집필) 참조.
2) 대판 1962. 2. 22, 4294민상667(민판집 54-827). 同旨: 대판 1962. 10. 18, 62다550(종합법률정보); 대판 1983. 5. 24, 82다카1667(공 1983, 1010); 서울고판 1998. 7. 15, 97나36226(하집 1998-2, 106).
3) 대판 1992. 4. 28, 91다29972(공 1992, 1698); 대판 1999. 7. 27, 99다13621(공 1999, 1771) 등. 아래 [56] 판결 참조.

상하여야 한다는 점을 분명히 한 것이다.

(2) 이 판결은 채무불이행으로 인한 손해배상의 범위에 관하여 제393조에 따라 통상손해와 특별한 사정으로 인한 손해를 구분하고 특별한 사정으로 인한 손해는 예견가능성이 있는 경우에 한하여 배상해야 한다고 하였다.

종전에는 상당인과관계론[4]에 따라 손해배상의 범위를 정하는 경우가 많았다.[5] 원인·결과의 관계에 있는 무한한 사실 중에서 객관적으로 보아 어떤 사실로부터 보통 일반적으로 초래되는 사실이 있는 때에, 두 사실은 상당인과관계에 있다고 한다. 따라서 채무불이행과 손해 사이에 상당인과관계가 있는 경우에 그 손해를 배상하여야 한다는 것이다. 상당인과관계설은 어떠한 사정을 고려해야 하는지를 둘러싸고 주관적 상당인과관계설, 객관적 상당인과관계설, 절충설로 나뉘는데, 우리나라 학설은 절충설에 따라 설명하고 있다. 채무불이행의 당시에 보통인(평균인)이 알 수 있었던 사정과 채무자가 특히 알고 있었던 사정(따라서 보통인이 알 수 없는 사정도 이때에는 포함된다)을 함께 고찰대상으로 하여야 한다는 것이다.[6]

그러나 손해배상의 범위에 관하여 예견가능성론에 따르는 판결들이 늘어나고 있다.[7] 그리고 특별사정으로 인한 손해배상에서 채무자가 그 사정을 알았거나 알 수 있었는지의 여부를 가리는 시기가 문제되는데, 다수설과 판례는 계약체결 시가 아니라 채무의 이행기까지를 기준으로 예견가능성을 판단하고 있다.[8]

이 판결은 상당인과관계를 언급하지 않고 제393조에 따라 예견가능성이 있는지 여부에 따라 손해배상의 범위를 정하고 있으므로, 예견가능성을 따른 것으로 볼 수 있다. 이 사건에 대한 구체적 판단에서 소유권이전등기절차의 이행이 장기간 지연된 경우, 수분양자에게는 그 재산권을 완전히 행사하지 못하는 손해가 발생하였다고 할 것이고, 주위 부동산들의 거래상황 등에 비추어 볼 때 등기절차가 이행되지 않음으로써 수분양자 등이 활용기회의 상실 등의 손해를 입었을 개연성이 인정된다면, 등기절차 지연으로 인한 통상손해가 발생하였다고 할 것이며, 이 손해가 특별한 사정으로 인한 손해라고 하더라도 예견가능성이 있다고 하였다.

손해배상의 범위에 관한 예견가능성론은 프랑스 민법(제1150조)과 일본 민법(제545조 제3항)을 통하여 우리 민법에 계수되었다. 이 원칙에 관하여 가장 유명한 선례는 영국의 판례[9]로서, 계약 위반의 경우에 합리적인 사람을 기준으로 예견가능한 손해에 대해서만 책임을 인정한다. 우리 민법은 통상손해와 특별한 사정으로 인한 손해를 구분하고 특별한 사정으로 인한 손해에 관하여 예견가능성론을 채택하고 있다. 따라서 예견가능성론에 따라 손해배상의 범위를 판단하여야 할 것이다.[10]

---

4) 곽윤직, 채권총론, 제6판, 2003, 116면; 김상용, 채권총론, 2009, 169면; 김증한·김학동, 채권총론, 제6판, 1998, 134면 이하; 이은영, 채권총론, 제4판, 2009, 290면 이하. 이에 대한 비판적인 견해로는 김형배, 채권총론, 제2판, 1998, 252면 이하.

5) 민법주해[IX], 1995, 524면 이하(지원림 집필).

6) 곽윤직(주 4), 116면.

7) 대판 1994. 11. 11, 94다22446; 대판 1985. 9. 10, 84다카1532(집 33-3, 민 1); 대판 1994. 11. 11, 94다22446(공 1993, 2361) 등. 이 판결 이후 같은 취지의 판결로는 대판 2009. 7. 9, 2009다24842(공 2009, 1295); 대판 2014. 2. 27, 2013다66904(종합법률정보).

8) 대판 1985. 9. 10, 84다카1532(공 1985, 1324); 곽윤직(주 4), 122면; 김주수, 채권총론, 제3판 보정판, 2003, 180면; 김증한·김학동(주 4), 143면; 양창수, "민법 제393조 제2항이 정하는 "특별한 사정"의 예견시기," 민법연구 제2권, 1991, 117면 이하 참조.

9) Hadley v. Baxendale (1854) 9 Exch. 341 (Court of Exchequer).

10) 김재형, "채무불이행으로 인한 손해배상의 기준과 범위에 관한 개정방안," 민법론 V, 2015, 161~169면.

[56] Ⅵ. 계약의 해제와 손해배상의 범위: 이행이익과 신뢰이익

대판 2002. 6. 11, 2002다2539(공 2002, 1617)

1. 사실관계

(1) 원고들은 1996. 12.경 피고로부터 피고가 주택재개발사업으로 신축하는 아파트의 1세대씩을 분양받았다. 피고는 위 아파트를 건축하면서 주차장 옹벽을 설치함으로써 원고들이 분양받은 아파트에 일조방해, 조망방해, 사생활침해 및 시야차단 등의 장애가 발생하였다.

(2) 원고들 중 일부는 위와 같은 생활이익 침해가 수인한도를 넘었으므로 피고의 채무불이행 또는 하자담보책임에 기하여 위 분양계약을 해제하고 원상회복과 함께 손해배상을 청구하였다. 그중 손해배상으로 주장한 내용은 이 사건 아파트를 분양받기 위하여 의무적으로 구입하게 되어 있는 국민주택채권을 매입하였다가 이를 즉시 액면금액의 34%에 매각함으로써 액면가액의 66%(할인수수료)에 상당하는 손해를 입었다는 것이다.

(3) 한편 나머지 원고들은 위 분양계약을 해제하지는 않고 채무불이행을 원인으로 한 손해배상만을 청구하였다. 이 원고들이 분양받은 각 세대에 일조권 등의 침해가 없는 다른 세대의 분양금액과 동일한 금액으로 분양계약을 체결함으로써, 이 원고들이 일조권 등의 침해로 인한 가치하락분 상당의 재산상 손해를 입었다는 것이다.

2. 원심판결과 대법원 판결

원심은 위 (2)의 원고들의 청구 중에서 계약위반을 이유로 한 해제 주장을 받아들여 원상회복의무가 있다고 판단하였다. 그러나 위 원고들이 주장하는 위와 같은 손해(할인수수료)는 특별한 사정으로 인한 손해인데, 피고가 그 사정을 알았거나 알 수 있었다고 인정할 증거가 없다고 판단하여 위 원고들의 손해배상청구를 기각하였다. 한편 위 (3)의 원고들의 청구에 대해서는 피고가 그 분양계약에서 정하여진 품질의 아파트를 공급할 채무를 이행하지 아니한 것에 대한 손해배상의 책임을 진다고 할 것이고, 그 손해배상액은 위와 같은 일조 등의 방해로 인하여 생긴 가치하락분 상당액이라고 판단하였다. 이에 대하여 위 (2)의 원고들이 원심의 손해배상청구부분에 관한 판단이 잘못되었다는 이유로 상고하였다.

대법원은 원심판결을 파기환송하였는데, 계약해제시의 신뢰이익의 배상에 관하여 다음과 같이 판단하고 있다.

"채무불이행을 이유로 계약해제와 아울러 손해배상을 청구하는 경우에 그 계약이행으로 인하여 채권자가 얻을 이익, 즉 이행이익의 배상을 구하는 것이 원칙이지만, 그에 갈음하여 그 계약이 이행되리라고 믿고 채권자가 지출한 비용 즉 신뢰이익의 배상을 구할 수도 있다고 할 것이고, 그 신뢰이익 중 계약의 체결과 이행을 위하여 통상적으로 지출되는 비용은 통상의 손해로서 상대방이 알았거나 알 수 있었는지의 여부와는 관계없이 그 배상을 구할 수 있고, 이를 초과하여 지출되는 비용은 특별한 사정으로 인한 손해로서 상대방이 이를 알았거나 알 수 있었던 경우에 한하여 그 배상을 구할 수 있다고 할 것이고, 다만 그 신뢰이익은 과잉배상금지의 원칙에 비추어 이행이익의 범위를 초과할 수 없다고 할 것이다."

3. 평석

(1) 채무불이행을 이유로 계약을 해제한 경우에 손해배상을 청구할 수 있는데(제551조), 이 경

제3편 채권법

우 손해배상의 법적 성질은 채무불이행책임이다. 따라서 계약해제시의 손해배상으로 이행이익을 배상하여야 하나, 신뢰이익의 배상을 청구할 수 있는지 여부에 대하여 판례가 혼선을 빚고 있었다.

대판 1962. 2. 22, 4294민상667(민판집 54-827)은 "계약해제로 인한 손해배상청구는 채무불이행으로 인한 손해를 목적으로 하는 것이며, 계약이 당초부터 무효이거나 취소된 경우에 당사자의 일방이 그 계약을 유효라고 믿음으로써 받은 손해(신뢰의 이익에 대한 손해)가 아니고 계약이 유효히 성립되었음에도 불구하고 채무자가 채무를 이행치 아니함으로써 발생한 손해를 목적으로 하는 것"이라는 법리를 밝히고 있다. 그리고 나서 "본건 극장건물 임대차계약이 해제된 경우에 있어서 임차인이 지출한 본건 계약소개비, 계약성립축하회식비, 상영프로상납금 및 선전비 등은 임대인이 본계약을 이행하였더라도 지출하였을 것이므로 임대인의 본계약 불이행으로 인하여 발생한 손해라고는 할 수 없어서 그 배상을 구할 수 없다."라고 판단하였다.[1] 학설도 대체로 이러한 판례의 태도를 지지하고 있었다.[2]

그러나 대판 1992. 4. 28, 91다29972(공 1992, 1698)는 "계약의 일방당사자가 상대방 당사자의 이행을 믿고 지출한 비용도 그러한 지출 사실을 상대방이 알았거나 알 수 있었고 또 그것이 통상적인 지출비용의 범위 내에 속한다면 그에 대하여도 이행이익의 한도 내에서는 배상을 청구할 수 있으며, 다만 이러한 비용 상당의 손해를 일실이익 상당의 손해와 같이 청구하는 경우에는 중복배상을 방지하기 위하여 일실이익은 제반비용을 공제한 순이익에 한정된다."라고 하였다.[3] 나아가 대판 1999. 7. 27, 99다13621(공 1999, 1771)은 "계약의 일방 당사자가 상대방의 이행을 믿고 지출한 비용인 이른바 신뢰이익의 손해도 그러한 지출 사실을 상대방이 알았거나 알 수 있었고 또 그것이 통상적인 지출비용의 범위 내에 속한다면 그에 대하여도 이행이익의 한도 내에서 배상을 청구할 수 있다."라고 하였다.

(2) 이 판결은 계약해제시의 신뢰이익의 배상 문제에 관하여 두 가지 중요한 판단을 하고 있다. 첫째, 채무불이행을 이유로 계약해제와 아울러 손해배상을 청구하는 경우에 이행이익의 배상을 청구하는 것이 원칙이지만, 그에 갈음하여 신뢰이익의 배상을 청구할 수도 있다고 하였다. 둘째, 이 판결은 신뢰이익도 통상손해와 특별손해로 구분하고 있다. 신뢰이익 중 계약의 체결과 이행을 위하여 통상적으로 지출되는 비용은 통상의 손해로서 상대방이 알았거나 알 수 있었는지 여부와는 관계없이 그 배상을 청구할 수 있다고 한다. 그리하여 이 사건에서 주택채권의 매입가와 그 시세에 상당하는 매각대금의 차액을 신뢰이익으로서의 통상의 손해에 해당한다고 보았다. 그리고 이 판결은 종전 판결들과 마찬가지로 신뢰이익의 배상한도를 과잉배상금지의 원칙에 비추어 이행이익의 범위로 한정하였다.[4]

(3) 먼저 이 사건에서 이행이익이 무엇인지 검토할 필요가 있다. 피고가 이 사건 분양계약에서 정해진 품질의 아파트를 공급할 채무를 이행하지 않았기 때문에, 채무불이행에 기한 손해배상책임이 발생한다.[5] 이 사안에서 이행이익

---

1) 同旨: 대판 1962. 10. 18, 62다550(종합법률정보); 대판 1983. 5. 24, 82다카1667(공 1983, 1010); 서울고판 1998. 7. 15, 97나36226(하집 1998-2, 106).

2) 민법주해[XIII], 1997, 331면(김용덕 집필).

3) 이와 유사한 판결로는 대판 1996. 2. 13, 95다47619(공 1996, 949).

4) 김재형, "계약의 해제와 손해배상의 범위," 민법론 Ⅱ, 2004, 79면 이하.

5) 대판 2001. 6. 26, 2000다44928, 44935(공 2001, 1698)는, 이와 유사한 사례에서 일조권 침해로 인한 불법행위책임을 부정하였으나, 방론으로 아파트 분양회

은 일조 등의 방해로 인하여 생긴 아파트의 가치하락분 상당액이다. 그리하여 이 사건에서 할인수수료 상당의 손해를 신뢰이익으로서 배상하여야 한다고 하더라도 일조 등의 방해로 인하여 생긴 가치하락분 상당액을 초과할 수는 없다. 특히 이 사건의 1심판결[6]에 의하면 가치하락분이 할인수수료보다 적다고 한다. 따라서 이러한 사건에서는 법원이 이행이익에 해당하는 아파트 가치하락분 상당액의 배상을 인정해야 할 것이다. 이 판결에서 복잡한 논리전개를 하고 있지만 결론적으로는 원고가 단순히 이행이익의 배상을 청구하는 경우와 동일한 결과에 도달한다.

(4) 이와 같이 지출비용의 배상을 신뢰이익의 배상으로 보는 판례에 대해서는 찬반논란이 있는데, 필자는 이와 같은 지출비용의 배상을 이행이익으로 포섭하는 것이 바람직할 것이라고 주장하였다.[7] 그 후 대판 2006. 2. 10, 2003다15501은 "채무불이행을 이유로 계약해지와 아울러 손해배상을 청구하는 경우에 채권자는 이행이익의 일부로서 그 계약이 이행되리라고 믿고 채권자가 지출한 비용의 배상을 구할 수 있다."라고 하였다.

사가 수분양자에게 일조시간이 확보되지 않았다는 이유로 하자담보책임 또는 채무불이행책임을 질 수 있다는 점을 밝히고 있다. 즉 "분양회사가 신축한 아파트를 분양받은 자는 분양된 아파트에서 일정한 일조시간을 확보할 수 없다고 하더라도, 이를 가지고 위 아파트가 매매목적물로서 거래상 통상 갖추어야 하거나 당사자의 특약에 의하여 보유하여야 할 품질이나 성질을 갖추지 못한 것이라거나, 또는 분양회사가 수분양자에게 분양하는 아파트의 일조 상황 등에 관하여 정확한 정보를 제공할 신의칙상 의무를 게을리하였다고 볼 여지가 있을지는 몰라도, 분양회사가 신축한 아파트로 인하여 수분양자가 직사광선이 차단되는 불이익을 입게 되었다고 볼 수는 없으므로 분양회사에게 일조방해를 원인으로 하는 불법행위책임을 물을 수는 없다."라고 판단하였다.

6) 서울지판 2001. 2. 14, 2000가합8736.

7) 김재형(주 4), 108면.

(5) 지출비용 또는 신뢰이익의 배상을 인정한 대법원 판결들의 실제 사안을 보면, 이행이익의 산정이 어렵지 않은 경우들이다. 가령 위 대판 1992. 4. 28, 91다29972에서는 총이익이 이행이익의 산정기준이 되고, 위 대판 2002. 6. 11, 2002다2539에서는 일조 등의 방해로 인하여 생긴 아파트의 가치하락분 상당액이 이행이익에 해당한다. 따라서 이와 같은 사건에서 이행이익의 배상을 인정하는 것으로 충분하고 굳이 지출비용의 배상을 청구할 필요성이 크지 않다고 할 수 있다.

채무불이행의 경우에 채권자는 그 이행을 통하여 얻을 수 있었을 이익을 얻지 못한다. 채권자는 그와 같은 이익을 얻기 위하여 다른 사람과의 새로운 거래를 해야 하는 경우가 많을 것이다. 이러한 경우에는 채권자가 이미 지출한 비용에 상당하는 비용을 추가로 지출하는 것이 통상적일 것이기 때문에, 이행이익을 산정하는 경우에 이미 지출한 비용을 고려해야 할 것이다. 물론 채권자가 새로운 거래를 하는 데 지출비용이 적게 든다면 기존에 지출한 비용을 기준으로 이행이익을 산정할 수 없다. 이는 채권자가 부담해야 할 손실이기 때문이다.[8]

8) 김재형, "채무불이행으로 인한 손해배상의 기준과 범위에 관한 개정방안," 민법론 V, 2015, 137~138면.

[57] Ⅶ. 낙찰자 선정 후 본계약 체결 불응에 따른 손해배상의 범위

대판 2011. 11. 10, 2011다41659(공 2011, 2544)

1. 사실관계

(1) 피고는 주택재개발사업을 시행하기 위하여 설립된 조합이다. 피고는 2009. 7. 17. 이 사건 재개발사업의 일환으로 한세사이버보안 고등학교 신축공사(이하 '이 사건 공사'라고 한다)의 시공자 선정을 위한 입찰을 공고하였다.

(2) 원고는 2009. 7. 20. 피고가 개최한 현장설명회를 참여하여 입찰과 관련된 견적기준 지침 및 보강자료에 대하여 고지받은 후, 2009. 7. 27. 입찰에 참가하여(총 17개사 참여) 입찰가를 13,191, 777,350원을 제시하였고, 같은 날 피고의 조합장 직무대행은 원고가 낙찰자로 선정되었다고 통보하였다(원고가 제시한 입찰가가 조합 예정가인 13,102,421,737원에 가장 근접하였다).

(3) 원고는 피고에게 계약체결을 요구하였으나, 피고는 2009. 8. 27. 이사회에서 이 사건 공사의 시공자 선정 승인의 안건에 대하여 논의한 결과 참석 이사 전원이 원고의 시공 능력이 미비하다는 합의에 이르자 원고에 대한 낙찰을 취소하고, 시공능력평가액이 330억 원 이상 되고, 교육연구실적 20,000㎡ 이상 단일 실적을 보유한 업체 중 신용평가등급이 높은 업체를 이 사건 공사의 시공자로 선정하기로 결의하였으며, 2009. 8. 28.경 위 결의내용을 원고에게 통보하였다.

(4) 그 후 피고는 2009. 9. 3. 이 사건 공사에 관한 입찰절차를 다시 실시하여 원고가 아닌 다른 회사를 낙찰자로 선정하였다.

2. 원심판결

(1) 원고와 피고 사이에 비록 본계약이 체결되지는 않았으나 구체적인 계약 내용에 대한 합의가 이루어진 상태에서 본계약을 체결하기로 하는 예약이 체결되었으며, 따라서 위 지침서에 의해 피고는 낙찰자인 원고가 낙찰 통지 후 10일 이내에 응할 경우 본계약을 체결하여야 할 의무가 발생하였음에도, 애초 요구했던 입찰참가자격을 갖춘 원고의 시공능력미비를 이유로 낙찰을 취소하고 다른 회사를 낙찰자로 결정함으로써 피고의 본계약체결의무는 이행불능의 상태로 되었다.

이러한 경우 본계약체결의무의 불이행으로 인한 손해배상청구권은 본계약이 체결되었을 경우에 취득하게 될 계약상의 이행청구권과 실질적이고 경제적으로 밀접한 관계가 형성되어 있는 점을 고려하면, 손해배상의 범위는 본계약인 공사도급계약이 체결되고 이행되었더라면 얻을 수 있었던 이익, 즉 이행이익의 배상에까지 미친다고 봄이 상당하다.

(2) 원고가 이 사건 입찰에 참가하기 위해 건축사사무소에 작성을 의뢰하여 받은 내역서의 일부인 공사원가계산서에 이윤으로 기재된 금액이 본계약의 체결 및 이행으로 얻을 수 있었던 이익이다.

3. 대법원 판결

대법원은 입찰절차에서 낙찰자를 선정한 후 본계약 체결을 불응하는 경우 손해배상의 범위에 관하여 판단하고 있는데, 원심판결 중 위 (1) 부분은 정당하지만, 위 (2) 부분은 부당하다고 하여 원심판결을 파기환송하였다.

"공사도급계약의 도급인이 될 자가 수급인을 선정하기 위해 입찰절차를 거쳐 낙찰자를 결정한 경우 입찰을 실시한 자와 낙찰자 사이에는 도급계약의 본계약체결의무를 내용으로 하는 예약의 계약관계가 성립하고, 어느 일방이 정당한 이유 없이 본계약의 체결을 거절하는 경우 상대방은 예약채무불이행을 이유로 한 손해배상을 청구할 수 있다. 이러한 손해배상의 범위는 원칙적으로 예약채무불이행으로 인한 통상의 손해를 한도로 하는데, 만일 입찰을 실시한 자가 정당한 이유 없이 낙찰자에 대하여 본계약의 체결을 거절하는 경우라면 낙찰자가 본계약의 체결 및 이행을 통하여 얻을 수 있었던 이익, 즉 이행이익 상실의 손해는 통상의 손해에 해당한다고 볼 것이므로 입찰을 실시한 자는 낙찰자에 대하여 이를 배상할 책임이 있다."

또한 이 판결은 손해액을 산정할 때 고려해야 할 요소를 상세히 들고 있다. 원심은 원고가 이 사건 입찰에 참가하기 위해 건축사사무소에 작성을 의뢰하여 받은 내역서의 일부인 공사원가계산서에 이윤으로 기재된 금액을 그대로 본계약의 체결 및 이행으로 얻을 수 있었던 이익으로 인정하였다. 대법원은 이 부분을 파기하면서 "낙찰자가 본계약의 체결 및 이행을 통하여 얻을 수 있었던 이익은 일단 본계약에 따라 타방 당사자로부터 지급받을 수 있었던 급부인 낙찰금액"이지만, "본계약의 체결과 이행에 이르지 않음으로써 낙찰자가 지출을 면하게 된 직·간접적 비용은 그가 배상받을 손해액에서 당연히 공제되어야" 한다고 하였다. 나아가 "법원은 본계약 체결의 거절로 인하여 낙찰자가 그 이행과정에서 기울여야 할 노력이나 이에 수반하여 불가피하게 인수하여야 할 사업상 위험을 면하게 된 점 등 여러 사정을 두루 고려하여 객관적으로 수긍할 수 있는 손해액을 산정하여야 한다."라고 하였다.

4. 평석

입찰과정에서 본계약을 체결하기 전의 법률관계가 문제되는 경우가 많다. 이 판결은 공사도급계약에 관한 입찰절차에서 낙찰자가 결정된 경우의 법률관계를 분명하게 밝히고 상대방이 본계약의 체결을 거절하는 경우 손해배상의 범위와 그 산정에 관하여 명확하게 법리를 선언하고 있다는 점에서 의미 있는 판결이다.

공사도급계약에 관한 입찰절차에서 낙찰자가 결정된 경우 입찰자와 낙찰자 사이에 예약의 계약관계가 성립하고, 한쪽이 본계약 체결을 거절하는 경우 상대방은 예약채무불이행으로 인한 손해배상책임을 진다. 이러한 손해배상의 범위에는 채무불이행으로 인한 손해배상의 경우와 마찬가지로 민법 제393조에 따라 통상손해와 특별한 사정으로 인한 손해가 포함될 것이다.

이 판결은 손해배상의 범위에 관하여 원칙적으로 예약채무불이행으로 인한 통상의 손해를 한도로 한다고 하였는데, 특별한 사정으로 인한 손해도 예견가능성이 있는 한 손해배상의 범위에서 배제되지는 않을 것이다. 한편 이 판결은 "입찰을 실시한 자가 정당한 이유 없이 낙찰자에 대하여 본계약의 체결을 거절하는 경우라면 낙찰자가 본계약의 체결 및 이행을 통하여 얻을 수 있었던 이익, 즉 이행이익 상실의 손해는 통상의 손해에 해당한다."라고 하고 있다. 그러나 입찰과정에서 본계약의 체결을 거절함으로써 발생하는 이행이익 상실의 손해는 특별한 사정으로 인한 손해에 해당하는 경우도 있을 것이다. 채무불이행의 경우에 이행이익 상실의 손해가 통상의 손해에 해당하는 경우도 있고 특별한 사정으로 인한 손해에 해당하는 경우도 있는데, 본계약의 체결을 거절하는 경우에도 이와 동일하게 볼 수 있기 때문이다. 이와 같이 본계약의 체결을 거절함으로써 발생하는 이행이익 상실의 손해가 특별한 사정으로 인한 손해에 해당하는 경우에는 예견가능성이 있는 한도에서 손해배상의 범위에 포함될 것이다.

[58] Ⅷ. 손해배상액을 산정하기 곤란한 경우 손해액의 산정방법
대판 2004. 6. 24, 2002다6951, 6968(공 2004, 1201)

1. 사실관계

(1) 피고(서정원)는 축구선수이고, 원고(주식회사 엘지스포츠)는 프로축구단인 '안양 LG치타스'(이하 '원고 축구단'이라 한다)를 운영하고 있다. 원고 축구단은 1991년 국내프로축구리그에서 최하위의 성적을 기록하여 1992년 드래프트(한국프로축구연맹이 정한 국내프로축구 신인선수 선발제도)에서 1순위의 지명권을 갖게 되었고, 이에 따라 피고를 지명할 계획을 갖고 있었다. 그런데 피고는 독일 프로축구리그에서 활동을 하고 싶다는 이유로 1991년 국내프로축구 드래프트 신청 마감일인 1991. 11. 15.까지 한국프로축구연맹에 드래프트 신청서를 제출하지 않았다.

(2) 원고 축구단은 피고에게 신인선수로서는 최고 대우인 계약금과 연봉을 지급하고 향후 피고가 독일 프로축구리그에 진출하는 것을 보장하기로 하고, 원고 축구단과 피고는 1991. 11. 18. 다음과 같은 내용의 입단계약을 체결하였다.

① 피고는 1992. 1. 1.부터 원고 축구단에 입단하며, 원고 축구단은 3년 후에는 피고의 해외 이적에 동의하기로 한다. 독일 프로축구단으로의 이적은 원고 축구단과 피고가 공동으로 추진하되 입단 조건이 보다 좋은 팀으로 이적하기로 한다. 이적료는 원고 축구단과 피고가 5:5로 배분하며, 피고는 귀국시에 원고 축구단으로 조건 없이 복귀한다. 피고가 군에 입대할 경우에는 2년(프로축구대회 2 시즌) 후 독일 진출을 추진한다.

② 원고 축구단은 피고에게 전속계약금으로 1억 2,903만 원(세금 포함), 연봉으로 3,000만원을 지급한다.

(3) 피고는 1992. 1. 1. 원고 축구단에 입단하여 활동하였다. 그러던 중인 1998. 1. 7. 원고 축구단은 프랑스 프로축구단인 스트라스부르그 구단과의 사이에 이적료를 100만 달러로 정하여 피고에 대한 이적계약을 체결하였다. 피고도 스트라스부르그 구단과 사이에 연봉 50만 달러, 계약기간 3년 6월로 한 입단계약을 체결하였다. 원고 축구단은 1998. 1. 24.부터 8. 18.까지 사이에 피고에게 스트라스부르그 구단으로부터 받은 이적료 중 499,990달러(이하 '이 사건 금원'이라고 한다)를 지급하였다.

(4) 피고는 1998. 1. 22.부터 스트라스부르그 구단 소속으로 프랑스 프로축구리그에서 활동하였으나, 구단 신임 단장과의 불화 등으로 출전기회를 거의 부여받지 못하자 다시 국내복귀를 추진하였다. 이에 원고 축구단은 피고를 다시 영입하기 위하여 1998. 12.경부터 1999. 2. 5.까지 몇 차례 피고의 형인 소외 A를 만나 협상을 벌였는데, 원고 축구단과 A는 일단 원고 축구단이 제의한 금액에 더하여 정착비용 1억원을 이자 없이 대출하는 조건에 입단하기로 잠정합의를 하였다. 그러나 피고는 대리인 B를 통하여 1999. 2. 16. 수원 삼성블루윙스 구단과 입단계약을 체결하였고, 위 구단은 스트라스부르그 구단과 피고에 대한 이적계약을 체결한 후 이적료 50만 달러를 지급하였으며, 피고는 현재 수원 삼성블루윙스 구단에서 활동하고 있다.

2. 원심판결과 대법원 판결

원심법원과 대법원은 피고가 국내에 복귀하면서 원고와 복귀에 따른 협상을 하지 않은 채 다른 축구단에 입단한 것은 원고와의 구단복귀 약정을 위반한 것이라고 보고, 피고는 그 위반으로 원고가 입은 손해를 배상할 의무를 진다고 판단하였다.

그런데 원심판결과 대법원 판결은 손해액의

산정방식을 달리하고 있다. 원심은 그 손해액에 대한 입증이 대단히 곤란하여 이를 확정하기는 사실상 불가능하므로, 위자료의 보완적 기능을 들어 피고에 대하여 위자료의 지급으로서 원고의 손해를 전보하여야 한다고 판단하였다. 그러나 대법원은 다음과 같이 판단하였다.

"채무불이행으로 인한 손해배상청구소송에 있어, 재산적 손해의 발생사실이 인정되고 그의 최대한도인 수액은 드러났으나 거기에는 당해 채무불이행으로 인한 손해액 아닌 부분이 구분되지 않은 채 포함되었음이 밝혀지는 등으로 구체적인 손해의 액수를 입증하는 것이 사안의 성질상 곤란한 경우, 법원은 증거조사의 결과와 변론의 전취지에 의하여 밝혀진 당사자들 사이의 관계, 채무불이행과 그로 인한 재산적 손해가 발생하게 된 경위, 손해의 성격, 손해가 발생한 이후의 제반 정황 등의 관련된 모든 간접사실들을 종합하여 상당인과관계 있는 손해의 범위인 수액을 판단할 수 있다고 하겠다.

이 사건의 경우 원고는 그의 청구원인으로서 원고가 위의 이적료로서 받은 돈 중 피고에게 지급한 돈을 재산적 손해로서 구하고 있음이 명백하고, 원심은 이 사건 금원 중 피고의 원고 운영 축구단으로의 복귀 대가에 해당하는 부분을 손해로 보고 있음이 분명한바, 이 경우 그 구체적 손해액의 입증이 지극히 곤란하다고 본 원심의 판단은 정당하고, 이러한 경우 위와 같은 법리에 따라 사실심 법원은 그 구체적 손해의 액수를 판정할 수 있으니, 원심은 그 구체적 손해액을 그 판시와 같은 제반 경위를 참작하여 3억원으로 인정한 것으로 보인다.

원심이 그의 판시에서 비록 위자료 내지 위자료의 보완적 기능이라는 표현을 사용하였고 인신사고로 인한 손해배상청구가 아닌 이 사건에서 그러한 판시는 적절한 것이 못됨은 피고가 지적한 바와 같다고 할 것이지만, 이는 원고가 구하지 않은 정신적 손해 혹은 기타 무형적 손해를 인정한다는 취지의 판시가 아니고, 그의 전후 판시에 비추어 볼 때, 구체적으로 그 손해액의 입증이 곤란한 경우의 재산적 손해액 인정을 위한 법리의 판시로 볼 것이므로, 그를 들어 원심의 그 판시가 판결 결과에 영향을 준 변론주의 위반 판단으로 볼 것은 아니다."

3. 평석

(1) 제393조 본문은 "채무자가 채무의 내용에 좇은 이행을 하지 아니한 때에는 채권자는 손해배상을 청구할 수 있다."라고 규정하고 있다. 피고는 원고 축구단과의 협상에 성실하게 응하지 않은 채 일방적으로 수원 삼성블루윙스구단에 입단함으로써 해외에서의 복귀시 원고 축구단으로 복귀하기로 한 위 약정을 위반하였다. 따라서 피고는 채무불이행으로 인하여 원고가 입은 손해를 배상할 책임이 있다. 그런데 손해배상의 범위를 어떻게 정할 것인지가 어려운 문제이다. 원심판결은 위자료의 보완적 기능을 들어 3억원의 위자료를 인정한 데 반하여, 대법원은 3억원의 손해배상을 인정한 결론은 유지하였으나, 재산적 손해로 인정하고 있다.

(2) 채무불이행으로 인한 손해배상을 청구한 경우 손해의 발생 사실과 그 손해를 금전적으로 평가한 배상액에 관하여는 손해배상을 구하는 채권자가 주장·증명하여야 한다. 채권자가 손해배상책임의 발생 원인 사실에 관하여는 주장·증명을 하였더라도 손해의 발생 사실에 관한 주장·증명을 하지 않았다면 변론주의의 원칙상 법원은 당사자가 주장하지 아니한 손해의 발생 사실을 기초로 하여 손해액을 산정할 수는 없다.[1]

(3) 이 판결은 이른바 '축구선수 서정원 사건'

1) 대판 2000. 2. 11, 99다49644(공 2000, 671).

제 3 편 채권법

에 대한 것이다. 서정원의 복귀 약정 위반으로 인한 손해를 재산적 손해로 보면서 이를 산정할 수 없는 경우에 변론 전체의 취지와 증거조사의 결과를 토대로 제반 사정을 고려하여 손해액을 정할 수 있다고 하였다. 채무불이행으로 인한 손해배상청구소송에서 재산적 손해의 발생사실이 인정되나 구체적인 손해의 액수를 입증하는 것이 곤란한 경우, 법원은 증거조사의 결과와 변론 전체의 취지를 고려하여 손해액을 판단할 수 있다고 한 점에서 선례로서 매우 중요한 의미가 있다. 그렇다고 이 판결이 법관에게 손해를 주먹구구식으로 인정하여도 좋다는 권한을 부여한 것은 아니다. 손해액을 산정하는 기초가 되는 사실을 좀 더 엄밀하게 밝히고 손해액 산정에 고려한 요소를 제시하는 것이 필요하다.

이 판결 이후 불법행위로 인한 손해배상의 경우에도 동일한 판결이 나왔다.[2] 저작권법 등 여러 법률에 이와 같은 취지의 규정이 있는데, 이제 채무불이행이나 불법행위로 인한 손해배상의 경우에도 손해배상액을 산정하기 곤란한 경우에 법원이 증거조사의 결과와 변론의 전취지 손해배상액을 판단할 수 있게 되었다.[3]

(4) 한편 이 판결의 사안을 보면, 재산적 손해와 비재산적 손해 또는 정신적 손해를 구분하는 것이 매우 곤란하다는 것을 보여준다. 손해액 산정의 기초로 주장된 사실이 재산적 손해에 관한 것도 있고, 비재산적 손해에 관한 것도 있다. 이와 같이 현대생활에서 발생하는 분쟁에서는 재산적 손해와 비재산적 손해를 분간하기 어려운 경우가 더욱 증가할 것이다. 따라서 판례가 따르고 있는 손해 3분설[4] 에 대해서도 근본적인 검토가 필요하다.[5]

2) 대판 2005. 11. 24, 2004다48508; 대판 2006. 9. 8, 2006다21880(공 2006, 1662).

3) 김재형, “프로스포츠 선수계약의 불이행으로 인한 손해배상책임,” 민법론 Ⅲ, 2007, 396~397면.

4) 인신사고로 인한 불법행위에서 손해를 적극적 손해, 소극적 손해, 정신적 손해로 3분하여 각각의 손해마다 소송물이 달라진다는 것이 판례이다. 대판 1976. 10. 12, 76다1313(집 24-3, 민 116); 대판 1995. 2. 17, 94다56234(공1995, 1420) 등. 이러한 손해 3분설에 대하여는 유력한 비판이 있다. 박우동, “생명·신체의 침해로 인한 손해배상액의 산정(속),” 사법논집 제5집, 1974, 181면; 이시윤, “손해배상청구소송의 소송물,” 판례월보 제101호(1979. 2), 114면 이하; 이시윤, 신민사소송법, 2002, 270면; 민법주해[IX], 1995, 481면(지원림 집필).

5) 同旨: 대판 2008. 12. 24, 2006다25745(공 2009, 82).

[59] Ⅸ. 손해배상액의 예정과 위약벌의 구별: 이행보증금

대판 2000. 12. 8, 2000다35771(공 2001, 262)

1. 대법원 판결

"도급계약서 및 그 계약내용에 편입된 약관에 수급인의 귀책사유로 인하여 계약이 해제된 경우에는 계약보증금이 도급인에게 귀속한다는 조항이 있을 때 이 계약보증금이 손해배상액의 예정인지 위약벌인지는 도급계약서 및 위 약관 등을 종합하여 구체적 사건에서 개별적으로 결정할 의사해석의 문제이고, 위약금은 민법 제398조 제4항에 의하여 손해배상액의 예정으로 추정되므로 위약금이 위약벌로 해석되기 위하여는 특별한 사정이 주장·입증되어야 하는바, 소외 삼성중공업 주식회사와 소외 상원기계공업 주식회사 사이의 이 사건 하도급계약서에 계약보증금 외에 지체상금도 규정되어 있다는 점만을 이유로 하여 이 사건 계약보증금을 위약벌로 보기는 어렵다 할 것이다."

2. 평석

(1) 제398조는 손해배상액의 예정에 관하여 규정하고 있고 위약벌에 관해서는 직접적인 규정을 두지 않고 있다. 다만 위약금 약정을 손해배상액의 예정으로 추정하고 있을 뿐이다(제398조 제4항). 손해배상액의 예정은 제398조 제2항에 따라 감액될 수 있지만, 판례는 위약벌의 감액을 인정하지 않고 있으며, 다만 그 의무의 강제에 의하여 얻어지는 채권자의 이익에 비하여 약정된 벌이 과도하게 무거울 때에는 그 일부 또는 전부가 공서양속에 반하여 무효로 되는 것에 불과하다고 한다.[1] 따라서 손해배상액의 예정과 위약벌의 구분은 매우 중요한 문제이다.

통설과 판례는 당사자의 의사 또는 목적에 따라 손해배상액의 예정과 위약벌을 구별하고 있다.[2] 즉 위약금 약정 중에서 당사자들이 손해배상의 법률문제를 간편하게 처리하는 데 중점을 두고 있는 것이 손해배상액의 예정이고, 계약을 위반한 사람을 제재하고 계약의 이행을 간접적으로 강제하는 작용을 하는 것이 위약벌이라고 한다. 손해배상액의 예정은 배상적 기능을 갖고 있고, 위약벌은 제재적 기능을 갖고 있다고 볼 수 있다. 그러나 손해배상액의 예정에도 손해의 발생사실과 손해액에 대한 증명의 곤란을 덜고 분쟁의 발생을 미리 방지하여 법률관계를 쉽게 해결할 뿐 아니라 채무자에게 심리적 경고를 함으로써 채무의 이행을 확보하려는 목적이 있으므로, 두 제도의 기능이 중첩적으로 작용할 수 있다.[3]

(2) 판례에서 손해배상액의 예정과 위약벌의 구별기준은 변천을 겪었다. 초기의 판례에서는 위약금을 손해배상액의 예정으로 보는 경우가 많았지만, 위약금에 제재적 성격이 있으면 위약벌로 인정하는 사례도 적지 않았다.[4] 특히 계약이행 보증금에 관한 대법원 판결들을 보면 1990년대에는 위약벌에 해당한다고 본 판결들이 상

제3편 채권법

1) 대판 1968. 6. 4, 68다491(집 16-2, 민 115); 대판 1993. 3. 23, 92다46905(공 1993, 1272); 대판 2002. 4. 23, 2000다56976(공 2002, 1213). 다만 이 규정에 따른 감액이 위약벌에도 유추적용되어야 하는지 문제되는데, 이에 관해서는 민법주해[IX], 1995, 687면(양창수 집필); 양창수·김재형, 계약법, 제2판, 2015, 498면; 김재형, "채무불이행으로 인한 손해배상에 관한 민법개정안," 민사법학 제65호(2013. 12), 618면; 김재형, "「손해배상액의 예정」에서 「위약금 약정」으로," 비교사법 제21권 제2호(2014. 5), 625면 이하 참조.

2) 대판 1989. 10. 10, 88다카25601(공 1989, 1658); 대판 1998. 12. 23, 97다40131(공 1999, 220); 곽윤직, 채권총론, 제6판, 2003, 128면; 양창수·김재형(주 1), 491면 등.

3) 대판 1993. 4. 23, 92다41719(공 1993, 1528).

4) 대판 1968. 6. 4, 68다491(집 16-2, 민 115). 대판 1981. 7. 28, 80다2499(공 1981, 14254)도 비슷한 취지이다.

당수 있었다. 가령 "도급계약에서 계약이행보증금과 지체상금의 약정이 있는 경우, 특별한 사정이 없는 한 계약이행보증금은 위약벌 또는 제재금의 성질을 가지고, 지체상금은 손해배상의 예정으로 봄이 상당하다."라고 하였다.[5)]

(3) 이 판결은 도급계약서에 계약이행보증금과 지체상금이 함께 규정되어 있는데도 계약이행보증금을 손해배상액의 예정으로 보았다.[6)] 계약이행보증금의 법적 성질에 관하여 논란이 있는 상태에서 이 판결이 나왔고, 그 후 대법원이 대체로 이행보증금을 손해배상액의 예정으로 보고 있다.[7)] 따라서 이 판결이 전원합의체 판결은 아니지만, 계약이행보증금이 위약벌이 아니라 손해배상액의 예정이라는 것을 대법원의 입장으로 천명한 것으로 볼 수 있을 것이다. 이는 위약금 약정을 가급적 손해배상액의 예정으로 보아 감액을 인정하려고 한 것으로 볼 수 있다.

5) 대판 1996. 4. 26, 95다11436(공 1996, 1683); 대판 1997. 10. 28, 97다21932(공 1997, 3626).

6) 홍승면, "손해배상액의 예정과 위약벌의 구별방법," 민사판례연구(XXIV), 2002, 162면은 이 판결에 찬성하면서, "공사이행보증금은 전보배상을 대비한 손해배상액예정으로, 지체상금은 지연배상을 대비한 손해배상액예정으로 보아야 합리적"이라고 한다.

7) 대판 2001. 1. 19, 2000다42632(공 2001, 513)는 "계약보증금은 손해배상액의 예정으로서의 성질을 가지되, 다만 삼광췌미리가 배상할 손해액이 이를 초과하는 경우에는 단순한 손해담보로서의 성질을 갖는다고 보아야 할 것이므로, 이 사건 하도급계약서에 계약보증금 외에 지체상금도 규정되어 있다는 점만을 이유로 하여 이 사건 계약보증금을 위약벌로 보기는 어렵다."고 판단하였다. 또한 대판 2002. 7. 12, 2000다17810(공 2002, 1926)은 "도급계약서 또는 그 계약내용에 편입된 약관에 수급인이 하자담보책임 기간중 도급인으로부터 하자보수요구를 받고 이에 불응한 경우 하자보수보증금은 도급인에게 귀속한다는 조항이 있을 때 이 하자보수보증금은 특별한 사정이 없는 한 손해배상액의 예정으로 볼 것이고, 다만 하자보수보증금의 특성상 실손해가 하자보수보증금을 초과하는 경우에는 그 초과액의 손해배상을 구할 수 있다는 명시 규정이 없다고 하더라도 도급인은 수급인의 하자보수의무 불이행을 이유로 하자보수보증금의 몰취 외에 그 실손해액을 입증하여 수급인으로부터 그 초과액 상당의 손해배상을 받을 수도 있는 특수한 손해배상액의 예정으로 봄이 상당하다."라고 한다. 그 후 같은 취지의 판결로는 대판 2004. 12. 10, 2002다73852(공 2005, 92); 대판 2005. 11. 10, 2004다40597; 대판 2009. 12. 10, 2007다13992; 대판 2010. 6. 24, 2007다63997.

[60] X. 위약금의 법적 성질: 이중성

대판 2013. 4. 11, 2011다112032(공 2013, 845)

1. 사실관계와 원심판결

피고는 피고의 신청에 따라 계약종별을 일반용 전력으로 하여 원고(한국전력공사)와 전기공급계약을 체결하고 그 요금으로 전기를 공급받았는데, 전기공급에 관한 원고의 기본공급약관 제65조를 위반하여 주택용으로도 전기를 사용하였다.

원심은, 위 약관 제44조, 그 시행세칙 제29조와 원고의 내부규정인 요금업무처리지침에 따라, 실제 납부한 요금과 약관에 따라 계산한 요금의 차액(면탈금액), 동액 상당의 추징금, 면탈금액에 대한 부가가치세 및 관련 법령에 따라 산정한 전력기금을 합산한 금액을 위약금(약관 제44조에는 면탈금액의 3배를 한도로 규정하고 있다)으로 지급할 의무가 있다고 판단하였다. 나아가 원심은 이와 같은 위약금은 손해배상액의 예정에 해당하므로 1년 이내의 기간으로 정한 금전 지급을 목적으로 하는 채권으로서 민법 제163조 제1호에 정한 3년의 단기소멸시효가 적용되는 전기요금 채권과 동일한 소멸시효가 적용된다고 보고, 시효중단일부터 3년을 역산한 2007. 4. 13. 이전에 발생한 위약금 채권은 소멸시효 완성으로 소멸하였다고 판단하여 이 부분에 해당하는 원고의 청구를 배척하였다.

2. 대법원 판결

그러나 대법원은 다음과 같은 이유로 원심판결을 파기환송하였다.

"다수의 전기수용가와 사이에 체결되는 전기공급계약에 적용되는 약관 등에, 계약종별 외의 용도로 전기를 사용하면 그로 인한 전기요금 면탈금액의 2배에 해당하는 위약금을 부과한다고 되어 있지만, 그와 별도로 면탈한 전기요금 자체 또는 손해배상을 청구할 수 있도록 하는 규정은 없고 면탈금액에 대해서만 부가가치세 상당을 가산하도록 되어 있는 등의 사정이 있는 경우, **위 약관에 의한 위약금은 손해배상액의 예정과 위약벌의 성질을 함께 가지는 것**으로 봄이 상당하다."[1)]

3. 평석

(1) 바로 앞의 판결에서 보았듯이 학설과 판례는 위약금을 손해배상액의 예정과 위약벌로 엄격하게 구분해왔는데, 두 개의 성질을 함께 가질 수 있는지 문제된다.

이 판결은 전기요금 면탈금액의 2배를 부과하기로 한 위약금에 대하여 손해배상액의 예정과 위약벌의 성질을 함께 가진다고 보고, 그 위약금의 법적 성질을 손해배상액의 예정이나 위약벌 중 어느 하나에 귀속시키지 않고 법적 판단을 하고 있다. 이 사건 전기공급계약에 적용되는 약관 등에는 '계약종별 외의 용도로 전기를 사용하면 그로 인한 전기요금 면탈금액의 2배에 해당하는 위약금을 부과한다'고 되어 있다. 따라서 전기요금 면탈금액에 해당하는 부분은 손해배상이라고 할 수 있고, 그 한도에서 손해배상액의 예정을 한 것으로 볼 수 있다. 그러나

1) 그리고 "계약종별 위반으로 약관에 의하여 부담하는 위약금 지급채무는 전기의 공급에 따른 전기요금 채무 자체가 아니므로, 3년의 단기소멸시효가 적용되는 민법 제163조 제1호의 채권, 즉 '1년 이내의 기간으로 정한 금전의 지급을 목적으로 한 채권'에 해당하지 않는다 할 것이다. 그러나 '영업으로 하는 전기의 공급에 관한 행위'는 상법상 기본적 상행위에 해당하고(상법 제46조 제4호), 전기공급주체가 공법인인 경우에도 법령에 다른 규정이 없는 한 상법이 적용되므로(상법 제2조), 그러한 전기공급계약에 근거한 위약금 지급채무 역시 상행위로 인한 채권으로서 상법 제64조에 따라 5년의 소멸시효기간이 적용된다."고 한다. 한국전력공사는 법인으로(한국전력공사법 제2조), 시장형 공기업(공공기관의 운영에 관한 법률 제5조 제3항 제1호 가목)에 해당한다.

전기요금 면탈금액을 초과하는 부분은 손해배상액을 초과하는 부분이기 때문에, 손해배상과는 무관한 부분으로 위약벌이라고 볼 수 있다. 이 판결은 위 약관 등에서 면탈한 전기요금 자체 또는 손해배상을 청구할 수 있도록 하는 규정은 없고 면탈금액에 대해서만 부가가치세 상당을 가산하도록 되어 있다는 점도 위와 같은 결론을 뒷받침하는 근거로 들고 있는데, 이는 정당하다고 볼 수 있다.

위약금 약정은 제재적 기능과 배상적 기능을 함께 갖추고 있는 경우가 많다. 따라서 위약금 약정을 손해배상액의 예정과 위약벌로 엄밀하게 구별하여 이분법적으로 해결하려는 것은 당사자들의 의사나 거래의 실체를 제대로 반영하지 못하는 결과가 될 수 있다. 이 판결은 손해배상액의 예정과 위약벌의 구별을 재고할 필요성을 일깨워준다.[2] 위약금이 손해배상액의 예정과 위약벌의 성격을 함께 가지는 경우에 기존의 판례에 따른다면 손해배상액의 예정에 해당하는 부분에 대해서는 제398조에 따라 감액을 하고, 위약벌에 해당하는 부분에 대해서는 제103조에 따라 유·무효를 판단해야 할 것이다. 그러나 이러한 법적용은 매우 기교적이라고 할 수 있다. 이러한 점에서도 위약벌에 대하여 제398조를 유추적용하여 감액을 허용하는 것이 바람직하다. 근본적으로는 위약금이 손해배상액의 예정과 위약벌의 이중적 성격을 가지는 경우가 있다는 것을 인정하고 문제를 해결하는 방안을 모색할 필요가 있다.

(2) 법무부 민법개정위원회는 2013년 제398조를 개정하여 위약금이 부당히 과다한 경우에는 법원은 적당히 감액할 수 있다고 개정할 것을 제안하였다. 이는 위약벌을 감액할 수 없다는 종래의 통설과 판례를 뒤집은 것으로 매우 중대한 개정이라고 할 수 있다.[3]

2) 이 판결에 관해서는 김재형, "「손해배상액의 예정」에서 「위약금 약정」으로," 비교사법 제21권 제2호 (2014. 5), 635~637면 참조.

3) 김재형(주 2), 647~649면.

[61] XI. 손해배상예정액을 청구하기 위한 요건
대판 2007. 12. 27, 2006다9408(공 2008, 123)

1. 쟁점과 원심판결

이 사건 근무기간 보장조항에 기한 피고의 손해배상책임은 피고가 자신의 귀책사유로 인하여 A회사를 퇴사하는 경우에만 부담하는 것인지 문제되었다. 피고는 위와 같이 제한적으로 해석되어야 하는데, 피고가 A회사를 퇴사함에 있어 피고에게 귀책사유가 없으므로 예정배상액을 지급할 의무가 없다고 주장하였다.

원심은 원고가 피고의 귀책사유를 묻지 않고 예정배상액의 지급을 청구할 수 있다고 판단하면서 다음과 같은 이유를 들고 있다. 원고가 설립 후 1년 6개월 동안 13억 원 가량의 누적 적자를 기록한 A회사의 주식을 액면가의 2.5배에 해당하는 금액으로 인수한 이유는 피고 등의 기술력을 신뢰하였기 때문으로서 원고로서는 대주주인 동시에 핵심 기술인력인 피고 등이 향후 계속하여 소외 회사에서 근무할 것을 믿고 피고 등으로부터 주식을 인수하기로 계약을 체결한 것으로 보인다. 피고 등이 임의로 퇴사하였을 경우 원고에게 배상하기로 예정된 금액이 그들의 주식 매매대금 상당액에 불과하여 그 금액이 과다하다고 보기 어렵고, 의무적으로 근무하기로 약정한 기간도 3년으로서 지나치게 길다고 보기 어렵다. 이 사건 근무기간 보장조항은 투자자인 원고를 보호하기 위해 원고의 요구에 의해 계약의 내용으로 포함된 것인데 피고 등의 퇴사가 원고와는 전혀 무관하게 이루어진 경우에도 단지 퇴사가 피고 등의 자의에 의한 것이 아니라거나 퇴사에 관하여 피고 등에게 귀책사유가 없다는 사정만으로 피고 등이 면책되는 것은 오히려 원고의 보호에는 미흡하다고 보인다.

2. 대법원 판결

"채무자는 채권자와 채무불이행에 있어 채무자의 귀책사유를 묻지 아니한다는 약정을 하지 아니한 이상 자신의 귀책사유가 없음을 주장·입증함으로써 예정배상액의 지급책임을 면할 수 있다."라고 판단하였다. 이 경우 "채무자의 귀책사유를 묻지 아니한다는 약정의 존재 여부는 근본적으로 당사자 사이의 의사해석의 문제로서, 당사자 사이의 약정 내용과 그 약정이 이루어지게 된 동기 및 경위, 당사자가 그 약정에 의하여 달성하려고 하는 목적과 진정한 의사, 거래의 관행 등을 종합적으로 고찰하여 합리적으로 해석하여야 하지만, 당사자의 통상의 의사는 채무자의 귀책사유로 인한 채무불이행에 대해서만 손해배상액을 예정한 것으로 봄이 상당하므로, 채무자의 귀책사유를 묻지 않기로 하는 약정의 존재는 엄격하게 제한하여 인정하여야 한다."

3. 평석

채무불이행으로 인한 손해배상액의 예정이 있는 경우에는 채권자는 채무불이행 사실만 증명하면 손해의 발생 및 그 액을 증명하지 아니하고 예정배상액을 청구할 수 있다.[1] 채권자가 예정배상액을 청구하는 데 손해액 및 그 손해액과 채무불이행 사이의 인과관계를 증명할 책임이 없다. 그런데 채무자에게 귀책사유가 없는 경우에도 예정배상액을 청구할 수 있는지 문제된다.[2] 긍정설은 당사자의 의사가 통상 귀책사유의 유무에 관하여 일체의 분쟁을 피하려는 취지라고 한다. 부정설은 이와 달리 당사자의 의사가 채무불이행의 요건을 갖춘 경우를 전제로 위약금을 부담하는 것이라고 본다.

1) 대판 1975. 3. 25, 74다296(공 1975, 8407); 대판 1988. 5. 10, 87다카3101(공 1988, 951); 대판 1991. 1. 11, 90다8053(공 1991, 720); 대판 2000. 12. 8, 2000다50350(공 2001, 268).
2) 이에 관해서는 민법주해[IX], 1995, 668면(양창수 집필); 양창수·김재형, 계약법, 제2판, 2015, 494면.

대판 1989. 7. 25, 88다카6273(집 37－2, 민 232)은 건물신축의 도급계약에서 지체상금에 관한 약정을 한 경우 이를 손해배상액의 예정이라고 보고, "그 지체상금 발생의 시기는 특별한 사정이 없는 한 약정준공일 익일인 1983. 7. 1.이 될 것이나 그 종기는 원고나 피고가 건물을 준공할 때까지 무한히 계속되는 것이라고 할 수 없고 원고가 공사를 중단하거나 기타 해제사유가 있어 피고가 이를 해제할 수 있었을 때(실제로 해제한 때가 아니고)부터 피고가 다른 업자에게 의뢰하여 이 사건 건물을 완성할 수 있었던 시점까지로 제한되어야 할 것이고 또 원고가 책임질 수 없는 사유로 인하여 공사가 지연된 경우에는 그 기간만큼 공제되어야 할 것"이라고 하였다. 원고가 책임질 수 없는 사유로 인하여 공사가 지연된 경우에는 그 기간만큼 지체상금을 공제하여야 한다는 것은 수급인인 원고에게 귀책사유가 없는 경우에는 지체상금, 즉 손해배상예정액을 지급하지 않는다는 의미이다.

위 2007년 판결은 손해배상액을 예정한 경우에도 채무자가 귀책사유가 없다는 것을 증명하면 반대의 약정이 없는 한 예정배상액을 청구할 수 없다는 점을 명확히 하였다.[3] 손해배상의 예정을 하는 이유는 통상 민법 제390조에 따른 채무불이행 책임이 발생한 경우에 그 손해액 산정의 곤란을 피하기 위한 것이다. 채무자에게 귀책사유가 없는데도 손해배상책임을 지는 것을 전제로 손해배상 예정액을 정하는 것은 예외적일 것이다. 즉, 당사자들이 귀책사유와 무관하게 손해배상액의 예정을 하였다고 볼 수 있는 특별한 사정이 있는 경우에 한하여 그러한 예외를 인정할 수 있다. 따라서 채무자에게 귀책사유가 없는 경우에는 특별한 약정이 없는 한 예정 배상액을 청구할 수 없다고 보아야 할 것이다.

3) 종전의 판결로는 대판 1989. 7. 25, 88다카6273(집 37－2, 민 232). 윤진수, "2007년도 주요 민법 관련 판례 회고," 서울대 법학 제49권 제1호(2008. 3), 351면은 이 판결을 지지하고 있는데, 그 근거를 엄격해석의 원리에서 찾을 수 있다고 한다.

제2절 책임재산의 보전

[62] Ⅰ. 채권자대위권의 행사로 인한 처분금지효와 채무불이행으로 인한 계약해제

대판(전) 2012. 5. 17, 2011다87235(공 2012, 1080)

1. 사실관계와 원심판결

원고는 2007. 12. 10. A에게 금원을 대여하면서 그 이자조로 A가 향후 취득할 이 사건 토지를 2008. 2. 28.까지 A로부터 이전받기로 약정하였다. A는 2007. 12. 12. 피고로부터 이 사건 토지를 대금 15억원에 매수하기로 하고, 양도소득세 상당액도 피고에게 지급하기로 하는 내용으로 매매계약을 체결하였다. 그러나 A는 양도소득세 상당액을 지급하지 못했다. 그리하여 원고는 2009. 4. 14. 피고와 A를 상대로 이 사건 소를 제기하여, ① A에 대한 채권자로서 A를 대위하여 피고에게 이 사건 토지에 관한 소유권이전등기절차를 이행하고, ② A를 상대로 원고에게 이 사건 토지에 관한 소유권이전등기절차를 이행할 것을 구하였으며, 이 사건 소장은 2009. 5. 1. A에게, 2009. 6. 17. 피고에게 송달되었다. 이에 대하여 피고는 A의 채무불이행으로 인하여 이 사건 매매계약이 2009. 8. 31. 무렵 실효되었다고 항변하였고, 원고는 이 사건 매매계약을 해제하는 것은 A의 소유권이전등기청구권을 처분하는 결과를 초래하므로, 피고는 이로써 원고에게 대항할 수 없다고 주장하였다.

원심은 이 사건 소 제기 이후 A의 채무불이행 및 2009. 2. 25.자 특약에 따라 이 사건 매매계약이 실효되었지만, 이 사건 소가 제기되기 전부터 A는 대금지급의무를 이행하지 않고 있었고, 2009. 2. 25.자 특약 역시 이 사건 소 제기 전에 체결된 점을 감안하면, 이를 채무자인 A의 '처분행위'로 평가할 수 없다고 판단하였다.

2. 대법원 판결

원고가 상고하였으나, 대법원은 다음과 같은 이유로 이를 기각하였다.

"채무자의 채무불이행 사실 자체만으로는 권리변동의 효력이 발생하지 않아 이를 채무자가 제3채무자에 대하여 가지는 채권을 소멸시키는 적극적인 행위로 파악할 수 없는 점, 더구나 법정해제는 채무자의 객관적 채무불이행에 대한 제3채무자의 정당한 법적 대응인 점, 채권이 압류·가압류된 경우에도 압류 또는 가압류된 채권의 발생원인이 된 기본계약의 해제가 인정되는 것과 균형을 이룰 필요가 있는 점 등을 고려할 때 **채무자가 자신의 채무불이행을 이유로 매매계약이 해제되도록 한 것을 두고 민법 제405조 제2항에서 말하는 '처분'에 해당한다고 할 수 없다.**

따라서 채무자가 채권자대위권행사의 통지를 받은 후에 채무를 불이행함으로써 통지 전에 체결된 약정에 따라 매매계약이 자동적으로 해제되거나, 채권자대위권행사의 통지를 받은 후에 채무자의 채무불이행을 이유로 제3채무자가 매매계약을 해제한 경우 제3채무자는 그 계약해제로써 대위권을 행사하는 채권자에게 대항할 수 있다고 할 것이다. 다만 형식적으로는 채무자의 채무불이행을 이유로 한 계약해제인 것처럼 보이지만 실질적으로는 채무자와 제3채무자 사이의 합의에 따라 계약을 해제한 것으로 볼 수 있거나, 채무자와 제3채무자가 단지 대위채권자에게 대항할 수 있도록 채무자의 채무불이행을 이유로 하는 계약해제인 것처럼 외관을 갖춘 것이라는 등의 특별한 사정이 있는 경우에는 채무자가 그 피대위채권을 처분한 것으로 보아 제3채무자는 그 계약해제로써 대위권을 행사하는 채권자에게 대항할 수 없다고 할 것이다."

이 사건에서 위 2009. 2. 25.자 특약이 실질적으로는 A와 피고 사이의 합의 해제로 볼 수 있다거나, A와 피고가 채무자의 채무불이행을 이유로 하는 계약해제인 것처럼 외관을 갖춘 것이라고 볼 만한 특별한 사정을 발견할 수 없으므로, 채무자의 채무불이행 및 위 2009. 2. 25.자 특약에 따라 이 사건 매매계약이 실효된 것을 들어, 채무자인 A가 채권자대위권행사의 통지를 받은 후 제3채무자인 피고에 대한 소유권이전등기청구권을 '처분'한 것이라고 할 수 없다.

3. 평석

(1) 이 판결에서는 채권자대위권의 행사로 인한 처분금지효가 계약의 해제에도 미치는지 여부가 문제되었다.

제405조 제2항은 채무자가 채권자대위권 행사의 통지를 받은 후에는 그 권리를 처분하여도 이로써 채권자에게 대항하지 못한다고 정하고 있다. 이는 채무자가 채권자대위권 행사사실을 통지받은 후에 그 권리를 처분함으로써 대위권 행사를 방해하는 것을 막기 위한 것이다.[1] 채무자가 통지를 받지 못했지만 대위권 행사사실을 안 경우에도 처분행위를 할 수 없다고 한다.[2] 그러나 채무자가 처분행위가 아니라 관리 또는 보존행위를 하는 것은 이 규정에 따른 제한을 받지 않는다.[3]

그런데 채무자와 제3채무자 사이의 계약이 채무불이행으로 해제되거나 또는 합의 해제된 경우에 제405조 제2항에서 정한 처분에 해당하는지 문제된다. 종래의 판례는 위 두 경우 모두 처분에 해당한다고 보았다. 먼저 합의 해제에 관하여 대법원은 "채무자가 채권자대위권 행사사실을 알게 된 이후에 그 매매계약을 합의 해제하여 채권자대위권의 객체인 소유권이전등기청구권을 소멸시켰다 하더라도 이로써 채권자에게 대항할 수 없고, 제3채무자 역시 그 계약해제로써 채권자에게 대항할 수 없다."라고 하였다.[4] 다음으로 채무불이행으로 인한 해제에 관하여 대법원은 채무자가 채권자대위권 행사사실을 통지받은 후에 채무자의 채무불이행을 이유로 매매계약이 해제되도록 한 것이 언제나 채무자가 그 피대위채권을 처분하는 것에 해당하므로 이를 가지고 대위권을 행사하는 채권자에게 대항할 수 없고, 그 결과 제3채무자 또한 그 계약해제로써 채권자에게 대항할 수 없다고 판결하였다.[5]

그러나 이 전원합의체 판결로 채무불이행으로 인한 해제에 관한 위 판례를 변경하여 채무자가 자신의 채무불이행을 이유로 매매계약이 해제되도록 한 것이 제405조 제2항에서 말하는 '처분'에 해당하지 않는다고 하였다. 이로써 합의 해제는 처분에 해당하지만, 채무불이행으로 인한 해제는 처분에 해당하지 않게 되었다. 채무자의 채무불이행을 이유로 제3채무자가 계약을 해제할 수 있도록 한 것을 채무자의 '처분'에 해당한다고 보는 것은 '처분'이라는 법개념의 왜곡이라는 비판이 있었는데,[6] 이 견해가 대법원 판결로 나타난 것이다. 채무자의 채무불이행은 채무자가 적극적인 행위를 하는 것도 아니기 때문에 처분 개념에 포섭되지 않는다. 기존의 판례는 압류 또는 가압류의 경우에 기본계약의 해제를 허용하는 것과 균형이 맞지 않고, 제3채

1) 대판 1990. 4. 27, 88다카25274, 25281(집 38-1, 민 244).
2) 대판 1993. 4. 27, 92다44350(공 1993, 1551).
3) 대판 1989. 4. 11, 87다카3155(집 37-1, 민 216); 대판 1990. 4. 27, 88다카25274, 25281(집 38-1, 민 244).
4) 대판 1996. 4. 12, 95다54167(공 1996, 1516); 대판 2007. 6. 28, 2006다85921(공 2007, 1162).
5) 대판 2003. 1. 10, 2000다27343(공 2003, 562).
6) 양창수, "채권자대위에 의한 처분금지효가 제3채무자가 채무자의 채무불이행을 이유로 매매계약을 해제하는 것에도 미치는가?," 민법연구 제7권, 2003, 365면.

무자의 해제권 행사를 부당하게 제한하는 결과를 초래한다. 따라서 이 전원합의체 판결이 타당하다.[7)]

다만 이 판결은 중요한 예외를 인정하고 있다. 즉, "형식적으로는 채무자의 채무불이행을 이유로 한 계약해제인 것처럼 보이지만 실질적으로는 채무자와 제3채무자 사이의 합의에 따라 계약을 해제한 것으로 볼 수 있거나, 채무자와 제3채무자가 단지 대위채권자에게 대항할 수 있도록 채무자의 채무불이행을 이유로 하는 계약해제인 것처럼 외관을 갖춘 것이라는 등의 특별한 사정이 있는 경우"에는 제405조 제2항에서 말하는 '처분'에 해당한다는 것이다. 따라서 판례는 처분의 개념을 형식적으로 판단할 것이 아니라 실질적으로 판단하고 있다고 볼 수 있다.

(2) 한편 채권을 가압류 또는 압류한 경우에는 그 채권의 발생원인인 법률관계에 대한 채무자와 제3채무자의 처분까지도 구속되는 것은 아니므로 기본적 계약관계인 매매계약 자체를 해제할 수 있다. 나아가 채무자와 제3채무자가 아무런 합리적 이유 없이 채권의 소멸만을 목적으로 계약관계를 합의 해제한다는 등의 특별한 경우를 제외하고는, 제3채무자는 채권에 대한 가압류가 있은 후라고 하더라도 채권의 발생원인인 법률관계를 합의 해제하고 이로 인하여 채권이 소멸되었다는 사유를 들어 가압류채권자에 대항할 수 있다고 한다.[8)] 따라서 채권자대위권을 행사하는 경우에 가압류·압류를 하는 경우와 마찬가지로 채무불이행으로 인한 해제는 원칙적으로 허용된다. 그러나 채권자대위권을 행사하는 경우에 합의 해제는 허용되지 않지만, 가압류·압류를 하는 경우에는 합의 해제가 허용되므로, 이 점에서는 두 경우가 여전히 다르다.

채무자와 제3채무자 사이의 합의 해제는 채무불이행으로 인한 해제, 즉 법정해제와는 달리 일반적으로는 제405조 제2항에서 말하는 처분에 해당할 것이다. 그러나 채무불이행으로 인한 해제와 합의 해제를 완전히 다르게 취급하여야 하는지는 의문이다. 가령 채무불이행으로 인한 해제의 요건을 갖추었지만 채권자가 법정해제를 하지 않고 법률관계를 명확하게 정리하기 위하여 합의 해제의 형식을 취한 것에 불과한 경우라면 위 규정에 의하여 제한되는 처분이 아니라고 볼 수 있을 것이다. 이것이 법정해제의 경우에 처분 개념을 실질적으로 판단하는 것에 상응하는 것이다. 다만 법정해제와 합의 해제를 동일하게 취급하여야 한다는 의미는 아니다. 법정해제의 경우에는 원칙적으로 처분에 해당하지 않지만, 예외적으로 처분과 동일하게 보아야 할 것이다. 합의 해제의 경우에는 이와 달리 원칙적으로 처분에 해당하지만, 예외적으로 제405조 제2항에 의하여 제한되는 처분에 포함되지 않는다고 보아야 할 것이다.

7) 재판연구관의 해설인 김상훈, "채권자대위권행사 통지 후의 해제와 민법 제405조 제2항의 '처분'," 자유와 책임 그리고 동행(안대희 대법관 재임기념), 사법발전재단, 2012, 452면 참조.

8) 대판 2001. 6. 1, 98다17930(공 2001, 1482). 이에 대하여 가압류 또는 압류를 한 후 제3채무자가 채무불이행 등에 의한 법정해제권이나 약정해제권을 행사하는 것은 인정하여야 하지만, 채무자가 제3채무자와 매매계약 등 일시적 계약을 합의하여 해제하는 것은 원칙적으로 허용되지 않는다는 견해가 있다. 양창수, "채권가압류 후 채무자와 제3채무자 간의 계약관계 소멸에 관한 합의의 효력," 민법연구 제5권, 1999, 453~455면.

[63] Ⅱ. 대물변제가 사해행위에 해당하는지에 관한 판단기준

대판 2010. 9. 30, 2007다2718(공 2010, 1967)

1. 사실관계와 원심판결

피고가 A에 대하여 미지급 대금의 변제를 강하게 독촉함에 따라 피고와의 거래를 계속하고자 하였던 A가 전세권과 전세금반환채권을 양도하는 내용의 이 사건 양도계약을 체결하였다. 한편 A는 차량용 디브이디 플레이어 판매가 활성화되면 피고에 대한 물품대금을 변제할 수 있다고 피고를 설득하였다. 이에 피고도 A와의 거래가 중단될 경우 사업에 상당한 손실을 입게 될 가능성이 있어 A와의 거래를 지속할 예정으로 소외인에 대한 A의 채무를 대신 변제하여 주는 조건으로 전세권부 전세금반환채권을 양수한 후 A에 대한 채권회수절차의 착수를 유예하였다.

원심은, 비록 피고가 대물변제로 전세권과 전세금반환채권을 양수한 시점이 A의 자금사정이 상당히 악화되었던 시점이라 하더라도, 그러한 사정만으로는 A가 피고에 대한 채무의 변제에 갈음하여 전세권과 전세금반환채권을 양도하는 내용의 이 사건 양도계약을 체결한 행위가 다른 채권자를 해하는 사해행위라고 단정하기는 어렵다고 판단하였다.

2. 대법원 판결

원고가 상고하였으나, 대법원은 다음과 같은 이유로 이를 기각하였다.

“채무자가 책임재산을 감소시키는 행위를 함으로써 일반채권자들을 위한 공동담보의 부족상태를 유발 또는 심화시킨 경우에 그 행위가 채권자취소의 대상인 사해행위에 해당하는지 여부는, 행위목적물이 채무자의 전체 책임재산 가운데에서 차지하는 비중, 무자력의 정도, 법률행위의 경제적 목적이 갖는 정당성 및 그 실현수단인 당해 행위의 상당성, 행위의 의무성 또는 상황의 불가피성, 채무자와 수익자 간 통모의 유무와 같은 공동담보의 부족 위험에 대한 당사자의 인식의 정도 등 그 행위에 나타난 여러 사정을 종합적으로 고려하여, 그 행위를 궁극적으로 일반채권자를 해하는 행위로 볼 수 있는지 여부에 따라 최종 판단하여야 할 것이다.

다만, 채무초과의 상태에 있는 채무자가 적극재산을 채권자 중 일부에게 대물변제조로 양도하는 행위는 채무자가 특정 채권자에게 채무 본지에 따른 변제를 하는 경우와는 달리 원칙적으로 다른 채권자들에 대한 관계에서 사해행위가 될 수 있으나[인용 판결 생략], 이러한 경우에도 위에서 본 바와 같은 사해성의 일반적인 판단기준에 비추어 그 행위가 궁극적으로 일반채권자를 해하는 행위로 볼 수 없는 경우에는 사해행위의 성립이 부정될 수 있다.”[1)]

1) 나아가 대법원은 “이 사건 양도계약 당시 A의 자금사정이 매우 악화된 상황이었고, 그 계약의 목적물인 전세권과 전세금반환채권이 A의 유일한 재산이었으며, 이 사건 양도계약 직후에 이 사건 보증사고가 발생하였다고 하더라도, 그러한 사정만으로 이 사건 양도계약을 원고 등 다른 채권자를 해하는 사해행위라고 단정하기는 어렵다.”라고 하였다. 그 이유로 원심이 들고 있는 사정과 더불어 다음과 같은 사정을 추가적으로 제시하고 있다. 이 사건 양도계약 당시 피고가 A의 최대 물품공급처이자 최고액 채권자였던 것으로 보인다. A로서는 이러한 피고와의 거래관계를 유지하면서 새로이 판로를 개척하는 길만이 채무초과 상태에 있던 회사의 경제적 갱생을 도모하기 위한 유일한 방안이었던 것으로 보인다. 그리하여 이 사건 양도계약을 체결하면서도 A는 피고와의 합의하에 계속해서 전세권의 목적물인 이 사건 건물을 사용할 수 있도록 대책을 마련하는 동시에 전세권근저당권에 의하여 담보되던 소외인에 대한 차용금 채무를 피고가 대신 변제하도록 조치하였다. 이 사건 양도계약 무렵 피고는 A에 대하여 최소한 10억 원 이상의 채권을 가지고 있었는데, 이 사건 양도계약 과정에서 A의 소외인에 대한 채무를 대신 갚아준 것을 감안하면 이 사건 양도계약을 통하여 피고가 양수한 전세금반환채권의 액수는 실질적

3. 평석

(1) 이 판결에서 대물변제로 채권 등을 양도한 것이 사해행위가 되는지 문제되었다.

채무의 변제는 원칙적으로 사해행위에 해당하지 않는다는 것이 판례이다.[2] 채권자가 채무의 변제를 구하는 것은 그의 당연한 권리행사로서 다른 채권자가 존재한다는 이유로 이것이 방해받아서는 아니 되고, 채무자도 채무의 본지에 따라 채무를 이행할 의무를 부담하고 있어 다른 채권자가 있다는 이유로 그 채무이행을 거절하지는 못한다. 따라서 채무자가 채무초과의 상태에서 특정채권자에게 채무의 본지에 따른 변제를 함으로써 다른 채권자의 공동담보가 감소하는 결과가 되는 경우에도 그 변제는 채무자가 특히 일부의 채권자와 통모하여 다른 채권자를 해할 의사를 가지고 변제를 한 경우가 아닌 한 원칙적으로 사해행위가 되는 것은 아니라고 한다.

그런데 채무자가 일부 채권자에게 기존채무의 변제에 갈음하여 대물변제로 금전채권을 양도한 경우에 이를 사해행위로 볼 수 있는지에 관하여 판례가 명확하지 않았다.

다수의 대법원 판결은 이를 채무의 본지에 따른 변제(이하 '본지변제')와 동일하게 취급하여, 원칙적으로 사해성을 부정하고 다만 채무자와 수익자가 통모하여 다른 채권자를 해할 의사가 있는 예외적 경우에만 사해성을 인정하고 있었다. 즉, 대판 2003. 6. 24, 2003다1205(공 2003, 1583)는 채무의 변제가 사해행위에 해당하는지 여부에 관한 위 법리를 설시한 다음, "기존 금전채무의 변제에 갈음하여 다른 금전채권을 양도하는 경우에도 이와 마찬가지로 보아야 할 것이다."라고 하였다. 대판 2004. 5. 28, 2003다60822(공 2004, 1065)는 "채무자가 특히 일부의 채권자와 통모하여 다른 채권자를 해할 의사를 가지고 변제 내지 채권양도를 하였는지 여부는 사해행위임을 주장하는 사람이 입증하여야 할 것인데, 이는 수익자의 채무자에 대한 채권이 실제로 존재하는지 여부, 수익자가 채무자로부터 변제 내지 채권양도를 받은 액수 및 양도받은 채권 중 실제로 추심한 액수, 채무자와 수익자와의 관계, 채무자의 변제능력 및 이에 대한 수익자의 인식, 변제 내지 채권양도 전후의 수익자의 행위, 그 당시의 채무자 및 수익자의 사정 및 변제 내지 채권양도의 경위 등 제반 사정을 종합적으로 참작하여 판단하여야 할 것이다."라고 하였다.[3]

그러나 채무초과 상태에서 대물변제로 채권을 양도한 행위에 대하여 원칙적으로 사해성을 인정하는 대법원 판결도 있었다. 가령 대판 1997. 6. 27, 96다36647(공 1997, 2318)은 "이미 채무초과의 상태에 빠져 있는 채무자가 그의 적극재산인 채권을 그에 대한 채권자 중 일부에게 대물변제조로 양도하는 행위는 특별한 사정이 없는 한 다른 채권자들에 대한 관계에서 사해행위가 된다."라고 하였다.[4]

(2) 위 대법원 2010. 9. 30. 판결은 사해행위를 판단하는 일반기준을 제시하고 대물변제의 경우에도 이 기준에 따라 사해행위에 해당하는지 여부를 판단하여야 한다고 하였다.[5] 대물변제의 목적물이 금전채권인지, 아니면 부동산인지는 사해행위에 관한 판단에서 아무런 영향을 미치지 않는다. 따라서 이 판결은 대물변제로 채권을 양도하는 경우에는 변제의 경우와 같이 원

으로 1억 원 상당이다.

2) 대판 1981. 7. 7, 80다2613(공 1981, 14158); 대판 1994. 6. 14, 94다2961, 2978(공 1994, 1956); 대판 2001. 4. 10, 2000다66034(공 2001, 1113).

3) 同旨: 대판 2005. 3. 25, 2004다10985(공 2005, 654); 대판 2007. 5. 31, 2005다28686.

4) 이 판결은 채무자가 부동산 등을 대물변제로 넘겨준 경우에 대한 대판 1990. 11. 23, 90다카27198(공 1991, 178); 대판 1995. 5. 26, 95다7413(공1995, 2261)을 인용하고 있다.

5) 이 판결에 대한 재판연구관의 해설로는 김미리, "사해행위의 판단 기준과 대물변제의 사해성 판단," 대법원판례해설 제85호(2010 하반기), 100면 이하.

칙적으로 사해행위에 해당하지 않는다는 위 대법원 2003. 6. 24. 판결 등의 태도를 사실상 변경한 것으로 볼 수 있다. 채무자가 대물변제로 채권을 양도한 행위가 사해행위에 해당하는지 판단하는 단계에서 대물변제로 부동산을 양도한 경우와 다르게 보아야 할 근거를 찾을 수 없을 것이다.

한편 대물변제로 채권을 양도한 경우와 변제를 한 경우 사이에 사해행위를 판단하는 기준을 다르게 보고 있는 판례가 타당한지도 검토할 필요가 있다.[6] 편파적인 변제행위도 채권자취소권의 대상이 된다고 보아야 할 것이다. 이 경우에도 변제를 받지 못한 채권자로서는 변제를 받는 채권자에 비하여 불리하게 취급받기 때문이다. 도산절차상 부인권의 경우에는 편파행위를 부인권의 대상에 포함시키고 있는데,[7] 도산절차 개시 여부에 따라 실제 결과가 달라지는 것은 바람직하지 않을 것이다.[8] 또한, 대물변제로 채권을 양도하는 것은 변제를 하는 경우와 경제적 차이가 크지 않다. 따라서 사해행위를 판단하는 단계에서 변제 유형을 대물변제 유형과 동일하게 볼 수는 없지만, 두 유형을 완전히 다르게 규율하는 것은 바람직하지 않다.

'같은 것은 같게, 다른 것은 다르게'는 정의의 고전적 명제이다. 유형을 세분하여 명확한 기준을 제시하는 것은 권장할 일이다. 그러나 그 유형의 분류와 차별적 취급에 정당한 근거가 없다면 정의에 반하는 결과를 초래할 수 있다.

---

6) 이에 대하여 양창수, "채권자취소권의 피보전채권과 사해행위," 고시계 제36권 제4호(1991. 4), 36면은 채무자의 자력이 심하게 결여된 경우에는 변제를 받는 채권자에게 사해의 인식만 있으면 사해행위가 된다고 한다.

7) 채무자 회생 및 파산에 관한 법률 제100조 제1항 제2호, 제3호, 제391조 제2호, 제3호. 구 파산법 제64조 제2호에 관하여 대법원은 "위기부인의 대상이 되는 '파산채권자를 해하는 행위'에는 파산자의 일반재산을 절대적으로 감소시키는 사해행위 외에 채권자간의 평등을 저해하는 편파행위도 포함된다고 할 것이고, 변제기가 도래한 채권을 변제하는 이른바 본지(本旨)변제 행위가 형식적인 위기시기에 이루어진 경우에는 불평등 변제로서 위기부인의 대상이 될 수 있다."라고 하였다. 대판 2002. 8. 23, 2001다78898(집 50-2, 민 50).

8) 민법상 채권자취소권과 도산절차상 부인권은 그 연원과 성격이 유사하기 때문에, 가능하면 통일적으로 법리를 구성하는 것이 바람직하다. 채권자취소권은 일본 민법을 통하여 채권자취소권에 관한 프랑스민법 제1167조를 수용하여 간략하게 규정되어 있는 반면에, 채무자 회생 및 파산에 관한 법률에서 정하고 있는 부인권에 관한 규정은 독일의 구 파산법 등의 영향을 받아 상세하게 규정되어 있다. 민법 등을 개정하여 채권자취소권에 관한 규정을 정비하여야 할 것이다.

[64] Ⅲ. 사해행위 취소로 인한 원상회복의 범위
대판 2008. 12. 11, 2007다69162(공 2009, 21)

1. 사실관계와 원심판결

A회사는 2004. 8. 26. 10억 29,671,920원 상당의 물품대금 채권을 가지고 있던 피고에게, A회사의 유일한 재산인 공장용지 3,690.5㎡와 그 지상 3층 공장 등 건물(이하 '이 사건 토지 및 건물'이라 한다)을 38억 원에 매도하면서, 그 대금의 지급에 관하여 일부는 위 물품대금 채권과 상계하고, 잔금은 A회사로부터 이 사건 건물을 임차한 임차인들에 대한 임대차보증금 반환채무와 은행대출금 채무를 피고가 인수하는 것으로 갈음하기로 하였고, 같은 날 피고에게 이 사건 토지 및 건물에 관하여 소유권이전등기를 마쳤다. 그런데 A회사에 대하여 96,889,650원 상당의 약속어음금 채권을 가지고 있던 원고 B가 수원지방법원 안산지원에 피고를 상대로 위 매매계약이 사해행위에 해당한다며 그 취소 및 원상회복을 구하는 소를 제기하였다. 위 법원은 피고와 A회사 사이에 체결된 위 매매계약을 취소하고, 피고는 원상회복으로 A회사에게 이 사건 토지 및 건물에 관한 소유권이전등기의 말소등기절차를 이행하라는 판결을 선고하였고, 위 판결은 2005. 4. 25. 확정되었으며, 그에 따라 피고 명의의 위 소유권이전등기는 2005. 6. 13. 말소되었다. 한편 피고는 2004. 8. 내지 2004. 9.경 A회사로부터 이 사건 건물 중 각 일부를 임차한 임차인들과 사이에 임대차보증금은 임차인들이 A회사에 지급한 임대차보증금으로 갈음하기로 하여 각 임대차계약을 체결한 후 위 판결이 확정될 때까지 임차인들로부터 임료를 지급받아 왔다.

원심은, 사해행위 이후에 수익자가 목적물을 사용·수익함으로써 얻은 이득의 반환 역시 원상회복의 범위에 속함을 전제로 피고에게 이 사건 토지 및 건물을 임대하여 얻은 임료상당액을 원상회복으로서 반환해야 할 의무가 있다고 판단하였다.

2. 대법원 판결

그러나 대법원은 피고의 상고를 받아들여 다음과 같은 이유로 원심판결을 파기환송하였다.

① "채권자취소권은 채무자가 채권자를 해함을 알면서 일반재산을 감소시키는 행위를 한 경우에 그 행위를 취소하여 채무자의 재산을 원상회복시킴으로써 채무자의 책임재산을 보전하기 위하여 인정된 권리로서, 사해행위의 취소 및 원상회복은 책임재산의 보전을 위하여 필요한 범위 내로 한정되어야 하므로 원래의 책임재산을 초과하는 부분까지 원상회복의 범위에 포함된다고 볼 수 없다. 따라서 부동산에 관한 법률행위가 사해행위에 해당하여 민법 제406조 제1항에 의하여 취소된 경우에 수익자 또는 전득자가 사해행위 이후 그 부동산을 직접 사용하거나 제3자에게 임대하였다고 하더라도, 당초 채권자의 공동담보를 이루는 채무자의 책임재산은 당해 부동산이었을 뿐 수익자 또는 전득자가 그 부동산을 사용함으로써 얻은 사용이익이나 임차인으로부터 받은 임료상당액까지 채무자의 책임재산이었다고 볼 수 없으므로 수익자 등이 원상회복으로서 당해 부동산을 반환하는 이외 그 사용이익이나 임료상당액을 반환해야 하는 것은 아니다."

② "한편, 채권자가 민법 제406조 제1항에 따라 사해행위의 취소와 원상회복을 청구하는 경우 사해행위의 취소만을 먼저 청구한 다음 원상회복을 나중에 청구할 수 있으나(대법원 2001. 9. 4. 선고 2001다14108 판결 참조), 원상회복의 전제가 되는 사해행위의 취소가 없는 이상 원상회복청구권은 인정되지 않으므로 사해행위의 취소를 구함이 없이 원상회복만을 구할 수는 없다."

위 ①과 관련하여 이 사건에서 "피고에게 이 사건 토지 및 건물을 임대하여 얻은 임료상당액을 위 사해행위 취소에 따른 원상회복으로서 반환해야 할 의무가 있다고 볼 수 없다."라고 판단하였고, 위 ②와 관련하여 "원고 B는 피고를 상대로 A회사와 피고 사이에 2004. 8. 26. 체결된 위 매매계약이 사해행위에 해당한다며 그 취소를 구하는 소를 제기하여 승소확정판결을 받았으나, 원고 C, D의 경우 피고를 상대로 위 매매계약의 취소를 구하는 소를 제기하였음을 인정할 자료가 없다. 그런데도 원심은 원고 C, D에 대하여도 위 매매계약이 사해행위에 해당함을 전제로 원상회복을 구하는 이 사건 청구를 인용하고 말았으니, 원심의 조치는 이 점에서도 위법하다."라고 판단하였다.

3. 평석

이 판결은 채권자취소권에 기한 원상회복의 범위, 취소청구와 원상회복의 관계에 대한 것이다.

채권자취소권에서 원상회복은 사해행위인 법률행위가 없었던 상태로 복귀하는 것이 아니라, 채권자가 공취력을 행사할 수 있는 상태로 책임재산을 회복한다는 의미로 이해하여야 한다.[1] 대법원은 채권자의 공동담보에 속하는 채무자의 책임재산이 부동산이었기 때문에, 부동산에 대한 매매계약을 취소하고 이를 원상회복시키는 것으로 충분하다고 한다. 그러나 사해행위가 없었더라면 채무자가 부동산을 계속 보유하면서 그 부동산을 사용함으로써 사용이익을 얻었거나 임차인으로부터 임료상당액을 받았을 것이다. 이와 같은 사용이익이나 임료상당액도 반환범위에 포함될 수 있을 것이다. 이 사건에서 채무자인 A회사가 이 사건 건물 중 일부를 임차인들에게 임대하고 있었고, 수익자인 피고가 이 사건 토지 및 건물을 매수한 다음 이를 위 임차인들에게 다시 임대하였다. 채무자인 A회사와 수익자인 피고가 위 매매계약을 체결하지 않았다면 임대료 수입은 채무자인 A회사에 귀속되었을 것이다. 따라서 수익자가 원상회복으로서 당해 부동산뿐만 아니라 그 사용이익이나 임료상당액을 반환해야만 책임재산이 회복된다고 볼 수 있을 것이다.

또한 위 ②부분에 관한 판단, 즉 취소를 청구하지 않고는 원상회복을 청구할 수 없다는 것은 종래의 대법원 판례[2]를 따른 것이다. 그러나 이러한 태도가 타당한지는 의문이다. 청구취지에 원상회복만을 구하고 있고 사해행위를 취소해 달라는 기재를 하지 않았다고 하더라도 청구원인에서 사해행위의 취소를 구하는 취지가 명백하다면 원상회복청구에 대한 실체적 판단을 하여야 한다.[3] 그와 같은 입장을 취하지 않는다고 하더라도 석명권을 행사하여 바로잡을 수 있도록 하여야 할 것이다. 한편 이 사건에서는 종전 판결에서 채권자인 원고 B의 사해행위취소청구에 의하여 매매계약을 취소하는 판결이 확정되었고, 그에 기한 소유권이전등기의 말소등기까지 이루어졌다. 그런데도 다른 채권자인 원고 C, D가 위 매매계약의 취소를 청구하는 것은 지나치게 형식적인 것으로 생각된다. 민법 제407조에서 사해행위의 취소와 원상회복의 효력은 모든 채권자의 이익을 위하여 효력이 있다고 규정하고 있다. 종래 이 규정의 의미를 한정적으로 이해하고 있으나, 그 문언에서 원고 B의 청구에 의한 위 판결의 효력은 다른 채권자인 원고 C, D에게 미친다는 해석을 도출할 수도 있을 것이다.

1) 김재형, "채권자취소권의 본질과 효과에 관한 연구," 민법론 Ⅱ, 2004, 26면.

2) 대판 1962. 2. 8, 61다722(집 10-1, 민 92) 등.

3) 상세한 것은 김재형(주 1), 19~22면.

[65] Ⅳ. 공동저당과 채권자취소권

대판(전) 2013. 7. 18, 2012다5643(공 2013, 1561)

1. 사실관계와 원심판결

이 사건에서는 채무자와 물상보증인의 공유인 부동산에 관하여 저당권이 설정된 후 채무자가 자신의 지분을 양도한 경우, 그 양도가 사해행위에 해당하는지를 판단할 때 채무자 소유의 지분이 부담하는 피담보채권액을 어떻게 정할 것인지 문제되었다.

원심은, 채무자와 제3자의 공유인 부동산에 관하여 근저당권이 설정된 경우에는 특별한 사정이 없는 한 피담보채권액은 각 공유지분의 비율에 따라 분담되는 것으로 봄이 상당하고, 피고가 이 사건 증여계약 이후 변제하여 소멸시킨 근저당권의 피담보채권액의 2분의 1 상당액이 원심 변론종결 당시를 기준으로 한 이 사건 지분의 시가에 미치지 못하므로 이 사건 증여계약은 사해행위에 해당한다고 판단하였다.

2. 대법원 판결

그러나 대법원은 다음과 같은 이유로 원심판결을 파기환송하였다.

"사해행위취소의 소에서 채무자가 수익자에게 양도한 목적물에 저당권이 설정되어 있는 경우라면 그 목적물 중에서 일반채권자들의 공동담보에 제공되는 책임재산은 피담보채권액을 공제한 나머지 부분만이라고 할 것이고 그 피담보채권액이 목적물의 가액을 초과할 때는 당해 목적물의 양도는 사해행위에 해당한다고 할 수 없다. 그런데 수 개의 부동산에 공동저당권이 설정되어 있는 경우 책임재산을 산정함에 있어 각 부동산이 부담하는 피담보채권액은 특별한 사정이 없는 한 민법 제368조의 규정 취지에 비추어 공동저당권의 목적으로 된 각 부동산의 가액에 비례하여 공동저당권의 피담보채권액을 안분한 금액이라고 보아야 한다(대법원 2003. 11. 13. 선고 2003다39989 판결 참조). 그러나 그 수 개의 부동산 중 일부는 채무자의 소유이고 다른 일부는 물상보증인의 소유인 경우에는, 물상보증인이 민법 제481조, 제482조의 규정에 따른 변제자대위에 의하여 채무자 소유의 부동산에 대하여 저당권을 행사할 수 있는 지위에 있는 점 등을 고려할 때, 그 물상보증인이 채무자에 대하여 구상권을 행사할 수 없는 특별한 사정이 없는 한 채무자 소유의 부동산에 관한 피담보채권액은 공동저당권의 피담보채권액 전액으로 봄이 상당하다(대법원 2008. 4. 10. 선고 2007다78234 판결 참조). 이러한 법리는 하나의 공유부동산 중 일부 지분이 채무자의 소유이고, 다른 일부 지분이 물상보증인의 소유인 경우에도 마찬가지로 적용된다."

3. 평석

이 판결은 매우 세세한 문제에 대한 것이라서 대법원 판결의 논리에 따라 판단과정을 정리해 보고자 한다.

채무자가 양도한 목적물에 저당권이 설정되어 있는 경우라면 그 목적물 중에서 일반채권자들의 공동담보에 제공되는 책임재산은 피담보채권액을 공제한 나머지 부분이다. 저당권자가 피담보채권액의 범위에서 우선변제를 받기 때문이다. 따라서 저당권의 피담보채권액이 목적물의 가격을 초과하고 있는 때에는 일반채권자들의 공동담보에 제공되는 책임재산이 없으므로 당해 목적물의 양도는 사해행위에 해당하지 않는다.[1)]

그런데 여러 부동산에 공동저당권이 설정되어 있는 경우 위 책임재산을 산정할 때 각 부동산이 부담하는 피담보채권액을 어떻게 계산할 것인지 문제된다. 공동저당에 관한 제368조는

1) 대판 1997. 9. 9, 97다10864(공 1997, 3051) 등 다수.

제1항에서 "동일한 채권의 담보로 수 개의 부동산에 저당권을 설정한 경우에 그 부동산의 경매대가를 동시에 배당하는 때에는 각 부동산의 경매대가에 비례하여 그 채권의 분담을 정한다."라고 정하고 있고, 제2항에서 "전항의 저당부동산 중 일부의 경매대가를 먼저 배당하는 경우에는 그 대가에서 그 채권 전부의 변제를 받을 수 있다. 이 경우에는 그 경매한 부동산의 차순위저당권자는 선순위저당권자가 전항의 규정에 의하여 다른 부동산의 경매대가에서 변제를 받을 수 있는 금액의 한도에서 선순위자를 대위하여 저당권을 행사할 수 있다."라고 정하고 있다. 따라서 공동저당권자는 저당목적물에 대하여 자유롭게 경매를 실행할 수 있지만, 배당 단계에서는 공동저당권자가 공동저당의 피담보채권액에 대한 각 공동저당물의 책임분담액이 그 담보가치에 비례하여 배당받는다. 그리하여 여러 부동산에 공동저당권이 설정되어 있는 경우 위 책임재산을 산정함에 있어 각 부동산이 부담하는 피담보채권액은 특별한 사정이 없는 한 공동저당권의 목적으로 된 각 부동산의 가액에 비례하여 공동저당권의 피담보채권액을 안분한 금액이라고 보고 있다.[2)]

그러나 여러 부동산 중 일부는 채무자의 소유이고 일부는 물상보증인의 소유인 경우에 대해서는 공간되지 않은 판결들이기는 하지만 대법원 판결들이 엇갈린 상태에 있었다. 먼저 채무자와 물상보증인의 공유인 부동산에 관하여 저당권이 설정되어 있고, 채무자가 그 부동산 중 자신의 지분을 양도하여 그 양도가 사해행위에 해당하는지를 판단할 때 채무자 소유의 부동산 지분이 부담하는 피담보채권액은 원칙적으로 각 공유지분의 비율에 따라 분담된 금액이라고 한 판결들이 있었다.[3)] 이와 같은 판결들은 이른바 '안분설'을 따른 것이라고 볼 수 있다. 반면에 "물상보증인이 민법 제481조, 제482조의 규정에 의한 변제자대위에 의하여 채무자 소유의 부동산에 대하여 담보권을 행사할 수 있는 지위에 있는 점 등을 고려할 때, 채무자 소유의 부동산에 관한 피담보채권액은 공동저당권의 피담보채권액 전액"으로 본 판결도 있었다.[4)] 이러한 판결들은 '전액설'이라고 할 수 있다. 또한 공동저당권이 설정된 여러 부동산 중 일부는 채무자의 소유이고 일부는 공동저당권이 설정된 상태에서 제3자가 부동산을 취득한 사안에서 "그 제3취득자가 민법 제481조, 제482조의 규정에 의한 변제자대위에 의하여 채무자 소유의 부동산에 대하여 저당권을 행사할 수 있는 지위에 있"다고 보고, 이러한 경우라면 "채무자 소유의 부동산에 관한 피담보채권액은 공동저당권의 피담보채권액 전액"으로 보아야 한다고 하였다. 나아가 "이러한 법리는 한 개의 공유부동산 중 일부 지분이 채무자의 소유이고 일부는 제3취득자의 소유인 경우에도 마찬가지로 적용된다."라고 판단하였다.[5)]

2013년에 나온 위 전원합의체 판결은 위와 같이 혼란스러운 판례를 정리한 것으로, 채무자와 물상보증인의 공유인 부동산에 관하여 저당권이 설정된 후 채무자가 자신의 지분을 양도한 경우, 그 양도가 사해행위에 해당하는지를 판단할 때 채무자 소유의 지분이 부담하는 피담보채권액을 채무자의 지분에 해당하는 부동산의 가액으로 안분하지 않고 피담보채권 전액으로 보고 있다. 이것은 결과만 놓고 보면 공동저당에 관하여 안분배당을 정하고 있는 제368조의 문언에 배치되는 것이 아닌가 생각할 수 있다. 그러나 공동저당권이 설정되어 있는 여러 부동산 중 일부는 채무자 소유이고 일부는 물상보증인의 소유인 경우 위 각 부동산의 경매대가를 동시에

2) 대판 2003. 11. 13, 2003다39989(공 2003, 2320).
3) 대판 2002. 12. 6, 2002다39715; 대판 2005. 12. 9, 2005다39068.
4) 대판 2008. 4. 10, 2007다78234.
5) 대판 2010. 12. 23, 2008다25671(공 2011, 195).

배당하는 때에는 제368조 제1항이 적용되지 않는다.[6] 채무자는 채무를 종국적으로 부담하는 주체인 반면, 물상보증인은 채무자에게 구상권과 변제자대위권을 행사할 수 있는 자이다. 따라서 물상보증인 소유의 부동산이 채무자 소유의 부동산과 함께 공동저당으로 제공된 경우에는 채무자 소유의 부동산만을 공동저당으로 제공한 경우와 다른 결론에 도달하게 된다.

6) 대판 2010. 4. 15, 2008다41475(공 2010, 874). 이에 관해서는 김용담 편, 주석 민법－물권(4), 2011, 256, 283면(김재형 집필); 김형석, "민법 제368조에 대한 단상," 서울대학교 법학 제51권 제1호(2010. 3), 206면 참조.

제3절 보증채무

[66] 건설공제조합의 하자보수보증과 구상권

대판(전) 2008. 6. 19, 2005다37154(공 2008, 1028)

1. 대법원 판결

원고(건설회사)는 이 사건 주계약상의 보증인이고, 피고(건설공제조합)는 이 사건 하자보수보증계약상의 보증인이다. 원고는 하자로 인한 손해배상채무를 변제하고 피고를 상대로 구상금을 청구하였다. 원심은 원·피고가 민법 제448조가 준용되는 공동보증인의 지위에 있지 않다는 이유로 원고의 청구를 배척하였으나, 대법원은 원고의 상고를 받아들여 원심판결을 파기환송하였다.[1)]

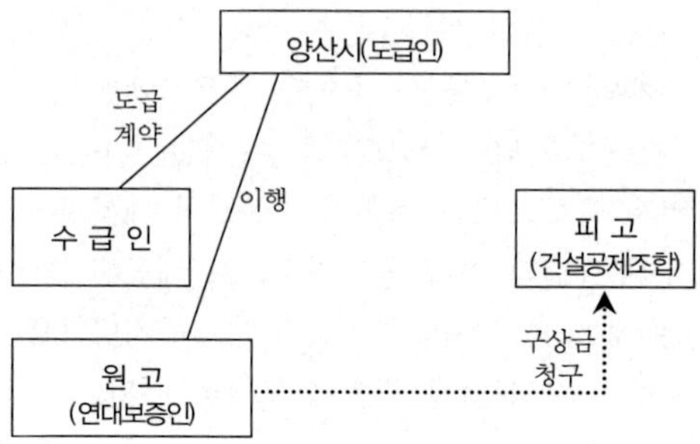

(1) 다수의견은 조합원의 하자보수의무를 보증한 건설공제조합과 주계약상 보증인의 관계를 공동보증인으로 보고, 보증인의 구상권에 관한 규정에 따라 상호 구상을 인정한다.[2)]

"구 건설공제조합법(1996. 12. 30. 법률 제5230호로 제정된 건설산업기본법 부칙 제2조 제1호로 폐지)에 따라 건설공제조합(이하, '조합'이라고만 한다)이 조합원으로부터 보증수수료를 받고 그 조합원이 다른 조합원 또는 제3자와 사이의 도급계약에 따라 부담하는 하자보수의무를 보증하기로 하는 내용의 이 사건 보증계약은, 무엇보다 채무자의 신용을 보완함으로써 일반적인 보증계약과 같은 효과를 얻기 위하여 이루어지는 것으로서, 그 계약의 구조와 목적, 기능 등에 비추어 볼 때 그 실질은 의연 보증의 성격을 가진다 할 것이므로, 민법의 보증에 관한 규정, 특히 보증인의 구상권에 관한 민법 제441조 이하의 규정이 준용된다."[3)]

"따라서 조합과 주계약상 보증인은 채권자에 대한 관계에서 채무자의 채무이행에 관하여 공동보증인의 관계에 있다고 보아야 할 것이므로, 그들 중 어느 일방이 변제 기타 자기의 출재로

---

1) 다수의견은 이와 배치되는 판결을 폐기하였다. 즉, 대판 2001. 7. 27, 2001다25887은 조합과 주계약상 보증인이 공동보증인의 관계에 있다고 보기 어렵고 따라서 그들 사이에 민법 제448조가 준용될 수 없으므로 주계약상 보증인이 조합을 상대로 구상권을 행사할 수 없다고 하였으나, 이 판결의 견해와 배치되는 범위 내에서 변경되었다. 나아가 다수의견에서 '대판 2001. 2. 9, 2000다55089와 대판 2001. 11. 9, 99다45628은 모두 조합의 보증이 아닌 이행보증보험에 관한 것이기는 하지만, 보증보험계약이라는 이유만으로 상호 구상권을 부정하였다는 점에서 이 판결의 견해와 실질적으로 어긋난다'는 점을 지적하고 있다. 종래 이 판결들에 대해서는 반대하는 견해가 대부분이었다. 신용석, "기관보증과 주계약상 보증인에 대한 구상권의 존부," 민사재판의 제문제 제14권, 2005, 148면 이하; 차영민, "보증보험의 법적 성질," 민사판례연구(XXVIII), 2006, 634면 이하. 최동렬, "보증보험자와 주계약상 연대보증인 사이의 구상관계," BFL 제31호(2008. 9), 120면 이하는 이 판결에 대한 평석으로서 다수의견을 지지하고 있다.

2) 다수의견에 대한 보충의견은 상호 구상을 인정해야 하는 이유를 상세하게 설명하고 있다.

3) 참조판결: 대판 1997. 10. 10, 95다46265; 대판 2004. 2. 13, 2003다43858 등.

채무를 소멸하게 하였다면 그들 사이에 구상에 관한 특별한 약정이 없다 하더라도 민법 제448조에 의하여 상대방에 대하여 구상권을 행사할 수 있다."[4)]

(2) 반대의견은 보증보험[5)]의 보험적 성격을 강조하면서 상호 구상을 부정하는 이유를 상세히 제시하고 있다. 결론적으로 이 사건 주계약상의 보증인인 원고와 이 사건 하자보수보증계약상의 보증인인 피고가 민법 제448조가 준용되는 공동보증인의 지위에 있다고 볼 수 없고, 원고가 수급인의 하자보수의무의 불이행으로 인한 손해배상채무를 변제하였다고 하더라도 피고에 대하여 구상권을 행사할 수 없다고 한다.

2. 평석

(1) 다수의견과 반대의견은 건설공제조합에 의한 하자보수보증의 법적 성격을 달리 파악하고 있다. 다수의견은 이를 보증이라고 파악하지만, 반대의견은 보증적 성격을 인정하더라도 보험적 성격이 있다고 한다. 이에 관한 종래의 견해 대립이 다수의견과 반대의견에 각각 반영되어 있다고 볼 수 있다. 보증보험은 대체로 형식적으로는 보험이지만 실질적으로는 보증이라고 한다. 이는 보험의 성격과 보증의 성격을 겸유하고 있으나, 보증에 더욱 가까운 것으로 볼 수 있다. 그러나 이와 같은 법적 성격에 관한 결론에 따라 보증에 관한 규정과 보험에 관한 규정 중 어느 한 쪽을 당연히 적용하여야 한다는 결론을 도출할 수 있는지는 의문이다. 건설공제조합의 하자보수보증계약은 보증보험계약과 마찬가지로 일반적인 보증계약과는 계약의 체결시기뿐만 아니라, 당사자와 그 형태가 다르다. 따라서 하자보수보증을 보증이라고 보더라도 양자에 대하여 당연히 공동보증에 관한 민법 규정을 적용하여야 하는 것은 아니다.

(2) 한편 다수의견은 상호 구상을 인정하는 것이 형평에 맞는 결과를 도출한다는 점을 강조한다. 조합과 주계약상의 보증인 사이에 상호간의 구상 및 변제자대위를 부정하면, 채무자가 무자력일 경우 채무를 먼저 이행한 쪽이 종국적으로 모든 책임을 지는 결과가 된다고 한다. 또한, 상호 구상은 부정하면서도 채무자에 대한 구상권을 근거로 변제자대위만을 허용한다면 먼저 채무를 이행한 쪽이 채권자를 대위하여 상대방에게 채무 전액에 관하여 이행을 청구할 수 있게 되어 상대방에게 그 비용이 모두 전가된다. 따라서 보증인 중 누가 먼저 변제하든 상대방에 대하여 구상할 수 있어야 한다는 것이다.

그러나 반대의견은 조합의 보증이나 보증보험을 민법상 보증에 준하는 것으로 보아 구상을 허용한다고 하더라도 일률적으로 상호 구상이 허용되지 않고 그 계약관계의 구체적인 내용을 가려서 상호 구상이 허용되는지 여부를 가려야 한다고 하였다. 이 사건 하자보수보증계약에 관하여 상호 구상을 부정하는 구체적인 이유는 다음과 같다. 관급공사 도급계약에 대하여 조합이 하자보수보증계약을 체결하였는데, 주채무자인 수급인이 하자보수의무를 이행하지 아니할 경우 연대보증인에게 우선 요구되는 것은 하자보수의무 자체의 이행이지 그로 인한 손해배상채무의 변제는 아니다. 조합 혹은 보증보험자의 책임은 주채무자는 물론 연대보증인까지도 현실적인 하자보수의무를 이행하지 아니한 경우에 비로소 종국적으로 현실화되는 금전지급채무로 국한된다. 그렇다면 다수의견과 같이 조합의 보증 혹은 보증보험의 보증적 성격을 인정한다 하더라도, 이 사건과 같은 관급공사에서 주계약상 채무자인 보험계약자의 하자보수보증의

4) 참조판결: 대판 1997. 6. 27, 97다14576 등.
5) 건설공제조합의 보증도 그에 준하여 취급할 수 있으므로 조합과 보증보험을 모두 '보증보험'이라고 하고 있다.

무 불이행의 경우에 발생하는 조합 혹은 보증보험자의 채무와 연대보증인의 채무는 통상적인 공동보증채무관계에 있다고 할 수 없다. 그러므로 주채무자와 연대보증인이 모두 하자보수의무를 이행하지 아니하여 조합 또는 보증보험자가 보험금을 지급한 경우에는 연대보증인에 대하여 구상할 수 있지만, 이와 달리 연대보증인이 보험금 지급에 앞서 하자보수에 관한 면책행위를 한 경우에는 조합 또는 보증보험자의 보험금 지급의무는 발생하지 아니하므로 연대보증인은 조합 또는 보증보험자와 공동으로 채무를 부담하는 관계에 있지 아니하여 구상권을 행사할 수 없고 보험금지급청구권도 대위할 수 없다고 한다.

이 사건의 관건은 하자보수보증의 법적 성격보다는 건설공제조합이 수급인의 불이행으로 인한 위험을 어느 정도까지 인수하였다고 볼 수 있는가이다.

먼저 주계약상 보증인은 수급인의 불이행에 따른 모든 손해를 이행할 책임이 있음은 분명하다. 주계약상 보증인은 주계약 체결시에 건설공제조합의 하자보수보증과는 무관하게 보증을 한 것이기 때문이다. 따라서 건설공제조합이 하자보수보증의무를 이행한 경우에는 주계약상 보증인에게 구상을 할 수 있다고 보아야 한다.

이와 달리 건설공제조합은 공사가 완성된 후에 하자보증을 하였기 때문에, 주채무자가 이행하지 않은 경우에 그로 인한 모든 책임을 인수한 것인지, 아니면 연대보증인이 하자보수의무를 이행하지 않은 경우에 비로소 그로 인한 책임을 인수한 것인지 불분명하다. 반대의견과 같이 건설공제조합이 "주채무자는 물론 연대보증인까지도 현실적인 하자보수의무를 이행하지 아니한 경우에 비로소 종국적으로 현실화되는 금전지급채무"를 부담하기로 하였다면, 주계약상 보증인(원고)이 건설공제조합에 대하여 구상을 할 수 없다고 보아야 한다. 이와 달리 건설공제조합이 주채무자의 연대보증인과 상관없이 주채무자의 하자보수의무 전체를 보증하였다면 구상을 인정하여야 할 것이다. 건설공제조합의 하자보수보증계약에서 어느 범위에서 채무를 보증한 것인지 명확하게 정해져 있지 않다. 건설공제조합이 마련한 계약서 문언의 불명료함으로 인한 위험을 건설공제조합이 부담해야 하지 않을까. 이와 달리 건설공제조합이 자신의 채무를 한정하여 채무를 부담하기로 계약을 체결하는 것도 가능할 것이다.

제4절 채권양도

[67] Ⅰ. 소유권이전등기청구권의 양도

대판 2001. 10. 9, 2000다51216(집 49-2, 민 156)

1. 원심판결

피고는, A회사가 피고에 대하여 가지고 있던 이 사건 소유권이전등기청구권은 원고의 압류가 이루어지기 이전에 이미 제3자에게 양도되었으므로 원고의 압류는 효력이 없다고 주장하였다. 그러나 원심은 이 사건 소유권이전등기청구권은 당사자의 의사표시에 의하여 권리의 양도가 제한되어 그 양도에 채무자의 동의를 얻어야 하는 것이므로 A회사가 이 사건 소유권이전등기청구권을 B에게 양도하고 피고에게 양도통지를 하였다고 하더라도 피고에 대하여는 그 효력이 없다는 이유로 배척하였다.

2. 대법원 판결

(1) 당사자의 의사표시에 의한 채권의 양도금지는 채권양수인인 제3자가 악의인 경우이거나 악의가 아니라도 그 제3자에게 채권양도 금지를 알지 못한 데에 중대한 과실이 있는 경우에는 채무자가 위 채권양도 금지로써 그 제3자에 대하여 대항할 수 있고(대법원 1999. 2. 12. 선고 98다49937 판결 등 참조), 이 경우에 제3자의 악의나 중대한 과실에 대하여는 채권양도의 효력을 다투는 자가 주장입증하여야 할 것이다. 이 사건 소유권이전등기청구권을 양도받은 B가 그 양도의 금지를 알았거나, 알지 못한 데에 중대한 과실이 있었다는 아무런 주장과 입증이 없으므로 A회사가 이 사건 소유권이전등기청구권을 B에게 양도하고 피고에게 양도통지를 한 이상 피고에 대하여는 그 효력이 없다고 단정할 수는 없다.

그럼에도 불구하고 원심이 위와 같이 판단한 것은 B가 이 사건 소유권이전등기청구권에 관하여 양도금지를 알았거나, 알지 못한 데 중대한 과실이 있는지 여부를 심리하지 아니한 잘못을 저지른 것이다.

(2) 그러나 부동산의 매매로 인한 소유권이전등기청구권은 물권의 이전을 목적으로 하는 매매의 효과로서 매도인이 부담하는 재산권이전의무의 한 내용을 이루는 것이고, 매도인이 물권행위의 성립요건을 갖추도록 의무를 부담하는 경우에 발생하는 채권적청구권으로 그 이행과정에 신뢰관계가 따르므로, 소유권이전등기청구권을 매수인으로부터 양도받은 양수인은 매도인이 그 양도에 대하여 동의하지 않고 있다면 매도인에 대하여 채권양도를 원인으로 하여 소유권이전등기절차의 이행을 청구할 수 없고(대법원 1995. 8. 22. 선고 95다15575 판결, 1997. 5. 16. 선고 97다485 판결 등 참조), 따라서 **매매로 인한 소유권이전등기청구권은 특별한 사정이 없는 이상 그 권리의 성질상 양도가 제한되고 그 양도에 채무자의 승낙이나 동의를 요한다**고 할 것이므로 통상의 채권양도와 달리 양도인의 채무자에 대한 통지만으로는 채무자에 대한 대항력이 생기지 않으며 반드시 채무자의 동의나 승낙을 받아야 대항력이 생긴다고 할 것이다(대법원 1996. 2. 9. 선고 95다49325 판결 참조).

이 사건에서 보건대, A회사가 B에게 이 사건 소유권이전등기청구권을 양도하고, A회사가 채무자인 피고에게 양도의 통지를 하였다고 하더라도 이 사건 소유권이전등기청구권은 성질상 그 양도가 제한된다고 할 것이므로 그 통지만으로는 피고에 대한 대항력이 없는 것이다.

3. 평석

(1) 이 판결에서 당사자의 의사표시에 의한

채권의 양도금지는 채권양수인인 제3자가 악의이거나 채권양도 금지를 알지 못한 데에 중대한 과실이 있는 경우에는 채무자가 위 채권양도 금지로써 그 제3자에 대하여 대항할 수 있다고 한 부분은 종래의 판례를 따른 것이다.[1)]

나아가 대법원은 부동산의 매매로 인한 소유권이전등기청구권의 양도를 부정하였는데, 그 근거를 다음과 같이 제시하고 있다. ① 부동산의 매매로 인한 소유권이전등기청구권은 그 이행과정에 신뢰관계가 따르므로, 소유권이전등기청구권을 매수인으로부터 양도받은 양수인은 매도인이 그 양도에 대하여 동의하지 않고 있다면 매도인에 대하여 채권양도를 원인으로 하여 소유권이전등기절차의 이행을 청구할 수 없다. ② 매매로 인한 소유권이전등기청구권은 특별한 사정이 없는 이상 그 권리의 성질상 양도가 제한되고 그 양도에 채무자의 승낙이나 동의를 요한다. ③ 통상의 채권양도와 달리 양도인의 채무자에 대한 통지만으로는 채무자에 대한 대항력이 생기지 않으며 반드시 채무자의 동의나 승낙을 받아야 대항력이 생긴다.

(2) 부동산이 전전 양도된 경우에 중간생략등기의 합의가 없는 한 그 최종 양수인은 최초 양도인에 대하여 직접 자기 명의로의 소유권이전등기를 청구할 수는 없다. 부동산의 양도계약이 순차로 이루어져 최종 양수인이 중간생략등기의 합의를 이유로 최초 양도인에게 직접 그 소유권이전등기 청구권을 행사하기 위하여는 관계 당사자 전원의 의사합치, 즉 중간생략등기에 대한 최초 양도인과 중간자의 동의가 있는 외에 최초 양도인과 최종 양수인 사이에도 그 중간등기 생략의 합의가 있었음이 요구된다는 것이 판례이다.[2)] 나아가 대판 1995. 8. 22, 95다15575(공 1995, 3249)는 "비록 최종 양수인이 중간자로부터 소유권이전등기 청구권을 양도받았다고 하더라도 최초 양도인이 그 양도에 대하여 동의하지 않고 있다면 최종 양수인은 최초 양도인에 대하여 채권양도를 원인으로 하여 소유권이전등기 절차 이행을 청구할 수 없다."라고 하였다.[3)] 이 판결도 동일한 결론을 제시하면서 그 근거를 상세히 제시하고 있다.

소유권이전등기청구권의 양도를 이유로 최종 양수인이 최초 양도인에 대하여 소유권이전등기 절차의 이행을 청구할 수 있다면, 중간생략등기에 관한 판례가 의미가 없어질 것이기 때문에, 소유권이전등기청구권의 양도를 제한한 것으로 볼 수 있다. 그러나 이 판결의 논리가 타당한지는 의문이다.[4)] 이행과정의 신뢰관계가 필요하다는 점을 들어 성질상 채권양도가 제한된다고 볼 수 없고, 소유권이전등기청구권의 양도에 채무자의 승낙이나 동의를 요한다고 볼 수도 없다. 양도인의 채무자에 대한 통지만으로는 채무자에 대한 대항력이 생기지 않으며 반드시 채무자의 동의나 승낙을 받아야 대항력이 생긴다는 것도 그 근거를 찾기 어렵다.

부동산에 관한 소유권이전등기청구권이 채권의 성질상 양도가 금지되지 않는다. 그러나 최초 양도인은 중간자로부터 소유권이전등기청구권을 양도받은 양수인에게 소유권을 무조건 이전해 주지는 않겠다는 의사가 있었다고 볼 수도 있다. 중간생략등기에 대한 법적 규제나 판례법리를 전제로 당사자들이 부동산거래를 한다는 점에 비추어 이와 같은 당사자의 의사를 도출할 수도 있다. 왜냐하면 최초 양도인이 최종 양수인에게 중간생략등기를 하는 것에 동의하지 않

1) 이에 관해서는 김재형, "유엔채권양도협약의 국내법적 수용문제," 민법론 Ⅲ, 2007, 346~349면 참조.

2) 대판 1983. 12. 13, 83다카881(공 1984, 162); 대판 1991. 4. 23, 91다5761(공 1991, 1479); 대판 1994. 5. 24, 93다47738(공 1994, 1799).

3) 同旨: 대판 1997. 5. 16, 97다485(공 1997, 1836).

4) 이 판결에 대한 비판으로는 정병호, "부동산매매로 인한 소유권이전등기청구권의 성질상 양도 제한 여부," 인권과 정의 제330호(2004. 2), 174면 이하.

는다면 최종 양수인의 최초 양도인에 대한 소유권이전등기청구권은 관철될 수 없다는 것이 현재의 법상황이기 때문이다. 최종 양수인도 최초 양도인의 위와 같은 의사를 알았다고 볼 수 있다. 결국 중간생략등기의 합의에 관한 판례를 유지한다면, 이 판결의 결론을 당사자의 의사표시에 의하여 채권양도를 제한한 것으로 논리구성하는 것은 가능할 것이다.

[68] Ⅱ. 전세금반환채권의 양도성

대판 2002. 8. 23, 2001다69122(공 2002, 2196)

1. 사실관계와 원심판결

A 회사가 1996. 3. 무렵 피고들과 사이에 이 사건 건물에 관하여 전세금을 1,268,722,000원, 존속기간을 1997. 3. 1.까지로 정한 전세권설정계약을 체결하고, 종전에 지급한 임차보증금 1,268,722,000원으로 전세금의 지급에 갈음하기로 한 후 1996. 8. 14. 전세권설정등기를 마쳤다. 그 후 A 회사가 B에게 이 사건 건물에 대한 전세금반환채권을 양도하였고, 그 후 원고가 이 사건 건물에 대한 전세금반환채권을 압류 및 전부받았다.

원심은 이 사건 건물에 대한 전세권의 존속기간은 1997. 3. 1.이나 피고들이 전세권의 존속기간 만료 전 6월부터 1월까지 사이에 소외 회사에 대하여 전세권의 갱신거절의 통지나 조건을 변경하지 아니하면 갱신하지 아니한다는 뜻의 통지를 하지 않았고, 한편 A 회사도 전세권의 존속기간이 만료된 이후에도 계속하여 이 사건 건물을 점유·사용하여 옴에 따라 이 사건 건물에 관한 전세권은 원래의 존속기간이 만료된 이후에도 묵시적으로 갱신되어 A 회사가 피고들에게 이 사건 건물 중 일부를 명도한 1998. 6. 27.까지는 존속하고 있었다고 본 후 A 회사가 1998. 3. 30. B에게 전세금반환채권을 양도할 당시 피고들과 사이에 위의 전세권설정계약을 합의해지하였다거나 전세권을 소멸시키기로 합의하였다고 볼 아무런 증거가 없으므로 A 회사가 전세권이 존속하는 동안에 전세권을 존속시키기로 하면서 전세금반환채권만을 전세권과 분리하여 양도한 것은 무효라고 판단하였다.

2. 대법원 판결

대법원은 원심판결을 지지하면서 다음과 같이 판단하였다.

"전세권은 전세금을 지급하고 타인의 부동산을 그 용도에 따라 사용·수익하는 권리로서 전세금의 지급이 없으면 전세권은 성립하지 아니하는 등으로 전세금은 전세권과 분리될 수 없는 요소일 뿐 아니라, 전세권에 있어서는 그 설정행위에서 금지하지 아니하는 한 전세권자는 전세권 자체를 처분하여 전세금으로 지출한 자본을 회수할 수 있도록 되어 있으므로 전세권이 존속하는 동안은 전세권을 존속시키기로 하면서 전세금반환채권만을 전세권과 분리하여 확정적으로 양도하는 것은 허용되지 않는 것이며(대법원 1966. 6. 28. 선고 66다771 판결, 1966. 7. 5. 선고 66다850 판결 등 참조), 다만 **전세권 존속 중에는 장래에 그 전세권이 소멸하는 경우에 전세금 반환채권이 발생하는 것을 조건으로 그 장래의 조건부 채권을 양도할 수 있을 뿐**이라 할 것이다."

3. 평석

전세권은 전세금을 지급하고 타인의 부동산을 그 용도에 좇아 사용·수익하는 용익물권이며, 전세권이 소멸하면 목적부동산으로부터 전세금의 우선변제를 받을 수 있는 효력이 인정된다(제303조 제1항). 전세권이 소멸하는 때에 전세권설정자가 전세권자에게 전세금을 반환하게 된다(제317조, 제318조). 민법 제315조는 전세권자에게 책임 있는 사유로 전세권의 목적물 전부 또는 일부가 멸실한 경우에, 전세금으로 손해의 배상에 충당할 수 있다고 규정한다.[1)]

---

1) 대판 2008. 3. 13, 2006다29372, 29389(공 2008, 503)는 전세금이 제315조에서 정하고 있는 전세권설정자의 전세권자에 대한 손해배상채권 외 다른 채권까지 담보한다고 볼 수 없으므로, 전세권설정자가 전세권자에 대하여 위 손해배상채권 외 다른 채권을 가지고 있더라도 다른 특별한 사정이 없는 한 이를

전세권이 존속하는 동안 전세금반환채권을 분리하여 양도할 수 있는지에 관해서는 논란이 있다.[2] 전세금반환채권은 채권의 일종이기 때문에, 다른 채권과 같이 양도할 수 있다고 생각할 수도 있다. 이와 달리 전세금반환채권을 양도하면 전세권은 전세권의 요소인 전세금 없이 존속하는 결과가 되기 때문에, 전세금반환채권만을 분리해서 양도할 수 없다고 볼 수도 있다.

판례는 전세권이 존속하는 동안 전세금반환채권만을 전세권과 분리하여 확정적으로 양도하는 것이 허용되지 않는다고 보았다. 즉, 전세권은 전세금을 지급하고 타인의 부동산을 그 용도에 따라 사용·수익하는 권리로서 전세금의 지급이 없으면 전세권은 성립하지 아니하는 등으로 전세금은 전세권과 분리될 수 없는 요소일 뿐 아니라, 전세권에서는 그 설정행위에서 금지하지 아니하는 한 전세권자는 전세권 자체를 처분하여 전세금으로 지출한 자본을 회수할 수 있도록 되어 있으므로 전세권이 존속하는 동안은 전세권을 존속시키기로 하면서 전세금반환채권만을 전세권과 분리하여 확정적으로 양도하는 것은 허용되지 않는다고 하였다.[3]

이 판결은 이를 전제로 하면서, "다만 전세권 존속중에는 장래에 그 전세권이 소멸하는 경우에 전세금 반환채권이 발생하는 것을 조건으로 그 장래의 조건부 채권을 양도할 수 있을 뿐"이라고 한다. 따라서 전세권 존속 중에 전세금반환청구권을 장래의 조건부 채권으로 양도하는 것이 허용된다고 한 것이다. 이러한 판단은 전세금을 전세권의 요소로 보는 태도를 유지함으로써 전세권에 관한 이론적인 문제를 해소하면서 전세금반환청구권의 양도를 넓게 허용했다는 점에서 정당하다고 생각한다.

가지고 전세금반환채권에 대하여 물상대위권을 행사한 전세권저당권자에게 상계 등으로 대항할 수 없다고 한다.

2) 상세한 것은 남효순, "전세금과 전세권의 관계 — 전세권 요소의 법적 의미와 전세권의 법적 성질," 서울대학교 법학 제49권 제3호(2008. 9), 194면 이하 참조.

3) 대판 1966. 6. 28, 66다771; 대판 1966. 7. 5, 66다850. 그러나 대판 1969. 12. 23, 69다1745(집 17-4, 민 217)는 전세금 반환 채권은 전세물 명도 이전에 전세계약 자체와 분리하여 양도할 수 있다고 한다.

[69] Ⅲ. 채권양도의 사전 통지 또는 승낙의 적법 여부

대판 2000. 4. 11, 2000다2627(공 2000, 1181)

1. 사실관계와 원심판결

A회사가 1997년 7월 초순 피고보조참가인에게 금 4억 원의 대출을 신청하였다. 피고보조참가인이 담보를 요구하자, A회사는 피고에 대하여 갖고 있던 금 5억 4,900만 원의 보증금반환채권을 대출금의 담보로 제공하기로 하고, A회사의 전무인 B가 같은 달 하순 피고 병원의 총무국장이던 C에게 보증금반환채권의 담보 제공에 대한 승낙을 요청하였다가 C가 대출담보용으로만 사용하는 조건으로 동의하면서, 보증금반환채권을 대출담보용 외에 타 용도로는 사용하지 않겠으며 A회사가 피고에 대한 차임을 연체할 때에는 피고가 이를 임차보증금에서 공제하는 데 대하여 이의가 없다는 내용의 각서를 작성·인증해 오도록 요구하였다.

이에 B는 같은 달 28일 그러한 내용이 포함된 각서를 작성하여 이를 공증인가 합동법률사무소에서 인증받아다 피고에게 교부하고, 이어서 피고, 피고보조참가인, A회사 및 그 연대보증인인 D 합자회사 4인 명의로 작성·날인된 부동산 임차보증금 양도양수협약서를 피고보조참가인에게 제출하고 피고보조참가인으로부터 금 4억 원을 대출받았다.

위 양도양수협약서에는 A회사가 피고보조참가인으로부터 차입한 금 4억 원에 대하여 차입금 약정서의 의무사항을 불이행할 때에는 피고보조참가인이 임차보증금 5억 4,900만 원 중에서 대출금상환금에 충당하여도 A회사는 이의를 제기하지 않는다, 피고가 A회사로부터 징수해야 할 공적기금이 연체될 때에는 연체금을 임차보증금에서 공제한다, 피고는 피고보조참가인의 동의 없이는 임차보증금을 A회사에게 반환하여서는 아니 된다는 등의 내용이 기재되어 있고, 각서인증서 맨 뒷장과 양도양수협약서 맨 앞장 사이에 피고, 피고보조참가인, A회사 등 양도양수협약서 작성명의자 4인의 간인이 되어 있다.

원심은 A회사의 피고보조참가인에 대한 임차보증금반환채권 양도는 제3자에 대하여도 대항력을 갖게 되므로 그 이후에 A회사로부터 같은 채권의 일부를 양수한 원고는 피고보조참가인에게 대항할 수 없다고 판단하였다. 그 이유로 A회사의 피고에 대한 임차보증금반환채권은 원고에게 양도되기 이전인 1997. 7. 29.경 A회사의 대출금채무를 담보하기 위하여 피고보조참가인에게 양도되었고, 또한 피고는 임차보증금반환채권을 대출금채무의 담보로 제공하겠다는 취지의 각서인증서와 자신의 승낙하에 작성된 양도양수협약서 사이에 간인을 함으로써, 확정일자 있는 서면에 의하여 A회사의 피고보조참가인에 대한 채권양도를 승낙하였거나 적어도 양도인인 A회사로부터 채권양도의 통지를 받았다는 점을 들었다.

2. 대법원 판결

대법원은 다음과 같은 이유로 원심판결을 파기환송하였다.

"채권양도의 통지는 양도인이 채무자에 대하여 당해 채권을 양수인에게 양도하였다는 사실을 통지하는 이른바 관념의 통지로서, 채권양도가 있기 전에 미리 하는 사전 통지는 채무자로 하여금 양도의 시기를 확정할 수 없는 불안한 상태에 있게 하는 결과가 되어 원칙적으로 허용될 수 없고, 채권의 양도를 제3자에게 대항하기 위하여는 통지행위 또는 승낙행위 자체를 확정일자 있는 증서로 하여야 하는 것인데 여기서 확정일자란 증서에 대하여 그 작성한 일자에 관한 완전한 증거가 될 수 있는 것으로 법률상 인정되는 일자를 말하며 당사자가 나중에 변경하는 것이 불가능한 확정된 일자를 가리킨다고 할 것이다(대법원 1988. 4. 12. 선고 87다카2429 판결 참조).

그런데 이 사건에서 A회사의 B가 피고에게 교부한 각서의 내용은 A회사가 보증금반환채권을 대출담보용 외에 타 용도로는 사용하지 않겠으며 피고에 대한 차임을 연체할 때에는 이를 임차보증금에서 공제하는 데 대하여 이의가 없다는 등의 내용으로서 결국 피고에게 불이익이 없도록 하겠다는 약속과 보증금반환채권을 담보로 제공함에 양해·동의해 달라는 요청으로 보일 뿐이므로 위 각서의 교부를 채권양도의 통지라고 볼 수 없고, 따라서 각서를 인증받았다고 하여도 확정일자 있는 증서로 한 채권양도의 통지가 될 수도 없으며, 설령 각서에 피고가 승낙하면 임차보증금반환채권을 피고보조참가인에게 양도하겠다는 뜻이 담겨있다고 하더라도 **이는 채권양도의 사전 통지에 불과하여 양도통지로서의 효력도 없다** 할 것이다. 그리고 피고가 각서인증서를 교부받고 양도양수협약서에 날인한 다음 위 두 서류 사이에 간인하였다고 하여 채권양도에 대한 피고의 승낙행위 자체가 확정일자 있는 증서로 이루어졌다고 볼 수도 없다."

3. 평석

채권양도를 제3자에게 대항하려면 확정일자 있는 증서에 의한 통지 또는 승낙이 있어야 한다(민법 제450조 제2항). 이 판결에서는 채권양도의 통지가 있는지, 이 규정에서 말하는 확정일자가 무엇을 의미하는지,[1] 채권을 양도하기 전에 미리 하는 사전의 통지 또는 승낙[2]이 허용되는지 문제되고 있다.

사전의 통지는 양도시기를 확정할 수 없으므로 통지로서의 효력이 없다는 견해[3]도 있으나, 사전 통지 후에 그에 상응하는 양도가 실제로 이루어지면 그때부터는 효력이 생긴다는 견해가 다수설이다.[4] 사전 승낙에 관하여는 양도할 채권이나 양수인이 특정되어 있는 경우에는 유효이나, 양수인이 특정되지 않은 경우에 관하여는 견해가 대립한다.[5] 한편 일본의 다수설은 사전 통지가 허용되지 않는다고 한다.[6]

이 판결은 사전 통지에 관하여 부정설을 채택하였다. 그 근거로 채권양도가 있기 전에 미리 하는 사전통지는 채무자로 하여금 양도의 시기를 확정할 수 없는 불안한 상태에 있게 하는 결과가 된다는 점을 들고 있다. 이 사건에서 문제된 채권양도통지와 관련하여 "설령 각서에 피고가 승낙하면 임차보증금반환채권을 피고보조참가인에게 양도하겠다는 뜻이 담겨있다고 하더라도 이는 채권양도의 사전 통지에 불과하여 양도통지로서의 효력도 없다."고 판결하였는데, 채권자가 채무자에게 통지할 당시 채권양도의 시기가 확정되어 있지 않았기 때문에, 판결의 결론을 수긍할 수 있다.

그러나 여러 채권을 한꺼번에 양도하는 경우, 특히 자산유동화를 위하여 대량의 근저당권부채권을 양도하는 경우에 채권양도의 통지를 사전에 할 필요성이 있다. 채권양도의 사전 통지시에 채권양도의 시기를 확정할 수 있는 경우에는 예외적으로 사전 통지를 허용해야 할 것이다.[7]

1) 여기에서는 확정일자 등에 관해서는 다루지 않고 채권양도의 사전 통지에 관해서만 다룬다.
2) 채권양도의 사전 통지 또는 승낙은 다수의 채권을 한꺼번에 양도하는 경우에 효용을 발휘할 수 있다.
3) 곽윤직, 채권총론, 제6판, 2003, 216면.
4) 김증한·김학동, 채권총론, 1998, 302면; 김형배, 채권총론, 제2판, 1998, 585면; 김상용, 채권총론, 1996, 462면; 이은영, 채권총론, 1999, 620면; 민법주해[X], 1995, 579면(이상훈 집필).
5) 이에 관하여는 민법주해[X], 1995, 582면 참조.
6) 我妻榮, 債權總論, 新訂版, 岩波書店, 1972, 531면; 日本注釋民法(11), 有斐閣, 1965, 375면.
7) 한편 이 판결 이후에 나온 대판 2010. 2. 11, 2009다90740은 확정일자 있는 양도통지 또는 승낙이 모두 있은 후 양도한 경우 양도 시부터 대항력이 생긴다고 하였다.

제5절 채무의 소멸

[70] Ⅰ. 조세채권과 변제자대위

대판 2009. 2. 26, 2005다32418(공 2009, 523)

1. 사실관계와 원심판결

납세의무자가 교통세의 납부기한을 연장받기 위하여, 납세보증보험자인 원고와 사이에 납세보증보험계약을 체결하고 그 보험증권을 서인천세무서에 제출하였고, 이에 기하여 위 세금의 납부기한이 연장되었다. 그러나 납세의무자가 세금을 납부하지 않아, 납세보증보험자인 원고가 위 세무서에 교통세를 납부하였다. 이와 같이 납세보증보험자가 납세보증보험계약에 따라 납세의무자의 교통세를 변제한 경우, 서인천세무서장이 가지고 있던 조세채권을 대위할 수 있는지 여부가 쟁점이 되었다.

원심은, 원고가 공익채권인 이 사건 교통세를 대위변제함으로써 서인천세무서장이 가지고 있던 이 사건 교통세에 대한 종전의 권리가 동일성을 유지한 채 원고에게 이전되었다고 판단하였다.

2. 대법원 판결

이에 대하여 피고가 상고하였으나, 대법원은 이를 기각하면서, 납세보증보험의 보험자가 조세채권을 대위할 수 있는지 여부에 관하여 다음과 같이 판단하였다.

"보증보험은 보험금액의 한도 내에서 보험계약자의 채무불이행으로 인한 손해를 담보하는 것으로서 보증에 갈음하는 기능을 가지고 있고 이 점에서는 보험자의 보상책임은 본질적으로 보증책임과 같으므로, 그 보증성에 터잡아 보험금을 지급한 보증보험의 보험자는 민법 제481조에서 정한 변제자대위의 법리에 따라 보험자가 보험계약자에 대하여 가지는 채권 및 그 담보에 관한 권리를 대위하여 행사할 수 있다(대법원 1991. 4. 9. 선고 90다카26515 판결, 대법원 1997. 11. 14. 선고 95다11009 판결, 대법원 2000. 1. 21. 선고 97다1013 판결 등 참조).

한편 납세보증보험은 보험금액의 한도 안에서 보험계약자가 보증대상 납세의무를 납기 내에 이행하지 아니함으로써 피보험자가 입게 되는 손해를 담보하는 보증보험으로서 보증에 갈음하는 기능을 가지고 있어, 보험자의 보상책임을 보증책임과 동일하게 볼 수 있으므로, **납세보증보험의 보험자가 그 보증성에 터잡아 보험금을 지급한 경우에는 변제자대위에 관한 민법 제481조를 유추적용하여 피보험자인 세무서가 보험계약자인 납세의무자에 대하여 가지는 채권을 대위행사할 수 있다**고 봄이 상당하다."

3. 평석

(1) 제3자가 세금을 납부한 경우가 적지 않다.[1)] 이 경우에 변제자대위가 인정되는지 여부에 관해서는 명문의 규정이 없고, 우리나라에서 이를 다룬 문헌을 찾기도 어려웠다. 대법원 판결에서 대위변제자가 조세채권을 대위할 수 있는지에 관하여 직접적으로 판단한 사례를 찾을 수 없다. 다만 대법원은 "납세자에게 양도담보재산 이외의 다른 재산이 없을 경우에 그 양도담보권자는 납세자의 체납국세를 자기의 채권에 우선하여 징수당할 부담을 지게 되므로 납세자의 체납국세를 대납할 정당한 이익을 가진

1) 가령 국세기본법은 연대납세의무(제25조), 제2차납세의무(제2조 제11호, 제38조~제41조), 물적 납세의무(제42조), 납세의무의 승계(제23조, 제24조)에 관하여 명문의 규정을 두고 있다. 또한, 국세징수법 제71조 제1항과 지방세법 제60조에서는 제3자가 위와 같은 제2차납세의무 등이 없는 경우에도 조세나 징수금을 납부할 수 있다는 규정을 두고 있다.

다."라고 판결한 적이 있다.[2] 이것은 그 근거를 밝히고 있지는 않지만, 조세채권에도 대위변제에 관한 규정이 적용된다는 것을 전제로 한 것이라고 볼 수 있다.[3]

(2) 보증보험의 경우에 보험금을 지급한 보증보험의 보험자가 변제자대위의 법리에 따라 대위할 수 있다는 것이 판례이다. 그 근거로 보증보험이 "보증에 갈음하는 기능을 가지고 있고 이 점에서는 보험자의 보상책임은 본질적으로 보증책임과 같"다는 점을 들고 있다.

이 사건에서는 납세보증보험자가 조세채권을 변제하고 과세관청을 대위할 수 있는지 문제되었다. 대법원은 납세보증보험도 일반적인 보증보험과 마찬가지로 보고, 납세보증보험의 보험자가 보험금을 지급한 경우에는 변제자대위에 관한 민법 제481조가 유추적용된다고 판결하였다.

조세채권은 국가의 재정 수입을 확보하기 위하여 국세징수법에 의하여 우선변제권 및 자력집행권이 인정되는 권리로서 공법상의 채권이다.[4] 그런데도 사인(私人)에 해당하는 납세보증보험자가 변제자대위에 관한 규정에 따라 조세채권을 행사할 수 있다는 점에서 이 판결은 선례로서의 의미가 있다. 또한 이 사건 교통세는 회사정리절차(현재는 '회생절차'로 용어가 변경되었다)에서 공익채권으로서의 성격을 갖고 있는데, 납세보증보험자가 조세채권자와 마찬가지로 공익채권자로서 권리를 행사할 수 있다고 본 점도 중요한 의미가 있다. 다만 이 판결은 납세보증보험에 관한 것으로, 제2차납세의무자 등이 세금을 납부한 경우에 적용될 수 있는지 여부에 관해서 판단한 것은 아니다.

조세채권이라고 해서 민법 규정을 무조건 배제하여야 하는 것은 아니다.[5] 특히 법률에서 납세보증보험제도[6]를 도입하고 있기 때문에, 납세보증보험인이 조세채무를 변제한 경우에 이에 따른 구상권을 보호하기 위하여 변제자대위를 인정하여야 한다. 변제자대위를 인정하지 않는 것이 조세채무자에게 유리하다고 볼 수도 있으나, 이는 채무자가 납세보증보험제도를 이용하는 데 장애사유가 될 것이다. 독일, 일본, 미국에서도 모두 조세채권에 대한 변제자대위를 인정하고 있다.[7]

(3) 조세에 대해서는 국세기본법 등에서 우선징수권을 인정하고,[8] 「채무자 회생 및 파산에

2) 대판 1981. 7. 28, 80다1579(집 29-2, 민 235).
3) 민법주해[XI], 1995, 193면(이인재 집필)은, 위 판결을 변제자의 법정대위에 관한 제481조의 '변제할 정당한 이익이 있는 자'에 관한 사례로 들고 있다.
4) 판례에 의하면, 조세채권의 성립과 행사는 오직 법률에 의해서만 가능한 것이고, 조세에 관한 법률에 의하지 아니한 사법상의 계약에 의하여 조세채무를 부담하게 하거나 이를 보증하게 하여 이들로부터 조세채권의 종국적 만족을 실현하는 것은 허용될 수 없다. 대판 1986. 12. 23, 83누715(공 1987, 241); 대판 1990. 12. 26, 90누5399(집 38-4, 특 403).
5) 조세채권의 경우에 공동저당에 관한 민법 제368조의 규정을 유추적용하여 조세채권을 대위행사할 수 있는지 문제되는데, 대판 2001. 11. 27, 99다22311(공2002, 136)은 이를 긍정하고 있다. 즉, 납세의무자 소유의 수 개의 부동산 중 일부가 먼저 경매되어 과세관청이 조세를 우선변제받은 결과 그 경매부동산의 저당권자가 동시배당의 경우에 비하여 불이익을 받은 경우, 공동저당권에 관한 민법 규정을 유추적용하여 저당권자가 조세채권자를 대위할 수 있다고 한다.
6) 대법원은 납세보증에 대해서는 조세채권에 대한 보증이라는 점에서 그 특수성을 강조하고 있다. 즉, 납세담보도 세법이 그 제공을 요구하도록 규정된 경우에 한하여 과세관청이 요구할 수 있고, 따라서 세법에 근거 없이 제공한 납세보증은 공법상 효력이 없다. 한편 납세담보를 제공할 수 있는 세법상 근거가 없다고 할지라도 납세의무자와 납세보증보험사업자 사이에 이를 납세보증보험의 대상으로 하는 납세보증보험계약을 체결하는 것까지 막을 수는 없고, 다만 이러한 경우 그 납세보증보험계약은 과세관청에 대하여 효력이 없을 뿐이다. 대판 2005. 8. 25, 2004다58277(공 2005, 1554).
7) 김재형, "조세채권과 변제자대위," 저스티스 제110호(2009. 4), 34~41면.
8) 국세기본법 제35조 제1항, 지방세기본법 제99조.

관한 법률」에서 조세채권을 공익채권(제179조 제9호)이나 재단채권(제473조 제2호)으로 인정함으로써 조세에 우선권을 인정하고 있다. 이와 같은 조세의 우선권도 변제자대위에 의하여 제3자에게 이전되는지 문제된다.

우리 민법 제482조 제1항에서 변제자대위의 효과에서 관하여 채권자의 "채권 및 그 담보에 관한 권리를 행사할 수 있다."라고 규정하고 있을 뿐이고, 강제집행이나 도산절차에서 채권자가 갖는 우선적 지위도 이전되는지에 관해서는 특별히 규정하지 않고 있다. 사인이 조세채권을 행사하는 경우에는 과세관청과는 달리 강제징수를 할 수는 없고, 다만 민사절차에 따라 채권을 행사하여야 할 것이다. 따라서 조세부과처분이나 조세채무에 대한 불복 등 조세채무의 공법적 법률관계에 따른 특성은 더 이상 존속하지 않고 금전채무로서의 성격만을 가진 채 존속한다고 볼 수 있다.

그러나 조세채권에 기한 우선권까지 행사하지 못할 이유는 없다. 만일 국가나 지방자치단체가 조세채권에 대한 우선권을 행사하는데도 조세채권을 변제한 제3자가 우선권을 인정받지 못한다면 형평에 반한다. 입법론으로 조세우선권을 인정한 것이 문제라고 볼 수 있으나, 국세기본법이나 「채무자 회생 및 파산에 관한 법률」(제179조 제9호, 제473조 제2호)에서 조세채권에 우선권을 인정한 것을 삭제하기 전에는 제3자가 우선권을 대위행사할 수 없다고 하는 것은 오히려 국가우월주의적인 결과를 초래한다. 결국 조세채권에 대한 변제자대위의 경우에 사인이 조세채권을 행사하는 경우에 문제되는 사항만을 거두어내고 조세채권을 행사할 수 있다고 보아야 한다.[9]

9) 상세한 것은 김재형(주 7), 41~48면 참조.

[71] Ⅱ. 변제자대위에서 물상보증인과 제3취득자의 관계

대판(전) 2014. 12. 18, 2011다50233(공 2015, 119)

1. 사실관계

피고 부부는 공동으로 이 사건 과수원을 경락받고 2000. 2. 11. 그 대금을 지급한 다음 1/2 지분씩 소유권이전등기를 마쳤다. 그 후 피고의 남편인 A는 2001. 5.부터 2002. 6. 사이에 농협으로부터 이 사건 대출을 받았고, 이때 이 사건 과수원 전체가 담보로 제공되었다(A는 채무자, 피고는 물상보증인). 그런데 피고의 시어머니인 B는 아들인 A를 상대로 이 사건 과수원에 대한 지분이전등기청구소송을 제기하여 승소하고 A의 지분 중 일부를 이전받았다. B는 자신의 딸들인 원고들에게 이 사건 과수원 지분을 유증하고 사망함. 이후 원고들은 자신들 명의로 이전등기를 마쳤다. 피고는 2009. 8. 이 사건 대출금을 모두 변제하였고, 농협은 이 사건 과수원 중 A와 원고들의 지분에 관한 근저당권을 피고에게 이전하는 내용의 등기를 마쳐주었다. 이후 피고는 A와 원고들의 지분에 대하여 경매를 신청하였다. 이에 원고들은 이 사건 대출금을 실제로 변제한 사람은 A이고, 설령 그렇지 않더라도 이 사건 대출금이 피고의 과수원 지분 취득에 사용된 만큼 피고는 사실상의 채무자에 해당하므로 변제자대위를 할 수 없다고 주장하면서 원고들 지분에 설정된 근저당권의 말소를 구하고 있다.

2. 원심판결

원심은 다음과 같은 이유로 원고들의 청구를 기각하였다. 물상보증인이 대위변제한 경우, 보증인과 마찬가지로, 채무자로부터 담보부동산을 취득한 제3자에 대하여 출재한 전액에 관하여 채권자를 대위할 수 있다. 따라서 원고들로서는 피고에게 대위변제금 전액을 변제하지 않는 한 피고를 상대로 근저당권의 말소를 구할 수 없다.

3. 대법원 판결

대법원은 다음과 같은 이유로 원고들의 상고를 기각하였다.

"물상보증인이 채무를 변제하거나 담보권의 실행으로 소유권을 잃은 때에는 보증채무를 이행한 보증인과 마찬가지로 채무자로부터 담보부동산을 취득한 제3자에 대하여 구상권의 범위 내에서 출재한 전액에 관하여 채권자를 대위할 수 있는 반면, 채무자로부터 담보부동산을 취득한 제3자는 채무를 변제하거나 담보권의 실행으로 소유권을 잃더라도 물상보증인에 대하여 채권자를 대위할 수 없다. 만일 물상보증인의 지위를 보증인과 다르게 보아서 물상보증인과 채무자로부터 담보부동산을 취득한 제3자 상호 간에는 각 부동산의 가액에 비례하여 채권자를 대위할 수 있다고 한다면, 본래 채무자에 대하여 출재한 전액에 관하여 대위할 수 있었던 물상보증인은 채무자가 담보부동산의 소유권을 제3자에게 이전하였다는 우연한 사정으로 이제는 각 부동산의 가액에 비례하여서만 대위하게 되는 반면, 당초 채무 전액에 대한 담보권의 부담을 각오하고 채무자로부터 담보부동산을 취득한 제3자는 그 범위에서 뜻하지 않은 이득을 얻게 되어 부당하다."

4. 평석

(1) 제482조 제1항은 변제자대위의 효과를 규정하고,[1] 제482조 제2항은 대위자 상호 간의 관계를 규정하고 있다. 위 제2항의 내용을 보면,

---

1) "전2조의 규정에 의하여 채권자를 대위한 자는 자기의 권리에 의하여 구상할 수 있는 범위에서 채권 및 그 담보에 관한 권리를 행사할 수 있다."라고 정한다.

제1호는 보증인과 전세물이나 저당물에 권리를 취득한 제3자의 관계, 제2호는 제3취득자와 보증인의 관계, 제3호는 제3취득자들 사이의 관계, 제4호는 물상보증인들 사이의 관계, 제5호는 물상보증인와 보증인의 관계를 정하고 있다.

그런데 물상보증인과 제3취득자 간의 관계를 정하고 있지 않다. 따라서 물상보증인이 채무자의 채무를 대신 변제한 경우, 채무자로부터 담보부동산을 취득한 제3자에 대하여 출재한 전액에 관하여 채권자를 대위할 수 있는지, 아니면 각 부동산의 가액에 비례하여서만 채권자를 대위할 수 있는지 문제된다.

이 판결은 물상보증인이 출재한 전액에 관하여 채권자를 대위할 수 있다고 하면서, 변제자대위와 구상권에 관한 민법의 여러 규정(제481조, 제482조 제1항·제2항, 제370조, 제341조)을 종합하여 그 근거를 제시하고 있다. 이에 따라 담보부동산을 매수한 제3취득자는 물상보증인에 대하여 각 부동산의 가액에 비례하여 채권자를 대위할 수 있다고 한 종전의 판례[2]를 폐기하고 있다.

(2) 물상보증인이 채무자의 채무를 대신 변제한 경우, 채무자로부터 담보부동산을 취득한 제3자에 대하여 출재한 전액에 관하여 채권자를 대위할 수 있는지, 아니면 각 부동산의 가액에 비례하여서만 채권자를 대위할 수 있는지에 관하여 견해가 나누어져 있었다. 이 판결은 변제자대위의 경우에 물상보증인의 지위를 보증인의 경우와 동일하게 취급한 것이다.

물론 이 판결에 의하더라도 물상보증인의 지위가 항상 보증인과 같다는 의미는 아니다. 이 판결의 결론을 도출하는 데 중요한 근거가 된 조문은 민법 제370조, 제341조이다. 그런데 이 규정에 따르면 '물상보증인이 채무를 변제하거나 담보권의 실행으로 소유권을 잃은 때'에는 보증채무에 관한 규정에 의하여 채무자에 대한 구상권을 가진다. 따라서 물상보증인이 채무를 변제하거나 담보권의 실행으로 소유권을 잃은 때에 한하여 변제자대위에 관해서도 원칙적으로 보증인과 동일하게 취급된다는 것이지, 그 전에는 보증채무에 관한 규정이 준용된다고 볼 수 없다.[3] 제341조에서 물상보증인의 구상권에 관하여 정하고 있지만, 변제자대위권은 구상권의 효력을 확보하는 역할을 하는 것으로서 위 규정에 따라 동일하게 처리할 필요가 있다.

2) 대판 1974. 12. 10, 74다1419(집 22-3, 민 154).

3) 가령 물상보증인에게는 민법 제442조가 정한 수탁보증인의 사전구상권이 인정되지 않는다는 판례(대판 2009. 7. 23, 2009다19802)는 이러한 관점에서 이해할 수 있다. 그러나 통설은 반대한다. 김기선, 한국물권법, 전정판, 1979, 367면; 김상용, 물권법, 2009, 581면, 646면; 김용한, 물권법론, 1975, 502면; 김증한·김학동, 물권법, 제9판, 1997, 478면; 이영준, 물권법, 전정신판, 2009, 801면; 장경학, 물권법, 1990, 702면.

[72] Ⅲ. 부진정연대채무자 중 1인이 한 상계 내지 상계계약의 효력이 다른 부진정연대채무자에게 미치는지 여부

대판(전) 2010. 9. 16, 2008다97218(공 2010, 1903)

1. 사실관계와 원심판결

A회사가 1990년대 초부터 자금사정이 악화됨에 따라 1998. 11. 12. 기업개선작업절차에 들어간 후 경영이 정상화되어 2004. 10. 18. 기업개선작업절차가 종료되었다. 원고와 A회사는 위 기업개선작업절차에서 체결된 1999. 3. 29.자 기업개선작업약정에 따라, 원고의 A회사에 대한 150억 원의 기업어음 매입채권 및 13,485,000,000원의 대출금 채권(이하 위 두 채권을 함께 '이 사건 대출금 등 채권'이라고 한다)에 관하여 원고가 A회사로부터 1주당 발행가를 5,000원으로 하여 신주를 발행받고 그 신주인수대금채무와 이 사건 대출금 등 채권을 상계하기로 합의하여 이 사건 대출금 등 채권을 주식으로 출자전환하였다. 원고의 A회사에 대한 이 사건 대출금 등 채권은 위와 같은 출자전환에 의하여 전액 만족을 얻어 소멸하였는데, A회사의 원고에 대한 채무(편의상 'A채무'라고 한다)와 부진정연대채무 관계에 있는 피고의 원고에 대한 손해배상채무(편의상 'B채무'라고 한다)도 소멸하는지 문제되었다.

원심은, 원고와 A회사가 이 사건 출자전환에 의하여 원고가 발행받는 주식에 대한 신주인수대금채무와 이 사건 대출금 등 채권을 상계하기로 합의함으로써 원고는 이 사건 대출금 등 채권 전액의 만족을 얻었고, 이와 같은 사유는 A채무와 부진정연대채무 관계에 있는 B채무에 절대적 효력을 미쳐 B채무도 같은 금액만큼 소멸하였다는 취지로 판단하였다.

2. 대법원 판결

다수의견은 원심판결을 지지하면서 다음과 같이 판단하였다.

"부진정연대채무자 중 1인이 자신의 채권자에 대한 반대채권으로 상계를 한 경우에도 채권은 변제, 대물변제, 또는 공탁이 행하여진 경우와 동일하게 현실적으로 만족을 얻어 그 목적을 달성하는 것이므로, 그 상계로 인한 채무소멸의 효력은 소멸한 채무 전액에 관하여 다른 부진정연대채무자에 대하여도 미친다고 보아야 한다. 이는 부진정연대채무자 중 1인이 채권자와 상계계약을 체결한 경우에도 마찬가지이다. 나아가 이러한 법리는 채권자가 상계 내지 상계계약이 이루어질 당시 다른 부진정연대채무자의 존재를 알았는지 여부에 의하여 좌우되지 아니한다."

이에 대해서는 2개의 반대의견이 있는데, 첫 번째 반대의견은 기업개선작업절차에서 이루어진 출자전환행위의 해석에 관한 것이고,[1] 두 번째 반대의견[2]은 부진정연대채무자 중 1인이 한 상계 내지 상계계약이 다른 부진정연대채무자에 미치는 효력에 관한 것이다.

두 번째 반대의견은 부진정연대채무자 중 1인이 한 상계 내지 상계계약이 다른 부진정연대채무자에게 효력이 미치지 않는다는 종전의 판례를 지지하는 것으로, 주요 논거는 다음과 같다. ① 부진정연대채무의 경우에는 연대채무의 경우에 관한 민법 제418조 제1항의 규정과 달리 명문의 규정이 없으므로 이에 관하여는 "합리적

1) 대법관 신영철의 반대의견은 원고와 A회사 사이에 이 사건 출자전환에 의하여 원고가 발행받는 주식에 대한 신주인수대금채무와 이 사건 대출금 등 채권을 상계하기로 합의하였다고 볼 수 없고, 원고와 A회사는 이 사건 출자전환에 의하여 이 사건 대출금 등 채권에 관하여 그 출자전환이 이루어질 당시 원고가 발행받는 신주의 시가 상당을 대물로 변제받고 그 나머지 금액은 면제한 것으로 해석함이 상당하다고 한다.

2) 대법관 이홍훈, 전수안의 반대의견.

인 해석"에 의하여 해결할 수밖에 없다. ② "민법이 불법행위 피해자의 보호를 위하여 특별히 추가적인 책임을 인정하였음에도 불구하고 피해자는 현실적 급부를 받지 못하게 됨으로써 그렇지 않은 경우에 비하여 오히려 불리한 지위에 놓이게 되는 불합리한 결과를 낳게 된다." ③ 특히 민법 제496조와 관련하여 "고의의 불법행위 채무자와 다른 채무자가 부진정연대의 관계에 있을 경우 그 다른 채무자가 상계를 함으로써 고의의 불법행위 채무자도 자신의 채무를 면한다고 해석하게 되면 불법행위 피해자로 하여금 현실의 변제를 받지 못하도록 하는 것이고, 또한 그러한 한도에서 고의의 불법행위 채무자에 대한 제재가 이루어지지 아니하여 손해배상을 통한 불법행위 억제의 효과를 거둘 수 없게" 된다. ④ "민법은 채권자의 이중의 채권만족의 위험을 감수하면서까지도 불법행위 피해자로 하여금 현실적으로 채권의 만족을 얻게 하여 피해를 실질적으로 회복할 수 있도록 배려하고 있다." 따라서 "부진정연대채무자 중 1인의 상계에는 절대적 효력을 인정하지 아니함이 타당하고, 나아가 부진정연대채무자 중 1인이 채권자와 상계계약을 한 경우에도 상계와 달리 볼 것이 아니다."라고 한다.

이에 대하여 다수의견에 대한 보충의견[3]은 상세히 반박하고 있는데, 그 주요 내용은 다음과 같다. ① "연대채무의 기본적인 성질 중의 하나는 민법 제413조가 명문으로 규정하고 있듯이 '채무자 1인의 이행으로 다른 채무자도 그 의무를 면하는 것', 즉 '급부의 1회성'이고, 이는 연대채무뿐만 아니라 불가분채무, 보증채무 등 민법이 인정하는 다수 당사자의 채무관계에 공통되는 본질적인 성질"이라고 한다. 이러한 '급부의 1회성'은 부진정연대채무에 관하여도 인정하여야 한다는 것이다. ② "부진정연대채무를 지는 채무자 중 1인이 상계를 함으로써 채무의 이행이 이루어지고 채권자의 채권은 만족을 얻게 되며, 그에 따라 다른 채무자도 자신의 채무를 면한다고 해석하여야 한다. 만약 반대의견과 같이 부진정연대채무 관계에서 상계에 절대적 효력을 인정하지 아니한다면 필연적으로 이중의 채무이행, 즉 이중의 채권만족이 일어날 수 있다."

대법관 이홍훈, 전수안의 반대의견에 대한 대법관 전수안의 보충의견은 다수의견에 대한 대법관 양창수, 민일영의 보충의견에 대하여 다시 반박하는데, 특히 "상대적 효력설이 갖는 피해자의 두터운 보호"를 강조한다.

3. 평석

(1) 연대채무의 경우에는 제418조 제1항에서 채무자 1인이 상계를 함으로써 다른 연대채무자의 채무도 상계한 금액만큼 소멸한다는 이른바 절대적 효력의 취지를 규정하고 있다. 부진정연대채무의 경우에도 이와 동일하게 볼 수 있는지 문제된다.

종전의 판례는 부진정연대채무자 중 1인이 한 상계의 효력에 관하여 절대적 효력을 부정하고 있었다. 대판 1989. 3. 28, 88다카4994(공 1989, 673)는 "부진정연대채무자 상호간에 있어서 채권의 목적을 달성시키는 변제와 같은 사유는 채무자 전원에 대하여 절대적 효력을 발생하나 그 밖의 사유는 상대적 효력을 발생하는 데에 그치는 것으로서 연대채무에 관한 민법 제418조 제1항의 규정은 부진정연대채무에는 적용되지 않는 것"이라고 판결하였다.[4] 그 후에도 이와 같은 취지의 판결들이 나왔다.[5]

그러나 다수의 학설은 위 판례에 반대하고 있다. 즉, "채권을 만족시키는 사유, 즉 변제, 대물

3) 대법관 양창수, 민일영의 보충의견.

4) 이 판결에 찬성하는 견해로는 이홍훈, "부진정연대채무자 중 1인이 한 상계의 다른 채무자에 대한 효력," 대법원판례해설, 1989년 상반기(통권 제11호), 231면.

5) 대판 1996. 12. 10, 95다24364(공 1997, 297); 대판 2008. 3. 27, 2005다75002.

변제, 공탁, 상계는 절대적 효력이 있다."라고 한다.[6] 그 이유로는 상계를 할 경우에 현실적으로 변제받은 것과 동일한 결과가 된다는 점,[7] 절대적 효력을 인정하지 않을 경우에 채권자는 부당하게 자신의 채권의 내용 이상의 이익을 얻는 결과가 된다는 점을 들고 있다.[8] 일본 최고재판소 1978(昭和 53). 3. 23. 판결[9]은 "부진정연대채무자의 1인과 채권자 사이에서 실체법상 유효한 상계가 이루어지면 이로써 채권이 소멸한 한도에서 다른 채무자의 채무도 소멸한다."라고 하였다.

한편 대판 1999. 11. 26, 99다34499(공 2000, 37)는 "상법 제724조 제2항의 규정에 의하여 인정되는 피해자의 보험자에 대한 손해배상채권과 피해자의 피보험자에 대한 손해배상채권은 별개 독립의 것으로서 병존한다고 하더라도, 위 각 채권은 피해자에 대한 손해배상이라는 단일한 목적을 위하여 존재하는 것으로서 객관적으로 밀접한 관련공동성이 있으므로 그중 하나의 채권이 만족되는 경우에는 특별한 사정이 없는 한 다른 채권도 그 목적을 달성하여 소멸한다고 보아야 할 것인바, 보험자가 자신의 피해자에 대한 반대채권을 스스로 행사하여 상계를 한 경우에는 상계한 금액의 범위 내에서 피해자에 대한 변제가 이루어진 것과 같은 경제적 효과가 달성되어 피해자를 만족시키게 되므로 그 상계로 인한 손해배상채권 소멸의 효력은 피보험자에게도 미친다고 봄이 상당하다 할 것이다."라고 판결하였다. 이 판결은 보험자가 피해자에 대한 반대채권으로 피해자의 채권과 상계한 경우에 그 효력이 피보험자의 피해자에 대한 손해배상채무에도 미친다고 하면서, 그 근거로 '상계에 의하여 변제가 이루어진 것과 같은 경제적 효과가 달성되어 피해자를 만족시킨다'는 점을 들고 있다.

(2) 다수의견은 종전의 판례를 변경하여 부진정연대채무자 중 1인이 한 상계 또는 상계계약의 효력이 다른 부진정연대채무자에게도 미친다고 함으로써 절대적 효력을 긍정하였다. 상계는 변제와 마찬가지로 채권의 만족을 얻는 것과 같은 결과를 가져오는 것이기 때문에, 부진정연대채무자 중 1인이 상계를 하였으면 변제를 받은 것과 마찬가지로 다른 부진정연대채무자에게도 상계로 인한 효력이 미친다고 보아야 할 것이다. 이와 달리 상계에 상대적 효력만을 인정할 경우에는 다수의견에 대한 보충의견이 지적하듯이 "이중의 채무이행, 즉 이중의 채권만족"을 초래할 수 있다. 부진정연대채무자 중 1인의 상계로써 그의 채권자에 대한 자동채권도 소멸되는데, 채권자가 다른 부진정연대채무자로부터 만족을 얻는다면 채권자가 이중으로 만족을 얻는 결과가 되기 때문이다. 또한 부진정연대채무자 중 1인의 상계로 인한 법률관계를 명확하게 할 필요가 있다는 점에서도 절대적 효력을 인정하는 것이 바람직하다.

나아가 이 판결은 상계계약에 대해서 절대적 효력을 인정하였다는 점도 선례로서의 의미가 있다. 상계계약에 의하여 계약의 목적이 되었던 양채권은 대등액에서 소멸하기 때문에, 상계계약은 원칙적으로 상계와 동일한 효력이 있다. 따라서 부진정연대채무자 중 1인이 채권자와 상계계약을 체결한 경우에 그 효력이 다른 부진정연대채무자에게도 미친다고 보아야 할 것이다.

6) 곽윤직, 채권총론, 제6판(중판), 2009, 183면; 김증한·김학동, 채권총론, 제6판, 1998, 242면; 김형배, 채권총론, 제2판, 1998, 484면; 양창수, "부진정연대채무자 중 1인이 한 상계의 다른 채무자에 대한 효력," 민법연구 제2권, 1991, 145면 이하; 이재성, "부진정연대채무와 각자지급의 청구," 변호사－법률실무연구－ 제15집, 1985, 37면. 그러나 면제의 경우에는 절대적 효력이 인정되지 않는다. 왜냐하면 면제는 채권의 만족을 얻는 것이 아니기 때문이다. 대판 1980. 7. 22, 79다11007(집 28－2, 민 201).
7) 이재성(주 6), 37면.
8) 양창수(주 6), 145면 이하.
9) 判例時報 제886호, 35면.

[73] Ⅳ. 퇴직금 분할지급 약정의 효력과 상계문제

대판(전) 2010. 5. 20, 2007다90760(공 2010, 1132)

1. 사실관계와 원심판결

사용자인 피고가 근로자인 원고들과 퇴직금 분할 약정을 체결한 후 그에 기하여 퇴직금 명목의 금원을 지급하였으나, 원고들이 퇴직 후 위 약정이 무효라고 주장하면서 퇴직금을 청구하였다. 피고는 위 약정이 무효라고 하더라도 피고의 퇴직금 명목 금원 상당의 부당이득반환채권으로 원고들의 퇴직금채권과 상계한다고 항변하였다.

원심은 위 약정이 퇴직금 중간정산으로서의 효력이나 퇴직금 지급으로서의 효력이 없고, 위 퇴직금 명목의 금원은 원고들이 피고에게 반환하여야 할 부당이득에 해당하며, 피고의 위 부당이득반환청구권과 원고들의 퇴직금 채권을 상계한다는 피고의 상계항변을 전부 받아들였다.

2. 대법원 판결

이에 대하여 원고들이 상고하였는데, 대법원은 퇴직금채권의 2분의 1에 해당하는 금액을 초과하는 범위 내에서만 상계가 허용된다는 이유로 원심판결을 일부 파기환송하였다.

(1) 퇴직금 명목 금원의 부당이득 성립 여부

다수의견은 퇴직금 분할 약정에 기하여 퇴직금 명목의 금원을 지급한 경우에 그 약정을 강행법규 위반을 이유로 무효라고 하고, 부당이득반환의무를 인정한다. 그 논거는 다음과 같다. ① 사용자와 근로자가 매월 지급하는 월급이나 매일 지급하는 일당과 함께 퇴직금으로 일정한 금원을 미리 지급하기로 약정(이하 '퇴직금 분할 약정'이라 한다)하였다면, 그 약정은 법[구 근로기준법. 이하 같다.] 제34조 제3항 전문 소정의 퇴직금 중간정산으로 인정되는 경우가 아닌 한 최종 퇴직 시 발생하는 퇴직금청구권을 근로자가 사전에 포기하는 것으로서 강행법규인 법 제34조에 위배되어 무효이고(대법원 2002. 7. 26. 선고 2000다27671 판결, 대법원 2007. 8. 23. 선고 2007도4171 판결 등 참조), 그 결과 퇴직금 분할 약정에 따라 사용자가 근로자에게 퇴직금 명목의 금원을 지급하였다 하더라도 퇴직금 지급으로서의 효력이 없다. ② 위 약정에 의하여 이미 지급한 퇴직금 명목의 금원은 법 제18조 소정의 '근로의 대가로 지급하는 임금'에 해당한다고 할 수 없다. ③ 사용자는 법률상 원인 없이 근로자에게 퇴직금 명목의 금원을 지급함으로써 위 금원 상당의 손해를 입은 반면 근로자는 같은 금액 상당의 이익을 얻은 셈이 되므로, 근로자는 수령한 퇴직금 명목의 금원을 부당이득으로 사용자에게 반환하여야 한다고 보는 것이 공평의 견지에서 합당하다.

이 점에 대해서는 대법관 김영란, 대법관 김능환의 별개 및 반대의견이 있다. 즉, "그 약정[퇴직금 분할 약정]에 따라 월급 또는 일당과 함께 또는 그에 포함되어 퇴직금 명목으로 근로자에게 지급되는 금원은, 첫째로 근로계약이 존속하는 동안에 지급되는 것이라는 점에서 퇴직금일 수 없고, 둘째로 그 약정에 따라 사용자가 지급의무를 져서 근로자에게 계속적·정기적으로 지급하는 것이지만 퇴직금은 아니라는 점에서 근로의 대가로 지급되는 임금의 일종이라고 볼 수밖에 없다."라고 한다.

(2) 상계의 허용 여부

다수의견은 사용자의 퇴직금반환채권을 자동채권으로 하여 근로자의 임금채권과 상계하는 것을 허용한다. 그 논거는 다음과 같다. ① 법 제42조 제1항 본문에 의하면 임금은 통화로 직접 근로자에게 그 전액을 지급하여야 하므로 사용자가 근로자에 대하여 가지는 채권으로써 근로자의 임금채권과 상계를 하지 못하는 것이 원칙이고, 이는 경제적·사회적 종속관계에 있는 근로자를 보호하기 위한 것인바, 근로자가 받을 퇴직금도 임금의 성질을 가지므로 역시 마찬가지이다(대법원 1990. 5. 8. 선고 88다카26413 판결 등 참조). ② 다만 계산의 착오 등으로 임금을 초과 지급한 경우에, 근로자가 퇴직 후 그 재직 중 받지 못한 임금이나 퇴직금을 청구하거나, 근로자가 비록 재직 중에 임금을 청구하더라도 위 초과 지급한 시기와 상계권 행사의 시기가 임금의 정산, 조정의 실질을 잃지 않을 만큼 근접하여 있고 나아가 사용자가 상계의 금액과 방법을 미리 예고하는 등으로 근로자의 경제생활의 안정을 해할 염려가 없는 때에는, 사용자는 위 초과 지급한 임금의 반환청구권을 자동채권으로 하여 근로자의 임금채권이나 퇴직금채권과 상계할 수 있다고 할 것이다(대법원 1993. 12. 28. 선고 93다38529 판결, 대법원 1995. 12. 21. 선고 94다26721 전원합의체 판결 등 참조). ③ 그리고 이러한 법리는 사용자가 근로자에게 이미 퇴직금 명목의 금원을 지급하였으나 그것이 퇴직금 지급으로서의 효력이 없어 사용자가 같은 금원 상당의 부당이득반환채권을 갖게 된 경우에 이를 자동채권으로 하여 근로자의 퇴직금채권과 상계하는 때에도 적용된다고 할 것이다.

다만 다수의견은 압류금지채권을 수동채권으로 한 상계에 관한 제497조[1]를 적용하여 사용자가 근로자에게 퇴직금 명목으로 지급한 금원 상당의 부당이득반환채권을 자동채권으로 하여 근로자의 퇴직금채권을 상계하는 것은 퇴직금채권의 2분의 1을 초과하는 부분에 해당하는 금액에 관하여만 허용된다고 한다.

이 점에 대해서는 대법관 양승태, 이홍훈, 양창수의 별개 및 반대의견이 있다.

"결국 임금이 초과 지급된 경우의 정산과 관련하여 예외적으로 상계가 허용되고 있는 주된 근거는 계산의 착오 등으로 발생하는 임금의 초과 지급인 데다가, 시기상, 절차상 일정한 제한을 가할 수 있어 근로자의 경제생활 안정을 해할 염려가 없다는 것이다. 그런데 이 사건처럼 퇴직금 지급으로서 효력을 인정할 수 없는 퇴직금 명목의 금전을 지급하여 그 금액 상당의 부당이득반환이 문제되는 때에는 계산의 착오 등으로 임금이나 퇴직금을 초과 지급한 경우에 해당한다고 볼 수 없을 뿐만 아니라, 그 수액이 정당하게 지급해야 할 퇴직금 수액에 근접할 정도로 다액인 경우가 많아, 근로자의 경제생활 안정이 위협받을 가능성이 많다. 또한 퇴직금 명목의 금전을 부당이득이라고 인정하는 것과 관련하여 당사자 사이에 다툼이 있을 수밖에 없는데, 이러한 경우에도 상계를 허용하여 사용자의 일방적 공제를 인정하게 되면 퇴직금 제도를 두고 있는 본래의 취지를 벗어나 근로자에게 부당하게 불리할 뿐만 아니라, 당초 임금의 지급과 관련하여 상계를 금지한 제도적 취지를 지나치게 형해화할 우려가 있다. 그렇다면 사용자가 근로자에게 이미 퇴직금 명목의 금전을 지급하였으나 그것이 퇴직금 지급으로서 효력이 없어 사용자가 같은 금액 상당의 부당이득반환채권을 가지게 된 경우에는 이를 자동채권으로 하여 근로자의 퇴직금채권과 상계할 수 없다고 해석함이 여러 면에서 보다 합리적이라고 할 것이다."

3. 평석

(1) 이 판결은 이른바 '퇴직금 분할지급 약정 사건'에 관한 판결로서 퇴직금 분할지급 약정의

1) 민사집행법 제246조 제1항 제5호[구 민사집행법(2005. 1. 27. 법률 제7358호로 개정되기 전의 것) 제246조 제1항 제4호도 같다]는 근로자인 채무자의 생활보장이라는 공익적, 사회 정책적 이유에서 '퇴직금 그 밖에 이와 비슷한 성질을 가진 급여채권의 2분의 1에 해당하는 금액'을 압류금지채권으로 규정하고 있고, 민법 제497조는 압류금지채권의 채무자는 상계로 채권자에게 대항하지 못한다고 규정하고 있다.

효력과 상계에 관하여 기준을 제시하였다.

이 판결에서 퇴직금 분할 약정이 강행법규에 위반되어 무효라는 점에는 대법관들 사이에 견해가 일치되어 있다. 퇴직금의 중간 정산은 구 근로기준법 제34조에 따라 허용되는 경우가 있지만, 이에 따르지 않은 경우의 법률관계가 문제되고 있다. 대법관들의 견해가 나뉘어진 부분에 관하여 살펴보고자 한다.

(2) 먼저 이미 지급한 퇴직금 명목의 금원이 임금에 해당하는지 여부이다. 다수의견은 이를 부정하였다. 그러나 대법관 김영란, 김능환의 별개 및 반대의견은 퇴직금 분할 약정을 '사용자가 근로자에게 매월 또는 매일 일정한 금원을 지급한다는 것'과 '그 금원의 명목을 퇴직금으로 한다는 것'으로 구분하고, 퇴직금으로 지급한다는 부분만 강행법규 위반으로 무효이고, 사용자가 근로자에게 매월 또는 매일 일정한 금원을 지급한다는 약정은 유효라고 한다.

그러나 위 금원을 임금이라고 해석할 수는 없을 것이다. 퇴직금이라는 명칭으로 금원을 지급하였다면 위 금원을 퇴직금이라고 보는 것이 통상적인 해석방법이다. 물론 임금이라는 명칭을 사용하였는지 여부와 무관하게 사용자가 근로의 대가로 근로자에게 지급한 금품이 임금이다.[2] 그러나 임금이나 퇴직금의 경우와 같이 별도의 규율대상에 해당하는 경우에는 그 명칭에 따라 법적 성질을 결정하는 것이 원칙이다. 또한 이 사건에서 사용자와 근로자 모두 퇴직금을 미리 지급하는 것으로 생각하였을 것이다. 사용자의 입장에서 퇴직금을 나중에 지급하여야 한다면 퇴직금 명목의 금원을 미리 지급하지 않았을 것이다. 물론 퇴직금이 후불적 임금으로서의 성격을 갖고 있지만, 근로기준법은 퇴직금과 임금을 구분하고 있고, 사용자와 근로자도 이를 구분하고 있기 때문에, 퇴직금을 임금 자체라고 할 수는 없다.

(3) 다음으로 상계의 허용 여부에 관해서 견해가 대립하고 있다.

(개) 법 제42조 제1항 본문은 "임금은 통화로 직접 근로자에게 그 전액을 지급하여야 한다."라고 규정하고 있었다. 이는 임금 전액지급의 원칙을 선언한 것이다. 이 규정에서 사용자가 근로자에 대하여 가지는 채권으로써 근로자의 임금채권과 상계를 하지 못한다는 법리가 도출되고,[3] 이 법리가 임금의 성질을 갖고 있는 퇴직금에도 적용된다. 이러한 결론에는 다수의견과 별개 및 반대의견 사이에 차이가 없다. 이 규정에서 임금을 '통화로' '직접' 근로자에게 그 '전액'을 지급할 것을 정함으로써, 지급수단, 지급방법, 지급액을 명시적으로 정하고 있다. 사용자에 의한 상계는 통화로 지급하는 것이 아니고, 직접 근로자에게 지급하는 것도 아니며, 그 전액을 지급하는 것도 아니다. 따라서 위 규정

2) "임금"이란 사용자가 근로의 대가로 근로자에게 임금, 봉급, 그 밖에 어떠한 명칭으로든지 지급하는 일체의 금품을 말한다. 근로기준법 제2조 제1항 제5호.

3) 대판 2001. 10. 23, 2001다25184(집 49-2, 민 190)는 구 근로기준법 제42조 제1항 본문에서 "임금은 통화로 직접 근로자에게 그 전액을 지급하여야 한다."라고 규정하여 이른바 임금 전액지급의 원칙을 선언하고 있는데, 이 규정에서 사용자가 근로자에 대하여 가지는 채권을 가지고 일방적으로 근로자의 임금채권을 상계하는 것은 금지된다는 결론을 도출하고 있다. 그 근거는 이 규정의 취지가 "사용자가 일방적으로 임금을 공제하는 것을 금지하여 근로자에게 임금 전액을 확실하게 지급받게 함으로써 근로자의 경제생활을 위협하는 일이 없도록 그 보호를 도모하려는 데 있"기 때문이라고 한다. 그러나 "사용자가 근로자의 동의를 얻어 근로자의 임금채권에 대하여 상계하는 경우에 그 동의가 근로자의 자유로운 의사에 터잡아 이루어진 것이라고 인정할 만한 합리적인 이유가 객관적으로 존재하는 때에는 근로기준법 제42조 제1항 본문에 위반하지 아니한다고 보아야 할 것이고, 다만 임금 전액지급의 원칙의 취지에 비추어 볼 때 그 동의가 근로자의 자유로운 의사에 기한 것이라는 판단은 엄격하고 신중하게 이루어져야 한다."라고 한다.

의 문언에 따르면 사용자에 의한 상계는 허용되지 않는다고 보아야 할 것이다('문언해석'). 이 규정의 입법취지나 목적도 "사용자가 일방적으로 임금을 공제하는 것을 금지하여 근로자에게 임금 전액을 확실하게 지급받게 함으로써 근로자의 경제생활을 위협하는 일이 없도록 그 보호를 도모하려는 것"에 있다고 볼 수 있으므로, 사용자에 의한 상계는 허용되지 않는다('목적론적 해석'). 입법자의 의사도 위와 같은 사용자에 의한 상계를 금지하려고 했을 것으로 보인다. 그렇지 않았더라면 위와 같은 표현을 사용하지 않았을 것이다.[4)]

(나) 그런데 다수의견은 계산의 착오 등으로 임금을 초과 지급한 경우에, 사용자는 위 초과 지급한 임금의 반환청구권을 자동채권으로 하여 근로자의 임금채권이나 퇴직금채권과 상계할 수 있다는 판례법리를 이 사건에 적용한다. 따라서 사용자가 근로자에게 이미 퇴직금 명목의 금원을 지급하였으나 그것이 퇴직금 지급으로서의 효력이 없어 사용자가 같은 금원 상당의 부당이득반환채권을 갖게 된 경우에 이를 자동채권으로 하여 근로자의 퇴직금채권과 상계할 수 있다고 한다. 결국 사용자가 근로자에게 이미 지급한 퇴직금 명목 금원의 반환채권으로 근로자의 퇴직금채권과 상계하는 것은 '근로자의 퇴직으로 인하여 사용자가 지급할 퇴직금액의 정산, 조정 방법의 하나'라는 것이다.

이에 반하여 대법관 양승태, 이홍훈, 양창수의 별개 및 반대의견은 이 사건에는 위와 같은 판례법리가 적용되지 않는다고 한다. 퇴직금 지급으로서 효력을 인정할 수 없는 퇴직금 명목의 금전을 지급하여 그 금액 상당의 부당이득반환이 문제되는 때에는 계산의 착오 등으로 임금이나 퇴직금을 초과 지급한 경우에 해당한다고 볼 수 없고, 그 수액이 정당하게 지급해야 할 퇴직금 수액에 근접할 정도로 다액인 경우가 많아, 근로자의 경제생활 안정이 위협받을 가능성이 많다고 한다.

다수의견은 사용자가 이미 퇴직금 명목으로 지급한 금원 상당의 부당이득반환채권과 근로자의 퇴직금채권을 상계하는 것을 허용하는 이유로 '위 두 채권이 서로 밀접 불가분의 관계에 있다'는 점을 제시한다. 그러나 위 두 채권이 밀접 불가분의 관계에 있는지에 관한 판단은 보는 관점에 따라 달라질 것이다. 사용자가 이미 퇴직금 명목으로 지급한 금액 상당의 부당이득반환채권과 근로자의 퇴직금채권은 발생 시점이나 지급방법이 다르기 때문에, 두 채권이 밀접 불가분의 관계에 있지 않다고 말할 수도 있을 것이다. 계산의 착오로 임금을 초과 지급한 후 근로자의 임금채권이나 퇴직금채권이 발생한 경우에 근로자는 초과 지급한 임금을 반환하고 사용자는 임금이나 퇴직금을 지급하는 대신 간편하게 상계를 허용하더라도 당사자들의 의사나 이익에 크게 배치되지 않는다고 볼 수 있다. 그러나 사용자가 근로자에게 이미 퇴직금 명목의 금원을 지급하였으나 그것이 퇴직금 지급으로서의 효력이 없어 사용자가 같은 금원 상당의 부당이득반환채권을 갖게 된 경우에 사용자에 의한 상계를 허용한다면 상계금지를 규정한 위 법규정의 취지에 반하는 결과를 초래할 수 있다.[5)]

제3편 채권법

4) 이러한 해석에 대하여 근로기준법에 사용자가 임금이나 퇴직금채권에 대하여 상계하는 것 자체를 금지하는 규정이 없다는 반론이 있을 수 있다. 그러나 상계를 하는 것이 임금직접지급에 관한 근로기준법 규정에 부합하지 않는다고 보아야 할 것이다.

5) 이에 관해서는 위 별개 및 반대의견 참조.

[74] V. 압류된 채권의 상계
대판(전) 2012. 2. 16, 2011다45521(공 2012, 444)

1. 사실관계와 원심판결

이 판결의 쟁점인 상계와 관련된 사실관계는 다음과 같다. A회사는 피고에 대하여 공사대금 채권을 갖고 있고, 원고는 A회사에 대하여 하도급 공사대금 채권을 갖고 있다. 원고는 위 하도급공사대금 중 일부를 받지 못하게 되자, A회사의 피고에 대한 위 공사대금 채권(최종 변제기는 2008. 6. 10.)을 가압류하였고, 이 가압류 결정은 2008. 6. 30. 피고에게 송달되었다. 그 후 원고는 위 가압류를 본압류로 전이하면서, 위 공사대금 중 215,758,495원의 추심을 명하는 채권압류 및 추심명령을 받았고, 피고에게 추심금을 청구하였다. 피고는 2008. 4. 22.경 A회사에 대한 약속어음 관련 대여금 채권(변제기 2008. 7. 25.)을 갖고 있었는데, 위 약속어음 관련 대여금채권(이하 '이 사건 반대채권'이라 한다)으로 피압류채권인 위 공사대금 채권과 상계한다는 항변을 하였다.

원심은 피고의 상계항변을 받아들였다. 금전채권에 대한 가압류를 본압류로 전이하는 압류 및 추심명령이 있는 때 제3채무자가 채권이 가압류되기 전에 가압류채무자에게 대항할 수 있는 사유로써 나중에 압류채권자에게 대항할 수 있기 때문에, 제3채무자가 가압류 효력 발생 당시 이미 반대채권을 취득한 이상 그의 상계에 대한 기대는 합리적이고 정당하므로, 그 당시 양 채권이 상계적상에 있지 아니하고 반대채권의 변제기도 도래하지 아니하였다 하더라도, 양 채권의 변제기 선후를 불문하고 그 후에 상계적상에 이르면 상계로써 압류채권자에게 대항할 수 있다고 하였다. 그리하여 이 사건에서 가압류의 효력 발생일은 2008. 6. 30.이고, 피압류채권인 공사대금채권의 변제기는 2008. 6. 10.경이며, 이 사건 반대채권인 액면금 1억 원의 약속어음 관련 대여금채권의 변제기는 공사대금채권의 변제기 후인 2008. 7. 25.이지만, 이 사건 반대채권이 가압류 효력 발생 당시 이미 취득되어 있었던 이상, 피고로서는 위 약속어음이 부도나더라도 이 사건 반대채권과 공사대금채권을 상계함으로써 자신의 채권을 확보할 수 있으리라는 합리적이고 정당한 기대를 할 수 있으므로, 이 사건 반대채권과 공사대금채권의 상계로써 압류채권자인 원고에게 대항할 수 있다고 판단하였다.

2. 대법원 판결

그러나 대법원은 원고의 상고를 받아들여 원심판결을 파기환송하였다. 다수의견은 다음과 같다.

"민법 제498조는 "지급을 금지하는 명령을 받은 제3채무자는 그 후에 취득한 채권에 의한 상계로 그 명령을 신청한 채권자에게 대항하지 못한다."라고 규정하고 있다. 위 규정의 취지, 상계제도의 목적 및 기능, 채무자의 채권이 압류된 경우 관련 당사자들의 이익상황 등에 비추어 보면, 채권압류명령 또는 채권가압류명령(이하 채권압류명령의 경우만을 두고 논의하기로 한다)을 받은 제3채무자가 압류채무자에 대한 반대채권을 가지고 있는 경우에 상계로써 압류채권자에게 대항하기 위하여는, **압류의 효력 발생 당시에 대립하는 양 채권이 상계적상에 있거나, 그 당시 반대채권(자동채권)의 변제기가 도래하지 아니한 경우에는 그것이 피압류채권(수동채권)의 변제기와 동시에 또는 그보다 먼저 도래하여야 할 것**이다(대법원 1982. 6. 22. 선고 82다카200 판결, 대법원 2003. 6. 27. 선고 2003다7623 판결 등 참조)."

"이 사건에서 가압류의 효력이 발생할 당시 피압류채권인 공사대금채권은 이미 변제기가 도래하였으나 이 사건 반대채권은 변제기가 도래하지 아니하였기 때문에 그 당시 양 채권이 상계적상에 있었다고 할 수 없고, 나아가 이 사건 반대채권의 변제기가 공사대금채권의 변제기보다 나중에 도래하므로, 피고는 이 사건 반대채권에 의한 상계로써 압류채권자인 원고에게 대항할 수 없다고 보아야 한다."

이에 대하여 반대의견, 다수의견에 대한 보충의견과 반대의견에 대한 보충의견이 서로 공방을 벌이고 있다.

3. 평석

(1) 이 판결은 채권압류명령을 받은 제3채무자가 압류채무자에게 반대채권을 가지고 있는 경우, 상계로써 압류채권자에게 대항하기 위한 요건에 관하여 판단하고 있다.

제498조는 "지급을 금지하는 명령을 받은 제3채무자는 그 후에 취득한 채권에 의한 상계로 그 명령을 신청한 채권자에게 대항하지 못한다."라고 정하고 있다. 이 규정에서 '지급을 금지하는 명령'에는 채권압류 또는 채권가압류의 명령을 가리킨다(민사집행법 제223조, 제280조).[1] 따라서 이 규정의 문언에 의하면 '제3채무자가 압류명령 이후에 새롭게 취득한 채권'을 자동채권으로 한 상계로써 그 명령을 신청한 채권자에게 대항하지 못한다는 것은 분명하다. 그런데 제3채무자가 압류명령 이전에 취득한 채권을 자동채권으로 하여 상계하는 것은 이 규정에 따른 제한을 받지 않는 것인지 문제되어 왔다.

초기의 판례는 양 채권이 상계적상에 있다고 하더라도 아직 그에 기한 상계의 의사표시가 있기 전에 수동채권에 대하여 압류명령 또는 전부명령이 있었으면 제3채무자는 상계를 하지 못한다고 하였다.[2] 그러나 대법원 전원합의체 판결로 전부명령이 있기 전에 두 채권이 상계적상에 있었으면 전부명령 후에 한 상계로써 전부채권자에게 대항할 수 있다고 바뀌었다.[3] 이때 두 채권의 변제기가 모두 도래한 경우만을 말하는 것은 아니고, 자동채권의 변제기가 도래하였으면 수동채권에 대해서는 아직 변제기가 도래하지 않은 경우에도 상계로써 압류채권자에게 대항할 수 있는 것으로 보았다.[4] 그 후에 대법원 판결은 압류 당시에는 상계적상에 있지 않더라도 "자동채권의 변제기가 수동채권의 변제기와 동시에 또는 그보다 먼저 도래하는 경우"에는 상계적상에 도달한 후에 상계를 함으로써 압류채권자에게 대항할 수 있다고 수정되었다.[5] 대법원 판례가 몇 차례 바뀌었는데, 현재의 판례를 '변제기기준설'이라고 한다.

독일민법 제392조 후단은 제3채무자의 채권이 압류 후에 비로소 변제기에 도달하는 경우에는 그 변제기가 피압류채권의 변제기보다 후인 때에는 상계를 할 수 없다고 정하고 있다. 우리 민법의 규정은 독일민법과는 달리 변제기에 따른 구별을 하고 있지 않지만, 판례는 변제기기준설을 따르고 있다. 이 문제에 관해서는 여러 견해가 있을 수 있는데,[6] 종래 판례의 변제기기준설을 지지하는 견해가 많지만,[7] 압류명령 이전에 취득한 채권에 대해서는 아무런 제한 없이 상계로써 압류채권자에게 대항할 수 있다는 무제한설[8] 등이 제시되었다.

제3편 채권법

1) 이하에서는 가압류와 압류를 편의상 압류라고 한다.
2) 대판 1972. 12. 26, 72다2117.
3) 대판(전) 1973. 11. 13, 73다518(집 21-3, 민 155).
4) 대판 1980. 9. 9, 80다939(집 28-3, 민 45).
5) 대판 1982. 6. 22, 82다카200(집 30-2, 민 157); 대판 1987. 7. 7, 86다카2762(집 35-2, 민 264); 대판 1989. 9. 12, 88다카25120(공 1989, 1402).
6) 종래의 우리나라와 일본의 학설을 개관한 것으로는 우선 민법주해[XI], 1995, 424~428면(윤용섭 집필) 참조.
7) 김형배, 채권총론, 제2판, 1998, 772면; 정동윤, "압류와 상계," 변호사(서울지방변호사회) 제7집, 1976, 193면; 이재성, "전부명령과 상계의 항변," 이재성판례평석집(Ⅶ), 1988, 361~365면; 양창수, "파산절차상의 상계," 민법연구 제7권, 2003, 207~208면.
8) 이영수, "피압류채권을 수동채권으로 한 제삼채무자의 상계," 사법논집 제4집, 1973, 226면; 김병재, "제3채무자가 가압류채무자에 대한 반대채권으로써 상

(2) 다수의견과 반대의견, 그리고 각각의 보충의견이 찬반양론에 대하여 상세한 논거를 제시하고 있고, 이에 관한 판례평석이나 해설이 상세히 나와 있다.[9] 여기에서는 몇 가지 쟁점에 관하여 간략하게 살펴보고자 한다.

㈎ **문리해석의 문제**

제498조의 해석에 관하여 견해가 대립하고 있는데, 반대의견은 이 규정의 문언에 대한 해석에서 출발한다.

"이 규정에 의하여 제3채무자의 상계가 금지되는 것은 제3채무자가 지급을 금지하는 명령을 받은 이후에 새롭게 취득한 채권을 자동채권으로 하여 상계하는 것뿐이고, 그 반대해석상 제3채무자가 그 이전에 이미 취득하여 보유하고 있던 채권을 자동채권으로 한 상계는 이 규정에 의하여 금지되지 아니하고 오히려 허용된다고 보는 것이 당연한 논리적 귀결이다. 그 채권이 제3채무자가 지급을 금지하는 명령을 받을 당시에 이미 이행기가 도래하였는지 여부는 문제될 여지가 없다."[10]

이에 반하여 다수의견과 그 보충의견은 위 규정의 입법취지, 이익형량을 통하여 결론을 도출하고 있다. 다수의견에 대한 보충의견은 "민법 제498조가 채권 압류의 사실로써 제3채무자가 가지는 상계와 관련한 이익상황에 일정한 변화를 주어 위와 같은 법문제에 관하여는 이제 압류채권자의 채권 만족의 이익 등에도 배려하지 않으면 안 된다는 태도를 입법적으로 취하였다."고 파악하고, "앞서 본 우리 판례의 태도는 민법 제498조의 명문에 반한다고 할 수 없고, 오히려 그 입법취지를 밀고나가 이를 적절하게 실현하였다."고 한다. 따라서 법률의 해석에 관한 접근방법이 법률의 문언을 중시하는 반대의견과 입법취지를 중시하는 다수의견, 특히 그 보충의견으로 나누어지고 이것이 결론에 영향을 미치고 있다고 볼 수도 있다. 그러나 반대의견도 문언해석에서 그치는 것이 아니라 상계의 기능 등을 고려하고 있으므로, 다수의견과 반대의견이 법률의 해석에 관한 견해의 차이에서 결론이 달라졌다고 단정할 수는 없다.

그런데 이 규정에서 '제3채무자가 압류명령 이후에 새롭게 취득한 채권'을 자동채권으로 한 상계로 압류채권자에게 대항하지 못한다는 것은 분명하지만, 이 규정이 제3채무자가 압류명령 이전에 취득한 채권을 자동채권으로 한 상계로 압류채권자에게 대항할 수 있다고 정하고 있는 것은 아니다. 제3채무자가 압류명령 이전에 취득한 채권을 자동채권으로 한 상계로 압류채권자에게 대항할 수 있다는 것은 위 규정에 관한 반대해석이라고 할 수 있다. 따라서 이와 달리 제3채무자가 압류명령 이전에 취득한 채권을 변제기를 기준으로 구분하여 그중 일부에 관해서만 자동채권으로 한 상계로 압류채권자에게 대항할 수 있다고 하는 것은 위 규정의 문언 자체에 반하는 것이 아니라 위 규정의 반대해석에 반하는 것에 불과하다. 따라서 제3채무자가 압

계할 수 있는 요건," 민사판례연구(X), 90~91면; 윤진수, "금융기관의 수신거래와 여신거래," 민법논고 Ⅲ, 2008, 300~301면; 이상훈, "압류된 채권과 상계," 사법연수원 교수논문집 제5집 청연논총, 2008, 149~158면.

9) 이 판결에 대한 재판연구관의 해설로 이상주, "압류된 채권에 대한 상계의 허용요건," 자유와 책임 그리고 동행(안대희 대법관 재임기념), 사법발전재단, 2012, 361면 이하가 있고, 다수의견에 찬성하는 평석으로 김상수, "압류와 상계," 민사법학 제60호(2012. 9), 273면 이하, 특히 303~306면; 정구태, "피압류채권을 수동채권으로 한 제3채무자의 상계권 행사의 허용범위," 고려법학 제66호(2012. 9), 381면 이하, 특히 405~420면 참조.

10) 반대의견은 또한 "우리 민법은 그 기준을 양 채권의 변제기 도래의 선후에 두는 입법례를 채택하지 아니하고 지급을 금지하는 명령과 제3채무자의 반대채권의 취득시기의 선후에 두는 입법례를 채택하여 민법 제498조에 규정한 것"이라고 한다. 그리고 반대의견에 대한 안대희 대법관의 보충의견도 제498조에 관한 문언해석을 강조하고 있다.

류명령 이전에 취득한 채권을 자동채권으로 한 상계로 압류채권자에게 대항할 수 있는지 여부는 이 규정에 관한 문언해석만으로 단정할 수는 없다.[11] 나아가 이미 많은 경우에 민법의 규정을 그 문언과는 달리 해석하거나 보충해 가면서 새로운 법리를 형성해 왔다.[12] 따라서 채권가압류가 있는 경우에 가압류권자와 상계권을 행사하는 제3채무자를 각각 어느 정도로 보호하는 것이 타당한 것인지에 관한 검토를 한 다음 결론을 내려야 할 것이다.

(나) 상계의 담보적 기능

반대의견은 상계의 담보적 기능을 강조하고 있다. 즉, 상계권을 행사하는 채권자는 채무자의 변제자력이 충분하지 못한 때에도 자기의 자동채권에 관하여는 확실하고도 충분한 변제를 받은 것과 같은 이익이 보장된다는 것이다. 이와 같이 상계권을 행사하는 채권자는 '사실상 담보권자와 유사한 지위'를 갖는데, 이러한 지위가 압류가 있다고 하여 부정되어야 할 이유가 없다고 한다.

다수의견에 대한 보충의견은 상계의 담보적 기능에 관하여 "상계를 하려는 채권자의 앞서 본 상계기대의 정당한 이익과 압류채권자를 포함하는 다른 채권자들이나 채권양수인 등의 채권 만족의 이익을 균형 있게 고려하여 그 범위를 정함으로써 이에 적절한 제한을 가하는 것이 바람직하다."고 한다.

상계권을 행사하는 채권자가 담보권을 가지고 있는 것은 아니지만, 상계를 함으로써 담보권자와 유사하게 우선변제를 받는 결과가 된다. 그러나 상계권을 행사하는 채권자가 어느 범위에서 어느 정도로 담보권자와 유사한 지위를 갖는 것인지는 상계의 요건과 효과에 관한 민법 규정을 어떻게 파악할 것인지에 따라 달라질 것이다.[13] 따라서 상계의 담보적 기능에서 곧바로 이 문제의 결론을 선험적으로 도출할 수는 없다. 민법의 규정이나 그 해석을 통하여 상계의 담보적 기능이 강화될 수도 있고 이와 반대로 약화될 수도 있다.

(다) 이익형량

이 문제는 결국 반대채권으로써 상계할 수 있는 제3채무자와 지급을 금지하는 명령을 신청한 채권자 중 누구를 보호할 것인지에 따라 달라질 수밖에 없다. 다수의견과 반대의견 모두 이 문제에 관해서 정도의 차이가 있는 데다가 정반대의 결론으로 이어지고 있지만, 두 당사자 사이의 이익을 비교·형량하고 있다는 점은 공통적이다.

반대의견은 제3채무자를 보호하여야 한다고 한다. "지급을 금지하는 명령을 신청한 채권자의 지위는 원래부터 불확실하고 불안정한 것임에 비하여, 제3채무자는 담보권자와 유사한 지위를 가지는 것이므로 제3채무자의 상계권의 행사가 보장되어야 한다."는 것이다. 그러나 위 (2)에서 본 것처럼 지급을 금지하는 명령이 있

11) 한편 법률의 해석에서 문언해석과 함께 입법자의 의사도 중요한 고려사항인데, 민법 제정당시 반대의견과 같은 의견은 많지 않았기 때문에[일본의 판례에 관해서는 이상주(주 9), 406면 이하 참조], 입법자의 의사가 반대의견과 동일한 것으로 볼 수는 없다.

12) 법률의 문언과 달리 해석하는 경우에 관해서는 우선 김재형, "황금들녘의 아름다움: 법해석의 한 단면," 민법론 Ⅳ, 172~175면 참조.

13) 다수의견에 대한 양창수 대법관의 보충의견은 "그러한 지위는 반대의견이 강조하는 우리 법의 명문 어디에도 규정되어 있지 않으며, 단지 법이 먼저 상계의 요건과 그 효과를 다양한 관련 이익 등을 고려하면서 타당하게 해석·획정한 결과로 간이한 결제수단이라는 상계제도 본래의 취지에 부수하여 상계권 있는 채권자가 일정한 범위에서 사실상 위와 같이 우선변제를 얻게 되는 것과 같은 법상태를 가리키는 것일 뿐이다. 따라서 그와 같이 '사실상 담보권자와 유사한 지위'를 미리 설정·시인하고 이를 내세워 상계의 구체적인 요건, 나아가 그 효과를 재단하는 것은 본말이 전도된 태도라고 생각된다."라고 한다.

는 경우에 제3채무자에게 담보권자와 유사한 지위에 있다는 이유만으로 제3채무자의 상계권을 보장해야 한다는 결론이 당연히 나오는 것은 아니다.

압류가 있는 경우에 자신의 채무를 이행하지 아니하여 상계적상에 도달한 제3채무자를 압류채권자보다 우선하여 보호하는 것은 제3채무자를 지나치게 보호하는 것이라고 볼 수 있다. 다수의견에 대한 보충의견은 "우리 판례의 태도는 첨예하게 대립하는 이익의 내용 등을 충분히 고려한 다음 채택된 타당한 해결"이라고 하는데, "제3채무자가 자기 채무의 이행을 늦추고 있다가 후에 그 이행기가 도래함으로써 가능하게 된 상계를 가지고 압류채권자에게 대항하여 자기 채권의 우선적 만족을 얻고 압류채권자의 채권 실행을 좌절시킬 수 있다는 것은 상계의 담보적 기능을 지나치게 강조하는 것으로서 부당하다."라고 하면서 채권자평등의 원칙이나 파산절차상의 상계 제한 등을 고려하여 변제기를 기준으로 압류채권자와 제3채무자의 이해를 조정하려는 이유를 상세히 제시하고 있다. "상계의 담보적 기능은 어디까지나 앞서 본 상계의 간편한 변제수단으로서의 기능에 부수적으로만 인정되는 것으로서 이를 무한정으로 수긍할 것은 아니며, 상계를 하려는 채권자의 앞서 본 상계기대의 정당한 이익과 압류채권자를 포함하는 다른 채권자들이나 채권양수인 등의 채권 만족의 이익을 균형 있게 고려하여 그 범위를 정함으로써 이에 적절한 제한을 가하는 것이 바람직하다."라는 것이다.[14] 이 사건에서는 반대채권의 변제기가 피압류채권의 변제기로부터 1개월 15일 정도밖에 떨어져 있지 않고 그 사이에 가압류가 송달되었기 때문에, 상계를 허용하는 것이 형평에 맞는 것처럼 보이는 점이 있지만, 그 기간이 많이 떨어져 있는 경우에는 상계를 허용하는 것이 부당하게 여겨질 것이다. 한편, 변제기 이외의 기준으로 이 문제를 판단하는 방안도 생각할 수 있으나, 이는 법적 불확실성을 초래할 것이다. 따라서 변제기를 기준으로 구분하여 제3채무자를 압류채권자보다 우선하여 보호할 것인지 여부를 정하는 것을 수긍할 수 있지 않을까 한다.

14) 그러나 반대의견에 대한 대법관 안대희의 보충의견은 "제3채무자가 변제기가 도래한 피압류채권을 이행하지 아니한 채무불이행에 대한 제재로는 우리 민법이 통상 예정한 대로 제3채무자에 대하여 지연손해금 등의 손해배상책임을 부담시키는 것으로 충분하다고 할 수 있고, 더 나아가 채무를 불이행하는 동안 상계적상에 이르렀다는 이유로 상계권 행사마저 제한하는 것은 제3채무자에 대한 지나치게 과도한 제재"라고 한다.

[75] Ⅵ. 상계권의 남용
대판 2003. 4. 11, 2002다59481(집 51-1, 민 144)

1. 사실관계
원고는 주식회사 대전백화점(이하 '대전백화점'이라고 한다)의 부도로 인하여 대전백화점이 발행한 약속어음의 가치가 현저하게 하락된 사정을 잘 알면서 오로지 자신이 대전백화점에 대하여 부담하는 임대차보증금반환채무와 상계할 목적으로 대전백화점이 발행한 약속어음 20장을 액면가의 40%에도 미치지 못하는 가격으로 할인·취득하고, 그 약속어음채권을 자동채권으로 하여 상계를 하였다.

2. 대법원 판결
(1) "일반적으로 당사자 사이에 상계적상이 있는 채권이 병존하고 있는 경우에는 이를 상계할 수 있는 것이 원칙이고, 이러한 상계의 대상이 되는 채권은 상대방과 사이에서 직접 발생한 채권에 한하는 것이 아니라, 제3자로부터 양수 등을 원인으로 하여 취득한 채권도 포함한다 할 것인바, 이러한 상계권자의 지위가 법률상 보호를 받는 것은, 원래 상계제도가 서로 대립하는 채권, 채무를 간이한 방법에 의하여 결제함으로써 양자의 채권채무관계를 원활하고 공평하게 처리함을 목적으로 하고 있고, 상계권을 행사하려고 하는 자에 대하여는 수동채권의 존재가 사실상 자동채권에 대한 담보로서의 기능을 하는 것이어서 그 담보적 기능에 대한 당사자의 합리적 기대가 법적으로 보호받을 만한 가치가 있음에 근거하는 것이다.

따라서 당사자가 상계의 대상이 되는 채권이나 채무를 취득하게 된 목적과 경위, 상계권을 행사함에 이른 구체적·개별적 사정에 비추어, 그것이 위와 같은 상계 제도의 목적이나 기능을 일탈하고, 법적으로 보호받을 만한 가치가 없는 경우에는, 그 상계권의 행사는 신의칙에 반하거나 상계에 관한 권리를 남용하는 것으로서 허용되지 않는다고 함이 상당하고, 상계권 행사를 제한하는 위와 같은 근거에 비추어 볼 때 일반적인 권리 남용의 경우에 요구되는 **주관적 요건을 필요로 하는 것은 아니라고 할 것**이다."

(2) "그렇다면 원고가 위 약속어음 채권을 취득한 목적과 경위, 그 대가로 지급한 금액, 상계권을 행사하게 된 위와 같은 사정에 비추어, 원고의 상계권 행사는 상계제도의 목적이나 기능을 일탈하는 것이고, 법적으로 보호받을 만한 대립하는 채권, 채무의 담보적 기능에 대한 정당한 기대가 없는 경우에 해당하여 신의칙에 반하거나 상계에 관한 권리를 남용하는 것으로서 허용되지 않는다고 할 것이다."

3. 평석
(1) 민법은 제2조에서 신의성실의 원칙과 권리남용금지의 원칙을 정하고 있다. 그중 신의성실의 원칙은 채권법에서 문제되는 경우가 많고 권리남용금지의 원칙은 물권법에서 문제되는 경우가 많다. 이 사경에서는 위 두 원칙이 상계권의 행사에서 문제되고 있다.

이 판결은 상계권의 행사가 신의칙에 반하거나 상계에 관한 권리남용에 해당하기 위한 요건에 관하여 일반적인 판단기준을 제시하고 있다. 이때 중요한 판단요소는 상계권 행사가 상계제도의 목적이나 기능을 일탈하는 것인지, 법적으로 보호받을 만한 대립하는 채권, 채무의 담보적 기능에 대한 정당한 기대가 없는 경우에 해당하는지 여부이다.

(2) 대법원 판결 중에는 상계의 요건을 갖추었다고 보이는데도 상계권 남용을 이유로 상계를 허용하지 않는 경우가 있다. 대판 1989. 1. 31, 87다카800(집 37-1, 민 20)은 "별단예금 채권

을 압류한 당해 어음채권자에 대한 관계에 있어서 그 예금을 수동채권으로 하는 은행의 상계는 상계에 관한 권리를 남용하는 것이 되어 그 효력을 인정할 수 없다."고 한다. 그 이유에서 위 별단예금은 어음채무자가 지급은행에 하는 예금의 일종이기는 하지만 이는 일반의 예금채권과는 달리 사고신고내용의 진실성과 어음채무자의 자력을 담보로 하여, 부도제재회피를 위한 사고신고의 남용을 방지함과 아울러 어음소지인의 어음상의 권리가 확인되는 경우에는 당해 어음채권의 지급을 담보하려는 데 그 제도의 취지가 있다는 점을 들고 있다.[1]

이 판결은 상계권 남용의 일반적 요건을 밝히면서 상계권 남용의 경우에는 일반적인 권리남용과는 달리 주관적 요건, 즉 '상대방에게 고통을 주고 손해를 입히려는 의사'[2]가 필요하지 않다고 하였다. 또한 종래에는 은행의 사고신고담보금에 관해서 상계권 남용을 인정한 판결이 있었으나, 이 판결에서는 일반채권에 관한 상계권 남용을 인정하였다는 점에서도 의미가 있다.

판례는 권리남용이 되려면 객관적 요건과 주관적 요건을 갖추어야 한다고 하고 있다. 즉, "권리남용이 성립하려면 주관적으로는 그 권리행사의 목적이 오직 상대방에게 고통이나 손해를 주는 데 그칠 뿐이고 권리행사자에게는 아무런 이익이 없을 경우라야 될 것이며, 아울러 객관적으로는 그 권리행사가 사회질서에 위반된다고 볼 수 있는 경우라야 할 것"이라고 한다.[3] 그러나 제2조 제2항에서 권리남용의 요건으로 가해의 의사나 목적을 요구하고 있지 않다. 따라서 권리자에게 가해의 의사나 목적이 없더라도 권리남용을 인정할 수 있고, 그와 같은 주관적 사정은 권리남용을 판단하는 고려요소로 보는 것으로 충분하다.[4] 이 판결은 상계권 남용에 관한 것이기는 하지만, 주관적 요건을 요구하지 않고 있다는 점에서 진일보한 판결이라고 생각한다.[5]

이 사건에서 원고는 대전백화점의 부도로 인하여 대전백화점이 발행한 약속어음의 가치가 현저하게 하락된 사정을 잘 알면서 오로지 자신이 대전백화점에 대하여 부담하는 채무와 상계할 목적으로 대전백화점이 발행한 약속어음을 액면가의 40%에도 미치지 못하는 가격으로 할인·취득하고, 그 약속어음채권을 자동채권으로 하여 상계를 하였다. 이는 이른바 저격상계에 해당하는 것으로, 상계권 남용이 쉽게 인정되는 경우에 해당한다. 이 사건에서 원고가 상계 목적으로 채무자 발행의 약속어음을 염가로 할인 취득한 것이기 때문에 권리남용의 주관적 요건인 가해 의사나 목적이 있다고 볼 수도 있다.

1) 同旨: 대판 1992. 10. 27, 92다25540(공 1992, 3282).
2) 오금석, "상계권의 행사가 신의칙에 반하거나 상계에 관한 권리남용에 해당하기 위한 요건," 대법원판례해설 제44호(2003 상반기) (2004. 1), 106면.
3) 대판 1962. 3. 8, 4294민상934(집 10-1, 민 181); 대판 1991. 6. 14, 90다10346, 10353(집 39-3, 민 40) 등.
4) 곽윤직·김재형, 민법총칙, 제9판, 2013, 86면.
5) 이는 다음 판결인 대판 2010. 5. 27, 2007다66088(공 2010, 1219)도 마찬가지이다.

[76] Ⅶ. 착오송금과 상계
대판 2010. 5. 27, 2007다66088(공 2010, 1219)

1. 사실관계와 원심판결

원고의 직원인 A가 65,680,000원을 피고 은행에 개설된 B의 예금계좌에 송금하여야 하는데도 착오로 C의 이 사건 예금계좌에 잘못 송금하였다. 이로써 C는 피고 은행에 대하여 65,680,000원 상당의 예금채권을 취득하게 되었지만, 원고가 위 금원의 반환을 요청하고 C도 위 금원의 반환에 대하여 이의가 없다는 취지의 확인서를 피고 은행에 작성·제출하였다. 그런데 피고 은행이 위 착오송금 전에 C에 대하여 취득한 보증채권을 자동채권으로 하여 위 65,680,000원 상당의 예금채권과 상계하였다.

원심은 원고의 송금에 의하여 C의 이 사건 예금계좌에 65,680,000원이 입금된 것으로 기록됨으로써 C의 피고 은행에 대한 예금채권이 성립되었고, 그 후 C의 이 사건 예금계좌에 대한 입금취소처리가 없었으므로 피고 은행의 위와 같은 상계가 권리남용에 해당한다고 보기 어렵다고 판단하였다.

2. 대법원 판결

그러나 대법원은 다음과 같은 이유로 원심판결을 파기환송하였다.

"예금거래기본약관에 따라 송금의뢰인이 수취인의 예금계좌에 자금이체를 하여 예금원장에 입금의 기록이 된 때에는 특별한 사정이 없는 한 송금의뢰인과 수취인 사이에 자금이체의 원인인 법률관계가 존재하는지 여부에 관계없이 수취인과 수취은행 사이에는 위 입금액 상당의 예금계약이 성립하고, 수취인이 수취은행에 대하여 위 입금액 상당의 예금채권을 취득하고(대법원 2007. 11. 29. 선고 2007다51239 판결 등 참조), 수취은행은 원칙적으로 수취인의 계좌에 입금된 금원이 송금의뢰인의 착오로 자금이체의 원인관계 없이 입금된 것인지 여부에 관하여 조사할 의무가 없으며, 수취은행이 수취인에 대한 대출채권 등을 자동채권으로 하여 수취인의 계좌에 입금된 금원 상당의 예금채권과 상계하는 것은 신의칙 위반이나 권리남용에 해당한다는 등의 특별한 사정이 없는 한 유효하다.

그런데 송금의뢰인이 착오송금임을 이유로 거래은행을 통하여 혹은 수취은행에 직접 송금액의 반환을 요청하고 수취인도 송금의뢰인의 착오송금에 의하여 수취인의 계좌에 금원이 입금된 사실을 인정하고 수취은행에 그 반환을 승낙하고 있는 경우에는, [중략] 위와 같은 경우 수취은행이 수취인에 대한 대출채권 등을 자동채권으로 하여 수취인의 계좌에 착오로 입금된 금원 상당의 예금채권과 상계하는 것은, 수취은행이 선의인 상태에서 수취인의 예금채권을 담보로 대출을 하여 그 자동채권을 취득한 것이라거나 그 예금채권이 이미 제3자에 의하여 압류되었다는 등의 특별한 사정이 없는 한, 공공성을 지닌 자금이체시스템의 운영자가 그 이용자인 송금의뢰인의 실수를 기화로 그의 희생하에 당초 기대하지 않았던 채권회수의 이익을 취하는 행위로서 상계제도의 목적이나 기능을 일탈하고 법적으로 보호받을 만한 가치가 없으므로, 송금의뢰인에 대한 관계에서 신의칙에 반하거나 상계에 관한 권리를 남용하는 것이다."

3. 평석

(1) 이 판결에서는 착오송금의 경우에 수취은행이 수취인에 대한 대출채권 등을 자동채권으로 예금채권과 상계하는 것이 신의칙 위반 또는 권리남용에 해당하는지 여부가 문제되었다.[1)]

---

1) 이 판결에 대한 평석으로는 오영준, "송금의뢰인의 착오송금시 수취은행의 수취인에 대한 상계의 가부," BFL 제43호(2010. 9), 82면 이하.

종래 대법원 판결 중에는 상계의 요건을 갖추었다고 보이는데도 상계권 남용을 이유로 상계를 허용하지 않는 경우가 있었다. 가령 대판 1989. 1. 31, 87다카800(집 37-1, 민 20)은 "별단예금채권을 압류한 당해 어음채권자에 대한 관계에 있어서 그 예금을 수동채권으로 하는 은행의 상계는 상계에 관한 권리를 남용하는 것이 되어 그 효력을 인정할 수 없다."고 하였다. 특히 대판 2003. 4. 11, 2002다59481(집 51-1, 민 144)은 "당사자가 상계의 대상이 되는 채권이나 채무를 취득하게 된 목적과 경위, 상계권을 행사함에 이른 구체적·개별적 사정에 비추어, 그것이 위와 같은 상계 제도의 목적이나 기능을 일탈하고, 법적으로 보호받을 만한 가치가 없는 경우에는, 그 상계권의 행사는 신의칙에 반하거나 상계에 관한 권리를 남용하는 것으로서 허용되지 않는다고 함이 상당하고, 상계권 행사를 제한하는 위와 같은 근거에 비추어 볼 때 일반적인 권리 남용의 경우에 요구되는 주관적 요건을 필요로 하는 것은 아니라고 할 것이다."라고 함으로써, 상계권의 행사가 신의칙에 반하거나 상계에 관한 권리남용에 해당하기 위한 요건에 관하여 일반적인 기준을 제시하였다.

(2) 송금의뢰인이 착오로 자금이체의 원인관계 없이 수취인의 계좌에 금원을 입금한 경우, 수취인은 그 금원 상당의 예금채권을 취득한다.[2] 이 경우 수취인은 송금의뢰인에게 그 입금액 상당을 부당이득으로서 반환할 의무를 부담한다.[3] 그런데 수취은행이 수취인에 대한 대출채권 등을 자동채권으로 하여 수취인의 위 예금채권과 상계하는 것(이하 편의상 '수취은행에 의한 상계'라고 한다)이 유효한지 문제된다. 위 대법원 2010. 5. 27. 판결은 이 문제에 대하여 다음과 같은 세 단계의 기준을 제시하였다.

① 원칙적으로 위와 같은 상계가 허용된다.

② 예외적으로 위와 같은 상계가 송금의뢰인에 대한 관계에서 신의칙 위반 내지 권리남용에 해당한다. 송금의뢰인이 착오송금임을 이유로 수취은행에 그 송금액의 반환을 요청하고 수취인도 착오송금임을 인정하여 수취은행에 그 반환을 승낙하고 있는 경우가 이에 해당한다.

③ 위 ②에 대한 예외로서, 수취은행이 선의인 상태에서 수취인의 예금채권을 담보로 대출을 하여 그 자동채권을 취득한 것이라거나 그 예금채권이 이미 제3자에 의하여 압류되었다는 등의 특별한 사정이 있는 경우에는 그와 같은 상계가 신의칙 위반 내지 권리남용에 해당하지 않는다.

송금의뢰인이 착오로 자금이체의 원인관계 없이 수취인의 계좌에 금원을 입금한 경우에 위 금원이 송금의뢰인에게 반환되어야 한다. 수취은행이 수취인에 대한 대출채권 등을 자동채권으로 하여 수취인의 위 예금채권과 상계한다면 수취은행은 상계에 의한 채권회수라는 망외의 이득을 얻게 될 수 있다. 이와 같은 상황에서 송금의뢰인이 착오송금임을 이유로 거래은행을 통하여 혹은 수취은행에 직접 송금액의 반환을 요청하고 수취인도 송금의뢰인의 착오송금에 의하여 수취인의 계좌에 금원이 입금된 사실을 인정하고 수취은행에 그 반환을 승낙하고 있다면 수취은행을 보호할 필요성이 없다. 따라서 이와 같은 경우에는 수취은행에 의한 상계를 신의칙 위반 또는 권리남용에 해당한다고 볼 수 있다.[4]

2) 대판 2006. 3. 24, 2005다59673.

3) 대판 2007. 11. 29, 2007다51239(집 55-2, 민 360)는 "송금의뢰인과 수취인 사이에 계좌이체의 원인이 되는 법률관계가 존재하지 않음에도 불구하고, 계좌이체에 의하여 수취인이 계좌이체금액 상당의 예금채권을 취득한 경우에는, 송금의뢰인은 수취인에 대하여 위 금액 상당의 부당이득반환청구권을 가지게 되지만, 수취은행은 이익을 얻은 것이 없으므로 수취은행에 대하여는 부당이득반환청구권을 취득하지 아니하는 것이다."라고 하였다.

4) 그러나 이와 같은 특별히 예외적인 사정이 없는 한 원칙적으로 상계를 허용해야 한다.

[77] Ⅷ. 생명보험계약의 약관에 따른 대출금의 성격과 상계 법리의 적용 여부

대판(전) 2007. 9. 28, 2005다15598(공 2007, 1659)

1. 대법원 판결

"생명보험계약의 약관에 보험계약자는 보험계약의 해약환급금의 범위 내에서 보험회사가 정한 방법에 따라 대출을 받을 수 있고, 이에 따라 대출이 된 경우에 보험계약자는 그 대출 원리금을 언제든지 상환할 수 있으며, 만약 상환하지 아니한 동안에 보험금이나 해약환급금의 지급사유가 발생한 때에는 위 대출 원리금을 공제하고 나머지 금액만을 지급한다는 취지로 규정되어 있다면, 그와 같은 약관에 따른 대출계약(이하 '보험약관대출계약'이라고 한다)은 약관상의 의무의 이행으로 행하여지는 것으로서 보험계약과 별개의 독립된 계약이 아니라 보험계약과 일체를 이루는 하나의 계약이라고 보아야 하고, 보험약관대출금의 경제적 실질은 보험회사가 장차 지급하여야 할 보험금이나 해약환급금을 미리 지급하는 선급금과 같은 성격이라고 보아야 한다. 따라서 위와 같은 약관에서 비록 '대출'이라는 용어를 사용하고 있더라도 이는 일반적인 대출과는 달리 소비대차로서의 법적 성격을 가지는 것은 아니라고 할 것이며, 보험금이나 해약환급금에서 대출 원리금을 공제하고 지급한다는 것은 보험금이나 해약환급금의 선급금의 성격을 가지는 위 대출 원리금을 제외한 나머지 금액만을 지급한다는 의미이므로 민법상의 상계와는 성격이 다르다고 할 것이다."

2. 평석

(1) 생명보험계약의 약관에 따른 대출금의 성격

생명보험계약의 약관에 "보험계약자가 보험계약의 해약환급금의 범위 내에서 보험회사가 정한 방법에 따라 대출을 받을 수 있다."라고 규정하는 경우가 있는데, 이와 같은 약관에 따른 대출계약을 편의상 '보험약관대출계약'이라고 한다. 이 사건 약관에는 보험계약자가 그 대출 원리금을 언제든지 상환할 수 있고, 만약 상환하지 아니한 동안에 보험금이나 해약환급금의 지급사유가 발생한 때에는 위 대출 원리금을 공제하고 나머지 금액만을 지급한다고 정하고 있다. 이 보험약관대출계약의 법적 성격을 어떻게 파악할 것인지 문제된다.

다수의견은 보험약관대출계약이 생명보험계약의 약관에 따른 의무를 이행하는 것으로서 보험계약과 별개의 독립된 계약이 아니라 보험계약과 일체를 이루는 하나의 계약이라고 파악한다. 또한 보험약관대출금의 경제적 실질은 보험회사가 장차 지급하여야 할 보험금이나 해약환급금을 미리 지급하는 선급금과 같은 성격을 갖는다고 한다. 따라서 위와 같은 약관에서 비록 '대출'이라는 용어를 사용하고 있더라도 이는 일반적인 대출과는 달리 소비대차로서의 법적 성격을 가지는 것이 아니고, 보험금이나 해약환급금에서 대출 원리금을 공제하고 지급한다는 것은 보험금이나 해약환급금의 선급금의 성격을 가지는 위 대출 원리금을 제외한 나머지 금액만을 지급한다는 의미이므로 민법상의 상계와는 성격이 다르다고 한다.[1)]

그러나 별개의견은 이 사건 보험약관대출을 '민법이 규정하고 있는 이자 있는 금전소비대차의 일종'으로 파악한다. 그 근거로 들고 있는 내용을 세 가지로 구분해 볼 수 있다. 첫째, 계약서에 명시되어 있는 문언이다. 즉, ① 이 사건

1) 이 판결은 이와 다른 취지의 대법원 판결을 변경하였는데, 대판 1997. 4. 8, 96다51127은 해약환급금 범위 내에서 대출을 받을 수 있도록 정한 단체보험약관에 따라 이루어진 보험약관대출금에 관하여 이를 해약환급금의 선급금으로 보지 아니하고 별도의 대여금으로 보는 전제하에, 그 해약환급금 반환채권과 보험약관대출금 채권은 보험회사의 상계의 의사표시에 의하여 그 상계적상의 시기에 상계되는 것이라고 판단하였다고 한다.

보험약관대출에서 계약당사자는 '보험계약서' 이외에 별도로 '약관대출차용증서'를 작성한 점, ② '대출'이라는 형식을 통하여 금전의 소유권을 A생명보험으로부터 B에게 이전한 점, ③ B는 이를 '상환기일'에 금전으로 반환하되 약정 상환기일까지 '이자'를 지급하고 그 상환기일까지 '상환'이 지체될 경우에는 '연체이자'를 가산하여 지급하기로 한 점이 그것이다. 둘째, 보험업 관계 법령의 규정에서 보험약관의 규정에 의한 대출을 신용공여거래의 한 유형으로 분류하고 있다. 셋째, 보험업계의 보편적인 인식도 대출로 보고 있다. 즉, 기업회계기준상으로도 보험회사의 약관대출에 관한 회계처리는 자산계정 중 '선급금 항목'이 아니라 '대출채권 항목'에 기재하도록 규정되어 있으며, 이에 따라 보험약관대출을 '대출채권'으로 취급하여 회계처리를 하는 것이 보험업계에 보편화되어 있다.[2)]

보험약관대출은 보험금 또는 보험금해약환급금을 담보로 대출을 하는 것이다. 이러한 대출도 소비대차에 해당한다. 이것이 계약서의 문언이나 당사자의 의사에 부합한다. 그렇지 않다면 굳이 계약서, 즉 약관대출차용증서에 대출이나 이자 등 소비대차에 특유한 표현을 사용할 필요가 없을 것이다. 또한 보험약관대출에 따라 이자가 발생하는 것 역시 소비대차계약이 성립한다고 보아야 쉽게 이해할 수 있다. 다수의견과 같이 보험약관대출에 의한 대출금이 보험금이나 해약환급금의 선급금이라면, 보험계약자가 보험자에게 이자 및 연체이자를 지급하여야 하는 근거를 찾기 어렵다.

(2) 생명보험계약의 해지로 인한 해약환급금과 위 보험약관대출금 사이에서 상계의 법리가 적용되는지 여부

이 사건에서 생명보험계약이 해지되기 전에 보험회사에 관하여 구 회사정리법에 의한 회사정리절차가 개시되어 정리채권신고기간이 만료되었는데, 이 경우에 구 회사정리법 제162조 제1항의 상계제한 규정이 적용되지 않는다고 하였다. 이 근거에 관해서도 견해가 대립한다.

다수의견은 위에서 본 바와 같이 보험약관대출계약을 보험계약과 일체로 파악하기 때문에, 생명보험계약의 해지로 인한 해약환급금과 보험약관대출금 사이에는 상계의 법리가 적용되지 않고, 생명보험회사는 생명보험계약 해지 당시의 보험약관대출 원리금 상당의 선급금을 뺀 나머지 금액에 한하여 해약환급금으로서 반환할 의무가 있다고 한다. 이와 달리 별개의견은 이 사건 보험약관대출계약과 보험계약이 비록 별개의 계약이기는 하지만, 위 두 계약에 의한 대출 원리금 채권과 해약환급금 반환채권은 그 성립, 존속, 양도, 변제, 소멸 등 모든 측면에서 강력한 견련관계를 지니고 있고, 이 사건 보험계약과 보험약관대출계약은 당사자 쌍방이 상계를 당연시하고 해약환급금 반환채권과 대출 원리금 채권이 보험계약의 해지 등으로 상계적상에 이른 경우 별도의 상계의 의사표시를 할 것도 없이 대출 원리금이 해약환급금에서 당연히 공제 내지 차감되어 당연 상계의 효과를 발생하도록 의도하였다고 해석할 수 있다[3)]고 한다.

---

2) 이 판결에 관해서는 재판연구관의 상세한 해설이 공간되어 있다. 김형두, "생명보험계약약관에 기한 보험약관대출의 법적 성격," 사법 제2호(2007. 12), 207면 이하.

3) 대판 1974. 2. 12, 73다1052(공 1974, 7730)는 두 채권이 상계적상에 이를 때에는 상계의사표시를 할 것 없이 당연 상계의 효과를 발생케 하는 당사자의 의사였다고 해석함이 상당하다고 판결하였다. 또한 대판 1997. 5. 23, 96다41625(공 1997, 1860)는 "선급금 상환채무와 물품대금채무는 동일한 물품구매기본계약에서 발생한 것으로서 상호 그 이행에 있어서 고도의 견련성이 있으므로 위 선급금은 원칙적으로 원진기계가 채무자와의 물품구매기본계약에 따라 납품한 물품대금에 당연히 충당되는 성질의 것"이라고

이 사건 생명보험계약의 약관에서는 상계라는 용어를 사용하고 있지만, 이 사건 차용증서에는 보험계약의 해지 등으로 보험계약이 종료되면 보험자는 아직 상환되지 않은 대출 원리금을 보험약관에 따라 보험계약자에게 지급할 보험금 또는 해약환급금에서 '공제'하도록 규정하고 있다.[4] 약관대출의 실질과 차용증서라는 형식을 고려해 볼 때 약관대출차용증서에 기재된 내용이 생명보험계약의 약관에 우선하는 것으로 해석할 수 있다. 따라서 이 사건에서 상계에 관한 구 회사정리법 규정이 적용되지 않는다고 보아야 할 것이다.

그러므로 보험약관대출의 법적 성격을 어떠한 방식으로 파악할 것인지 여부에 따라 위와 같은 '공제' 약정이 구 회사정리법에서 어떠한 의미를 갖는지 여부가 달라지는 것이 아니다. 즉, 다수의견과 같이 보험약관대출계약을 보험계약과 일체로 파악할 것인지, 별개의견과 같이 대출 원리금 채권과 해약환급금 반환채권은 강력한 견련관계를 지니고 있다고 파악할 것인지 여부에 따라 이 사건의 결론이 좌우되지 않는다. 만일 '공제' 약정의 효력이 없다고 하려면 그에 상응하는 근거가 있어야 할 것이다. 그러나 위 공제 약정을 무효로 할 근거를 찾기는 어렵고, 오히려 이 사건 보험계약과 보험약관대출계약 사이에는 밀접한 견련관계가 있기 때문에, 위와 같은 '공제' 약정은 유효하다고 보아야 한다.

하였다.

4) 이 사건 생명보험계약의 약관에는, 보험계약자는 보험계약의 해약환급금의 범위 내에서 보험회사가 정한 방법에 따라 '대출'을 받을 수 있고, 이에 따라 '대출'이 된 경우에 보험계약자는 그 '대출금'과 '이자'를 언제든지 '상환'할 수 있으며, '상환'하지 아니한 동안에 보험금이나 해약환급금의 지급사유가 발생한 때에는 위 '대출 원리금'을 '상계'하고 나머지 금액만을 지급한다고 규정되어 있다. 위 약관에 따라 이루어진 이 사건 대출의 '약관대출차용증서'에는 보험약관에 정한 지급사유가 발생하였을 경우 보험회사가 지급할 금액에서 위 '대출 원리금'을 '공제'한다고 규정되어 있으며, 나아가 위 '약관대출차용증서'에는 이 사건 약관에 추가하여 '대출금'의 '상환기일'과 '연체이자'에 관한 사항이 명시되어 있다.

제2장 계약

제1절 청약과 승낙

[78] Ⅰ. 분양광고와 계약의 내용, 고지의무의 범위, 위자료의 보완적 기능

대판 2007. 6. 1, 2005다5812, 5829, 5836(공 2007, 972)[1)]

1. 대법원 판결

(1) "청약은 이에 대응하는 상대방의 승낙과 결합하여 일정한 내용의 계약을 성립시킬 것을 목적으로 하는 확정적인 의사표시인 반면, 청약의 유인은 이와 달리 합의를 구성하는 의사표시가 되지 못하므로 피유인자가 그에 대응하여 의사표시를 하더라도 계약은 성립하지 않고 다시 유인한 자가 승낙의 의사표시를 함으로써 비로소 계약이 성립한다."

(2) "… 분양계약의 목적물인 아파트에 관한 외형·재질 등이 제대로 특정되지 아니한 상태에서 체결된 분양계약은 그 자체로서 완결된 것이라고 보기 어렵다 할 것이므로, 비록 분양광고의 내용, 모델하우스의 조건 또는 그 무렵 분양회사가 수분양자에게 행한 설명 등이 비록 청약의 유인에 불과하다 할지라도 그러한 광고 내용이나 조건 또는 설명 중 구체적 거래조건, 즉 아파트의 외형·재질 등에 관한 것으로서 사회통념에 비추어 수분양자가 분양자에게 계약 내용으로서 이행을 청구할 수 있다고 보여지는 사항에 관한 한 수분양자들은 이를 신뢰하고 분양계약을 체결하는 것이고 분양자들도 이를 알고 있었다고 보아야 할 것이므로, 분양계약시에 달리 이의를 유보하였다는 등의 특단의 사정이 없는 한, 분양자와 수분양자 사이에 이를 분양계약의 내용으로 하기로 하는 묵시적 합의가 있었다고 봄이 상당하다."

"… 이 사건 광고 내용 중 도로확장 및 서울대 이전 광고, 전철복선화에 관한 광고는 이 사건 아파트의 외형·재질과 관계가 없을 뿐만 아니라 사회통념에 비추어 보더라도 수분양자들 입장에서 분양자인 소외 회사가 그 광고 내용을 이행한다고 기대할 수 없는 것들이므로 허위·과장 광고라는 점에서 그 광고로 인하여 불법행위가 성립됨은 별론으로 하고 그 광고 내용이 그대로 분양계약의 내용을 이룬다고 보기는 어렵겠지만, 이와 달리 온천 광고, 바닥재(원목마루) 광고, 유실수단지 광고 및 테마공원 광고는 이 사건 아파트의 외형·재질 등에 관한 것으로서, 그리고 콘도회원권 광고는 아파트에 관한 것은 아니지만 부대시설에 준하는 것이고 또한 이행 가능하다는 점에서, 각 분양계약의 내용이 된다."

(3) "부동산 거래에 있어 거래 상대방이 일정한 사정에 관한 고지를 받았더라면 그 거래를 하지 않았을 것임이 경험칙상 명백한 경우에는 신의성실의 원칙상 사전에 상대방에게 그와 같은 사정을 고지할 의무가 있으며, 그와 같은 고지의무의 대상이 되는 것은 직접적인 법령의 규정뿐 아니라 널리 계약상, 관습상 또는 조리상의 일반원칙에 의하여도 인정될 수 있고,[2)] 일단

1) 상세한 것은 김재형, "분양광고와 계약 — 청약·청약의 유인·손해배상을 중심으로 —," 민사판례연구(XXXI), 2009, 423면 이하 참조.

2) 대판 2006. 10. 12, 2004다48515는 "고지의무 위반은 부작위에 의한 기망행위에 해당하므로 원고들로서는 기망을 이유로 분양계약을 취소하고 분양대금의 반환을 구할 수도 있고 분양계약의 취소를 원하지 않을 경우 그로 인한 손해배상만을 청구할 수도 있다."라고 판결하였다.

고지의무의 대상이 되는 사실이라고 판단되는 경우 이미 알고 있는 자에 대하여는 고지할 의무가 별도로 인정될 여지가 없지만, 상대방에게 스스로 확인할 의무가 인정되거나 거래관행상 상대방이 당연히 알고 있을 것으로 예상되는 예외적인 경우가 아닌 한, 실제 그 대상이 되는 사실을 알지 못하였던 상대방에 대하여는 비록 알 수 있었음에도 알지 못한 과실이 있다 하더라도 그 점을 들어 추후 책임을 일부 제한할 여지가 있음은 별론으로 하고 고지할 의무 자체를 면하게 된다고 할 수는 없다."

(4) "법원은 위자료액을 산정함에 있어서 피해자 측과 가해자 측의 제반 사정을 참작하여 그 금액을 정하여야 하므로 피해자가 가해자로부터 당해 사고로 입은 재산상 손해에 대하여 배상을 받을 수 있는지의 여부 및 그 배상액의 다과 등과 같은 사유도 위자료액 산정의 참작 사유가 되는 것은 물론이며, 특히 재산상 손해의 발생이 인정되는데도 입증 곤란 등의 이유로 그 손해액의 확정이 불가능하여 그 배상을 받을 수 없는 경우에 이러한 사정을 위자료의 증액사유로 참작할 수 있다고 할 것이다(대법원 1984. 11. 13. 선고 84다카722 판결 등 참조)."

2. 평석

(1) 분양광고와 계약의 내용

(가) 이 사건에서 상가나 아파트의 분양광고의 내용이 분양계약의 내용이 되는지 문제되었다. 이 판결은 청약과 청약의 유인을 위 (1)에서 구분하는 기준을 제시하고 있다. 나아가 이 판결은 일반적으로 분양광고의 내용이 청약의 유인으로서의 성질을 갖는다는 점을 전제로 하고 있는 것으로 보이지만, 이 점에 관하여 명확한 판단을 하고 있지는 않다.

그런데 선분양·후시공의 방식으로 분양되는 대규모 아파트단지의 거래사례에서는 분양광고의 내용이 분양계약의 내용으로 될 수 있다고 한다. 이와 같은 사례에서 분양계약서에는 동·호수·평형·입주예정일·대금지급방법과 시기 정도만이 기재되어 있고 분양계약의 목적물인 아파트 및 그 부대시설(이하 아파트 및 그 부대시설을 포괄하여 '아파트'라고만 한다)의 외형·재질·구조 및 실내장식 등(이하 위 사항들을 포괄하여 '외형·재질 등'이라고만 한다)에 대하여 구체적인 내용이 기재되어 있지 않은 경우가 있다. 그러나 분양광고의 내용, 모델하우스의 조건 또는 분양회사가 수분양자에게 행한 설명에서는 분양계약서와 다른 내용이 포함되기도 한다.

원심법원은 분양광고의 내용을 구분하지 않고 광고내용과 같은 아파트를 공급하기로 하는 합의가 존재하지 않는다고 판단하였다. 그러나 대법원은 원심판결을 파기환송하였다.

(나) 분양광고의 내용이 계약 내용이 되는지에 관해서는 대판 2001. 5. 29, 99다55601, 55618(공 2007, 1449)을 살펴볼 필요가 있다. 먼저 피고 A회사가 분양광고시 이 사건 상가에 첨단 오락타운을 조성·운영하고 전문경영인에 의한 위탁경영을 통하여 분양계약자들에게 월 금 100만 원 이상의 수익을 보장한다는 광고를 하고, 분양계약 체결시 이러한 광고내용을 원고들에게 설명한 부분이 문제되었다('오락타운 조성 및 수익보장 광고'). 원심은 다음과 같은 이유로 피고 A회사가 이러한 광고내용에 따른 의무를 부담하지 않는다고 판단하였다. 즉, 원고들과 피고 A회사 사이에 체결된 분양계약서에는 이러한 내용이 기재되지 않은 점, 그 후 이 사건 상가의 임대운영경위 등에 비추어 볼 때, 위와 같은 광고 및 분양계약 체결시의 설명은 청약의 유인에 불과할 뿐 원고들과 피고 A회사 사이의 이 사건 상가 분양계약의 내용으로 되었다고 볼 수 없다. 따라서 피고 A회사가 원고들에 대하여 이 사건 상가를 첨단 오락타운으로 조성·운영하거나 일

정한 수익을 보장할 의무를 부담한다고 할 수 없다는 것이다. 대법원도 원심판결을 지지하였다. 다음으로 피고 A회사가 분양광고시 이 사건 상가의 개장 시기를 1997년 5월경으로 광고한 부분이 문제되었다('상가의 개장 시기 광고'). 원고들과 피고 A회사 사이에 체결된 분양계약서에는 이러한 내용이 기재된 바 없고, 오히려 이 사건 상가의 잔금기일은 입주지정일로부터 10일 이내로 정하고 입주지정일은 피고 A회사가 별도로 통보하도록 약정되어 있다. 원심은 이러한 광고사실만으로 피고 A회사가 1997년 5월경 이 사건 상가를 개장하여야 할 분양계약상의 의무를 부담한다고 할 수 없다고 판단하였고, 대법원도 이를 지지하였다.

'상가의 개장 시기 광고' 부분은 분양계약서에 이와 다른 내용이라고 볼 수 있는 조항이 있기 때문에, 분양계약의 내용이 아니라고 쉽게 결론내릴 수 있다. 분양계약을 체결하기 전에 광고를 하거나 설명을 하였다고 하더라도 분양계약을 체결할 당시 이를 배제하였다고 볼 수 있기 때문이다. 그런데 '오락타운 조성 및 수익보장 광고' 부분에 관해서는 분양계약서에 아무런 기재가 없다. 이 부분이 계약의 내용으로 될 수 있는지 여부에 관하여 법원은 소극적으로 판단하였다. 그와 같이 판단한 이유로 이 사건 상가의 임대운영경위 등을 들고 위와 같은 광고는 청약의 유인에 불과하다고 하고 있을 뿐이다.

(다) 대법원 2007년 판결은 분양광고의 내용이 계약의 내용이 되는지에 관하여 2001년 판결보다 좀 더 세밀한 논리를 제시하고 있다. 이 사건에서 온천 광고, 바닥재(원목마루) 광고, 유실수 단지 광고 및 테마공원 광고는 이 사건 아파트의 외형·재질 등에 관한 것으로서, 그리고 콘도회원권 광고는 아파트에 관한 것은 아니지만 부대시설에 준하는 것이고 또한 이행 가능하다는 점에서, 각 분양계약의 내용이 된다고 하였다.[3] 이와 달리 이 사건 광고 내용 중 도로확장 및 서울대 이전 광고, 전철복선화에 관한 광고는 이 사건 아파트의 외형·재질과 관계가 없을 뿐만 아니라 사회통념에 비추어 보더라도 수분양자들 입장에서 분양자인 소외 회사가 그 광고 내용을 이행한다고 기대할 수 없는 것들이므로 그 광고 내용이 그대로 분양계약의 내용을 이룬다고 보기는 어렵다고 하였다.

이 사건 분양광고의 내용이 계약의 내용이 되는지에 관해서는 다음과 같이 세 경우로 구분해서 검토해 볼 필요가 있다.

첫째, 분양계약서(제17조)에 견본주택 내에 시공된 제품은 특별한 사정 없이 타사 제품으로 변경될 수 없고 견본주택 및 각종 인쇄물과 모형도상의 구획선 및 시설물의 위치, 설계도면 등의 표시가 계약체결일 이후 사업계획 변경승인 및 신고 등에 따라 일부 변경된 경우에는 소외 회사가 수분양자들에게 이를 통보하기로 규정하고 있다. 따라서 분양계약서에 기재되어 있지 않더라도 이 사건 외형·재질은 견본주택 내에 시공된 제품과 동일한 것으로 하기로 하는 계약이 체결되어 있다고 볼 수 있다. 이 점에 관해서는 묵시적 약정이 아니라 명시적 약정이 있다고 보아야 할 것이다. 그러나 견본주택 내에 시공된 제품의 외형·재질 등이 광고에 기재된 내용과 다른 경우에는 일반적으로 견본주택 내에 시공된 제품의 외형·재질 등에 따라 시공을 하여야 하고, 광고내용대로 시공하여야 할 의무는 없을 것이다.

둘째, 견본주택 내에 시공하지는 않았지만 광고에 나타난 부분에 관해서는 묵시적 약정을 인정할 수 있다. 대법원 2007년 판결은 아파트의 외형·재질 등에 관한 것인지, 이행이 가능한 것

3) 바닥재(원목마루) 광고, 유실수단지 광고 및 온천 광고의 내용은 모두 분양계약의 내용이 되는 것이어서 계약책임이 인정된다고 보는 이상, 그 광고 내용들이 분양계약의 내용이 되지 아니함을 전제로 기망행위로 인한 불법행위책임이 인정될 여지가 없다고 한다.

인지 여부에 따라 광고내용이 계약내용이 되는지 여부를 판단하고 있다. 아파트의 외형·재질 등에 관한 부분에 관해서는 계약서에 아무런 약정이 없다고 하더라도 계약의 내용으로 하기로 하는 묵시적 약정을 인정할 수 있다. 그러나 이행의 가능 여부에 따라 계약의 내용을 판단하는 것이 정당한 것인지는 의문이다. 왜냐하면 이행이 불가능한 부분이라고 하더라도 계약의 내용에는 해당하지만, 그 효력이 문제된다고 볼 수도 있기 때문이다. 대법원 2007년 판결은 이 사건에 관한 구체적인 판단에서 온천 광고, 바닥재(원목마루) 광고, 유실수단지 광고 및 테마공원 광고, 콘도회원권 광고가 분양계약의 내용이 된다고 하였다. 그러나 위 대법원 2001년 판결은 '오락타운 조성 및 수익보장 광고'가 계약의 내용이 되지 않는다고 하였다. 위와 같은 수익보장광고는 원칙적으로 계약의 내용이 되지 않는다고 볼 수 있으나, 오락타운 광고는 계약의 내용이 될 수 있는지 논란이 될 수 있다. 2001년 판결과 같이 오락타운 광고가 계약의 내용이 되지 않는다면, 2007년 판결에서도 유실수단지 광고 및 테마공원 광고, 콘도회원권 광고도 계약의 내용이 되지 않는다고 보는 것이 일관성이 있을 것이다. 따라서 위 두 판결은 이 점에서 모순된다고 볼 수 있다.

셋째, 이 사건에서 도로확장 및 서울대 이전 광고, 전철복선화에 관한 광고는 이 사건 아파트의 외형·재질과 관계가 없을 뿐만 아니라 사회통념에 비추어 보더라도 수분양자들 입장에서 분양자인 소외 회사가 그 광고 내용을 이행한다고 기대할 수 없다는 점에서 분양계약의 내용이 되지 않는다고 보고 있다. 다만 서울대학교가 이전할 예정임을 인정할 근거가 없는데도 '서울대 이전(예정)'이라고 광고한 점과 관련하여, 이 부분 광고행위들은 일반적인 상거래 관행과 신의칙에 비추어 시인되기 어려운 기망행위로서 불법행위책임이 있다고 판단하고 있다. 그러나 이와 같은 허위·과장 광고를 한 경우에 불법행위가 성립할 수 있지만, 이와 함께 분양자가 제대로 설명을 하지 않은 것은 부수적 채무의 불이행을 이유로 채무불이행책임을 인정할 여지도 있다.

(2) 공동묘지 존재사실에 대한 고지의무 위반

이 사건 아파트단지 바로 옆에 초등학교가 있고 초등학교의 바로 뒤편 야산에는 대규모의 공동묘지가 조성되어 있다. 소외 회사가 제작·배포한 이 사건 아파트에 대한 광고전단뿐만 아니라 분양안내책자 및 조감도 등에는 신설될 위 초등학교 부지만 표시되어 있고 위 공동묘지가 조성되어 있는 곳은 수목이 식재된 야산으로만 나타나 있을 뿐이고 공동묘지는 표시되어 있지 않았다.

원심은 원고들 모두에 대한 관계에서 이 사건 공동묘지에 대한 고지의무의 존재를 부정함으로써 부작위에 의한 기망행위에 해당하지 않는다고 판단하였다. 그 규모와 위치에 비추어 현장을 방문하여 확인하거나 인근 주민들에게 탐문하는 방법으로 쉽게 그 존재를 알 수 있고, 또 실제 현장을 방문한 원고들 중 상당수는 공동묘지의 존재를 알았을 것으로 추측되며, 위 공동묘지의 존재는 이로 인하여 장차 분양계약의 효력이나 이에 따른 채무의 이행에 장애를 가져와 수분양자가 분양목적물에 대한 권리를 확보하지 못할 위험이 생길 사정에 해당하지도 않는다는 점을 그 이유로 들었다.

그러나 대법원은 "아직까지 우리 사회의 통념상으로는 공동묘지가 주거환경과 친한 시설이 아니어서 분양계약의 체결 여부 및 가격에 상당한 영향을 미치는 요인일 뿐만 아니라 대규모 공동묘지를 가까이에서 조망할 수 있는 곳에 아파트단지가 들어선다는 것은 통상 예상하기 어렵다."고 하고, 위 공동묘지의 존재사실을 잘 알고 있었던 소외 회사로서는 이미 그 사실을 알고 있었던 수분양자들을 제외한 나머지 수분양자들에게 위와 같은 공동묘지의 존재사실을 고지할 신의칙상의 의무가 있다고 판단하였다. 이와 같은 고지의무를 위반한 경우에 채무불이행책임이 인정되는지, 아니면 불법행위책임이 인정되는지 문제되는데, 이 점에 관하여는 대법원이 명시적인 판단을 하지 않고 있다.[4)]

아파트 분양계약에서 주변에 공동묘지가 있는지 여부는 매우 중요한 사항이다. 따라서 분양자는 공동묘지의 존재사실을 수분양자들에게 알려야 할 것이다. 따라서 분양자가 수분양자들에게 이에 관한 고지의무를 부담한다. 이러한 고지의무는 부수적 채무에 해당하고, 이를 불이행한 경우에 채무불이행책임을 부담한다. 또한 위와 같은 고지의무 위반은 위법성이 있다고 볼 수 있기 때문에, 불법행위책임도 성립할 수 있다. 특히 이 사건에서는 광고전단, 분양안내책자와 조감도에 위 공동묘지가 없는 것처럼 되어 있었다. 따라서 분양회사가 적극적으로 기망을 하였다고 볼 수도 있고, 따라서 불법행위책임도 성립한다고 보아야 할 것이다.

(3) 불법행위로 인한 손해액의 산정 — 위자료의 보완적 기능

대법원은 인신사고에 관한 사례에서 위자료의 보완적 기능을 인정한 바 있다. 즉, 법원은 위자료액을 산정함에 있어서 피해자 측과 가해자 측의 제반 사정을 참작하여 그 금액을 정하여야 하므로 피해자가 가해자로부터 당해 사고로 입은 재산상 손해에 대하여 배상을 받을 수 있는지 여부 및 그 배상액의 다과 등과 같은 사유도 위자료액 산정의 참작 사유가 되는 것은 물론이며, 특히 재산상 손해의 발생이 인정되는데도 입증 곤란 등의 이유로 그 손해액의 확정이 불가능하여 그 배상을 받을 수 없는 경우에 이러한 사정을 위자료의 증액사유로 참작할 수 있다.[5)]

원심은 이 사건 광고 중 기망행위로 인한 불법행위책임이 성립하는 부분과 관련하여, 원고들이 소외 회사의 위법한 기망행위로 인하여 입은 재산상 손해액을 ① 원고들이 실제 지급한 분양대금액에서 ② 기망행위에 의하여 분양계약을 체결하던 당시를 기준으로 한 이 사건 아파트의 시가(즉, 원고들이 주장하는 적정 분양대금의 가액)를 차감한 액수로 산정하는 입장에서 볼 때 차감항목인 ②의 가액을 객관적으로 산정할 만한 방법이 없다고 판단하였는데, 대법원도 이를 지지하였다. 또한 이처럼 재산상 손해액의 산정이 불가능하다고 보는 입장에서라면 그러한 사정을 정신적 손해의 산정에 참작하여 배상할 손해액을 산정하는 방법도 가능하다고 하였다.

이 판결은 인신사고에 관한 사례가 아니라 기망행위로 인한 불법행위책임에서 위자료의 보완적 기능을 인정한 것이다. 그런데 위 ② '기망행위에 의하여 분양계약을 체결하던 당시를 기준으로 한 이 사건 아파트의 시가(즉, 원고들이 주장하는 적정 분양대금의 가액)'를 산정할 만한 방법이 없는지는 의문이다. 또한 대법원은 재산적 손해가 발생한 사실이 인정되나, 그 손해액을 산정할 수 없는 경우에 변론 전체의 취지나 증거조사의 결과를 토대로 재산상 손해액을 정할 수 있다고 하고 있다.[6)] 이 사건에서는 위자료의 보완적 기능으로 해결할 것이 아니라, 오히려 재산적 손해액을 변론 전체의 취지와 증거조사의 결과를 참작하여 손해액을 산정하여야 했을 것이다.

4) 원심은 이와 같은 고지의무 위반을 불법행위문제로 파악하고 있고 있는데, 대법원이 이 점에 관하여 명시적인 언급을 하지 않았기 때문에, 원심판단을 따르고 있다고 볼 여지가 있다.

5) 대판 1984. 11. 13, 84다카722(공 1985, 23).

6) 대판 2004. 6. 24, 2002다6951, 6968(공 2004, 1201). 이 판결에 대한 평석인 김재형, "프로스포츠 선수계약의 불이행으로 인한 손해배상책임," 민법론 Ⅲ, 2007, 367면 이하도 참조.

[79] Ⅱ. 계약의 성립
대판 2003. 4. 11, 2001다53059(집 51-1, 민 126)

1. 사실관계

피고가 무역센터 부지 내에 수출 1,000억$ 달성을 기념하는 영구조형물(이하 '이 사건 조형물'이라고 한다)을 건립하기로 하고 그 건립방법에 관하여 분야별로 5인 가량의 작가를 선정하여 조형물의 시안(試案) 제작을 의뢰한 후 그중에서 최종적으로 1개의 시안을 선정한 다음 그 선정된 작가와 이 사건 조형물의 제작·납품 및 설치계약을 체결하기로 하였다. 피고는 원고 등 조각가 4인에게 시안(試案)의 작성을 의뢰하면서 시안이 선정된 작가와 조형물 제작·납품 및 설치계약(이하 '이 사건 계약'이라고 한다)을 체결할 것이라는 사실을 알렸으나 당시 이 사건 조형물의 제작비, 제작시기, 설치장소를 구체적으로 통보하지 않았다. 피고는 작가들이 제출한 시안 중 원고가 제출한 시안을 당선작으로 선정하고 원고에게 그 사실을 통보하였다. 그 후 피고는 여러 가지 피고 협회의 내부적 사정과 외부의 경제여건 등으로 원고와 사이에 그 제작비, 설치기간, 설치장소 및 그에 따른 제반사항을 정한 구체적인 이 사건 계약을 체결하지 아니하고 있다가 당선사실 통지시로부터 약 3년이 경과한 시점에 원고에게 이 사건 조형물의 설치를 취소하기로 하였다고 통보하였다.

2. 대법원 판결

대법원은 계약의 성립을 부정하면서 그 전제로 다음과 같은 법리를 전개하고 있다.

"① 계약이 성립하기 위하여는 당사자의 서로 대립하는 수 개의 의사표시의 객관적 합치가 필요하고 ② 객관적 합치가 있다고 하기 위하여는 당사자의 의사표시에 나타나 있는 사항에 관하여는 모두 일치하고 있어야 하는 한편, ③ 계약 내용의 '중요한 점' 및 계약의 객관적 요소는 아니더라도 특히 당사자가 그것에 중대한 의의를 두고 계약성립의 요건으로 할 의사를 표시한 때에는 이에 관하여 합치가 있어야 계약이 적법·유효하게 성립하는 것이다. ④ 그리고 계약이 성립하기 위한 법률요건인 청약은 그에 응하는 승낙만 있으면 곧 계약이 성립하는 구체적, 확정적 의사표시여야 하므로(대법원 1992. 10. 13. 선고 92다29696 판결, 1993. 10. 22. 선고 93다32507 판결, 1998. 11. 27. 선고 97누14132 판결 등 참조), 청약은 계약의 내용을 결정할 수 있을 정도의 사항을 포함시키는 것이 필요하다 할 것이다." (원문자는 필자가 편의상 가필한 것이다).

이 사건에 대한 구체적 판단에서 대법원은 "비록 피고가 작가들에게 시안 제작을 의뢰할 때 시안이 당선된 작가와 사이에 이 사건 계약을 체결할 의사를 표명하였다 하더라도 **그 의사표시 안에 이 사건 조형물의 제작·납품 및 설치에 필요한 제작대금, 제작시기, 설치장소를 구체적으로 명시하지 아니하였던 이상** 피고의 원고 등에 대한 시안제작 의뢰는 이 사건 계약의 청약이라고 할 수 없고, 나아가 원고가 시안을 제작하고 피고가 이를 당선작으로 선정하였다 하더라도 원고와 피고 사이에 구체적으로 이 사건 계약의 청약과 승낙이 있었다고 보기는 어렵다."라고 하였다.

3. 평석

(1) 계약이 성립하려면 청약과 승낙이 서로 합치하여야 한다. 대판 2001. 6. 15, 99다40418(집 49-1, 민 483)은 "문제가 된 건설하도급공사는 공사금액이 수백억에 달하는 데다가 공사기간도 14개월이나 되는 장기간에 걸친 대규모의 공사이므로 특별한 사정이 없는 한 공사금액 외에 구체적인 공사시행 방법과 준비, 공사비 지

급방법 등과 관련된 제반 조건 등 그 부분에 대한 합의가 없다면 계약을 체결하지 않았으리라고 보이는 중요한 사항에 관한 합의까지 이루어져야 비로소 그 합의에 구속되겠다는 의사의 합치가 있었다고 보는 것이 당사자의 실제의 의사와 부합하는 해석"이라고 하였다. 이는 계약이 성립하려면 당사자가 중요하다고 보는 사항에 관한 의사의 합치가 있어야 한다는 것이다.

(2) 대법원 2003. 4. 11. 판결에서도 의사표시의 객관적 합치가 문제되었다. 대법원은 위 ④의 법리를 토대로 이 사건에서 청약이 없다고 하였지만, 그 전제로서 판단한 부분은 주목할 필요가 있다. 의사표시의 객관적 합치가 있다고 하려면 당사자의 의사표시에 나타나 있는 사항에 관하여는 모두 일치하고 있어야 한다고 하였다(위 ② 부분).

그러나 이와 같이 의사표시에 나타난 모든 사항, 특히 부수적인 사항까지 일치하여야 하는지는 의문이다. 대법원은 그에 이어서 바로 계약내용의 '중요한 점' 및 계약의 객관적 요소는 아니더라도 특히 당사자가 그것에 중대한 의의를 두고 계약성립의 요건으로 할 의사를 표시한 때에는 이에 관하여 합치가 있어야 계약이 적법·유효하게 성립한다고 하였다(위 ③ 부분). 앞뒤로 나란히 있는 위 두 부분은 서로 모순되는 사항을 포함하고 있다. 객관적으로 계약내용의 중요한 사항과 주관적으로 당사자가 중대한 의의를 두고 계약성립의 요건으로 할 의사를 표시한 사항에 관하여 의사표시의 합치가 있으면 계약이 성립한다고 보아야 할 것이다.

[80] Ⅲ. 계약체결상의 과실
대판 2001. 6. 15, 99다40418(집 49-1, 민 483)

1. 대법원 판결

"어느 일방이 교섭단계에서 계약이 확실하게 체결되리라는 정당한 기대 내지 신뢰를 부여하여 상대방이 그 신뢰에 따라 행동하였음에도 상당한 이유 없이 계약의 체결을 거부하여 손해를 입혔다면 이는 신의성실의 원칙에 비추어 볼 때 계약자유 원칙의 한계를 넘는 위법한 행위로서 불법행위를 구성한다고 할 것이다."

이 사건에서는 불법행위책임을 부정하였는데, 그 이유는 다음과 같다. (1) 원고들은 입찰에 참가하기 직전에 피고 회사로부터 견적서 외에 이행각서 및 하도급보증서까지 받은 사실이 인정되지만, 견적서의 제출행위가 청약의 유인에 불과하고 원고들의 요청에 따라 제출된 이행각서 역시 그 내용에 있어 특별히 법적 의미를 부여할 만한 점이 없으므로 위 서류 등을 제출받았다는 점만으로 **하도급계약이 확실하게 체결될 것이라는 상당하고도 정당한 기대나 신뢰가 원고들에게 부여되었다고 보기 어렵다.** (2) 수백억원에 달하는 대규모 건설공사의 입찰에 참가하는 원고들로서는 기업의 경영활동 측면에서 스스로의 영리적 목적에 따라 나름대로의 손익을 계산하여 그 판단하에 입찰금액을 정하여 입찰에 참가하였을 것이고, 낙찰을 받은 후 피고 회사보다 견적가가 저렴하고 시공능력이 우수한 자가 나타난다면 그 자와의 하도급계약을 체결할 수도 있었을 것이며, 피고 회사의 시공능력이 부족하여 발주처의 승인을 받지 못할 때에는 다른 하도급업체를 물색하거나 필요에 따라 자신이 직접 시공을 하는 경우를 충분히 예상하였다고 보이므로, 결국 **원고들의 입찰참가행위는 피고 회사와의 계약이 확실하게 체결되리라는 정당한 기대 내지 신뢰에 기초하여 행동한 것이라고 보기 어렵다.** (3) **피고 회사의 계약체결 거절행위가 상당한 근거 없이 이루어진 것이라고 보기 어려울** 뿐만 아니라, 그 교섭기간도 부당하게 길다고 보이지 않으며, 가사 피고 회사가 처음 제출한 견적서의 금액대로 공사를 하는 것이 사실상 불가능하다는 점을 교섭 초기에 미리 말하지 않았다고 하더라도 피고 회사로서는 협상과정에서 공사금액을 올리거나 더 유리한 다른 조건으로 하도급을 체결할 가능성이 있었다 할 것이므로 이를 들어 위법하다고 할 수는 없다.

2. 평석

(1) 계약체결과정에서 당사자 일방에게 과실이 있는 경우에 상대방이 그 책임을 추궁할 수 있는지, 이를 긍정한다면 그 근거와 내용이 무엇인지 문제된다.

종래 이 문제에 관하여 계약체결상의 과실책임에 관한 민법 제535조를 유추하여 해결할 것인지, 계약책임 또는 불법행위책임으로 해결할 것인지 논란이 많았다. 이 판결은 계약체결상의 과실책임에 관하여 기준을 제시하였다. 특히 당사자 일방이 계약의 교섭단계에서 교섭을 파기한 경우에 불법행위책임이 성립할 수 있다고 보고,[1] 그 요건을 제시하였다는 점에서 중요한 의미가 있다.

(2) 그 후 대판 2003. 4. 11, 2001다53059는 위 2001. 6. 15. 판결을 인용한 다음, 손해배상에 관하여 판단하고 있다.

"그리고 그러한 불법행위로 인한 손해는 일방이 신의에 반하여 상당한 이유 없이 계약교섭을 파기함으로써 계약체결을 신뢰한 상대방이 입

1) 양창수, "계약체결상의 과실," 민법연구 제1권, 1991, 391면은 계약교섭을 부당하게 파기한 경우에 불법행위로 해결해야 한다고 주장하였다.

게 된 상당인과관계 있는 손해로서 계약이 유효하게 체결된다고 믿었던 것에 의하여 입었던 손해 즉 **신뢰손해에 한정**된다고 할 것이고, 이러한 신뢰손해란 예컨대, 그 계약의 성립을 기대하고 지출한 계약준비비용과 같이 그러한 신뢰가 없었더라면 통상 지출하지 아니하였을 비용 상당의 손해라고 할 것이며, 아직 계약체결에 관한 확고한 신뢰가 부여되기 이전 상태에서 계약교섭의 당사자가 계약체결이 좌절되더라도 어쩔 수 없다고 생각하고 지출한 비용, 예컨대 경쟁입찰에 참가하기 위하여 지출한 제안서, 견적서 작성비용 등은 여기에 포함되지 아니한다고 볼 것이다. 한편 그 침해행위와 피해법익의 유형에 따라서는 계약교섭의 파기로 인한 불법행위가 인격적 법익을 침해함으로써 상대방에게 정신적 고통을 초래하였다고 인정되는 경우라면 그러한 정신적 고통에 대한 손해에 대하여는 별도로 배상을 구할 수 있다고 할 것이다."

대법원은 이 사건에서 "비록 원·피고 사이에 이 사건 계약에 관하여 확정적인 의사의 합치에 이르지는 못하였다고 하더라도 그 계약의 교섭단계에서 피고가 원고 등 조각가 4인에게 시안의 작성을 의뢰하면서 시안이 선정된 작가와 조형물 제작·납품 및 설치에 관한 이 사건 계약을 체결할 것을 예고한 다음 이에 응하여 작가들이 제출한 시안 중 원고가 제출한 시안을 당선작으로 선정하고 원고에게 그 사실을 통보한 바 있었으므로 당선사실을 통보받은 시점에 이르러 원고로서는 이러한 피고의 태도에 미루어 이 사건 계약이 확실하게 체결되리라는 정당한 기대 내지 신뢰를 가지게 되었다고 할 것이고 그 과정에서 원고는 그러한 신뢰에 따라 피고가 요구하는 대로 이 사건 조형물 제작을 위한 준비를 하는 등 행동을 하였을 것임에도, 앞서 본 바와 같이 피고가 원고와는 무관한 자신의 내부적 사정만을 내세워 근 3년 가까이 원고와 계약체결에 관한 협의를 미루다가 이 사건 조형물 건립사업의 철회를 선언하고 상당한 이유 없이 계약의 체결을 거부한 채 다른 작가에게 의뢰하여 해상왕 장보고 상징조형물을 건립한 것은 신의성실의 원칙에 비추어 볼 때 계약자유원칙의 한계를 넘는 위법한 행위로서 불법행위를 구성한다."라고 판단하였다.

나아가 그 손해배상의 유형과 범위에 관해서는 "이 사건과 같은 피고의 계약교섭의 부당파기는 조형물 작가로서의 원고의 명예감정 및 사회적 신용과 명성에 대한 직·간접적인 침해를 가한 불법행위에 해당된다고 할 것이므로 피고는 그로 인하여 원고가 입은 정신적 고통에 대하여 이를 금전으로 위자할 책임이 있다."고 한다. 그러나 원고가 재산적 손해라고 주장하는 추정 총 제작비 20% 상당의 창작비 3억 원의 손해는 결과적으로 이 사건 계약이 정당하게 체결되어 그 이행의 결과에 따라 원고가 얻게 될 이익을 상실한 손해와 같은 성질의 것이어서 계약교섭이 중도파기되었을 뿐 종국에 가서 적법한 계약이 체결되지 아니한 이 사건에서 원고로서는 계약의 이행을 청구할 수도 없고 또한 그 불이행책임을 청구할 아무런 법적 지위에 놓여 있지 아니하게 된 이상 계약의 체결을 전제로 한 이와 같은 손해의 배상을 구할 수는 없다고 한다. 또한 이 사건 조형물의 제작을 준비하기 위하여 지출하였다는 비용 중 피고의 공모에 응하여 시안을 제작하는 데 소요된 비용은 아직 피고로부터 계약체결에 관한 확고한 신뢰가 부여되기 이전 상황에서 지출된 것으로서 원고로서는 그 대가로 500만 원을 지급받는 것에 만족하고 그 공모에 응하여 당선되지 않더라도 무방하다고 생각하고 지출한 비용에 불과하여 이 사건에서 용인될 수 있는 신뢰손해의 범위에 속한다고 볼 수도 없다고 한다.

이 판결은 위 2001년 판결과 달리 이 사건에서 불법행위의 성립요건을 갖추고 있다고 하였다. 이와 같이 계약교섭의 중도파기로 인한 손해배상액을 "일방이 신의에 반하여 상당한 이유 없이 계약교섭을 파기함으로써 계약체결을 신뢰한 상대방이 입게 된 상당인과관계 있는 손해로서 계약이 유효하게 체결된다고 믿었던 것에 의하여 입었던 손해, 즉 신뢰손해"에 한정한 다음, 결국 원고의 위자료 청구만을 인용하고 재산상 손해에 관한 청구를 배척하고 있다.

(3) 대판 2004. 5. 28, 2002다32301(공 2004, 1055)은 위 2003년 판결을 인용한 다음, 불법행위책임의 성립을 인정하고, 손해배상의 범위에 관하여 다음과 같은 일반론을 제시하고 있다.

"계약교섭의 부당한 중도파기가 불법행위를 구성하는 경우, 상대방에게 배상책임을 지는 것은 계약체결을 신뢰한 상대방이 입게 된 상당인과관계 있는 손해이고, 한편 계약교섭 단계에서는 아직 계약이 성립된 것이 아니므로 당사자 중 일방이 계약의 이행행위를 준비하거나 이를 착수하는 것은 이례적이라고 할 것이므로 설령 이행에 착수하였다고 하더라도 이는 자기의 위험 판단과 책임에 의한 것이라고 평가할 수 있지만 만일 이행의 착수가 상대방의 적극적인 요구에 따른 것이고, 바로 위와 같은 이행에 들인 비용의 지급에 관하여 이미 계약교섭이 진행되고 있었다는 등의 특별한 사정이 있는 경우에는 당사자 중 일방이 계약의 성립을 기대하고 이행을 위하여 지출한 비용 상당의 손해가 상당인과관계 있는 손해에 해당한다고 할 것이다."

나아가 대법원은 "이 사건에서 피고는 원고에게 잔여 공사의 완성을 적극적으로 요구하는 한편, 잔여 공사의 완성을 위하여 원고가 추가로 지출할 수밖에 없게 된 공사비용을 지급해 줄 것이라는 정당한 기대 내지 신뢰를 부여하여 원고로 하여금 추가 공사비용의 지출 부담하에 잔여 공사를 완성하게 하였음에도 불구하고 상당한 이유 없이 추가비용 지급을 위한 계약교섭을 파기하였으므로, 피고가 원고에게 배상하여야 할 손해는 바로 원고가 잔여 공사를 완성하는 과정에서 추가로 지출하게 된 공사비용이라고 할 것이고, 그 수액은 적어도 계약교섭 과정의 마지막 단계에서 피고가 내부적으로 공사비 증액 금액으로 인정하였던 45억 8,500만 원을 초과하는 것으로 보아야 할 것이다."라고 판단하였다.

(4) 계약교섭단계에서 일방 당사자가 계약의 교섭을 부당하게 파기한 경우에 우리 민법하에서는 불법행위에 기한 손해배상책임으로 해결해야 한다는 것이 확고한 판례가 되었다고 볼 수 있다. 또한 그 손해배상으로 신뢰이익의 배상을 인정하고 있다. 그런데 계약체결상의 과실을 불법행위책임이 아니라 계약책임으로 해결하여야 한다는 견해[2)]가 있다. 그러나 계약교섭의 부당파기를 계약책임으로 해결하는 것은 근거를 찾기 어렵다. 한편 그 손해배상으로 신뢰이익의 배상을 인정하는 것이 타당한지는 논란의 여지가 있다.

2) 지원림, "계약교섭이 부당하게 파기된 경우의 법률관계," 민사판례연구(XXV), 2003, 179면.

제2절 계약의 효력

[81] Ⅰ. 매매계약과 동시이행관계

대판 2000. 11. 28, 2000다8533(공 2001, 151)

1. 사실관계와 원심판결

원고가 피고에게 다세대주택을 1억 1천만원에 매도하고 피고로부터 계약금과 중도금을 받았다. 그런데 위 주택의 2분의 1지분에 관하여 2개의 가압류등기가 경료되어 있었다. 원고의 위 가압류등기말소의무도 피고의 잔대금지급의무와 동시이행관계에 있는지 문제되었다.

원심은 피고는 원고로부터 이 사건 다세대주택에 관한 소유권이전등기절차를 이행받음과 상환으로 원고에게 잔대금을 지급할 의무가 있다고 판단하였다.

2. 대법원 판결

그러나 대법원은 다음과 같은 이유로 원심판결을 파기환송하였다.

"부동산의 매매계약이 체결된 경우에는 매도인의 소유권이전등기의무, 인도의무와 매수인의 잔대금지급의무는 동시이행의 관계에 있는 것이 원칙이다. 이 경우 매도인은 특별한 사정이 없는 한 제한이나 부담이 없는 완전한 소유권이전등기의무를 지는 것이므로 매매목적 부동산에 가압류등기 등이 되어 있는 경우에는 매도인은 이와 같은 등기도 말소하여 완전한 소유권이전등기를 해 주어야 한다. 따라서 가압류등기 등이 있는 부동산의 매매계약에서는 매도인의 소유권이전등기 의무와 아울러 가압류등기의 말소의무도 매수인의 대금지급의무와 동시이행관계에 있다."

3. 평석

부동산매매에서 매도인의 소유권이전등기의무와 매수인의 대금지급의무가 동시이행관계에 있다는 점은 분명하다. 그러나 매도인의 다른 의무도 매수인의 대금지급의무와 동시이행관계에 있는지는 반드시 명확한 것은 아니다. 이 판결은 부동산매매계약에서 매도인의 소유권이전등기의무, 인도의무, 가압류등기 등의 말소의무가 매수인의 대금지급의무와 동시이행관계에 있다고 하였다.

먼저 부동산 매매계약에서 매도인의 인도의무는 매수인의 잔대금지급의무와 동시이행의 관계에 있는지에 관하여 보자. 이 판결은 부동산매도인의 목적물인도 및 명도의무도 매수인의 대금지급의무와 동시이행관계가 있다는 종래의 대법원 판결[1)]을 따른 것이다. 그러나 매도인의 소유권이전등기의무는 매수인의 잔금지급의무와 동시이행관계에 있지만, 매도인의 부동산인도의무는 매수인의 잔금지급의무와 동시이행관계에 있지 않다는 대법원 판결[2)]도 있다.

민법 제568조 제1항은 "매도인은 매수인에 대하여 매매의 목적이 된 권리를 이전하여야 하며 매수인은 매도인에게 그 대금을 지급하여야 한다."라고 규정하고, 제2항은 위 쌍방의무는 특별한 약정이나 관습이 없으면 동시에 이행하여야 한다고 규정하고 있다. 부동산매매에서 매도인이 매수인에게 소유권이전등기의무를 이행하여야 재산권, 즉 소유권이 이전되므로(민법 제186조), 부동산매매에서 재산권이전의무에는 — 동산매매의 경우와는 달리 — 목적물인도의무가 포함되지 않는다고 생각할 여지도 있다. 그러나

1) 대판 1980. 7. 8, 80다725(공 1980, 13002); 대판 1991. 8. 13, 91다13144(공 1991, 2344).
2) 대판 1976. 4. 27, 76다297, 298(요집 민상 I－2, 857). 同旨: 곽윤직, 채권각론, 제6판, 2000, 62면.

소유권은 사용, 수익, 처분권능을 포함하는 것이므로, 부동산매도인은 부동산을 사용, 수익, 처분할 수 있는 권능을 매수인에게 넘겨주어야만 재산권이전의무를 이행한 것이다. 따라서 부동산매도인의 인도의무도 재산권이전의무에 포함된다고 볼 수 있다. 당사자 사이에 반대의 약정이 없는 한 부동산매도인의 인도의무도 매수인의 잔금지급의무와 동시이행관계에 있다고 보아야 한다. 그렇지 않다고 하더라도 매매계약의 효력으로서 부동산매도인은 목적물인도의무도 부담하고, 이는 통상 잔대금지급과 동시이행관계에 있다고 보는 것이 당사자의 의사에도 부합한다.

다음으로 부동산에 근저당권이 설정되어 있거나 가압류등기가 있는 경우에 이를 말소할 의무도 재산권이전의무의 범위에 속한다. 부동산매도인은 특별한 사정이 없는 한 제한이나 부담이 없는 완전한 소유권이전등기의무를 지는 것이므로 매매목적 부동산에 가압류등기 등이 경료되어 있는 경우에는 매도인은 이와 같은 등기도 말소하여 완전한 소유권이전등기를 해 주어야 하기 때문이다. 따라서 가압류등기가 있는 부동산의 매매계약에서 매도인의 소유권이전등기의무와 아울러 가압류등기의 말소의무도 매수인의 대금지급의무와 동시이행 관계에 있다고 보아야 한다.[3)]

3) 대판 1991. 9. 10, 91다6368(공 1991, 2505); 대판 1979. 11. 13, 79다1562(공 1980, 12347).

[82] Ⅱ. 계약의 해제와 제3자
대판 2000. 1. 14, 99다40937(공 2000, 385)

1. 사실관계와 원심판결

원고는 이 사건 부동산을 A에게 매도하여 A 앞으로 소유권이전등기가 경료되었다. 피고는 A에 대한 금전채권을 보전하기 위하여 이 사건 부동산을 가압류하였다. 그 후 원고는 이 사건 매매계약을 해제함으로써 이 사건 부동산의 소유권이 소급하여 원고에게 복귀되었으니, 위 가압류집행은 A 아닌 원고 소유의 부동산에 대하여 한 셈이 되어 결과적으로 부당하므로 불허되어야 한다고 주장하였다.

원심은 계약해제에 의하여 그 권리를 해할 수 없는 제3자에는 그 계약에 기한 급부의 목적인 부동산을 가압류한 가압류채권자도 포함되므로 원고는 피고에 대하여 계약해제의 소급효를 주장할 수 없다고 판단하여 원고의 청구를 배척하였다.

2. 대법원 판결

원고가 다시 상고하였으나, 대법원은 다음과 같은 이유로 이를 기각하였다.

"민법 제548조 제1항 단서에서 말하는 제3자란 일반적으로 해제된 계약으로부터 생긴 법률효과를 기초로 하여 별개의 새로운 권리를 취득한 자를 말하는 것인바, 해제된 계약에 의하여 채무자의 책임재산이 된 계약의 목적물을 가압류한 가압류채권자는 그 가압류에 의하여 당해 목적물에 대하여 잠정적으로 그 권리행사만을 제한하는 것이나 종국적으로는 이를 환가하여 그 대금으로 피보전채권의 만족을 얻을 수 있는 권리를 취득하는 것이므로 그 권리를 보전하기 위하여서는 위 조항 단서에서 말하는 제3자에는 위 가압류채권자도 포함된다고 보아야 할 것이다."

3. 평석

제548조 제1항 단서는 "당사자 일방이 계약을 해제한 때에는 각 당사자는 그 상대방에 대하여 원상회복의 의무가 있다. 그러나 제3자의 권리를 해하지 못한다."라고 정하고 있다. 계약당사자의 일방이 계약을 해제하였을 때에는 계약은 소급하여 소멸하여 계약당사자는 각 원상회복의 의무를 지게 되나, 이 경우 계약해제로 인한 원상회복등기 등이 이루어지기 이전에 계약의 해제를 주장하는 자와 양립되지 아니하는 법률관계를 가지게 되었고 계약해제 사실을 몰랐던 제3자에 대하여는 계약해제를 주장할 수 없다는 것이 판례이다.[1)]

이 규정에서 말하는 제3자는 "계약의 유효를 전제로 해제자와 양립할 수 없는 새로운 이해관계를 맺은 자로서 계약당사자에 대하여 대항할 수 있는 요건을 구비한 자"를 말한다.[2)] 매매목적물의 양수인[3)]이 이에 속함은 분명하다. 이와 달리 계약상의 채권을 양도받은 양수인은 특별한 사정이 없는 이상 이에 포함되지 않는다.[4)]

이 판결은 계약해제 전 그 계약의 목적물을 가압류한 가압류채권자가 제548조 제1항 단서 소정의 제3자에 해당한다고 보았다.[5)] 이 규정에서 제3자를 매매 등 법률행위에 기하여 법률상

---

1) 대판 1985. 4. 9, 84다카130, 84다카131(집 33-1, 민 167).
2) 대판 1996. 4. 12, 95다49882(공 1990, 1515).
3) 대판 1971. 11. 30, 71다1995(집 19-3, 민 137).
4) 대판 1996. 4. 12, 95다49882(공 1996, 1515).
5) 대판 2000. 4. 21, 2000다584(공 2000, 1250)는 실권특약부매매계약에 기하여 매수인 앞으로 소유권이전등기가 경료되어 매수인의 책임재산이 된 토지를 체납처분의 일환으로 압류하고 그 등기까지 마친 자는 위 토지를 환가하여 그 대금으로 채권의 만족을 얻을 수 있는 별개의 새로운 권리를 취득하였으므로 민법 제548조 제1항 단서 소정의 제3자에 포함된다고 하였다. 그러나 대판 2000. 4. 11, 99다51685(공 2000, 1177)는 계약을 해제하기 전에 계약상의 채권 자체를 압류 또는 전부명령을 받은 채권자는 여기의 제3자에 해당하지 않는다고 한다.

이해관계를 맺은 경우로 한정하지 않았기 때문에, 가압류 등에 기하여 법률상 이해관계를 맺은 경우에도 제3자에 포함된다고 보아야 한다.

[83] Ⅲ. 계약 해제에 따른 원상회복 책임의 제한 여부

대판 2014. 3. 13, 2013다34143(공 2014, 842)

1. 사실관계와 원심판결

원고와 피고 사이의 이 사건 택지 분양권 매매계약(이하 '이 사건 매매계약'이라고 한다)이 있은 후에 피고가 소외 1에게 이 사건 택지에 관한 수분양자 명의변경 절차를 완료하여 줌으로써 원고 앞으로의 수분양자 명의변경 절차의 이행이 불가능하게 되었다.

원심은 이를 이유로 한 원고의 이 사건 매매계약 해제의 의사표시에 의하여 이 사건 매매계약은 적법하게 해제되었다고 판단하였다. 나아가 원심은 원고가 계약해제에 따른 원상회복으로 피고에게 지급한 매매대금 145,000,000원의 반환을 구함에 대하여, 원고가 피고로부터 교부받은 분양권 확보에 필요한 서류들을 스스로 잘 관리하지 아니하고 이를 소외 2에게 맡겨두는 바람에 피고가 소외 2에게 이 사건 분양권을 전매할 권한이 있는 것으로 믿고서 소외 1 앞으로 수분양자 명의변경 절차를 마쳐주게 되었던 점 등 그 판시와 같은 사정들을 감안하면, 신의칙과 공평의 원칙을 고려하여 피고의 원상회복책임을 매매대금의 40%인 58,000,000원으로 제한함이 상당하다고 판단하였다.

2. 대법원 판결

그러나 대법원은 위와 같이 원상회복책임을 제한하는 판단을 수긍할 수 없다고 하면서 원심판결을 파기환송하였다. 그 이유는 다음과 같다.

"과실상계는 본래 채무불이행 또는 불법행위로 인한 손해배상책임에 대하여 인정되는 것이고, 이 사건과 같이 매매계약이 해제되어 소급적으로 효력을 잃은 결과 매매당사자에게 당해 계약에 기한 급부가 없었던 것과 동일한 재산상태를 회복시키기 위한 원상회복의무의 이행으로서 이미 지급한 매매대금 기타의 급부의 반환을 구하는 경우에는 적용되지 아니"하고,[1] "계약의 해제로 인한 원상회복청구권에 대하여 해제자가 그 해제의 원인이 된 채무불이행에 관하여 '원인'의 일부를 제공하였다는 등의 사유를 내세워 신의칙 또는 공평의 원칙에 기하여 일반적으로 손해배상에 있어서의 과실상계에 준하여 그 권리의 내용이 제한될 수 있다고 하는 것은 허용되어서는 아니 된다."

이 사건 매매계약의 해제로 인한 피고의 원상회복의무의 내용은 특단의 사유가 없는 한 피고가 원고로부터 지급받은 매매대금 전액을 반환하는 것이어야 하고, 이 사건 매매계약이 해제되기에 이른 데에 원고에게도 책임이 있다는 등 원심이 들고 있는 사정들은 그 범위를 정함에 있어서 고려되어야 할 것이 아니라고 하였다.

3. 평석

(1) 이 판결에서는 이른바 '제한적 원상회복'을 인정할 수 있는지 문제되었다. 대법원은 계약 해제에 따른 원상회복의무의 이행으로서 매매대금 기타 급부의 반환을 구하는 경우, 과실상계가 적용되지 않고 계약 해제의 원인이 된 채무불이행에 관하여 해제자가 '원인'의 일부를 제공하였다는 등의 사유로 신의칙 또는 공평의 원칙에 따라 과실상계에 준하여 원상회복청구권의 내용이 제한되지 않는다는 것이다.

(2) 이러한 결론은 당연한 것이라고 할 수 있다. 이 판결에서 주목할 부분은 그와 같은 결론을 도출하면서 제시한 이유이다. 이를 간략하게 요약하면 다음과 같다.

첫째, 채무불이행을 이유로 계약을 해제하는

1) 대판 1997. 1. 24, 96다40714 등 참조.

경우에 채권자가 가지는 급부반환청구권이 채무불이행의 '원인'을 일부 제공하였다는 등의 사유를 이유로 제한된다고 볼 수 있는 근거가 없다. 계약 해제로 인한 원상회복관계는 '계약이 체결되지 아니하였던 것과 같은 상태'로의 복귀를 내용으로 한다. 이를 별다른 근거 없이 '제한적 원상회복'으로 축소하는 것은 우리 법의 기본적 규율에서 전적으로 벗어난 것이다.

둘째, 계약을 해제하는 경우 부동산매도인이 매매대금을 반환할 의무, 즉 금전지급의무에 대해서는 과실상계에 준하여 처리하는 것에 기술적인 어려움이 없지만, 매수인의 소유권이전등기 말소의무나 목적물반환의무에 대해서는 신의칙 또는 공평의 원칙을 적용하여 그 일부(또는 지분)의 말소나 인도를 하도록 하는 것은 곤란한 문제가 있다.

셋째, 우리 법은 계약의 무효·취소 기타 효력불발생의 경우 일반에 대하여 그로 인한 계약관계의 원상회복에 관하여 신의칙 또는 공평 원칙의 적용을 예정하고 있지 않다.

넷째, "실정의 법제도는 오랜 세월의 정련된 사고(思考)와 구체적인 적용 및 이에 대한 반성을 거쳐 신중하게 마련된 것으로서, 실제로는 내용이 막연한 신의칙 등보다 더욱 현명하고 '공평한' 것이다."

(3) 채무불이행으로 인한 손해배상의 경우에는 과실상계 규정이 적용된다. 매도인의 담보책임에 기한 손해배상책임은 무과실책임으로서 과실상계 규정이 준용되지 않지만, 공평의 원칙에 기하여 매수인의 잘못을 손해배상의 범위를 정하는 데 참작할 수 있다.[2] 나아가 이사의 손해배상책임의 경우 책임제한을 인정하는 판례가 있는데,[3] 이에 대해서는 법적 근거가 없다는 비판이 있다. 이 판결에서는 계약해제에 기한 원상회복의 경우에 그 책임을 제한하는 이른바 '제한적 원상회복'을 인정할 수 있는지 문제되었는데, 대법원에서는 이를 부정하였다.

손해배상의 경우에는 명문의 규정이 없는 경우에도 드물지 않게 손해배상의 범위나 액수를 정하는 단계에서 공평의 원칙에 따라 감액을 인정하고 있다. 그러나 부당이득반환이나 원상회복의 경우에는 근거 없이 책임의 일부만을 인정하는 것은 허용되지 않는다는 것이 민법의 기본 태도라고 할 수 있다.

2) 제581조, 제580조에 기한 매도인의 하자담보책임은 법이 특별히 인정한 무과실책임으로서 여기에 제396조의 과실상계 규정이 준용될 수는 없다 하더라도, 담보책임이 민법의 지도이념인 공평의 원칙에 입각한 것인 이상 하자 발생 및 그 확대에 가공한 매수인의 잘못을 참작하여 손해배상의 범위를 정함이 상당하다. 대판 1995. 6. 30, 94다23920(공 1995, 2544).

3) 대판 2004. 12. 10, 2002다60467, 60474(공 2005, 87); 대판 2005. 10. 28, 2003다69638(공 2005, 1847) 등.

[84] Ⅳ. 계약의 해지 — 도산해지조항
대판 2007. 9. 6, 2005다38263(공 2007, 1530)

1. 대법원 판결

이 판결은 도산해지조항을 유효라고 판단하였는데, 그 이유를 두 가지로 구분하여 정리해 볼 수 있다.

(1) 일반적으로 도산해지조항을 무효로 볼 근거가 없다는 것이다. 민법에서 일방 당사자에 대한 파산선고가 계약에 어떠한 영향을 미치는지에 관하여 개별적인 규정을 두고 있을 뿐[1]이고, 민법, 구 회사정리법, 현행 「채무자 회생 및 파산에 관한 법률」에 도산해지조항을 일반적으로 금지하는 규정이 없다. 도산해지조항의 적용 결과가 정리절차개시 후 정리회사에 미치는 영향은 당해 계약의 성질, 그 내용 및 이행 정도, 해지사유로 정한 사건의 내용 등 여러 사정에 따라 달라진다. 따라서 도산해지조항이 어느 경우에나 회사정리절차의 목적과 취지에 반한다고 하여 일률적으로 무효로 보는 것은 계약자유의 원칙을 심각하게 침해하는 결과를 낳을 수 있고, 상대방이 채무자의 도산으로 초래될 법적 불안정에 대비할 보호가치 있는 정당한 이익을 무시하는 것이 될 수 있다.

(2) 합작투자계약의 특수성과 관련된 것이다. 즉, 구 회사정리법 제103조는 쌍방 미이행의 쌍무계약의 경우에 관리인에게 계약의 이행 또는 해제에 관한 선택권을 부여하고 있다.[2] 이 규정의 취지에 비추어 도산해지조항의 효력을 무효로 보거나 제한적으로 볼 여지가 있다. 그러나 이 규정은 합작투자계약에 적용되지 않는다고 한다. 합작투자계약은 둘 이상의 당사자가 모여 상호 출자하여 회사를 설립·운영하는 것을 목적으로 하는 계약으로서 본질적으로 조합계약에 해당한다. 계약당사자들은 계약에서 정한 바에 의하여 설립된 회사에 관한 의결권의 행사 또는 이사회의 구성 등을 위하여 서로 협조하여야 하는 의무가 있는데, 이러한 의무는 성립·이행·존속상 법률적·경제적으로 견련성을 갖고 있어서 서로 대등한 대가관계에 있다고 보기 어렵다. 또한 이러한 계약은 서로 간의 고도의 신뢰관계를 전제로 하므로 일방 당사자에게 지급정지 등의 사유가 발생하고 회사정리절차가 개시될 것으로 예상되는 경우에는 다른 당사자로서는 그로 인하여 초래될 상황에 대비할 정당한 이익을 갖는다. 따라서 위와 같은 사유에 의한 도산해지조항을 약정한 경우에는 이를 무효라고 단정하기 어렵다고 한다.

2. 평석

(1) 계약에서 당사자 일방에 대하여 지급정지, 회생절차 등 도산절차의 개시신청이나 개시결정이 있으면 계약을 해지할 수 있다고 정하거나 또는 계약이 당연히 해지된다고 정하는 경우가 있다. 이와 같은 특약을 편의상 '도산해지조항'이라고 할 수 있다. 이는 계약의 당사자 일방의 재산상태가 장래 악화될 것을 대비하기 위한 것이다. 이 사건에서는 합작투자계약을 체결하면서 일방 당사자에 대한 회사정리절차(현재는 회생절차)[3] 개시신청이 있으면 상대방에게 해지권이 발생한다고 약정하였다. 이 도산해지조항이 회사정리절차의 목적과 취지에 반할 뿐만 아니라 회사재산에 대한 관리인의 관리처분권을 침

1) 민법 제599조, 제614조, 제637조, 제663조, 제674조, 제690조, 제717조 등 참조.
2) 채무자 회생 및 파산에 관한 법률 제119조에 이에 관한 규정이 있다.
3) 구 회사정리법은 2006. 4. 1.부터 시행되는 채무자 회생 및 파산에 관한 법률 부칙 제2조로 폐지되었다. 이에 따라 회사정리절차는 회생절차로, 정리회사는 회생회사로 용어가 바뀌었다.

해하여 무효인지 문제되었다.

(2) 이 판결은 위 (1) 부분에서 도산해지조항이 일률적으로 무효인 것은 아니라고 한다. 따라서 도산해지조항이 원칙적으로 유효이지만, 도산해지조항이 무효일 수도 있다는 점을 열어두고 있다. 이 판결은 위 (2) 부분에서 합작투자계약의 도산해지조항을 유효라고 하고 있다. 그러므로 이 판결은 도산해지조항을 일률적으로 유효라고 선언한 것이 아니라, 합작투자계약의 경우에 한하여 유효라고 한 것이고, 그 밖의 계약에서는 도산해지조항이 무효가 될 수 있는 가능성을 열어두고 있다. 합작투자계약 이외의 사안에서 도산해지조항이 유효인지 여부에 관해서는 이 사건에서 판단할 필요가 없었다. 이 판결은 이 사건 합작투자계약과 관련하여 도산해지조항의 효력을 판단한 것에 불과하고, 모든 계약에 통용되는 기준을 제시한 것은 아니라고 이해해야 한다.

그렇다면 도산해지조항은 어느 범위에서 유효인가? 채무자 회생 및 파산에 관한 법률에 이 문제에 관한 명시적인 규정이 없다. 관리인이 해제·해지 또는 이행을 선택할 수 있지만, 이것이 도산해지조항을 무조건 무효화한다고 볼 수는 없다. 따라서 문제가 되는 도산해지조항과 관련된 개별 법규정, 계약의 성격, 당사자 보호의 필요성 등을 고려하여 도산해지조항의 효력을 개별적으로 판단하여야 한다. 이 판결은 도산해지조항의 유효성을 비교적 폭넓게 인정한 것으로 볼 수 있다. 한쪽 당사자가 도산절차에 들어간 경우에 계약을 유지·존속시키는 것이 부당한 경우에는 도산해지조항을 둘 수 있다고 보아야 할 것이다. 이 판결에서 합작투자계약이 조합계약이라는 점에서 쌍무계약에 포함되지 않는다고 하고 있는데, 조합계약에서 도산해지조항을 두고 있는 경우에 이 조항을 유효로 볼 수 있을 것이다. 또한 임대차계약 등 계속적 계약에서도 당사자들의 신뢰관계가 매우 중요하기 때문에, 도산해지조항을 유효로 보아야 할 것이다.

제3절 매도인의 담보책임

[85] Ⅰ. 매도인의 담보책임과 채무불이행책임의 관계

대판 2004. 7. 22, 2002다51586(공 2004, 1431)

1. 사실관계

(1) 원고는 판시 토지를 포함한 안산시 일대 토지 합계 7,887,814㎡(이하 '사업시행지'라 한다)에 대하여 건설부고시 제594호(1991. 10. 7.자)로 수립된 반월 특수지역 개발구역 중 안산 신도시 2단계 건설사업을 수행하기로 하고, 1992. 3. 11. 당시 건설부장관으로부터 준공예정일을 1996. 12.로 하여 안산시를 서해안 거점도시로 육성하기 위한 사업실시계획을 승인받았으며, 그 승인은 같은 날 건설부고시 제199271호로 고시되었다.

(2) 원고는 1992. 7.경 안산시장에게 사업시행지의 매수 및 손실보상 등 업무를 위탁하였고 안산시장은 원고를 대리하여 폐지 전 공공용지의취득및손실보상에관한특례법에 따라 사업시행지 내에 위치한 판시 토지의 공유지분권자인 피고와 위 토지 취득을 위한 협의를 거쳐 1995. 5. 16. 위 토지에 대한 피고의 지분을 금 8,758,541,900원에 협의취득하고 이에 따라 1995. 9. 22. 원고 명의로 소유권이전등기가 마쳐졌다.

(3) 피고는 판시 토지가 위와 같이 사업시행지에 포함되자 1992. 6.경 인근 도로 및 지표면보다 약 1m 이상 낮은 위 토지의 보상가격을 높이기 위하여 대지 조성공사를 하였는데, 그 과정에서 토사와 함께 산업폐기물 등을 매립하기로 소외 1 등과 공모하여 1992. 6.경부터 1993. 11. 하순경 사이에 일반폐기물과 특정폐기물 합계 18,500t을 단속이 뜸한 심야에 집중적으로 실어 운반한 후 판시 토지에 구덩이를 파서 쏟아 붓고 그 위에 다량의 토사를 덮어 외견상으로는 쉽게 발견되지 않도록 하는 방법으로 위 폐기물을 은밀히 매립하였다.

2. 원심판결

(1) 매매계약에 있어서 매도인은 특별한 사정이 없는 한 하자가 없는 정상적인 물건을 인도할 의무가 있는바, 피고가 협의취득절차에서 보상금을 유리하게 책정받기 위하여 성토작업을 하는 과정에서 폐기물을 다량 매립하였으면서도 폐기물이 존재하지 않는 정상적인 토지임을 전제로 하는 협의취득절차를 진행하여 폐기물이 매립된 토지를 인도하였다면 피고는 위 협의취득상의 매도인으로서 계약상의 의무를 제대로 이행하지 않음으로 인하여 원고가 입은 손해를 배상할 책임이 있다.

(2) 위 손해배상청구권은 피고에 대하여 매매계약의 내용에 따라 판시 토지를 하자 없는 상태로 인도할 것을 구하는 이행청구권에 갈음하는 것으로서 그 범위가 확정된 이상 원고가 실제로 그 비용을 지출하였는가 여부에 관계없이 피고는 이를 배상하여야 하며 그 범위는 위 폐기물처리비용 중 피고의 소유지분에 상응하는 금액이다.

(3) 한편 하자 있는 토지를 매도함으로써 피고의 위 채무불이행으로 인한 손해배상책임이 발생하더라도 이와 별도로 민법 제580조에 의한 하자담보책임이 발생하므로 피고는 원고에게 하자 있는 토지의 매도로 인한 담보책임으로서 손해배상책임을 부담하지만, 그 경우 손해배상의 범위는 위 채무불이행으로 인한 손해배상으로서 위 폐기물처리비용 상당액 중 피고의 지분

상당액을 초과하지 않는다.

3. 대법원 판결

"매도인이 성토작업을 기화로 다량의 폐기물을 은밀히 매립하고 그 위에 토사를 덮은 다음 도시계획사업을 시행하는 공공사업시행자와 사이에서 정상적인 토지임을 전제로 협의취득절차를 진행하여 이를 매도함으로써 매수자로 하여금 그 토지의 폐기물처리비용 상당의 손해를 입게 하였다면 **매도인은 이른바 불완전이행으로서 채무불이행으로 인한 손해배상책임을 부담하고, 이는 하자 있는 토지의 매매로 인한 민법 제580조 소정의 하자담보책임과 경합적으로 인정된다**고 할 것이다.

한편 피고가 스스로 법령에 의하여 요구되는 정도와 방법에 부합하도록 폐기물을 처리하여 판시 토지를 정상적으로 복구할 것을 기대하기 어려워 원고가 그 처리비용 상당의 손해배상을 구하는 이 사건에서 원고에게 피고가 스스로 폐기물을 처리할 것만을 청구하거나 손해배상청구에 앞서 이러한 청구를 먼저 행사하여야 할 의무는 없는 것이고, 나아가 폐기물처리비용이 매매대금을 초과한다는 사정은 원고의 손해배상청구권 행사에 아무런 장애가 되지 않는다고 할 것이다."

4. 평석

(1) 매도인의 담보책임의 본질이 무엇인지, 매도인의 담보책임과 채무불이행책임은 어떠한 관계에 있는지에 관하여 논란이 많았다. 판례는 타인의 권리매매에 해당하는 경우에도 채무불이행책임에 기한 손해배상책임이 성립할 수 있다고 한다. 즉, 대판 1970. 12. 29, 70다2449(집 18-3, 민 443)는 "원고는 이 사건 매매계약 당시 이 사건 토지의 소유권이 피고에게 속하지 아니함을 알고 있었으므로 원고는 민법 제570조 단행에 의하여 피고에게 대하여 이 사건 이행불능을 원인으로 하여 손해배상을 청구할 수 없는 것이고, 다만 이 사건 이행불능이 피고의 귀책사유로 인하여 이루어진 것인 때에 한하여 원고는 피고에게 대하여 이로 인한 손해배상을 청구할 수 있는 것"이라고 판단하였다.[1] 또한, 대판 1993. 11. 23, 93다37328(공 1994, 186)은 "타인의 권리를 매매의 목적으로 한 경우에 있어서 그 권리를 취득하여 매수인에게 이전하여야 할 매도인의 의무가 매도인의 귀책사유로 인하여 이행불능이 되었다면 매수인이 매도인의 담보책임에 관한 민법 제570조 단서의 규정에 의해 손해배상을 청구할 수 없다 하더라도 채무불이행 일반의 규정(민법 제546조, 제390조)에 좇아서 계약을 해제하고 손해배상을 청구할 수 있다."라고 하였다.[2]

(2) 이 사건에서는 물건의 하자가 있는 경우에 채무불이행책임과 하자담보책임이 경합적으로 인정되는지 문제되었다. 대법원은 이를 긍정하였다. 이 판결이 나온 직후에 대법원은 수급인의 담보책임에 대해서도 채무불이행책임의 경합을 인정하였다.[3]

이와 같이 대법원은 매도인 또는 수급인의 담보책임과 채무불이행책임의 경합을 인정함으로써 이에 관한 혼란을 정리하고자 하였다. 이는

제3편 채권법

1) 이 판결의 문제점에 대해서는 김재형, "부동산의 미등기전매가 타인의 권리매매에 해당하는지 여부," 민법론 Ⅱ, 2004, 133면 이하 참조.

2) 이 판결에 대한 평석으로는 서민, "매도인의 담보책임과 채무불이행책임의 경합," 민사판례연구(XVII), 1995, 135면.

3) 즉, 대판 2004. 8. 20, 2001다70337(공 2004, 1561)은 액젓 저장탱크의 제작·설치공사 도급계약에 의하여 완성된 저장탱크에 균열이 발생한 경우, "보수비용은 민법 제667조 제2항에 의한 수급인의 하자담보책임 중 하자보수에 갈음하는 손해배상이고, 액젓 변질로 인한 손해배상은 위 하자담보책임을 넘어서 수급인이 도급계약의 내용에 따른 의무를 제대로 이행하지 못함으로 인하여 도급인의 신체·재산에 발생한 손해에 대한 배상으로서 양자는 별개의 권원에 의하여 경합적으로 인정"된다고 판결하였다.

담보책임에 관한 규정을 "법이 매수인의 보호를 위하여 특별히 정한 또 하나의 구제수단"이라는 이해를 반영한 것이다.[4] 필자는 "채무불이행책임과 매도인의 담보책임을 분리하여 다루는 태도로는 민법에서 매도인의 담보책임이 차지하는 위치를 적절하게 파악할 수 없다. 매도인의 담보책임도 채무불이행책임의 일종으로 보아 양자의 요건과 효과를 통일적으로 재구성하여야 할 것이다."라고 하였다.[5] 이 판결은 실무상으로도 매도인의 담보책임과 채무불이행책임을 통일적으로 재구성할 필요가 있다는 점을 부각시켰다고 볼 수 있다.

4) 양창수, "2004년 민법판례 관견," 민법연구 제8권, 2007, 445면.
5) 김재형(주 1), 141면.

[86] Ⅱ. 하자담보책임에서 하자의 판단기준 및 무효인 약관을 확인하는 약정의 효력
대판 2000. 1. 18, 98다18506(공 2000, 446)

1. 사실관계와 원심판결

원고들이 피고들로부터 이 사건 토지를 매수하였으나, 원고들이 그 잔금을 지급하지 아니하자, 피고들이 위 매매계약을 해제하였다. 위 매매계약서 제13조 제3항 제1호, 제3호에는 원고들의 귀책사유로 계약이 해제될 경우 피고들은 이미 수취한 잔금의 원금만을 환급하고, 계약보증금은 물론 지연손해금도 피고들에게 귀속하며, 피고들은 원고들로부터 이미 지급받은 잔금의 원금 중에서 지연손해금 및 제 세금을 공제한 나머지 대금을 원고들에게 반환한다고 규정하고 있었다. 피고들이 위 약관에 기하여 지연손해금 및 제 세금 상당액을 공제하였다.

첫째, 원고들은 이 사건 토지에 하자가 있다는 이유로 피고들이 하자담보책임을 져야 한다고 주장하였으나, 원심은 다음과 같은 이유로 이를 받아들이지 않았다. 즉, 이 사건 매매계약 당시 이 사건 토지가 건축이 제한되는 도시계획법 제2조 제1항 소정의 시설녹지였거나 당초의 매수 목적에 따른 주택의 신축 및 그에 필요한 건축법상의 건축허가를 얻는 데 어떠한 법률상의 제한이 없었다. 다만 원고들이 잔금 지급 및 건축허가절차를 지체하던 중 사업계획을 15층 아파트 1동 118세대의 신축·분양으로 변경함에 따라 비로소 주택건설촉진법상의 주택건설사업계획사전결정신청의 대상이 되어 이에 따른 신청을 하였으나 부결되었다. 1997. 1. 16. 서울특별시장이 이 사건 토지를 북한산자연공원구역에 편입하는 도시계획변경결정을 하였는데, 그 전에 이 사건 토지에 공법상의 부담은 없었고, 위 도시계획변경결정은 피고들을 대리한 성업공사가 이 사건 매매계약을 해제한 이후에 비로소 이루어진 것이다.

둘째, 원고는 위 매매계약서 제13조 제3항 제1호, 제3호가 약관의규제에관한법률 제9조 제4호에 위반한 것으로 무효라고 주장하였다. 원심은 원고의 주장을 받아들여 피고들에 대하여 위 약관에 기하여 공제한 지연손해금 및 제 세금 상당액의 반환을 명하였다.

2. 대법원 판결

원고와 피고가 각각 상고하였으나, 대법원은 이를 모두 기각하였다.

"매매의 목적물이 거래통념상 기대되는 객관적 성질·성능을 결여하거나, 당사자가 예정 또는 보증한 성질을 결여한 경우에 매도인은 매수인에 대하여 그 하자로 인한 담보책임을 부담한다 할 것이고, 한편 건축을 목적으로 매수한 토지에 대하여 건축허가를 받을 수 없어 건축이 불가능한 경우 위와 같은 법률적 제한 내지 장애 역시 매매목적물의 하자에 해당한다 할 것이나, 다만 위와 같은 하자의 존부는 매매계약 성립시를 기준으로 판단하여야 할 것이다(대법원 1958. 2. 13. 선고 4290민상762 판결 참조)."

"무효인 약관조항에 의거하여 계약이 체결되었다면 그 후 상대방이 계약의 이행을 지체하는 과정에서 약관작성자로부터 채무의 이행을 독촉받고 종전 약관에 따른 계약내용의 이행 및 약정내용을 재차 확인하는 취지의 각서를 작성하여 교부하였다 하여 무효인 약관의 조항이 유효한 것으로 된다거나 위 각서의 내용을 새로운 개별약정으로 보아 약관의 유·무효와는 상관없이 위 각서에 따라 채무의 이행 및 원상회복의 범위 등이 정하여진다고 할 수 없다."

3. 평석

(1) 하자담보책임에서 하자의 판단기준

하자담보책임에서 하자를 판단하는 기준에

관하여는 객관설과 주관설이 있었으나, 물건이 객관적으로 갖추어야 할 품질, 성능 등을 갖추지 못하는 경우뿐만 아니라 당사자가 약정한 성질을 갖추지 못하는 경우에는 하자가 있다고 보아야 한다.[1] 그런데 하자의 존재시기에 관하여는 계약성립시설과 위험이전시설이 대립하고 있다. 구민법시대의 판례는 계약 당시에 존재하는 하자에 대해서만 담보책임을 인정하였고, 대상판결도 하자의 존부에 관한 판단 기준시기를 매매계약 성립시로 보고 있다.

한편 매매목적토지가 건축금지구역에 있는 경우처럼 법률적 장애가 있으면 담보책임이 성립하는데, 이것이 물건의 하자로서 민법 제580조의 하자담보책임이 성립하는지, 아니면 권리의 하자로서 민법 제575조의 담보책임이 성립하는지 문제된다. 다수설은 법률적 장애를 권리의 하자로 파악하고 있으나,[2] 판례는 대체로 물건의 하자로 파악하고 있다.[3] 대상판결도 건축을 목적으로 매매된 토지에 대하여 건축허가를 받을 수 없어 건축이 불가능하다는 법률적 장애가 매매목적물의 하자에 해당한다고 한다.

(2) 무효인 약관을 확인하는 약정의 효력

약관의 규제에 관한 법률 제9조 제4호는 "계약의 해제, 해지로 인한 사업자의 원상회복의무를 부당하게 경감하는 조항"은 무효라고 하는데, 이 사건 매매계약서 제13조 제3항 제1호, 제3호는 위 규정에 반하여 무효라고 볼 수 있다. 그런데 이 사건에서 무효인 약관조항에 의거하여 계약이 체결된 후 상대방이 약관작성자에게 종전 약관에 따른 계약내용의 이행 및 약정내용을 재차 확인하는 취지의 각서를 작성·교부한 경우에 그 각서는 유효한지 문제되었다. 대상판결은 이러한 각서를 작성, 교부하였더라도 무효인 약관조항이 유효하게 되거나 위 각서의 내용을 새로운 개별약정으로 볼 수 없다고 한다.

민법 제139조에 의하면 무효인 법률행위를 추인하더라도 그 효력이 생기지 않지만, 당사자가 그 무효임을 알고 추인한 때에는 새로운 법률행위로 본다고 규정하고 있다. 그러나 민법 제103조의 반사회적 법률행위로서 무효인 경우에는 당사자가 그 무효를 알고 추인하더라도 유효로 되지 않는다.[4] 개별적인 교섭을 통하여 약관규제법에 위반하여 무효인 약관과 동일한 약정을 하였다면 새로운 약정을 약관이라고 볼 수는 없으나, 이러한 약정이 반사회적 법률행위 또는 불공정법률행위에 해당하여 무효가 될 수 있다.[5] 이 사건에서는 계약체결 이후에 원고가 계약서의 내용을 그대로 이행할 것을 확인하는 서면을 작성하였을 뿐이다. 이러한 경우에는 개별약정으로서의 의미가 없다고 보아 약관조항이 약관규제법에 위반하여 무효인지 여부만을 판단하면 될 것이다.

---

1) 민법주해[XIV], 1997, 500면 이하(남효순 집필).
2) 곽윤직, 채권각론, 제6판, 2003, 148면; 민법주해[XIV], 1997, 507면(남효순 집필).
3) 대판 1985. 11. 12, 84다카2344(집 33－3, 108); 대판 1985. 4. 9, 84다카2525(공 1985, 730); 대판 1979. 7. 24, 79다827(공 1979, 12104).
4) 대판 1973. 5. 22, 72다2249.
5) 불공정 법률행위로 본 재판례로는 대판 1988. 4. 12, 88다2(공 1988, 843)가 있다.

[87] Ⅲ. 종류매매에서 완전물급부청구권 행사의 제한

대판 2014. 5. 16, 2012다72582(공 2014, 1188)

1. 사실관계와 원심판결

원고는 2010. 10. 1. 코오롱글로텍 주식회사(이하 '코오롱글로텍'이라 한다)로부터 '2010년형 BMW 520d 자동차 1대'를 6,240만 원에 매수하는 계약(이하 '이 사건 매매계약'이라 한다)을 체결하고, 2010. 10. 10. 코오롱글로텍으로부터 자동차(이하 '이 사건 자동차'라 한다)를 인도받았다. 원고가 이 사건 자동차를 인도받은 지 5일이 지난 2010. 10. 15. 위 자동차 계기판의 속도계가 작동하지 않았고, 점검결과 계기판 자체의 기계적 고장(이하 '이 사건 하자'라 한다)이 있는 것으로 확인되었다. 이 사건 하자는 계기판의 속도계 부분의 바늘이 움직이지 않는 것인데, 이 사건 자동차에서는 헤드업 디스플레이 장치를 통해 자동차의 앞 유리에 자동차의 속도가 화면으로 표시되기 때문에 운전자는 굳이 계기판 속도계를 보지 않고도 앞을 보고 운전하는 상태에서 속도를 확인할 수 있고, 실제로 원고는 이 사건 하자를 수리하지 않은 상태에서 헤드업 디스플레이를 사용하여 이 사건 자동차를 운행하고 있다. 이 사건 자동차는 이 사건 하자처럼 계기판의 일부분에 하자가 발생한 경우에도 '계기판 모듈' 전체를 교체하도록 설계되어 있는데, 이러한 계기판 모듈은 볼트나 너트로 조여 있지 않고 계기판 탈착과정에서 주변에 흠집이 발생하지 않도록 완충형 받침쇠 두 개로 패널 마운트에 결합되도록 설계되어 있어서 탈착작업이 갈고리 같은 간단한 도구로 흠집 없이 가능하고, 이러한 정비방식은 그 절차도 복잡하지 않으며, 몇 분 만에 교체가 가능하고, 교체비용도 1,407,720원 정도일 뿐 아니라, 정비 후에는 계기판 전체가 정상적인 상태로 회복된다. 이 사건 매매계약의 목적물은 고가의 승용차로서 등록이나 사용으로 인한 가치의 감소가 다른 물건에 비하여 상대적으로 크다고 할 수 있는데, 이 사건 자동차와는 다른 차종이긴 하지만 2012년 2월식 BMW 528i의 경우 주행거리 200km인 경우 가격 하락분이 약 990만 원이고, 2012년 5월식 BMW 730d가 주행거리 1km인 경우 가격하락분이 약 1,000만 원이다.

원심은, 이 사건 하자가 비교적 저렴하면서도 손쉽게 치유되는 하자에 해당하고 원고가 이 사건 자동차의 수리를 일부러 원하지 않고 있으며 이 사건 하자에도 불구하고 계속하여 자동차를 운행해 오고 있다는 사정 등을 인정하면서도, 완전물 급부의무를 구하는 원고의 권리행사가 신의칙에 반한다거나 권리남용에 이르지는 않는다고 보아, 코오롱글로텍의 당사자 지위를 승계한 피고 코오롱글로벌 주식회사에 대하여 신차의 인도 등을 구하는 원고의 주위적 청구를 인용하였다.[1)]

2. 대법원 판결

이에 대하여 원고가 상고하였고, 대법원은 다음과 같은 이유로 원심판결을 파기환송하였다.

① "민법 제581조 제1항, 제2항, 제580조 제1항, 제575조 제1항에 의하면, 매매의 목적물을 종류로 지정하였는데 그 후 특정된 목적물에 있는 하자가 있는 경우에, 매수인은 그 하자로 인하여 계약의 목적을 달성할 수 없는 때에는 계약을 해제할 수 있고, 그 하자로 인하여 계약의 목적을 달할 수 없는 정도에 이르지 아니한 때에는 손해배상을 청구할 수 있으며, 또한 이러한 계약의 해제 또는 손해배상의 청구 대신 하

1) 또한 원심은 피고 비엠더블유가 이 사건 자동차에 관한 품질보증서(Warranty Booklet)에 따라 코오롱글로텍과 연대하여 원고에게 신차의 교환 의무를 부담한다고 판단하였다. 그러나 이 부분도 대법원에서 파기되었는데, 이에 관해서는 여기에서 다루지 않는다.

자 없는 물건을 청구할 수 있는 권리(이하 '완전물급부청구권'이라 한다)를 갖는다.

다만 이러한 민법의 하자담보책임에 관한 규정은 매매라는 유상·쌍무계약에 의한 급부와 반대급부 사이의 등가관계를 유지하기 위하여 민법의 지도이념인 공평의 원칙에 입각하여 마련된 것인데(대법원 1995. 6. 30. 선고 94다23920 판결 등 참조), 종류매매에서 매수인이 가지는 완전물급부청구권을 제한 없이 인정하는 경우에는 오히려 매도인에게 지나친 불이익이나 부당한 손해를 주어 등가관계를 파괴하는 결과를 낳을 수 있다. 따라서 **매매목적물의 하자가 경미하여 수선 등의 방법으로도 계약의 목적을 달성하는 데 별다른 지장이 없는 반면 매도인에게 하자 없는 물건의 급부의무를 지우면 다른 구제방법에 비하여 지나치게 큰 불이익이 매도인에게 발생되는 경우와 같이 하자담보의무의 이행이 오히려 공평의 원칙에 반하는 경우에는, 완전물급부청구권의 행사를 제한함이 타당하다**고 할 것이다. 그리고 이러한 매수인의 완전물급부청구권의 행사에 대한 제한 여부는 매매목적물의 하자의 정도, 하자 수선의 용이성, 하자의 치유가능성 및 완전물급부의 이행으로 인하여 매도인에게 미치는 불이익의 정도 등의 여러 사정을 종합하여 사회통념에 비추어 개별적·구체적으로 판단하여야 한다."

② "위 사실관계에 의하면, 이 사건 하자는 계기판 모듈의 교체로 큰 비용을 들이지 않고서도 손쉽게 치유될 수 있는 하자로서 위 하자수리에 의하더라도 신차구입이라는 이 사건 매매계약의 목적을 달성하는 데에 별다른 지장이 없고, 자동차를 계속 보유하는 경우에도 하자보수로 인하여 자동차의 가치하락에 영향을 줄 가능성이 희박한 반면, 매도인인 코오롱글로텍에게 하자 없는 신차의 급부의무를 부담하게 하면 다른 구제방법에 비하여 코오롱글로텍에게 지나치게 큰 불이익이 발생된다고 할 것이다. 따라서 이와 같은 이 사건 하자의 정도, 하자 수선의 용이성, 하자의 치유가능성 및 완전물급부의 이행으로 인하여 매도인에게 미치는 불이익의 정도 등의 여러 사정들을 앞서 본 법리에 비추어 살펴보면, 이 사건에서는 매도인의 완전물 급부의무의 이행으로 인하여 오히려 쌍무계약의 등가관계에 기초한 공평의 원칙에 반하게 되어 매수인의 완전물급부청구권의 행사를 제한함이 타당하므로, 원고의 이 사건 완전물급부청구권의 행사는 허용되지 않는다고 보아야 할 것이다."

3. 평석

(1) 이 사건에서는 종류매매에서 목적물에 하자가 있는 경우 매수인의 완전물급부청구권을 제한할 수 있는지 문제되었다.

이 판결은 대법원 판결로서는 처음으로 종류매매에서 매수인의 완전물급부청구권 행사를 제한할 수 있는지 여부와 그 판단 기준을 제시하고 있다(위 ①부분). 원고가 코오롱글로텍으로부터 자동차를 매수하여 인도받은 지 5일 만에 계기판의 속도계가 작동하지 않는 하자가 발생하였음을 이유로 코오롱글로텍 등을 상대로 신차 교환을 구한 이 사건에서, 원고의 완전물급부청구권 행사가 허용되지 않는다고 판단하였다(위 ②부분). 이는 완전물급부청구권의 행사에 관한 중요한 기준을 밝힌 것으로 시사하는 바가 매우 크다.

민법 제581조 제2항, 제1항은 종류매매에서 목적물에 하자가 있는 경우 "…하자 없는 물건을 청구할 수 있다."라고 규정하고 있다. 하자 없는 물건을 완전물이라고 할 수 있으므로, 이 규정은 완전물급부청구권을 인정한 것이다. 민법에서 이 권리에 대해서는 아무런 제한을 두고 있지 않다. 따라서 이 규정에 관한 문언해석을 철두철미하게 관철한다면, 완전물급부청구권의 행사를 제한할 수 없다는 결론에 이를 것이다.

그러나 대법원은 '공평의 원칙'에 기하여 완

전물급부청구권의 행사를 제한하고 있다. 종전에 매도인의 하자담보책임에서 공평의 원칙에 기하여 손해배상의 범위를 제한한 적이 있는데,[2] 이번에는 완전물급부청구권의 행사 요건을 제한한 것이다.

이에 대해서는 다음과 같은 의문을 제기할 수 있다. 공평의 원칙은 대법원 판결의 표현대로 '민법의 지도이념'인가? 민법의 하자담보책임에 관한 규정은 급부와 반대급부 사이의 등가관계를 유지하기 위한 것인가? 종류매매에서 매수인이 가지는 완전물급부청구권을 제한 없이 인정하는 경우에는 오히려 매도인에게 지나친 불이익이나 부당한 손해를 주어 등가관계를 파괴하는 결과를 낳을 수 있는가? 매매목적물의 하자가 경미하여 수선 등의 방법으로도 계약의 목적을 달성하는 데 별다른 지장이 없는 반면 매도인에게 하자 없는 물건의 급부의무를 지우면 다른 구제방법에 비하여 지나치게 큰 불이익이 매도인에게 발생되는 경우에는 하자담보의무의 이행이 공평의 원칙에 반하는가? 이와 같은 공평의 원칙을 이유로 완전물급부청구권의 행사를 제한하는 것이 타당한가? 공평의 원칙은 신의성실의 원칙이나 권리남용금지의 원칙과 구별되는 것인가? 공평의 원칙을 적용하는지, 아니면 신의성실의 원칙이나 권리남용금지의 원칙을 적용하는지에 따라 결론이 달라지는가?

(2) 민법에서 종류매매의 경우 완전물급부청구권을 제한하는 명문의 규정이 없다고 해서 목적물에 하자가 있기만 하면 무조건 완전물급부청구권이 인정된다고 볼 수는 없다. 이것은 거래관념에 배치된다. 가령 실제 거래에서 종류물에 하자가 있는 경우가 많은데, 하자가 경미하다면 대체로 하자를 무상으로 수리해 주는 데 그치고 있다. 하자가 경미한 경우에도 일일이 새로운 물건으로 교체해 준다면 매도인으로서는 매우 큰 부담이 될 것이기 때문이다.

완전물급부청구권을 제한하는 근거를 어디에서 찾을 것인지 문제된다. 결론적으로 민법 제2조에서 정하는 신의성실의 원칙이나 권리남용금지의 원칙에서 근거를 찾을 수 있다고 생각한다. 이 판결에서 말하는 공평의 원칙은 신의성실의 원칙의 한 내용으로 볼 수 있다. 이 판결의 원심은 원고의 완전물급부청구권 행사가 신의칙에 반하거나 권리남용에 해당한다고 볼 수 없다고 하였으나, 대법원은 공평의 원칙에 기하여 완전물급부청구권이 행사를 제한할 수 있다고 보았다. 그러나 제한의 근거를 공평의 원칙에서 찾을 것인지 신의성실의 원칙에서 찾을 것인지에 따라 구체적인 결론이 달라져야 하는 것은 아니다.

판례에서 민법에 명시적인 규정이 없는데도 민법에서 규정하는 구제수단을 제한적으로 인정하는 경우가 적지 않다. 가령 채무불이행의 경우에 손해배상청구권과 해제권이 발생하지만, 부수적 의무의 불이행으로는 채권자가 계약목적을 달성할 수 없거나 특별한 약정 있는 경우를 제외하고는 해제할 수 없고, 손해배상만 청구할 수 있을 뿐이다.[3] 또한 급부의무에서 사소한 불이행이 있더라도 신의칙상 해제가 허용되지 않는다.[4] 채무불이행의 경우에 계약의 해제를 제한하는 명시적인 규정이 없는데도 위와 같이 판례는 신의칙 등에 기하여 해제권을 제한적으로 인정하고 있음을 알 수 있다.

이 판결은 완전물급부청구권의 경우에 공평

2) 대판 1995. 6. 30, 94다23920(공 1995, 2544)은 매도인의 하자담보책임에서 하자 발생 및 그 확대에 가공한 매수인의 잘못을 참작하여 손해배상의 범위를 정하면서 그 근거로 "담보책임이 민법의 지도이념인 공평의 원칙에 입각한 것"이라는 점을 제시하였다.

3) 대판 1968. 11. 5, 68다1808(집 16-3, 민 160); 대판 1976. 4. 27, 74다2151(집 24-1, 민 248); 대판 1992. 6. 23, 92다7795(공 1992, 2256); 대판 1996. 7. 9, 96다14364(공 1996, 2453).

4) 대판 1966. 5. 31, 66다626(집 14-2, 민 49); 대판 1971. 3. 31, 71다352(집 19-1, 민 304).

의 원칙에 기하여 그 행사를 제한하고 있다. 종래 판례에서 공평의 원칙이나 이념은 빈번하게 등장한다. 가령 손해의 공평 부담은 손해배상법의 기본 이념이라고 한다.[5] 그런데 대법원은 신의칙과 공평의 원칙을 엄밀하게 구분하지 않고 병렬적으로 판단의 근거로 제시하는 경우가 많다.[6] 공평의 원칙이나 이념은 민법이 인정하는 일정한 제도나 권리의 근거이고 그러한 권리를 제한하기 위하여 신의성실의 원칙이나 권리남용금지의 원칙을 들기도 한다. 이에 해당하는 예로는 동시이행항변권에 관한 판례[7]나 상계권에 관한 판례[8]를 들 수 있다. 완전물급부청구권의 경우에도 이와 동일한 방식으로 설명할 수 있을 것이다. 즉 완전물급부청구권은 공평의 원칙에 따라 인정된 제도이지만, 하자가 사소한 경우 등에는 신의성실의 원칙이나 권리남용금지의 원칙에 따라 그 행사를 제한할 수 있다는 방식으로 논리를 구성할 수 있을 것이다. 따라서 이 판결에서 공평의 원칙에 기하여 완전물급부청구권 행사를 제한한 것은 신의성실의 원칙의 한 적용으로 보아야 할 것이다.

(3) 이 판결에서 완전물급부청구권 행사를 제한하면서 들고 있는 이유를 살펴보자. 공평의 원칙이 민법의 지도이념인지에 관해서는 관점에 따라서 달라질 것이다. 민법의 하자담보책임에 관한 규정은 급부와 반대급부 사이의 등가관계를 유지하기 위한 것인지에 관해서도 하자담보책임의 법적 성질을 법정책임설로 볼 것인지 채무불이행책임설로 볼 것인지에 따라 달라진다. 채무불이행책임설에 따르면 담보책임이 등가관계의 유지를 위한 것이라는 견해에 반대할 것이다.

이 판결은 결론적으로 "하자담보의무의 이행이 오히려 공평의 원칙에 반하는 경우"에 완전물급부청구권의 행사가 제한된다고 한다. 구체적인 사건에서 완전물급부청구권의 행사를 제한할 것인지 여부는 개별사안마다 하자담보의무의 이행이 공평의 원칙에 반하는지 여부를 검토하여 결정해야 할 것이다. 이 판결은 그 예시로 "매매목적물의 하자가 경미하여 수선 등의 방법으로도 계약의 목적을 달성하는 데 별다른 지장이 없는 반면 매도인에게 하자 없는 물건의 급부의무를 지우면 다른 구제방법에 비하여 지나치게 큰 불이익이 매도인에게 발생되는 경우"를 들고 있다. 여기에서 계약의 목적을 달성할 수 있는지 여부를 고려하는 것은 그 방향은 정반대이지만 매도인의 담보책임에서 해제를 제한하는 사유와 유사하다. 매도인의 담보책임에서 계약의 해제는 목적물의 하자로 인하여 계약의 목적을 달성할 수 없는 경우에 한정되지만(제581조, 제580조, 제575조 제1항 1문), 완전물급부청구권은 그러한 제한이 없기 때문에 그보다 넓게 인정된다는 점은 분명하다. 완전물급부청구권 행사가 제한되는지는 계약 목적의 달성 여부만으로 결정되는 것은 아니고 다른 구제방법에

5) 대판 2007. 10. 25, 2006다16758(집 55－2, 민 85).
6) 최근의 판결로는 대판 2014. 7. 24, 2010다58315(공 2014, 1637).
7) 동시이행의 항변권은 근본적으로 공평의 관념에 따라 인정되는 것인데, 임차인이 불이행한 원상회복의무가 사소한 부분이고 그로 인한 손해배상액 역시 근소한 금액인 경우에까지 임대인이 그를 이유로, 임차인이 그 원상회복의무를 이행할 때까지, 혹은 임대인이 현실로 목적물의 명도를 받을 때까지 원상회복의무 불이행으로 인한 손해배상액 부분을 넘어서서 거액의 잔존 임대차보증금 전액에 대하여 그 반환을 거부할 수 있다고 하는 것은 오히려 공평의 관념에 반하는 것이 되어 부당하고, 그와 같은 임대인의 동시이행의 항변은 신의칙에 반하는 것이 되어 허용할 수 없다. 대판 1999.11. 12, 99다34697(공 1999, 2499).
8) 대판 2003. 4. 11, 2002다59481(집 51－1, 민 144)은 "당사자가 상계의 대상이 되는 채권이나 채무를 취득하게 된 목적과 경위, 상계권을 행사함에 이른 구체적·개별적 사정에 비추어, 그것이 위와 같은 상계 제도의 목적이나 기능을 일탈하고, 법적으로 보호받을 만한 가치가 없는 경우에는, 그 상계권의 행사는 신의칙에 반하거나 상계에 관한 권리를 남용하는 것으로서 허용되지 않는다."라고 한다.

비하여 지나치게 큰 불이익이 매도인에게 발생할 것이 필요하다. 또한 종류매매에서 하자담보책임으로 해제, 손해배상, 완전물급부청구권이 인정되는데, 이 판결에서 완전물급부청구권 행사 요건을 다른 구제방법과 비교하여 정하고 있는 것은 구제수단 사이의 관계를 주목한 것으로 볼 수 있다.

나아가 이 판결은 매수인의 완전물급부청구권의 행사에 대한 제한 여부를 매매목적물의 하자의 정도, 하자 수선의 용이성, 하자의 치유가능성 및 완전물급부의 이행으로 인하여 매도인에게 미치는 불이익의 정도 등의 여러 사정을 종합하여 사회통념에 비추어 개별적·구체적으로 판단하고 있다. 완전물급부청구권의 행사에 대한 제한은 결국 이익형량을 통하여 결정해야 한다. 완전물급부청구권을 인정하는 것이 매도인에게 과도한 비용이 드는 경우를 비롯하여 매도인에게 합리적으로 완전물급부를 기대할 수 없는 경우에는 완전물급부청구권을 제한할 수 있다고 보아야 할 것이다.

제4절 임대차

[88] Ⅰ. 임대차존속기간에 관한 민법 제651조 제1항의 위헌

헌재 2013. 12. 26. 2011헌바234(판례집 25-2하, 649)

1. 사실관계와 쟁점

청구인은 2004. 2. 25. 주식회사 대우건설(이하 '대우건설'이라 한다)과 사이에 신촌민자역사의 신축에 관하여 공사도급계약을 체결하면서 신촌민자역사에 관한 임대차계약을 체결할 권한을 대우건설에 위임하였다. 대우건설은 2004. 7. 16. 주식회사 성창에프엔디(이하 '성창에프엔디'라 한다)와 신촌역사건물 4,420평을 기간 30년, 임대료 750억 원으로 정하여 임대하는 내용의 임대차계약을 체결하였고, 성창에프엔디는 2004. 7. 16.부터 2006. 9. 29.까지 임대료 원금 750억 원과 이에 대한 연체이자 2,365,989,766원을 지급하였다. 그러나 성창에프엔디는 위 임대차계약 기간 중 20년이 넘는 부분은 강행법규인 민법 제651조 제1항에 위반되어 무효라고 주장하며, 2009. 3. 30. 청구인을 상대로 위 임대료 중 20년이 넘는 기간에 해당하는 부분인 250억 원 중 175억 원의 부당이득금반환청구의 소를 제기하여 2010. 8. 19. 승소하였다. 이에 대해 청구인이 항소하였고, 항소심 계속 중 민법 제651조 제1항에 대하여 위헌법률심판제청신청을 하였으나, 위 신청이 기각되자 2011. 9. 22. 이 사건 헌법소원심판을 청구하였다.

제651조는 임대차존속기간을 정한 것으로 제1항에서 "석조, 석회조, 연와조 또는 이와 유사한 견고한 건물 기타 공작물의 소유를 목적으로 하는 토지임대차나 식목, 채염을 목적으로 하는 토지임대차의 경우를 제한 외에는 임대차의 존속기간은 20년을 넘지 못한다. 당사자의 약정기간이 20년을 넘는 때에는 이를 20년으로 단축한다."라고 정하고 있다.

청구인의 주장은 다음과 같다. 임차물의 가치훼손을 막기 위하여 무조건 임대차존속기간을 20년으로 제한하는 입법은 현대 건축기술의 발전을 전혀 반영하지 못하는 불합리한 수단이고, 임차물이 훼손될 가능성이 없는 경우에도 임대차존속기간의 예외를 인정하지 않는 것은 침해의 최소성과 법익균형성에 반하여 임대인의 재산권과 계약의 자유를 침해한다. 동일한 건축물이라 하더라도 '사회기반시설에 대한 민간투자법' 또는 '장기공공임대주택 입주자 삶의 질 향상 지원법'에 따라 국가 또는 지방자치단체에, 또는 국가 또는 지방자치단체가 임대를 하는 경우에는 30년 이상을 임대할 수 있는데, 사인이 민법상 임대를 할 경우에는 20년 이하로밖에 할 수 없도록 하는 것은 불합리한 차별로 평등원칙에 반한다.

2. 헌법재판소 결정

헌법재판소는 이 사건 법률조항인 민법 제651조 제1항을 위헌이라고 결정하면서 상세한 이유를 들고 있는데, 그 결론은 다음과 같다.

"결국 이 사건 법률조항은 입법취지가 불명확하고, 대법원이 해석하는 바와 같이 사회경제적 효율성 측면에서 일정한 목적의 정당성이 인정된다 하더라도 과잉금지원칙을 위반하여 계약의 자유를 침해한다."[1)]

1) 이에 대하여 재판관 박한철, 이진성, 강일원의 반대의견은 "이 사건 법률조항은 과잉금지원칙에 어긋나 임대인의 계약의 자유를 침해한다고 볼 수 없다."라고 한다.

3. 평석

(1) 이 결정은 민법 제651조 제1항 위헌소원에 대한 것이다. 제651조 제1항은 석조, 석회조, 연와조 또는 이와 유사한 견고한 건물 기타 공작물의 소유를 목적으로 하는 토지임대차나 식목, 채염을 목적으로 하는 토지임대차를 제외한 임대차의 존속기간을 당사자 약정으로 달리 정할 가능성을 배제한 채 예외 없이 20년으로 제한하고 있다. 대법원은 이 사건 법률조항의 입법취지를 "너무 오랜 기간에 걸쳐 임차인에게 임차물의 이용을 맡겨 놓으면 임차물의 관리가 소홀하여지고 임차물의 개량이 잘 이루어지지 않아 발생할 수 있는 사회경제적인 손실을 방지하는 데에 있다."라고 한다.[2] 아울러 대법원은 이 사건 법률조항을 개인의 의사에 의하여 그 적용을 배제할 수 없는 강행규정으로 보고 있다.[3]

헌법재판소 결정의 다수의견은 위 조항의 입법목적, 즉 임차물 관리 소홀과 개량 태만으로 인한 사회경제적 손실을 방지하기 위한 것에 관하여 그 정당성을 인정할 수 있다고 한다. 또한 임대차존속기간을 20년으로 제한하는 것이 관리나 개량 소홀로 인한 임차물 가치훼손을 방지할 수 있는 하나의 수단이 될 수 있다는 점에서 입법목적 달성을 위한 수단으로서의 적절성을 배제할 수는 없다고 한다. 그러나 침해의 최소성 및 법익균형성이라는 측면에서 이 조항은 위헌이라고 한다.

첫째, "임대차계약을 통하여 합리적이고 효과적인 임차물의 관리 및 개량방식의 설정이 가능함에도 불구하고, 임대인 또는 소유자가 임차물의 가장 적절한 관리자라는 전제하에 임대차의 존속기간을 강제함으로써 임차물 관리·개량의 목적을 이루고자 하는 것은 임차물의 관리소홀 및 개량미비로 인한 가치하락 방지라는 목적 달성을 위한 필요한 최소한의 수단이라고 볼 수 없다."

둘째, "사회경제적 상황의 변화를 감안하여 임대차기간을 정하는 것은 기본적으로 계약당사자들의 경제적 득실을 고려한 자율적 판단에 맡겨야 할 것인바, 계약당사자가 사회경제적 상황이 변화할 것이라는 예상을 하지 못할 것을 상정하고, 이러한 계약당사자를 보호하기 위해 국가가 후견적으로 개입하여 사적 자치를 제한하는 것은 정당화되기 어렵다."

셋째, 이 사건 법률조항의 구체적 적용에서 드러나는 부작용을 들고 있다.

넷째, "입법을 통하여 달성하려는 공익은 기본권제한의 정도와 적정한 비례관계를 유지하여야 한다. 이 사건 법률조항에 의하여 실현하고자 하는 공익은 임차물의 관리와 개량 소홀로 인한 사회경제적 손실 방지라 할 것인데, 이러한 공익이 이 사건 법률조항으로 달성될 수 있는 부분은 극히 미미해보이는 반면, 위에서 본 바와 같이 이 사건 법률조항이 초래하는 부작용 내지 불이익은 매우 크다 할 것이므로, 제한을 통하여 얻는 공익적 성과와 제한이 초래하는 부정적인 효과가 합리적인 비례관계를 현저하게 일탈하였다."

(2) 헌법재판소의 위헌 결정에 따라 제651조 제1항은 그 효력을 상실하였다. 이 결정은 제651조 제1항에 관한 것이지만, 이를 전제로 그 기간의 갱신을 정한 제2항도 그 효력을 상실하였다고 보아야 할 것이다.

종전에도 법률에서 계약자유의 원칙을 배제하거나 제한하는 경우에 위헌이라고 한 사례들이 있다.[4] 이 결정은 민법의 재산편에 있는 규

2) 대판 2003. 8. 22, 2003다19961; 대판 2009. 12. 24, 2009다40738, 40745.

3) 위 판결들 참조.

4) 가령 헌재 1991. 6. 3, 89헌마204(판례집 3, 268)는 화재로 인한 재해보상과 보험가입에 관한 법률 제5조 제1항의 위헌 여부에 관한 헌법소원 사건에서

정에 대하여 최초로 위헌을 선언하였다는 점에서 중대한 의미가 있다. 이에 따라 건물을 임대한 경우에 최장기간을 제한한 법규정은 사라졌다. 헌법재판소가 민법 재산편에 있는 규정을 위헌으로 선언하는 것이 바람직한 것인지에 관해서는 논란의 여지가 있다. 따라서 이 결정은 우리 헌법재판소가 적극적으로 법률에 있는 위헌적 요소를 찾아 위헌을 선언하고자 하는 이른바 헌법적극주의(憲法積極主義)가 반영된 것이라고 할 수 있다.

법령이 사적 자치나 계약자유의 원칙에 위반되는지 여부는 입법목적의 정당성과 방법의 적정성, 피해의 최소성, 법익의 균형성을 고려하여 판단하고 있다. 헌재 2008. 9. 25, 2005헌바81(판례집 20-2, 상 462)에서는 임대사업자로 하여금 특별수선충당금을 적립하도록 한 구 임대사업법 제17조의3 제1항이 임대사업자의 재산권 및 계약의 자유를 침해하지 않는다고 판단하였는데, 위 세 가지 사항을 검토하고 있다. 결론적으로 위 조항은 입법목적의 정당성과 방법의 적정성이 인정되고, 피해의 최소성원칙에 위배되지 않으며, 법익의 균형성도 인정된다고 하였다.[5] 이 결정에서도 위와 같은 방법과 기준에 따라 민법 제651조 제1항의 위헌을 선언하고 있다.

(3) 임대차의 최장존속기간을 제한한 것이 계약자유의 원칙을 과도하게 침해한 것이라는 이 결정이 민법의 유사한 제도에 어떠한 영향을 미칠 것인지 생각해볼 필요가 있다.

먼저 지상권의 경우에 최장기간을 제한하지 않는 대신 최단기간을 제한한 것(제280조)과 비교해보고자 한다. 석조, 석회조, 연와조 또는 이와 비슷한 견고한 건물이나 수목의 소유를 목적으로 하는 때에는 지상권의 최단기간을 30년으로 제한하고 있다. 위와 같은 경우를 제외한 임대차의 경우에 임대차의 존속기간은 20년을 넘지 못하도록 하고 있다(제651조). 따라서 석조 등 견고한 건물을 소유하기 위해서 지상권을 설정하면 최소한 30년의 기간이 보장되나, 임대차를 설정하는 경우에는 최단기간에 관한 규정이 없다. 한편, 이 사건과 같이 건물을 임대한 경우에는 제651조의 예외사유에 속하지 않기 때문에, 임대차의 존속기간이 20년으로 제한된다. 타인의 물건을 장기로 사용하려면 지상권을 설정하고, 단기로 이용하려면 임대차를 설정하라는 취지라고 할 수 있다. 그러나 지상권인지 임대차인지에 따라 위와 같이 기간을 다르게 정하도록 할 필요성을 찾기 어렵고, 건물을 임대하는 경우에도 견고한 건물을 소유하는 토지임대차처럼 장기간으로 기간을 정할 필요성이 있기 때문이다.

다음으로 전세권의 존속기간과 비교해보고자 한다. 전세권에 관한 제312조 제1항은 "전세권의 존속기간은 10년을 넘지 못한다. 당사자의 약정기간이 10년을 넘는 때에는 이를 10년으로 단축한다."라고 정하고, 제2항은 "건물에 대한 전세권의 존속기간을 1년 미만으로 정한 때에는 이를 1년으로 한다."라고 정하고 있다. 전세권의 최장기간을 10년으로 제한하고, 다만 건물에 대한 전세권의 존속기간에 관해서는 최단기간 1년을 보장하고 있다. 임대차의 존속기간을 20년으로 제한한 것이 위헌이라면 위 제312조 제1항도 과잉금지의 원칙을 위반한 것이라고 볼 여지가 있다.[6] 전세권은 물권이기 때문에 물권법정주의가 적용된다는 점에서 임대차와는 다르다. 그러나 임대차의 존속기간이 헌법재판소의 위헌 결정으로 사라진 이상, 전세권의 존속기간을 위와 같이 과도하게 제한할 적극적인 이유는 없어

"특수건물의 소유자에게 특약부 화재보험계약체결의 강제는 계약자유의 원칙에 대한 제약인 동시에 헌법상의 일반적 행동자유권 내지 경제활동의 자유의 제한이 된다."라고 결정하였다.

5) 대결 2008. 10. 2, 2005마988도 헌재의 위 결정과 동일하게 판단하였다.

6) 곽윤직 · 김재형, 물권법, 제8판, 2014, 347면.

졌다고 보아야 한다.

임대차뿐만 아니라 지상권이나 전세권에서 위와 같이 최장기간이나 최단기간을 정하고 있는 규정들도 합리적인 입법방식이라고 볼 수 없다. 그리고 지상권이나 임대차의 규정방식은 현재의 건축양식에도 맞지 않는다. 지상권이나 임대차에서 "석조, 석회조, 연와조 또는 이와 유사한 견고한 건물 기타 공작물"과 다른 건물을 구분하고 있는데, 철골조 등 최근 많이 이용되고 있는 건물이 열거되어 있지 않다.[7] 물론 견고한 건물에 해당하면 이 조항에 포섭되는 것이 분명하지만, 위와 같은 규정방식을 고수할 필요는 없을 것이다. 그리고 이는 전세권의 존속기간에 관한 규정방식과도 합치하지 않는다. 따라서 이들 조항에 관해서는 위헌 여부를 떠나 입법적으로 재검토할 필요가 있다.

7) 독일 민법 제544조는 30년 이상의 장기 임대차에 관해서는 임차물의 양도 후 30년이 지난 후 당사자들이 특별해지를 할 수 있도록 하고 있다. 이 규정에서는 30년 이상의 장기임대차의 경우 특별해지권을 부여하는 방식으로 해결하고 있고 임대차의 목적에 따라 기간을 달리 정하고 있지 않다는 점에서 우리 민법의 태도와 다르다.

[89] Ⅱ. 임대차의 권리금

대판 2000. 9. 22, 2000다26326(공 2000, 2176)

1. 대법원 판결

이 사건 영업용건물의 임대차계약으로 임차인인 원고가 임대인인 피고에게 권리금 이름의 돈 25,000,000원을 지급하였다. 그러나 장차 그 임대차가 끝나는 경우에 원고가 그 권리금을 피고로부터 반환받기로 하는 약정을 하지는 않았다. 원고는 이 사건에서 원고가 지급한 권리금은 무이자소비대차성격의 돈으로서 정상적인 임대차계약이 종료되면 원고에게 반환되어야 한다고 주장하였으나, 원심은 이를 받아들이지 않았다. 원고가 상고하였으나, 대법원은 이를 기각하였다.

"영업용건물의 임대차에 수반되어 행하여지는 권리금의 지급은 임대차계약의 내용을 이루는 것은 아니고 권리금 자체는 거기의 영업시설·비품 등 유형물이나 거래처, 신용, 영업상의 노우하우(know-how) 또는 점포위치에 따른 영업상의 이점 등 무형의 재산적 가치의 양도 또는 일정기간 동안의 이용대가라고 볼 것이어서, 그 유형·무형의 재산적 가치의 양수 또는 약정기간 동안의 이용이 유효하게 이루어진 이상 임대인은 그 권리금의 반환의무를 지지 아니하며, 다만 임차인은 당초의 임대차에서 반대되는 약정이 없는 한 임차권의 양도 또는 전대차의 기회에 부수하여 자신도 그 재산적 가치를 다른 사람에게 양도 또는 이용하게 함으로써 권리금을 지급받을 수 있을 것이다. 따라서, 임대인이 그 임대차의 종료에 즈음하여 그 재산적 가치를 도로 양수한다든지 권리금수수 후 일정한 기간 이상으로 그 임대차를 존속시켜 그 가치를 이용하게 하기로 약정하였음에도 임대인의 사정으로 중도해지됨으로써 약정기간 동안의 그 재산적 가치를 이용하게 해 주지 못하였다는 등의 특별한 사정이 있을 때에만 임대인은 그 권리금 전부 또는 일부의 반환의무를 진다."

2. 평석

이 판결에서는 임대인과 임차인 사이에서 권리금이 문제되었다. 영업용건물의 임대차에 수반하여 임차인이 임차보증금이나 차임 외에 임대인에게 관행적으로 권리금을 지급하는 경우가 많고, 이를 둘러싼 분쟁이 많이 발생하고 있다. 이 판결은 권리금에 관한 종래의 법리를 종합하여 권리금의 법적 성격과 효력에 관하여 상세한 법률론을 전개하고 있다.

권리금은 건물의 영업시설·비품 등 유형물이나 거래처, 신용, 영업상의 노우하우(know-how) 또는 점포 위치에 따른 영업상의 이점 등 무형의 재산적 가치의 양도 또는 일정 기간 동안의 이용대가이다. 권리금에 관해서도 계약자유의 원칙이 적용되기 때문에, 임대인이 임차인에게 권리금을 반환하기로 한 약정이나 상관습이 있었다면 그 약정 등에 따라 임대인은 그 권리금을 반환할 의무를 진다.[1)]

그러나 그러한 약정이나 상관습이 없으면 임대차가 종료하더라도 임차인이 임대인에게 권리금의 반환을 청구할 수는 없고, 권리금은 새로운 임차인으로부터만 회수할 수 있을 뿐이다.[2)] 다만 임대인이 그 임대차의 종료에 즈음하

1) 다만 대판 1994. 10. 14, 93다62119(공 1994, 2967)는, 임대인과 임차인 사이에 건물명도시 권리금을 반환하기로 하는 약정이 있었다 하더라도 그와 같은 권리금반환청구권은 건물에 관하여 생긴 채권이라 할 수 없으므로 그와 같은 채권을 가지고 건물에 대한 유치권을 행사할 수 없다고 한다.

2) 대판 1994. 9. 9, 94다28598(공 1994, 2626). 또한 대판 2000. 4. 11, 2000다4517, 4524(공 2000, 1185)도 동일한 취지이다. 이 사건에서 임대인이 임대차계약서의 단서 조항에 권리금액의 기재 없이 단지 '모든 권리금을 인정함'이라고 기재하였다. 대법원은 이 기재를 임대차 종료시 임차인에게 권리금을 반환하겠다는 약정이 아니고, 단지 임차인이 나중에 임차

여 임차인으로부터 그 재산적 가치를 도로 양수한다든지 권리금 수수 후 일정한 기간 이상으로 그 임대차를 존속시켜 그 가치를 이용케 하기로 약정하였음에도 임대인의 사정으로 임대차계약이 중도 해지됨으로써 약정기간 동안의 그 재산적 가치를 이용케 해 주지 못하였다는 등의 특별한 사정이 있을 때에만 임대인은 그 권리금 전부 또는 일부의 반환의무를 진다.

[추기]

2015. 5. 13. 개정 「상가건물 임대차보호법」은 권리금에 관한 명문의 규정을 두어 임차인에게 권리금을 회수할 기회를 보장하고, 임대인에게 정당한 사유 없이 임대차계약의 체결을 방해할 수 없도록 방해금지의무를 부과하였다. 개정법은 권리금을 임대차목적물인 상가건물에서 영업을 하는 자 또는 영업을 하려는 자가 영업시설·비품, 거래처, 신용, 영업상의 노하우, 상가건물의 위치에 따른 영업상의 이점 등 유형·무형의 재산적 가치의 양도 또는 이용대가로서 임대인, 임차인에게 보증금과 차임 이외에 지급하는 금전 등의 대가로 정의하였는데(제10조의 3), 이는 위 대법원 판결의 내용이 반영된 것으로 볼 수 있다. 또한 임대인은 임대차기간이 끝나기 3개월 전부터 임대차 종료 시까지 임차인이 주선한 신규임차인이 되려는 자에게 권리금을 요구하는 등의 행위를 함으로써 신규임차인이 되려는 자로부터 권리금을 지급받는 것을 방해하여서는 아니 되고, 이를 위반하여 손해가 발생한 경우 배상하도록 하며, 임차인은 임대인에게 신규임차인이 되려는 자에 대한 정보를 제공하도록 하였다(제10조의4).

권을 승계한 자로부터 권리금을 수수하는 것을 임대인이 용인하고, 나아가 임대인이 정당한 사유 없이 명도를 요구하거나 점포에 대한 임대차계약의 갱신을 거절하고 타에 처분하면서 권리금을 지급받지 못하도록 하는 등으로 임차인의 권리금 회수 기회를 박탈하거나 권리금 회수를 방해하는 경우에 임대인이 임차인에게 직접 권리금 지급을 책임지겠다는 취지로 해석해야 한다고 판결하였다.

[90] Ⅲ. 미등기 주택의 임차인이 대지의 환가대금에 대한 우선변제권을 갖는지 여부

대판(전) 2007. 6. 21, 2004다26133(공 2007, 1080)

1. 사실관계와 대법원 판결

이 사건 미등기 다세대주택의 임차인인 원고들은 피고가 이 사건 대지에 대하여 근저당권을 설정받기 전에 대항요건 및 확정일자를 갖추었다. 피고의 근저당권에 기하여 이 사건 대지에 관한 경매절차가 개시되었는데, 원고들이 피고의 채권에 우선하여 그 대지의 환가대금에서 보증금을 배당받을 수 있는지 문제되었다. 대법원은 이를 긍정하였다.

"어느 건물이 국민의 주거생활의 용도로 사용되는 주택에 해당하는 이상 비록 그 건물에 관하여 아직 등기를 마치지 아니하였거나 등기가 이루어질 수 없는 사정이 있다고 하더라도 다른 특별한 규정이 없는 한 같은 법의 적용대상이 된다.[1] … 대항요건 및 확정일자를 갖춘 임차인과 소액임차인의 임차주택 대지에 대한 우선변제권에 관한 법리는 임차주택이 미등기인 경우에도 그대로 적용된다. … 다만, 소액임차인의 우선변제권에 관한 같은 법 제8조 제1항이 그 후문에서 '이 경우 임차인은 주택에 대한 경매신청의 등기 전에' 대항요건을 갖추어야 한다고 규정하고 있으나, … 위 규정이 미등기 주택의 경우에 소액임차인의 대지에 관한 우선변제권을 배제하는 규정에 해당한다고 볼 수 없다."

2. 평석

종전에 미등기 주택 대지의 환가대금에 대한 소액임차인의 우선변제권에 관하여 이 판결과 견해를 달리한 판결이 있었으나,[2] 이 판결로 폐기되었다.[3]

이 판결은 문언해석을 통하여 위와 같은 결론을 도출하고 있다. 즉, 주택임대차보호법 제3조의2 및 제8조는 대항요건 및 확정일자를 갖춘 임차인과 소액임차인에게 대지의 환가대금에 대해서도 우선변제권을 규정하고 있는데, 이 경우에 미등기 주택을 달리 취급하는 특별한 규정을 두고 있지 않다. 따라서 우선변제권에 관한 위 법리는 임차주택이 미등기인 경우에도 그대로 적용된다고 한다. 이와 달리 임차주택의 등기 여부에 따라 우선변제권의 인정 여부를 달리 해석하는 것은 합리적 이유나 근거 없이 그 적용대상을 축소하거나 제한하는 것이 되어 부당하고, 민법과 달리 임차권의 등기 없이도 대항력과 우선변제권을 인정하는 주택임대차보호법의 취지에 비추어 타당하지 않다고 한다. 이는 법률의 해석에 관한 기본적인 태도를 반영하고 있다. 법률의 문언에 따른 해석을 할 경우에 부당한 경우에 한하여 이와 다른 해석을 하여야 한다. 합리적 이유나 근거 없이 문언의 내용과 달리 규정의 적용대상이나 범위를 축소하거나 제한하여서는 안 된다.

소액임차인의 우선변제권에 관한 주택임대차보호법 제8조 제1항 후문에서 '이 경우 임차인은 주택에 대한 경매신청의 등기 전에' 대항요

1) 대판 1987. 3. 24, 86다카164(집 35-1, 민 193)는 주택임대차보호법의 목적과 동법 제3조 제2항의 규정에 비추어 볼 때, 건물이 미등기인 관계로 그 건물에 대하여 아직 소유권이전등기를 경료하지는 못하였지만 그 건물에 대하여 사실상 소유자로서의 권리를 행사하고 있는 자는 전소유자로부터 위 건물의 일부를 임차한 자에 대한 관계에서는 위 사실상 소유자가 동법 제3조 제2항 소정의 주택의 양수인으로서 임대인의 지위를 승계하였다고 볼 수 있다고 판결하였다.

2) 대판 2001. 10. 30, 2001다39657(공 2001, 2566).

3) 이 판결에 찬성하는 견해로는 지영난, "미등기주택을 임차하여 주택임대차보호법상 대항력 및 확정일자를 갖춘 임차인 … ," 대법원판례해설 제68호, 180면 이하; 홍승면, "미등기주택의 임차인이 대지환가대금에 대하여 우선변제권을 행사할 수 있는지 여부," 민사판례연구회 2007. 11. 19. 발표문.

건을 갖추어야 한다고 규정하고 있는데, 그 의미가 임차주택과 대지를 함께 경매하여 임차주택 자체에 경매신청의 등기가 되어야 한다거나 임차주택에 경매신청의 등기가 가능한 경우로 제한하는 취지는 아니라고 한다. 이 규정은 소액보증금을 배당받을 목적으로 배당절차에 임박하여 가장임차인을 급조하는 등의 폐단을 방지하기 위하여 소액임차인의 대항요건의 구비시기를 제한한 것이므로, 대지에 대한 경매신청의 등기 전에 위 대항요건을 갖추도록 하면 입법 취지를 충분히 달성할 수 있으므로, 위 규정이 미등기 주택의 경우에 소액임차인의 대지에 관한 우선변제권을 배제하는 규정에 해당한다고 볼 수 없다고 한다. 이러한 판단은 미등기 주택의 소액임차인을 보호할 필요가 있다는 점에서도 타당하다고 생각한다.

[91] Ⅳ. 주택임대차보호법상 임대인의 지위 승계가 임대차보증금반환채권 가압류에 미치는 효력

대판(전) 2013. 1. 17, 2011다49523(공 2013, 318)

1. 사실관계와 원심판결

① 소외 1(이하 '임차인'이라 한다)은 2002. 4. 7. 소외 2로부터 안산시 상록구 (이하 생략) 다가구주택 202호(이하 '이 사건 임대주택'이라 한다)를 임대차보증금 3,000만 원으로 정하여 임차한 다음, 2002. 5. 23. 전입신고를 하고 거주하였다. ② 소외 3이 2002. 11. 11. 소외 2로부터, 소외 4가 2003. 11. 3. 다시 소외 3으로부터 이 사건 임대주택의 소유권을 순차로 이전받아 임차인에 대한 임대인의 지위도 순차로 승계하였다. ③ 원고는 2005. 5. 31. 가압류채무자를 임차인, 제3채무자를 소외 4로 하여 임차인의 소외 4에 대한 임대차보증금반환채권에 대하여 채권가압류결정을 받았고, 그 결정이 2005. 6. 20. 소외 4에게 송달되었다. ④ 피고는 2007. 8. 2. 소외 4로부터 이 사건 임대주택의 소유권을 이전받아 임대인의 지위를 승계한 후, 2007. 10. 10. 임차인에게 임대차보증금 3,000만 원을 반환하였다. ⑤ 그 후 원고는 임차인에 대한 구상금 청구소송의 확정판결을 집행권원으로 하여 2009. 11. 26. 채무자를 임차인, 제3채무자를 피고로 하여 위 가압류를 본압류로 이전하는 채권압류 및 추심명령을 받았고, 그 명령이 2009. 11. 30. 피고에게 송달되었다. 원고는 임차인에 대한 추심채권자로서 피고를 상대로 이 사건 추심금 청구의 소를 제기하여 임대차보증금의 반환을 구하였다.

원심은 위 채권가압류결정은 채권자인 원고와 채무자인 임차인, 제3채무자인 소외 4 사이에서만 효력이 있을 뿐, 소외 4로부터 이 사건 임대주택을 양수한 피고에 대하여는 그 효력이 미치지 않는다고 하여 원고의 청구를 배척하였다.

2. 대법원 판결

그러나 대법원은 원고의 상고를 받아들여 이 사건 채권가압류의 효력이 이 사건 임대주택의 양수인으로서 임대인의 지위 일체를 승계한 피고에게 미친다고 하면서 원심판결을 파기환송하였다. 그 이유는 다음과 같다.

"주택임대차보호법 제3조 제3항은 같은 조 제1항이 정한 대항요건을 갖춘 임대차의 목적이 된 임대주택(이하 '임대주택'은 주택임대차보호법의 적용대상인 임대주택을 가리킨다)의 양수인은 임대인의 지위를 승계한 것으로 본다고 규정하고 있는바, 이는 법률상의 당연승계 규정으로 보아야 하므로, 임대주택이 양도된 경우에 그 양수인은 주택의 소유권과 결합하여 임대인의 임대차 계약상의 권리·의무 일체를 그대로 승계하며, 그 결과 양수인이 임대차보증금반환채무를 면책적으로 인수하고, 양도인은 임대차관계에서 탈퇴하여 임차인에 대한 임대차보증금반환채무를 면하게 된다(대법원 1987. 3. 10. 선고 86다카1114 판결, 대법원 2004. 4. 16. 선고 2003다58010 판결 등 참조).

나아가 임차인에 대하여 임대차보증금반환채무를 부담하는 임대인임을 당연한 전제로 하여 그 임대차보증금반환채무의 지급금지를 명령받은 제3채무자의 지위는 임대인의 지위와 분리될 수 있는 것이 아니므로, **임대주택의 양도로 임대인의 지위가 일체로 양수인에게 이전된다면 채권가압류의 제3채무자의 지위도 임대인의 지위와 함께 이전된다**고 볼 수밖에 없다.

한편 주택임대차보호법상 임대주택의 양도에 양수인의 임대차보증금반환채무의 면책적 인수를 인정하는 이유는 임대주택에 관한 임대인의 의무 대부분이 그 주택의 소유자이기만 하면 이행가능하고 임차인이 같은 법에서 규정하는 대항요건을 구비하면 임대주택의 매각대금에서 임대차보증금을 우선변제받을 수 있기 때문인데, 임대주택이 양도되었음에도 그 양수인이 채권가압류의 제3채무자의 지위를 승계하지 않는다면 가압류권자는 장차 본집행절차에서 그 주택의 매각대금으로부터 우선변제를 받을 수 있는 권리를 상실하는 중대한 불이익을 입게 된다.

이러한 사정들을 고려하면, 임차인의 임대차보증금반환채권이 가압류된 상태에서 임대주택이 양도되면 양수인이 채권가압류의 제3채무자의 지위도 승계하고, 가압류권자 또한 임대주택의 양도인이 아니라 양수인에 대하여만 위 가압류의 효력을 주장할 수 있다고 보아야 한다."

그러나 대법관 신영철, 이인복, 이상훈, 박보영, 김신의 반대의견은 다음과 같은 이유로 반대한다.

"임대차관계의 이전이 발생하기 전에 임차인의 채권자의 신청으로 임대차보증금반환채권이 압류 또는 가압류된 경우에는 위와 같은 실체법상의 권리변동에도 불구하고 압류 또는 가압류에 본질적으로 내재한 처분금지 및 현상보전의 효력 때문에 당사자인 집행채권자, 집행채무자, 제3채무자의 집행법상 지위는 달라지지 않는다. 우리의 민사집행법은 금전채권에 대한 집행에서 당사자의 처분행위에 의한 제3채무자 지위의 승계라는 관념을 알지 못하며 오로지 압류 또는 가압류의 처분금지효력을 통하여 집행채권자로 하여금 당사자의 처분행위에 구애받지 않고 당초 개시하거나 보전한 집행의 목적을 달성할 수 있게 할 뿐이다."

"비록 임대주택의 양도에 따른 임대인 지위의 승계가 주택임대차보호법 제3조 제3항에 기초한 법률상 당연승계라고는 하나 이는 명백히 임대주택에 관한 양도계약 당사자의 처분의사에 기초한 것으로서, 다수의견은 결국 당사자의 처분행위로 인하여 집행법원이 이미 발령한 가압류명령 또는 압류명령의 수범자와 효력이 달라질 수 있다고 보는 셈인데, 우리 민사집행법이 이를 용인하고 있다고 볼 어떠한 근거도 없다."[1)]

이에 대하여 대법관 민일영, 박병대, 김용덕의 다수의견에 대한 보충의견이 있다.

3. 평석

이 사건에서는 주택임대차보호법상 대항력을 갖춘 임차인의 임대차보증금반환채권이 가압류된 상태에서 임대주택이 양도된 경우, 양수인이 채권가압류의 제3채무자 지위를 승계하는지 여부가 문제되었다.

임차인의 임대차보증금반환채권이 가압류된 후 주택임대차보호법의 적용대상인 임대주택이 양도된 경우에 양수인이 채권가압류의 제3채무자 지위를 승계하는지 문제되고 있다. 다수의견은 이를 긍정하고 있는 반면에, 반대의견은 이를 부정하고 있다. 다수의견에 따르면 위와 같은 경우에 양수인에게 가압류의 효력이 미치지만, 반대의견에 따르면 양수인에게는 가압류의 효력이 미치지 않고, 임대주택의 양도에 의하여 양도인은 임대차보증금반환채무를 면하므로 양도인을 상대로 한 가압류도 그 효력이 소멸하게 된다.

주택의 임차인은 건물에 입주하고 주민등록을 함으로써 제3자에 대하여 대항력을 갖추게 되며 대항력이 구비된 후에 임차건물이 양도된 경우 양수인은 임대인의 지위를 승계한 것으로 본다(주택임대차보호법 제3조 제3항). 대판 1987. 3. 10, 86다카1114(집 35-1, 민 147)는 "이 경우 임대차보증금반환채무는 임대인의 지위를 승계한 양수인에게 이전되고 양도인의 채무는 소멸하는 것으로 해석하여야 할 것"이라고 하면서, 그 이유로 주택임대차보호법의 위 규정과 함께

1) 반대의견은 나아가 다수의견의 견해에 따를 경우 여러 부당한 결과와 해결하기 어려운 문제를 피할 수 없다는 점을 상세히 열거하고 있다.

"만일 보증금반환채무가 양도인에게 남아 있다고 해석하면 임대차계약관계에서 발생하는 채권, 채무 즉 목적물의 사용수익을 하게 하는 채무, 수선의무, 필요비, 유익비상환의무 등은 모두 이전하는데 오로지 보증금반환채무만이 남는 것이 되어 불합리"하다는 점과 "임대차계약의 위와 같은 여러 채권, 채무는 임대인이 어떤 사람인가 하는 개인적 색채보다는 부동산자체와 관련된 것이 대부분으로서 임대목적물의 소유자로서 거의 완전하게 이행할 수 있는 성질의 것이며, 임차인으로서는 동시이행의 항변, 유치권의 행사등에 의하여 이행을 확보할 수 있기 때문에 임대인의 교체에 의하여 큰 영향을 받지 않는다."는 점을 든다. 위 판결은 "따라서 임대부동산의 소유권이 이전되고 그 양수인이 임대인의 지위를 승계한다고 할 때 임대차보증금반환채무도 부동산의 소유권과 결합하여 일체로서 이전하는 것이며 이에 따라 양도인의 보증금반환채무는 소멸하는 것으로 보아야 옳다."라고 한다.[2)]

주택임대차보호법 제3조 제3항에 따른 승계의 법적 성격이 문제되는데, 이는 다수의견의 표현대로 '법률상의 당연승계 규정'이다. 다수의견은 "임대차보증금반환채무의 지급금지를 명령받은 제3채무자의 지위는 임대인의 지위와 분리될 수 있는 것이 아니므로, 임대주택의 양도로 임대인의 지위가 일체로 양수인에게 이전된다면 채권가압류의 제3채무자의 지위도 임대인의 지위와 함께 이전된다."고 한다. 그러나 반대의견은 "임대차관계의 이전이 발생하기 전에 임차인의 채권자의 신청으로 임대차보증금반환채권이 압류 또는 가압류된 경우에는 위와 같은 실체법상의 권리변동에도 불구하고 압류 또는 가압류에 본질적으로 내재한 처분금지 및 현상보전의 효력 때문에 당사자인 집행채권자, 집행채무자, 제3채무자의 집행법상 지위는 달라지지 않는다."고 한다. 임대주택의 양도로 임대인의 지위가 실체법적으로 변동되더라도 가압류의 제3채무자라는 집행법상의 지위는 달라지지 않는다는 것이다.

채권가압류에서 제3채무자로서의 지위가 주택임대차보호법 제3조 제3항에서 말하는 양도인의 지위에 해당하는가? 긍정하여야 할 것이다. 양도인은 임대인으로서 임대차보증금반환채무를 부담하고 있기 때문에 채권가압류의 제3채무자가 된 것이다. 양도인의 지위가 이전되어 양수인이 임대차보증금반환채무를 부담하게 되었으면 그가 제3채무자의 지위도 승계한 것으로 보아야 한다. 그와 같이 해석함으로써 복잡한 문제가 생길 수 있으나, 이는 채권의 준점유자에 대한 변제에 관한 규정을 유추적용하는 등으로 해결해야 한다.

---

2) 그 후 같은 취지의 판결로는 대판 1993. 7. 16, 93다17324(공 1993, 2293); 대판 2003. 7. 25, 2003다2918(공 2003, 1846); 대판 2004. 4. 16, 2003다58010 등이 있다.

[92] Ⅴ. 주택임대차보호법의 보호대상인 소액임차인의 우선변제권에 대한 제한

대판 2013. 12. 12, 2013다62223(공 2014, 168)

1. 사실관계와 대법원 판결

원고는 A로부터 이 사건 주택을 임대차보증금 2천만 원에 임차하여 이 사건 주택에 전입신고를 마치고 거주하였다. 위 임대차계약서에 확정일자도 받았으며, 임대차보증금도 임대인에게 모두 지급하였다. 이 사건 주택에 대한 경매절차에서 원고가 주택임대차보호법에 따른 소액임차인으로서 배당을 받아야 한다고 주장하였다.

그러나 원심은 원고는 소액임차인을 보호하기 위하여 경매개시결정 전에만 대항요건을 갖추면 우선변제권을 인정하는 주택임대차보호법을 악용하여 부당한 이득을 취하고자 임대차계약을 체결한 것으로 봄이 상당하고, 이러한 원고는 주택임대차보호법상의 보호대상인 소액임차인에 해당하지 않는다고 하였다. 그 이유로 다음과 같은 사실을 들고 있다. ① 원고의 남편인 A는 공인중개사로서 주택임대차보호법 규정을 잘 알고 이 사건 임대차계약 체결을 중개하였다. ② 원고는 그 소유의 아파트를 보유하고 있었는데도 채권최고액의 합계가 시세를 초과하는 이 사건 아파트를 임차하였고 이 사건 아파트에 관한 경매가 개시될 것을 예상하여 소액임차인의 요건에 맞도록 이 사건 아파트 시세에 비추어 현저히 낮은 임차보증금만을 지급하고 이 사건 임대차계약을 체결하였으며, 실제로 이 사건 임대차계약 체결 직후 이 사건 아파트에 관하여 경매가 개시되었다. ③ 당초 이 사건 임대차계약상 잔금지급기일 및 목적물인도기일보다 앞당겨 임차보증금 잔액을 지급하고 전입신고를 마쳤다. ④ 원고가 이 사건 주택을 임차한 때로부터 불과 6개월 만에 A가 원고의 자녀인 B를 대리하여 대전 중구에 있는 아파트를 임차하였고, 그 임차보증금 또한 소액임차인의 요건을 충족하는 2,000만 원이며, 그 임대차계약 체결 직후 경매절차가 개시되었다.[1)] 대법원도 원심의 판단을 지지하고 있다.

2. 평석

(1) 이 판결에서는 주택의 임차인이 주택임대차보호법상의 소액임차인에 해당하는지 여부가 문제되었다. 주택임대차보호법 제8조 제1항은 "임차인은 보증금 중 일정액을 다른 담보물권자(擔保物權者)보다 우선하여 변제받을 권리가 있다. 이 경우 임차인은 주택에 대한 경매신청의 등기 전에 제3조 제1항의 요건을 갖추어야 한다."라고 정하고 있다. 이 조항은 소액임차인에게 보증금의 회수를 보장하기 위하여 '민법의 일반규정에 대한 예외'로서, 소액임차인의 보증금에 대한 최우선변제권을 인정한 것이다.

그런데 이 조항에 따른 우선변제권을 행사하여 재산을 빼돌리려는 목적으로 실제로 주택에 거주하려는 의사가 없는데도 임대차계약을 체결하는 가장임차인(假裝賃借人) 문제가 발생하고 있다. 심지어 주택의 경매절차는 '가장임차인과의 전쟁터'라는 표현[2)]을 사용하기도 한다. 대법원은 "채권자가 채무자 소유의 주택에 관하여 채무자와 임대차계약을 체결하고 전입신고를 마친 다음 그곳에 거주하였다고 하더라도 실제 임대차계약의 주된 목적이 주택을 사용 수익하려는 것에 있는 것이 아니고, 실제적으로는 소

제3편 채권법

1) 원고가 아파트를 소유하고 있음에도 공인중개사인 남편의 중개에 따라 근저당권 채권최고액의 합계가 시세를 초과하고 경매가 곧 개시될 것으로 예상되는 아파트를 소액임차인 요건에 맞도록 시세보다 현저히 낮은 임차보증금으로 임차한 다음 당초 임대차계약상 잔금지급기일과 목적물인도기일보다 앞당겨 보증금 잔액을 지급하고 전입신고 후 확정일자를 받았는데, 그 직후 개시된 경매절차에서 배당을 받지 못하자 배당이의를 하였다.

2) 민일영, 주택의 경매와 임차인 보호에 관한 실무연구, 2005, 179면.

액임차인으로 보호받아 선순위 담보권자에 우선하여 채권을 회수하려는 것에 주된 목적이 있었던 경우에는 그러한 임차인을 주택임대차보호법상 소액임차인으로 보호할 수 없다."고 하였다.[3] 판례는 임대차계약의 주된 목적이 무엇인지에 따라 위 규정에 따른 소액임차인으로 보호할 것인지 여부를 결정하고 있다고 볼 수 있다. 판례는 위와 같은 결론을 도출하기 위한 근거를 위 조항의 입법취지에서 찾고 있으므로, 위 조항에 대하여 목적론적 해석을 한 것으로 볼 수 있다. 다만 "주택임대차로서의 대항력을 취득한 것처럼 외관을 만들었을 뿐 실제 주택을 주거용으로 사용·수익할 목적을 갖지 아니한 계약은 주택임대차계약으로서는 통정허위표시에 해당되어 무효"라고 한 판결[4]도 있는데, 이는 통정허위표시에 관한 규정을 적용한 것으로 볼 수 있으나, 이에 관해서는 논란의 여지가 있다.

(2) 이 사건에서 원고는 주택임대차보호법에 따른 소액임차인으로서 보호를 받을 수 있는 법률요건을 갖추고 있다. 그러나 법원은 원고가 주택임대차보호법을 악용하여 부당한 이득을 취하고자 임대차계약을 체결한 것으로 보아 위 법률에 따른 최우선변제권을 부정하고 있다. 이 판결은 가장임차인의 경우에 소액임차인으로서 최우선변제권을 인정받을 수 없다는 종래의 판결과 동일한 맥락에서 나온 것으로 볼 수도 있다. 그런데 이 판결에서는 임차인이 법률을 악용하여 부당한 이득을 취하려고 하였다는 점을 강조하고 있다. 이와 같은 경우에는 임차인의 행위가 권리남용 또는 제도의 남용에 해당한다고 볼 수 있을 것이다.

---

3) 대판 2001. 5. 8, 2001다14733(공 2001, 1362). 비슷한 취지의 판결로는 대판 2003. 7. 22, 2003다21445(공 2003, 1777)가 있다.

4) 대판 2002. 3. 12, 2000다24184(공 2002, 845).

제5절 조합

[93] Ⅰ. 공동수급체의 법적 성격과 그 채권의 귀속형태

대판(전) 2012. 5. 17, 2009다105406(공 2012, 1057)

1. 대법원 판결

이 판결은 공동이행방식의 공동수급체의 법적 성격과 그 채권의 귀속형태에 관한 것인데, 다수의견과 별개의견이 있다. 다수의견은 다음과 같다.

"공동이행방식의 공동수급체는 기본적으로 민법상의 조합의 성질을 가지는 것이므로(대법원 2000. 12. 12. 선고 99다49620 판결 등 참조), 공동수급체가 공사를 시행함으로 인하여 도급인에 대하여 가지는 채권은 원칙적으로 공동수급체의 구성원에게 합유적으로 귀속하는 것이어서 특별한 사정이 없는 한 구성원 중 1인이 임의로 도급인에 대하여 출자지분의 비율에 따른 급부를 청구할 수 없고, 구성원 중 1인에 대한 채권으로써 그 구성원 개인을 집행채무자로 하여 공동수급체의 도급인에 대한 채권에 대하여 강제집행을 할 수 없다(대법원 1997. 8. 26. 선고 97다4401 판결, 대법원 2001. 2. 23. 선고 2000다68924 판결 등 참조). 그러나 공동이행방식의 공동수급체와 도급인이 공사도급계약에서 발생한 채권과 관련하여 공동수급체가 아닌 개별 구성원으로 하여금 그 지분비율에 따라 직접 도급인에 대하여 권리를 취득하게 하는 약정을 하는 경우와 같이 공사도급계약의 내용에 따라서는 공사도급계약과 관련하여 도급인에 대하여 가지는 채권이 공동수급체의 구성원 각자에게 그 지분비율에 따라 구분하여 귀속될 수도 있고(대법원 2002. 1. 11. 선고 2001다75332 판결 참조), 위와 같은 약정은 명시적으로는 물론 묵시적으로도 이루어질 수 있다.

(중략)

그렇다면 공동이행방식의 공동수급체의 구성원들이 기성대가 등을 공동수급체의 구성원별로 직접 지급받기로 하는 공동수급협정은 특별한 사정이 없는 한 도급인에 대한 관계에서 공사대금채권을 공동수급체의 구성원 각자가 그 출자지분의 비율에 따라 구분하여 취득하기로 하는 구성원 상호 간의 합의라고 보는 것이 타당하고, 나아가 공동수급체의 대표자가 개정된 공동도급계약운용요령 제11조에 따라 공동수급체 구성원 각자에게 공사대금채권을 지급할 것을 예정하고 있는 도급인에게 위와 같은 공사대금채권의 구분 귀속에 관한 공동수급체 구성원들의 합의가 담긴 공동수급협정서를 입찰 참가신청서류와 함께 제출하고 도급인이 별다른 이의를 유보하지 않은 채 이를 수령한 다음 공동도급계약을 체결하게 되면 공동수급체와 도급인 사이에서 공동수급체의 개별 구성원으로 하여금 공사대금채권에 관하여 그 출자지분의 비율에 따라 직접 도급인에 대하여 권리를 취득하게 하는 묵시적인 약정이 이루어졌다고 보는 것이 타당하다. 이는 공동도급계약운용요령과 공동수급협정서에서 공동이행방식의 공동수급체 대표자가 부도 등의 부득이한 사유로 신청서를 제출할 수 없는 경우 공동수급체의 다른 모든 구성원의 연명으로 이를 제출하게 할 수 있다고 규정하고 있거나, 공동수급체 구성원들의 각 출자비율과 실제의 시공비율이 일치하지 않더라도 달리 볼 것이 아니다."

2. 평석

(1) 공동이행방식의 공동수급체의 법적 성격이 무엇인지, 공동수급체의 구성원들이 도급인

에 대하여 출자지분 비율에 따라 공사대금채권을 직접 취득하는지 여부가 문제되는 경우가 많아지고 있다. 이 판결은 이 문제에 대한 명확한 결론을 제시하고 있다. 이 판결은 먼저 공동이행방식의 공동수급체의 법적 성질을 종래의 판례와 마찬가지로 민법상의 조합으로 파악하고 있다.[1] 따라서 공동수급체가 공사를 시행함으로 인하여 도급인에 대하여 가지는 채권은 원칙적으로 공동수급체의 구성원에게 합유적으로 귀속된다고 한다. 그 결과 위 채권에 관해서는 조합채권에 관한 법리가 적용된다.[2]

그런데 공사도급계약에서 공동수급체의 구성원 각자에게 그 지분비율에 따라 채권을 귀속시키는 것이 허용되는지 문제된다. 이 판결은 공사도급계약의 내용으로 "공사도급계약과 관련하여 도급인에 대하여 가지는 채권이 공동수급체의 구성원 각자에게 그 지분비율에 따라 구분하여 귀속될 수도 있"다는 점을 인정한다.[3] 그 예로 공동이행방식의 공동수급체와 도급인이 공사도급계약에서 발생한 채권과 관련하여 공동수급체가 아닌 개별 구성원으로 하여금 그 지분비율에 따라 직접 도급인에 대하여 권리를 취득하게 하는 약정을 하는 경우를 든다. 그리고 위와 같은 약정은 명시적으로는 물론 묵시적으로도 이루어질 수 있다고 한다.

(2) 이 사건 공동수급체의 구성원들은 적어도 피고에 대한 관계에서는 각 지분비율에 따라 각자에게 구분하여 귀속하는 공사대금채권을 취득하였다는 점에서 대법관들의 견해가 일치한다. 다만 그 이유에 관해서는 다수의견과 별개의견으로 나누어진다.

다수의견은 공동이행방식의 공동수급체의 구성원들이 기성대가 등을 공동수급체의 구성원별로 직접 지급받기로 하는 공동수급협정을 도급인에 대한 관계에서 공사대금채권을 공동수급체의 구성원 각자가 그 출자지분의 비율에 따라 구분하여 취득하기로 하는 구성원 상호 간의 합의라고 본다. 나아가 공동수급체와 도급인 사이에서 공동수급체의 개별 구성원으로 하여금 공사대금채권에 관하여 그 출자지분의 비율에 따라 직접 도급인에 대하여 권리를 취득하게 하는 묵시적인 약정을 넓게 인정한다. 즉, 공동수급체의 대표자가 도급인(개정된 공동도급계약운용요령 제11조에 따라 공동수급체 구성원 각자에게 공사대금채권을 지급할 것을 예정하고 있다)에게 위와 같은 공사대금채권의 구분 귀속에 관한 공동수급체 구성원들의 합의가 담긴 공동수급협정서를 입찰 참가 신청서류와 함께 제출하고, 도급인이 별다른 이의를 유보하지 않은 채 이를 수령한 다음, 공동도급계약을 체결하게 되면, 위와 같은 묵시적 약정이 이루어졌다고 본다.[4]

이에 대하여 대법관 김능환, 민일영, 이인복의 별개의견에서는 공동이행방식의 공동수급체와 도급인이 개별 구성원으로 하여금 지분비율에 따라 직접 도급인에 대하여 공사대금채권을 취득하게 하는 약정은 기성대가 또는 준공대가를 구성원 각자에게 구분하여 직접 지급하도록 규정하고 있는 1996. 1. 8. 개정 이후의 공동도급계약운용요령 제11조가 공동도급계약의 내용

1) 대판 2000. 12. 12, 99다49620(공 2001, 276).
2) 구성원 중 1인이 임의로 도급인에 대하여 출자지분의 비율에 따른 급부를 청구할 수 없고, 구성원 중 1인에 대한 채권으로써 그 구성원 개인을 집행채무자로 하여 공동수급체의 도급인에 대한 채권에 대하여 강제집행을 할 수 없다. 대판 1997. 8. 26, 97다4401(공 1997, 2821); 대판 2001. 2. 23, 2000다68924(공 2001, 762).
3) 참조판결: 대판 2002. 1. 11, 2001다75332.
4) 대판 2000. 11. 24, 2000다32482는 이와 달리 기성대가 등을 공동수급체 구성원 각자에게 구분하여 직접 지급하는 내용으로 개정된 공동도급계약운용요령 제11조가 시행된 1996. 1. 8. 이후에 기성대가 등을 공동이행방식의 공동수급체 구성원별로 직접 지급받기로 하는 약정 내용이 기재된 공동수급협정서가 제출되어 체결된 공동도급계약에 관한 사안에서 공사대금채권이 공동수급체의 구성원들에게 합유적으로 귀속한다고 판결하였는데, 이 판결로 변경되었다.

에 편입된 경우에만 그 존재가 인정된다고 하고, 이 사건의 구체적인 사실관계에 비추어 위 공동도급계약운용요령 제11조가 이 사건 공사도급계약에 편입되었다고 보고 있다.

(3) 공동이행방식의 공동수급체는 2인 이상이 서로 출자하여 공동사업을 경영할 것을 약정함으로써 성립하므로, 민법상 조합에 해당한다. 조합의 법적 성격에 관해서는 논란이 있으나, 우리 민법은 조합을 계약의 일종으로 규율하고 있다. 조합계약에도 계약자유의 원칙이 적용되므로, 그 구성원들은 자유로운 의사에 기하여 조합계약의 내용을 정할 수 있다.[5] 따라서 조합에 관한 민법규정은 대부분 임의규정으로서 당사자 사이에 특별한 의사표시가 있으면 그 의사표시가 민법 규정에 우선하여 적용되어야 한다.[6] 이 판결에서 대법원이 공동이행방식의 공동수급체를 조합계약으로 보면서 공사도급계약에서 공동수급체의 구성원 각자 그 지분비율에 따라 채권의 귀속을 정하는 것이 허용된다고 본 것은 계약자유의 원칙에 따라 당연한 것으로 볼 수 있다. 이 경우에 위와 같은 약정을 넓게 인정할 것인지 여부가 논란이 되고 있다. 이 사건에서는 공동수급체와 도급인 사이에서 공동수급체의 개별 구성원으로 하여금 공사대금채권에 관하여 그 출자지분의 비율에 따라 직접 도급인에 대하여 권리를 취득하게 하는 묵시적인 약정이 있었다고 인정할 수 있을 것으로 생각된다.

5) 민법주해[XVI], 1997, 33면(김재형 집필).
6) 대판 1988. 3. 8, 87다카1448(공 1988, 657).

[94] Ⅱ. 조합해산 시의 잔여재산분배청구
대판 2000. 4. 21, 99다35713(공 2000, 1233)

1. 대법원 판결

조합의 목적 달성으로 인하여 조합이 해산되었으나 조합의 잔무로서 처리할 일이 없고 다만 잔여재산의 분배만이 남아 있을 때에는 따로 청산절차를 밟을 필요가 없이 각 조합원은 자신의 잔여재산의 분배비율의 범위 내에서 그 분배비율을 초과하여 잔여재산을 보유하고 있는 조합원에 대하여 바로 잔여재산의 분배를 청구할 수 있고, 이 경우의 잔여재산분배청구권은 조합원 상호간의 내부관계에서 발생하는 것으로서 각 조합원이 분배비율을 초과하여 잔여재산을 보유하고 있는 조합원을 상대로 개별적으로 행사하면 족한 것이지 반드시 조합원들이 공동으로 행사하거나 조합원 전원을 상대로 행사하여야 하는 것은 아니라고 할 것이다.

조합해산 시에 각 조합원이 청산절차를 거치지 않고 곧바로 하는 위와 같은 잔여재산의 분배 청구는 청구의 상대방인 조합원이 분배비율을 초과하여 잔여재산을 보유하고 있는 경우에 한하여 그 분배비율을 초과하는 부분의 범위 내에서만 허용되는 것이므로, 그 분배 청구의 당부를 판단함에 있어서는 전체 잔여재산의 내역과 그 정당한 분배비율 및 조합원 각자의 현재의 잔여재산의 보유 내역 등을 심리하여 상대방 조합원이 현재 정당한 분배비율을 초과하여 잔여재산을 보유하고 있는지 여부 및 그 정도를 먼저 확정하여야 한다고 할 것이다.

2. 평석

민법상 조합이 해산한 경우에 청산절차를 거쳐 잔여재산을 분배하여야 하나, 판례는 조합의 목적 달성으로 인하여 조합이 해산되었으나 조합의 잔무로서 처리할 일이 없고 다만 잔여재산의 분배만이 남아 있을 때에는 따로 청산절차를 밟을 필요가 없이 각 조합원은 자신의 잔여재산의 분배비율의 범위 내에서 그 분배비율을 초과하여 잔여재산을 보유하고 있는 조합원에 대하여 바로 잔여재산의 분배를 청구할 수 있다고 하였다.[1] 청산에서 중요한 것은 채권자의 보호와 잔여재산의 공평한 분배이다. 조합의 경우에는 청산이 끝난 후에도 각 조합원은 그의 개인재산을 가지고 조합채권자에게 책임을 지기 때문에, 민법이 정하는 조합의 청산절차는 조합채권자의 보호를 위한 것이라기보다는 조합원 사이의 재산관계의 공평한 처리를 목적으로 하는 것이다. 따라서 조합의 경우에는 법인의 청산에 비하여 청산에 관한 규정도 간단하고 청산절차를 거칠 필요성도 적다. 나아가 조합의 잔무가 없는 경우에는 채권자의 보호나 조합원들 사이의 공평한 분배를 위하여 민법상의 청산절차를 거칠 필요가 없다.

그런데 조합해산 시의 잔여재산분배청구권을 행사하는 소가 필수적 공동소송인지 문제된다. 조합해산 시의 잔여재산분배청구에 관한 종래의 대법원 판결들은 2인 조합에 관한 것이었기 때문에, 이 문제가 쟁점으로 등장하지 않았다. 3인 이상의 조합원으로 구성된 조합의 경우에 어떤 조합원이 잔여재산을 가지고 있는 조합원 1인만을 상대로 잔여재산의 분배를 청구할 수 있는지 문제된다. 조합에 관한 소송은 필수적 공동소송으로 보는 것이 일반적인 견해이다. 그러나 조합에 관한 소송이라고 하더라도 무조건 필수적 공동소송으로 볼 수 없다고 생각한다. 조합에 관한 소송이라고 하더라도 대체로 능동소송(能動訴訟)인 경우에는 필수적 공동소송이고, 수동소송(受動訴訟)인 경우에는 필수적 공동소송

1) 대판 1995. 2. 24, 94다13749(공 1995, 1425); 대판 1998. 12. 8, 97다31472(1999, 93) 등 다수. 이에 관하여는 김재형, "조합해산시의 잔여재산분배청구권," 민사판례연구(XVIII), 1996, 288면 이하 참조.

이 아니다. 예컨대 조합원 전원이 부동산을 매수한 경우 부동산에 관한 소유권이전등기청구의 소,[2] 조합재산에 속하는 채권에 관한 소송[3]은 필수적 공동소송이다. 그러나 제3자가 조합채무의 이행을 구하는 소송(수동소송) 또는 조합원이 다른 조합원에 대하여 출자금청구의 이행을 구하는 소송은 필수적 공동소송이 아니다.

이 판결에서 문제된 조합해산 시의 잔여재산분배청구권은 조합내부관계에서 발생하는 것으로, 조합원들이 반드시 공동으로 행사하여야 하는 것은 아니다. 따라서 이를 행사하는 것이 필수적 공동소송에 해당한다고 보아야 할 필요는 없다고 본다. 예컨대 일부 조합원이 출자의무를 이행하였으나, 일부 조합원이 출자의무를 이행하지 아니하여 공동사업을 진행하지 못한 채 조합이 해산된 경우에는 조합원 전원이 합수적으로 잔여재산분배청구권을 행사할 필요는 없다. 많은 조합원들 중에 일부 조합원 사이에서 잔여재산분배청구권이 문제되는 경우 이를 필수적 공동소송으로 보는 것은 불필요한 경우가 많고 잔여재산분배의 문제를 지나치게 곤란하게 만들 우려가 있다.

이 판결은 "잔여재산분배청구권은 조합원 상호간의 내부관계에서 발생하는 것으로서 각 조합원이 분배비율을 초과하여 잔여재산을 보유하고 있는 조합원을 상대로 개별적으로 행사하면 족한 것이지 반드시 조합원들이 공동으로 행사하거나 조합원 전원을 상대로 행사하여야 하는 것은 아니라고 할 것"이라고 판단함으로써, 조합에 관한 소송이 필수적 공동소송이라는 통념을 깨뜨린 중요한 판결이라고 볼 수 있다.

2) 대판 1994. 10. 25, 93다54064(공 1994, 3081).
3) 대판 1967. 8. 29, 66다2200(집 15－2, 247).

제6절 기타

[95] '헤드헌터'의 법률관계

대판 2007. 10. 26, 2005다21302(공 2007, 1834)

1. 사실관계와 원심판결

피고가 인재소개업체인 원고에 대하여 존슨 콘트롤즈 코리아의 이사직에 지원할 의사를 밝히고, 이에 따라 원고의 주선으로 존슨 콘트롤즈 싱가폴 및 존슨 콘트롤즈 코리아의 관계자들과 면접을 하였다. 그 후 존슨 콘트롤즈 코리아와 피고 사이에 이 사건 채용계약이 체결되었다. 이러한 경우에 인재소개업체인 원고와 후보자인 피고 사이에 존슨 콘트롤즈 코리아에 취업할 수 있도록 알선하는 내용의 위임계약 등이 성립되었다고 볼 것인지 문제되었다.

원심은 원고와 피고 사이에 위와 같은 위임계약을 체결하기로 하는 의사의 합치가 있었다고 인정하기에 부족하고, 가사 그러한 위임계약이 성립되었다고 본다 하더라도 피고가 원고에 대하여 위 위임계약에 따른 부수적 채무로서 이 사건 채용계약 체결 후 존슨 콘트롤즈 코리아에 계속 근무할 의무를 부담한다고 볼 수도 없으며, 피고가 이 사건 채용계약을 일방적으로 해제하고 존슨 콘트롤즈 코리아에 출근하지 않았다고 하여 존슨 콘트롤즈 코리아에 대한 불법행위를 구성함은 별론으로 하고 원고에 대하여도 불법행위를 구성한다고 볼 수는 없다는 이유로, 원고의 이 사건 청구를 기각하였다.

2. 대법원 판결

대법원도 다음과 같은 이유로 원심의 판단을 지지하였다.

"주로 간부급 인재나 전문인력 등을 기업에 물색·소개해 주고 그 채용계약의 체결을 돕는 업무를 목적으로 하는 인재소개업체(이른바 헤드헌터)가 구인기업의 의뢰를 받아 후보자를 물색·추천하고 면접을 주선하며 채용조건 협상에 참여하는 등의 용역을 수행하는 것은, 구인을 의뢰한 기업과 사이에 체결된 용역계약의 이행행위에 해당한다. 한편, 채용을 원하는 후보자가 인재소개업체에게 구인기업에의 지원 의사를 밝히는 것은, 일반적으로 그 구인기업에 채용되기 위해 채용절차를 대행하고 있는 인재소개업체에게 그 절차에 응할 의사를 표시한 것에 불과할 뿐 그것만으로 후보자가 인재소개업체에게 자신의 채용알선 또는 채용협상 등에 관한 어떤 권한을 위임하였다거나 위임할 의사가 있었다고 볼 수는 없으므로, 다른 특별한 사정이 없는 한 인재소개업체와 후보자 사이에서 위임 등의 계약관계가 성립되었다고 할 수는 없다. 따라서 인재소개업체가 구인기업을 위하여 후보자를 채용함에 필요한 용역을 제공하는 과정에서 후보자에게 사실상 도움을 주었다 하더라도 이는 어디까지나 위 용역계약의 궁극적인 목적인 채용계약의 성사를 위한 것이지 후보자에 대한 어떤 계약상 채무의 이행이라고 볼 수는 없음이 원칙이라 할 것이다.

또한, 인재소개업체와 후보자 사이에 특약이 없는 한, 구인기업과 후보자 사이에 채용계약이 체결된 경우 후보자가 인재소개업체에 대하여 구인기업에서 근무해야 할 계약상 또는 신의칙상의 의무를 부담한다고 볼 수는 없고, 후보자가 채용계약을 일방적으로 해제하였다고 하여 인재소개업체에 대하여 손해배상책임을 진다는 상관행의 존재를 인정할 수도 없다."

3. 평석

이 판결은 인재소개업체(이른바 헤드헌터)의 법률관계에 관한 최초의 대법원 판결이다. 구인의뢰기업과 인재소개업체 사이에서는 인재를 소개해 주기로 하는 용역계약이 체결된 점은 분명하다. 인재소개업체가 구인의뢰기업에 후보자를 물색·추천하고 면접을 주선하며 채용조건 협상에 참여하는 것은 위 용역계약에 따른 의무를 이행하는 것으로 볼 수 있다. 이에 따라 구인의뢰기업과 후보자 사이에 채용계약이 체결되면 인재소개업체와 후보자 사이에는 어떠한 법률관계가 있는지 문제된다.

이 판결은 인재소개업체와 후보자 사이에서는 위임 등의 계약관계가 성립하지 않고, 따라서 후보자가 구인기업에서 근무해야 할 계약상 또는 신의칙상의 의무를 인재소개업체에 대하여 부담한다고 볼 수는 없다고 한다. 채용을 원하는 후보자가 인재소개업체에게 구인기업에의 지원 의사를 밝히는 경우에 후보자가 인재소개업체에게 자신의 채용알선 또는 채용협상 등에 관한 어떤 권한을 위임하였다거나 위임할 의사가 있었다고 볼 수는 없다고 한다.

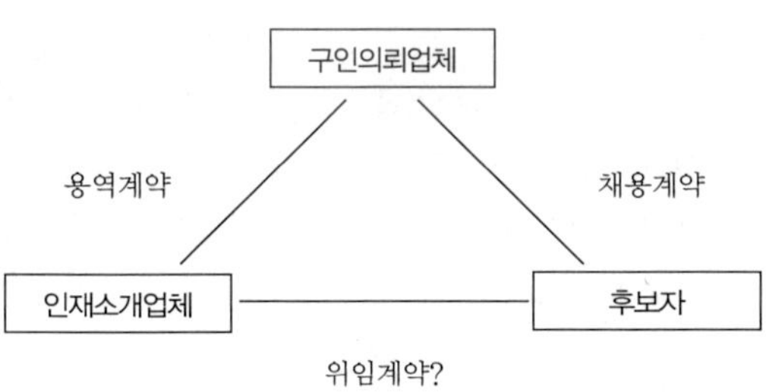

이와 같이 인재소개업체와 후보자 사이의 위임계약 등을 부정한 이유는 간부급 인사나 전문인력은 독자적으로 채용계약을 체결하는 경우가 대부분이기 때문인 것으로 보인다. 그러나 인재소개업체와 후보자 사이의 위임 등의 계약관계를 일률적으로 부정하는 것이 타당한지 의문이다. 경우에 따라서는 위임 등 계약관계를 인정하되, 계약의 내용에 비추어 후보자가 인재소개업체에 대하여 구인기업에서 근무해야 할 계약상 또는 신의칙상의 의무를 부담하지는 않는다고 판단하는 것으로 충분하다. 실제로 인재소개업체와 후보자 사이에도 위임 등의 계약관계를 인정할 필요가 있을 수 있다. 당사자들이 계약자유의 원칙에 따라 그들의 법률관계를 정할 수 있음은 물론이다. 또한 인재소개업체의 업무형태 중 후보자의 의뢰에 따라 기업을 찾기 시작하는 경우에는 이 판결에서 설명하고 있는 법률관계와 달라질 수 있다.

제3장 부당이득

제1절 부당이득의 성립

[96] Ⅰ. 전용물소권
대판 2002. 8. 23, 99다66564, 66571(집 50-2, 민 40)

1. 사실관계와 원심판결

이 사건 건물에 관하여 원고(반소피고, 이하 '원고'라고만 한다)가 1/2 지분, 소외 A, B가 각 1/4 지분으로 공유하고 있다. A는 공유자인 원고의 동의 없이 1994. 5. 10. 피고(반소원고, 이하 '피고'라고만 한다)에게 이 사건 건물의 1, 2층 창호공사를 금 2억 5천만원에 도급하는 계약을 체결하고 피고가 약정 기간 내에 위 공사를 완료하였으나 피고에게 공사대금을 지급하지 않았다. 위 공사로 인하여 이 사건 건물의 가치가 금 149,779,696원 상당 증가하였다.

원심은 원고가 피고에게 위 공사로 인하여 이 사건 건물의 가치가 증가한 부분 중 원고 지분에 상응하는 금 74,889,848원을 부당이득 또는 유익비로서 반환할 의무가 있다고 판단하였다.

2. 대법원 판결

그러나 대법원은 원심판결을 파기환송하였는데, 이 사건에서 A로부터 이 사건 건물에 관한 공사를 도급받아 공사를 완료한 피고로서는 이 사건 건물의 공유자 중 1인인 원고에 대하여 직접 부당이득반환을 청구하거나 유익비상환을 청구할 수 없다고 한다. 그 이유는 다음과 같다.

"계약상의 급부가 계약의 상대방뿐만 아니라 제3자의 이익으로 된 경우에 급부를 한 계약당사자가 계약 상대방에 대하여 계약상의 반대급부를 청구할 수 있는 이외에 그 제3자에 대하여 직접 부당이득반환청구를 할 수 있다고 보면, 자기 책임하에 체결된 계약에 따른 위험부담을 제3자에게 전가시키는 것이 되어 계약법의 기본원리에 반하는 결과를 초래할 뿐만 아니라, 채권자인 계약당사자가 채무자인 계약 상대방의 일반채권자에 비하여 우대받는 결과가 되어 일반채권자의 이익을 해치게 되고, 수익자인 제3자가 계약 상대방에 대하여 가지는 항변권 등을 침해하게 되어 부당하므로, 위와 같은 경우 계약상의 급부를 한 계약당사자는 이익의 귀속 주체인 제3자에 대하여 직접 부당이득반환을 청구할 수는 없다고 보아야 할 것이다.

한편, 유효한 도급계약에 기하여 수급인이 도급인으로부터 제3자 소유 물건의 점유를 이전받아 이를 수리한 결과 그 물건의 가치가 증가한 경우, 도급인이 그 물건을 간접점유하면서 궁극적으로 자신의 계산으로 비용지출과정을 관리한 것이므로, 도급인만이 소유자에 대한 관계에 있어서 민법 제203조에 의한 비용상환청구권을 행사할 수 있는 비용지출자라고 할 것이고, 수급인은 그러한 비용지출자에 해당하지 않는다고 보아야 할 것이다."

3. 평석

(1) 타인 사이의 계약상 급부로부터의 이득이 부당이득으로서 반환되어야 하는지 문제되는데, 이것이 전용물소권(轉用物訴權) 문제이다.[1] 즉, 계약의 당사자 일방이 상대방에게 계약에 따라 이행을 하였고, 그로 인하여 제3자가 이득을 얻은 경우에 이행을 한 당사자가 제3자에 대한 가지는 이득반환청구권을 전용물소권이라고 한다.

대판 1970. 11. 24, 70다1012(집 18-3, 민 276)

1) 상세한 것은 민법주해[XVII], 2005, 228면 이하(양창수 집필) 참조.

는 전용물소권에 관한 문제를 다루고 있다. 원고는 고양군수 및 벽제면장과 제방공사에 관한 도급계약에 의하여 그 공사를 준공하고 동인들로부터 그 보수금의 일부를 지급받았다. 위 제방의 관리청은 피고 경기도였으므로 위 공사는 당연히 피고가 실시하여야 할 것이었으며 따라서 원고의 그 공사의 준공으로 인한 이익은 피고가 아무런 법률상의 원인 없이 이득하게 되었던 것이라 할 것인즉, 피고는 원고에 대하여 원고가 위 공사를 준공하고 아직 지급받지 못한 위 보수금 잔액을 부당이득으로서 반환할 의무가 있다. 그러나 대법원은 원고가 특단의 사정이 없는 한 그 보수금의 잔액에 관하여 위 도급인들에게 그 지급을 구할 권리를 가지고 있는 것이라고 할 것이니 만큼 원고에게는 그 공사의 준공으로 인하여 아무런 손해도 있었다고 할 수 없을 것이라고 하여 원심판결을 파기환송하였다. 이 사건에서 수급인인 원고가 도급인(고양군수와 백제면장)이 아니라 제3자인 피고에게 부당이득반환청구권을 행사할 수 있는지 문제되었으나, 대법원은 이를 부정하였다. 이 판결은 수급인이 도급인에게 보수를 청구할 수 있으므로, 손해가 없다는 점을 들어 이른바 전용물소권을 부정하고 있다고 볼 수 있다.

그러나 이 판결 이후에도 전용물소권에 관한 논의는 거의 없다가 1980년대 후반 이후 전용물소권에 관한 논의가 시작되었다. 이를 부정하여야 한다는 견해[2]와 수익자에게 이득을 보유할 정당한 사유가 없는 경우에 한하여 제한적으로 인정해야 한다는 견해[3]가 있다.

위 2002년 대법원 판결은 전용물소권에 관한 대법원의 태도를 분명하게 밝히고 있다. 이 사건에서 계약상의 급부가 계약의 상대방뿐만 아니라 제3자의 이익으로 된 경우에 급부를 한 계약당사자가 계약 상대방에 대하여 계약상의 반대급부를 청구할 수 있는데, 그 밖에 그 제3자에 대하여 직접 부당이득반환을 청구할 수 있는지 여부가 문제되었다. 이 판결은 이를 부정한 것이다. 그 이유로 자기 책임하에 체결된 계약에 따른 위험부담을 제3자에게 전가시키는 것이 되어 계약법의 기본원리에 반하는 결과를 초래한다는 점과 채권자인 계약당사자가 채무자인 계약 상대방의 일반채권자에 비하여 우대받는 결과가 되어 일반채권자의 이익을 해치게 되고, 수익자인 제3자가 계약 상대방에 대하여 가지는 항변권 등을 침해하게 되어 부당하다는 점을 들고 있다.

(2) 전용물소권을 인정하는 것은 계약에 따른 위험분배에 배치되는 결과를 초래하기 때문에, 허용되지 않는다고 보아야 한다.[4] 계약의 당사자가 상대방에게 이행을 하였으나 그 대가를 지급받지 못한 경우에 당사자는 상대방에게 그 이행을 청구할 수 있다. 상대방의 채무불이행으로 인한 불이익 또는 위험은 자신의 판단에 따라 자신이 부담하기로 하였다고 볼 수 있다. 계약을 체결하는 당사자는 그러한 불이익이나 위험에 대비하여 담보를 설정받는 등으로 자신의 채권을 확보하기 위한 조치를 취하여야 한다. 그러한 조치를 취하지 않은 당사자가 상대방의 채무불이행으로 인한 불이익이나 위험을 제3자에게 전가하는 것은 허용되지 않는다. 당사자가 스스로 결정한 계약의 위험은 자신이 부담해야 하기 때문이다.

이러한 결론은 수익자가 이익을 반환할 수 없는 경우 전득자의 책임에 관한 제747조 제2항의 취지에 비추어볼 때에도 정당화될 수 있다.[5] 이 규정은 "수익자가 그 이익을 반환할 수 없는 경

2) 민법주해[XVII], 2005, 231~243면(양창수 집필).
3) 정태윤, "전용물소권에 관한 일고찰," 비교사법 제9권 제1호(2002. 4), 214~216면.
4) 민법주해[XVII], 2005, 234면(양창수 집필).
5) 김형석, "지급지시 · 급부관계 · 부당이득," 서울대학교 법학 제47권 제3호(2006. 9), 294~298면 참조.

우에는 수익자로부터 무상으로 그 이익의 목적물을 양수한 악의의 제3자는 전항의 규정에 의하여 반환할 책임이 있다."라고 정하고 있다. 손실자 또는 급부자(이하 '손실자'라고 한다)가 제3자, 즉 전득자에게 부당이득반환청구를 하려면 수익자가 이익을 반환할 수 없어야 하고, 제3자가 그 이익의 목적물을 수익자로부터 무상으로 양수하여야 하며 제3자가 악의여야 한다. 이러한 요건을 충족하지 못한 경우에는 원칙적으로 손실자가 부당이득반환청구를 할 수 없다고 보아야 한다. 이 규정은 민법에서 손실자를 보호하기 위한 이례적인 규정이기 때문에, 한정적으로 해석하여야 한다. 따라서 제3자가 수익자로부터 그 이익의 목적물을 취득하는 데 대가를 지급한 경우라든가 제3자가 악의가 아니라든가 하는 경우에는 손실자가 제3자에게 부당이득반환청구를 할 수 없다고 보아야 할 것이다.

(3) 제203조는 소유물반환관계에 있는 경우 점유자의 회복자에 대한 비용상환청구권에 관하여 규정하고 있다. 이 사건에서 도급계약에 기하여 수급인이 도급인으로부터 제3자 소유 물건의 점유를 이전받아 이를 수리한 결과 그 물건의 가치가 증가한 경우, 비용상환청구권자가 도급인인지 수급인인지 문제되고 있다. 대법원은 도급인만이 제203조에 의한 비용상환청구권을 행사할 수 있는 비용지출자라고 한다. 수급인은 도급인에게 도급계약에 따라 수리대금을 청구해야 한다는 것이다. 이는 전용물소권에 관한 판단과 동일한 맥락이라고 볼 수 있다.

[97] Ⅱ. 편취금전에 의한 변제와 부당이득
대판 2003. 6. 13, 2003다8862(집 51-1, 민 340)

1. 대법원 판결

"부당이득제도는 이득자의 재산상 이득이 법률상 원인을 결여하는 경우에 공평·정의의 이념에 근거하여 이득자에게 그 반환의무를 부담시키는 것인바, 채무자가 피해자로부터 횡령한 금전을 그대로 채권자에 대한 채무변제에 사용하는 경우 피해자의 손실과 채권자의 이득 사이에 인과관계가 있음이 명백하고, 한편 채무자가 횡령한 금전으로 자신의 채권자에 대한 채무를 변제하는 경우 채권자가 그 변제를 수령함에 있어 악의 또는 중대한 과실이 있는 경우에는 채권자의 금전 취득은 피해자에 대한 관계에 있어서 법률상 원인을 결여한 것으로 봄이 상당하나, 채권자가 그 변제를 수령함에 있어 단순히 과실이 있는 경우에는 그 변제는 유효하고 채권자의 금전 취득이 피해자에 대한 관계에 있어서 법률상 원인을 결여한 것이라고 할 수 없다."[1)]

2. 평석

(1) 甲으로부터 금전을 편취한 乙이 그 금전을 丙의 이익을 위하여 사용한 경우 甲은 丙에게 부당이득반환청구를 할 수 있는지 문제된다.

대판 1980. 12. 23, 79다2156(공 1981, 650)의 사안은 다음과 같다. 피고회사(대신증권)의 영업부장인 A(박황)가 원고들로부터 증권 매매위탁을 받으면서 그들에게 각 예탁금에 대하여 월 4푼에 해당하는 이득금을 지급하기로 하고 실제 그러한 이익금을 지급하였다. 원고들이 피고회사를 상대로 예탁금의 반환을 청구하자, 피고회사는 원고들이 받은 이익금이 부당이득이라고 주장하여 상계항변을 하였다. 원심은 A가 피고회사가 원고들로부터 예탁받은 금원을 횡령한 후 그중 일부를 원고들에게 위 약정에 기하여 이익금을 지급하였고, 위 약정이 증권거래법에 위배하여 무효이므로 무효인 약정에 기하여 원고들이 받은 위 이득은 피고의 손실에 기한 법률상 원인 없는 부당이득이라고 판단하였고, 대법원도 이를 지지하였다.

이 사건에서 피고 회사 영업부장이 피고회사의 금원을 횡령하여 "무효인 이득금에 관한 약정(이 약정의 당사자는 위 영업부장과 원고들이다)에 기하여" 원고들에게 금원을 지급한 것으로 피고회사의 원고들에 대한 부당이득반환청구권을 인정한 것이라고 볼 수 있다.

(2) 위 대법원 2003년 판결에서는 채무자가 피해자로부터 횡령한 금전을 채권자에 대한 채무변제에 사용한 경우, 채권자의 금전 취득이 피해자에 대한 관계에서 부당이득이 성립하는지 문제되었다.

대법원은 편취금전에 의한 변제의 경우에 편취를 당한 사람이 그 금전으로 변제를 수령한 사람을 상대로 부당이득을 청구할 수 있는지 여부에 대하여 새로운 기준을 제시하였다. 이 판결에 따르면 채권자가 그 변제를 수령함에 있어 악의 또는 중대한 과실이 있는 경우에는 법률상 원인이 없다고 보아 부당이득이 성립한다. 그렇지 않고 단순한 과실이 있는 경우에는 법률상 원인이 있다고 보아 부당이득이 성립하지 않는다. 이 판결은 위 (1)에서 본 판결과는 달리 편취금전에 의한 변제의 경우에 부당이득의 성립을 수령자의 주관적 사정, 특히 악의·중과실을 기준으로 판단하고 있다.

이에 대해서는 채권자가 악의인 경우에도 부

---

1) 대판 2008. 3. 13, 2006다53733, 53740(공 2008, 510)은 "이와 같은 법리는 채무자가 편취한 금원을 자신의 채권자에 대한 채무변제에 직접 사용하지 아니하고 자신의 채권자의 다른 채권자에 대한 채무를 대신 변제하는 데 사용한 경우에도 마찬가지라고 보아야 할 것이다."라고 하였다.

당이득이 성립하지 않는다는 비판이 있다.[2] 채권자의 채권 자체가 '법률상 원인'이기 때문에, 부당이득의 성립요건을 갖추지 못하고 있다고 보아야 한다. 그리고 편취금전에 의한 변제의 경우에 부당이득의 성립여부를 채권자의 악의 또는 중과실을 기준으로 판단할 근거를 찾을 수 없다.[3]

(3) 제741조에서는 이득자의 선의 또는 과실 등 주관적 사정과는 무관하게 부당이득의 성립요건을 정하고 있다. 위에서 본 전용물소권의 경우에는 수익자의 선의·악의와 무관하게 부당이득이 성립하지 않는다.[4] 이에 반하여 편취금전에 의한 부당이득의 경우에는 수령자의 악의 또는 중과실이 있는지 여부에 따라 부당이득의 성립여부가 달라진다. 한편 소유권유보부매매로 매도된 동산이 부합한 경우에는 그 동산의 소유권을 취득한 자의 선의 또는 과실이 있는지 여부에 따라 부당이득의 성립여부가 결정된다.[5] 이와 같은 법상황은 각각 유사한 규정이나 법리를 유추하여 결론을 도출하고 있기 때문이라고 볼 수 있지만, 바람직한 것이라고 볼 수 없다.[6]

---

2) 양창수, "금전의 부당이득으로 인한 반환의무," 민법연구 제7권, 2005, 295면. 또한 정태윤, "횡령한 금전의 부당이득," 민사판례연구(XXVII), 2005, 436면 이하도 참조. 이에 반하여 위 판결에 찬성하는 견해로는 박세민, "부당이득법의 인과관계와 법률상 원인—「편취금전에 의한 채무변제」에 관한 대법원판결을 예시로—," 민사법학 제41호(2008. 6), 125면.

3) 선의취득에 관한 민법 제249조, 어음법 제16조 제2항이나 수표법 제21조의 규정이나 그 법리를 유추적용하여 채권자의 주관적 사정에 따라 부당이득의 성립여부를 가려야 한다고 생각할 수도 있으나, 위 규정들은 동산, 어음 또는 수표의 선의취득에 관한 것이고 부당이득반환청구권과는 무관하다고 보아야 한다. 이에 관해서는 아래 [99] 판결에 대한 해설도 참조.

4) 위 대판 2002. 8. 23, 99다66564, 66571.

5) 대판 2009. 9. 24, 2009다15602.

6) 김재형, "채권법," 2000년대 민사판례의 경향과 흐름, 2012, 296면.

[98] Ⅲ. 삼각관계에서 부당이득

대판 2003. 12. 26, 2001다46730(집 51-2, 민 375)

1. 대법원 판결

이 사건에서는 계약의 일방 당사자가 계약 상대방의 지시 등으로 계약 상대방과 또 다른 계약관계에 있는 제3자에게 직접 급부한 경우, 위 제3자를 상대로 부당이득반환청구를 할 수 있는지 여부가 문제되었다. 이 판결은 이를 부정하면서 다음과 같이 판단하였다.

① "계약의 일방 당사자가 계약상대방의 지시 등으로 급부과정을 단축하여 계약상대방과 또 다른 계약관계를 맺고 있는 제3자에게 직접 급부한 경우, 그 급부로써 급부를 한 계약당사자의 상대방에 대한 급부가 이루어질 뿐 아니라 그 상대방의 제3자에 대한 급부로도 이루어지는 것이므로 계약의 일방 당사자는 제3자를 상대로 법률상 원인 없이 급부를 수령하였다는 이유로 부당이득반환청구를 할 수 없다."

② "이 사건에서 사실상의 급부관계는 원고들과 피고 사이에 발생하였지만, 그것은 위의 법리에 따라 원고들의 가인유통에 대한 급부와 가인유통의 피고에 대한 급부가 아울러 이루어진 것으로 볼 수 있으므로, 그렇다면 피고가 원고들로부터 분양대금을 수령한 것은 가인유통과의 계약관계에 의한 것으로서 정당하게 수령한 것이 되고, 따라서 원고들은 피고에게 부당이득반환청구를 할 수 없다."고 한다.

③ "원심은 또 원고들이 가인유통과 사이의 분양계약이 적법하게 해제되었으므로, 이에 기하여도 피고에게 부당이득반환청구권을 행사할 수 있다고 부가적으로 판단하고 있으나, 기록상 원고들이 위 분양계약이 해제되었다는 주장을 한 바 없을 뿐만 아니라, 가사 원고들이 위 분양계약을 적법하게 해제하였다고 하더라도 그 계약관계의 청산은 계약의 상대방인 가인유통과 사이에 이루어져야 하고, 피고를 상대로 분양대금을 지급한 것이 부당이득이라는 이유로 그 반환을 구할 수 없다. 왜냐하면, 원고들이 제3자인 피고에 대하여 직접 부당이득반환청구를 할 수 있다고 보면, 자기 책임하에 체결된 계약에 따른 위험부담을 제3자에게 전가시키는 것이 되어 계약법의 기본원리에 반하는 결과를 초래할 뿐만 아니라 수익자인 제3자가 계약 상대방에 대하여 가지는 항변권 등을 침해하게 되어 부당하기 때문이다."

2. 평석

(1) 이 판결은 이른바 단축급부의 경우 부당이득반환청구권에 관하여 판단하면서 독일에서 전개된 '삼각관계에서의 급부부당이득'의 법리를 받아들이고 있다.[1] 이에 따르면 A에 대한 채권자 B의 지시로 급부과정을 단축하여 B에 대한 채권자 C에게 급부를 한 경우에 C가 위 급부를 수령한 것은 법률상 원인이 있다고 볼 수 있다. 나아가 이 판결은 부가적 판단에서 A와 B 사이의 계약이 해제되었다고 하더라도 C를 상대로 그 원상회복을 청구할 수 없다고 한다. 그 이유로 원고들이 제3자인 피고에 대하여 직접 부당이득반환청구를 할 수 있다고 보면, 자기 책임하에 체결된 계약에 따른 위험부담을 제3자에게 전가시키는 것이 되어 계약법의 기본원리에 반하는 결과를 초래한다는 점과 수익자인 제3자가 계약 상대방에 대하여 가지는 항변권 등을 침해하게 되어 부당하다는 점을 들고 있다. 이는 전용물소권에 관한 위 판례에서와 동일한 것이다.

(2) 대판 2008. 9. 11, 2006다46278(공 2008, 1330)에서는 위 판결들을 인용하여 동일한 판단

1) 이 판결에 관해서는 민법주해[XVII], 2005, 203면 이하(양창수 집필).

을 하고 있는데, "이른바 삼각관계에서의 급부가 이루어진 경우"라는 표현을 사용하고 있다. "이와 같이 삼각관계에서의 급부가 이루어진 경우에, 제3자가 급부를 수령함에 있어 계약의 일방당사자가 계약상대방에 대하여 급부를 한 원인관계인 법률관계에 무효 등의 흠이 있었다는 사실을 알고 있었다 할지라도 계약의 일방당사자는 제3자를 상대로 법률상 원인 없이 급부를 수령하였다는 이유로 부당이득반환청구를 할 수 없다."라고 한다. 나아가 이 판결은 위에서 본 대판 2003. 6. 13, 2003다8862(위 [97] 판례)의 적용범위에 대해서도 분명한 입장을 밝히고 있다. 즉, 위 2003년 판결은 편취금전에 의한 변제의 경우에 이득자가 손실자의 부당한 출연 과정을 알고 있었거나 잘 알 수 있었으면 그 이득이 손실자에 대한 관계에서 법률상 원인이 없다고 보았으나, 이는 "손실자의 권리가 객관적으로 침해당하였을 때 그 대가의 반환을 구하는 경우(이른바 침해부당이득관계)에 관하여 적용되는 것으로서, 손실자가 스스로 이행한 급부의 청산을 구하는 경우(이른바 급부부당이득관계)에 관련된 이 사건과는 사안을 달리하는 것이므로 이 사건에 원용하기에 적절하지 않다."라고 한다. 종래 학설상 논의되던 급부부당이득과 침해부당이득이라는 표현이 이제 대법원 판결에도 자리를 잡게 되었다는 점도 주목을 끈다.

[99] Ⅳ. 소유권을 유보한 물품의 부합과 부당이득

대판 2009. 9. 24, 2009다15602(공 2009, 1743)

1. 사실관계와 원심판결

A회사는 피고로부터 공장 건물의 증축 및 신축 공사를 도급받았다('건축도급계약의 체결'). 그 직후 원고와 철강제품 공급계약을 체결하고 원고로부터 철강제품을 공급받았는데, 그 대금이 결제될 때까지 철강제품의 소유권을 매도인인 원고에게 유보하기로 약정하였다('철강제품 공급계약'). A회사는 철강제품을 위 공사 자재로 사용하였으나('철강제품의 부합'), 원고에게 그 대금을 지급하지 않았다. 원고는 피고에게 부당이득반환청구를 하였고, 이에 대하여 피고는 자신은 원고와 A회사 사이의 공급계약에서 제3자에 불과하므로 원고가 피고에게 직접 부당이득을 구할 수 없다고 주장하였다. 원심은 피고의 위 주장을 배척하였다.

2. 대법원 판결

그러나 대법원은 다음과 같은 이유로 원심판결을 파기환송하였다.

「민법 제261조에서 첨부로 법률규정에 의한 소유권 취득(민법 제256조 내지 제260조)이 인정된 경우에 "손해를 받은 자는 부당이득에 관한 규정에 의하여 보상을 청구할 수 있다."라고 규정하고 있는바, 이러한 보상청구가 인정되기 위해서는 민법 제261조 자체의 요건만이 아니라, 부당이득 법리에 따른 판단에 의하여 부당이득의 요건이 모두 충족되었음이 인정되어야 한다. … 매도인에게 소유권이 유보된 자재가 제3자와 매수인과 사이에 이루어진 도급계약의 이행에 의하여 부합된 경우 보상청구를 거부할 법률상 원인이 있다고 할 수 없지만, 제3자가 도급계약에 의하여 제공된 자재의 소유권이 유보된 사실에 관하여 과실 없이 알지 못한 경우라면 선의취득의 경우와 마찬가지로 제3자가 그 자재의 귀속으로 인한 이익을 보유할 수 있는 법률상 원인이 있다고 봄이 상당하므로 매도인으로서는 그에 관한 보상청구를 할 수 없다고 할 것이다.」

3. 평석

(1) 이 판결은 다수당사자 사이의 부당이득반환 문제에 관하여 중요한 판단을 하고 있다. 대법원은 위와 같은 판단을 하기까지의 논리를 흥미롭게 전개하고 있다.

계약 당사자 사이에 계약관계가 연결되어 있어서 각각의 급부로 순차로 소유권이 이전된 경우 계약관계에 기한 급부가 법률상의 원인이 되므로 최초의 급부자는 최후의 급부수령자에게 법률상 원인 없이 급부를 수령하였다는 이유로 부당이득반환청구를 할 수 없다.[1] 이 사건에서 원고에게 철강제품에 대한 소유권이 유보되어 있지 않다면, 철강제품이 계약에 기하여 원고에서 A회사로, 다시 피고에게 이전되었을 것이기 때문에 부당이득반환청구를 쉽게 부정할 수 있을 것이다.

그러나 철강제품에 대한 소유권이 매도인인 원고에게 유보되어 있었는데, 매수인인 A회사가 피고와 체결한 건축도급계약의 이행으로 피고 소유의 건물을 축조하는 데 사용하였고, 이에 따라 피고 소유의 건물에 위 제품이 부합함으로써 민법 제256조의 규정에 따라 피고가 이 제품의 소유권을 취득하였다. 이러한 경우에 피고가 위 제품의 가액을 부당이득으로 반환하여야 하는지 문제된다. 만일 피고가 A회사로부터 위 제품을 '양수'하여 점유하였다면, 민법 제249조에 따라 선의취득이 성립할 수 있는데, 선의취득으

1) 대판 2003. 12. 26, 2001다46730(집 51-2, 민 375). 또한 대판 2002. 8. 23, 99다66564(집 50-2, 민 40)도 참조.

로 소유권을 상실한 사람은 무권리자인 양도인을 상대로 부당이득반환을 청구할 수 있을 뿐이고,[2] 선의취득을 한 사람을 상대로 부당이득반환을 청구할 수는 없다.

그런데 이 사건에서는 매도인인 원고에 의하여 소유권이 유보된 자재에 관하여 부합에 관한 민법 규정에 따라 피고가 위 자재의 소유권을 취득하였다. 이는 피고가 그 자재를 양수하여 점유한 경우에 해당하지 않기 때문에, 선의취득에 관한 규정이 적용되지 않는다. 그러나 대법원은 "그 자재가 … 도급계약에 따른 이행에 의하여 제3자에게 제공된 것으로서 거래에 의한 동산 양도와 유사한 실질을 가지므로, 그 부합에 의한 보상청구에 대하여도 위에서 본 선의취득에서의 이익보유에 관한 법리가 유추적용된다."라고 판단하였다. 따라서 피고의 공장건물들에 부합된 이 사건 철강제품의 소유권이 원고에게 유보되어 있다는 사정을 피고가 과실 없이 알지 못하였다고 인정되는 경우에는 피고가 그 자재에 관한 이익을 보유할 법률상의 원인이 있다고 보아 부당이득에 의한 보상청구를 부정하고 있다.

(2) 이 사건을 시간 순서대로 정리해 보면 ① 피고와 A회사의 건축도급계약 체결, ② A회사와 원고의 철강제품 공급계약 체결(소유권 유보 약정), ③ A회사의 철강제품 사용(부합), ④ 피고의 A회사에 대한 공사대금 지급, ⑤ 원고의 피고에 대한 부당이득반환 청구의 순으로 진행되었다.[3]

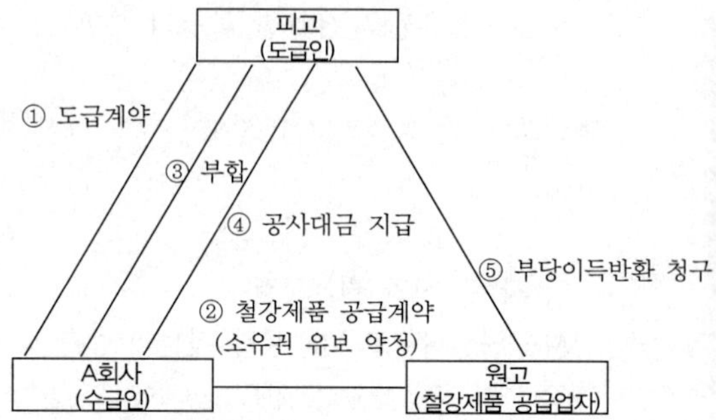

이 사건에서 철강제품의 부합으로 인한 원·피고의 이익상황을 살펴보자. 1) 원고는 철강제품의 소유권을 상실하고, A회사에 대한 대금채권만을 갖고 있다. 철강제품에 대한 매매계약 체결 당시에 위 제품이 건축공사의 자재로 사용되어 부합에 관한 규정에 따라 A회사 또는 피고에게 위 제품의 소유권이 귀속되리라는 것을 알고 있었다고 볼 수 있다. 나아가 원고가 철강제품을 A회사에 판매할 당시에 A회사가 위 제품을 건축공사의 자재로 사용하는 것에 동의하였다고 볼 여지도 있다. 2) 이에 반하여 피고는 위 물품에 대한 소유권을 취득하였고 그 대신 A회사와의 도급계약에 기한 공사대금채무를 부담한다. 피고는 도급계약에 기하여 완공될 건물에 대하여 완전한 소유권을 취득할 것으로 기대하는 것이 통상적일 것이고, 이에 기하여 공사대금액을 산정할 것이다. 이 사건에서 실제로는 피고가 A회사에게 공사대금을 이미 지급하였는데,[4] 피고로서는 철강제품의 가액을 지급할 의무가 없었을 것으로 생각했을 것이다. 또한 피고는 공사에 사용되는 자재에 대하여 소유권유보약정이 있는지 여부를 모르는 경우가 대부분일 것이다. 이러한 상태에서 원고의 피고에 대한 부당이득반환청구를 받아들인다면 피고가 이중의 부담을 지는 것으로, 당사자들 사이에 복잡한

2) 민법주해[XVII], 2005, 249면(양창수 집필).

3) 다만 판결문에서는 철강제품 공급계약이 먼저 나오고 그 다음에 건축도급계약 체결이 기재되어 있어서, 마치 원고가 소유권을 유보하고 A회사에 철강제품을 공급한 다음 A회사가 피고로부터 건축공사를 도급받는 것처럼 보인다. 그러나 환송 후 원심판결을 보면, 이 사건에서 공사도급계약이 먼저 체결되었고, 그 직후에 철강제품에 대한 매매계약이 체결되었다는 점을 알 수 있다. 대체로 공사를 도급받은 다음에 공사자재를 구입하는 것이 통상적일 것이다.

4) 이 점은 대법원 판결에는 없으나, 환송 전후의 원심판결들을 보면, 공사대금을 이미 지급하였다는 것을 알 수 있다.

법률관계가 발생한다. 이와 같은 요소들을 고려하여 원고의 피고에 대한 부당이득반환청구를 기각하여야 한다는 결론을 도출할 수도 있었을 것이라고 생각한다. 그러나 이 사건에서는 이와 같은 요소들에 대해서는 심리를 하지 않았고 이와 같은 요소들의 형량을 통하여 문제를 해결하고 있지 않다.

대법원은 위 (1)에서 본 바와 같이 선의취득의 법리를 유추적용하여 부당이득반환 문제를 해결하고 있다. 이 사건은 부당이득의 삼각관계 문제에 해당하는데, 이에 관해서는 독일에서 많이 논의되었다. 독일의 판례는 이 사건과 유사한 사례에서 부당이득반환청구권을 부정하였다.[5] 건축업자가 피고와 체결한 도급계약에 기하여 피고의 건물에 원고의 건축자재를 사용함으로써 원고의 건축자재가 피고의 건물에 부합되었다. 이와 같이 원고와 제3자(건축업자), 제3자와 피고 사이에 이중적 계약관계(doppeltes Vertragsverhältnis)가 있는 이상 원고의 피고에 대한 부당이득반환청구권은 성립될 수 없다고 판결하였다. 이에 대하여 위와 같은 사안에서 선의취득의 법리를 유추하여 부당이득의 성립 여부를 판단하여야 한다는 견해가 많다.[6] 우리나라 대법원 판결은 이러한 독일의 학설과 동일한 것이라고 볼 수 있다. 대법원 판결의 판단구조를 보면, 독일의 판례와 그 후의 학설의 전개가 우리 대법원 판결에 재현된 듯하다.[7] 다만 독일 민법(제932조 제2항)에서는 고의 또는 중과실이 없는 경우에 한하여 선의취득이 인정되는 데 반하여, 우리나라에서는 고의 또는 과실이 없으면 선의취득이 인정되기 때문에, 이 점에서는 차이가 있게 된다.[8]

피고가 위 자재에 관하여 소유권유보약정이 있다는 것을 알지 못하였고 알지 못한 데 과실도 없다면 피고의 부당이득반환의무를 부정하는 것이 타당할 것이다. 피고가 소유권이 유보된 동산을 매수함으로써 민법 제249조에 따른 선의취득의 요건을 갖춘 경우에는 부당이득반환의무를 부담하지 않는데,[9] 위와 같이 부합에

5) 독일 연방대법원 1963. 10. 31. 판결(BGHZ 40, 272)에서는 제3자가 토지소유자인 피고와 체결한 계약에 따라 원고 소유의 전기기구를 피고의 토지에 건축중인 건물에 설치한 경우에 원고가 피고를 상대로 부당이득반환청구를 할 수 있는지 여부가 문제되었다. 위 법원은 피고가 선의취득의 규정(독일 민법 제929조, 제932조)에 기하여 소유권을 취득하였거나 부합(독일 민법 제946조)에 기하여 소유권을 취득하였는지 여부를 불문하고 원고의 피고에 대한 부당이득반환청구권을 부정하였다. 제3자가 피고와 체결한 계약에 기하여 전기기구를 설치한 것이므로, 원고의 급부가 있다고 볼 수 없고, 이러한 경우에 법률상의 원인이 존재한다는 것이다. 이 판결에 관하여 상세한 것은 민법주해[XVII], 2005, 228면 이하(양창수 집필) 참조. 그 후에 나온 독일 연방대법원 1971. 5. 27. 판결(BGHZ 56, 228)은 공사자재에 대하여 소유권이 유보되었음에도 불구하고 수급인이 이를 사용하여 피고 소유의 건축물을 완공한 경우에 대한 것인데, 위 1963년 판결을 인용하면서 원고의 부당이득반환청구권을 부정하였다. 공사자재공급자는 자신의 계약상대방에게만 청구권을 행사할 수 있고, 건축주에 대해서는 독일 민법 제951조 제1항 제1문, 제812조 제1항 제1문에 기한 부당이득반환청구권이 없다고 한다. 즉, 피고는 신축건물을 위해 사용된 자재를 건축업자와의 건축계약에 기하여 취득한 것이고, 법률상 원인 없이 원고의 손실에 기하여 취득한 것이 아니라고 한다. 이 경우 건축업자가 자신이 공사자재의 공급자와 체결한 연장된 소유권유보를 침해하여 자재를 사용하였는지는 아무런 역할을 하지 않는다고 한다.

6) 가령 Larenz/Canaris, *Lehrbuch des Schuldrechts* Ⅱ/2, 13. Aufl., 1994, S. 212.

7) 이병준, "소유권이 유보된 재료의 부합과 부당이득 삼각관계," 대법원판례해설 제81호(2009년 하), 2010, 110면 이하는 이 판결을 지지하는 평석으로서, 독일의 학설·판례와 이 판결을 상세하게 비교하고 있다.

8) 김형배, 사무관리·부당이득, 2003, 179면은 이와 같은 경우에 "건설회사가 건축자재의 진정한 소유자가 아님을 건축자가 알고 있"는 경우에 건축자재의 소유자는 건축주에 대하여 부당이득반환청구권을 가진다고 한다. 이 견해에 따르면, 명확한 것은 아니지만 건축주가 위와 같은 사실을 알지 못한 데 과실이 있는 경우에도 건축자재의 소유자가 부당이득반환청구권을 갖지 않는다고 볼 수 있을 것이다.

9) 이 경우에는 원고가 그 동산의 양도인이 양도의 대가로 취득한 것에 대하여 부당이득반환청구를 할 수

의하여 동산의 소유권을 취득한 경우에는 이와 달리 부당이득을 긍정하는 것은 심각한 평가모순[10]에 해당할 것이라고 볼 수 있을 것이다. 따라서 이 사건에서 부당이득반환청구를 배척하여야 한다는 대법원의 결론은 정당하다.

(3) 여기에서 나아가 이 판결에서 부당이득반환청구의 요건으로 내세운 법리가 정당한 것인지는 논란의 여지가 있다. 즉, 피고에게 과실이 없는 경우에 한하여 부당이득반환의무를 배제하여야 하는지 문제될 수 있다. 이 사건에는 위 (2)에서 본 바와 같은 요소들을 고려할 때 피고가 A회사와의 도급계약에 기하여 철강제품을 취득하였으므로, 이것이 법률상 원인에 해당한다고 보아 부당이득의 성립을 부정하여야 할 것으로 생각된다. 건축주에게 소유권유보약정에 관하여 알지 못한 데 과실이 있는 경우에 부당이득반환의무가 있다고 한다면, 건설회사가 사용하는 건축자재에 대하여 소유권유보약정이 있는지 여부를 알아보아야 한다는 주의의무를 부과하는 셈이다. 그러나 건축주가 건설회사에 건축공사를 맡긴 후에 건설회사가 건축자재를 구입하면서 그 소유권이 물품공급업체에 유보되었는지를 알아보아야 한다는 주의의무를 부과할 수는 없을 것이다. 이와 같은 주의의무를 부과하는 것은 건축공사의 현실에도 부합하지 않는다. 그리고 이 사건에서 피고가 도급계약에 기한 대금을 지급하였으므로 이득을 얻었다고 볼 수도 없다. 또한 대법원 판결과 같이 원고가 소유권을 유보했던 물건이 피고 소유의 건물에 부합됨으로써 피고가 위 물건의 소유권을 취득한 경우에 피고의 선의 또는 과실 여부에 따라 부당이득의 성립 여부를 달리 판단한다면, 당사자들 사이에 복잡한 법률관계가 발생할 것이다. 피고가 위 물건이 원고의 소유라는 것을 알았거나 알지 못한 데 과실이 있다면, 피고가 수급인에 대한 공사대금채무를 부담하거나 공사대금채무를 이행하였으면서도 원고에 대한 부당이득반환의무를 부담하게 될 것이기 때문이다. 이 판결에서 부당이득의 성립을 부정한 결론과 그 이유는 부당이득의 삼각관계 문제에서 매우 중요한 의미가 있지만, 그 요건을 동산의 선의취득의 경우와 동일하게 판단한 부분은 재검토할 필요가 있다.

있다. 곽윤직, 채권각론, 제6판, 2003, 357면; 민법주해[XVII], 2005, 249면(양창수 집필).

10) 피고의 소유권이 유보된 동산에 관하여 무권리자의 양도에 의하여 선의취득이 성립한 경우와 부합에 관한 민법 규정에 따라 동산이 이전된 경우를 다르게 취급하면 심각한 평가모순에 빠질 수 있다는 의미이다.

[100] Ⅴ. 부당배당과 부당이득

대판 2000. 1. 21, 99다3501(공 2000, 477)

1. 사실관계와 원심판결

소외 A가 B회사(나중에 피고에 흡수합병됨)에게 이 사건 토지에 관하여 채권최고액을 금 20억원으로 하는 근저당권설정등기를 경료하여 주었고, 원고 명의로 위 근저당권 일부 이전의 부기등기가 경료되었다. B회사는 이 사건 토지에 관하여 임의경매신청을 하였고, 그 후 이 사건 토지에 관하여 위 경매절차가 진행되어 소외 C에게 낙찰되었다. 위 법원은 배당기일인 이 사건 토지의 낙찰대금에서 집행비용 등을 제외한 배당금에 대한 배당표를 작성하면서 B회사를 원고보다 우선하는 채권자로 보아 위 배당금 전부를 B회사에 배당하고 원고에게는 배당을 하지 않았다. 그러자 원고는 배당이의의 소를 제기하여 배당표의 변경을 구하였으나, 원고와 B 사이에 피고가 우선적으로 변제받기로 약정하였다는 이유로 원고 패소 판결이 선고되어 확정되었다.

원고는 위 근저당권의 준공유자로서 피담보채권액에 비례하여 배당을 받을 실체법상의 권리가 있는데도, B회사가 배당을 받아 이득을 얻고 이로 인하여 원고에게 손해를 입게 하였으므로, B회사를 흡수합병한 피고는 원고에게 이를 반환할 의무가 있다고 주장하였다.

원심은 위 배당이의의 소에서 원고 패소의 본안판결의 기판력은 이 사건 소송에도 미친다고 할 것이어서 법원으로서는 위 판결에 반하여 달리 판단할 수가 없다는 이유로 원고의 이 사건 청구를 기각하였다.

2. 대법원 판결

원고가 상고하였으나, 대법원은 이를 기각하였다.

채권자가 제기한 배당이의의 소의 본안판결이 확정된 때에는 이의가 있었던 배당액에 관한 실체적 배당수령권의 존부의 판단에 기판력이 생긴다고 할 것이고, 위 배당이의의 소에서 패소의 본안판결을 받은 당사자가 그 판결이 확정된 후 상대방에 대하여 위 본안판결에 의하여 확정된 배당액이 부당이득이라는 이유로 그 반환을 구하는 소송을 제기한 경우에는, 전소인 배당이의의 소의 본안판결에서 판단된 배당수령권의 존부가 부당이득반환청구권의 성립 여부를 판단하는 데에 있어서 선결문제가 된다고 할 것이므로, 당사자는 그 배당수령권의 존부에 관하여 위 배당이의의 소의 본안판결의 판단과 다른 주장을 할 수 없고, 법원도 이와 다른 판단을 할 수 없다 할 것이다.

3. 평석

민사집행법 제155조(구 민사소송법 제593조)는 "이의한 채권자가 제154조 제3항의 기간을 지키지 아니한 경우에도 배당표에 따른 배당을 받은 채권자에 대하여 소로 우선권 및 그 밖의 권리를 행사하는 데 영향을 미치지 아니한다."라고 규정하고 있다. 따라서 배당기일에 배당표에 대한 이의를 하였으나 법정기간내에 배당이의의 소를 제기하지 못한 채권자도 부당이득반환청구권을 행사할 수 있다. 그런데 배당표에 대한 이의를 제기하지 아니하여 배당절차가 종결된 경우에 부당이득반환청구가 허용되는지에 관하여 많은 논란이 있다.[1)]

이 사건에서는 부당배당을 이유로 배당이의의 소를 제기하였으나, 그 소에서 패소한 경우에 부당이득반환청구의 소를 제기할 수 있는지 문제되었다. 부정설이 통설이고,[2)] 이 판결은 최

제3편 채권법

---

1) 이에 관하여는 우선 비교법실무연구회 편, 판례실무연구(Ⅰ), 1997, 575면 이하에 수록된 문헌 참조.

2) 이주흥, "배당절차와 관련된 부당이득반환청구," 판례실무연구(Ⅰ), 1997, 583면; 민일영·오종윤, "배당후의 부당이득반환청구에 대한 의견서," 판례실무연

초로 이를 확인한 데 의의가 있다.[3] 배당이의의 소는 배당표에 이의 있는 채권자가 실체상의 권리를 전제로 배당법원이 작성한 배당표의 변경이나 취소를 구하는 형성소송이나, 형성요건 내지 형성원인인 실체적 배당수령권의 존부에 관하여 기판력이 생긴다고 보아야 한다.

그리고 대판 2000. 9. 8, 99다24911(공 2000, 2068)은 담보권의 실행을 위한 경매절차에서 경매신청채권자에 우선하는 근저당권자가 경락기일 전에 피담보채권액에 관한 채권계산서를 제출하거나 그 후 배당표가 작성될 때까지 이를 보정함으로써 그에 따라 배당표가 확정되고, 그 확정된 배당표에 의하여 배당이 실시되었다면, 채권계산서를 전혀 제출하지 아니하여 등기부상 채권최고액을 기준으로 하여 배당하여야 할 경우와는 달리, 제출 또는 보정된 채권계산서상의 채권액을 기준으로 하여 배당할 수밖에 없고, 신고된 채권액을 초과하여 배당할 수는 없는 만큼, 배당할 금액에서 선순위 근저당권자가 미처 청구하지 못함으로 인하여 그에게 배당되지 아니한 피담보채권 중 일부에 해당하는 금액이 후순위 채권자 등에게 배당되었다 하더라도, 이를 법률상 원인이 없는 것이라고 볼 수는 없다고 판단하였다.

구(Ⅰ), 1997, 601면.

3) 이 판결의 평석으로는 오종윤, "배당이의소의 성질과 기판력," 인권과 정의 제287호(2000. 7), 105면 이하.

[101] Ⅵ. 불법원인급여에 관한 사후적인 반환약정의 효력

대판 2010. 5. 27, 2009다12580(공 2010, 1228)

1. 대법원 판결

이 판결에서는 불법원인급여 후 급부를 이행받은 자가 별도의 약정으로 급부 그 자체 또는 그에 갈음한 대가물을 반환하기로 하는 특약을 한 경우에 그 효력이 문제되었다. 사실관계가 복잡한데, 이와 관련된 부분은 다음과 같다. 피고가 원고로부터 2000년과 2002년 네 차례에 걸쳐 합계 32억 원을 받았는데, 그중 2000년 수수한 합계 20억 원은 정치자금이고 2002. 3.경 수수한 12억 원은 구권화폐 교환자금으로 차용한 것이다.

원심은, 피고가 2000년과 2002년 네 차례에 걸쳐 수수한 합계 32억 원 전부에 관하여 사후적으로 구권화폐 교환자금 명목이었음을 인정하였으므로 위 20억 원의 성격도 구권화폐 교환자금으로 변경되었다고 판단한 다음, 피고가 구권화폐 교환이라는 목적의 달성이 불가능해짐에 따라 더 이상 위 금원을 보유할 수 없게 되자 어쩔 수 없이 반환약정을 하게 된 것이므로, 결국 위 반환약정에 기한 청구 역시 불법원인급여물의 반환을 구하는 것으로 봄이 상당하다고 판결하였다.

그러나 대법원은 다음과 같은 이유로 원심판결의 원고 패소 부분 중 20억 원 및 이에 대한 지연손해금 부분을 파기환송하였다.

"불법원인급여 후 급부를 이행받은 자가 급부의 원인행위와 별도의 약정으로 급부 그 자체 또는 그에 갈음한 대가물의 반환을 특약하는 것은 불법원인급여를 한 자가 그 부당이득의 반환을 청구하는 경우와는 달리 그 반환약정 자체가 사회질서에 반하여 무효가 되지 않는 한 유효하다고 할 것이고, 여기서 반환약정 자체의 무효 여부는 반환약정 그 자체의 목적뿐만 아니라 당초의 불법원인급여가 이루어진 경위, 쌍방당사자의 불법성의 정도, 반환약정의 체결과정 등 민법 제103조 위반 여부를 판단하기 위한 제반 요소를 종합적으로 고려하여 결정하여야 하고, 한편 반환약정이 사회질서에 반하여 무효라는 점은 수익자가 이를 입증하여야 한다."

이 사건에서 피고가 2000년 수수한 정치자금 20억 원은 정치자금이라고 봄이 상당하고, 나아가 피고가 위법하게 수수한 정치자금이 문제될 수 있다는 점 등을 우려하여 이를 반환하기로 한 약정 자체가 사회질서에 반하여 무효라는 점에 관하여는 아무런 주장·입증이 없으므로, 피고는 원고에게 정치자금 20억 원의 반환약정에 따른 금원을 지급할 의무가 있다고 한다.

2. 평석

(1) 대법원은 종전에 불법원인급여를 한 이후에 그 대가의 반환약정을 한 경우에 그 약정을 무효라고 하였다. 즉, 대판 1995. 7. 14, 94다51994(공 1995, 2799)는 "당사자의 일방이 상대방에게 공무원의 직무에 관한 사항에 관하여 특별한 청탁을 하게 하고 그에 대한 보수로 돈을 지급할 것을 내용으로 한 약정은 사회질서에 반하는 무효의 계약이라 할 것이고[인용 판결 생략], 따라서 민법 제746조에 의하여 그 대가의 반환을 청구할 수 없으며, 나아가 그 돈을 반환하여 주기로 한 약정도 결국 불법원인급여물의 반환을 구하는 범주에 속하는 것으로서 무효이고[인용 판결 생략], 그 반환약정에 기하여 약속어음을 발행하였다 하더라도 채권자는 그 이행을 청구할 수 없다."라고 하였다.

대법원은 이와 같은 판단을 하면서 대판 1991. 3. 22, 91다520(집 39-1, 민 290)을 인용하고 있다. 이 판결은 원고가 피고에게 운송사업면허취득에 관한 청탁 교제비조로 2억원을 교부한 것이 불법원인급여에 해당한다고 보고, "원고가 위 망인에게 위 금원을 교부할 당시에 채권자가 위 면허를 취득하지 못하게 될 경우 원고에게 위 금원을 반환하여 주기로 약정하였는데, 그 후 위 면허를 취득하지 못하게 되었다 하더라도 이와 같은 약정은 결국 불법원인급여물의 반환을 구하는 범주에 속하는 약정이라 할 것이며 이는 사회질서에 반하는 법률행위로서 무효"라고 한 것이다. 이 판결에서는 불법원인급여를 할 당시 반환약정을 한 것이 사회질서에 반하는 법률행위로서 무효인지 여부에 관해서 판단을 한 것이다. 그런데 위 대법원 1995. 7. 14. 판결은 불법원인급여를 할 당시에 반환약정을 한 경우와 그 후에 반환약정을 한 경우를 구분하지 않고 모두 사회질서에 반하는 법률행위로서 무효로 본 것이다.

이에 대해서는 불법원인급여가 있은 후의 반환약정을 반환청구를 위한 새로운 보호근거로 볼 수 있고, 사후의 임의반환약정은 그 자체가 민법 제103조 또는 제104조 위반으로서 무효가 아닌 한 유효라는 견해가 있었다.[1)]

(2) 불법원인급여 당시의 반환약정, 가령 불법적인 청탁과 함께 금전을 교부하면서 청탁이 실패할 경우에는 이를 반환하기로 하는 약정은 당연히 무효라고 보아야 할 것이다. 이와 같은 약정은 "불법원인급여물의 반환을 구하는 범주에 속하는 것"이라고 볼 수 있다. 그러나 불법원인급여가 있은 후에 임의로 반환약정을 한 경우에는 불법원인급여 당시의 반환약정과 동일하게 볼 수 없다. 이와 같은 반환약정을 일률적으로 무효라고 볼 필요도 없다. 따라서 위 대법원 2010. 5. 27. 판결이 이와 같은 반환약정을 원칙적으로 유효라고 보고, 반환약정 자체의 무효 여부는 반환약정 그 자체의 목적, 당초의 불법원인급여가 이루어진 경위, 쌍방당사자의 불법성의 정도, 반환약정의 체결과정 등 여러 요소를 고려하여 판단하여야 한다고 한 것은 정당하다. 다만 종래의 판결과의 관계를 정리했더라면 더 좋았을 것이다.

1) 엄동섭, "불법원인급여의 임의반환약정," 민사판례연구(XIX), 1997, 248면.

[102] Ⅶ. 계약명의신탁과 부당이득

대판 2002. 12. 26, 2000다21123(집 50-2, 민 409);
대판 2005. 1. 28, 2002다66922(공 2005, 393)

1. 대법원 판결

(1) 대판 2002. 12. 26, 2000다21123(집 50-2, 민 409)은 부동산실명법 시행 전 계약명의신탁에서 수탁자의 부당이득반환대상이 부동산 자체라고 보았다. 그 이유는 다음과 같다.

"이 경우 명의수탁자는 명의신탁 약정에 따라 명의신탁자가 제공한 비용을 매매대금으로 지급하고 당해 부동산에 관한 소유명의를 취득한 것이고, 위 유예기간이 경과하기 전까지는 명의신탁자는 언제라도 명의신탁 약정을 해지하고 당해 부동산에 관한 소유권을 취득할 수 있었던 것이므로, 명의수탁자는 부동산실권리자명의등기에관한법률 시행에 따라 당해 부동산에 관한 완전한 소유권을 취득함으로써 당해 부동산 자체를 부당이득하였다고 보아야 할 것이고, 부동산실권리자명의등기에관한법률 제3조 및 제4조가 명의신탁자에게 소유권이 귀속되는 것을 막는 취지의 규정은 아니므로 명의수탁자는 명의신탁자에게 자신이 취득한 당해 부동산을 부당이득으로 반환할 의무가 있다."

(2) 대판 2005. 1. 28, 2002다66922(공 2005, 393)는 부동산실명법 시행 후 계약명의신탁을 한 사안에서 수탁자의 부당이득반환의 대상이 "부동산 자체가 아니라 명의신탁자로부터 제공받은 매수자금"이라고 하였다. 즉, 이른바 계약명의신탁약정에 따라 명의수탁자가 당사자가 되어 명의신탁약정이 있다는 사실을 알지 못하는 소유자와의 사이에 부동산에 관한 매매계약을 체결한 후 그 매매계약에 따라 당해 부동산의 소유권이전등기를 수탁자 명의로 마친 경우에 그 명의수탁자는 부동산의 완전한 소유권을 취득하게 되고, 다만 명의수탁자는 명의신탁자에 대하여 부당이득반환의무를 부담하게 될 뿐이라고 하고, "그 계약명의신탁약정이 부동산실명법 시행 후인 경우에는 명의신탁자는 애초부터 당해 부동산의 소유권을 취득할 수 없었으므로 위 명의신탁약정의 무효로 인하여 명의신탁자가 입은 손해는 당해 부동산 자체가 아니라 명의수탁자에게 제공한 매수자금이라 할 것이고, 따라서 명의수탁자는 당해 부동산 자체가 아니라 명의신탁자로부터 제공받은 매수자금을 부당이득하였다."라고 판단하였다.

2. 평석

(1) 부동산 실권리자 명의등기에 관한 법률(이하 '부동산실명법'이라 한다) 제4조 제1항, 제2항의 규정에 의하면, 명의신탁자와 명의수탁자가 명의신탁 약정을 맺고, 이에 따라 명의수탁자가 당사자가 되어 명의신탁 약정이 있다는 사실을 알지 못하는 소유자와의 사이에 부동산에 관한 매매계약을 체결한 후 그 매매계약에 기하여 당해 부동산의 소유권이전등기를 수탁자 명의로 마친 경우(이른바 계약명의신탁)에는 명의신탁자와 명의수탁자 사이의 명의신탁 약정의 무효에도 불구하고 그 소유권이전등기에 의한 당해 부동산에 관한 물권변동 자체는 유효한 것으로 취급되어 명의수탁자는 당해 부동산의 완전한 소유권을 취득하게 된다. 부동산실명법 시행 전에 위와 같은 명의신탁 약정과 그에 기한 물권변동이 이루어진 다음 부동산실명법 제11조에서 정한 유예기간 내에 실명등기 등을 하지 않고 그 기간을 경과한 때에도 같은 법 제12조 제1항에 의하여 제4조의 적용을 받게 되어 위 법리가 그대로 적용된다. 이 경우 명의신탁자가 명의수탁자를 상대로 부당이득반환청구를 하는 경우에 그 반환대상이 부동산 자체인지, 아니면 수탁자가 신탁자로부터 수령한 매수대금인지 문제된다.

(2) 위 (1) 판결은 부동산실명법 시행 전 계약명의신탁에서 수탁자의 부당이득반환대상이 부동산 자체라고 보고 명의수탁자는 명의신탁자에게 자신이 취득한 당해 부동산을 부당이득으로 반환할 의무가 있다고 판단하였다. 이 판결에 대해서는 부동산실명법의 입법취지에 반한다는 비판이 제기되었다.[1)]

부동산실명법에서 명의신탁을 무효라고 한 이유는 부동산을 취득하지 못하게 하기 위한 것이라고 보아야 할 것이다. 부동산실명법 시행 전에 위와 같은 명의신탁 약정과 그에 기한 물권변동이 이루어진 다음 부동산실명법에서 정한 유예기간 내에 실명등기 등을 하지 않고 그 기간을 경과한 때에도 부동산 자체에 대한 소유권을 취득할 수 없게 되었다고 보아야 할 것이다. 그런데도 명의신탁자가 명의신탁약정의 무효를 이유로 부당이득반환을 청구하는 경우에 부동산 자체의 반환을 인정하게 되면, 부동산실명법에 따른 실명전환 규정은 사실상 무의미하게 된다.

(3) 위 (2) 판결은 위와 같은 비판을 수용한 것이다. 즉, 부동산실명법의 입법취지가 명의신탁자 명의로 부동산소유권이전등기를 한 적이 없는데도 계약명의신탁약정에 따라 소유권을 확보하는 것을 막는 데 있는데, 이러한 입법취지가 관철된 것으로 볼 수 있다.

이로써 계약명의신탁약정의 무효화로 인한 부당이득반환문제에 관하여 계약명의신탁이 부동산실명법 시행 전에 행해진 것인지, 부동산실명법 시행 후에 행해진 것인지에 따라 결론이 달라지게 되었다. 부동산실명법 시행 전의 계약명의신탁에 대해서도 실명전환에 관한 규정을 두고 있기 때문에, 이 판결과 동일하게 판단하여야 했을 것으로 생각된다. 그렇지 않으면 실명전환에 관한 규정을 둔 취지가 잠탈될 것이기 때문이다.

1) 서정, "명의신탁자가 명의수탁자를 상대로 부동산 자체를 부당이득반환으로 구하는 청구의 가부: 이른바 계약명의신탁을 중심으로," 민사판례연구(XXVI), 2004, 246면 이하.

제2절 부당이득의 효과

[103] Ⅰ. 점유자의 소유자에 대한 부당이득반환범위
대판 2003. 11. 14, 2001다61869(공 2003, 2327)

1. 대법원 판결

이 판결에서는 피고가 아무런 권원 없이 원고 소유 토지의 상공에 송전선을 설치하여 소유함으로써 그 토지 일부를 사용·수익한 경우에 피고의 부당이득범위에 이자가 포함되는지 문제되었다. 원심은 구분지상권에 상응하는 임료 상당액을 반환할 의무가 있다고 인정한 다음 나아가 이에 대하여 점유일 이후의 법정이자 및 그 이자에 대한 지연손해금을 구하는 청구에 대하여는 민법 제201조 제2항이 민법 제748조 제2항에 우선하여 적용되므로 악의의 점유자는 수취한 과실만을 반환하면 족하고 여기에 이자를 가산하여 지급할 필요가 없다는 이유로 이를 배척하였다. 그러나 대법원은 위 이자 등 청구 부분을 배척한 원심판결을 파기환송하였다.

"타인 소유물을 권원 없이 점유함으로써 얻은 사용이익을 반환하는 경우 민법은 선의 점유자를 보호하기 위하여 제201조 제1항을 두어 선의 점유자에게 과실수취권을 인정함에 대하여, 이러한 보호의 필요성이 없는 악의 점유자에 관하여는 민법 제201조 제2항을 두어 과실수취권이 인정되지 않는다는 취지를 규정하는 것으로 해석되는바, 따라서 악의 수익자가 반환하여야 할 범위는 민법 제748조 제2항에 따라 정하여지는 결과 그는 받은 이익에 이자를 붙여 반환하여야 한다.

즉, 악의 점유자는 과실을 반환하여야 한다고만 규정한 민법 제201조 제2항이, 민법 제748조 제2항에 의한 악의 수익자의 이자지급의무까지 배제하는 취지는 아니기 때문에, 악의 수익자의 부당이득금 반환범위에 있어서 민법 제201조 제2항이 민법 제748조 제2항의 특칙이라거나 우선적으로 적용되는 관계를 이루는 것은 아니다.

그리고 위 조문에서 규정하는 이자는 당해 침해행위가 없었더라면 원고가 위 임료로부터 통상 얻었을 법정이자상당액을 말하는 것이므로 악의 수익자는 위 이자의 이행지체로 인한 지연손해금도 지급하여야 할 것이다."

2. 평석

민법 제748조 제2항은 악의의 수익자는 그 받은 이익에 이자를 붙여 반환하고 손해가 있으면 이를 배상하여야 한다고 규정하고 있다. 이에 반하여 민법 제201조 제2항은 악의의 점유자는 수취한 과실을 반환하여야 하며 소비하였거나 과실로 인하여 훼손 또는 수취하지 못한 경우에는 그 과실의 대가를 보상하여야 한다고 규정하고 있다.[1]

그렇다면 타인 소유의 물건을 점유하는 경우에 점유자는 소유자에게 사용이익과 함께 이자를 부가하여야 하는지 문제된다. 필자는 이러한 사안에서 악의의 점유자가 수익을 얻은 경우에 그 수익에 이자를 붙여 반환하여야 한다고 주장하였다.[2] 민법 제201조 제2항에서는 악의의 점유자는 수취한 과실을 반환하여야 한다고 규정하고 있을 뿐이고 수취한 과실에 '이자'를 붙이지 말라고 규정한 것은 아니다. 따라서 이자 반환 문제와 관련하여 제201조 제2항과 제748조

1) 악의의 점유자에 관한 제201조 제2항은 폭력(暴力) 또는 은비(隱秘)에 의한 점유자에 준용한다(제201조 제3항).

2) 상세한 것은 김재형, "점유자의 소유자에 대한 부당이득반환범위 — 민법 제201조와 제748조의 관계를 중심으로 —," 민법론 Ⅰ, 2004, 169면 이하.

제2항이 충돌하는 것으로 파악할 필요가 없다. 또한 이와 같은 결론이 형평에도 부합한다. 악의의 점유자는 이익을 소유자에게 돌려주었어야 했는데도 계속 보유하고 있다면 적어도 이자 상당의 이익을 추가로 얻고 있는 셈이다. 악의의 점유자가 제때 돌려주었더라면 소유자에게 그 이자도 귀속하였을 것이다. 그러므로 악의의 점유자가 이자를 반환하지 않아도 된다고 해석함으로써 악의의 점유자를 보호하게 되는 것은 형평에 반한다.

[104] Ⅱ. 부당이득에서 이른바 운용이익의 반환범위

대판 2008. 1. 18, 2005다34711(공 2008, 220)

1. 대법원 판결

원고가 피고 종중으로부터 이 사건 임야를 매매대금 7억 5천만원에 매수하고 그 대금을 지급하였으나, 피고 종중의 대표자가 위 매매계약을 체결함에 있어 적법한 총회결의를 거치지 않은 잘못으로 인해 매매계약이 무효가 되었다. 피고는 위 매매대금을 은행에 정기예금으로 예치하였다. 원고는 위 매매대금에서 발생한 정기예금이자 중 피고가 반환하지 않고 인출·사용한 47,079,030원에 관하여 원고가 손실을 입었다고 주장하였다. 이에 대하여 원심은 이 부분에 대한 원고의 청구를 배척하였다. 그 이유로 이 사건 매매대금을 초과하는 금액은 수익자인 피고의 행위가 개입되지 않았더라도 부당이득된 재산인 위 매매대금으로부터 손실자인 원고가 당연히 취득하였으리라고 생각되는 범위 내의 것이라고 볼 수 없어 반환해야 할 이득의 범위에 속하지 않고, 원고가 이 사건 매매계약을 체결하지 않았더라도 위 매매대금을 다른 용도로 지출하지 아니한 채 반드시 정기예금이자 이상의 수익이 확실하게 보장되는 예금 등의 상품에 투자하여 관리하였을 것이라고 인정할 증거가 없어 위 정기예금이자 상당액이 원고의 손해라고 볼 수도 없다는 점을 들었다. 그러나 대법원은 다음과 같은 이유로 원심판결을 파기환송하였다.

“부당이득반환의 경우, 수익자가 반환해야 할 이득의 범위는 손실자가 입은 손해의 범위에 한정되고, 여기서 손실자의 손해는 사회통념상 손실자가 당해 재산으로부터 통상 수익할 수 있을 것으로 예상되는 이익 상당이라 할 것이며,[1] 부당이득한 재산에 수익자의 행위가 개입되어 얻어진 이른바 운용이익의 경우, 그것이 사회통념상 수익자의 행위가 개입되지 아니하였더라도 부당이득된 재산으로부터 손실자가 통상 취득하였으리라고 생각되는 범위 내에서는 반환해야 할 이득의 범위에 포함된다.”[2]

“금전을 정기예금에 예치함에는 예치자의 특별한 노력이나 비용, 수완 등을 필요로 하지 않고, 실제로 피고 역시 별다른 노력이나 비용 등을 들이지 않고 이 사건 매매대금을 정기예금에 예치하여 그 이자를 수령하였으며, 또한 이 사건 매매대금이 정기예금에 예치되어 있던 기간의 대부분은 외환위기 직후인 1997. 말부터 2002. 2.까지로서 예금의 이율이 역사상 이례적으로 높던 시기이므로 일반인의 경우 여유자금이 있다면 통상 은행에 예금할 가능성이 상당히 높다고 할 것이고, 위 매매대금과 같은 거액의 금전을 장기간 예금하는 경우에는 보통예금보다는 정기예금에 예치하는 것이 일반적이라고 볼 수 있으므로 사정이 이와 같다면 다른 특별한 사정이 없는 한, 위 정기예금이자 상당액은 사회통념상 피고의 행위가 개입되지 아니하였더라도 위 매매대금으로부터 원고가 통상 취득하였으리라고 생각되는 범위 내의 이익으로 볼 수 있어, 피고가 반환해야 할 이득의 범위에 포함되는 것으로 보아야 할 것이다.”

2. 평석

매매계약이 무효인 경우에 매도인은 그 대금에 법정이자를 가산하여 지급하는 것으로 충분할 것이다.[3] 그런데 이 판결에서는 매매계약이 무효인 경우, 매도인이 매매대금으로 받은 금전

1) 참조판결로 대판 1997. 7. 11, 96다31581을 인용하고 있다.

2) 대판 1995. 5. 12, 94다25551(공 1995, 2104); 대판 2006. 9. 8, 2006다26328, 26335(공 2006, 1669).

3) 대판 2002. 2. 5, 2001다66369(공 2002, 639).

을 정기예금에 예치하여 얻은 이자가 반환해야 할 부당이익의 범위에 포함된다고 보았다. 이 사건에서 문제된 정기예금의 이자율이 매우 높았기 때문에, 부당이득으로서 당연히 반환하여야 하는 범위에 속한다고 단정하기 어렵다. 따라서 이 판결은 부당이득에서 이른바 운용이익의 반환을 인정한 사례라고 할 수 있다.

운용이익은 수익자가 자신의 능력과 활동을 기초로 얻은 이익을 뜻하는 것으로서, 사용이익 또는 이용이익과 구별된다. 이용이익은 수익자가 이를 모두 반환하는 것이 원칙이지만, 운용이익은 수익자가 이를 모두 반환해야 하는지에 관해서 논란이 있다.[4] 전액반환설은 수익자 자신의 능력과 수완이 함께 작용하여 이득을 얻은 경우에도 원칙적으로 그 이득 전체가 권리자에게 귀속되어야 한다고 주장한다.[5] 그러나 이 견해도 객관적 가액을 초과하는 이득의 전부를 권리자에게 귀속시키는 것이 구체적 사안에 비추어 신의칙에 반할 때에는 이득귀속의 조절을 할 수 있다고 한다.

대판 1995. 5. 12, 94다25551(공 1995, 2104)은 수익자가 법률상 원인 없이 이득한 재산을 처분함으로 인하여 원물반환이 불가능한 경우에 "수익자가 자신의 노력 등으로 부당이득한 재산을 이용하여 남긴 이른바 운용이익도 그것이 사회통념상 수익자의 행위가 개입되지 아니하였더라도 부당이득된 재산으로부터 손실자가 당연히 취득하였으리라고 생각되는 범위 내의 것이 아닌 한 수익자가 반환하여야 할 이득의 범위에서 공제되어야 할 것"이라고 한다. 이 사건에서 피고가 정당한 권원 없이 원고 소유의 이 사건 임야에서 중장비인 포크레인과 덤프트럭을 이용하여 굴취한 토석을 농지개량조합이 시행하는 간척지 제방성토 작업장에 운반하여 사용하고 위 조합으로부터 그 토석성토대금을 받았다. 이 경우에 "피고가 이 사건 임야에서 굴취한 토석을 위 작업장에 사용하여 위 조합으로부터 지급받은 위 토석성토대금 중에 이윤이 포함되어 있다 하더라도 이는 피고의 노력에 의한 것이지 사회통념상 위 토석 그 자체로부터 당연히 그 이윤이 발생한다고 할 수는 없으므로 그 이윤 상당 부분도 반환할 이득의 범위에 포함되지 아니한다."라고 판단하였다. 한편 대판 2006. 9. 8, 2006다26328, 26335(공 2006, 1669)에서는 매매계약을 해제한 경우에 매수인은 목적물의 사용이익을 반환하여야 하는데, 이 경우에도 운용이익을 반환하여야 하는지 문제되었다. 대법원은 매수인이 목적물을 사용하여 취득한 순수입에 매수인의 영업수완 등 노력으로 인한 이른바 운용이익이 포함되어 있고, 이러한 운용이익은 그것이 사회통념상 매수인의 행위가 개입되지 아니하였더라도 그 목적물로부터 매도인이 당연히 취득하였으리라고 생각되는 범위 내의 것이 아닌 한 매수인이 반환하여야 할 사용이익의 범위에서 공제되어야 한다고 하였다.

이 판결은 부당이득의 반환범위에 수익자의 운용이익도 포함되는지 여부에 관해서는 종래의 판례를 따르고 있다. 운용이익이 사회통념상 수익자의 행위가 개입되지 아니하였더라도 부당이득된 재산으로부터 손실자가 통상 취득하였으리라고 생각되는 범위에 속하는지 여부에 따라 포함 여부를 판단하여야 한다. 나아가 이 판결에서 운용이익으로 정기예금이자가 문제되었는데, 이는 반환해야 할 운용이익에 속한다고 보았다. 이와 같이 판단한 데에는 금전을 정기예금에 예치함에는 예치자의 특별한 노력이나 비용, 수완 등을 필요로 하지 않다는 점, 이 사건 매매대금이 정기예금에 예치되어 있던 기간의 대부분은 외환위기 직후인 1997년 말부터 2002. 2.까지로서 예금의 이율이 역사상 이례적

4) 독일과 일본의 학설에 관해서는 김형배, 사무관리·부당이득, 2003, 213면; 민법주해[XVI], 2005, 559면(양창수 집필).

5) 김형배(주 4), 213면.

으로 높던 시기이므로 일반인의 경우 여유자금이 있다면 통상 은행에 예금할 가능성이 상당히 높다는 점이 중요하게 작용하였다.

제4장 불법행위

제1절 인격권[1)]

[105] Ⅰ. 공적 인물에 대한 명예훼손
대판 2002. 1. 22, 2000다37524, 37531(집 50-1, 민 43)

1. 대법원 판결

이 판결은 먼저 언론에 의한 명예훼손에 관한 종래의 판결을 종합하여 '일반론'을 전개하고 있다. 특히 언론·출판의 자유와 명예보호 사이의 한계를 설정함에 있어서 표현된 내용이 사적 관계에 관한 것인가 공적 관계에 관한 것인가에 따라 차이가 있다고 지적하고, 헌법재판소의 1999년 결정을 인용한 다음, 공적인 존재의 정치적 이념에 관하여 다음과 같이 판단하고 있다.

"당해 표현이 공적인 존재의 정치적 이념에 관한 것인 때에는 특별한 의미가 있다. 그 공적인 존재가 가진 국가·사회적 영향력이 크면 클수록 그 존재가 가진 정치적 이념은 국가의 운명에까지 영향을 미치게 된다. 그러므로 그 존재가 가진 정치적 이념은 더욱 철저히 공개되고 검증되어야 하며, 이에 대한 의문이나 의혹은 그 개연성이 있는 한 광범위하게 문제제기가 허용되어야 하고 공개토론을 받아야 한다. 정확한 논증이나 공적인 판단이 내려지기 전이라 하여 그에 대한 의혹의 제기가 공적 존재의 명예보호라는 이름으로 봉쇄되어서는 안 되고 찬반토론을 통한 경쟁과정에서 도태되도록 하는 것이 민주적이다.

그런데 사람이나 단체가 가진 정치적 이념은 흔히 위장하는 일이 많을 뿐 아니라 정치적 이념의 성질상 그들이 어떠한 이념을 가지고 있는지를 정확히 증명해 낸다는 것은 거의 불가능한 일이다. 그러므로 이에 대한 의혹의 제기나 주관적인 평가가 진실에 부합하는지 혹은 진실하다고 믿을 만한 상당한 이유가 있는지를 따짐에 있어서는 일반의 경우에 있어서와 같이 엄격하게 입증해 낼 것을 요구해서는 안 되고, 그러한 의혹의 제기나 주관적인 평가를 내릴 수도 있는 구체적 정황의 제시로 입증의 부담을 완화해 주어야 한다. 그리고 그러한 구체적 정황을 입증하는 방법으로는 그들이 해 나온 정치적 주장과 활동 등을 입증함으로써 그들이 가진 정치적 이념을 미루어 판단하도록 할 수 있고, 그들이 해 나온 정치적 주장과 활동을 인정함에 있어서는 공인된 언론의 보도내용이 중요한 자료가 될 수 있으며, 여기에 공지의 사실이나 법원에 현저한 사실도 활용할 수 있다."

2. 평석

(1) 대판 1988. 10. 11, 85다카29(집 36-3, 민 1)는 "형사상이나 민사상으로 타인의 명예를 훼손하는 행위를 한 경우에도 그것이 공공의 이해에 관한 사항으로서 그 목적이 오로지 공공의 이익을 위한 것일 때에는 진실한 사실이라는 증명이 있으면 위 행위에 위법성이 없으며 또한 그 증명이 없더라도 행위자가 그것을 진실이라고 믿을 상당한 이유가 있는 경우에는 위법성이 없다."고 하였다. 이 판결은 언론에 의한 명예훼손의 위법성에 관한 판단기준으로 '공익성'과 '진실 또는 상당성'을 제시하였다. 그 후 이 판결에서 제시한 법리가 점차 세밀하게 전개되었다. 특히 2000년대에 들어와 공적 인물에 대한 명예훼손을 어떻게 판단할 것인지 문제되는 사건이 많이 등장하였다.

---

1) 이에 관해서는 김재형, "인격권에 관한 판례의 동향," 민사법학 제27호(2005. 3), 349면 이하도 참조.

(2) 미국에서는 공적 인물(public figure), 공인(公人)에 대한 명예훼손의 경우에는 매우 엄격한 요건하에서 손해배상책임을 인정하고 있다. New York Times Co. v. Sullivan, 376 U.S. 254 (1964)는 미국 명예훼손법에서 기념비적인 판결인데, 공무원에 대한 명예훼손으로 손해배상이 인정되려면, 그 명예훼손적인 내용이 현실적인 악의(actual malice), 즉 그것이 허위라는 것을 알거나 또는 그 진위를 무모하게 무시하고 보도하였음을 피해자가 입증하여야 한다고 하였다. 그 후 이 법리는 공적 인물에 관한 이론으로 발전해갔다.

우리나라 대법원은 미국의 판례에 의하여 발전된 현실적 악의론을 받아들이지 않았다.[2] 그러나 공적 인물에 대한 명예훼손책임을 점차 좁게 인정하고 있다.

헌재 1999. 6. 24, 97헌마265(헌집 11-1, 768)는, 형법상 명예훼손에 관한 사안에서, "당해 표현으로 인한 피해자가 공적 인물인지 아니면 사인(私人)인지, 그 표현이 공적인 관심 사안에 관한 것인지 순수한 사적인 영역에 속하는 사안인지, 피해자가 당해 명예훼손적 표현의 위험을 자초(自招)한 것인지, 그 표현이 객관적으로 국민이 알아야 할 공공성·사회성을 갖춘 사실(알 권리)로서 여론형성이나 공개토론에 기여하는 것인지 등을 종합하여 구체적인 표현 내용과 방식에 따라 상반되는 두 권리를 유형적으로 형량한 비례관계를 따져 언론의 자유에 대한 한계 설정을 할 필요가 있는 것이다. 공적 인물과 사인, 공적인 관심 사안과 사적인 영역에 속하는 사안 간에는 심사기준에 차이를 두어야 하고, 더욱이 이 사건과 같은 공적 인물이 그의 공적 활동과 관련된 명예훼손적 표현은 그 제한이 더 완화되어야 하는 등 개별사례에서의 이익형량에 따라 그 결론도 달라지게 된다."라고 하였다.

(3) 대상판결인 대법원 2002. 1. 22. 판결은 공적인 존재에 대한 명예훼손의 경우에도 기본적으로 개별적인 이익형량을 통하여 해결하는 종래의 판례를 따르고 있으나, 공적 존재의 경우에는 사적 존재와는 달리 비판이 폭넓게 인정되어야 한다고 하였다. 공공적·사회적인 의미를 가진 사안에 관한 표현은 사적인 영역에 속하는 사안에 관한 것과는 그 평가를 달리하여 언론의 자유에 대한 제한이 완화되어야 하고, 특히 공적인 존재의 정치적 이념에 관한 표현인 때에는 좀더 엄격한 기준을 적용하고 있다. 이에 대한 의혹의 제기나 주관적인 평가가 진실에 부합하는지 혹은 진실하다고 믿을 만한 상당한 이유가 있는지를 따질 때에는 일반의 경우와 같이 엄격하게 입증할 것을 요구해서는 안 되고, 그러한 의혹의 제기나 주관적인 평가를 내릴 수도 있는 구체적 정황의 제시로 입증의 부담을 완화해 주어야 한다는 것이다.

(4) 그 후 대판 2002. 12. 24, 2000다14613(공 2003, 425)[3]은 위 대법원 판결을 따르고 있는데, "이 사건 기사와 이 사건 프로그램에서 공방의 대상으로 된 좌와 우의 이념문제, 그 연장선상에서 자유민주주의 가치를 앞세운 이념이냐 민족을 앞세운 통일이냐의 문제는 국가의 운명과

2) 대판 1997. 9. 30, 97다24207(공 1997, 3279)은 "언론의 특성상 공직자의 윤리 및 비위 사실에 관한 보도에 있어서는 특별히 보도의 내용이 허위임을 알았거나 이를 무분별하게 무시한 경우에만 상당한 이유가 없다고 보아야 할 것이라거나 상당한 이유에 대한 입증책임을 피해자가 부담하여야 할 것이라는 등의 상고이유의 주장은 독자적인 견해에 불과하여 받아들일 수 없다."라고 판결하였다. 대판 1998. 5. 8, 97다34563(공 1998, 1575)은 "피해자가 공적 인물이라 하여 방송 등 언론매체의 명예훼손 행위가 현실적인 악의에 기한 것임을 그 피해자 측에서 입증하여야 하는 것은 아니다."라고 하였다. 同旨: 대판 2004. 2. 27, 2001다53387(공 2004, 594).

3) 이 판결에 대한 평석으로는 박철, "표현의 자유에 의한 명예훼손의 제한과 관용," 언론과 법 제2호(2003. 12), 333면 이하 참조.

이에 따른 국민 개개인의 존재양식을 결정하는 중차대한 쟁점이고 이 논쟁에는 필연적으로 평가적인 요소가 수반되는 특성이 있다. 그러므로 이 문제에 관한 표현의 자유는 넓게 보장되어야 하고 이에 관한 일방의 타방에 대한 공격이 타방의 기본입장을 왜곡시키는 것이 아닌 한 부분적인 오류나 다소의 과장이 있다 하더라도 이를 들어 섣불리 불법행위의 책임을 인정함으로써 이 문제에 관한 언로를 봉쇄하여서는 안 된다."고 하였다. 또한 대판 2004. 2. 27, 2001다53387(공 2004, 594)은 검사가 '한심한 검찰'이라는 제목으로 인터뷰를 보도한 방송에 대하여 명예훼손책임을 청구한 사건에 관한 것인데, 종래의 대법원 판결에서 나아가 공직자의 청렴성 등과 관련하여 새로운 위법성 요건을 추가하고 있다. 즉, "공공적·사회적인 의미를 가진 사안에 관한 표현의 경우에는 언론의 자유에 대한 제한이 완화되어야 하고, 특히 공직자의 도덕성·청렴성이나 그 업무처리가 정당하게 이루어지고 있는지 여부는 항상 국민의 감시와 비판의 대상이 되어야 한다는 점을 감안하면, 이러한 감시와 비판기능은 그것이 악의적이거나 현저히 상당성을 잃은 공격이 아닌 한 쉽게 제한되어서는 아니 된다."고 하였다.[4] 그리하여 "이 사건 인터뷰의 방영은 피고들이 그 내용이 진실이라고 믿은 데에 상당한 이유가 있는 것이거나 공직자의 업무처리의 공정성 여부에 관한 언론의 감시와 비판기능의 중요성에 비추어 허용될 수 있는 범위 내의 것으로서 그 위법성을 인정할 수 없다."고 판단하였다.

(5) 이러한 판례의 흐름을 보면 공직자의 도덕성, 청렴성, 업무처리의 정당성에 관한 의혹의 제기나 비판을 넓게 보장하려는 것이 대법원의 태도라고 할 수 있다. 그리하여 공직자의 업무와 관련해서는 공공의 이익에 관한 보도와는 달리 "악의적이거나 현저히 상당성을 잃은 공격"에 해당하는 경우에 한하여 위법성이 인정된다고 한다.

대법원 판결에서 공적 존재에 대한 명예훼손에서 표현의 자유를 강조하기 위하여 "표현의 자유에는 그것이 생존함에 필요한 숨쉴 공간이 있어야" 한다는 표현을 사용한다. 이러한 표현은 미국의 뉴욕 타임즈 사건에 연유한다. 이를 들어 실질적으로 미국의 현실적 악의이론을 수용하였다고 볼 수 있는지 문제될 수 있다. 그러나 대법원 판결이 공인의 명예훼손에 관하여 언론기관이 허위라는 사실을 알았거나 이를 무시하고 보도한 경우로 요건을 엄격하게 한정하고 입증책임을 피해자에게 전환한 것은 아니다. 대법원이 '악의적'이라는 표현을 사용하였지만, 이것이 현실적 악의와 동일한 의미도 아니다. 대법원은 미국의 공적 인물에 관한 이론을 그대로 수용한 것은 아니다. 다만 공적 존재의 정치적 이념 등과 관련하여 표현의 자유를 보장하는 방향으로 독자적인 기준을 만들어가고 있다고 말할 수 있다.

4) 同旨: 대판 2003. 7. 8, 2002다64384(공 2003, 1683); 대판 2003. 7. 22, 2002다62494(공 2003, 1770); 대판 2003. 9. 2, 2002다63558(공 2003, 1936).

[106] Ⅱ. 풍자만평에 의한 명예훼손
대판 2000. 7. 28, 99다6203(공 2000, 1925)

1. 대법원 판결

이 판결에서는 신문의 풍자만평에 의한 명예훼손이 문제되었다. 피고 경향신문사는 1997. 12. 20.과 1998. 1. 21. 원고 등 3인 또는 5인이 항공권을 구입하거나 해외 도피를 의논하고 있는 장면을 담고 있는 풍자만화(경향만평)를 일간지에 게재하였다. 당시 원고 등이 경제위기의 책임자로 지목되면서 검찰수사 등이 거론되고 새로 출범할 정부가 경제위기의 원인규명과 책임자 처벌에 강한 의지를 피력하고 있었다. 원고는 피고들이 이 사건 만평들을 통하여 원고 등이 외환위기에 대한 처벌을 면하기 위하여 해외로 도피하려 하고 있거나 도피를 모의하고 있다는 내용의 허위사실을 적시함으로써 원고의 명예를 훼손하였다는 이유로 손해배상을 청구하였다. 원심은 명예훼손의 성립을 부정하였고, 대법원도 다음과 같은 이유로 원심판결을 지지하였다.

"민법상 불법행위가 되는 명예훼손이란 사람의 품성, 덕행, 명성, 신용 등 인격적 가치에 대하여 사회로부터 받는 객관적인 평가를 침해하는 행위를 말하고, 그와 같은 객관적인 평가를 침해하는 것인 이상, 의견 또는 논평을 표명하는 표현행위에 의하여도 성립할 수 있다." "다만 단순한 의견 개진만으로는 상대방의 사회적 평가가 저해된다고 할 수 없으므로, 의견 또는 논평의 표명이 사실의 적시를 전제로 하지 않은 순수한 의견 또는 논평일 경우에는 명예훼손으로 인한 손해배상책임은 성립되지 아니하나, 한편 여기에서 말하는 사실의 적시란 반드시 사실을 직접적으로 표현한 경우에 한정할 것은 아니고, 간접적이고 우회적인 표현에 의하더라도 그 표현의 전 취지에 비추어 그와 같은 사실의 존재를 암시하고, 또 이로써 특정인의 사회적 가치 내지 평가가 침해될 가능성이 있을 정도의 구체성이 있으면 족하다."[1]

2. 평석

소설, 영화, 연극이나 만화에 의해서도 인격권이 침해될 수 있는데, 이러한 경우에는 언론보도와는 다른 고려가 필요하다.[2] 의견이나 논평이 사실의 적시를 전제로 한 경우에는 위에서 본 바와 같이 명예훼손이 될 수 있다. 그러나 사실의 적시를 전제로 하지 않은 순수한 의견 또는 논평이 명예훼손으로 인한 손해배상책임을 성립시킬 수 있는지 문제되는데, 이 판결은 이를 부정한 것이다. 이 판결에서 불법행위책임을 부정한 결론에는 찬성하나 그 근거에 관하여는 검토할 필요가 있다.[3]

형법에서 명예훼손죄가 성립하려면 구체적 사실을 적시하여야 하는데(형법 제307조), 민법에는 어떠한 경우에 명예훼손으로 인한 불법행위가 성립하는지에 관하여 명시적인 규정이 없다. 민법상의 명예훼손의 성립 여부를 형법상의 명예훼손죄의 구성요건과 동일하게 보는 것이 법률용어의 일관성과 법체계의 통일성을 유지하는데 바람직할 것이다. 따라서 사실의 적시가 없는 경우에는 명예훼손이 되지 않는다고 하여야

1) 또한 대판 2001. 1. 19, 2000다10208(공 2001, 497)은 위 대법원 1999년 2월 9일 판결에 따라 "사실을 적시하는 표현행위뿐만 아니라 의견 또는 논평을 표명하는 표현행위도 그와 동시에 묵시적으로라도 그 전제가 되는 사실을 적시하고 있다면 그에 의하여 민사상의 명예훼손이 성립할 수 있다."라고 하였으나, 사실과 의견이 혼합되어 있는 경우에 순수의견 부분은 명예훼손이 되지 않는다고 하였다.

2) 소설에 의한 인격권 침해에 관하여는 김재형, "모델소설과 인격권," 인권과 정의 제255호(1997. 11), 44면 이하 참조.

3) 이에 관하여는 김재형, "'언론과 인격권'에 관한 최근 판례의 동향," 언론중재 2001년 봄호(2001. 3), 113면; 김재형, "인격권에 관한 판례의 동향," 민사법학 제27호(2005. 3), 369면.

한다. 그러나 형법에서 구체적 사실을 적시하지 않는 경우에 모욕죄(형법 제311조)가 성립할 수 있는데, 이에 대응하여 모욕적이고 인신공격적인 의견표명에 대해서도 민사적인 구제수단으로서 손해배상책임(민법 제751조)이 인정될 수 있다.

이 판결에서는 위 풍자만평에 사실의 적시가 없다고 하여 명예훼손책임을 부정하였으나, 사실의 적시가 없다고 하더라도 불법행위가 성립하는지 여부를 심리하였어야 할 것이다.

이 사건에서 당사자인 원고가 명예훼손을 이유로 한 손해배상책임만을 청구하였기 때문에, 변론주의의 원칙에 따라 명예훼손에 대해서만 판단하였다고 볼 수도 있다. 그러나 법원은 명예훼손이나 인격권 침해 소송에서 당사자의 그러한 주장에 엄격하게 구속되는 것은 아니다. 다만 풍자만화나 시사만평의 경우에는 직설적인 언행과는 달리 풍자나 은유를 동반하는 것으로, 어느 정도의 과장된 표현은 감수하여야 할 것이다. 풍자만화나 시사만평을 보는 독자들도 그러한 과장이나 풍자를 그대로 받아들이지는 않기 때문이다. 따라서 풍자만화나 시사만평의 경우에 불법행위책임이 인정되는 경우는 매우 드물 것이다.

[107] Ⅲ. 인신공격적 표현에 의한 불법행위책임
대판 2009. 4. 9, 2005다65494(공 2009, 608)

1. 대법원 판결

이 판결에서는 인신공격적 표현에 의한 불법행위책임이 문제되었다. 언론사인 피고가 원고 노동조합에 대하여 비판적인 논설 등의 기사를 여러 차례에 걸쳐 실었다. 원고는 피고를 상대로 불법행위로 인한 손해배상을 청구하였다. 대법원은 5개의 기사(제1 내지 5 기사)에 대해서는 명예훼손을 이유로 한 손해배상책임을 부정하였으나, 2개의 기사(제6, 7 기사)에 대하여 인격권 침해를 긍정하였다. 이 판결에서 주목할 점은 제6, 7 기사에 대한 판단부분이다.

이 사건에서 제6, 7기사는 사설 및 오피니언의 형식으로 보도된 것으로 "원고의 쟁의행위로 인하여 체결된 2003년도 단체협약에 따라 원고 조합원들이 연간 165일 내지 177일(또는 170일 내지 180일)의 휴일을 누리면서도 연봉 5,000만 원을 받게 되었다."고 하면서 현대자동차 노사협상에 나타난 원고 조합원들의 임금과 휴일의 수준, 위 노사협상의 배경과 결과 등에 관하여 개략적인 상황을 적시한 다음, 이러한 협상내용을 평가하면서 이를 비판하는 의견을 표명하고 있다. 원심은, 제6, 7기사를 보도한 행위가 명예훼손에 해당한다고 판단하였다. 대법원은 피고의 상고를 기각하였으나, 그 이유를 다르게 판단하고 있다. 즉,

"표현행위자가 타인에 대하여 비판적인 의견을 표명하였다는 사유만으로 이를 위법하다고 볼 수는 없지만, 만일 표현행위의 형식 및 내용 등이 모욕적이고 경멸적인 인신공격에 해당하거나(대법원 2002. 1. 22. 선고 2000다37524, 37531 판결; 대법원 2003. 3. 25. 선고 2001다84480 판결 등 참조) 혹은 타인의 신상에 관하여 다소간의 과장을 넘어서서 사실을 왜곡하는 공표행위를 함으로써 그 인격권을 침해한다면, 이는 명예훼손과는 별개 유형의 불법행위를 구성할 수 있다."

나아가 대법원은 이 사건에 대한 구체적인 판단부분에서 "제6, 7기사 역시 일반 독자의 기준에서 볼 때 전체적인 인상과 맥락으로 보아 구체적인 사실전달보다는 의견표명 내지 논평을 주된 목적으로 하는 보도"라고 보고, 이는 "원고의 사회적 평가를 저하시키는 사실을 적시한 명예훼손"에 해당한다고 보기 어렵다고 한다. 그러나 그 의견표명의 전제로 적시한 사실관계 중 "원고의 쟁의행위로 인하여 체결된 2003년도 단체협약에 따라 원고 조합원들이 연간 165일 내지 177일(또는 170일 내지 180일)의 휴일을 누리면서도 연봉 5,000만 원을 받게 되었다."는 보도내용은, "피고가 의도적으로 사실을 왜곡함으로써 원고 내지 그 조합원들의 인격권을 침해하였다 할 것이므로, 이는 원고에 대한 불법행위를 구성한다."고 한다. 그 이유로 피고가 휴일수와 연봉액을 병렬적으로 거시하는 표현을 사용한 점, 제6, 7기사의 다른 부분에서도 원고의 조합원들이 실제로 위와 같은 휴일을 사용하는 것이 아니라 제도적으로 보장된 휴일수의 최대한도라는 것을 시사하는 단서나 표현이 전혀 없는 점 등을 들고 있다.

2. 평석

(1) 사실의 적시를 전제로 하지 않은 순수한 의견 또는 논평은 명예훼손으로 인한 손해배상책임을 성립시키지 않는다. 그러나 의견이나 논평이 사실의 적시를 전제로 한 경우에는 명예훼손이 될 수 있다.[1)]

대법원은 인신공격적 표현에 대하여 불법행위책임을 인정한 예가 있다. 대판 2001. 7. 27, 2001다28626은 서울특별시 강남구 의회 의장을

1) 대판 1999. 2. 9, 98다31356(공 1999, 458).

제3편 채권법

비롯한 의원들이 의사당 내에서 도박성 내기 바둑 및 장기를 둔 것을 보도한 것에 관한 것이다. 원심은 '막가파 구의회', '막가파 구의원', '동네 반장보다 못한 놈'이라 표현한 부분은 구체적 사실 적시로 볼 수 없으나 원고에 대한 경멸의 의사를 나타낸 표현으로서 원고의 사회적 평가를 저하하였다고 하였는데, 대법원은 이를 지지하였다.

위에서 본 대판 2002. 1. 22, 2000다37524, 37531(집 50-1, 민 43)은 "공적인 존재의 공적인 관심사에 관한 문제의 제기가 널리 허용되어야 한다고 하더라도 구체적 정황의 뒷받침도 없이 악의적으로 모함하는 일이 허용되지 않도록 경계해야 함은 물론 구체적 정황에 근거한 것이라 하더라도 그 표현방법에 있어서는 상대방의 인격을 존중하는 바탕 위에서 어휘를 선택하여야 하고, 아무리 비판을 받아야 할 사항이 있다고 하더라도 모멸적인 표현으로 모욕을 가하는 일은 허용될 수 없다."라고 한 다음, 각각의 표현에 대하여 개별적으로 판단하고 있다. 먼저 의견표명에 대하여 불법행위책임을 부정한 부분을 보면, "'북한조선노동당의 이익을 위한 노동당운동'이라고 표현한 부분은 원고 민노총의 그와 같은 노동운동이 결과적으로 북한을 이익되게 하는 운동이라는 주관적인 평가를 '노동당운동'에 비유한 과장표현이라 할 것인바, 앞에서 전제한 바와 같이 공적인 존재의 정치적 이념에 대한 공개와 토론이 널리 허용되어야 한다는 필요성과 제시된 정황 및 현실투쟁의 강도와 양태 결과 등에 비추어 볼 때 이러한 정도의 과장표현으로 불법행위의 성립을 인정함으로써 언론의 자유를 제한해서는 안 될 것이다."라고 하였다. 이에 반하여 "원고 민노총의 투쟁방법을 '공산게릴라식 빨치산전투'라고 표현한 부분은 비록 그 표현 자체가 구체적인 사실의 적시가 아니라 원고 민노총의 투쟁방법을 그에 비유한 평가의 표현이라 하더라도, '공산게릴라식 빨치산전투'라 함은 공산주의 혁명을 달성하기 위해 적의 배후에서 파괴와 살상 등으로 기습, 교란하는 비정규부대의 유격전투를 뜻하는 표현으로서, 원고 민노총의 투쟁방법, 투쟁과정에서 나온 과격한 구호 등을 참작하여 본다고 하더라도 그 비유가 지나치고 감정적이고도 모멸적인 언사에 해당하여 이러한 모욕적인 표현까지 언론의 자유라는 이름 아래 보호받을 수는 없을 것이다."라고 하여 불법행위책임을 인정하였다. 이 판결은 모욕적인 표현에 대하여 불법행위책임을 인정한 것이라고 볼 수 있다.

대판 2003. 3. 25, 2001다84480(공 2003, 1040)은 TV 뉴스 프로그램에서 특정변호사가 소송수행을 잘못하여 의뢰인에게 불리한 판결이 선고되도록 하였다는 기본적 사실에 기초하여 소위 '순백의 법조인'과 대비하여 '사람답게 살지 못한 사람'이라거나 '한심하다 못해 분통이 터진다'는 등의 표현을 사용하여 의견을 표명한 것은, 위 변호사의 잘못의 정도와 판결에 대한 영향을 지나치게 확대, 과장하여 평가한 결과에 따른 표현으로서 그러한 의견표명은 모멸적인 표현에 의한 인신공격에 해당하여 의견표명으로서의 한계를 일탈한 불법행위가 될 수 있다고 판결하였다.

(2) 대상판결인 대법원 2009. 4. 9. 판결은 타인에 대한 비판적인 의견 표명이 명예훼손과는 별개 유형의 불법행위를 구성할 수 있다는 점을 분명히 하고 있다.

사실을 적시하지 않았지만 인신공격적 표현으로 불법행위책임을 인정하는 경우에 대법원은 명예훼손이라는 표현을 사용하지 않고 있다. 사실을 적시하지 않은 인신공격적인 표현으로 상대방의 사회적 평가가 저하될 수는 있다. 그러나 사실의 적시가 없기 때문에 명예훼손책임을 인정할 수 없을 것이다. 그렇다고 하더라도 책임이 무조건 면제되는 것은 아니다. 위 대판

99다6203 판결(위 [106] 판결)에 관한 평석에서 본 것처럼 사실을 적시하지 아니한 순수의견은 명예훼손이 되지는 않지만, 모욕에 해당할 수 있다. 형법상으로는 모욕죄가 성립할 수도 있고, 민법상으로는 불법행위책임이 발생한다고 볼 수 있다. 우리나라의 불법행위 규정하에서는 명예훼손과 모욕이 명확하게 구분되지 않고 이 둘은 포괄적으로 불법행위책임의 발생원인이 될 수 있다. 다만 언론기관에서 보도하는 의견의 경우에는 책임을 인정하는 경우를 대폭 제한해야 할 것이다.[2)]

2) 김재형, "'언론과 인격권'에 관한 최근 판례의 동향," 언론중재 2001년 봄호(2001. 3), 113면; 김재형, "인격권에 관한 판례의 동향," 민사법학 제27호(2005. 3), 369면.

[108] Ⅳ. 실명보도와 익명보도[1]

대판 2009. 9. 10. 2007다71(공 2009, 1615)

1. 사실관계와 원심판결

이 판결에서는 언론기관이 범죄사실을 보도하면서 피의자의 실명을 공개하는 것이 허용되는지 문제되었다. 사안은 다음과 같다.

피고 주식회사 문화방송(이하 '피고 회사'라 한다)은 2001. 7. 4. '피디(PD)수첩'에서 '죽음 부른 사금고 ○○원 횡령사건'을 방영하였다. 이 프로그램은 피고 회사의 담당 프로듀서인 피고 2가 사금고인 ○○상조회의 문제점을 지적하여 향후 한센병환자들의 정착촌에서 유사한 사건이 발생하는 것을 막고자 하는 의도에서 기획한 것으로서, 원고의 범죄혐의 사실을 공표하는 데 주안점을 두고 있기보다는 사회병리적 현상에 대한 감시·고발에 중점을 둔 시사성이 강한 프로그램이다. 원고가 이사장으로 재직하고 있던 기간 동안 ○○상조회가 유사수신행위의 규제에 관한 법률을 위반하여 사회적 약자인 한센병 환자 등을 상대로 불법적으로 여수신행위를 해 오면서, 그 임직원들의 거액의 배임·횡령 및 부실대출, 예금기장 누락과 예금잔고 소진 등으로 인하여 정착촌 주민들이 예금을 찾지 못하고 소송에 휘말리며 일부는 양돈업도 그만두게 되는 등 절박하고 혼란스러운 상황에 처하게 되었다. 그 과정에서 ○○상조회 회원이었거나 임직원이었던 3명이 자살을 기도하여 2명이 사망하는 사태가 발생하였다. 이와 같은 일련의 사태는 사회적 관심을 불러일으키기에 충분한 사안이고 실제 다른 언론기관들도 이미 이 사건을 기사화하면서 일부 언론기관들은 ○○상조회에서 다액의 예금이 없어진 사실과 전임 이사진의 횡령 혐의에 대한 수사 진행 사실을 보도하였다. 원고는 위와 같은 일련의 사태의 원인이 발생한 기간 동안 한센병 환자 등을 상대로 사금융업을 하여 온 ○○상조회의 최고 관리·감독자인 이사장의 직위에 있었으므로 그 사태에 대한 법적 책임에서 자유롭기는 어려웠다. 실제로 원고는 이 사건 프로그램의 방영 전에 수사기관에 의하여 긴급체포되어 구속되었다가 일부 공소사실에 대하여는 무죄판결을 받기는 하였지만 최종적으로 유사수신행위의규제에관한법률위반죄와 업무상횡령죄 등으로 유죄의 확정판결을 받았고, 다른 ○○상조회 직원 2명도 업무상횡령죄 또는 업무상배임죄 등으로 유죄의 확정판결을 받았다. 이 사건 프로그램의 특성상 ○○상조회의 명칭과 그 전임 이사장에 대한 언급은 보도내용과 밀접한 관련이 있어 그 공개가 불가피해 보이고, 이에 더하여 주민들이 원고에 대한 엄정 수사를 촉구하며 시위하는 장면 등을 방영하는 방법으로 원고의 실명이 간접적으로 공개되었다고 하여 그로 인하여 원고에게 미치는 불이익이 더 심각해진다고 보기 어렵다. 이 사건 프로그램은 원고에 대한 구체적인 피의사실이나 구속영장에 기재된 범죄사실을 공개한 것이 아니고, 여러 관련 당사자들과 담당경찰관 등에 대한 다방면의 취재결과 등을 토대로 ○○상조회 사건에 대하여 책임을 피하기 어려운 지위에 있는 원고에 대하여 범죄혐의의 의혹이 있으니 엄정한 수사를 통한 책임소재를 규명을 촉구하는 취지의 보도이다.

원심은 이 사건 프로그램이 ○○상조회의 전임 이사장이었던 원고의 실명이 나타난 영상 등을 방영함으로써 원고를 특정하여 원고에 대한 사회적 평가를 저하시킬 만한 구체적인 사실을 방영하였지만, 이 사건 프로그램은 공익성이 있고 오로지 공공의 이익을 위하여 방영한 것이었으며 그 내용이 진실하거나 진실이라고 믿은 데 상당한 이유가 있으므로 위법성이 조각된다고 판단하였다.

1) 김재형, "2009년 '언론과 인격권'에 관한 판례의 동향," 언론중재 2010년 여름호, 88면 이하.

2. 대법원 판결

이에 대하여 원고가 상고하였으나, 대법원은 다음과 같은 이유로 원고의 상고를 기각하였다.

(1) "언론기관이 범죄사실을 보도하면서 피의자를 가명(假名)이나 두문자(頭文字) 내지 이니셜 등으로 특정하는 경우에는 그 보도 대상자의 주변 사람들만이 제한적 범위에서 피의자의 범죄사실을 알게 될 것이지만, 피의자의 실명을 공개하여 범죄사실을 보도하는 경우에는 피의자의 범죄사실을 알게 되는 사람들의 범위가 훨씬 확대되고 피의자를 더 쉽게 기억하게 되어 그에 따라 피의자에 대한 법익침해의 정도 역시 훨씬 커질 것이므로, 범죄사실의 보도와 함께 피의자의 실명을 공개하기 위해서는 피의자의 실명을 보도함으로써 얻어지는 공공의 정보에 대한 이익과 피의자의 명예나 사생활의 비밀이 유지됨으로써 얻어지는 이익을 비교형량한 후 전자의 이익이 후자의 이익보다 더 우월하다고 인정되어야 할 것이다. 또한, 전자의 이익이 더 우월하다고 판단되더라도 그 보도의 내용이 진실과 다를 경우 실명이 보도된 피의자에 대한 법익침해의 정도는 그렇지 아니한 경우보다 더욱 커지므로, 언론기관이 피의자의 실명을 공개하여 범죄사실을 보도할 경우에는 그 보도내용이 진실인지 여부를 확인할 주의의무는 더 높아진다고 할 것이다."

(2) "여기서, 어떠한 경우에 피의자의 실명보도를 허용할 수 있을 정도로 공공의 정보에 관한 이익이 더 우월하다고 보아야 할 것인지는 일률적으로 정할 수는 없고, 범죄사실의 내용 및 태양, 범죄 발생 당시의 정치·사회·경제·문화적 배경과 그 범죄가 정치·사회·경제·문화에 미치는 영향력, 피의자의 직업, 사회적 지위·활동 내지 공적 인물로서의 성격 여부, 범죄사건 보도에 피의자의 특정이 필요한 정도, 개별 법률에 피의자의 실명 공개를 금지하는 규정이 있는지 여부, 피의자의 실명을 공개함으로써 침해되는 이익 및 당해 사실의 공표가 이루어진 상대방의 범위의 광협 등을 종합·참작하여 정하여야 할 것이다. 사회적으로 고도의 해악성을 가진 중대한 범죄에 관한 것이거나 사안의 중대성이 그보다 다소 떨어지더라도 정치·사회·경제·문화적 측면에서 비범성을 갖고 있어 공공에게 중요성을 가지거나 공공의 이익과 연관성을 갖는 경우 또는 피의자가 갖는 공적 인물로서의 특성과 그 업무 내지 활동과의 연관성 때문에 일반 범죄로서의 평범한 수준을 넘어서서 공공에 중요성을 갖게 되는 등 시사성이 인정되는 경우 등에는, 개별 법률에 달리 정함이 있다거나 그 밖에 다른 특별한 사정이 없는 한 공공의 정보에 관한 이익이 더 우월하다고 보아 피의자의 실명을 공개하여 보도하는 것도 허용될 수 있다고 할 것이다."

"이 사건 프로그램은 사회적 약자인 한센병환자들의 폐쇄적인 정착촌에서 사금고 운영과 관련하여 발생한 사회병리적 문제점과 그로 인한 피해의 심각성을 밝히고 이에 연루된 원고를 비롯한 관련 임직원들의 범죄혐의에 대한 엄정한 수사를 촉구하는 것으로서 사회·경제·문화적 측면에서 공공에게 중요성을 가지거나 공공의 이익과 연관성을 갖고 있다고 할 수 있고, 그 사태에 관하여 최고 관리·감독자로서의 책임을 지고 있으면서 이미 수사기관에 구속되었던 전임 이사장인 원고에 대하여 그 실명을 보도함으로써 얻어지는 공공의 정보에 대한 이익과 원고의 명예나 사생활의 비밀이 유지됨으로써 얻어지는 이익을 비교형량할 때 전자의 이익이 후자의 이익보다 우월하다고 봄이 상당하다."

(3) "개인은 자신의 성명의 표시 여부에 관하여 스스로 결정할 권리를 가지나, 성명의 표시 행위가 공공의 이해에 관한 사실과 밀접불가분

한 관계에 있고 그 목적 달성에 필요한 한도에 있으며 그 표현내용·방법이 부당한 것이 아닌 경우에는 그 성명의 표시는 위법하다고 볼 수 없다. 따라서, 범죄사실에 관한 보도 과정에서 대상자의 실명 공개에 대한 공공의 이익이 대상자의 명예나 사생활의 비밀에 관한 이익보다 우월하다고 인정되어 실명에 의한 보도가 허용되는 경우에는, 비록 대상자의 의사에 반하여 그의 실명이 공개되었다고 하더라도 그의 성명권이 위법하게 침해되었다고 할 수 없다."

3. 평석

(1) 범죄사건을 보도하는 경우에 익명으로 보도해야 하는지, 아니면 실명으로 보도를 해도 좋은지 논란이 되고 있다. 대판 1998. 7. 14, 96다17257(공 1998, 2108)은 "범죄 자체를 보도하기 위하여 반드시 범인이나 범죄 혐의자의 신원을 명시할 필요가 있는 것은 아니고, 범인이나 범죄혐의자에 관한 보도가 반드시 범죄 자체에 관한 보도와 같은 공공성을 가진다고 볼 수도 없다."고 하였다. 일반 시민에 대한 피의사실을 보도할 경우에는 원칙적으로 피의자의 신원을 알 수 있도록 해서는 안 된다고 하였다. 이를 익명보도의 원칙이라고 할 수 있다. 대판 1999. 1. 26, 97다10215, 10222(공 1999, 330)는 "특히 공적 인물이 아닌 사인(私人)의 경우 가급적 익명을 사용하는 등 피의자의 신원이 노출되지 않도록 주의해야 하지만, 한편으로 보도기관은 수사기관과는 달리 사실의 진위 여부를 확인함에 있어 현실적으로 상당한 제약을 받을 수밖에 없고, 신속한 보도의 필요성이 있을 때에는 그 조사에도 어느 정도 한계가 있을 수밖에 없는 점도 있다."고 지적하고 있다. 공적 인물이 아닌 사인의 경우에 익명으로 보도할 필요성이 높지만, 피의사실을 익명으로 보도하지 않았다고 하여 무조건 명예훼손책임이 발생하는 것은 아니다. 따라서 실명으로 피의사실을 보도한 경우에 공익성 또는 상당성이 있는지 여부를 판단하는 기준이 무엇인지가 중요한 문제이다.

(2) 이 판결은 피의자의 실명보도에 관하여 크게 세 가지 주요 법리를 선언하고 있다.

첫째, 이 판결은 범죄사실의 보도에서 피의자의 실명을 공개하는 것이 허용되기 위해서는 "피의자의 실명을 보도함으로써 얻어지는 공공의 정보에 대한 이익과 피의자의 명예나 사생활의 비밀이 유지됨으로써 얻어지는 이익을 비교형량한 후 전자의 이익이 후자의 이익보다 더 우월하다고 인정"되어야 한다고 하였다. 또한 위 기준에 따라 실명보도가 허용되더라도 "언론기관이 피의자의 실명을 공개하여 범죄사실을 보도할 경우에는 그 보도내용이 진실인지 여부를 확인할 주의의무는 더 높아진다."고 하였다. 이 판결은 실명보도가 허용되는지 여부를 이익형량을 통하여 해결하고 있을 뿐만 아니라, 실명보도의 경우에는 언론기관이 진실을 확인할 주의의무가 더 높아진다고 보고 있다는 점에 특징이 있다. 즉, 피의자의 실명이 공개되는 경우에는 법익침해의 위법성이 가중된다[2]고 보고 이에 따라 언론기관의 주의의무가 높아진다는 것이다.

둘째, 이 판결은 피의자의 실명보도를 허용할 수 있을 정도로 공공의 정보에 관한 이익이 피의자의 명예나 사생활의 비밀이 유지됨으로써 얻어지는 이익보다 더 우월한지 여부의 판단 기준을 제시하였는데, 고려해야 할 여러 사정을 열거하고, 피의자의 실명공개가 허용되는 경우를 예시하고 있다. ① 사회적으로 고도의 해악성을 가진 중대한 범죄에 관한 것, ② 사안의 중

2) 대법원은 "원심이 이 사건 프로그램이 방영되어 원고에 관한 범죄혐의 사실이 보도됨에 따라 발생하는 명예훼손의 위법성 문제와 원고의 실명이 공개됨에 따라 가중되는 법익침해의 위법성 문제를 명확히 구분하지 아니하고 판단한 것은 다소 미흡하다."고 지적하고 있다.

대성이 그보다 다소 떨어지더라도 정치·사회·경제·문화적 측면에서 비범성을 갖고 있어 공공에게 중요성을 가지거나 공공의 이익과 연관성을 갖는 경우, ③ 피의자가 갖는 공적 인물로서의 특성과 그 업무 내지 활동과의 연관성 때문에 일반 범죄로서의 평범한 수준을 넘어서서 공공에 중요성을 갖게 되는 등 시사성이 인정되는 경우 등이 이에 해당한다.

셋째, 범죄사실의 보도에서 피의자의 실명을 공개하는 것이 허용되는 경우에 그 실명의 공개가 피의자의 의사에 반하여 이루어졌다고 하더라도 성명권이 위법하게 침해되었다고 볼 수 없다고 한다. 개인은 자신의 성명의 표시 여부에 관하여 스스로 결정할 권리를 가지나, 성명의 표시행위가 공공의 이해에 관한 사실과 밀접불가분한 관계에 있고 그 목적 달성에 필요한 한도에 있으며 그 표현내용·방법이 부당한 것이 아닌 경우에는 그 성명의 표시는 위법하다고 볼 수 없다는 것이다.

[109] Ⅴ. 초상권 침해의 위법성

대판 2006. 10. 13, 2004다16280(집 54-2, 민 37)

1. 사실관계

원고들이 피고 A회사(화재해상보험 주식회사)를 상대로 손해배상을 청구하는 소를 제기하였다. 이 소송에서 피고 A회사의 직원들인 피고 B, C가 원고 D, E의 후유장해 정도에 대한 증거자료를 수집할 목적으로 원고들 몰래 원고들의 사진을 촬영하여 법원에 제출하였다. 그 사진의 내용은 원고들이 일상생활에서 장해부위를 사용하는 모습으로서 원고들의 아파트 주차장, 직장의 주차장, 차량수리업소의 마당, 원고 F의 어린이집 주변 도로 등 일반인의 접근이 허용된 공개된 장소에서 촬영한 것이며, 위 피고들은 위 사진을 촬영하기 위하여 원고들을 몰래 지켜보거나 미행하고 때에 따라서는 차량으로 뒤따라가 사진을 촬영하였다.

2. 대법원 판결

대법원은 다음과 같은 이유로 원고들의 청구를 받아들였다.

(1) 사람은 누구나 자신의 얼굴 기타 사회통념상 특정인임을 식별할 수 있는 신체적 특징에 관하여 함부로 촬영 또는 그림묘사되거나 공표되지 아니하며 영리적으로 이용당하지 않을 권리를 가지는데, 이러한 초상권은 우리 헌법 제10조 제1문에 의하여 헌법적으로도 보장되고 있는 권리이다. 또한, 헌법 제10조는 헌법 제17조와 함께 사생활의 비밀과 자유를 보장하는데, 이에 따라 개인은 사생활 활동이 타인으로부터 침해되거나 사생활이 함부로 공개되지 아니할 소극적인 권리는 물론, 오늘날 고도로 정보화된 현대사회에서 자신에 대한 정보를 자율적으로 통제할 수 있는 적극적인 권리도 가진다(대법원 1998. 7. 24. 선고 96다42789 판결 참조). 그러므로 초상권 및 사생활의 비밀과 자유에 대한 부당한 침해는 불법행위를 구성하는데, 위 침해는 그것이 공개된 장소에서 이루어졌다거나 민사소송의 증거를 수집할 목적으로 이루어졌다는 사유만으로는 정당화되지 아니한다.

(2) 위와 같은 위 피고들의 행위는 특정의 목적을 가지고 의도적·계속적으로 주시하고 미행하면서 사진을 촬영함으로써 원고들에 관한 정보를 임의로 수집한 것이어서, 비록 그것이 공개된 장소에서 민사소송의 증거를 수집할 목적으로 이루어졌다고 하더라도 초상권 및 사생활의 비밀과 자유의 보호영역을 침범한 것으로서 불법행위를 구성한다고 할 것이다.

(3) 한편, 피고들에게는 위 침해행위로 인하여 달성하려는 이익, 즉 위 손해배상소송에서 승소함으로써 손해배상책임을 면하여 얻는 재산상 이익, 허위 또는 과장된 청구를 밝혀내어야 할 소송에서의 진실발견이라는 이익, 부당한 손해배상책임을 면함으로써 보험료를 낮출 수 있다는 보험가입자들의 공동이익 등이 있고, 이는 원고들의 초상권 및 사생활의 비밀과 자유와 충돌하는 이익이 된다. 이처럼 초상권이나 사생활의 비밀과 자유를 침해하는 행위를 둘러싸고 서로 다른 두 방향의 이익이 충돌하는 경우에는 구체적 사안에서의 사정을 종합적으로 고려한 이익형량을 통하여 위 침해행위의 최종적인 위법성이 가려진다. 이러한 이익형량과정에서, 첫째 침해행위의 영역에 속하는 고려요소로는 침해행위로 달성하려는 이익(이하 '침해법익'이라 한다)의 내용 및 그 중대성, 침해행위의 필요성과 효과성, 침해행위의 보충성과 긴급성, 침해방법의 상당성 등이 있고, 둘째 피해이익의 영역에 속하는 고려요소로는 피해법익의 내용과 중대성 및 침해행위로 인하여 피해자가 입는 피

해의 정도, 피해이익의 보호가치 등이 있다. 그리고 일단 권리의 보호영역을 침범함으로써 불법행위를 구성한다고 평가된 행위가 위법하지 않다는 점은 이를 주장하는 사람이 증명하여야 한다.

(4) 피고들의 침해법익의 하나인 보험가입자들의 공동이익이나, 소송에서의 진실발견이라는 이익도 구체적인 사실에 관하여서 허위주장을 하지 않는 경우에까지 이러한 이익들이 원고들의 인격적 이익보다 더 우월하다고 단정할 수 없다(양 법익 내용의 비교). 원고들의 피해영역 또한 일반적으로 공개가 허용되는 가장 바깥 테두리의 영역이라고만은 할 수 없는 그 중간의 영역에 속한다고 볼 수 있다(피해법익의 중대성). 촬영한 사진의 내용 역시 타인에게 굳이 공개하고 싶지 않은 것으로 보여지고, 사진촬영과정에서 미행·감시당함으로써 자신들의 일상생활이 타인에게 노출되는 것은 결코 피해정도가 작다고 할 수 없다(피해 정도). 사진촬영을 할 필요성이나 효과성은 인정하기 어렵고, 한편 원고들이 주장하는 장해 정도가 허위라거나 과장이라고 합리적으로 의심할 상당한 이유가 있다고 보기 어려워 피해이익의 보호가치는 인정된다(침해행위의 필요성과 효과성, 피해이익의 보호가치). 더 나아가 소송당사자는 먼저 자신의 법테두리 안에서 증거를 수집하여야 함은 물론, 이를 넘어서는 증거수집은 법적인 절차에 따라 하여야 하며 스스로 타인의 법영역을 무단으로 침범하여 증거를 수집하는 것은 허용되지 아니하는바, 감정결과에 불복이 있을 경우 그 감정과정이나 장해정도의 평가에 의학적, 논리적, 경험칙상 발견되는 객관적인 잘못이나 의문점을 지적하는 등의 방법으로 소송절차 내에서 문제를 해결하지 아니하고 무단히 타인의 법영역을 침범하는 것은 보충성에 반할 뿐만 아니라, 위 사진촬영에 특별히 긴급한 사정이 있었다고도 보이지 않는다(침해행위의 보충성, 긴급성). 또한 피고측에서 8일이라는 상당기간에 걸쳐 미행을 하거나 차량으로 추적을 하여 몰래 숨어서 촬영함으로써 피고들이 원치 않는 사생활의 일면까지 침해함으로써 그 침해방법 역시 합리적이라고도 보여지지 아니한다(침해방법의 상당성). 이러한 여러 가지 사정을 종합하여 보면, 피고측이 원고들에 대하여 저지른 침해행위는 위법성이 조각된다고 보여지지는 아니한다.

3. 평석

(1) 이 판결은 보험회사 직원이 보험회사를 상대로 손해배상청구소송을 제기한 교통사고 피해자들의 장해 정도에 관한 증거자료를 수집할 목적으로 피해자들의 일상생활을 촬영한 행위가 불법행위에 해당한다고 보았다.[1)] 특히 보험가입자와 보험회사 사이의 초상권에 관한 분쟁에서 양자의 법익을 세밀하게 형량하고 있다. 그 의미는 다음과 같이 요약해 볼 수 있다.

첫째, 초상권이 인격권의 일종으로서 헌법 제10조 제1문에 따라 보호되는 권리이고, 사생활의 비밀과 자유는 헌법 제10조와 제17조에 따라 보호된다.

둘째, 초상권 및 사생활의 비밀과 자유(이하 '초상권 등'이라 한다)에 대한 부당한 침해는 그것이 공개된 장소에서 이루어졌다거나 민사소송의 증거를 수집할 목적으로 이루어진 경우에도 허용되지 않는다. 공개된 장소에서 초상권 등이 보호되는지 문제될 수 있는데, 이 판결은 초상권 등을 침해하는 행위가 은밀한 장소에서 은밀

제3편 채권법

1) 이 판결의 결론에 찬성하는 견해로는 권영준, "초상권 및 사생활의 비밀과 자유, 그리고 이익형량을 통한 위법성 판단," 민사판례연구(XXXI), 2009, 519면 이하; 윤진수, "2006년도 주요 민법 관련 판례 회고," 서울대학교 법학 제48권 제1호(2007. 3), 429면이 있고, 결론에 반대하는 견해로는 엄동섭, "초상권 보호의 한계," 민사법학 제38호(2008. 9), 205~206면이 있다.

한 모습을 들추어내는 것에 한정되지 않고, 초상권이나 사생활의 비밀과 자유는 공개된 장소에서도 인정된다는 점[2]을 명확히 하였다. 또한 증거 수집 등 적법한 목적이 있다는 것만으로 초상권 침해 등이 정당화되는 것도 아니다.

셋째, 이 판결은 초상권 등의 침해를 인정하는 주요한 이유로 위 피고들의 행위가 "특정의 목적을 가지고 의도적·계속적으로 주시하고 미행하면서 사진을 촬영함으로써 원고들에 관한 정보를 임의로 수집"하였다는 점을 들고 있다. 초상권 등의 침해 목적이나 수단이 부적법한 경우에 초상권 등의 침해를 쉽게 인정할 수 있다고 볼 수 있다.

넷째, 이 판결은 피고들의 위 침해행위로 인하여 달성하려는 이익과 원고들의 초상권 등이 충돌하는 경우에 구체적 사안에서의 사정을 종합적으로 고려한 이익형량을 통하여 위 침해행위의 최종적인 위법성이 가려진다고 한다. 그리고 침해행위의 영역에 속하는 고려요소와 피해이익의 영역에 속하는 고려요소를 열거하고 있다. 나아가 권리의 보호영역을 침범함으로써 불법행위를 구성한다고 평가된 행위가 위법하지 않다는 점은 이를 주장하는 사람이 증명하여야 한다고 한다.

다섯째, 이 사건에서 원고의 초상권 등을 보호할 것인지 피고들의 이익을 보호할 것인지에 관하여 이익형량을 하면서, ① 양 법익 내용의 비교, ② 피해법익의 중대성, ③ 피해 정도, ④ 침해행위의 필요성과 효과성, ⑤ 피해이익의 보호가치, ⑥ 침해행위의 보충성, 긴급성, ⑦ 침해방법의 상당성을 고려한 다음, 피고 측이 원고들에 대하여 저지른 침해행위는 위법성이 조각되지 않는다고 판단하고 있다.

(2) 이와 같이 이익형량의 여러 요소를 구분하여 이익을 형량하고 있는 것은 다른 판결에서 찾기 어렵다. 그러나 여러 사정을 종합적으로 고려하여 결론을 도출하고 있기 때문에, 어떠한 요소가 결정적인 기준인지 알 수 없다는 문제점이 있다. 이 사건에서는 특정한 목적을 가지고 의도적·계속적으로 주시하고 미행하면서 사진을 촬영함으로써 원고들에 관한 정보를 임의로 수집하였다는 점에서 위법성을 인정할 수 있다. 즉, 침해방법의 비합리성, 즉 부적법한 수단의 사용에서 초상권 침해의 위법성을 찾을 수 있다.

---

2) 한위수, "사진의 무단촬영·사용과 민사책임 — 초상권의 침해 —," 민사재판의 제문제 제8권, 1994, 227면; 엄동섭(주 1), 190면; 김재형, "언론보도에 의한 초상권 침해에 관한 법적 검토," 언론중재 2012년 겨울호, 30면.

[110] Ⅵ. 인격권에 기한 금지청구권
대결 2005. 1. 17, 2003마1477(공 2005, 391)

1. 대법원 판결

"명예는 생명, 신체와 함께 매우 중대한 보호법익이고 인격권으로서의 명예권은 물권의 경우와 마찬가지로 배타성을 가지는 권리라고 할 것이므로 사람의 품성, 덕행, 명성, 신용 등의 인격적 가치에 관하여 사회로부터 받는 객관적인 평가인 명예를 위법하게 침해당한 자는 손해배상(민법 제751조) 또는 명예회복을 위한 처분(민법 제764조)을 구할 수 있는 이외에 인격권으로서 명예권에 기초하여 가해자에 대하여 현재 이루어지고 있는 침해행위를 배제하거나 장래에 생길 침해를 예방하기 위하여 침해행위의 금지를 구할 수도 있다. 그러나 언론·출판 등의 표현행위에 의하여 명예의 침해를 초래하는 경우에는 인격권으로서의 개인의 명예보호와 표현의 자유가 충돌하고 그 조정이 필요하므로 어떠한 경우에 인격권의 침해행위로서 이를 규제할 수 있는지에 관하여는 헌법상 신중한 고려가 필요하다(대법원 2004. 2. 27. 선고 2001다53387 판결 참조).

따라서 표현행위에 대한 사전억제는 표현의 자유를 보장하고 검열을 금지하는 헌법 제21조 제2항의 취지에 비추어 엄격하고 명확한 요건을 갖춘 경우에만 허용된다고 할 것인바, 출판물에 대한 발행·판매 등의 금지는 위와 같은 표현행위에 대한 사전억제에 해당하고, 그 대상이 종교단체에 관한 평가나 비판 등의 표현행위에 관한 것이라고 하더라도 그 표현행위에 대한 사전금지는 원칙적으로 허용되어서는 안 될 것이지만, 다만 그와 같은 경우에도 그 표현내용이 진실이 아니거나, 그것이 공공의 이해에 관한 사항으로서 그 목적이 오로지 공공의 이익을 위한 것이 아니며, 또한 피해자에게 중대하고 현저하게 회복하기 어려운 손해를 입힐 우려가 있는 경우에는 그와 같은 표현행위는 그 가치가 피해자의 명예에 우월하지 아니하는 것이 명백하고, 또 그에 대한 유효적절한 구제수단으로서 금지의 필요성도 인정되므로 이러한 실체적인 요건을 갖춘 때에 한하여 예외적으로 사전금지가 허용된다고 할 것이다. 그리고 이러한 사전금지를 명하는 가처분은 임시의 지위를 정하기 위한 가처분에 해당하므로 그 심리절차에서 원칙적으로 변론기일 또는 채무자가 참석할 수 있는 심문기일을 열어 표현내용의 진실성 등의 주장·입증의 기회를 주어야 하는 것이지만, 그와 같은 기일을 열어 심리하면 가처분을 신청한 목적을 달성할 수 없는 사정이 있는 경우에 한하여 예외적으로 그와 같은 절차를 거치지 아니하고 가처분 결정을 할 수 있으나(민사집행법 제304조), 그와 같은 예외적인 사정이 있는지의 여부는 표현행위의 사전억제라고 하는 결과의 중대성에 비추어 일반적인 임시의 지위를 정하기 위한 가처분보다 더욱 신중하게 판단되어야 할 것이다."

2. 평석

(1) 이 결정은 "표현행위에 대한 사전억제는 표현의 자유를 보장하고 검열을 금지하는 헌법 제21조 제2항의 취지에 비추어 엄격하고 명확한 요건을 갖춘 경우에만 허용된다."고 한 다음, "출판물에 대한 발행·판매 등의 금지는 위와 같은 표현행위에 대한 사전억제에 해당"하고, "그 표현행위에 대한 사전금지는 원칙적으로 허용되어서는 안 될 것"이라고 한다. 다만 "그 표현내용이 진실이 아니거나, 그것이 공공의 이해에 관한 사항으로서 그 목적이 오로지 공공의 이익을 위한 것이 아니며, 또한 피해자에게 중대하고 현저하게 회복하기 어려운 손해를 입힐 우려가 있는 경우에는 그와 같은 표현행위는 그 가치가 피해자의 명예에 우월하지 아니하는 것이 명백하고, 또 그에 대한 유효적절한 구제수

단으로서 금지의 필요성도 인정되므로 이러한 실체적인 요건을 갖춘 때에 한하여 예외적으로 사전금지가 허용된다."고 하였다.

(2) 인격권을 침해할 우려가 있는 경우에 금지청구권이 인정된다.[1] 이 판결은 명예를 위법하게 침해당한 자가 손해배상(제751조) 또는 명예회복을 위한 처분(제764조)을 구할 수 있을 뿐만 아니라 "인격권으로서 명예권에 기초하여 가해자에 대하여 현재 이루어지고 있는 침해행위를 배제하거나 장래에 생길 침해를 예방하기 위하여 침해행위의 금지를 구할 수도 있다."고 한다. 그 근거로 "인격권으로서의 명예권은 물권의 경우와 마찬가지로 배타성을 가지는 권리"라는 점을 들고 있는데, 이는 물권적 청구권에 관한 규정을 유추적용해야 한다는 견해[2]를 따른 것이다.

어떠한 요건하에서 금지청구권을 인정할 수 있을 것인지에 관해서는 명확한 기준이 없었다. 하급심판결 중에는 명예훼손에 기한 금지청구에 관하여 손해배상의 경우와 유사한 방식으로 판단하는 경우도 있고, 사전금지는 손해배상의 경우보다 엄격한 요건하에서 허용된다는 경우도 있었다.[3]

명예훼손에 대한 금지청구권의 인정 여부는 손해배상청구의 경우와 마찬가지로 표현행위의 가치와 명예의 보호 사이의 이익형량에 의하여 판단하여야 한다. 그러나 금지청구의 경우에는 "피해자에게 중대하고 현저하게 회복하기 어려운 손해를 입힐 우려가 있어야 한다."는 요건을 추가함으로써, 손해배상의 경우보다 엄격한 요건을 요구하고 있다. 이와 같이 표현행위에 의한 명예훼손에 대하여 금지청구의 요건을 엄격하게 한정한 것은 표현의 자유를 보장하기 위한 것으로 정당한 것이라고 볼 수 있다.

(3) 한편 대법원은 명예와 프라이버시를 포괄하는 인격권에 기한 금지청구권의 요건을 일반적으로 서술하고 있다. 그러나 이 사건은 명예훼손에 관한 것이기 때문에, 이 결정의 내용이 프라이버시 침해에 대해서 그대로 적용되지는 않는다. 명예훼손의 경우와 프라이버시 침해의 경우에 그 금지청구의 요건을 개별적으로 검토할 필요가 있다. 프라이버시의 경우에는 보도사실이 진실이라고 하더라도 금지청구의 대상이 될 수 있으나, 그 침해가 중대한 경우에 한하여 금지청구를 허용해야 한다.

(4) 사전금지를 명하는 가처분은 임시의 지위를 정하기 위한 가처분에 해당하므로 그 심리절차에서 원칙적으로 변론기일 또는 심문기일을 열어 피신청인에게 주장·입증할 기회를 주어야 한다.[4] 그러나 사전금지 가처분 사건에서 인격권을 침해하는 보도 또는 공표 자체를 막기 위하여 변론기일이나 심문기일을 열지 않고 신속하게 가처분 결정을 내려야 하는 경우가 있다. 예컨대 일정한 사항을 보도한 것에 대하여 이를 금지하거나 손해배상을 인정하는 법원의 판결이나 결정이 나온 다음에, 이와 동일한 내용을 보도하거나 공표하는 경우에도 변론기일이나 심문기일을 열지 않고 가처분 결정을 할 수 있다고 보아야 한다.

---

1) 대판 1996. 4. 12, 93다40614(공 1996, 1486).
2) 상세한 것은 김재형, 언론과 인격권, 2012, 206~209면.
3) 이에 관해서는 김재형, "언론에 의한 인격권 침해에 대한 구제수단," 인권과 정의 제339호(2004. 11), 83면 이하.
4) 이에 관해서는 이균용, "헌법의 입장에서 본 명예의 침해에 의한 출판물의 출판 등 금지가처분에 관한 실무상의 문제," 저스티스 제89호(2006. 2), 212면 이하.

[111] Ⅶ. 인격권에 기한 기사삭제 청구
대판 2013. 3. 28, 2010다60950(공 2013, 728)

1. 대법원 판결

원고는 뉴스 전문 인터넷 포털사이트를 운영하는 피고의 기사들로 인하여 현재 이루어지고 있는 인격권으로서의 명예에 대한 침해행위를 배제하기 위하여 기사삭제를 청구하였다. 대법원은 다음과 같이 판단하였다.

"한편 인격권 침해를 이유로 한 방해배제청구권으로서 기사삭제 청구의 당부를 판단함에 있어서는 그 표현내용이 진실이 아니거나 공공의 이해에 관한 사항이 아닌 기사로 인해 현재 원고의 명예가 중대하고 현저하게 침해받고 있는 상태에 있는지 여부를 언론의 자유와 인격권이라는 두 가치를 비교·형량하면서 판단하면 되는 것이고, 피고가 그 기사가 진실이라고 믿은 데 상당한 이유가 있었다는 등의 사정은 형사상 명예훼손죄나 민사상 손해배상책임을 부정하는 사유는 될지언정 기사삭제를 구하는 방해배제청구권을 저지하는 사유로는 될 수 없다."

2. 평석

(1) 이 판결은 먼저 인격권에 기하여 방해배제 또는 금지를 청구할 수 있다는 대법원 결정[1]을 인용한 다음, 기사삭제에 관하여 위와 같이 판단하였다. 즉, 인격권에 기한 방해배제청구권으로서 기사삭제를 청구하는 경우에 "그 표현내용이 진실이 아니거나 공공의 이해에 관한 사항이 아닌 기사로 인해 현재 원고의 명예가 중대하고 현저하게 침해받고 있는 상태에 있는지 여부를 언론의 자유와 인격권이라는 두 가치를 비교·형량하면서 판단하면 되는 것"이라고 한다. 특히 "피고가 그 기사가 진실이라고 믿은 데 상당한 이유가 있었다는 등의 사정은 형사상 명예훼손죄나 민사상 손해배상책임을 부정하는 사유는 될지언정 기사삭제를 구하는 방해배제청구권을 저지하는 사유로는 될 수 없다."라고 한다.

언론에 의한 명예훼손의 경우 '공익성'과 '진실 또는 상당성'은 명예훼손의 위법성을 판단하는 기준이다.[2] 그러나 위와 같은 위법성 판단기준은 명예훼손으로 인한 손해배상에서 발달된 것이다. 그중 공익성 기준은 기사삭제의 경우에도 적용되지만, 상당성 기준은 기사삭제를 청구하는 경우에는 적용되지 않는다고 본 것이다.[3]

필자는 다음과 같이 주장한 바 있다.

"사후적인 구제수단인 손해배상의 경우와 사전적인 구제수단인 금지청구의 경우에 그 요건이 동일한 것은 아니다. 금지청구의 경우에 언론기관의 주관적인 의도는 거의 의미가 없다. 금지청구를 하는 단계에서 언론기관이 보도하려는 내용이 허위인지 여부를 알 수 있기 때문이다[각주 생략]."[4]

위와 같은 논리는 인격권에 기한 금지청구뿐만 아니라 방해배제청구로서 기사삭제를 청구하는 경우에도 적용될 수 있다. 타인의 명예를 훼손하는 기사를 보도할 당시에는 기사가 진실이라고 믿은 데 상당한 이유가 있었다고 하더라

제3편 채권법

1) 대결 2005. 1. 17, 2003마1477(공 2005, 391).

2) 대판 1988. 10. 11, 85다카29(집 36-3, 민 1).

3) 원심은 "이 사건 각 기사 중 삭제를 명한 부분의 내용이 진실하지 아니하거나 공익을 위한 것이 아니라는 점이 밝혀진 이상 가사 피고가 그 각 기사가 진실이라고 믿은 데 상당한 이유가 있다고 하여 그러한 사정만으로 위 각 기사의 삭제를 구하는 원고의 방해배제청구권을 저지할 수 없다."고 판단하였는데, 대법원은 이를 지지하고 있다.

4) 김재형, "인격권에 관한 판례의 동향," 언론과 인격권, 2012, 321면. 또한 박용상, "표현행위에 대한 부작위청구권," 기업과 법(김교창변호사화갑기념), 1997, 960면은, 보도내용이 허위라고 판명되었는데도 계속 보도할 위험이 있다면 금지청구의 대상이 될 수 있다고 한다.

도 명예를 이유로 기사의 삭제에 관하여 법원이 판결을 하는 단계에서는 기사가 진실이라고 믿는 데 상당한 이유가 없어졌다고 볼 수 있다. 따라서 이와 같은 주관적 요소는 기사삭제의 요건이 되지 않는다고 보아야 할 것이다. 기사의 내용이 진실하지 않거나 공익과 관련이 없는 경우에 그 기사로 인격권이 침해되고 있는 상태에 있으면 기사삭제 청구를 인정하여야 한다.

(2) 사전적인 금지청구와 사후적인 침해배제는 그 판단기준이 달라져야 하는지 문제된다. 이 판결은 이 문제에 관하여 다음과 같이 판단하고 있다.

"원심이 허위의 언론 기사로 인해 이미 발생한 침해에 대한 배제를 구하는 경우에도 침해행위의 사전금지를 구하는 경우의 법리가 그대로 적용된다고 전제한 것은 상고이유 주장과 같으나, 원심판결 이유에 의하면 원심은 실제 이 사건 기사삭제 청구를 판단함에 있어서는 침해행위의 사전금지에서 요구되는 엄격한 기준을 적용하지 않고 그보다 완화된 기준을 적용하여 이 사건 각 기사 57건 중 49건의 삭제 청구를 인용하였음을 알 수 있으므로, 원심이 이 사건 기사삭제 청구를 판단함에 있어 침해행위의 사전제한의 원칙적 금지의 법리를 적용하였음을 전제로 한 상고이유 주장 역시 이유 없다."

위 판단 부분의 의미가 명확한 것은 아니다. 원심은 사전적 금지와 사후적인 침해배제는 동일한 기준으로 판단해야 한다고 보고 있다. 따라서 사전적인 금지청구권의 경우에 적용되는 엄격한 기준[5]을 기사삭제청구에도 적용해야 한다는 것이다. 그러나 대법원은 원심판결이 이 사건에 대한 구체적인 판단에서는 사전적인 금지에 요구되는 엄격한 기준을 적용하지 않고 그보다 완화된 기준을 적용하고 있다고 보고 있다. 이는 기사삭제의 경우에는 사전적인 금지청구보다 완화된 기준으로 판단한 것으로 볼 수 있다.[6]

손해배상은 손해가 발생한 후에 사후적으로 배상을 하는 것으로서 전형적인 사후적 구제수단이다. 금지청구는 사전적인 구제수단이다. 기사삭제청구는 인격권을 침해하는 기사를 없애는 것이기 때문에, 손해배상과 함께 사후적인 구제수단으로 볼 수 있다. 그러나 이것은 인격권을 침해하는 기사를 삭제함으로써 그 기사의 추가적인 전달가능성을 없애는 효과가 있다. 특히 이 사건과 같이 피고의 인터넷 포털 사이트에 올린 기사의 경우에는 누구든지 그 기사를 볼 수 있고 인터넷을 통한 전파가능성이 있기 때문에, 기사삭제는 추가적인 인격권 침해를 예방하는 기능이 있다. 따라서 기사삭제청구는 사후적으로 침해를 배제하는 것임과 동시에 사전적인 금지청구로서의 의미를 갖고 있다.

이와 같이 기사삭제청구는 원칙적으로 사후적인 구제수단이라고 할 수 있지만, 사전적 구제수단의 성격을 겸유하고 있기 때문에, 기사삭제청구를 사전적인 금지청구와 다른 기준으로 판단하는 것이 바람직한 것인지는 의문이다. 따라서 기사삭제청구의 경우에도 매체의 종류나 기사의 성격에 따라 사전적인 금지청구와 유사한 기준을 적용해야 할 수도 있다고 보아야 한다.

5) "표현행위에 대한 사전억제는 표현의 자유를 보장하고 검열을 금지하는 헌법 제21조 제2항의 취지에 비추어 엄격하고 명확한 요건을 갖춘 경우에만 허용된다." 위 대결 2005. 1. 17, 2003마1477 참조.

6) 다만 대법원이 사전금지에 요구되는 엄격한 기준을 사후적인 침해배제에 해당하는 기사삭제의 경우에 적용해서는 안 된다고 단정하고 있지는 않다.

[112] Ⅷ. 인터넷 종합 정보제공자의 명예훼손 책임
대판(전) 2009. 4. 16, 2008다53812(공 2009, 626)

1. 사실관계와 원심판결

피고 엔에이치엔 주식회사(이하 '피고 엔에이치엔'이라 한다), 피고 주식회사 다음커뮤니케이션(이하 '피고 다음커뮤니케이션'이라 한다)은 보도매체로부터 위 피고들의 각 자료저장 컴퓨터 설비에 전송된 기사들 가운데 원고 관련 기사를 선별하여 위 피고들의 뉴스 게시공간에 게재하였다. 위 원고 관련 기사들은 원고의 명예를 훼손하는 내용을 담고 있었고, 불법행위로 평가되는 명예훼손적 게시물들이 있었다.

원심은, 피고들이 보도매체로부터 위 피고들의 각 자료저장 컴퓨터 설비에 전송된 기사들 가운데 원고 관련 기사를 선별하여 위 피고들의 뉴스 게시공간에 게재하였는데, 위 원고 관련 기사들은 원고의 명예를 훼손하는 내용이므로, 위 피고들은 위 각 기사들에 관하여 이를 최초로 작성한 해당 보도매체들과 함께 원고에 대한 공동불법행위자로서 손해배상책임을 부담한다고 판단하였다. 또한 댓글 등 위 명예훼손적 게시물에 대해서는 위 피고들이 원고의 요청이 없더라도 불법성이 명백하고 기술적·경제적으로 관리·통제가 가능하였던 위 명예훼손적 게시물들을 삭제하거나 그 검색을 차단할 의무가 있고, 위 각 기사들에 관하여 이를 최초로 작성한 해당 보도매체들과 함께 원고에 대한 공동불법행위자로서 손해배상책임을 부담한다고 판단하였다.

2. 대법원 판결

피고들이 상고하였으나, 대법원은 이를 기각하였다.

(1) 먼저 인터넷 종합 정보제공 사업자가 보도매체의 기사를 보관하면서 스스로 그 기사의 일부를 선별하여 게시한 경우, 그로 인하여 명예가 훼손된 자에게 불법행위책임을 진다고 판단하였다. 즉,

"… 인터넷에 관한 종합적인 서비스를 제공하는 자[1](…)가 보도매체가 작성·보관하는 기사에 대한 인터넷 이용자의 검색·접근에 관한 창구 역할을 넘어서서 **보도매체로부터 기사를 전송받아 자신의 자료저장 컴퓨터 설비에 보관하면서 스스로 그 기사 가운데 일부를 선별하여 자신이 직접 관리하는 뉴스 게시공간에 게재하였고 그 게재된 기사가 타인의 명예를 훼손하는 내용을 담고 있다면,** 이는 단순히 보도매체의 기사에 대한 검색·접근 기능을 제공하는 경우와는 달리 **인터넷 종합 정보제공 사업자가 보도매체의 특정한 명예훼손적 기사 내용을 인식하고 이를 적극적으로 선택하여 전파한 행위에 해당**하므로, 달리 특별한 사정이 없는 이상 위 사업자는 명예훼손적 기사를 보도한 보도매체와 마찬가지로 그로 인하여 명예가 훼손된 피해자

1) "정보통신망 이용촉진 및 정보보호 등에 관한 법률 제2조 제1항 제3호 소정의 정보통신서비스 제공자로서, 인터넷 가상공간 내에 있는 각종 정보제공 장소(인터넷 이용자들은 '사이트'라고 부른다)들에 게재된 정보에 대한 분야별 분류 및 검색 기능을 비롯하여 인터넷 이용자가 직접 자신의 의견이나 각종 정보를 게시·저장하거나 이를 다른 이용자들과 서로 공유·교환할 수 있는 인터넷 게시공간(그중 '블로그', '미니 홈페이지', '인터넷 동아리', '카페'라는 이름으로 개설된 게시공간을 아래에서는 '사적(私的) 인터넷 게시공간'이라고 한다)을 제공하고, 아울러 전자우편, 게임 이용 서비스를 제공하는 등 인터넷에 관한 종합적인 서비스를 제공하는 자(인터넷 이용자들은 위와 같은 서비스를 '포털서비스'로, 그 서비스가 이루어지는 정보제공 장소를 '포털사이트'로 부른다. 아래에서는 그 서비스를 '인터넷 종합 정보서비스', 그 서비스가 이루어지는 장소를 '인터넷 종합 정보제공 장소', 그 서비스를 제공하는 사업자를 '인터넷 종합 정보제공 사업자'라고 한다)"를 말한다.

에 대하여 불법행위로 인한 손해배상책임을 진다."

(2) 다음으로, 인터넷 종합 정보제공 사업자의 명예훼손 게시물에 대한 삭제 및 차단 의무의 발생 요건에 관해서는 다수의견과 별개의견이 대립하고 있다. 먼저 다수의견은 삭제 및 차단 요구가 없더라도 명예훼손책임이 발생한다고 하였다.

"명예훼손적 게시물이 게시된 목적, 내용, 게시기간과 방법, 그로 인한 피해의 정도, 게시자와 피해자의 관계, 반론 또는 삭제 요구의 유무 등 게시에 관련한 쌍방의 대응태도 등에 비추어, 인터넷 종합 정보제공 사업자가 제공하는 인터넷 게시공간에 게시된 명예훼손적 게시물의 불법성이 명백하고, 위 사업자가 위와 같은 게시물로 인하여 명예를 훼손당한 피해자로부터 구체적·개별적인 게시물의 삭제 및 차단 요구를 받은 경우는 물론, 피해자로부터 직접적인 요구를 받지 않은 경우라 하더라도 **그 게시물이 게시된 사정을 구체적으로 인식하고 있었거나 그 게시물의 존재를 인식할 수 있었음이 외관상 명백히 드러나며**, 또한 기술적, 경제적으로 그 게시물에 대한 관리·통제가 가능한 경우에는, 위 사업자에게 그 게시물을 삭제하고 향후 같은 인터넷 게시공간에 유사한 내용의 게시물이 게시되지 않도록 차단할 주의의무가 있고, 그 게시물 삭제 등의 처리를 위하여 필요한 상당한 기간이 지나도록 그 처리를 하지 아니함으로써 타인에게 손해가 발생된 경우에는 부작위에 의한 불법행위책임이 성립된다고 봄이 상당하다."[2)]

이 사건에서 인터넷 종합 정보제공 사업자인 위 피고들이 원고와 망 소외인의 교제 및 망 소외인의 자살 경위에 관하여 인터넷에 공개된 게시물 내용에 대한 자세한 소개와 함께 원고의 신원노출을 수반하는 인터넷 이용자들의 과도한 비난 일색의 반응 등을 보도한 기사를 스스로 게재한 사정을 비롯하여 원심이 들고 있는 사정들에 의하면, 위 피고들은 자신들이 제공한 기사 댓글, 지식검색란에서의 답변들, 사적(私的) 인터넷 게시공간 등의 게시공간에 원고에 대한 명예훼손적 게시물들이 존재한다는 것을 인식할 수 있었음이 외관상 명백히 드러난다고 할 수 있다고 한다.

이에 대하여 대법관 박시환, 김지형, 전수안의 별개의견은 피해자의 삭제 요구가 있는 경우에 한하여 명예훼손책임이 발생한다고 한다. 즉, 인터넷 종합 정보제공 사업자의 명예훼손 게시물에 대한 삭제의무는 특별한 사정이 없는 한 위 사업자가 피해자로부터 명예훼손의 내용이 담긴 게시물을 '구체적·개별적으로 특정'하여 '삭제하여 달라는 요구'를 받았고, 나아가 그 게시물에 명예훼손의 불법성이 '현존'하는 것을 '명백'히 인식하였으며, 그러한 삭제 등의 조치를 하는 것이 '기술적·경제적으로 가능'한 경우로 제한하는 것이 합리적이고 타당하다고 본다. 다만 "현실적으로 피해자의 삭제요구가 없어도 삭제요구가 있는 경우와 동일시할 수 있는 경우로서, 예를 들어 피해자로부터 직접적인 삭제요구는 없었으나 삭제를 희망하고 있음을 간접적

2) 한편 인터넷 종합 정보제공 사업자의 불법행위책임을 개별 인터넷 게시공간별로 포괄적으로 평가할 수 있다고 하였다. "인터넷 종합 정보제공 장소는 특정 기사에 대한 댓글들, 지식검색란에서의 특정 질문에 대한 답변들, 특정 사적(私的) 인터넷 게시공간 등과 같이 일정한 주제나 운영 주체에 따라 정보를 게시할 수 있는 개별 인터넷 게시공간으로 나누어져서 그 각 개별 인터넷 게시공간별로 운영 및 관리가 이루어지고 있고, 위와 같은 개별 인터넷 게시공간 내에서의 게시물들은 서로 관련을 맺고 게시되므로, 불법 게시물의 삭제 및 차단의무는 위 개별 인터넷 게시공간별로 그 의무의 발생 당시 대상으로 된 불법 게시물뿐만 아니라 그 이후 이와 관련되어 게시되는 불법 게시물에 대하여도 함께 문제될 수 있고, 따라서 그 의무 위반으로 인한 불법행위책임은 개별 인터넷 게시공간별로 포괄적으로 평가될 수 있다."

인 경로를 통하여 충분히 알게 된 때에는 삭제요구가 있는 것과 동일하게 취급하여 삭제의무를 인정할 여지는 있다 할 것이나, 이와 같이 예외로 인정될 수 있는 특별한 사정은 삭제요구가 있는 것과 동일시할 수 있는 경우로 한정되어야 할 것"이라고 한다. 그러나 이 사건에서는 원고가 위 피고들에게 명시적으로 삭제를 요구하였다고 보아 결론적으로는 다수의견과 마찬가지로 원심판결의 결론이 결과적으로 정당하다고 하였다.

대법관 김영란의 다수의견에 대한 보충의견은 위 별개의견을 반박하고 있다. 게시물의 불법성이 명백하고, 인터넷의 특성상 위 게시물의 게시행위 당시에 이미 그로 인한 법익 침해의 위험성이 현실화되어 있으며, 명예훼손이나 모욕의 경우 피해자의 의사에 관계없이 민사상 불법행위책임이 인정되는 이상, 인터넷 종합 정보제공 사업자의 손해배상책임이 게시물 관리의무 불이행으로 인한 간접적인 불법행위책임이라는 사정만으로 피해자의 삭제요구 유무에 따라 게시물 방치로 인한 명예훼손책임 성립 여부가 결정된다고 보는 것은 타당하지 않다고 한다.

3. 평석

(1) 인터넷 이용자들이 사이버공간에 다른 사람의 명예를 훼손하는 정보를 올린 경우 인터넷 서비스 제공자가 어떠한 요건 하에서 책임을 지는지 문제된다. 인터넷 서비스 제공자가 직접 정보를 올린 사람과 동일한 책임을 진다고 볼 수는 없다. 반면에 인터넷 서비스 제공자는 무조건 면책된다고 볼 수도 없다.

(2) 인터넷에 의한 명예훼손에 대하여 서비스 제공자는 어떠한 요건 하에서 책임을 지는지에 관하여 논란이 있다. 서비스 제공자가 게시내용이 명예훼손적인 것을 알았거나 알 수 있었을 경우에 이를 삭제하는 등의 적절한 조치를 취하지 아니하고 방치하는 때에는 책임을 면할 수 없다는 견해가 있다.[3] 이와 달리 피해자가 서비스 제공자에게 명예훼손 사실을 통지하였거나 기타의 사유로 인터넷서비스사업자가 명예훼손적 게시물의 존재를 인식한 경우에 한하여 인터넷서비스 제공자의 책임을 긍정하는 견해가 있다.[4]

판례는 혼선을 빚고 있었다. 대판 2001. 9. 7, 2001다36801[5]은 이 문제에 관한 최초의 대법원 판결이다. 피고회사는 전자게시판을 설치·운영하는 전기통신사업자인데, A가 피고회사의 하이텔 공개게시판 플라자에 원고의 명예를 훼손하는 글을 올리자, 원고가 피고회사를 상대로 손해배상책임을 구하는 소를 제기하였다. 원심은 "무릇 전자게시판을 설치, 운영하는 전기통신사업자는 그 이용자에 의하여 타인의 명예를 훼손하는 글이 전자게시판에 올려진 것을 알았거나 알 수 있었던 경우에 이를 삭제하는 등의 적절한 조치를 취하여야 할 의무가 있다."라고 판단하였다. 나아가 이 사건에서 피고회사로서는 원고와 정보통신윤리위원회의 시정조치 요구에 따라 그러한 글들이 플라자에 게재된 것을 알았거나 충분히 알 수 있었는데도, 무려 5, 6개월 동안이나 이를 삭제하는 등 적절한 조치를 취하지 아니한 채 그대로 방치하였다는 점을 들어 피고회사의 손해배상책임을 인정하였다. 피고가 상고하였으나, 대법원은 이를 기각하였다. 이 사건에서 피고회사가 게시물이 명예훼손에 해당한다는 것을 알았다고 볼 수 있고 게시물을 삭제할 것을 기대할 수 있었기 때문에, 이 사건에서 피고회사의 책임을 인정한 구체적 판단은 정당하다고 볼 수 있다. 다만 전기통신사업자가

3) 황찬현, "사이버스페이스에서의 명예훼손과 인권보장," 저스티스 제34권 제1호(2001. 2), 37면.

4) 이해완, "사이버스페이스와 표현의 자유," 헌법학연구 제6권 제3호(2000. 11), 114면 이하.

5) 이 판결에 관한 평석으로는 이인석, "명예훼손에 대한 온라인서비스제공자의 민사책임," 저스티스 제67호(2002. 6), 175면 이하가 있다.

그 이용자들이 타인의 명예를 훼손하는 글을 전자게시판에 올린 것을 알았거나 알 수 있었던 경우에 이를 삭제하는 등의 적절한 조치를 취하여야 할 의무가 있다고 한 부분에 대해서는 그 타당성에 관하여 논란이 되었다.

그 후 대판 2003. 6. 27, 2002다72194(공 2003, 1613)는 인터넷 홈페이지에 게재된 명예훼손적인 글에 대하여 관리자의 책임이 발생하는 요건을 분명하게 제시하고 있다. 즉, "온라인 서비스 제공자인 인터넷상의 홈페이지 운영자가 자신이 관리하는 전자게시판에 타인의 명예를 훼손하는 내용이 게재된 것을 방치하였을 때 명예훼손으로 인한 손해배상책임을 지게 하기 위하여는 그 운영자에게 그 게시물을 삭제할 의무가 있음에도 정당한 사유 없이 이를 이행하지 아니한 경우여야 하고, 그의 삭제의무가 있는지는 게시의 목적, 내용, 게시기간과 방법, 그로 인한 피해의 정도, 게시자와 피해자의 관계, 반론 또는 삭제 요구의 유무 등 게시에 관련한 쌍방의 대응태도, 당해 사이트의 성격 및 규모·영리 목적의 유무, 개방정도, 운영자가 게시물의 내용을 알았거나 알 수 있었던 시점, 삭제의 기술적·경제적 난이도 등을 종합하여 판단하여야 할 것으로서, 특별한 사정이 없다면 단지 홈페이지 운영자가 제공하는 게시판에 다른 사람에 의하여 제3자의 명예를 훼손하는 글이 게시되고 그 운영자가 이를 알았거나 알 수 있었다는 사정만으로 항상 운영자가 그 글을 즉시 삭제할 의무를 지게 된다고 단정할 수는 없다." 이 사건에서 문제된 게시판은 '비영리 군정(郡政) 홍보사이트의 게시판'으로서, 상업적인 목적으로 운영되는 인터넷서비스와는 다르다. 그러나 이 판결은 홈페이지 운영자가 홈페이지 게시판에 제3자의 명예를 훼손하는 글이 게시된 것을 알았거나 알 수 있었다는 이유만으로는 그 글을 즉시 삭제할 의무는 없다고 한 점에서 위 2001년 판결과는 다른 견해를 밝힌 것이다. 일반적인 명예훼손의 경우와는 달리 홈페이지 운영자가 게시판에 제3자의 명예를 훼손하는 글이 게시된 것을 알았거나 알 수 있었더라도 명예훼손으로 인한 불법행위책임을 부정하고 있다. 이 사건에서 원고가 피고측에게 그 게시물의 삭제를 공식 요청하자 즉시 피고측 담당자가 이를 삭제하였기 때문에, 피고의 불법행위책임을 부정한 결론은 정당하다고 볼 수 있다.[6)]

(3) 이번 전원합의체 판결은 인터넷 종합 정보제공 사업자의 책임에 관하여 기존의 대법원 판결에서 나타난 혼란을 정리하여 새로운 법리를 제시하고 있다.[7)] 특히 언론매체의 뉴스 기사를 선별하여 게시한 부분과 이용자가 댓글 등을 게시한 부분을 구분하여 세밀한 기준을 밝히고 있다.

㈎ 뉴스기사 선별 부분

먼저 이 사건에서 인터넷 종합 정보제공 사업

6) 필자는 인터넷서비스제공자가 게시판에 직접 타인의 인격권을 침해하는 내용을 올리지도 않았는데도, 불법행위를 저지른 사람과 동일한 법리로 책임을 진다고 볼 수는 없다고 보고, 인터넷서비스제공자가 인격권을 침해하는 내용을 알고 이를 삭제할 것이 기대되는데도 이를 이행하지 않는 경우에 불법행위책임을 진다고 하였다. 김재형, "인터넷에 의한 인격권 침해," 이십일세기 한국민사법학의 과제와 전망(송상현선생 화갑기념), 2002, 300면. 또한 김재형, "인격권에 관한 판례의 동향," 민사법학 제27호(2005. 3), 385~387면도 참조.

7) 이 판결의 태도에 긍정적인 견해로는 문재완, "인터넷상의 명예훼손과 인터넷포털사이트의 법적 책임," 공법연구 제38집 제1호 제2권(2009. 10), 53면 이하; 시진국, "인터넷 종합 정보제공 사업자의 명예훼손에 대한 불법행위책임," 저스티스 제114호(2009. 12), 327면 이하; 이헌숙, "뉴스서비스와 제3자 게시물로 인한 포털의 책임 여부," 사법 제9호(2009), 247면 이하가 있고, 비판적인 견해로는 우지숙, "명예훼손에 대한 인터넷서비스제공자(ISP) 책임 기준의 현실적 타당성과 함의," Law & technology 제5권 제4호(2009. 7), 78면 이하; 정상조, "명예훼손에 대한 포털의 책임," 서울대학교 법학 제51권 제2호(2010. 6), 229면 이하가 있다.

자가 "보도매체로부터 기사를 전송받아 자신의 자료저장 컴퓨터 설비에 보관하면서 스스로 그 기사 가운데 일부를 선별하여 자신이 직접 관리하는 뉴스 게시공간에 게재"한 것이 문제되었다. 대법원은 이러한 경우를 "인터넷 종합 정보제공 사업자가 보도매체의 특정한 명예훼손적 기사 내용을 인식하고 이를 적극적으로 선택하여 전파한 행위"로 파악하고 위 사업자는 "명예훼손적 기사를 보도한 보도매체와 마찬가지로" 피해자에게 불법행위로 인한 손해배상책임을 진다고 판단하였다. 그러나 인터넷 종합 정보제공 사업자가 "보도매체가 작성·보관하는 기사에 대한 인터넷 이용자의 검색·접근에 관한 창구 역할"을 한 경우에는 이와 달리 보아야 한다고 하였다.[8)]

인터넷 종합 정보제공 사업자가 언론매체에 해당하는지 논란이 되고 있다. 이 문제는 '이른바 포털은 언론인가'라는 문제로 논의되고 있다.[9)] 언론피해구제법(제2조 제1호, 제18호)에서 인터넷뉴스서비스를 언론으로 규율하고 있지는 않다. 그러나 대법원은 포털이 언론인지 여부에 대하여 명시적으로 판단하지는 않고 인터넷 종합 정보제공 사업자가 언론기관과 동일한 책임을 진다고 판단하고 있을 뿐이다. 인터넷 종합 정보제공 사업자가 명예훼손책임을 지는지 여부는 포털의 언론성과 직접적인 관련성은 없다. 포털을 언론으로 볼 수 없다는 이유만으로 포털의 명예훼손책임을 부정할 수는 없다. 인터넷 종합 정보제공 사업자가 기사를 선별하여 게시하였으면 그에 상응하는 책임을 져야 한다. 인터넷 종합 정보제공 사업자가 선별한 기사가 타인의 명예를 훼손하는 것이라면 언론매체의 행위와 유사한 표현행위를 한 것으로 볼 수 있기 때문에, 언론매체와 동일한 책임을 져야 할 것이다.

(나) 기사 댓글 부분

이 사건에서 또 하나의 중요한 쟁점은 인터넷 포털사이트에서 기사를 선별한 부분이 아니라 타인의 명예를 훼손하는 댓글 등[10)]이 올라와 있는 경우에 인터넷 종합 정보제공 사업자가 어떠한 요건 하에서 책임을 지는가이다. 이와 같은 댓글 등에 대해서는 사업자가 기사를 선별한 경우와는 달리 언론매체와 동일한 책임을 진다고 볼 수 없다. 이에 대한 다수의견과 별개의견은 이와 같은 댓글 등에 대해서 사업자가 언론매체와 동일한 책임을 지지는 않는다는 점에는 견해가 일치하고, 다만 어느 정도로 엄격한 요건이 필요한지에 대해서만 의견이 나뉘고 있다.

다수의견은 먼저 ① 인터넷 종합 정보제공 사업자가 제공하는 인터넷 게시공간에 게시된 명예훼손적 게시물의 불법성이 명백하고, ② 위 사업자가 그 게시물이 게시된 사정을 구체적으로 인식하고 있었거나 그 게시물의 존재를 인식할 수 있었음이 외관상 명백히 드러나며, ③ 기술적·경제적으로 그 게시물에 대한 관리·통제가 가능한 경우에 위 사업자가 그 게시물을 삭제하고 향후 같은 인터넷 게시공간에 유사한 내용의 게시물이 게시되지 않도록 차단할 주의의무(이를 편의상 '삭제·차단의무'라고 한다)가 발생한다고 한다. 나아가 대법원은 위 사업자에게 그 게시물을 삭제하고 이와 유사한 내용의 게시물이 게시되지 않도록 차단할 주의의무가 있는데도, 그 게시물 삭제 등의 처리를 위하여 필요한 상당한 기간이 지나도록 그 처리를 하지 아니함으로써 타인에게 손해가 발생된 경우에는 부작위에 의한 불법행위책임이 성립된다고 한다.

8) 인터넷 종합 정보제공 사업자가 정보를 제공하는 양태는 매우 다양하다. 이에 따라 책임의 발생요건이나 기준이 달라질 것이다.

9) 이에 관해서는 문재완(주 7), 66면.

10) 기사 댓글, 지식검색란에서의 답변들, 사적(私的) 인터넷 게시공간 등의 게시공간에 게시된 글을 가리킨다.

위 ②와 관련하여 피해자의 삭제 및 차단 요구가 있어야 하는지 문제된다. 즉, 사업자가 위와 같은 게시물로 인하여 명예를 훼손당한 피해자로부터 구체적·개별적인 게시물의 삭제 및 차단 요구를 받은 경우에 한하여 삭제·차단의무가 발생하는가? 다수의견은 피해자가 위와 같은 삭제 및 차단 요구를 한 경우는 물론, 피해자로부터 직접적인 요구를 받지 않은 경우라 하더라도 그 게시물이 게시된 사정을 구체적으로 인식하고 있었거나 그 게시물의 존재를 인식할 수 있었음이 외관상 명백히 드러난 경우에는 삭제·차단의무가 성립한다고 하였다. 그러나 별개의견에서는 피해자로부터 명예훼손의 내용이 담긴 게시물을 '구체적·개별적으로 특정'하여 '삭제하여 달라는 요구'를 받지 않았으면 예외적인 경우를 제외하고는 삭제의무가 발생하지 않는다고 하였다. 다수의견과 별개의견은 결국 위 사업자의 불법행위책임이 성립하는 기준, 특히 피해자의 삭제 및 차단 요구가 있는 경우에 한하여 불법행위책임이 발생하는지 여부에 관하여 논박을 하고 있다.

사업자가 피해자로부터 구체적인 삭제 및 차단 요구를 받지 않은 경우에도 삭제·차단의무가 발생할 수 있다는 다수의견이 타당하다. 피해자가 구체적인 삭제 및 차단 요구를 한 경우에는 쉽게 사업자의 불법행위책임을 인정할 수 있겠지만, 그와 같은 요구가 없는 경우에도 삭제 및 차단의무를 부정할 수는 없다. 인터넷을 이용하기 어려운 사람도 있고, 인터넷을 이용할 수 있는 사람에게도 인터넷게시물에 대한 삭제 및 차단 요구를 하는 것이 쉽지 않다. 사업자가 명예훼손에 해당하는 게시물을 알고 있거나 이를 쉽게 알 수 있는 경우에는 사업자에게 삭제·차단의무를 긍정하더라도 불합리하지 않다. 따라서 인터넷 종합 정보제공 사업자가 제공하는 인터넷 게시공간에 게시된 명예훼손적 게시물의 불법성이 명백하고 사업자가 이를 알고 있으며 기술적·경제적으로 삭제할 수 있는 경우에는 삭제의무가 있다고 보아야 할 것이다.

다수의견은 삭제 및 차단의무를 도출하면서 "위 사업자가 그 게시물이 게시된 사정을 구체적으로 인식하고 있었거나 그 게시물의 존재를 인식할 수 있었음이 외관상 명백히 드러나"는 경우를 들고 있다. 그 게시물의 존재를 인식할 수 있었음이 외관상 명백히 드러나는 경우가 무엇을 의미하는지 문제되는데, 이는 사업자가 그 게시물이 게시된 사정을 구체적으로 인식하지 못한 경우에도 피해자를 구제하기 위하여 사업자의 불법행위책임을 다소 넓게 인정한 것이다.

이 판결의 사안은 명예훼손의 불법성이 명백하다고 볼 수 있는 경우이다. 이와 같은 경우에 사업자가 위와 같은 게시물을 구체적으로 인식하지 못한 경우에도 사업자의 명예훼손책임을 긍정하였다고 볼 수 있다. 그러나 명예훼손에 해당하는 게시물의 불법성이 명백하지 않은 경우에도 사업자가 이를 알고 있다면 불법행위책임을 인정해야 할 것이다. 명예훼손의 불법성이 명백한 경우에는 사업자의 구체적인 인식의 수준이 낮아도 명예훼손책임이 인정될 수 있고, 불법성이 명백하지 않은 경우에는 사업자의 구체적인 인식의 수준이 높아야만 명예훼손책임이 인정될 수 있을 것이다.

[113] Ⅸ. 변호사 정보제공에 의한 인격권 침해

대판(전) 2011. 9. 2, 2008다42430(공 2011, 1997)

1. 사실관계

(1) 피고(주식회사 로마켓아시아)는 이 사건 홈페이지(lawmarket.co.kr)를 운영하고 있는데, 여러 경로를 통하여 이 사건 개인신상정보(변호사들의 이름, 출생지, 성별, 사법시험 합격연도, 사법연수원 기수, 출신 학교, 법원·검찰 근무 경력 등의 정보)를 수집하였다.

(2) 피고는 이 사건 개인신상정보를 이용하여 특정 법조인 2명 사이에 개인정보 및 경력이 일치하는 경우 일정 점수를 부여하여 합산하는 방법으로 인맥지수를 산출하였다. 그 인맥지수에 반영되는 요소로는 출생지, 고등학교, 대학교, 대학원, 외국 대학교, 사법연수원, 법원·검찰청 근무 경력 등이 있으며, 같은 반영 요소 중에서도 피고가 정한 기준에 따라 반영 비율이 달라지기도 하고, 중복되는 경력 요소에는 가산점이 부여되어 반영 비율이 높아지기도 한다. 피고는 인맥지수를 이용하여 '가까운 법조인 찾기', '두 사람의 관계 보기', '징검다리 인물 찾기' 등의 검색서비스를 유료로 제공하였다.

(3) 피고는 1993년부터 2005년까지 대법원 홈페이지의 '나의 사건검색' 서비스를 통하여 소송 약 3,500만 건에 대한 사건번호, 사건명, 소송대리인, 종국결과 등의 이 사건 사건정보를 수집하였다. 피고는 이 사건 사건정보를 이용하여 변호사별로 '승소율'을 산출하고, 분야별로 변호사의 '전문성 지수'를 산출하였으며, 위 전문성 지수를 토대로 각 변호사가 상대적으로 많이 취급한 분야의 사건비중 등을 산출하였다. 피고는 이 사건 홈페이지에서 이 사건 사건정보 및 승소율, 전문성 지수 등을 이용하여 '10년간 소송통계', '변호사 수행정보', '변호사 전문분야', '변호사 vs 변호사', '분야별 전문가', '분야/인맥 동시 검색' 등의 검색서비스를 유료로 제공하였다.

원고(선정당사자) 및 선정자들(이하 이들 모두를 '원고들'이라고 한다)은, 이 사건 개인신상정보 및 사건정보가 원고들이 갖는 자기정보통제권의 대상이 되는 정보에 해당하는데도, 피고는 원고들로부터 아무런 동의를 받지 않고 위 정보를 수집한 후 위 정보를 자의적으로 재처리하여 불특정 다수인에게 제공함으로써 원고들의 인격권 및 자기정보통제권을 침해하였으므로, 위와 같은 서비스에 대한 금지청구를 구하였다. 이에 대하여 피고는 이 사건 개인신상정보 및 사건정보가 이미 공개되어 있던 정보로서 법령상 수집이 금지되어 있지 않으므로 피고가 위법한 방법으로 정보를 수집하였다고 볼 수 없고, 피고는 이와 같이 공개되어 있던 정보를 체계적으로 수집 정리하여 제공한 것에 불과하므로 원고들의 어떤 권리도 침해한 바가 없으며, 피고의 서비스 제공으로 인하여 원고들이 어떠한 정신적 손해를 입었다고 볼 수 없다고 하였다.

2. 원심판결

원심은 피고의 이 사건 인맥지수 서비스로 인하여 원고들의 자기정보통제권이 침해되었다고 보기 어렵다고 판단하였다. 그 이유는 다음과 같다. ① 이 사건 개인신상정보는 다른 인터넷 포털사이트 혹은 언론사 홈페이지 등을 통하여 이미 불특정 다수인에게 공개되고 있는 정보일 뿐만 아니라 원고들의 사적이고 내밀한 영역에 대한 것이 아니라 원고들이 변호사로서 영위하는 공적 활동에 관련된 것으로 일반 법률수요자들이 변호사를 선택하기 위하여 최소한도로 제공받아야 할 개인적 및 직업적 정보이므로 이러한 정보의 공개에 대하여는 원고들이 수인할 의무가 있다고 보인다. ② 이 사건 인맥지수 서비스는 두 법조인의 관계를 분석하여 실제 친소관계를 밝혀내거나 이를 추정한 것이 아니라, 이 사건 개인신상정보를 조합하여 기계적으로 산출한 결과를 제공하는 것에 불과하므로, 이 사건 개인신상정보와는 별개의 새로운 가치를 갖는 정보를 창출·공개한 것이라고 보기 어렵다. ③ 피고는 이 사건 인맥지수 서비스를 제공하면서 그 산정 방식과 산정의 근거자료까지 함께 제공하고 있어 이용자들도 위 서비스를 그와 같은 의미로 받아들이고 이용할 것으로 보인다. ④ 이 사건 인맥지수 서비스는 특정인만을 검색결과로 보여주는 것이 아니라 인맥지수가 높은 순서에 따라 여러 사람을 검색결과로 보여주고, 또한 어느 법조인과 특정 법조인 사이의 인맥지수가 높게 나왔다는 결과만으로 그 특정 법조인의 인격이나 명예가 훼손되었다고 보기는 어렵다. ⑤ 이 사건 인맥지수 서비스로 인하여 변호사 시장의 공정한 수임질서가 실제로 해쳐졌다고 볼 아무런 자료가 없고, 공공질서가 해쳐질 위험이 있을 수 있다는 추상적인 우려만으로 헌법상의 표현의 자유 내지 영업의 자유를 제한하는 것은 기본권에 대한 과도한 제한으로서 헌법상 허용될 수 없다. 이와 같은 점 등을 고려할 때, 피고가 이 사건 개인신상정보를 기반으로 한 이 사건 인맥지수 서비스를 일반인에게 제공하는 것은 국민의 알 권리를 충족하고 피고의 표현의 자유로서 보장되어야 하는 영역에 속한다고 판단된다는 것이다.

그러나 원심은 피고가 이 사건 사건정보를 이용하여 승소율이나 전문성 지수 등을 제공하는 서비스는 원고들의 자기정보통제권을 침해하는 것으로서 허용될 수 없다고 판단하였는데, 다음과 같은 점을 고려하고 있다. 이 사건 사건정보는 원고들에 대한 개인정보로서 원칙적으로 원고들의 동의 없이 이용하는 것은 허용되지 않는다. 대법원이 그 홈페이지의 '나의 사건검색' 서비스를 통하여 정보를 공개하는 것은 정당한 이해관계인에 한하여 정보를 제공하고자 함에 근본 취지가 있는 것이지 누구에게나 제한 없이 공개함을 그 취지로 하고 있지 않는 등 피고가 위 정보를 수집하는 과정에 위법성이 인정된다. 피고가 이 사건 사건정보를 이용하여 산출한 승소율이나 전문성 지수 등은 원천 자료 및 산정 방식 등에서 정보 왜곡의 가능성을 내포하고 있을 뿐만 아니라 2005년 7월경 이후부터 위 승소율 등의 산출에 반영될 소송사건 정보를 추가 수집하지 못함으로써 국민의 알 권리를 충족하는 정보로서의 역할을 더 이상 하지 못하고 있다.

3. 대법원 판결

대법원은 원고들과 피고의 상고를 받아들여 원심판결 중 금지청구 부분을 파기환송하였는데, 원심판결과는 달리 인맥지수 서비스를 제외하고는 피고의 행위가 위법하지 않다고 보았다. 다만 이와 같은 다수의견에 대하여 피고의 인맥지수 서비스 부분도 위법하지 않다는 반대의견과 이에 대한 보충의견이 있다.

(1) 대법원은 이 사건을 "정보주체의 동의 없이 그의 개인정보를 공개하는 것"으로 파악하고, 이 경우 인격적 법익[1]과 표현행위로 보호받을 수 있는 이익[2]이 충돌한다고 하면서 다음과

---

1) 이 판결은 "일반적 인격권이나 사생활의 비밀과 자유를 정하고 있는 헌법상 기본권 규정 역시 민법의 일반규정 등을 통하여 사법상 인격적 법익의 보장이라는 형태로 구체화될 것이다. 그러므로 정보주체의 동의 없이 그의 개인정보를 공개하는 것이 그 정보주체의 인격적 법익을 침해하는 것으로 평가할 수 있다면 위법성이 인정된다."라고 한다.

2) 이 판결은 "다른 한편으로 알 권리 또는 표현의 자유를 보장하는 헌법상 기본권 규정도 민법상의 일반규정 등의 해석기준이 되어 사인간의 법률관계를 규율하게 된다. 이러한 측면에서 보면 개인정보라 하더라도 누군가가 정보주체인 다른 사람의 동의 없이 그 사람의 정보를 자유롭게 공개하는 등 표현행위의 대상으로 삼을 수 있는 법적 이익도 인정될 수 있다."라고 한다.

같은 일반론을 제시한다. 즉,

"정보주체의 동의 없이 개인정보를 공개함으로써 침해되는 인격적 법익과 정보주체의 동의 없이 자유롭게 개인정보를 공개하는 표현행위로서 보호받을 수 있는 법적 이익이 하나의 법률관계를 둘러싸고 충돌하는 경우에는 ① 개인이 공적인 존재인지 여부, ② 개인정보의 공공성 및 공익성, ③ 개인정보 수집의 목적·절차·이용형태의 상당성, ④ 개인정보 이용의 필요성, ⑤ 개인정보 이용으로 인해 침해되는 이익의 성질 및 내용 등의 여러 사정을 종합적으로 고려하여, **개인정보에 관한 인격권의 보호에 의하여 얻을 수 있는 이익**(비공개 이익)**과 표현행위에 의하여 얻을 수 있는 이익**(공개 이익)**을 구체적으로 비교 형량하여, 어느 쪽의 이익이 더욱 우월한 것으로 평가할 수 있는지에 따라 그 행위의 최종적인 위법성 여부를 판단**하여야 한다."(번호는 필자가 임의로 부가한 것임).

(2) 대법원은 이 사건 사건정보, 승소율이나 전문성 지수 등에 대하여 다음과 같은 이유로 원고들의 인격권을 침해하는 위법한 행위에 해당하지 않는다고 한다.

"이상과 같은 원고들의 공적인 존재로서의 지위, 이 사건 사건정보의 공공성 및 공익성, 이 사건 사건정보를 이용한 승소율이나 전문성 지수 등의 산출방법의 합리성 정도, 승소율이나 전문성 지수 등의 이용의 필요성, 그 이용으로 인하여 원고들의 이익이 침해될 우려의 정도 등을 종합적으로 고려하면, 피고가 **이 사건 사건정보를 이용하여 승소율이나 전문성 지수 등을 제공하는 서비스를 하는 행위**는 그에 의하여 얻을 수 있는 법적 이익이 이를 공개하지 아니함으로써 얻을 수 있는 정보주체의 인격적 법익에 비하여 우월한 것으로 보여 원고들의 개인정보에 관한 인격권을 침해하는 위법한 행위로 평가하기는 어렵다."

(3) 그러나 인맥지수 서비스에 관해서는 대법관들의 의견이 나뉘고 있다. 먼저 다수의견은 인맥지수 서비스의 문제점을 상세히 지적하고 다음과 같은 결론을 내린다.

"이상과 같은 인맥지수의 사적·인격적 성격, 그 산출과정에서의 왜곡가능성, 그 이용으로 인한 원고들의 이익 침해와 공적 폐해의 우려, 그에 반하여 그 이용으로 인하여 달성될 공적인 가치의 보호 필요성 정도 등을 종합적으로 고려하면, 피고가 이 사건 개인신상정보를 기반으로 한 인맥지수를 공개하는 서비스를 제공하는 표현행위에 의하여 얻을 수 있는 법적 이익이 이를 공개하지 아니함으로써 보호받을 수 있는 원고들의 인격적 법익에 비하여 우월하다고 볼 수 없어, 결국 피고의 이 사건 인맥지수 서비스 제공행위는 원고들의 개인정보에 관한 인격권을 침해하는 위법한 것이다."

이에 대하여 대법관 박시환, 김능환, 양창수, 박병대의 반대의견은 다수의견이 인맥지수 서비스의 위법성을 인정한 근거에 대하여 반박하면서 다음과 같이 주장한다. 즉,

"이 사건 개인신상정보의 성격, 인맥지수 산출방법의 합리성 정도, 인맥지수 이용의 필요성과 그 이용으로 달성될 공적인 가치의 보호 필요성 정도, 그 이용으로 인한 원고들의 이익 침해와 공적 폐해의 우려의 정도 등을 종합적으로 고려하면, 이 사건 개인신상정보를 기반으로 한 인맥지수 서비스 제공이 원고들의 개인정보에 관한 인격적 이익을 침해하는 위법한 행위라고 평가하기는 어렵다."

다수의견은 "위와 같이 산출된 인맥지수는 법조인 간의 친밀도라는 사적이고 인격적인 정보를 내용으로 하는 전혀 별개의 새로운 가치를 갖는 정보"이고, "이러한 인맥지수에 의하여 표현되는 법조인 간의 친밀도는 변호사인 원고들의 공적 업무에 대한 평가적 요소와는 무관한 사적인 영역에 속하는 정보"라고 파악한다. 이에 반하여 반대의견은 "이 사건 개인신상정보는 이미 불특정 다수인에게 공개되어 있는 정보일 뿐만 아니라, 원고들의 사적이고 내밀한 영역에 대한 것이 아니라 원고들이 변호사로서 영위하는 공적 활동에 관련된 것으로 일반 법률수요자가 변호사를 선택하기 위하여 최소한도로 제공받아야 할 개인적 및 직업적 정보"라고 하고, 이러한 정보를 기초로 산출된 정보도 피고의 표현의 자유와의 이익형량 관계에서 상대적으로 그 보호가치가 높지 않다고 한다.

또한 다수의견은 인맥지수의 산출과정에서 왜곡가능성이 있고, 그 이용으로 인한 원고들의 이익 침해와 공적 폐해의 우려를 지적한다. 특히 "인맥지수 서비스가 통용된다면 위와 같은 일반의 그릇된 인식이 심화되고 결과적으로 재판이나 수사의 공정성에 대한 불필요한 의심이 조장될 우려가 크다."고 하고, "인맥지수 서비스는 변호사의 공정한 수임질서를 저해할 우려"가 있다고 한다. 이에 반하여 반대의견은 피고의 인맥지수 산출과 표현방법이 표현의 자유의 보장범위를 넘어설 정도로 합리성을 잃지 않았다고 하고, 인맥지수 서비스로 인한 피고의 표현의 자유 내지 영업의 자유의 보장, 나아가 법률수요자 및 일반 국민의 알 권리의 보장 등의 공적 가치의 실현이라는 측면도 고려하고 있다.

반대의견에 대한 대법관 양창수, 박병대의 보충의견은 "이 사건 인맥지수 정보에 대하여 문제를 삼는 핵심은 분석요소의 비중에 따라 가중치를 두고 그렇게 산출된 합산수치를 기준으로 연고의 정도를 나타내는 대상자의 순위를 매긴 데에 있다."고 하고, "그러나 이 부분은 궁극적으로 어떤 '사실'에 관한 정보라기보다는 서비스 개발자 및 제공자의 주관적 평가에 의한 '의견'을 드러낸 데 지나지 않는다. 의견의 제시는 표현의 자유의 본질적 보호영역에 속하는 것이고, 시장에서 그 의견의 효용성을 인정받아 이윤추구의 수단으로 활용하는 것은 영업의 자유를 실현하는 한 모습일 뿐"이라고 한다. 또한 "이 사건 인맥지수가 우리 사회의 병폐로 지적되는 연고주의를 조장하고 부추긴다거나 사법의 공정성에 대한 신뢰에 나쁜 영향을 주는 부작용"을 발생시킬 수 있으나, "그것은 원고(선정당사자)가 이 사건 청구의 근거로 주장하는 인격적 법익과는 전혀 다른 차원의 이야기"라고 하면서 "사회적 문제에 대한 고려 때문에 표현의 자유와 영업활동의 자유를 제한해야 한다면 그것은 원칙적으로 입법부나 행정부의 몫"이라고 한다.

4. 평석

이 사건에서 피고가 제공하는 변호사들의 개인신상정보, 인맥지수 서비스, 사건정보 및 승소율, 전문성지수 등이 변호사들의 인격권, 특히 정보에 대한 자기결정권을 침해하는지 문제되고 있다. 원심과 대법원은 위에서 본 것처럼 정반대로 판단하고 있다. 대법원은 이 사건을 개인정보를 공개함으로써 침해되는 인격적 법익과 개인정보를 공개하는 표현행위로서 보호받을 수 있는 법적 이익이 충돌하고 있는 것으로 파악하고 있다. 이러한 경우에 여러 사정을 종합적으로 고려하는 이익형량을 통하여 해결하여야 한다. 그런데 다수의견과 반대의견은 이 사건에 대한 구체적인 판단 중에서 인맥지수 서비스 부분에 관해서는 견해가 대립하고 있다. 이 사건에서 이익형량을 하는 데 고려해야 할 요소를 차례대로 검토해보면 다음과 같다.

첫째, 개인이 공적인 존재인지 여부: 원고들은 변호사로서 적어도 변호사업무와 관련해서는 공적인 존재에 해당한다. 이 판결은 변호사를 '공적인 존재'로 파악하고 있다. 모든 변호사를 유명한 사람인지 여부와 무관하게 일률적으로 공적인 인물로 보고 그의 개인정보를 공개하는 것이 허용된다고 볼 수는 없다. 그렇다고 해서 변호사의 업무와 관련된 부분까지 무조건 사적인 영역에 속하는 것으로 볼 수도 없다. 우리나라에서는 변호사법의 규정, 변호사의 사회적 위치 등을 고려해 볼 때 변호사업무와 관련된 한도에서는 변호사를 공적인 존재로 볼 수 있을 것이다. 다만 변호사의 경우에도 사생활에 관한 부분은 일반인과 마찬가지로 보호를 받아야 한다.

둘째, 개인정보의 공공성 및 공익성: 이 사건 개인신상정보는 이미 불특정 다수인에게 공개되고 있는 정보이며, 원고들의 사적이고 내밀한 영역에 대한 것이 아니라 법률 수요자들이 변호사를 선택하기 위해 제공받아야 할 직업적 정보이므로 공공성과 공익성이 인정된다. 이 사건 사건정보는 변호사의 직무수행의 영역에서 형성된 공적 정보로서의 성격을 갖고 있다. 이 사건 사건정보를 이용하여 산출한 승소율이나 전문성지수 등도 공익성이 있는 정보에 해당한다. 인맥지수의 성격에 관해서는 다수의견과 반대의견이 대립하는데, 이 사건 개인신상정보를 가공하여 수치화한 것으로 사실을 기초로 한 평가라고 볼 수 있다. 이 사건 개인신상정보는 대부분 변호사들이 스스로 공개한 내용들이고, 일반적으로 그 정보를 공개하는 것이 허용되고 있다. 피고가 이와 같은 개인신상정보를 수치화하여 인맥지수를 만들었다고 해서 그 자체로 위법한 것으로 될 수는 없다. 오히려 인맥지수는 사실이라기보다는 의견 또는 평가라고 할 수 있으므로, 표현의 자유에 의하여 넓게 보호되어야 한다. 원고들의 인맥지수로 인하여 손해를 입었거나 그러한 위험이 있다면 이를 금지할 필요가 있으나, 이 사건에서 그와 같은 손해나 위험이 나타나 있지 않다.

셋째, 개인정보 수집의 목적·절차·이용형태의 상당성: 이 사건에서 공개되어 있는 정보를 수집·가공하여 인터넷을 통하여 제공한 것이기 때문에, 개인정보 수집의 목적·절차·이용형태에서 개인정보를 위법하게 침해하였다고 볼 수 없다. 개인정보를 수집한 목적이 영업을 위한 것이라고 볼 수도 있지만, 개인정보를 가공하여 일반인들에게 변호사에 관한 정보를 폭넓게 제공하기 위한 목적도 있다. 따라서 개인정보 수집의 목적·절차·이용형태가 위법하다고 볼 수 없다.

넷째, 개인정보 이용의 필요성: 이 사건 개인신상정보 등은 일반 법률수요자가 변호사를 선택하기 위하여 필요한 정보로서 개인정보를 이용할 필요성이 있다.

다섯째, 개인정보 이용으로 인해 침해되는 이익의 성질 및 내용: 이 사건에서 문제되는 법익은 개인정보에 대한 자기결정권이다. 그런데 이 사건에서 문제되는 개인정보는 이미 공개되어 있는 것이기 때문에, 원고들의 개인정보자기결정권은 그 이용방법이 위법하지 않는 한 법적으로 보호받기 어려운 내용이다.

요컨대 위에서 본 여러 사정을 종합해보면 이 사건에서 개인정보에 관한 인격권의 보호에 의하여 얻을 수 있는 이익(비공개 이익)이 표현행위에 의하여 얻을 수 있는 이익(공개 이익)보다 크지 않다고 보아 그 위법성을 부정해야 할 것으로 생각한다.

[114] X. 개인정보의 유출로 인한 정신적 손해

대판 2012. 12. 26. 2011다59834, 59858, 59841(공 2013, 219)

1. 대법원 판결

이 판결은 '고객정보 유출 손해배상청구 사건'에 대한 것으로, 고객의 개인정보를 대량으로 유출함으로써 관리업체의 불법행위에 기한 손해배상책임이 성립하는지 여부가 문제되었다.

피고 지에스칼텍스 주식회사(이하 '피고 지에스칼텍스'라 한다)는 주유 관련 보너스카드 회원으로 가입한 고객들의 개인정보를 데이터베이스로 구축하여 관리하고, 위 데이터베이스에서 추출한 개인정보를 이용하여 고객서비스센터를 운영하고 있으며, 피고 지에스넥스테이션 주식회사(이하 '피고 지에스넥스테이션'이라 한다)는 피고 지에스칼텍스로부터 고객서비스센터 운영업무 및 관련 장비 유지·보수 업무를 위탁받아 수행하고 있다. 피고 지에스넥스테이션의 관리팀 직원인 A는 2008. 7. 8.경부터 같은 달 20.경까지 관리팀 사무실에서 자신의 사무용 컴퓨터로 업무상 알고 있던 계정명과 비밀번호를 입력하여 고객서비스센터 서버에 접속한 후 원고들을 포함한 이 사건 보너스카드 회원 11,517,125명의 성명, 주민등록번호, 주소, 전화번호, 이메일 주소 등 고객정보를 위 사무용 컴퓨터로 전송받아 76개의 엑셀파일 형태로 저장하였다. 그 후 A 등은 위 엑셀파일을 DVD나 USB에 저장하여 변호사 사무실 사무장이나 기자, 피디 등에게 유출하였다. 그러나 A 등이 소지하고 있던 고객정보가 수록된 DVD 등은 곧 모두 압수·임의제출되거나 폐기되었다.

원심은 원고들에게 정신적 손해가 발생하였다고 보기는 어렵다고 판단하여 원고들의 청구를 받아들이지 않았고, 대법원도 다음과 같이 판단하면서 원심판결을 지지하였다.

"개인정보를 처리하는 자가 수집한 개인정보를 그 피용자가 해당 개인정보의 정보주체의 의사에 반하여 유출한 경우, 그로 인하여 그 정보주체에게 위자료로 배상할 만한 정신적 손해가 발생하였는지 여부는, ① 유출된 개인정보의 종류와 성격이 무엇인지, ② 개인정보의 유출로 정보주체를 식별할 가능성이 발생하였는지, ③ 제3자가 유출된 개인정보를 열람하였는지 또는 제3자의 열람 여부가 밝혀지지 않았다면 제3자의 열람 가능성이 있었거나 앞으로 그 열람 가능성이 있는지, ④ 유출된 개인정보가 어느 범위까지 확산되었는지, ⑤ 개인정보의 유출로 추가적인 법익침해의 가능성이 발생하였는지, ⑥ 개인정보를 처리하는 자가 개인정보를 관리해 온 실태와 개인정보가 유출된 구체적인 경위는 어떠한지, ⑦ 개인정보의 유출로 인한 피해의 발생 및 확산을 방지하기 위하여 어떠한 조치가 취하여졌는지 등 여러 사정을 종합적으로 고려하여 구체적 사건에 따라 개별적으로 판단하여야 한다."(원문자는 필자가 편의상 부가한 것임)

2. 평석

(1) 개인정보의 유출 문제가 심각한 문제로 등장하고 있다. 이에 대한 민사상 구제수단으로는 금지청구권과 손해배상청구권을 들 수 있다. 개인정보 유출에 대하여 인격권에 기한 금지청구권이 쉽게 인정될 것이다. 여기에서 나아가 채무불이행 또는 불법행위에 기한 손해배상책임이 인정될 것인지 문제된다.

(2) 이 사건에서 개인정보가 대량으로 유출되었는데도 위자료로 배상할 만한 정신적 손해를 인정하지 않고 있다. 그 이유는 이 사건의 사실관계에 나타난 다음과 같은 특수성에 기인한다.

이 사건 개인정보는 A에 의하여 유출된 후 편집과정을 거쳐 판매처 물색 부탁을 위한 목적으로 공범들과 P에게 CD, DVD, USB, 외장형 하드

디스크 등 저장매체에 저장된 상태로 전달 또는 복제되었고, 이후 집단소송을 위한 사전작업으로서 언론제보 명목으로 기자를 비롯한 언론관계자 등에게 유출되었다. 그러나 언론보도 직후 이 사건 개인정보가 저장된 저장매체 등을 소지하고 있던 사건 관련자들로부터 그 저장매체와 편집 작업 등에 사용된 컴퓨터 등이 모두 압수, 임의제출되거나 폐기되었다. 이 사건 범행을 공모한 A 등이 이 사건 개인정보를 시중에 또는 변호사에게 판매할 것을 계획하고 이를 위한 사전작업을 하는 과정에서 위와 같이 한정된 범위의 사람들에게 이 사건 개인정보가 전달 또는 복제된 상태에서 이 사건 범행이 발각되어 이 사건 개인정보가 수록된 저장매체들이 모두 회수되거나 폐기되었고, 그 밖에 이 사건 개인정보가 유출된 흔적도 보이지 아니하여 위에서 열거한 사람들 외의 제3자가 이 사건 개인정보를 열람하거나 이용할 수는 없는 것으로 보인다. 이 사건 개인정보가 저장된 저장매체가 유출되었다가 회수되거나 폐기되기까지 A 등 개인정보를 유출한 범인들이나 언론관계자들이 이 사건 개인정보 중 일부를 열람한 적은 있으나, 범인들의 열람은 이 사건 개인정보를 저장·편집·복사하는 과정에서 이루어진 것으로서 그들 스스로 이 사건 개인정보의 내용을 지득하거나 이용할 의사가 있었다고 보기 어렵고, 언론관계자들도 언론보도를 위한 취재 및 보도과정에서 이 사건 개인정보의 존재 자체와 규모, 그 정확성을 확인할 목적으로 열람한 것이어서 이 사건 개인정보의 구체적 내용을 인식한 것으로는 보이지 아니하며, 이 사건 개인정보의 종류 및 규모에 비추어 위와 같은 열람만으로 특정한 개인정보를 식별하거나 알아내는 것은 매우 어려울 것으로 보인다. 이 사건 개인정보 유출로 인하여 원고들에게 신원확인, 명의도용이나 추가적인 개인정보 유출 등 후속 피해가 발생하였음을 추지할 만한 상황이 발견되지 않는다. 이러한 사정을 고려하여 이 사건 개인정보의 유출로 인하여 원고들에게 위자료로 배상할 만한 정신적 손해가 발생하였다고 보기는 어렵다고 한 것이다.

(3) 이 판결은 개인정보를 처리하는 자가 수집한 개인정보를 그 피용자가 해당 개인정보의 정보주체의 의사에 반하여 유출한 경우, 그로 인하여 그 정보주체에게 위자료로 배상할 만한 정신적 손해가 발생하였는지 여부를 여러 사정을 종합적으로 고려하여 개별적으로 판단하여야 한다고 하면서 고려요소를 제시하고 있다. 여기에서 제시된 요소를 보면, 가해자의 과실에 관한 사항도 있고, 피해자의 정신적 손해의 발생이나 손해액에 관한 사항도 있다.

위 고려요소를 중심으로 이 사건에서 피해자의 정신적 손해의 발생을 긍정할 수 있는 요소로는 ① 유출된 정보가 개인정보로서 주민등록번호와 같이 함부로 유출되어서는 안 되는 정보에 해당한다는 점, ② 이와 같은 개인정보로 정보주체를 식별할 수 있다는 점, ③ 개인정보를 처리하는 자가 개인정보를 허술하게 관리하고 그 피용자가 개인정보를 유출한 점, ④ 기자나 피디 등 언론관계자에게 개인정보가 유출되었는데, 제3자에게 개인정보가 유출되었고 제3자가 열람하였다고 볼 수 있는 점을 들 수 있다. 이에 반하여 피해자의 정신적 손해의 발생을 부정할 수 있는 요소로는 ① 앞으로 유출된 개인정보를 열람할 가능성이 없어진 점, ② 개인정보가 언론관계자 등 한정된 범위의 사람들에게만 유출되었을 뿐이고 널리 확산되지 않은 점, ③ 개인정보의 유출로 추가적인 법익침해의 가능성이 발생하지 않은 점, ④ 개인정보의 유출로 인한 피해의 발생 및 확산을 방지하기 위하여 신속하고 적절한 조치를 취한 점을 들 수 있다.

대법원 판결이 인용한 원심판결은 피해자들에게 정신적 손해가 발생하지 않았다고 판단하고 있다. 그러나 대법원 판결에서는 "이 사건 개인정보의 유출로 인하여 원고들에게 위자료로 배상할 만한 정신적 손해가 발생하였다고 보기는 어렵다."고 판단하고 있어 정신적 손해가 발생하였다고 하더라도 위자료로 배상할 만한 것은 아니라고 읽을 수도 있다. 따라서 대법원 판결만으로는 정신적 손해가 없다는 것인지, 아니면 정신적 손해가 경미하여 배상할 만한 정도에 이르지 않았다고 판단한 것인지 불분명하다.

개인정보가 한정된 범위에서 유출된 경우에 피해자들의 정신적 손해 자체가 발생하지 않았다고 볼 수 있는지는 의문이다. 자신도 모르는 사이에 사진이 찍힌 것만으로도 정신적 손해를 인정할 수도 있기 때문이다. 대판 1998. 7. 24, 96다42789(공 1998, 2200)는 보안사의 민간인 사찰에 관하여 국가배상책임을 인정하였는데, "피고 산하 국군보안사령부가 군과 관련된 첩보 수집, 특정한 군사법원 관할 범죄의 수사 등 법령에 규정된 직무범위를 벗어나 민간인인 원고들을 대상으로 평소의 동향을 감시·파악할 목적으로 지속적으로 개인의 집회·결사에 관한 활동이나 사생활에 관한 정보를 미행, 망원 활용, 탐문채집 등의 방법으로 비밀리에 수집·관리하였다면, 이는 헌법에 의하여 보장된 원고들의 기본권을 침해한 것으로서 불법행위를 구성한다."라고 판결하였다.[1] 이 판결은 개인의 사생활에 속하는 사항을 제3자에게 공개하지 않았는데도 국가기관이 그 직무범위를 벗어나 비밀리에 사생활에 속하는 사항을 수집, 관리한 것은 불법행위에 해당한다고 하였다.

1) 이 판결은 공적 인물에 대하여는 사생활의 비밀과 자유가 일정한 범위 내에서 제한되어 그 사생활의 공개가 면책되는 경우도 있을 수 있으나, 이는 공적 인물은 통상인에 비하여 일반 국민의 알 권리의 대상이 되고 그 공개가 공공의 이익이 된다는 데 근거한 것이므로, 이 사건과 같이 일반 국민의 알 권리와는 무관하게 국가기관이 평소의 동향을 감시할 목적으로 개인의 정보를 비밀리에 수집한 경우에는 그 대상자가 공적 인물이라는 이유만으로 면책될 수 없다고 한다.

이번 지에스칼텍스 사건에서 주민등록번호와 같은 정보가 이메일과 함께 범죄를 저지르려는 사람의 손에 들어갔다면 그 자체로 손해가 발생할 수 있다고 볼 여지가 있다. 주민등록번호는 숫자에 성별, 출생지 등 많은 정보를 포함하고 있는 것으로, 가령 미국에서 통용되는 사회보장번호에 비하여 훨씬 민감한 정보에 속한다. 인터넷 등의 발달로 주민등록번호가 악용될 위험성도 더욱 커지고 있다. 그러나 우리 사회에서 주민등록번호와 같은 개인정보가 불필요하게 많이 사용·유통되고 있으며, 이에 대한 국민들의 인식도 매우 관대한 편이다. 다만 개인정보 보호법 등 관련 법령의 시행 이후에 — 다행스럽게도 — 주민등록번호의 사용을 억제하거나 금지하려는 조치가 취해지고 있는데, 이에 따라 주민등록번호 등 개인정보에 관한 일반관념과 이에 대한 법적 대응도 차차 바뀌어 갈 것으로 생각한다.

이 사건 개인정보가 유출된 후에 피고 등이 손해의 발생 또는 확대를 막기 위하여 필요한 조치를 하였고, 이와 같은 조치로 인하여 이 사건 개인정보의 유출이 확산되지 않았던 것으로 보인다. 불법행위가 성립하더라도 일정한 경우에는 손해억지의무 또는 손해경감의무를 이행하였다고 보아 그 책임을 감경하거나 면제할 수 있다고 볼 수 있을 것이다. 이 사건과 같은 경우에도 손해 자체를 부정하는 방법으로 해결하는 것보다는 손해억지의무 또는 손해경감의무를 이행하였다고 보아 손해배상책임을 감면하는 방법으로 해결하는 것이 바람직하지 않을까 한다. 우리 민법에서는 다른 나라와는 달리 정신적 손해에 대한 위자료를 쉽게 인정하고 있는데다가 위자료의 산정단계에서도 법원의 폭넓은 재량을 인정하고 있기 때문에, 개인정보의 유출에 대해서 정신적 손해 자체를 부정하는 것은 정합성이 없다는 비판이 있을 수 있다. 또한 개인정보의 대량유출과 같은 사고가 발생한 경우에 손해억지의무 또는 손해경감의무를 인정하는 방법이 손해의 발생여부에 따라 문제를 해결하는 것보다는 좀 더 유연하게 문제를 해결할 수 있다. 이 대법원 판결은 개인정보의 유출로 인한 손해배상책임을 부정하면서 고려요소들을 제시하고 있기 때문에, 이와 같은 방법을 배제하고 있다고 볼 수 없다.

[115] XI. 모델영화에 의한 명예훼손
대판 2010. 7. 15, 2007다3483(공 2010, 1622)

1. 대법원 판결

이 판결은 "영화 '실미도' 사건"에 대한 판결이다. 원고들은 1968. 4.경 북파 공작업무를 목적으로 창설된 특수부대의 훈련병이었던 이 사건 망인들의 유가족들이고, 피고회사들은 영화 "실미도"의 공동제작사이며, 피고 강우석은 영화감독이다. 피고들은 소설 실미도를 원작으로 하여 시나리오 작업을 거친 다음 이를 토대로 위 영화를 제작하였다. 원고들은 피고들을 상대로 금지청구[1]와 불법행위로 인한 손해배상청구를 하였다. 원심은 원고들의 청구를 받아들이지 않았다.[2] 원고들이 상고하였으나, 대법원은 다음과 같은 이유로 이를 기각하였다.

(1) 실제 인물이나 사건을 모델로 한 영화가 허위사실을 적시하여 역사적 사실을 왜곡하는 등의 방법으로 그 모델이 된 인물의 명예를 훼손하는 경우에는 비록 그것이 예술작품의 창작과 표현 활동의 영역에서 발생한 일이라 하더라도 그 행위자에게 명예훼손으로 인한 불법행위책임 등을 물을 수 있다(대법원 2010. 4. 29. 선고 2007도8411 판결 참조).

(2) 다만, 실제 인물이나 사건을 모델로 한 영화가 허위의 사실을 적시하여 개인의 명예를 훼손하는 행위를 한 경우에도 그것이 공공의 이해에 관한 사항으로서 그 목적이 공공의 이익을 위한 것일 때에는 행위자가 적시된 사실을 진실이라고 믿었고 또 그렇게 믿을 만한 상당한 이유가 있으면 그 행위자에게 불법행위책임을 물을 수 없다고 할 것인바, 그와 같은 상당한 이유가 있는지 여부를 판단함에 있어서는 적시된 사실의 내용, 진실이라고 믿게 된 근거나 자료의 확실성, 표현 방법, 피해자의 피해 정도 등 여러 사정을 종합하여 판단하여야 하고, 특히 적시된 사실이 역사적 사실인 경우 시간이 경과함에 따라 점차 망인이나 그 유족의 명예보다는 역사적 사실에 대한 탐구 또는 표현의 자유가 보호되어야 하며 또 진실 여부를 확인할 수 있는 객관적 자료의 한계로 인하여 진실 여부를 확인하는 작업이 용이하지 아니한 점 등도 고려되어야 한다(대법원 1998. 2. 27. 선고 97다19038 판결 참조). 아울러 영리적 목적 하에 일반 대중을 관람층으로 예정하여 제작되는 상업영화의 경우에는 역사적 사실을 토대로 하더라도 영화제작진이 상업적 흥행이나 관객의 감동 고양을 위하여 역사적 사실을 다소간 각색하는 것은 의도적인 악의의 표출에 이르지 않는 한 상업영화의 본질적 영역으로 용인될 수 있으며, 또한 상업영화를 접하는 일반 관객으로서도 영화의 모든 내용이 실제 사실과 일치하지는 않는다는 전제에서 이러한 역사적 사실과 극적 허구 사이의 긴장관계를 인식·유지하면서 영화를 관람할 것인 점도 그 판단에 참작할 필요가 있다.

(3) 영화의 내용이 특정인의 명예를 훼손하는 내용을 담고 있는지의 여부는 당해 영화의 객관적인 내용과 아울러 일반의 관객이 보통의 주의로 영화를 접하는 방법을 전제로, 영화 내용의 전체적인 흐름, 이야기와 화면의 구성방식, 사용된 대사의 통상적인 의미와 그 연결 방법 등을 종합적으로 고려하여 그 영화 내용이 관객에게 주는 전체적인 인상도 그 판단 기준으로 삼

---

1) 피고들이 일반인으로 하여금 위 영화에 등장하는 훈련병들이 살인범 또는 사형수라고 오인하거나 용공주의자라고 오인할 수 있는 장면, 대사 및 자막을 그대로 유지하여 이를 상영하거나, 비디오테이프, 디브이디 디스크 및 인터넷 영상물 등으로 제작하여 제3자에게 인도, 임대, 양도 기타 일체의 처분을 하는 것을 금지한다는 내용이다.

2) 서울고판 2006. 12. 6, 2005나68532.

아야 하고, 여기에다가 당해 영화가 내포하고 있는 보다 넓은 주제나 배경이 되는 사회적 흐름 등도 함께 고려하여야 한다.

(4) 실제 인물이나 역사적 사건을 모델로 한 영화라 하더라도 상업영화의 경우에는 대중적 관심을 이끌어 내고 이를 확산하기 위하여 통상적으로 광고·홍보행위가 수반되는바, 영화가 허위의 사실을 표현하여 개인의 명예를 훼손한 경우에도 행위자가 그것을 진실이라고 믿었고 또 그렇게 믿을 만한 상당한 이유가 있어 그 행위자에게 명예훼손으로 인한 불법행위책임을 물을 수 없다면 그 광고·홍보의 내용이 영화에서 묘사된 허위의 사실을 넘어서는 등의 특별한 사정이 없는 한 그 광고·홍보행위가 별도로 명예훼손의 불법행위를 구성한다고 볼 수 없다. 나아가 이러한 상업영화에 있어서 그 내용의 특정 부분을 적시하지 않은 채 진실이라고 광고·홍보하였다고 하더라도 특별한 사정이 없는 한 그 영화의 모든 내용이 진실이라는 의미라고 보아서는 아니 되고 전체적으로 역사적 사실에 바탕을 두었으며 극적 허구와의 조화 속에서 확인된 사실관계를 최대한 반영하였다는 취지로 이해하여야 할 것이다.

2. 평석

이 판결은 이른바 모델영화[3]에 의한 명예훼손에 대한 판단 기준을 제시하고 있다. 언론에 의한 명예훼손의 경우에 보도내용이 허위라고 하더라도 공공의 이해에 관한 사항으로서 그 목적이 공공의 이익을 위한 것일 때('공익성')에는 행위자가 적시된 사실을 진실이라고 믿었고 또 그렇게 믿을 만한 상당한 이유('상당성')가 있으면 그 행위자에게 불법행위책임을 물을 수 없다. 이 판결은 이와 같은 언론에 의한 명예훼손에 관한 판례법리를 모델영화의 경우에 적용하고 있다.

한편 이 사건에서 이미 사망한 사람들에 대한 명예훼손이 문제되고 있는데, 사망자의 명예훼손의 경우에는 생존자의 경우와는 다른 측면이 있다. 먼저 사망자의 명예를 훼손한 경우에는 엄격한 요건 하에서만 명예훼손책임을 인정하여야 할 것이다. 이 판결은 역사적 사실을 적시한 경우에 한정된 것이기는 하지만, 상당성 요건을 판단하는 데서 이를 반영하고 있다고 볼 수 있다. 즉, 이 판결은 상당성을 판단하는 과정에서 적시된 사실이 역사적 사실인 경우 시간이 경과함에 따라 점차 망인이나 그 유족의 명예보다는 역사적 사실에 대한 탐구 또는 표현의 자유가 보호되어야 한다고 하고 있다. 다음으로 사망자의 명예를 훼손한 경우에 금지청구권이 인정되지만, 손해배상청구권이 인정된다고 보기는 어렵다. 이 판결에서는 이 점을 구분해서 판단하고 있지 않은데, 사망자의 명예훼손이 인정되지 않는다고 보았기 때문으로 여겨진다.

또한 이 판결은 상업영화의 경우에 역사적 사실을 다소 각색하는 것은 의도적인 악의의 표출에 이르지 않는 한 상업영화의 본질적 영역으로 용인될 수 있다고 하였다. 이는 상업영화가 소설과 마찬가지로 허구를 전제로 한다는 점에 기인한 것으로 볼 수 있다.

3) 실제 인물이나 사건을 모델로 한 소설을 모델소설이라고 하는데, 이와 대비하여 실제 인물이나 사건을 모델로 한 영화를 편의상 모델영화라고 부를 수 있을 것이다. 모델소설에 의한 인격권 침해에 관해서는 김재형, "모델소설과 인격권," 인권과 정의 제255호(1997. 11), 44면 이하.

[116] XII. 종립학교(宗立學校)[1]의 종교교육과 불법행위

대판(전) 2010. 4. 22, 2008다38288(공 2010, 897)

1. 사실관계와 원심판결

이 판결은 유명한 강의석 사건[2]에 대한 판결이다. 원고는 학교 강제배정에 따라 피고 대광학원이 기독교 정신을 건학이념으로 하여 설립·운영하는 대광고등학교에 입학하였으나 평소 종교를 가지지 아니하였던 학생이었다. 대광고등학교에서는 수업이 있는 매일 아침에 담임교사의 입회 아래 5분 정도 찬송과 기도 등을 실시하는 경건회 시간을 가졌고, 매주 수요일 정규 교과시간에 강당 등에서 1시간 가량 찬송과 목사의 설교, 기도 등을 하는 수요예배를 진행하였는데 원고는 입학 이후부터 위 경건회 시간 및 수요예배에 참석하였다. 위 학교는 학생들에게 매년 3박 4일에 걸쳐 합숙하면서 각종 기도와 성경읽기 등을 하는 생활관 교육을 받게 하였고, 부활절에는 정규 교과시간에 부활절 예배를 진행하였으며 그로부터 3일간 정규 수업시간 일부로 심령수양회라는 시간을 편성하여 설교 및 기도 등을 진행하였다. 또한 매년 반별 성가대회를 개최하였고 추수감사절에도 정규수업 대신 감사예배를 진행하였으며 성탄절에는 학생들을 교회에 출석하도록 하였다. 원고는 2003년에 위 생활관 교육, 부활절 예배, 성가대회, 추수감사절 예배에 참석하였고 성탄절에는 교회로 출석한 사실, 대광고등학교는 위와 같은 종교행사를 거행함에 있어 원고를 포함한 학생들에게 자율적 참여를 보장하지 않고 동의를 구하지도 않은 채 학생들이 경건회 시간에 참석하지 아니하면 지각으로 처리하고 주의를 주기도 하였으며 수요예배가 있을 때에는 교사들이 학급을 돌아다니며 참석하지 않는 학생이 있는지 확인하여 참석하지 않는 학생들에게는 청소를 시키는 등 불이익을 주고 성탄절에 교회에 출석하였는지 여부를 확인하기도 하였다.

원고는 2002년 1학기말 학생회 부회장 선거에 출마하면서 '교회에 1년 이상 다녀야 한다.'는 학생회 회칙상의 자격요건을 시정하여 줄 것을 교목교사에게 건의한 적이 있고, 2002년 말과 2004년 초경에는 교목 및 담임교사에게 예배참가에 대한 거부감을 표시하였으나 교사들로부터 자중하고 학교방침에 따르라는 취지의 답변을 들었을 뿐이고 학교의 정책에는 아무런 변화가 없었다. 대광고등학교는 주당 1시간씩 정규 수업으로 종교과목을 부과함에 있어 대체과목을 편성하지 아니하였고, 그 수업시간에 기독교 경전인 성경을 읽고 그에 관한 토론 등을 진행하였으며 학생들에게 십계명이나 사도신경을 써오도록 과제를 부과하기도 하였다. 학생의 생활기록부에 그 종교과목 이수에 대한 교사의 평가의견을 기재하도록 하였다. 대광고등학교는 학생선도위원회를 개최하여 담임교사에게 불손한 반항을 하였다는 점 등의 징계사유를 들어 먼저 원고에게 전학을 권유하여 이를 승낙하면 다른 학교로 전학을 보내고, 이를 거부하면 퇴학처분을 하기로 하는 내용의 징계결의를 하였다. 그 후 원고와 원고의 부모가 전학을 거부하자, 원고에게 이 사건 퇴학처분을 하였다.

원고는 피고 대광학원과 서울특별시를 상대로 불법행위에 기한 손해배상책임을 청구하였으나, 원심은 이를 받아들이지 않았다.

2. 대법원 판결

이에 대하여 원고가 상고하였는데, 대법원은 피고 대광학원에 대해서는 원심판결을 파기환송하고, 피고 서울특별시에 대해서는 원고의 상고를 기각하였다.

---

1) 종교단체가 설립한 학교를 말한다.

2) 판례공보에 '종립 사립고교 종교교육 사건'이라는 명칭이 붙여 있다.

3. 평석

이 판결은 2010년에 나온 판결 중에서 가장 긴 판결이다. 대법원 판결이유가 매우 상세하기 때문에, 다수의견과 반대의견이 대립하는 부분에 관해서만 소개하고자 한다.

(1) 피고 대광학원에 대한 청구

(가) 종교교육과 관련한 손해배상청구

대법원은 먼저 기본권의 대사인적 효력에 관하여 간접적용설을 천명한다.

"헌법상의 기본권은 제1차적으로 개인의 자유로운 영역을 공권력의 침해로부터 보호하기 위한 방어적 권리이지만 다른 한편으로 헌법의 기본적인 결단인 객관적인 가치질서를 구체화한 것으로서, 사법(私法)을 포함한 모든 법영역에 그 영향을 미치는 것이므로 사인간의 사적인 법률관계도 헌법상의 기본권 규정에 적합하게 규율되어야 한다. 다만 기본권규정은 그 성질상 사법관계에 직접 적용될 수 있는 예외적인 것을 제외하고는 사법상의 일반원칙을 규정한 민법 제2조, 제103조, 제750조, 제751조 등의 내용을 형성하고 그 해석기준이 되어 간접적으로 사법관계에 효력을 미치게 된다. 종교의 자유라는 기본권의 침해와 관련한 불법행위의 성립 여부도 위와 같은 일반규정을 통하여 사법상으로 보호되는 종교에 관한 인격적 법익침해 등의 형태로 구체화되어 논하여져야 한다."

대광학원의 종교교육이 위법한지 여부에 관해서 다수의견과 반대의견이 대립한다. 먼저 다수의견은 종립학교가 고등학교 평준화정책에 따라 강제배정된 학생들을 상대로 특정 종교의 교리를 전파하는 종파교육 형태의 종교교육을 실시하는 경우, 그 위법성의 판단 기준을 다음과 같이 제시하고 있다.

"종립학교가 고등학교 평준화정책에 따라 학생 자신의 신앙과 무관하게 입학하게 된 학생들을 상대로 종교적 중립성이 유지된 보편적인 교양으로서의 종교교육의 범위를 넘어서서 학교의 설립이념이 된 특정의 종교교리를 전파하는 종파교육 형태의 종교교육을 실시하는 경우에는 그 종교교육의 구체적인 내용과 정도, 종교교육이 일시적인 것인지 아니면 계속적인 것인지 여부, 학생들에게 그러한 종교교육에 관하여 사전에 충분한 설명을 하고 동의를 구하였는지 여부, 종교교육에 대한 학생들의 태도나 학생들이 불이익이 있을 것을 염려하지 아니하고 자유롭게 대체과목을 선택하거나 종교교육에 참여를 거부할 수 있었는지 여부 등의 구체적인 사정을 종합적으로 고려하여 사회공동체의 건전한 상식과 법감정에 비추어 볼 때 용인될 수 있는 한계를 초과한 종교교육이라고 보이는 경우에는 위법성을 인정할 수 있다."

나아가 이 사건에서 "피고 대광학원이 시행한 종교교육은 우리 사회의 건전한 상식과 법감정에 비추어 용인될 수 있는 한계를 벗어난 것으로 원고의 종교에 관한 인격적 법익을 침해하는 위법한 행위"에 해당하고, "강제배정으로 입학한 학생들 모두가 피고 대광학원과 동일한 종교를 가지고 있지는 않을 것이라는 점은 경험칙상 분명하므로, 위와 같은 형태의 종교교육을 실시할 경우 그로 인하여 인격적 법익을 침해받는 학생이 있을 것이라는 점은 충분히 예견가능하고 그 침해는 회피가능하다고 할 것이어서 과실 역시 인정된다."라고 판단하였다.

이에 대한 대법관 안대희, 양창수, 신영철의 반대의견은 다음과 같다.

"결국 종립학교의 종교교육이 그 허용되는 한계를 벗어나서 위법하다고 평가되어 불법행위가 성립된다고 볼 수 있으려면, 그 종교교육이 보편적이고 건전한 사회인의 양성이라는 교육 목적에 전혀 어울리지 아니하는 것이 아닌 한, 학생이 자신의 종교적 신념이나 확신에 기초하여 종립학교의 종교교육을 거부한다는 의사를 명시적으로 표시하거나 또는 이와 동일하게 평가될 수 있는 행동을 하였음에도 그러한 학생에게 전학의 기회를 부여하는 등 보완책을 제시하지 아니한 채 종교의 자유를 가지는 학생의 인격적 가치를 무시하여 일방적으로 종교교육을 강제한 것임이 인정되어야 할 것이다.

그리고 위와 같은 종교교육 거부의 의사가 학생 자신의 종교적 신념이나 확신에 기초한 것인지를 판단함에 있어서는 고등학생이라는 그 연령대가 아직 감정의 기복이 심하고 인격적으로 미성숙의 성장단계임을 감안한다면 학생 본인의 의사표현만 가지고 판단할 것이 아니라 부모의 태도 등을 충분히 고려하여 본인의 진지한 성찰을 거친 것임이 명확히 확증될 수 있어야 하고, 나아가 부모도 이에 동의한 경우라야 할 것이다."

이를 토대로 피고 대광학원의 위법성을 부정하였고, 또한 피고 대광학원에 위법성이 있다고 하더라도 과실이 없다고 하였다.

(나) 징계처분으로 인한 손해배상청구

다수의견은 "학교가 그 징계의 이유로 된 사실이 퇴학 등의 징계처분의 사유에 해당한다고 볼 수 없음이 객관적으로 명백하고 조금만 주의를 기울이면 이와 같은 사정을 쉽게 알아 볼 수 있는데도 징계에 나아간 경우와 같이 징계권의 행사가 우리의 건전한 사회통념이나 사회상규에 비추어 용인될 수 없음이 분명한 경우에 그 징계는 그 효력이 부정됨에 그치지 아니하고 위법하게 상대방에게 정신적 고통을 가하는 것이 되어 그 학생에 대한 관계에서 불법행위를 구성하게 된다."는 판례를 전제로, "원고에 대한 이 사건 징계사유만으로는 학칙에서 정하는 퇴학처분 사유에는 해당하지 아니함이 객관적으로 명백할 뿐만 아니라 징계권자 또는 징계위원들이 조금만 주의를 기울였더라면 이러한 사정을 쉽게 알 수 있었다."고 하면서 원고에 대한 퇴학처분이 불법행위가 된다고 하였다.

대법관 양승태, 안대희, 차한성, 양창수, 신영철의 반대의견은 "이 사건 퇴학처분의 이유가 된 사실이 퇴학처분의 사유에 해당한다고 볼 수 없음이 객관적으로 명백하고 징계권자 또는 징계위원들이 조금만 주의를 기울이면 이러한 사정을 쉽게 알아 볼 수 있음에도 징계를 한 것으로서 징계권의 행사가 우리의 건전한 사회통념이나 사회상규에 비추어 용인될 수 없음이 분명한 경우에 해당하는지 여부를 판단함에 있어서는 징계사유뿐만 아니라 그 징계양정에 참작한 비위사실 등도 종합적으로 고려하여야 한다."라고 한 다음, "이 사건 징계에서 인정된 사실이 퇴학처분을 할 정도의 사유에 해당하지 아니함이 객관적으로 명백하였거나 징계권자 또는 징계위원들이 조금만 주의를 기울였더라면 이를 쉽게 알 수 있었던 경우에 해당한다고 보기는 어렵다."라고 하였다.

(2) 피고 서울특별시에 대한 청구

다수의견은 "교육감의 장학지도나 시정·변경명령 권한의 행사 등이 교육감의 재량에 맡겨져 있는 위 법률의 규정 형식과 교육감에게 그러한 권한을 부여한 취지와 목적에 비추어 볼 때 구체적인 상황 아래에서 교육감이 그 권한을 행사하지 않은 것이 현저하게 합리성을 잃어 사회적 타당성이 없는 경우에 해당하여야만 교육감의 직무상 의무를 위반한 것으로서 위법하게 된다."고 전제한 다음, "비록 서울특별시 교육감과 담당 공무원이 한 위와 같은 조치들만으로는 피고 대광학원의 위법한 종교교육이나 퇴학처분을 막기에는 부족하여 결과적으로 원고의 인격적 법익에 대한 침해가 발생하였다고 하더라도, 교육감이 더 이상의 시정·변경명령 권한 등을 행사하지 아니한 것이 위 법리에서 말하는 것과 같이 객관적 정당성을 상실하였다거나 그와 같은 상황 아래서 현저하게 합리성을 잃어 사회적 타당성이 없다고 볼 수 있는 정도에까지 이르렀다고 하기는 어렵다."라고 판단하였다.

이에 대해서는 대법관 박시환, 이홍훈, 전수안의 반대의견이 있다. "서울특별시 교육감이 대광고등학교의 장에게 이에 대한 유효한 구제수단인 시정·변경명령 조치를 하지 않은 것 역시 조리 등에 의하여 인정되는 작위의무를 이행하지 아니한 것으로 고의 또는 과실로 법령을 위반한 것"이라고 한다.

(3) **소결**

이 판결에서 세 가지 주요 쟁점에 관하여 대법관들의 의견이 다양한 스펙트럼을 보여주고 있다. 즉, 이 사건에서 종립학교의 종교교육을 이유로 불법행위책임이 발생하는지 여부, 퇴학처분으로 불법행위책임이 발생하는지 여부, 서울특별시 교육감이 시정·변경명령 조치를 하지 않은 것이 불법행위가 되는지 여부에 관하여 대법관들의 의견이 각각 나뉘어지고 있다. 이와 같은 견해 대립은 법률론을 중심으로 전개되고 있지만, 사실관계에 대한 구체적인 판단의 차이, 적어도 법리의 사실관계에 대한 적용상의 차이에 기인한 면도 적지 않은 것처럼 보인다. 여기에서는 이 문제에 관하여 상세히 다루지 않고 종립학교의 종교교육에 관해서 간략한 언급만을 하고자 한다.

종립학교의 종교교육이나 종파교육이 무리하게 이루어질 수도 있고, 이에 대하여 학교와 동일한 종교를 갖지 않은 학생으로서는 거부감이나 반감을 가질 수 있다. 그러나 종립학교의 종교교육에 대해서 불법행위책임을 인정하는 것은 또 다른 문제이다. 피고 대광학원에 대한 청구에 관한 판단에서 다수의견은 종전의 관념에 비추어 보면 불법행위책임을 넓게 인정한 것으로 볼 수 있다. 이 사건이 발생하기 전에는 종교교육의 문제에 대하여 그 부당성을 호소하는 견해는 있었어도 불법행위법에서 그 해결책을 찾는 견해는 거의 없었다. 이와 같은 문제에 대해서까지 불법행위로 규율하는 것이 바람직한 해결방안일까 하는 의문이 든다. 그렇다고 종립학교가 학생들에게 종교교육을 강제해도 좋다는 의미는 아니다.

제2절 일조권·조망권

[117] Ⅰ. 일조방해의 위법성에 관한 판단기준
대판 2000. 5. 16, 98다56997(공2000, 1419)

1. 사실관계와 쟁점

원고들은 우성타운 연립주택의 구분소유자인데, 그 남측에 인접한 지상에 피고가 23층 내지 26층 규모의 한신아파트 101동, 102동, 103동, 104동을 완성하였다. 그리하여 원고들의 각 연립주택에 동지(冬至)를 기준으로 진태양시(眞太陽時) 08:00~16:00 사이의 일조시간이 2분~150분에 불과하게 되었다. 원심은, 일조 침해의 정도가 수인한도를 넘게 되었다는 이유로 불법행위 책임을 인정하였다.

2. 대법원 판결

대법원은 피고의 상고를 기각하였다.

"건물의 신축으로 인하여 그 이웃 토지상의 거주자가 직사광선이 차단되는 불이익을 받은 경우에 그 신축행위가 정당한 권리행사로서의 범위를 벗어나 사법상 위법한 가해행위로 평가되기 위해서는 그 일조방해의 정도가 사회통념상 일반적으로 인용하는 수인한도를 넘어야 하고(대법원 1982. 9. 14. 선고 80다2859 판결, 1999. 1. 26. 선고 98다23850 판결 등 참조), 건축법 등 관계 법령에 일조방해에 관한 직접적인 단속법규가 있다면 그 법규에 적합한지 여부가 사법상 위법성을 판단함에 있어서 중요한 판단자료가 될 것이지만, 이러한 공법적 규제에 의하여 확보하고자 하는 일조는 원래 사법상 보호되는 일조권을 공법적인 면에서도 가능한 한 보증하려는 것으로서 특별한 사정이 없는 한 일조권 보호를 위한 최소한도의 기준으로 봄이 상당하고, 구체적인 경우에 있어서는 어떠한 건물 신축이 건축 당시의 공법적 규제에 형식적으로 적합하다고 하더라도 현실적인 일조방해의 정도가 현저하게 커 사회통념상 수인한도를 넘은 경우에는 위법행위로 평가될 수 있으며, 사회통념상 수인한도를 넘었는지 여부는 피해의 정도, 피해이익의 성질 및 그에 대한 사회적 평가, 가해 건물의 용도, 지역성, 토지이용의 선후관계, 가해 방지 및 피해 회피의 가능성, 공법적 규제의 위반 여부, 교섭 경과 등 모든 사정을 종합적으로 고려하여 판단하여야 한다(대법원 1999. 1. 26. 선고 98다23850 판결 참조)."

3. 평석

(1) 이 판결은 건물 신축으로 이웃 토지의 거주자에 대하여 일조방해행위를 한 경우 불법행위책임을 인정한 것으로 기존의 판례를 재확인하고 있다. 이에 관한 선례인 대판 1999. 1. 26, 98다23850(집 47-1, 민 20)의 주요 내용은 다음과 같다.

첫째, 건물의 신축으로 인한 일조방해행위의 위법성은 일조방해의 정도가 사회통념상 일반적으로 인용하는 수인한도를 넘는지 여부에 따라 판단하여야 한다.

둘째, 건축법 등 관계 법령에 일조방해에 관한 직접적인 단속법규가 있다면 그 법규에 적합한지 여부가 사법상 위법성을 판단하는 데 중요한 판단자료가 된다.

셋째, 이러한 공법적 규제에 의하여 확보하고자 하는 일조는 특별한 사정이 없는 한 일조권 보호를 위한 최소한도의 기준이고, 구체적인 경우에 어떠한 건물신축이 건축 당시의 공법적 규제에 형식적으로 적합하다고 하더라도 현실적인 일조방해의 정도가 현저하게 커 사회통념상

수인한도를 넘은 경우에는 위법행위로 평가될 수 있다.

넷째, 사회통념상 수인한도를 넘었는지 여부는 피해의 정도, 피해이익의 성질 및 그에 대한 사회적 평가, 가해 건물의 용도, 지역성, 토지이용의 선후관계, 가해방지 및 피해회피의 가능성, 공법적 규제의 위반 여부, 교섭 경과 등 모든 사정을 종합적으로 고려하여 판단하여야 하고, 건축 후에 신설된 일조권에 관한 새로운 공법적 규제 역시 이러한 위법성의 평가에 있어서 중요한 자료가 될 수 있다.

(2) 일조권 개념을 인정할 것인지 문제된다. 민법 제750조는 의용민법과 달리 권리침해를 요건으로 하는 것이 아니라 위법성을 요건으로 하고 있다. 따라서 일조권을 인정하지 않더라도 일조방해를 위법한 것으로 보아 불법행위책임을 인정하는 데 아무런 문제가 없다. 그러나 햇빛을 향유할 권리로서 일조권이라는 권리 개념을 인정하는 것이 유용하다.

그렇다면 일조권의 근거를 어디에서 찾을지 문제된다.[1] 소유권은 물건을 배타적이고 전면적으로 지배할 수 있는 권리로서, 사용, 수익, 처분할 권능을 포함한다. 건물 등을 건축함으로써 이웃 토지의 사용을 소극적, 수동적으로 방해하는 것을 소유권의 소극적 침해(Negative Immissionen)라고 한다. 예를 들면 빛이나 공기, 물, 조망, 바람 등을 차단함으로써 일조권이나 조망권을 침해하는 경우가 이에 해당한다.[2] 따라서 일조권은 소유권에서 파생되는 권리 개념이라고 할 수 있고, 일조방해는 소유권의 소극적 침해에 해당한다.

(3) 대법원은 일조방해행위가 수인한도를 넘었는지 여부를 위법성 판단의 기준으로 삼고 있다. 이것은 일본의 학설과 판례의 영향을 받은 것으로 볼 수 있다.

그러나 일조권이나 조망권을 침해하는 경우에도 소유권의 소극적 침해로서 생활방해금지에 관한 제217조가 적용될 수 있다고 보아야 한다.[3] 특히 제217조 제2항은 매연 등에 의한 이웃토지의 사용방해나 이웃 거주자의 생활방해가 토지의 통상의 용도에 적합한 것인 때에는 이웃 거주자는 이를 인용할 의무가 있다고 정하고 있다. 이것은 이웃 거주자의 인용의무(忍容義務)를 정하고, 토지의 통상의 용도에 적합한 것인지 여부를 그 기준으로 제시한 것이다. 따라서 일조권 침해의 경우에도 제217조 제2항에서 인용의무의 근거를 찾아야 한다.[4]

(4) 건축법 등에 정해진 공법적 규제를 위반하지 않았더라도 일조권 침해를 이유로 불법행위가 성립할 수 있다. 이 판결은 공법적 규제에 의하여 확보하고자 하는 일조는 원래 사법상 보호되는 일조권을 공법적인 면에서도 가능한 한 보증하려는 것으로서 특별한 사정이 없는 한 일조권 보호를 위한 최소한도의 기준이라고 한다. 행정법규에 위반했다고 해서 무조건 사법상 청구권이 발생하는 것은 아니다. 그러나 일조권과 관련된 규정은 인근주민의 일조권을 확보하는 데 그 목적이 있으므로, 소유권에 기한 방해배제 및 예방청구나 불법행위를 원인으로 한 손해배상청구를 판단하는 데 이러한 규정을 고려하여야 한다. 한편 행정법규를 준수하고 있다고 하더라도 사법상의 청구권이 무조건 배제되는 것도 아니다. 다만 일조권 등 환경이익이 침해되는 경우에 사법상의 청구와 공법적 규제가 유기적으로 연결될 때 그 효과가 극대화될 것이다.[5]

1) 이동원, "일조권의 침해에 관한 판례의 동향," 민사법학 제27호(2005. 3), 258면 이하는 일조권의 법적 성격을 물권설, 인격권설, 환경권설, 일조권설, 불법행위설, 생활이익향수설로 구분하여 소개하고 있다.
2) 김재형, "소유권과 환경보호 — 민법 제217조의 의미와 기능에 대한 검토를 중심으로," 민법론 Ⅰ, 2004, 134~135, 144면.
3) 김재형(주 2), 144~145면.
4) 김재형(주 2), 145~146면.

(5) 한편 대판 2001. 6. 26, 2000다44928, 44935 (공 2001, 1698)는 아파트의 수분양자가 분양회사를 상대로 일조방해를 원인으로 한 불법행위 책임을 추궁할 수 없다고 하였다. 즉 "원고들은 피고 회사가 신축하여 분양하는 동보아파트를 피고로부터 분양받은 수분양자에 불과하므로 원고들이 분양받은 각 아파트에서는 동지일을 기준으로 9시부터 15시까지 사이에 4시간의 일조시간을 확보할 수 없다고 하더라도, 이를 가지고 원고들이 분양받은 아파트가 매매목적물로서 거래상 통상 갖추어야 하거나 당사자의 특약에 의하여 보유하여야 할 품질이나 성질을 갖추지 못한 것이라거나, 또는 분양회사인 피고 회사가 수분양자에게 분양하는 아파트의 일조상황 등에 관하여 정확한 정보를 제공할 신의칙상 의무를 게을리하였다고 볼 여지가 있을지는 몰라도 피고 회사가 신축한 동보아파트로 인하여 수분양자들인 원고들이 분양받은 아파트의 직사광선이 차단되는 불이익을 입게 되었다고 볼 수는 없다."라고 한다.

---

5) 김재형(주 2), 153~161, 168면.

[118] Ⅱ. 일조이익(日照利益)의 귀속주체

대판 2008. 12. 24, 2008다41499(공 2009, 97)

1. 대법원 판결

원고 등 760여 명의 초등학생들이 피고 회사가 시행자로서 이 사건 학교 부근에 아파트를 신축하고 있다는 이유로 일조권에 기한 위자료를 청구하는 소를 제기하였다. 원심은 원고 등의 위 청구를 배척하였다. 원고 등이 학생으로서 이 사건 학교 교실과 운동장 등 시설을 이용하더라도 이는 공공시설인 이 사건 학교시설을 방학기간이나 휴일을 제외한 개학기간 중, 그것도 학교에 머무르는 시간 동안 일시적으로 이용하는 지위에 있을 뿐이고, 이 사건 학교를 점유하면서 지속적으로 거주하고 있다고 할 수 없어서 생활이익으로서의 일조권을 법적으로 보호받을 수 있는 지위에 있지 않다는 것이다. 이에 대하여 원고 등이 상고하였으나, 대법원은 상고를 기각하였다. 위 대판 2005. 5. 16, 98다56997(위 [117] 판례)에서 인용한 대법원 판결의 법리[1]를 인용한 다음, 다음과 같은 판단을 부가하고 있다.

"여기에서 객관적인 생활이익으로서 일조이익을 향유하는 '토지의 소유자 등'이란 토지소유자, 건물소유자, 지상권자, 전세권자 또는 임차인 등의 거주자를 말하는 것으로서, 당해 토지·건물을 일시적으로 이용하는 것에 불과한 사람은 이러한 일조이익을 향유하는 주체가 될 수 없다."

2. 평석

이 판결은 일조이익의 향유주체를 명백하게 정한 점에서 선례로서의 의미가 있다. 임차인 등 거주자는 일조이익의 향유주체가 되지만, 일시적 이용자는 일조이익의 향유주체가 되지 못한다고 함으로써, 거주자와 일시적 이용자 사이에서 경계선을 긋고 있다. 이 판결은 그 근거를 밝히고 있지 않은데, 이와 같이 일조권 또는 일조이익의 향유주체를 정하는 근거와 기준은 무엇인가?

이와 관련하여 일조권 또는 일조이익의 인정근거에 관하여 살펴볼 필요가 있다. 소유권은 물건을 사용·수익·처분할 수 있는 권리로서,[2] 자신의 토지나 건물의 인근에 건물 등이 신축됨으로써 햇빛이나 조망이 차단되는 경우에는 소유권의 내용이 침해된다고 볼 수 있다.[3] 따라서 일조권은 소유자가 햇빛을 향유할 수 있는 권리로서 소유권의 한 내용으로 파악할 수 있다. 또한, 일조권 침해에 대해서는 상린관계에 관한 민법 제217조가 적용될 수 있다. 즉, 민법 제217조 제1항은 "토지소유자는 매연, 열기체, 액체, 음향, 진동 기타 이에 유사한 것으로 이웃 토지의 사용을 방해하거나 이웃 거주자의 생활에 고통을 주지 아니하도록 적당한 조처를 취할 의무가 있다."라고 규정하고, 제2항은 "이웃 거주자는 전항의 사태가 이웃 토지의 통상의 용도에 적당한 것인 때에는 이를 인용할 의무가 있다."

1) 대판(전) 2008. 4. 17, 2006다35865(공 2008, 680).

2) 민법 제211조는 "所有者는 法律의 範圍 내에서 그 所有物을 使用, 受益, 處分할 수 있다."라고 규정한다.

3) 건물을 건축함으로써 이웃 토지의 사용을 소극적·수동적으로 방해하는 경우를 소유권의 消極的 侵害(Negative Immissionen)라고 한다. 예를 들면 빛, 공기, 물, 조망, 바람 등을 차단함으로써 일조권이나 조망권 등을 침해하는 경우가 이에 해당한다. 민법주해[V], 1992, 245~246면(양창수 집필). 한편 일조를 방해받는 경우에 대해서는 조망을 침해받는 경우보다 넓게 그 구제를 인정하고 있다. 그 이유는 햇빛의 힘, 햇빛에 대한 사람들의 인식에서 그 근거를 찾을 수 있다. 햇빛 없이는 생존할 수 없고, 햇빛을 방해받는 경우에 건강한 삶을 누리고 행복하게 생활하는 데 결정적인 장애가 될 수 있기 때문에, 일조방해에 대한 구제를 인정하는 경우가 많다고 볼 수 있다. 그 반면에 조망을 침해받는 경우에는 신체건강에 직접적인 영향은 없다는 점에서 매우 엄격한 요건 하에서 조망권 또는 조망이익을 보호하고 있다.

라고 규정하고 있다. 소유권의 소극적 침해는 민법 제217조에 열거한 경우와 유사하기 때문에, 이러한 경우에도 민법 제217조에 따라 그 인용의무를 정해야 한다.[4)]

민법제정 당시 제217조에서 '토지소유자'를 '토지·건물소유자'로 수정할 것인지 논의되었지만, 이 규정은 토지소유자의 상린권에 관한 것이기 때문에 토지소유자라고만 규정하였다.[5)] 그러나 건물소유자에게도 이 규정이 유추적용된다고 보아야 한다. 또한 이 규정은 지상권자(민법 제290조), 전세권자(민법 제319조)에게도 준용되고 있다.

그런데 부동산의 점유자, 특히 임차인에게도 민법 제217조가 적용되는지 문제된다. 점유자가 점유의 방해를 받은 때에는 민법 제205조에 따라 그 방해의 제거를 청구할 수 있는데, 점유하고 있는 부동산에서 생활방해가 발생하는 경우에는 부동산의 소유자와 마찬가지로 부동산의 이용을 조정할 필요가 있다. 따라서 부동산의 점유자, 특히 임차인의 경우에도 민법 제217조를 적용하거나 적어도 유추적용하여야 할 것이다. 그러므로 소유자와 점유자 사이의 관계, 점유자들 상호간의 관계에서도 민법 제217조에 따른 수인의무가 있다고 보아야 한다.[6)] 부동산의 점유자가 이웃 부동산의 점유자에 의하여 소음 피해 등을 입고 있다면 민법 제217조에 따라 방지조치를 청구할 수 있다. 나아가 민법 제217조에서 피해자 또는 인용의무의 주체를 '이웃 거주자'로 정하고 있기 때문에, 이웃 거주자가 소유자인지 여부와는 상관없이 방지조치 등을 청구할 수 있다고 정한 것으로 볼 수 있다. 이때 이웃 거주자의 범위를 확정하는 것이 쉬운 문제는 아니지만, 임차인이 이웃 거주자에 포함되는 것은 분명하다. 그러나 이 규정은 일정한 장소에서 일하고 있는 근로자 또는 공원 등 일정한 지역에서 산책을 하는 사람에게는 적용되지 않는다.[7)]

이 판결에서 거주자를 일조이익의 향유주체에 포함시킨 것[8)]은 정당하다. 한편, 이 판결은 일조방해를 받는 학교의 학생을 일시적 이용자라는 이유로 일조이익의 향유주체에서 배제하고 있다. 학교의 학생이 학교에 거주하는 것은 아니기 때문에 '거주자' 개념에 포함되지 않는다. 또한 거주자에 학생을 포함시킬 경우에 권리의 주체가 지나치게 확장될 것이다. 따라서 학생이 일조이익의 향유주체가 아니라는 판단도 정당하다.

---

4) 우리 민법 제217조는 독일 민법 제906조를 본받은 것이지만, 독일과는 달리 '流入'이라는 용어를 사용하지 않고 있기 때문에, 소극적 침해를 제217조에 의하여 포섭하더라도 문언에 반하는 것은 아니다. 또한 독일에서는 오랫동안 소극적 침해를 독일 민법 제906조의 적용범위에서 배제해 왔으나, 우리나라에서는 소극적 침해를 민법 제217조의 적용범위에서 배제한 판례가 없다. 그리하여 우리나라에서는 일조권이나 조망권을 침해한 경우에도 소유권의 소극적 침해로 보아 민법 제217조를 적용하는 데 장애가 없다. 김재형, "소유권과 환경보호," 민법론 Ⅰ, 2004, 145면.

5) 민의원 법제사법위원회 민법안심의소위원회 편, 민법안심의록 상권, 1957, 137면.

6) 김증한, 물권법강의, 1984, 194면; 김기선, 한국물권법, 전정증보판, 1990, 203면. 독일의 학설과 판례도 독일민법 제906조가 점유자, 특히 임차인에게도 적용된다고 한다. Baur/Stürner, *Sachenrecht*, 17. Aufl., 1999, §25 Rn. 17; Staudinger−Roth §906 Rn. 97; BGHZ 15, 146; BGHZ 30, 273; BGHZ 90, 255.

7) 이에 관해서는 김재형(주 4), 131면.

8) 이 판결이 선고되기 직전 서울중앙지판 2008. 12. 17, 2007가합96794, 2008가합89571은 일조권 침해의 경우, 피해 건물의 소유자 외에도 그로부터 정당하게 임차권 등을 취득하여 일조방해행위 당시 실제로 거주한 자도 위 손해배상을 청구할 수 있다고 판결하였다.

[119] Ⅲ. 일조방해로 인한 손해배상청구의 상대방
대판 2005. 3. 24, 2004다38792(공 2005, 635)

1. 대법원 판결

(1) "건물 건축공사의 수급인은 도급계약에 기한 의무이행으로서 건물을 건축하는 것이므로 원칙적으로 일조방해에 대하여 손해배상책임이 없다고 할 것이지만, 수급인이 스스로 또는 도급인과 서로 의사를 같이하여 타인이 향수하는 일조를 방해하려는 목적으로 건물을 건축한 경우, 당해 건물이 건축법규에 위반되었고 그로 인하여 타인이 향수하는 일조를 방해하게 된다는 것을 알거나 알 수 있었는데도 과실로 이를 모른 채 건물을 건축한 경우, 도급인과 사실상 공동 사업주체로서 이해관계를 같이하면서 건물을 건축한 경우 등 특별한 사정이 있는 때에는 수급인도 일조방해에 대하여 손해배상책임을 진다고 할 것이다."

(2) "피고 회사가 가해건물을 단순한 수급인으로서 신축한 것이 아니라 이 사건 재개발사업을 수주하면서 피고 조합과 조합원들의 필요비용을 모두 제공하고 나아가 이 사건 공사비를 자신의 비용으로 충당하는 등 가해건물의 신축을 피고 조합과 함께 주도적으로 진행하였고, 이 사건 재개발사업의 사업계획 및 관리처분계획 등이나 설계변경에 관하여 협의의 주체로서 참여할 수 있는 지위에 있었던 점 등에 비추어 보면, 피고 회사는 가해건물 신축에 있어서 사실상 공동사업주체로서 피고 조합과 이해관계를 같이 하면서 이를 신축하였다고 볼 여지가 많다."

2. 평석

이 판결은 건축공사의 수급인이 일조방해에 대한 책임을 부담하는지 여부에 관하여 기준을 제시하고 있다. 대법원은 건물 건축공사의 수급인은 원칙적으로 일조방해에 대하여 손해배상책임이 없다고 한다. 다만 예외적으로 수급인이 일조방해에 대하여 손해배상책임을 지는 경우를 예시적으로 열거하고 있다. 여기에서 열거한 경우는 수급인이 ① 스스로 또는 도급인과 서로 의사를 같이하여 타인이 향수하는 일조를 방해하려는 목적으로 건물을 건축한 경우, ② 당해 건물이 건축법규에 위반되었고 그로 인하여 타인이 향수하는 일조를 방해하게 된다는 것을 알거나 알 수 있었는데도 과실로 이를 모른 채 건물을 건축한 경우, ③ 도급인과 사실상 공동 사업주체로서 이해관계를 같이하면서 건물을 건축한 경우 등 특별한 사정이 있는 경우이다.

그 후 대판 2006. 1. 26, 2005다47014, 47021, 47038(공 2006, 313)은 동시에 또는 거의 같은 시기에 건축된 가해 건물들이 피해 건물에 대하여 전체적으로 수인한도를 초과하는 일조 침해의 결과를 야기한 경우, 각 가해 건물들이 함께 피해 건물의 소유자 등이 종래 향유하던 일조를 침해하게 된다는 점을 예견할 수 있었다면 특별한 사정이 없는 한 각 가해 건물의 건축자 등은 일조 침해로 피해 건물의 소유자 등이 입은 손해 전부에 대하여 공동불법행위자로서의 책임을 부담한다고 한다. 그 이유로 수인이 공동하여 타인에게 손해를 가하는 민법 제760조의 공동불법행위에 있어서는 행위자 상호간의 공모는 물론 공동의 인식을 필요로 하지 아니하고, 다만 객관적으로 그 공동행위가 관련 공동되어 있으면 족하며 그 관련 공동성 있는 행위에 의하여 손해가 발생함으로써 이의 배상책임을 지는 공동불법행위가 성립한다는 점[1]을 든다.

1) 대판 1982. 6. 8, 81다카1130(공 1982, 638); 대판 2000. 4. 11, 99다41749(공 2000, 1172).

[120] Ⅳ. 일조방해로 인한 손해배상청구권의 소멸시효

대판(전) 2008. 4. 17, 2006다35865(공 2008, 680)[1)]

1. 사실관계와 원심판결

이 사건에서는 위법한 건축행위로 일조방해가 발생한 경우 손해배상청구권의 소멸시효가 언제부터 진행되는지 문제되었다. 피고가 건축주로서 1995. 11. 20. 사용승인을 받은 부영아파트의 신축으로 인하여 이 사건 아파트 부지에 일조방해가 발생하였다. 원고들은 1995. 11. 20. 경 피고가 부영아파트를 건축하였다는 점과 이러한 피고의 불법행위로 인하여 재산상 손해 및 정신적 손해가 발생한다는 점 등을 모두 알았다. 원고들의 손해배상청구에 대하여, 피고는 위 시점부터 손해배상청구권의 소멸시효가 진행되어 3년의 소멸시효가 완성되었다고 항변하였다.

원심은, 위 일조방해의 정도는 사회통념상 일반적으로 인용해야 할 수인한도를 초과하는 것이지만 그 위법성의 정도가 피고에게 철거의무를 부과해야 할 정도에는 이르지 않는다고 보고, 1995. 11. 20.경부터 3년이 경과함으로써 이 사건 손해배상청구권의 소멸시효가 완성되었다고 판단하였다.

2. 대법원 판결

(1) 원고들이 상고하였으나, 대법원은 이를 기각하였다. 먼저 다수의견은 종래의 판례에 따라 일조방해에 관한 일반론을 전개한다.

"토지의 소유자 등이 종전부터 향유하던 일조이익(日照利益)이 객관적인 생활이익으로서 가치가 있다고 인정되면 법적인 보호의 대상이 될 수 있는데, 그 인근에서 건물이나 구조물 등이 신축됨으로 인하여 햇빛이 차단되어 생기는 그늘, 즉 일영(日影)이 증가함으로써 해당 토지에서 종래 향유하던 일조량이 감소하는 일조방해가 발생한 경우, 그 일조방해의 정도, 피해이익의 법적 성질, 가해 건물의 용도, 지역성, 토지이용의 선후관계, 가해 방지 및 피해 회피의 가능성, 공법적 규제의 위반 여부, 교섭 경과 등 모든 사정을 종합적으로 고려하여 사회통념상 일반적으로 해당 토지 소유자의 수인한도를 넘게 되면 그 건축행위는 정당한 권리행사의 범위를 벗어나 사법상(私法上) 위법한 가해행위로 평가된다."[2)]

나아가 다수의견은 일조방해로 인한 손해배상청구권의 소멸시효에 관하여 다음과 같이 판단한다.

"일반적으로 위와 같이 위법한 건축행위에 의하여 건물 등이 준공되거나 외부골조공사가 완료되면 그 건축행위에 따른 일영의 증가는 더 이상 발생하지 않게 되고 해당 토지의 소유자는 그 시점에 이러한 일조방해행위로 인하여 현재 또는 장래에 발생 가능한 재산상 손해나 정신적 손해 등을 예견할 수 있다고 할 것이므로, 이러한 손해배상청구권에 관한 민법 제766조 제1항 소정의 소멸시효는 원칙적으로 그때부터 진행한다(대법원 1966. 6. 9. 선고 66다615 전원합의체 판결 등 참조). 다만, 지극히 예외적이기는 하지만, 위와 같은 일조방해로 인하여 건물 등의 소유자 내지 실질적 처분권자가 피해자에 대하여 건물 등의 전부 또는 일부에 대한 철거의무를 부담하는 경우가 있다면, 이러한 철거의무를 계속적으

---

1) 이 판결에 관한 재판연구관의 해설로는 김시철, "건물신축으로 인한 일조방해의 법적 성격과 이로 인한 불법행위 손해배상청구권의 소멸시효 기산점," 대법원판례해설 제75호(2008년상), 2008, 217면 이하.

2) 대판 2004. 10. 28, 2002다63565; 대판 2007. 6. 28, 2004다54282 등 참조.

로 이행하지 않는 부작위는 새로운 불법행위가 되고 그 손해는 날마다 새로운 불법행위에 기하여 발생하는 것이므로 피해자가 그 각 손해를 안 때로부터 각별로 소멸시효가 진행한다고 볼 수 있을 것이다(대법원 1999. 3. 23. 선고 98다30285 판결 등 참조)."

(2) 그러나 반대의견은 다수의견의 견해 중 일조방해로 인하여 발생하는 정신적 손해에 대한 손해배상청구권에 관하여도 건물의 완성 시점부터 소멸시효가 진행한다는 부분에는 동의하지 않는다.[3] 즉,

"위법한 일조방해행위로 인한 피해 부동산의 시세 하락 등 재산상의 손해는 특별한 사정이 없는 한 가해 건물이 완성될 때에 일회적으로 발생한다고 볼 수 있으나, 위법한 일조방해로 인하여 직사광선이 차단되는 등 생활환경이 악화됨으로써 피해 건물의 거주자가 입게 되는 정신적 손해는 가해 건물이 존속하는 한 날마다 계속적으로 발생하는 것으로 보아야 한다."

또한, 가해 건물의 완성 시점에 일조방해행위로 인하여 장래에 발생 가능한 정신적 손해를 예견할 수 있는지에 대해서도 반대의견은 다수의견과 견해가 다르다.

"일조방해로 인한 정신적 손해는 피해 부동산의 시세 하락 등 재산상 손해로 인하여 겪게 되는 정신적 고통을 의미하는 것이 아니라 일조방해로 인하여 직사광선이 차단되는 등 생활환경이 악화됨으로써 거주자가 입게 되는 정신적 고통을 의미하는 것인데, 피해 건물의 거주자가 일조방해를 받는 상태에서 단기간을 거주한 경우와 장기간을 거주한 경우에 그 정신적 손해의 정도가 같을 수 없고, 이러한 거주 기간을 가해 건물의 완성 시점에는 예견할 수 없다."

(3) 다수의견에 대한 보충의견은 반대의견을 반박한다. 첫째, "일조방해를 가져오는 위법한 건축행위라도 그 건물의 전부 또는 일부에 대한 철거의무가 인정되지 않는 일반적인 일조방해 사안"에 대해서는 "자동차 사고로 인하여 피해자가 상해를 입는 등의 불법행위가 성립하는 경우"와 동일하게 파악한다. 자동차사고의 경우에 장래에 발생하는 재산적 손해와 정신적 손해를 모두 불법행위의 성립시점에 발생하는 것으로 파악하는 것과 같이, 일반적인 일조방해 사안에서도 날마다 새로운 일조방해행위가 이루어진다거나 혹은 하나의 건축행위로 인하여 발생하는 재산적 손해와 정신적 손해에 관하여 각각 다른 법률적 취급을 해야 한다는 반대의견에는 찬성하기 어렵다. 둘째, 이 사건은 일조이익의 보호와 타인 재산권의 보장, 법적 안정성 등 서로 대립할 수 있는 여러 법익을 종합적으로 고려하여 실제로 발생하는 손해의 전보 및 그 분담의 공평문제 등을 규율하게 되는 손해배상제도에 관한 것이기 때문에, 헌법 제35조 제1항이 그 주장을 정당화하는 법리적 근거가 되기 어렵다. 셋째, 실질적으로도 일조방해를 가져오는 위법한 건축행위가 완료되고 그에 관한 손해배상문제가 논의되는 경우, 재산적 손해와 정신적 손해에 관한 법적 분쟁을 한꺼번에 해결하는 것이 합리적인 분쟁해결방식이다. 만일 반대의견과 같은 입장을 취하면 정신적 손해배상 청구의 시기·범위·방법이나 위법하게 건축된 건물과 피해 토지의 권리변동 등에 관련하여 그 법적

3) 반대의견은 "일조방해란 태양의 직사광선이 차단되는 불이익을 말하는 것이고, 그 일조방해의 정도가 사회통념상 일반적으로 인용하는 수인한도를 넘게 되면 사법상 위법한 가해행위로 평가되는 것"이라고 하고, 헌법 제35조 제1항을 근거로 들면서 "위법한 일조방해는 단순한 재산권의 침해에 그치는 것이 아니라 건강하고 쾌적한 환경에서 생활할 개인의 인격권을 침해하는 성격도 지니고 있다."고 한다.

분쟁의 해결이 사실상 어렵게 되거나 매우 복잡하게 되기 때문에, 결국 부동산거래에 관한 법적 안정성 내지 거래 안전을 심하게 훼손하는 결과를 가져올 것이다.

(4) 반대의견에 대한 보충의견은, 위법한 일조방해로 인하여 가해 건물의 소유자 내지 실질적인 처분권자(이하 '소유자 등'이라 한다)가 철거의무를 부담하게 되는 지극히 예외적인 사안과 그에 해당하지 않는 일반적인 사안을 구분하여 불법행위로 인한 손해배상청구권의 소멸시효 진행에 차이를 두어서는 안 된다고 반박한다. 즉, 일조방해의 정도가 어느 수준을 넘게 되면 소유자 등의 철거의무가 발생한다는 것은 수긍할 수 있으나, 이로 인하여 불법행위의 성질이 일회적 불법행위에서 계속적 불법행위로 변하여 그 성립시기나 소멸시효의 진행이 달라질 수 있다는 다수의견의 논리에는 선뜻 동의하기 어렵다고 한다.

3. 평석

(1) 불법행위가 성립한 때에 손해배상책임이 발생하고, 손해배상청구권의 소멸시효는 그 성립시부터 진행하는 것이 원칙이다. 다수의견과 반대의견이 논박을 벌이고 있는—불법행위의 전형적인 한 유형인—자동차 사고의 경우에 그 피해가 나중에 현실화되는 경우에도 원칙적으로 불법행위로 인한 손해배상청구권의 소멸시효는 불법행위의 성립시부터 진행한다. 물론 불법행위시에 예견할 수 없는 장애가 나중에 발생하는 경우에는 예외적으로 후유장애가 발생한 때로부터 소멸시효가 진행한다. 자동차 사고와 일조방해는 반대의견에 대한 보충의견이 지적하는 바와 같은 차이가 있지만, 위법한 건축으로 일조방해가 발생하는 경우에 그로 인한 정신적 피해가 계속 발생하더라도 그 피해는 건축이 완성되었을 때 예상할 수 있는 것으로 보아야 할 것이다.

(2) 다수의견에서 '소유자 등이 철거의무를 부담하게 되는 일조방해 사안'과 '그렇지 않은 일반적인 일조방해사안'을 구분하여 불법행위로 인한 손해배상청구권의 소멸시효의 기산점을 달리하고 있는데, 이것이 정당한 것인지에 대하여 의문이 제기될 수 있다.

이는 기존의 판례를 따른 것으로 볼 수 있다. 즉, 대판(전) 1966. 6. 9, 66다615[4]는 불법행위가 계속하여 이루어지고 그로 인하여 손해도 계속 발생하여 나날이 새로운 불법행위에 기인한 손해가 발생하는 경우에는 나날이 발생한 새로운 각 손해를 안 날로부터 별개로 소멸시효가 진행한다고 하였다.[5] 다수의견의 위 견해는 위 전원합의체 판결을 일조방해사례에 적용한 것이다. 일조방해로 인하여 건물 등의 소유자 내지 실질적 처분권자가 피해자에 대하여 건물 등의 전부 또는 일부에 대한 철거의무를 부담하는 경우에, 이러한 철거의무를 계속적으로 이행하지 않는 부작위는 새로운 불법행위가 된다. 이 경우에 손해는 날마다 새로운 불법행위에 기하여 발생하는 것이므로 피해자가 그 손해를 안 때로부터 각별로 소멸시효가 진행한다고 볼 수 있을 것이다. 그렇지 않으면 일조를 방해하는 건축물의 소유자 등이 철거의무를 부담하는 데 일조방해로 인한 불법행위책임을 지지 않는 경우가 발

4) 종합법률정보.

5) 이 판결은 "본건 불법행위로 인하여 원고의 본건 토지에 관한 소유권이 상실되어 원고에게 인도가 불가능하다면 피고의 가해행위는 종료하고 그 후에 손해만 계속 [발생]하는 것이므로 원고 주장의 손해배상청구권의 소멸시효는 원고가 최초에 손해 및 가해자를 안 때부터 그 손해 전부의 배상청구권에 관하여 진행한다고 할 것이나 그러하지 않고 원고의 본건 토지에 관한 소유권이 상실되지 아니하였다면 피고의 불법행위는 계속하여 이루어지고 그로 인하여 손해도 계속 발생하여 나날이 새로운 불법행위에 기인한 손해가 발생하는 것이라고 할 것이고, 따라서 민법 제766조의 적용에 관하여서는 나날이 발생한 새로운 각 손해를 안 날로부터 별개로 소멸시효가 진행한다."고 하였다. 同旨: 대판 1999. 3. 23, 98다30285 (공 1999, 728).

생할 것이다. 따라서 철거의무를 부담하는 위법한 방해자는 그로 인하여 손해를 입고 있는 피해자에게 불법행위로 인한 손해배상을 부담한다고 보아야 할 것이다.

(3) 한편 반대의견과 같이 일조방해로 인한 재산적 손해와 정신적 손해를 구분하여 그 소멸시효의 기산점을 달리 정하는 것은 받아들이기 어렵다. 일조방해의 경우에 시가 하락분 등을 계산하여 재산적 손해액을 산정할 수 있지만, 일조방해사례에서 재산적 손해와 정신적 손해를 엄밀하게 구분하기가 쉽지 않은 경우가 많다.[6] 일조를 방해하는 가해 건물의 완성 시점에 재산상 손해는 예견할 수 있는 데 반하여, 날마다 발생하는 정신적 손해는 예견할 수 없다고 양자를 구분할 수 있는지도 의문이다. 여러 종류의 불법행위에서 행위 당시 정신적 손해를 엄밀하게 예견할 수 없다. 그런데도 법원은 그 시점을 기준으로 정신적 손해를 평가하여 위자료액을 산정하는 것이다. 일조방해의 경우에도 이와 마찬가지로 건물의 완성 시점에 정신적 손해를 예견할 수 있는 것으로 보아 손해액을 산정하여야 할 것이다. 따라서 건물의 완성시점에 일조방해로 인한 손해를 평가하여 손해배상액을 산정하여 배상하여야 하고, 손해배상청구권의 소멸시효도 그때부터 진행한다고 보는 것이 간명한 분쟁해결방식이다. 일조를 방해하는 위법한 건축을 한 경우에 불법행위가 계속된다고 보면, 분쟁이 장기화되거나 심지어 영구화될 것이다. 그로 인한 비효율을 막으려면, 위법 건축으로 인한 일조방해의 경우에 가해 건물의 완성시점을 소멸시효의 기산점으로 봄으로써 분쟁을 한꺼번에 해결하도록 하는 것이 바람직하다. 이 판결은 건물의 완성으로 일조를 방해하는 사태의 전개가 종결되었다고 보고, 이 시점을 기준으로 법적 분쟁을 일단락지어야 한다는 것을 언명한 것이라고 볼 수 있다.

6) 김재형, "프로스포츠 선수계약의 불이행으로 인한 손해배상책임," 민법론 Ⅲ, 2007, 394면.

[121] V. 조망권
대판 2004. 9. 13, 2003다64602(공 2004, 1661)

1. 대법원 판결

(1) "어느 토지나 건물의 소유자가 종전부터 향유하고 있던 경관이나 조망이 그에게 하나의 생활이익으로서의 가치를 가지고 있다고 객관적으로 인정된다면 법적인 보호의 대상이 될 수 있는 것인바(대법원 1997. 7. 22. 선고 96다56153 판결 등 참조), 이와 같은 조망이익은 원칙적으로 특정의 장소가 그 장소로부터 외부를 조망함에 있어 특별한 가치를 가지고 있고, 그와 같은 조망이익의 향유를 하나의 중요한 목적으로 하여 그 장소에 건물이 건축된 경우와 같이 당해 건물의 소유자나 점유자가 그 건물로부터 향유하는 조망이익이 사회통념상 독자의 이익으로 승인되어야 할 정도로 중요성을 갖는다고 인정되는 경우에 비로소 법적인 보호의 대상이 되는 것이라고 할 것이고, 그와 같은 정도에 이르지 못하는 조망이익의 경우에는 특별한 사정이 없는 한 법적인 보호의 대상이 될 수 없다고 할 것이다.

그리고 조망이익이 법적인 보호의 대상이 되는 경우에 이를 침해하는 행위가 사법상 위법한 가해행위로 평가되기 위해서는 조망이익의 침해 정도가 사회통념상 일반적으로 인용하는 수인한도를 넘어야 하고, 그 수인한도를 넘었는지 여부는 조망의 대상이 되는 경관의 내용과 피해건물이 입지하고 있는 지역에 있어서 건조물의 전체적 상황 등의 사정을 포함한 넓은 의미에서의 지역성, 피해건물의 위치 및 구조와 조망상황, 특히 조망과의 관계에서의 건물의 건축·사용목적 등 피해건물의 상황, 주관적 성격이 강한 것인지 여부와 여관·식당 등의 영업과 같이 경제적 이익과 밀접하게 결부되어 있는지 여부 등 당해 조망이익의 내용, 가해건물의 위치 및 구조와 조망방해의 상황 및 건축·사용목적 등 가해건물의 상황, 가해건물 건축의 경위, 조망방해를 회피할 수 있는 가능성의 유무, 조망방해에 관하여 가해자측이 해의(害意)를 가졌는지의 유무, 조망이익이 피해이익으로서 보호가 필요한 정도 등 모든 사정을 종합적으로 고려하여 판단하여야 한다."

(2) "원고들의 주택 주위에는 특별히 경관으로서 내세울 만한 것이 없고, 이 사건 아파트 건축으로 인하여 원고들의 주택에서 남쪽으로의 조망이 종전보다 나쁘게 되었으나, 이 사건 아파트가 건축되기 전부터 원고들 소유의 주택에서 남쪽을 바라볼 때 대부분 위 언덕 및 그 위에 있던 이 사건 아파트 건축 전의 5층 아파트 단지에 의하여 시야가 가로막혀 남쪽으로의 조망이 양호하지 못하였"다. 따라서 "원고들의 조망이익을 법적인 보호의 대상으로 할 만한 특별한 사정이 있다고 보기는 어렵고, 또한 나머지 원고들의 조망이익이 법적인 보호의 대상이 될 만한 특별한 사정이 있다고 하더라도 앞에서 본 수인한도의 초과 여부에 관한 판단 기준에 비추어 볼 때, 원심이 내세우는 사정만으로는 조망이익에 대한 침해의 정도가 그 수인한도를 벗어난 것으로 보기도 어렵다."

2. 평석

(1) 경관이나 조망이 법적인 보호의 대상이 되는지 문제된다. 대법원은 토지나 건물의 소유자가 종전부터 향유하고 있던 경관이나 조망이 그에게 하나의 생활이익으로서의 가치를 가지고 있다고 객관적으로 인정되는 경우에 법적인 보호의 대상이 된다고 한다.[1] 일조권은 토지나 건물 소유자에게 일반적으로 인정될 수 있는 것과는 달리 경관이나 조망에 대한 법적 이익은 제한적으로 인정된다고 볼 수 있다.

1) 대판 1997. 7. 22, 96다56153(공 1997, 2636).

이 경우 조망이나 경관에 대한 이익에 대한 법적인 보호는 원칙적으로 토지나 건물의 소유자에게 인정된다. 건물이나 토지 소유자의 경관이나 조망에 대한 법적 이익을 조망권이라고 할 수 있는데, 이러한 조망권은 일조권과 마찬가지로[2] 소유권의 한 내용이라고 할 수 있다. 그리고 조망권의 침해는 소유권의 소극적 침해라고 볼 수 있다.[3]

이 판결은 조망이익이 법적인 보호대상이 되는 요건을 다음과 같이 정하고 있다. 즉, "특정의 장소가 그 장소로부터 외부를 조망함에 있어 특별한 가치를 가지고 있고, 그와 같은 조망이익의 향유를 하나의 중요한 목적으로 하여 그 장소에 건물이 건축된 경우와 같이 당해 건물의 소유자나 점유자가 그 건물로부터 향유하는 조망이익이 사회통념상 독자의 이익으로 승인되어야 할 정도로 중요성을 갖는다고 인정되는 경우"여야 한다.

(2) 나아가 이 판결은 조망이익의 침해에 기한 불법행위책임에 관하여 판단기준을 제시하고 있다. 조망이익이 법적인 보호의 대상이 되는 경우에 이를 침해하는 행위가 사법상 위법한 가해행위로 평가되기 위해서는 조망이익의 침해 정도가 사회통념상 일반적으로 인용하는 수인한도를 넘어야 한다고 하면서, 수인한도를 판단하는 요소를 상세하게 열거하고 있다. 이에 관해서도 생활이익침해의 금지에 관한 제217조, 특히 그 제2항에서 정한 인용의무가 적용된다고 보아야 한다.

(3) 대법원은 조망의 이익도 불법행위의 보호범위에 포함된다고 하지만, 일조이익과 달리 불법행위책임을 인정하는 범위를 매우 좁게 설정하고 있다. 이 사건에서 "원고들의 주택 주위에는 특별히 경관으로서 내세울 만한 것이 없"다고 하였는데, 이는 원고에게 법적으로 보호할 만한 조망이나 경관에 대한 이익이 없다고 본 것이다. 나아가 조망이익이 법적인 보호의 대상이 될 만한 특별한 사정이 있다고 하더라도 조망이익에 대한 침해의 정도가 그 수인한도를 벗어난 것으로 보기도 어렵다고 하였다. 이 판결은 원고들에게 법적으로 보호받을 만한 조망이익, 즉 조망권이 인정되지 않을 뿐만 아니라, 조망권이 인정되더라도 그 침해가 수인한도를 초과하지 않는다고 본 것이다.

조망권은 일조권에 비하여 법적으로 보호되는 범위가 좁은데,[4] 그 이유는 무엇인가? 첫째, 권리보호의 측면에서 조망권은 일조권보다 좁게 보호받는다. 일조권은 토지나 건물 소유자에게 일반적으로 인정된다. 그러나 조망권은 토지나 건물 소유자가 향유하던 경관이나 조망이 그에게 생활이익으로서의 가치를 가지는 경우에 한하여 인정된다. 따라서 조망권의 경우에는 생활이익으로서의 가치가 있는지 여부를 판단하는 과정을 거쳐야 한다는 점에서 일조권보다 인정되는 범위가 좁아진다. 둘째, 침해행위의 측면에서 조망권 침해는 일조권 침해에 비하여 위법의 정도가 약하다. 일조권을 침해하는 경우에는 소유자, 특히 거주자의 건강이나 생활이익을 침해할 수 있지만, 조망권을 침해한다고 해서 건강에 직접적인 침해가 발생하지는 않는다.

2) 이 점과 관련해서는 일조권에 관한 위 [117]판결에 관한 설명 참조.

3) 김재형, "소유권과 환경보호 — 민법 제217조의 의미와 기능에 대한 검토를 중심으로," 민법론 Ⅰ, 2004, 134~135, 144면.

4) 윤진수, "2007년도 주요 민법 관련 판례 회고," 서울대학교 법학 제49권 제1호(2008. 3), 384면은 "조망이익의 경우에도 사회의 전체적인 조망이익 내지 다른 이익이 감소되는 경우에 비로소 불법행위가 문제될 수 있을 것"이라고 한다.

[추기]

(1) 그 후 대판 2007. 6. 28, 2004다54282(공 2007, 1135)는 '한강 조망이익 침해 사건'에 대한 판결인데, 이 사건에서도 원고들의 조망이익을 부정하였다.

"우선, 위 원고들이 조망을 누리던 한강의 경관이 매우 아름다운 것으로서 법적으로 보호받는 조망의 대상이 되기에 충분하다고 할 것이지만, 위 원고들이 구분소유하는 리바뷰아파트가 그 장소로부터 한강을 조망함에 있어 특별한 가치를 가지고 있다고 할 수는 없다.

조망의 대상과 그에 대한 조망의 이익을 누리는 건물 사이에 타인 소유의 토지가 있지만 그 토지 위에 건물이 건축되어 있지 않거나 저층의 건물만이 건축되어 있어 그 결과 타인의 토지를 통한 조망의 향수가 가능하였던 경우 그 타인은 자신의 토지에 대한 소유권을 자유롭게 행사하여 그 토지 위에 건물을 건축할 수 있고 그 건물 신축이 국토의 계획 및 이용에 관한 법률에 의하여 정해진 지역의 용도에 부합하고 건물의 높이나 이격거리에 관한 건축관계법규에 어긋나지 않으며 조망 향수자가 누리던 조망의 이익을 부당하게 침해하려는 해의에 의한 것으로서 권리의 남용에 이를 정도가 아닌 한 인접한 토지에서 조망의 이익을 누리던 자라도 이를 함부로 막을 수는 없으며, 따라서 조망의 이익은 주변에 있는 객관적 상황의 변화에 의하여 저절로 변용 내지 제약을 받을 수밖에 없고, 그 이익의 향수자가 이러한 변화를 당연히 제약할 수 있는 것도 아니다."

"리바뷰아파트와 한강 사이에는 강북강변도로와 엘지한강빌리지 아파트의 부지인 토지가 있고 엘지한강빌리지 아파트가 건축되기 전에 그 토지 위에는 리바뷰아파트보다 먼저 건축된 외인아파트 18개 동이 있었음에도 위 원고들이 그동안 한강 조망을 누릴 수 있었던 것은 철거된 위 외인아파트가 5층인 반면 리바뷰아파트는 그보다 높은 10층이었기 때문인데, 리바뷰아파트와 엘지한강빌리지 아파트가 있는 이촌동 일대는 고층아파트의 건축이 허용되는 지역이고 엘지한강빌리지 아파트 부지에 있던 외인아파트는 이미 건축된 지 30년 정도 경과하여 그 자리에 재건축이 이루어지는 경우 고층아파트가 건축되리라는 점은 쉽게 예상할 수 있었다고 보아야 한다. 따라서 위 원고들이 한강 조망의 이익을 누리던 리바뷰아파트가 언제나 한강 조망에 있어 특별한 가치를 가진다고 볼 수는 없고, 나아가 5층짜리 외인아파트의 뒤에 그보다 높은 10층짜리 건물을 세움으로써 리바뷰아파트의 한강 조망을 확보한 것처럼, 보통의 지역에 인공적으로 특별한 시설을 갖춤으로써 누릴 수 있게 된 조망의 이익은 법적으로 보호받을 수 없다고 하여야 한다. 만일 이러한 경우까지 법적으로 보호받는 조망의 이익이라고 인정한다면 그 건물과 조망의 대상 사이에 있는 토지에는 그 누구도 고층 건물을 건축할 수 없다는 결론이 되어 부당하기 때문이다."

이 판결은 "위 원고들이 구분소유하는 리바뷰아파트는 그 장소로부터 한강을 조망함에 있어 특별한 가치를 가지고 있어 그 조망의 이익이 사회통념상 독자의 이익으로 승인되어야 할 정도로 중요성을 갖는다고 인정하기 어렵다."고 하였다.[5)]

(2) 대판 2014. 2. 27, 2009다40462(공 2014, 680)는 "인접 토지에 건물 등이 건축되어 발생하

5) 나아가 이 판결은 "위 원고들이 누리던 한강 조망의 이익의 중요성 및 그에 대한 보호의 필요성과 피고들의 엘지한강빌리지 아파트 건설의 필요성 및 상당성을 비교해보더라도, 피고들의 고층 아파트 건축으로 인한 위 원고들의 한강 조망의 이익 침해 정도가 사회통념상 일반적으로 인용하는 수인한도를 넘는다고 보기 어렵다."고 한다.

는 시야 차단으로 인한 폐쇄감이나 압박감 등의 생활이익의 침해를 이유로 하는 소송에서 침해가 사회통념상 일반적으로 수인할 정도를 넘어서서 위법하다고 할 것인지 여부는, 피해 건물의 거실이나 창문의 안쪽으로 일정 거리 떨어져서 거실 등의 창문을 통하여 외부를 보았을 때 창문의 전체 면적 중 가해 건물 외에 하늘이 보이는 면적비율을 나타내는 이른바 천공률이나 그중 가해 건물이 외부 조망을 차단하는 면적비율을 나타내는 이른바 조망침해율뿐만 아니라, 피해건물과 가해건물 사이의 이격거리와 가해건물의 높이 및 이격거리와 높이 사이의 비율 등으로 나타나는 침해의 정도와 성질, 창과 거실 등의 위치와 크기 및 방향 등 건물 개구부 현황을 포함한 피해 건물의 전반적인 구조, 건축법령상의 이격거리 제한 규정 등 공법상 규제의 위반 여부, 나아가 피해 건물이 입지하고 있는 지역에 있어서 건조물의 전체적 상황 등의 사정을 포함한 넓은 의미의 지역성, 가해건물 건축의 경위 및 공공성, 가해자의 방지조치와 손해회피의 가능성, 가해자 측이 해의를 가졌는지 유무 및 토지 이용의 선후관계 등 모든 사정을 종합적으로 고려하여 판단하여야 한다."라고 판결하였다.

제3절 의료과오 등

[122] Ⅰ. 의료과오와 증명책임

대판 2004. 10. 28, 2002다45185(공 2004, 1929)

1. 사실관계와 원심판결

망 A는 1998. 1. 14. 심한 어지러움 증세 등으로 피고 법인 산하 동산의료원 응급실을 통하여 입원하였다. 위 병원 소속 신경과 의사 B는 망인에 대한 문진 및 시진 결과 뇌경색으로 진단하여 항혈소판제재를 투여하였고, 그 다음 날 실시한 뇌자기공명영상(MRI)촬영 결과 우측 소뇌에 다발성 소강성 뇌경색이 나타나고 현훈검사에서 중추신경성 현훈이 의심되자 같은 달 17. 지도교수와 상의하여 뇌혈관의 이상 여부를 확인하기 위하여 뇌혈관조영술 검사를 실시하기로 결정하였는데 그 무렵 망인의 어지러움증은 거의 호전되었다. 위 병원 소속 진단방사선과 의사인 B는 같은 달 21. 망인에 대하여 뇌혈관조영술을 하기 위하여 우측 서혜부 대퇴동맥에 카테터(도관)를 삽입한 다음 주사기를 사용하여 조영제를 투여하면서 4번 우측추골동맥을 촬영하던 중 망인이 갑자기 두통을 호소하여 검사를 중단하였으나 망인은 이미 의식을 상실하였다. 같은 날 추적 뇌단층촬영을 시행한 결과 망인의 뇌간과 소뇌의 경색이 확인되었으며 그 후 망인은 의식을 회복하지 못하고 같은 해 2. 5. 사망하였다.

원심은 다음과 같은 점에 비추어 망인의 사망이 B의 시술과정에서의 잘못으로 인한 것이라고 추정할 수 있다고 판단하고 이어 B가 뇌혈관조영술 시술 당시 주의의무를 다하였음을 인정하기에 부족하다는 판단을 부가하였다. 첫째, 망인과 같이 뇌혈관조영술을 받다가 뇌경색이 발생할 원인으로 추정할 수 있는 것은 동맥 내에 형성된 혈전이나 동맥경화덩어리가 떨어져 나가 뇌동맥을 막는 경우로 추단할 수 있고, 위 혈전이나 동맥경화덩어리가 떨어지게 된 원인을 선뜻 단정할 수 없는 상태이지만 이 사건 시술과 망인의 사망 사이에 다른 원인이 게재되었을 가능성은 전혀 찾아볼 수 없다. 둘째, 망인은 입원 후 치료를 받아 상태가 거의 호전되어 퇴원을 기다리던 중 발병 원인의 정확한 규명과 향후 치료방법을 위하여 뇌혈관조영술을 받던 중 혈전이 떨어져 기저동맥을 막음으로써 사망하였다.

2. 대법원 판결

그러나 대법원은 다음과 같은 이유로 원심판결을 파기환송하였다.

"의료행위는 고도의 전문적 지식을 필요로 하는 분야로서 전문가가 아닌 일반인으로서는 의사의 의료행위의 과정에 주의의무 위반이 있는지의 여부나 그 주의의무 위반과 손해발생 사이에 인과관계가 있는지 여부를 밝혀내기가 극히 어려운 특수성이 있으므로 수술 도중 환자에게 사망의 원인이 된 증상이 발생한 경우 그 증상 발생에 관하여 의료상의 과실 이외의 다른 원인이 있다고 보기 어려운 간접사실들을 입증함으로써 그와 같은 증상이 의료상의 과실에 기한 것이라고 추정하는 것도 가능하다고 하겠으나(대법원 2000. 7. 7. 선고 99다66328 판결 등 참조), 그 경우에도 의사의 과실로 인한 결과발생을 추정할 수 있을 정도의 개연성이 담보되지 않는 사정들을 가지고 막연하게 중한 결과에서 의사의 과실과 인과관계를 추정함으로써 결과적으로 의사에게 무과실의 입증책임을 지우는 것까지 허용되는 것은 아니라고 할 것이다."

3. 평석

(1) 의료과오의 경우에 과실과 인과관계의 증명은 매우 중요한 문제이다. 대판 1995. 2. 10, 93다52402(집 43-1, 민 51)는 이에 관한 기준을 제시하고 있다.

"원래 의료행위에 있어서 주의의무 위반으로 인한 불법행위 또는 채무불이행으로 인한 책임이 있다고 하기 위하여는 다른 경우와 마찬가지로 의료행위상의 주의의무의 위반, 손해의 발생 및 주의의무의 위반과 손해의 발생과의 사이의 인과관계의 존재가 전제되어야 한다고 할 것이다. 그러나 이 사건에 있어서와 같이 환자가 치료도중에 사망한 경우에 있어서는 피해자 측에서 일련의 의료행위 과정에 있어서 저질러진 일반인의 상식에 바탕을 둔 의료상의 과실있는 행위를 입증하고 그 결과와 사이에 일련의 의료행위외에 다른 원인이 개재될 수 없다는 점, 이를테면 환자에게 의료행위 이전에 그러한 결과의 원인이 될 만한 건강상의 결함이 없었다는 사정을 증명한 경우에 있어서는, 의료행위를 한 측이 그 결과가 의료상의 과실로 말미암은 것이 아니라 전혀 다른 원인으로 말미암은 것이라는 입증을 하지 아니하는 이상, 의료상 과실과 결과 사이의 인과관계를 추정하여 손해배상책임을 지울 수 있도록 입증책임을 완화하는 것이 손해의 공평·타당한 부담을 그 지도원리로 하는 손해배상제도의 이상에 맞는다고 하지 않을 수 없다."

이 판결은 의료과오에서 인과관계의 증명에 관한 기준을 제시한 것으로 그 후의 판결에 결정적인 영향을 미쳤다. 그 의미는 다음과 같다. 첫째, 의료과오의 경우에 불법행위책임과 채무불이행책임이 성립하는데, 그 요건은 의료상의 주의의무의 위반, 손해의 발생, 주의의무의 위반과 손해의 발생 사이의 인과관계의 존재이다. 의료과오의 경우에 불법행위책임이 성립한다는 점에는 의문이 없는데, 이 판결은 채무불이행책임이 성립한다는 점을 명백히 하고 있다. 또한 의료과오의 경우 일반적인 채무불이행과 달리 채무불이행책임과 불법행위책임 사이에 그 요건도 동일하게 보고 있다. 이는 의료과오가 불완전이행에 해당하는데, 의료상의 주의의무 위반을 환자가 증명해야 하기 때문이라고 할 수 있다. 둘째, 환자가 치료도중에 사망한 경우에 피해자 측에서 의료상의 과실 있는 행위를 증명하고 그 결과와 사이에 일련의 의료행위외에 다른 원인이 개재될 수 없다는 점을 증명한 경우에 의료상 과실과 결과 사이의 인과관계를 추정하고 있다. 이러한 경우에 의료행위를 한 측이 그 결과가 의료상의 과실로 말미암은 것이 아니라 전혀 다른 원인으로 말미암은 것이라는 점을 증명해야만 인과관관계의 추정이 깨어진다. 바로 이 점에서 이 판결이 의료과오에 관한 획기적인 기준을 제시하고 있다고 볼 수 있다.

(2) 위 1995년 대법원 판결에 따라 환자 측에서 의료과오를 증명하는 부담이 대폭 완화되었는데, 인과관계의 증명을 추정하는 데서 나아가 의료상의 과실까지 추정되는지 논란이 있었다.[1)]

위 2004년 대법원 판결은 의사의 과실과 인과관계의 추정에 한계를 제시하고 있다.[2)] 의사가 수술 도중 환자에게 사망의 원인이 된 증상이 발생한 경우 그 증상 발생에 관하여 의료상의 과실 이외의 다른 원인이 있다고 보기 어려운 간접사실들을 증명하면 그와 같은 증상이 의료상의 과실에 기한 것이라고 추정할 수 있지만,

1) 김천수 "진료과오책임의 입증 및 설명의무의 이행," 의료법학 창간호, 302면; 안법영, "의료사고의 불법행위책임," 법학논집(1997. 8), 262면 이하 참조.

2) 상세한 것은 민유숙, "의료과오로 인한 손해배상소송에 있어서 인과관계·과실의 추정과 설명의무," 대법원판례해설 제51호(2004 하반기)(2005. 6), 279면 이하 참조.

그 경우에 의사의 과실로 인한 결과발생을 추정할 수 있을 정도의 개연성이 있는 사정이 있어야 한다는 것이다. 그렇지 않고 막연하게 중한 결과에서 의사의 과실과 인과관계를 추정하는 것은 허용되지 않는다는 것이다. 특히 이 판결은 "무과실의 입증책임을 지우는 것까지 허용되는 것은 아니라고 할 것"이라고 하였는데, 의료상의 과실은 환자가 증명하여야 할 것이고 "의사의 과실로 인한 결과발생을 추정할 수 있을 정도의 개연성이 있는 사정"이 있어야 의료성의 과실이 추정될 수 있다고 본 것이다. 이는 위 1995년 대법원 판결 이래 의사의 의료과오 책임을 쉽게 인정하는 경향이 있었으나, 의사의 과실에 의한 의료사고라고 할 수 있는 개연성이 있어야 한다고 함으로써 그 책임을 다소 제한하려는 시도라고 볼 수 있다.

[123] Ⅱ. 의사의 불성실한 진료로 인한 위자료 청구권
대판 2006. 9. 28, 2004다61402(공 2006, 1819)

1. 원심판결

원심은, 망아(亡兒)가 피고 병원에서 전신마취 수술을 받은 후 기면 내지 혼미의 의식상태에 놓여 있다가 사망한 이 사건에서, 망아의 사망은 뇌동정맥기형이라는 망아의 특이체질에 기한 급성 소뇌출혈로 인하여 발생한 것으로서 피고 병원 의료진에게 망아의 사망과 상당인과관계가 있는 과실이 있다고 인정할 수 없지만, 피고 병원 의료진이 망아의 기면 내지 혼미의 의식상태에 따른 환기 및 산소공급 조치를 제대로 취하지 아니하고 마취과 전문의 혹은 수술 집도의에게 적절한 보고 조치를 취하지 아니하는 등, 전신마취 수술 후 마취 회복 기간이 경과하도록 기면 내지 혼미의 의식상태에 놓인 환자에 대한 사후 관리를 함에 있어 충분하고도 최선의 조치를 다한 것으로 볼 수 없고, 피고 병원 의료진의 위와 같은 불성실한 진료행위 그 자체로 곧바로 불법행위가 성립한다고 판단하여 피고 병원에게 그에 대한 손해배상책임으로 위자료의 지급을 명하였다.

2. 대법원 판결

대법원은 다음과 같은 이유로 원심판결을 파기환송하였다.

(1) "의료진의 주의의무 위반으로 인한 불법행위의 책임을 묻기 위해서는 의료행위상 주의의무의 위반, 손해의 발생 및 그 양자 사이에 인과관계가 존재한다는 점이 각 입증되어야 할 것인바, 사람의 생명·신체·건강을 관리하는 업무인 의료행위의 속성상 환자의 구체적인 증상이나 상황에 따라 위험을 방지하기 위하여 요구되는 최선의 조치를 취하여야 할 주의의무를 부담하는 의료인 및 의료종사원 등 의료진이 그와 같은 환자의 기대에 반하여 환자의 치료에 전력을 다하지 아니한 경우에는 그 업무상 주의의무를 위반한 것이라고 보아야 할 것이지만, 그러한 주의의무 위반과 환자에게 발생한 악결과(惡結果) 사이에 상당인과관계가 인정되지 않는 경우에는 그에 관한 손해배상을 구할 수 없다 할 것이다. 다만, **그 주의의무 위반의 정도가 일반인의 처지에서 보아 수인한도를 넘어설 만큼 현저하게 불성실한 진료를 행한 것이라고 평가될 정도에 이른 경우라면 그 자체로서 불법행위를 구성하여 그로 말미암아 환자나 그 가족이 입은 정신적 고통에 대한 위자료의 배상을 명할 수 있다고 보아야 할 것이나, 이때 그 수인한도를 넘어서는 정도로 현저하게 불성실한 진료가 있었다는 점은 불법행위의 성립을 주장하는 원고들이 이를 입증하여야 할 것**이다."

(2) "비록 위와 같은 수술 후 관리 소홀의 점에 관한 피고 병원 의료진의 주의의무 위반의 점이 인정된다고 하더라도, 더 나아가 그러한 주의의무 위반의 정도가 일반인의 수인한도를 넘어설 만큼 현저하게 불성실한 진료를 행한 것으로 평가될 정도에 이르렀음이 입증되지 아니하는 한 피고 병원의 위자료 배상책임을 인정할 수 없다."

3. 평석

(1) 이 판결은 "그 주의의무 위반의 정도가 일반인의 처지에서 보아 수인한도를 넘어설 만큼 현저하게 불성실한 진료를 행한 것이라고 평가될 정도에 이른 경우라면 그 자체로서 불법행위를 구성하여 그로 말미암아 환자나 그 가족이 입은 정신적 고통에 대한 위자료의 배상을 명할 수 있다."고 한다. "이때 그 수인한도를 넘어서는 정도로 현저하게 불성실한 진료가 있었다는

점은 불법행위의 성립을 주장하는 원고들이 이를 입증하여야 할 것"이라고 한다.

의료진의 업무상 주의의무 위반과 환자에게 발생한 악결과(惡結果) 사이에 상당인과관계가 인정되지 않는 경우에는 손해배상책임이 없다. 그러나 이 판결은 대법원 판결로는 처음으로 의료과오에서 의사의 주의의무와 악결과 사이에 인과관계가 인정되지 않는데도 위자료배상청구권을 인정하였다.[1)]

특히 이 판결은 의사의 불성실한 진료로 인한 위자료청구권을 판단하는 기준으로 수인한도론을 채택하고 그 판단요소를 들고 있다는 점에서도 중요한 의미가 있다. 수인한도론은 일조권이나 조망권 침해 등과 같이 환경침해적인 불법행위에서 위법성을 판단하는 기준으로 통용되고 있다. 의사의 불성실한 진료행위도 권리의 침해 여부나 정도가 명확하지 않기 때문에, 수인한도론을 채택한 것이 아닌가 생각된다.

이 사건에서 원심은 피고 병원 의료진의 불성실한 진료행위 그 자체로 곧바로 불법행위가 성립한다고 판단하였으나, 대법원은 "피고 병원에게 불법행위책임을 물을 수 있을 정도로 피고 병원 의료진이 일반인의 수인한도를 넘어서 현저하게 불성실한 진료를 행한 잘못이 있었다고 단정할 만큼 충분한 입증에 이르렀다고 볼 수 있는지 의문"이라는 이유로 원심판결을 파기환송하였다. 위 주의의무 위반의 정도가 일반인의 수인한도를 넘어서는 것인지 여부는 "이 사건 수술 이후 망아에게서 나타난 구체적 증상하에서 망아의 수술 및 회복을 위한 입원치료를 맡은 병원의 의료진에게 일반적 의학상식 및 임상의학의 현실에 비추어 통상적으로 요구되는 필요한 조치가 무엇인지, 그러한 조치를 피고 병원의 의료진이 스스로 용이하게 취할 수 있었음에도 이를 게을리한 것인지, 아니면 담당 수술집도의 등에게 보고하여 그로 하여금 즉각 필요한 조치를 취하도록 하였어야 함에도 이를 게을리한 것인지 등" 모든 사정을 심리하여 판단하여야 한다고 하였다.

(2) 의사가 불성실한 진료를 했다고 해서 곧바로 불법행위책임이 인정되는 것은 아니다. 의사를 포함한 전문가들이 불성실하게 업무를 수행하는 경우가 적지 않은데, 이러한 영역에 관해서는 불법행위법이 개입하지 않겠다는 일정한 한계를 설정한 것이다. 불성실한 업무 수행에 대해서는 다른 제재를 가하거나 도덕이나 윤리의 문제로 남겨두어야 한다는 가치 판단을 하고 있다고 볼 수 있다. 다만 의사가 일반인의 처지에서 보아 수인한도를 넘어설 만큼 현저하게 불성실한 진료를 한 경우에 한하여 예외적으로 그 의무위반과 환자의 악결과 사이에 인과관계가 없더라도 환자의 정신적 고통을 배상해야 한다는 것이다.

---

1) 이에 관해서는 양창수, "2006년 민법판례 관견," 민법연구 제9권, 2007, 408면 참조.

[124] Ⅲ. 한약업사의 설명의무
대판 2002. 12. 10, 2001다56904(공 2003, 327)

1. 사실관계

(1) 원고 A는 1999. 4. 26. 13:30경 한약업사인 피고가 운영하는 한약방에서 한약재인 '초오(草烏)'1) 32g을 1,000원에 구입하였다. 당시 원고 A는 남편인 B가 다리가 저리다고 하자, 이를 치료하는 데에는 '초오'라는 한약재가 좋다는 이야기를 듣고 피고의 한약방에 찾아가 피고에게 '초오'를 달라고 하였다. 그런데 원고 A는 피고에게 '초오'를 복용할 환자의 상태에 관하여 아무런 설명을 하지 않았다. 피고는 원고 A에게 '명태 1마리와 같이 달인 뒤, 식혀서 조금씩 몸에 맞춰 마시라'고 복용방법을 설명하였으나, 그 독성, 부작용 등에 대하여는 설명하지 않았다.

(2) 원고 A는 피고로부터 구입한 '초오' 32g을 명태 1마리와 같이 달여 커피 1잔 정도의 분량이 나오자 이를 부엌에 그냥 두었다가 그 다음날인 4. 27. 06:30경 피고가 설명한 복용방법에 따르지 아니한 채 커피잔에 부어 남편인 B로 하여금 달여진 '초오' 전량을 한꺼번에 복용하게 하였는데, 이를 복용한 B는 얼굴 등에 마비증세가 와서 그 날 09:11경 사망하였다. 그 유족으로는 원고 A와 자녀인 원고 C, D가 있다.

(3) '초오'에는 아코니틴이라는 독성물질이 함유되어 허약자, 임산부 등에 대하여는 금기로 되어 있다. 아코니틴의 치사량은 약 3~4mg인데, '초오' 32g을 물에 넣어 1시간 정도 달인 물질에는 약 9.9mg 정도의 아코니틴계 알카로이드가 함유되어 있으나, 그 채집장소, 시기, 가공방법, 부위, 크기, 추출방법 등에 따라 그 함량에 많은 차이가 있다. 초오의 복용방법은 보통 그 독성을 완화하기 위하여 물을 한 바가지(약 2ℓ 가량) 이상 넣고 명태와 함께 충분히 달인 뒤, 차게 해서 조금씩 마시는 것이다. 한편 한약방 등이 아닌 일반 시장에서도 '초오'가 유통되는 경우도 있다.

2. 원심판결

원심은 피고가 亡 B와 원고들에 대하여 불법행위에 기한 손해배상책임이 있다고 판결하였다. 피고가 원고 A의 요구에 따라 '초오'를 판매하면서, 일반적인 복용방법에 관하여만 설명하였을 뿐, 독성이 강한 '초오'의 부작용이나 위험성을 고지하고 그 복용방법에 관하여 구체적으로 설명하지 않았는데, 이는 환자에 대한 설명의무를 다하지 아니하여 환자인 위 망인의 복용여부에 관한 자기결정권을 침해한 것이라고 판단하였다. 손해배상의 범위에 관하여는 피고의 불법행위로 인하여 망인과 원고들이 입은 정신적 고통을 금전으로 위자할 의무가 있다고 하고, 위자료로 합계 3,200만 원을 인정하였다. 다만 설명의무 위반과 중한 결과 사이에는 상당인과관계가 없다고 판단하였다.

3. 대법원 판결

대법원은 다음과 같은 이유로 피고의 상고를 기각하였다.

"이와 같은 한약업사 제도의 취지 및 한약재의 특성에 비추어 볼 때, 한약업사는 한약재의 성분과 효능 및 용법 등에 관한 전문적 지식을 가진 자이므로 적어도 그 용법이나 용량이 어떠한지에 따라 인체에 치명적인 결과를 초래할 수도 있는 한약재를 일반인에게 판매함에 있어서는, 신의칙상 매수인에게 그 효능 내지 위험성과 안전한 용법 등을 상세히 알려줌으로써 매수

1) 미나리아재비과에 속하는 놋저가락나무의 뿌리. 이보다 더 독성이 강한 약재로 흔히 알려져 있는 부자(附子)와 같은 식물군에서 산출된다고 한다.

제 3 편 채권법

인 등으로 하여금 그 복용여부나 복용방법에 관하여 스스로 선택, 결정할 기회를 가지도록 할 의무가 있다고 보아야 할 것이고, 만일 이러한 의무를 다하지 아니하여 한약재의 매수인 등이 잘못된 복용방법을 선택함으로써 그 생명 또는 신체의 위험이 초래된 경우에는 위와 같은 선택 내지 결정권을 침해하는 위법한 행위가 된다고 할 것이다.

그리고 그러한 위법한 행위와 복용자에게 발생된 생명, 신체의 위험 사이에 상당인과관계가 있는 경우에는 한약업사가 그 위험발생으로 인한 모든 손해를 배상할 의무를 지는 것이지만, 그렇지 아니한 경우에는 복용자가 선택의 기회를 잃고 복용여부나 복용방법에 관한 자기결정권을 행사할 수 없게 된 데 대하여 위자료의 지급을 구할 수 있을 뿐이라고 할 것이다(대법원 1994. 4. 15. 선고 93다60953 판결 참조)."

4. 평석

(1) 의사가 환자에게 수술 등 진료행위에 관하여 중요한 사항을 설명하지 않는 경우에 손해배상책임을 부담한다. 대법원은 대판 1979. 8. 14, 78다488(집 27-2 민 231) 이래 의사의 설명의무 법리를 발전시켜 왔다. 대판 2002. 1. 11, 2001다27449(공 2002, 457)는 약사가 의약품을 조제하여 판매하는 경우[2] 의사의 경우와 마찬가지로 설명의무를 인정하였다. 즉, "투약에 있어서 요구되는 의사의 이러한 설명의무는 약사가 의약품을 조제하여 판매함으로써 환자로 하여금 복용하도록 하는 경우에도 원칙적으로 적용된다."고 판결하였다. 그리하여 약사인 피고로서는 이 사건 감기약을 조제함에 있어 조제 전에 스티븐스-존슨 증후군 등 부작용의 발생가능성을 미리 설명하여 부작용의 존재를 알 길이 없던 환자 측의 승낙을 받아야 한다고 판단하였다. 다만 약사가 "사용설명서에 부작용에 대한 경고가 표시되어 있는 의약품을 단순 판매하는 경우"에는 설명의무가 인정되지 않는다는 점을 시사하고 있다. 이러한 경우에는 의약품을 복용하는 사람이 그 부작용을 쉽게 확인할 수 있기 때문이다.

(2) 이 판결은 이른바 '초오 사건'에 대한 것으로, 한의사나 한약사가 아닌 한약업사의 경우에도 자기결정권에 기한 설명의무를 인정하고 있다. 한약업사가 독성이 있는 한약재, 즉 초오를 판매하면서 설명을 제대로 하지 않아 매수인의 남편이 이를 복용하고 사망한 경우에 불법행위에 기한 손해배상책임을 인정하였다.

그러나 이 판결이 한약업사의 설명의무의 근거를 복용자의 자기결정권에서 찾은 것은 의문이다. 한약업사가 한약재에 관한 전문적 지식이 있다고 하더라도 한약재를 판매하는 사람에 불과하기 때문에, 진료행위를 하는 의사와 동일선상에서 다룰 수는 없다. 한약업사가 한약을 판매할 때 그 용법이나 위험을 설명하였다면, 잘못된 복용으로 인한 사고를 쉽게 막을 수 있었을 것이다. 이와 같이 위험한 약재를 판매하는 한약업사에게 정보제공의무로서의 설명의무를 인정하고 이를 위반한 경우에 손해배상책임이 발생한다고 이론구성하는 것이 타당할 것이다.[3] 이때 계약관계가 있는 경우에는 채무불이행책임이 인정되고, 그렇지 않고 계약관계가 없는 경우에는 불법행위책임이 인정될 것이다.[4]

2) 약사가 구 약사법(1999. 3. 31. 법률 제5959호로 개정되기 전의 것, 이하 구약사법이라 한다) 제25조, 부칙 제1조에 따라 의약품을 조제하여 판매하는 경우.

3) 김재형, "한약업사의 설명의무," 민법론 Ⅱ, 2004, 388~400면.

4) 김재형(주 3), 389면. 또한 김재형, "분양광고와 계약," 민법론 Ⅳ, 2011, 436면 이하도 참조.

제4절 금융거래와 불법행위

[125] 키코사건 판결

대판(전) 2013. 9. 26, 2011다53683, 53690(공 2013, 1882); 2012다1146, 1153(공 2013, 1901); 2012다13637(공 2013, 1916); 2013다26746(공 2013, 1954)

1. 쟁점

이 판결들에서 주로 문제된 것은 키코(KIKO; Knock-in Knock-out) 통화옵션계약이 민법상 불공정한 법률행위 또는 약관의 규제에 관한 법률 위반으로 무효인지 여부, 사기 또는 착오를 이유로 취소할 수 있는지 여부, 환율 급등 등의 사정변경을 이유로 해지할 수 있는지 여부, 적합성 원칙 위반 또는 설명의무 위반을 이유로 불법행위책임이 성립하는지 여부이다. 판결에서 다루고 있는 쟁점이 많아 여기에서 모두 다루기는 어렵다. 그리하여 사안에 따라 판단결과가 다르게 나온 부분, 즉 적합성 원칙 위반과 설명의무 위반에 관해서만 소개하고자 한다.

2. 적합성 원칙의 위반

(1) 통화옵션상품의 적합성

우선 대법원은 이 사건 각 통화옵션상품이 그 자체로 환 헤지(hedge)에 부적합하다고 하는 기업의 주장을 배척한다.[1)]

"장외파생상품을 이용한 환 헤지(hedge)거래의 목적은 이익을 극대화하려는 것이 아니라 미래의 환율 변동과 관계없이 현재 시점에서 장래에 적용받을 환율을 일정 환율로 고정함으로써 기초자산인 외환현물의 가격변동에 따르는 위험을 제거하려는 데 있다. 키코 통화옵션상품의 경우에도, 콜옵션 계약금액 상당의 외환현물을 기초자산으로 보유하고 있거나 장래에 보유할 것으로 예상하는 고객이 그 외환현물에 대한 환헤지 목적으로 계약을 체결하였다면, 환율이 상승할 경우 당해 통화옵션계약 자체에서는 손실이 발생하지만 외환현물에서는 그만큼의 환차익이 발생하기 때문에 환율이 상승하더라도 전체적인 손익은 변화가 없게 되는 것이고, 이로써 통화옵션계약을 체결하여 환 헤지를 하고자 한 본래의 목적을 이루게 되는 것이다.

이러한 점에 비추어 보면, 통화옵션계약이 고객과 은행 사이에 상호 부여하는 옵션의 이론가에 차이가 있다거나 환율이 상승할 경우에는 고객에게 불리할 수 있다고 하여, 그러한 통화옵션계약을 체결하면 계약 체결 이전보다 오히려 더 큰 환위험에 노출된다고 할 수는 없다."

대법원은 키코 통화옵션상품이 환 헤지에 부적합한 상품이 아니라고 보기 때문에, 은행이 기업에 키코 통화옵션상품을 판매한 것만으로 불법행위책임을 부담하지는 않게 된다. 그러나 은행이 기업에 적합하지 않은 통화옵션계약의 체결을 적극적으로 권유하여 이를 체결하게 한 경우에는 이른바 적합성 원칙을 위반하여 불법행위가 성립할 수 있다.

(2) 적합성 원칙의 위반에 대한 법리

대법원[2)]은 적합성 원칙에 관해서는 다음과 같은 법리를 전개하고 있다.

"은행은 환 헤지 목적을 가진 기업과 통화옵

1) 대판(전) 2012다1146, 1153(공 2013, 1901)(세신정밀).

2) 대판(전) 2011다53683, 53690(공 2013, 1882)(수산중공업). 이 판결은 계약이 불공정한 법률행위에 해당하지 않고, 문제된 내용이 약관에 해당하여 약관의 규제에 관한 법률 위반이 아니라고 하고 있고, 적합성 원칙이나 설명의무 위반을 이유로 한 불법행위책임을 인정하지 않고 있다.

션계약을 체결함에 있어서 해당 기업의 예상 외화유입액, 자산 및 매출 규모를 포함한 재산상태, 환 헤지의 필요 여부, 거래 목적, 거래 경험, 당해 계약에 대한 지식 또는 이해 정도, 다른 환 헤지 계약 체결 여부 등의 경영상황을 미리 파악한 다음, 그에 비추어 해당 기업에 적합하지 아니한 통화옵션계약의 체결을 권유하여서는 아니 된다. 만약 은행이 이러한 의무를 위반하여 해당 기업의 경영상황에 비추어 과대한 위험을 초래하는 통화옵션계약을 적극적으로 권유하여 이를 체결하게 한 때에는, 이러한 권유행위는 이른바 적합성의 원칙을 위반하여 고객에 대한 보호의무를 저버리는 위법한 것으로서 불법행위를 구성한다고 할 것이다.

특히 장외파생상품은 고도의 금융공학적 지식을 활용하여 개발된 것으로 예측과 다른 상황이 발생하였을 경우에는 손실이 과도하게 확대될 위험성이 내재되어 있고, 다른 한편 은행은 그 인가요건, 업무범위, 지배구조 및 감독 체계 등 여러 면에서 투자를 전문으로 하는 금융기관 등에 비하여 더 큰 공신력을 가지고 있어 은행의 권유는 기업의 의사결정에 강한 영향을 미칠 수 있으므로, 은행으로서는 위와 같이 위험성이 큰 장외파생상품의 거래를 권유할 때에는 다른 금융기관에 비하여 더 무거운 고객 보호의무를 부담한다고 봄이 타당하다."[3)]

대법원은 은행이 해당 기업에 적합하지 않은 통화옵션계약의 체결을 권유하여서는 안 된다는 의무를 인정하고, 은행이 그 의무를 위반하여 해당 기업의 경영상황에 비추어 과대한 위험을 초래하는 통화옵션계약을 적극적으로 권유하여 이를 체결하게 한 경우에는, 이러한 권유행위는 적합성의 원칙을 위반하여 고객에 대한 보호의무를 저버리는 위법한 것으로서 불법행위를 구성한다고 판단하고 있다. 이는 부당권유로 인한 불법행위책임에 관한 종래의 판례를 통화옵션계약에 적용한 것이다. 나아가 이 판결은 장외파생상품의 위험성과 은행의 공신력을 이유로 "은행으로서는 위와 같이 위험성이 큰 장외파생상품의 거래를 권유할 때에는 다른 금융기관에 비하여 더 무거운 고객 보호의무를 부담한다."고 한다.

(3) 적합성 원칙의 위반 여부에 대한 구체적 판단

4건의 전원합의체 판결이 모두 위 (2)의 법리를 전제로 하고 있으나, 결론이 사안마다 나누어져 있다.

(가) 먼저 위 수산중공업 사건에 대한 판결은 구체적 판단에서 다음과 같은 이유로 불법행위책임을 부정한다.

"이러한 사실관계[4)]에다 … 원고의 재산상태, 거래경험, 이 사건 각 통화옵션계약의 체결 경위 및 그 구체적 거래조건에 대한 원고의 이해 정도 등의 사정을 더하여 앞서 든 법리에 비추어 살펴보면, 원고는 이미 유사한 거래경험이 있는 상태에서 부분적 환 헤지 상품이라는 이

3) 이는 세신정밀 등 다른 판결에서도 동일하게 판단하고 있다.

4) 그 내용은 다음과 같다. 이 사건 ① 통화옵션계약은 원고가 이미 여러 차례 경험한 통화선도거래와 비교하면 일정 환율 이하로 하락할 경우에 환 헤지 효과를 일정한 금액으로 제한하고 레버리지 조건을 부가하는 대신 행사환율을 높인 정도의 차이만 있다. 원고는 녹아웃 조건, 녹인 조건, 레버리지 조건이 부가된 이 사건 ② 내지 ⑥ 각 통화옵션계약을 체결하기 전에 이미 이 사건 ① 통화옵션계약의 레버리지 조건 성취에 따라 5회에 걸쳐 2배의 매도의무를 경험하였고, 피고 주식회사 한국씨티은행과 녹아웃 조건이 붙은 애니타임 코 타깃 포워드(Anytime KO Target Forward) 계약 등을 체결하고 녹아웃 조건 성취로 거래가 소멸되는 경험도 하였다. 이 사건 각 통화옵션계약에 따라 피고들이 가지는 콜옵션 계약금액은 이 사건 ⑥ 통화옵션계약 체결 이후 최대 월 350만 달러 규모로서 원고의 2007년과 2008년의 월 평균 달러 유입액 범위 내에 있었다.

사건 각 통화옵션계약의 특성과 당시 국내외 기관의 장래 환율에 대한 전망 등을 고려하여 시장환율보다 높은 행사환율이 보장되는 환 헤지 거래의 목적으로 이 사건 각 통화옵션계약을 체결한 것으로 보이고, 그 콜옵션 계약금액이 원고의 예상 외화유입액의 범위를 넘지 않는 등 이 사건 각 통화옵션계약이 원고의 매출규모나 환 헤지 거래경험 등 경영상황에 비추어 과대한 위험을 초래하는 것이라고 볼 수도 없으므로, 비록 피고들이 은행으로서 장외파생상품 거래에 관하여 엄격한 고객 보호의무를 부담한다고 하더라도 이 사건 각 통화옵션계약을 원고에게 권유한 행위가 적합성의 원칙을 위반하여 고객에 대한 보호의무를 저버린 것으로 평가하기는 어렵다고 할 것이다."

이 판결에서 은행의 적합성 원칙의 위반을 부정한 이유는 기업인 원고가 이미 유사한 거래경험이 있는 상태에서 이 사건 각 통화옵션계약의 특성과 당시 국내외 기관의 장래 환율에 대한 전망 등을 고려하여 이 사건 각 통화옵션계약을 체결한 것으로 보인다는 점과 그 콜옵션 계약금액이 원고에게 과대한 위험을 초래하는 것이라고 볼 수도 없다는 점이다.

모나미 사건[5]에서도 대법원은 피고 은행의 적합성 원칙 위반을 부정하였다. 원고가 환 헤지 목적이 아니라 환율 변동에 따른 환차익을 획득하려는 환투자 내지 환투기의 목적에서 통화옵션계약을 체결하였고, 종전의 거래경험 및 피고의 설명 등에 의하여 과도한 오버헤지 상태가 되는 통화옵션계약을 체결할 경우 거기에서 초래될 수 있는 위험성을 충분히 인식하고 있었으므로, 피고 은행이 환 헤지 목적으로 계약을 체결하려는 고객에 대하여 거기에 내재된 과도한 위험성을 외면하고 그 목적에 맞지 않는 장외파생상품 거래를 적극적으로 권유한 경우에 해당한다고 할 수는 없다고 한다. 원고가 환투자 또는 환투기의 목적으로 통화옵션계약을 체결한 점과 원고가 종전의 거래경험 등에 비추어 위험성을 충분히 인식하고 있었던 점에서 부당권유에 해당하지 않는다는 것이다.

(나) 그러나 세신정밀 사건[6]에서는 수산중공업 사건과 동일한 법리를 전제로 하고 있으나, 구체적인 사안에 대한 판단에서 다음과 같이 부당권유행위에 대한 적합성 원칙 위반을 이유로 불법행위책임을 인정하고 있다.

"원고 2는 2008년도 예상수출액을 고려하여 피고 제일은행과 체결한 두 건의 통화옵션계약을 통해 이미 콜옵션 계약금액 기준으로 연 12,000,000달러의 환 헤지거래를 하고 있었는데, 소외인의 권유로 이 사건 제3 계약을 추가로 체결함으로써 환율 상승으로 녹인 조건이 성취될 경우 이 사건 각 통화옵션계약에 따른 콜옵션 계약금액을 결제할 현물환의 예상 보유액이 부족하게 되는 이른바 오버헤지(over-hedge) 상태가 되었다. 그러므로 이 사건 각 통화옵션계약과 그 기초자산인 현물환을 함께 고려하면 이 사건 제3 계약은 투기적 성격을 지닌 거래라고 봄이 상당하다. 그러나 원고 2는 이 사건 제1, 제2 계약을 환 헤지 목적으로 체결하였고, 이 사건 제3 계약에 대해서도 소외인으로부터 헤지거래라고 권유받아 체결한 점 등에 비추어, 원고 2가 투기적 목적에서 이를 체결한 것으로는 보이지 않는다. 반면 이 사건 제3 계약의 계약금액이 이 사건 제1, 제2 계약의 계약금액 합계와 동일한 점으로 보아 소외인은 이 사건 제1, 제2 계약의 계약금액을 알고 있었다고 보이고, 따라서 이 사건 제1, 제2 계약 외에 추가로 이 사건 제3 계약을 체결하게 되면 이 사건 각 통화옵션계약에 따른 콜옵션 계약금액의 합계가 원고 2에게

5) 대판(전) 2013다26746(공 2013, 1954)(모나미).

6) 대판(전) 2012다1146, 1153(공 2013, 1901)(세신정밀).

유입될 것으로 예상되는 수출대금을 초과하리라는 점도 충분히 알고 있었다고 보인다.

이와 같은 이 사건 제3 계약의 성격과 체결 경위, 원고 2의 거래 목적, 재무상황 등 제반 사정을 종합적으로 고려하면, 소외인은 투기거래의 목적이 없는 원고 2에게 과대한 위험성을 수반하는 투기적 성격을 지닌 이 사건 제3 계약을 환 헤지 목적의 거래라고 하면서 적극적으로 권유하여 체결하게 한 것이니, 이는 적합성의 원칙을 위반하여 고객에 대한 보호의무를 저버린 것이라고 평가함이 상당하다."

이 판결에서 피고 제일은행이 적합성의 원칙을 위반하여 고객에 대한 보호의무를 저버린 것이라고 판단한 이유는 ① 원고 2가 피고 제일은행과 두 건의 통화옵션계약을 체결한 상태에서 소외인의 권유로 이 사건 제3 계약을 추가로 체결하였는데, 이 사건 제3 계약은 투기적 성격을 지닌 거래라고 볼 수 있는 점과 ② 소외인은 투기거래의 목적이 없는 원고 2에게 과대한 위험성을 수반하는 투기적 성격을 지닌 이 사건 제3 계약을 환 헤지 목적의 거래라고 하면서 적극적으로 권유하여 체결하게 한 점이다.

그리고 삼코 사건[7]에서 대법원은 적합성 원칙 위반을 부정한 원심판단이 심리미진이라는 이유로 원심판결을 파기환송하였다. 원심으로서는 피고가 단지 과거 매출액과 주요 매출처 현황뿐만 아니라 원고의 과거 수출실적 및 장래 예상 외화유입액과 그 밖의 재산상태, 다른 환 헤지 계약 체결 여부 등의 경영상황을 미리 파악하였는지를 심리한 다음, 2007. 12. 20.자 통화옵션계약이 원고의 경영상황에 비추어 원고에게 과대한 위험성을 초래하는 것인지를 따져 피고가 적합성 원칙을 위반하였는지를 가렸어야 하였다. 그러나 원심은 2007년 수출실적과 두 건의 인핸스드 포워드 계약을 포함한 콜옵션 계약금액의 차액이 위 통화옵션계약의 콜옵션 계약금액에서 차지하는 비중과 당시 환율 하락의 전망만을 이유로 피고가 적합성 원칙을 위반하였다고 볼 수 없다고 단정하였는데, 이는 잘못이라는 것이다. 따라서 통화옵션계약이 원고에게 과대한 위험성을 초래하는 것인지는 적합성 원칙의 위반 여부를 판단할 때 중요한 요소로 작용한다고 볼 수 있다.

7) 대판(전) 2012다13637(삼코).

(4) 소결

이와 같은 사건에서 적합성 원칙의 위반 여부는 통화옵션계약이 원고에게 과대한 위험성을 초래하는 것인지, 원고가 유사한 거래를 한 경험이 있는지 여부 등에 비추어 위험성을 충분히 인식하고 있는지, 피고가 위와 같은 거래를 적극적으로 권유하였는지를 고려하여 판단해야 할 것이다.

3. 설명의무 위반

(1) 설명의무 위반에 관한 법리

대법원은 설명의무 위반 여부에 대해서는 다음과 같은 법리를 전개한다.[8]

"금융기관이 일반 고객과 사이에 전문적인 지식과 분석능력이 요구되는 장외파생상품 거래를 할 때에는, 고객이 당해 장외파생상품에 대하여 이미 잘 알고 있는 경우가 아닌 이상, 그 거래의 구조와 위험성을 정확하게 평가할 수 있도록 거래에 내재된 위험요소 및 잠재적 손실에 영향을 미치는 중요인자 등 거래상의 주요 정보를 적합한 방법으로 명확하게 설명하여야 할 신의칙상의 의무가 있다(대법원 2010. 11. 11. 선고 2010다55699 판결 참조). 이때 금융기관이 고객에게 설명하여야 하는 거래상의 주요 정보에는 당해 장외파생상품 계약의 구조와 주요 내용, 고

8) 대판(전) 2011다53683, 53690(수산중공업). 다른 판결에서도 마찬가지이다.

객이 그 거래를 통하여 얻을 수 있는 이익과 발생 가능한 손실의 구체적 내용, 특히 손실발생의 위험요소 등이 모두 포함된다 할 것이다.

그러나 당해 장외파생상품의 상세한 금융공학적 구조나 다른 금융상품에 투자할 경우와 비교하여 손익에 있어서 어떠한 차이가 있는지까지 설명하여야 한다고 볼 것은 아니고, 또한 금융기관과 고객이 제로 코스트 구조의 장외파생상품 거래를 하는 경우에도 수수료의 액수 등은 그 거래의 위험성을 평가하는 데 중요한 고려요소가 된다고 보기 어렵다 할 것이므로, 수수료가 시장의 관행에 비하여 현저하게 높지 아니한 이상 그 상품구조 속에 포함된 수수료 및 그로 인하여 발생하는 마이너스 시장가치에 대하여까지 설명할 의무는 없다고 보는 것이 타당하다.

그리고 장외파생상품 거래도 일반적인 계약과 마찬가지로 중도에 임의로 해지할 수 없는 것이 원칙이고, 설령 중도에 해지할 수 있다고 하더라도 금융기관과 고객이 중도청산금까지 포함하여 합의하여야 가능한 것이므로, 특별한 사정이 없는 한 금융기관이 고객과 장외파생상품 거래를 하면서 그 거래를 중도에 해지할 수 있는지와 그 경우 중도청산금의 개략적인 규모와 산정방법에 대하여도 설명할 의무가 있다고 할 수 없다.

한편 금융기관은 고객이 당해 파생상품거래의 구조와 위험성을 정확히 평가할 수 있도록 그 금융상품의 특성 및 위험의 수준, 고객의 거래목적, 투자경험 및 능력 등을 종합적으로 고려하여 고객이 앞서 살펴본 거래상 주요 정보를 충분히 이해할 수 있을 정도로 설명하여야 한다(대법원 2003. 7. 11. 선고 2001다11802 판결 등 참조)."

(2) 설명의무 위반 여부에 대한 구체적 판단

4건의 전원합의체 판결이 모두 위 (1)의 법리를 전제로 하고 있으나, 결론이 사안마다 나누어져 있다.

(가) 위 수산중공업 사건에서 대법원은 구체적 사실로서 원고의 자금업무 담당자인 소외인이 이 사건 각 통화옵션계약 체결 당시 이미 여러 차례 환 헤지 목적의 거래를 한 경험이 있었고 피고들의 담당직원이 소외인에게 설명을 하였다는 점[9]을 인정하고 다음과 같이 결론을 내렸다.

"여기에다 … 이 사건 각 통화옵션계약 특성 및 위험의 수준, 원고의 거래경험과 능력 등의 사정을 더하여 앞서 본 법리에 비추어 보면, 당시 소외인이 피고들 담당직원의 설명이나 거래제안서의 내용을 명확하게 이해하지 못하거나 오해하고 있었다는 사정이 인정되지 아니한 이상, 이 사건 각 통화옵션계약의 구조와 주요 내용, 원고가 이 사건 각 통화옵션계약을 통하여 얻을 수 있는 이익과 환율 변동으로 인하여 부담하게 될 우려가 있는 위험이나 발생 가능한 손실의 구체적 내용 등에 대하여는 원고가 이해할 수 있을 정도의 충분한 설명이 적절한 방법에 의하여 이루어졌다고 보는 것이 타당하다."

"그리고 피고들이 이 사건 각 통화옵션계약에

9) 원고의 자금업무 담당자인 소외인은 이 사건 각 통화옵션계약 체결 당시 이미 여러 차례 환 헤지 목적의 거래를 한 경험이 있었다. 이 사건 ① 계약은 소외인이 이미 거래한 경험이 있는 통화선도거래와 비교하면 일정 환율 이하로 하락할 경우에 환 헤지 효과를 일정한 금액으로 제한하고 레버리지 조건을 부가하는 대신 행사환율을 높인 차이만 있는 정도여서 소외인이 그 거래의 구조나 위험성을 이해하기 어렵지 아니하였을 것으로 보인다. 원고는 이 사건 ② 내지 ⑥ 계약을 체결하기 전에 다른 통화옵션계약을 통하여 레버리지 조건 성취에 따른 2배의 매도의무와 녹아웃 조건 성취를 경험하였다. 피고들의 담당직원이 소외인에게 옵션의 의미, 당해 통화옵션계약의 주된 내용과 거래조건, 만기환율에 따라 원고가 입게 되는 손익에 대한 시나리오 분석 및 녹인 조건, 녹아웃 조건, 레버리지 조건, 조기종결조건 등으로 인하여 원고가 입을 수 있는 위험에 대한 추가적인 고지항목이 기재되어 있는 거래제안서 등을 이메일로 보낸 다음 전화로 소외인과 이 사건 각 통화옵션계약의 구체적 거래조건들에 관하여 협의하면서 설명하였다.

서 녹인 또는 녹아웃될 확률, 개별 옵션의 이론가, 환율이 급상승하는 최악의 시나리오를 가상한 결과 및 환율 변동에 영향을 미치는 근본 요소에 관한 분석 결과나, 이 사건 각 통화옵션계약의 중도해지 가부와 중도청산금의 산정방법 등에 대하여 설명하지 아니하였다고 하더라도 설명의무를 위반하였다고 보기는 어렵고, 또한 앞서 본 바와 같이 이 사건 각 통화옵션계약의 콜옵션 계약금액을 기준으로 한 수수료율이 다른 금융거래에 비하여 현저하게 높다고 볼 수 없다고 본 원심의 판단을 수긍할 수 있는 이상, 피고들이 이 사건 각 통화옵션계약의 구조 내에 포함된 수수료 및 그로 인하여 발생하는 마이너스 시장가치에 대하여 설명하지 아니한 점을 들어 설명의무 위반이라고 할 수도 없다."

이 판결은 피고들 담당직원이 원고가 이해할 수 있을 정도로 충분하게 적절한 방법에 의하여 설명하였다고 보아 설명의무 위반을 부정하였다. 그와 같은 판단의 주요한 이유는 ① 원고의 담당자가 이 사건 거래와 유사한 거래를 한 경험이 있다는 점과 ② 피고들의 담당직원이 원고측 담당자와 이 사건 각 통화옵션계약의 구체적 거래조건들에 관하여 협의하면서 설명하였다는 점이다. 다만 당시 소외인이 피고들 담당직원의 설명이나 거래제안서의 내용을 명확하게 이해하지 못하거나 오해하고 있었다는 사정이 인정되는 경우에는 피고들 담당직원이 이를 설명해야 한다.

모나미 사건[10]에서도 대법원은 피고 은행의 설명의무 위반을 부정하였다. 금융기관이 일반고객과 사이에 전문적인 지식과 분석능력이 요구되는 장외파생상품 거래를 할 경우에는 고객이 그 거래의 구조와 위험성을 정확하게 평가할 수 있도록 거래에 내재된 위험요소 및 잠재적 손실에 영향을 미치는 중요인자 등 거래상의 주요 정보를 적합한 방법으로 명확하게 설명하여야 할 신의칙상의 의무가 있으나, 고객이 이미 그 내용을 충분히 알고 있는 경우에는 그러한 사항에 대하여서까지 금융기관에 설명의무가 인정된다고 할 수 없다[11]고 한다.

(나) 세신정밀 사건[12]에서는 설명의무에 관하여 위 판결의 법리와 동일하게 설명한 후 이 사건에 관한 구체적 판단에서 피고 제일은행의 설명의무 위반을 부정하였으나, 다음과 같은 이유로 피고 신한은행의 설명의무 위반을 인정하고 있다.

"앞에서 본 이 사건 제3 계약의 체결에 이르기까지의 경과 및 계약 내용 등에 비추어 보면, 원고 2는 이 사건 제3 계약 자체의 구조와 위험성은 인식하고 있었지만 이 사건 제1, 제2 계약 및 현물환의 예상 보유액을 함께 고려한 위험성까지는 미처 인식하지 못하였던 것으로 보이는데도, 소외인이 실제로는 투기적 성격을 가진 이 사건 제3 계약을 헤지거래라고 설명함으로써 원고 2로 하여금 이를 오인하여 계약을 체결하게 하였으므로, 이 사건 제3 계약의 체결과 관련하여 피고 신한은행은 설명의무를 다하지 아니한 위법이 있다고 할 것이다."

또한 삼코 사건[13]에서 대법원은 설명의무 위반 여부를 부정한 원심판단이 심리미진이라는 이유로 원심판결을 파기환송하였다. 원심으로서는 2007. 12. 20.자 통화옵션계약으로 인하여 오버헤지가 발생할 가능성이 있고 위 통화옵션계약이 원고에게 어느 정도의 위험성을 초래하는 것인지 따져야 할 필요가 있었고, 그에 따라 원심으로서는 피고가 위 통화옵션거래로 인한 위

10) 대판(전) 2013다26746(모나미).

11) 대판 2010. 11. 11, 2010다55699.

12) 대판(전) 2012다1146, 1153(세신정밀).

13) 대판(전) 2012다13637(삼코).

험성의 내용 및 정도에 대하여 충분히 설명하였는지를 따져 설명의무를 위반하였는지를 가렸어야 하였다는 것이다.

(3) 소결

은행 등 금융기관에서 파생상품에 관하여 설명의무를 제대로 이행하지 않는 경우가 적지 않다. 대법원은 설명의무가 인정되는 요건과 범위에 관하여 상세하게 판단하고 있다. 그러나 구체적인 사건에서 설명의무를 이행했다고 볼 수 있는지 여부를 판단하기는 쉽지 않다. 이와 같은 사건에서 실제로 설명의무의 위반 여부를 판단할 때 중요한 요소는 두 가지이다.

첫째, 원고의 인식이다. 원고가 통화옵션계약의 내용이나 거래로 인한 위험성 등을 알고 있다면 설명의무 위반이 인정되지 않을 것이다. 그러나 원고가 이를 알았는지를 증명하는 것은 매우 어렵다. 그리하여 원고의 동종 유사한 거래경험 등에 비추어 원고의 인식을 추단하게 된다. 그러나 원고가 동종 유사한 거래경험이 있다고 해서 원고가 문제가 된 거래의 내용이나 위험성을 반드시 알았다고 볼 수 있는 것은 아니다.

둘째, 거래로 인한 위험성이다. 거래로 인한 위험이 낮으면 설명의무의 정도가 낮아지고, 그 위험이 커질수록 설명의무의 정도가 높아질 것이다.

제5절 제조물책임

[126] Ⅰ. 제조물책임에서 인과관계에 관한 증명책임

대판 2000. 2. 25, 98다15934(공 2000, 785)

1. 사실관계와 쟁점

원고가 1994. 10. 13. A와 사이에, A 소유의 주택에 관하여 화재, 도난, 폭발 등으로 인한 손해가 발생한 경우 원고가 이를 보상하기로 하는 내용의 장기종합보험계약을 체결하였다. A의 딸인 B는 1996. 7. 3. 12:00경 이 사건 건물 내 2층 안방에서 피고 회사가 제조한 16″ 비디오비전(V.T.R 겸용의 텔레비전)을 시청하고 있던 중, 갑자기 이 사건 텔레비전 뒤편에서 검은 연기가 피어 올라 동작스위치를 끄고 전원플러그를 뽑았으나, 곧이어 이 사건 텔레비전에서 '펑'하는 폭발음과 함께 불이 솟아 오르면서 커튼에 옮겨 붙어 급기야 위 건물의 2층 내부와 그 안의 가재도구가 전소하였다. 위 사고는, 이 사건 텔레비전 수상관(브라운관) 내의 전자총 부분(고전압이 걸려 있음)이 누전으로 인하여 폭발하면서 발생한 것으로 추정될 뿐, 그 누전이 발생하게 된 경위에 관하여는 규명되지 아니하였다. 이 사건 텔레비전은 피고 회사가 1988년 말경부터 1990년 초경까지 사이에 제조한 것으로서(모델명 SMV-1600), A는 화재 발생 약 6년 전에 이를 구입하여 위 사고시까지 사용하여 오면서, 당시까지 이를 수리하거나 내부구조에 변경을 가한 바가 전혀 없다. 원고는 A에게 위 사고로 인한 건물의 피해보험금으로 금 56,531,262원을 지급하였다.

원고는, 피고가 이 사건 텔레비전의 제조업자로서 그 결함으로 인한 폭발사고로 말미암아 A가 입은 재산상 손해를 배상할 의무가 있고, 보험자인 원고가 A와의 보험계약에 따라 위 사고로 인한 보험금을 지급함으로써 A의 피고에 대한 손해배상채권을 대위 취득하였다고 주장하였는데, 원심은 다음과 같은 이유로 원고의 청구를 받아들였다. 이 사건 텔레비전의 폭발의 원인이 된 전자총 부분의 누전 경위가 명백히 밝혀지지는 아니하였으나, 이 사건 텔레비전이 위와 같이 이를 정상적으로 수신하는 상태에서 폭발한 이상, 특단의 사정이 없는 한 이 사건 텔레비전은 그 이용시의 제품의 성상이 사회통념상 제품에 요구되는 합리적 안전성을 결여하여 '부당하게 위험한' 것으로서 그 제품에 결함이 있다고 볼 수밖에 없고, 이와 같은 결함은 피고가 이 사건 텔레비전을 제조하여 유통에 둔 단계에서 이미 존재하고 있었다고 추정된다고 하였다. 그리고 피고가 이 사건 텔레비전의 내구연한을 제품구입일로부터 5년으로 설정하였고, 그 내구연한을 도과한 이후에 이 사건 사고가 발생하였으나, 위 내구연한은 이 사건 텔레비전이 본래의 용도에 따라 정상적으로 성능을 발휘할 수 있는 최소한의 기간을 의미하는 것으로 보여질 뿐, 그 결함으로 인한 손해배상청구권의 권리행사기간 내지 피고의 손해배상채무의 존속기간을 정한 것이라고 볼 수는 없고, 나아가 오늘날 일반 국민에게 널리 보급된 대표적 가전제품인 텔레비전은 제조자가 설정한 내구연한이 다소 경과되었다 하더라도 사회통념상 이를 소비자의 신체나 재산에 위해를 가할 수 있는 위험한 물건으로는 여겨지지 아니하므로 텔레비전의 제조업자는 그 내구연한이 다소 경과된 이후에도 제품의 위험한 성상에 의하여 소비자가 손해를 입지 않도록 그 설계 및 제조과정에서 안전성을 확보해야 할 고도의 주의의무를 부담한다 할 것이어서 이 사건 텔레비전이 비록 그 내구연한으로부터 1년 정도 초과된 상태라 하더라도 그 정상적인 이용 상황 하에서 위와 같이 폭발한 이상, 그 제조상의 결함을 인정함에는 아무런 지장이 없다고 판단하였다. 대법원은 피고의 상고를 기각하였다.

2. 대법원 판결

무릇 물품을 제조·판매하는 제조업자 등은 그 제품의 구조, 품질, 성능 등에 있어서 그 유통 당시의 기술수준과 경제성에 비추어 기대가능한 범위 내의 안전성과 내구성을 갖춘 제품을 제조·판매하여야 할 책임이 있고, 이러한 안전성과 내구성을 갖추지 못한 결함으로 인하여 소비자에게 손해가 발생한 경우에는 불법행위로 인한 손해배상의무를 부담한다 할 것이다(대법원 1992. 11. 24. 선고 92다18139 판결 참조). 따라서 물품을 제조·판매한 자에게 손해배상책임을 지우기 위하여서는 위와 같은 결함의 존재, 손해의 발생 및 결함과 손해의 발생과의 사이에 인과관계의 존재가 전제되어야 하는 것은 당연하다.

그러나 고도의 기술이 집약되어 대량으로 생산되는 제품의 경우, 그 생산과정은 대개의 경우 소비자가 알 수 있는 부분이 거의 없고, 전문가인 제조업자만이 알 수 있을 뿐이며, 그 수리 또한 제조업자나 그의 위임을 받은 수리업자에 맡겨져 있기 때문에, 이러한 제품에 어떠한 결함이 존재하였는지, 나아가 그 결함으로 인하여 손해가 발생한 것인지 여부는 전문가인 제조업자가 아닌 보통인으로서는 도저히 밝혀낼 수 없는 특수성이 있어서 소비자 측이 제품의 결함 및 그 결함과 손해의 발생과의 사이의 인과관계를 과학적·기술적으로 완벽하게 입증한다는 것은 지극히 어렵다.

그러므로 이 사건과 같이 텔레비전이 정상적으로 수신하는 상태에서 발화·폭발한 경우에 있어서는, 소비자 측에서 그 사고가 제조업자의 배타적 지배하에 있는 영역에서 발생한 것임을 입증하고, 그러한 사고가 어떤 자의 과실 없이는 통상 발생하지 않는다고 하는 사정을 증명하면, 제조업자 측에서 그 사고가 제품의 결함이 아닌 다른 원인으로 말미암아 발생한 것임을 입증하지 못하는 이상, 위와 같은 제품은 이를 유통에 둔 단계에서 이미 그 이용시의 제품의 성상이 사회통념상 당연히 구비하리라고 기대되는 합리적 안전성을 갖추지 못한 결함이 있었고, 이러한 결함으로 말미암아 사고가 발생하였다고 추정하여 손해배상책임을 지울 수 있도록 입증책임을 완화하는 것이 손해의 공평·타당한 부담을 그 지도원리로 하는 손해배상제도의 이상에 맞는다 할 것이다.

3. 평석

제조물책임에 관한 법리가 판례와 학설을 통하여 계속 발전해왔다.[1] 특히 대판 1992. 11. 24, 92다18139(공 1993, 224)은 "물품을 제조하여 판매하는 제조자는 제품의 구조, 품질, 성능 등에 있어서 현대의 기술수준과 경제성에 비추어 기대가능한 범위 내의 안전성과 내구성을 갖춘 제품을 제조하여야 할 책임이 있고, 이러한 안전성과 내구성을 갖추지 못한 결함 내지 하자로 인하여 소비자에게 손해가 발생한 경우에는 계약상의 배상의무와는 별개로 불법행위로 인한 배상의무를 부담한다."고 하였다. 이로써 제조물책임에서 고의, 과실은 거의 문제되지 않고, 결함의 존재여부가 중심적인 문제로 되었다.

대상판결도 1992년의 위 판결을 재확인하고, 소비자가 제품의 결함 및 그 결함과 손해의 발생과의 사이의 인과관계를 입증할 책임을 완화하였다는 점에 의미가 있다. 이 사건에서 텔레비전이 정상적으로 수신하는 상태에서 발화·폭발한 경우에 소비자 측에서 그 사고가 제조업자의 배타적 지배하에 있는 영역에서 발생한 것임을 입증하고, 그러한 사고가 어떤 자의 과실 없이는 통상 발생하지 않는다고 하는 사정을 증명

1) 대판 1977. 1. 25, 77다2092(집 25-1, 21); 2020년 8월 6일(판례월보 119, 17) 등.

하면 충분하다는 것이다. 이러한 경우에 제조업자 측에서 그 사고가 제품의 결함이 아닌 다른 원인으로 말미암아 발생한 것임을 입증하지 못하는 이상, 위와 같은 제품은 이를 유통에 둔 단계에서 이미 결함이 있었고, 이러한 결함으로 말미암아 사고가 발생하였다고 추정하여 손해배상책임을 지울 수 있도록 입증책임을 완화하여야 한다는 것이다.[2] 또한 텔레비전이 내구연한을 1년 정도 초과한 상태에서 그 정상적인 이용상황 하에서 폭발한 경우, 내구연한은 텔레비전의 결함으로 인한 손해배상청구권의 권리행사기간 내지 제조업자의 손해배상채무의 존속기간이 아니고 제조업자는 내구연한이 다소 경과된 이후에도 제품의 안전성을 확보할 주의의무가 있다는 이유로 제조상의 결함을 인정한 점도 의미 있는 부분이다.

2002년 7월 1일부터 제조물책임법이 시행되고 있으나, 그 법에서도 결함과 손해 사이의 인과관계를 추정하는 규정을 두고 있지 않다. 따라서 이 판결은 제조물책임법의 시행 이후에도 중요한 의미를 가질 것이다.

2) 이것은 의료과오에서도 유사한 법리가 적용된다. 의료사고가 발생한 경우 피해자 측에서 일련의 의료행위 과정에서 저질러진 일반인의 상식에 바탕을 둔 의료상의 과실이 있는 행위를 입증하고 그 결과와 사이에 일련의 의료행위 외에 다른 원인이 개재될 수 없다는 점, 이를테면 환자에게 의료행위 이전에 그러한 결과의 원인이 될 만한 건강상의 결함이 없었다는 사정을 증명한 경우에는, 의료행위를 한 측이 그 결과가 의료상의 과실로 말미암은 것이 아니라 전혀 다른 원인으로 말미암은 것이라는 입증을 하지 아니하는 이상, 의료상 과실과 결과 사이의 인과관계를 추정하고 있다. 대판 2000. 9. 8, 99다48245(공 2000, 2074); 대판 2000. 1. 21, 98다50586(공 2000, 470) 등.

[추기]

제조물책임에서 결함의 유형에 따른 판단방법

1. 대판 2003. 9. 5, 2002다17333(공 2003, 2012)은 헬기추락사고로 인한 제조물책임소송에서 다음과 같이 판단하고 있다.

① "일반적으로 제조물을 만들어 판매하는 자는 제조물의 구조, 품질, 성능 등에 있어서 현재의 기술 수준과 경제성 등에 비추어 기대가능한 범위 내의 안전성을 갖춘 제품을 제조하여야 하고, 이러한 안전성을 갖추지 못한 결함으로 인하여 그 사용자에게 손해가 발생한 경우에는 불법행위로 인한 배상책임을 부담하게 되는 것인바, 그와 같은 결함 중 주로 제조자가 합리적인 대체설계를 채용하였더라면 피해나 위험을 줄이거나 피할 수 있었음에도 대체설계를 채용하지 아니하여 제조물이 안전하지 못하게 된 경우를 말하는 소위 설계상의 결함이 있는지 여부는 제품의 특성 및 용도, 제조물에 대한 사용자의 기대의 내용, 예상되는 위험의 내용, 위험에 대한 사용자의 인식, 사용자에 의한 위험회피의 가능성, 대체설계의 가능성 및 경제적 비용, 채택된 설계와 대체설계의 상대적 장단점 등의 여러 사정을 종합적으로 고려하여 사회통념에 비추어 판단하여야 할 것이다."

② "제조상 내지 설계상의 결함이 인정되지 아니하는 경우라 할지라도, 제조업자 등이 합리적인 설명, 지시, 경고 기타의 표시를 하였더라면 당해 제조물에 의하여 발생될 수 있는 피해나 위험을 줄이거나 피할 수 있었음에도 이를 하지 아니한 때에는 그와 같은 표시상의 결함(지시·경고상의 결함)에 대하여도 불법행위로 인한 책임이 인정될 수 있고, 그와 같은 결함이 존재하는지 여부에 대한 판단을 함에 있어서는 제조물의 특성, 통상 사용되는 사용형태, 제조물에 대한 사용자의 기대의 내용, 예상되는 위험

의 내용, 위험에 대한 사용자의 인식 및 사용자에 의한 위험회피의 가능성 등의 여러 사정을 종합적으로 고려하여 사회통념에 비추어 판단하여야 할 것이다."

제조물책임에서 결함을 설계상 결함, 제조상 결함, 표시상 결함으로 구분할 수 있는데, 이 판결은 위와 같은 결함의 유형에 따라 판단기준을 제시하고 있다. 그러나 이 판결에서 결함을 인정하지는 않았다.

2. 자동차 급발진사고로 인한 제조물책임의 성립 여부가 문제되었던 대판 2004. 3. 12, 2003다16771(집 52-1, 민 59)에서도 위 판결을 따르고 있다. 이 사건에 대한 구체적 판단에서 설계상의 결함을 부정하였는데, "이 사건 자동차에 쉬프트 록을 장착하였더라면 급발진사고를 방지하거나 그 위험성을 감소시킬 수 있었음에도 이를 장착하지 아니하여 위 자동차가 안전하지 않게 된 설계상의 결함이 있다고는 볼 수 없는 것"이라고 하였다. 또한 표시상의 결함에 관해서도 "이 사건 자동차의 취급설명서에 엔진시동시에는 액셀러레이터 페달과 브레이크 페달의 위치를 확인한 후 브레이크 페달을 밟고 시동을 걸고 자동변속기 선택레버를 이동시키라는 지시문구가 기재되어 있으므로 원고가 위 지시 내용을 확인하고 이에 따랐더라면 이 사건 사고는 충분히 예방할 수 있었던 점을 인정할 수 있으므로, 법령에 의한 면허를 갖춘 사람만이 운전할 수 있는 자동차에 있어서 위의 지시 외에 운전자가 비정상적으로 액셀러레이터 페달을 밟는 경우까지 대비하여 그에 대한 경고나 지시를 하지 아니하였다 하여 결함이 존재한다고 볼 수는 없다."고 하였다.

3. 대판 2008. 2. 28, 2007다52287(공 2008, 444)은 이른바 '감기약 콘택600 제조물 책임 사건'인데, 위 2003년 판결을 인용한 다음, 합성 교감신경흥분제인 페닐프로판올아민(Phenylprophanolamine) 함유 일반의약품인 감기약 "콘택600"이 그 소비자에 대하여 불법행위책임을 부담하게 할 정도의 설계상 결함을 지니고 있다고 보기 어렵고, 위 "콘택600"에 표시상의 결함도 없다고 판단하였다. 위 TV폭발 사건에서는 제조물책임이 인정되었으나, 그 후에 나온 주요 판결들에서 제조물책임이 인정되지 않았다.

[127] Ⅱ. 담배소송

대판 2014. 4. 10, 2011다22092(공 2014, 1004)

1. 대법원 판결

흡연자나 그 가족들이 1999년 흡연으로 폐암 또는 후두암이 발생하였다고 주장하면서 대한민국과 주식회사 케이티앤지를 상대로 손해배상을 청구하는 소를 제기하였다. 이 판결은 주요 쟁점인 제조물책임에서 결함의 인정여부와 인과관계의 존부 등에 관하여 원고들의 주장을 받아들이지 않았다.

대법원은 먼저 설계상의 결함, 표시상의 결함, 그 밖에 통상적으로 기대할 수 있는 안전성이 결여된 결함을 부정하고 있다. 결함에 대한 판단의 결론만을 보면 다음과 같다. 첫째, 니코틴이나 타르를 완전히 제거할 수 있는 방법이 있다 하더라도 이를 채용하지 않은 것 자체를 설계상의 결함이라고 볼 수 없다. 피고들이 흡연으로 인한 담배소비자의 피해나 위험을 줄일 수 있는 합리적인 대체설계를 채용할 수 있었음에도 이를 채용하지 않았다고 인정할 만한 증거가 없다. 둘째, 담배제조자인 피고들이 법률의 규정에 따라 담뱃갑에 경고문구를 표시하는 외에 추가적인 설명이나 경고 기타의 표시를 하지 않았다고 하여 피고들이 제조·판매한 담배에 표시상의 결함이 인정된다고 하기는 어렵다. 셋째, 피고들이 제조한 담배와 그 연기 속에 발암물질 등이 존재한다거나, 담배 연기 속에 포함된 니코틴이 의존증을 유발할 수 있고 금연을 저해하여 발암에 기여한다고 하더라도, 그러한 사실만으로 피고들이 제조한 담배에 통상적으로 기대할 수 있는 안전성이 결여되어 있는 등의 결함이 있다고 보기 어렵다.

나아가 대법원은 흡연과 폐암 발병 사이의 인과관계에 관하여 고엽제소송에 관한 대법원 판결[1]에서 제시한 기준을 그대로 인용한 다음, 원고들의 주장을 배척하였다.[2]

"역학이란 집단현상으로서의 질병의 발생, 분포, 소멸 등과 이에 미치는 영향을 분석하여 여러 자연적·사회적 요인과의 상관관계를 통계적 방법으로 규명하고 그에 의하여 질병의 발생을 방지·감소시키는 방법을 발견하려는 학문이다. 역학은 집단현상으로서의 질병에 관한 원인을 조사하여 규명하는 것이고 그 집단에 소속된 개인이 걸린 질병의 원인을 판명하는 것이 아니다. 따라서 어느 위험인자와 어느 질병 사이에 역학적으로 상관관계가 있다고 인정된다 하더라도 그로부터 그 집단에 속한 개인이 걸린 질병의 원인이 무엇인지가 판명되는 것은 아니고, 다만 어느 위험인자에 노출된 집단의 질병 발생률이 그 위험인자에 노출되지 않은 다른 일반집단의 질병 발생률보다 높은 경우 그 높은 비율의 정도에 따라 그 집단에 속한 개인이 걸린 질병이 그 위험인자로 인하여 발생하였을 가능성이 얼마나 되는지를 추론할 수 있을 뿐이다.

한편 특정 병인에 의하여 발생하고 원인과 결과가 명확히 대응하는 '특이성 질환'과 달리, 이

1) 대판 2013. 7. 12, 2006다17539(공 2013, 1454).

2) 또한 대판 2014. 9. 4, 2011다7437(공 2014, 1964)은 자동차배출가스로 인한 손해배상청구 사건에 대한 것인데, 역학적 상관관계에 관하여 유사하게 판단하고 있다. 서울에 거주하는 갑이 자동차배출가스 때문에 자신의 천식이 발병 또는 악화되었다고 주장하면서 국가와 서울특별시 및 국내 자동차 제조·판매회사인 을 주식회사 등을 상대로 대기오염물질의 배출 금지와 국가배상법 제2조, 제5조 및 민법 제750조에 따른 손해배상을 청구한 사안에서, 미세먼지나 이산화질소, 이산화황 등의 농도변화와 천식 등 호흡기질환의 발병 또는 악화 사이의 유의미한 상관관계를 인정한 연구 결과들이 다수 존재하고 있는 것은 사실이나 그 역학연구 결과들의 내용에 따르더라도 각 결과에 나타난 상대위험도가 크다고 보기 어려운 점 등을 고려하면 위 역학연구 결과들만으로 대기오염물질과 갑의 천식 사이의 인과관계를 인정하기 어렵다는 등 이유로 위 청구를 배척한 원심판단이 정당하다고 하였다.

른바 '비특이성 질환'은 그 발생 원인 및 기전이 복잡다기하고, 유전·체질 등의 선천적 요인, 음주, 흡연, 연령, 식생활습관, 직업적·환경적 요인 등 후천적 요인이 복합적으로 작용하여 발생하는 질환이다. 이러한 비특이성 질환의 경우에는 특정 위험인자와 그 비특이성 질환 사이에 역학적으로 상관관계가 있음이 인정된다 하더라도, 그 위험인자에 노출된 개인 또는 집단이 그 외의 다른 위험인자에도 노출되었을 가능성이 항시 존재하는 이상, 그 역학적 상관관계는 그 위험인자에 노출되면 그 질병에 걸릴 위험이 있거나 증가한다는 것을 의미하는 데 그칠 뿐, 그로부터 그 질병에 걸린 원인이 그 위험인자라는 결론이 도출되는 것은 아니다.

따라서 비특이성 질환의 경우에는 특정 위험인자와 비특이성 질환 사이에 역학적 상관관계가 인정된다 하더라도, 어느 개인이 그 위험인자에 노출되었다는 사실과 그 비특이성 질환에 걸렸다는 사실을 증명하는 것만으로 양자 사이의 인과관계를 인정할 만한 개연성이 증명되었다고 볼 수 없다. 이러한 경우에는 그 위험인자에 노출된 집단과 노출되지 않은 다른 일반 집단을 대조하여 역학조사를 한 결과 그 위험인자에 노출된 집단에서 그 비특이성 질환에 걸린 비율이 그 위험인자에 노출되지 않은 집단에서 그 비특이성 질환에 걸린 비율을 상당히 초과한다는 점을 증명하고, 그 집단에 속한 개인이 위험인자에 노출된 시기와 노출 정도, 발병시기, 그 위험인자에 노출되기 전의 건강상태, 생활습관, 질병 상태의 변화, 가족력 등을 추가로 증명하는 등으로 그 위험인자에 의하여 그 비특이성 질환이 유발되었을 개연성이 있다는 점을 증명하여야 한다."

2. 평석

(1) 이 판결은 2014년에 비로소 선고되었으니, 담배소송이 시작된 지 15년 만에 대법원의 판단이 나온 것이다.

먼저 담배소송에서 원고들이 제조물의 결함을 증명하기는 쉽지 않은 문제이다. 다만 표시상의 결함에 관해서는 논란의 소지가 있다. 가령 세계보건기구(WHO)가 1975. 6. 1. 담배에 "흡연은 당신의 건강에 해롭습니다(Smoking is dangerous to your health)"라는 경고문구를 표시할 것을 권고하였는데도, 피고 대한민국이 1976. 1. 1.부터 제조담배의 담뱃갑 옆면에 "건강을 위하여 지나친 흡연을 삼갑시다."라는 문구를 표시한 것이 표시상의 결함에 해당한다고 볼 여지는 있다. 위 문구는 건강에 해롭다는 경고라고 보기 어렵기 때문이다. 그리하여 1989. 12. 17.부터는 담뱃갑 옆면에 "경고: 흡연은 폐암 등을 일으킬 수 있으며, 특히 임신부와 청소년의 건강에 해롭습니다."라는 경고문구를 표시한 것으로 보인다.

(2) 이 판결은 제조물의 결함을 인정하지 않았기 때문에, 더 이상 판단을 할 필요 없이 원고들의 청구를 배척해도 되었을 것이다. 그러나 이 판결은 흡연과 폐암 발병 사이의 인과관계에 관해서도 판단하고 있다.

어느 위험인자와 어느 질병 사이에 통계적으로 연관성이 있는지 여부를 역학적 상관관계 문제라고 할 수 있다. 대법원은 이때 인과관계라는 용어를 사용하지 않고 상관관계라는 용어를 사용하고 있다. 역학적 연구는 통계적 방법을 사용하여 위험인자와 질병 사이에 일정한 관계가 있는지, 즉 상관관계가 있는지를 분석하는 것이다.[3] 분석의 결과가 위험인자와 질병 사이에 상관관계가 있다고 해도 그 위험인자가 질병의 '원인'이라고 단정할 수는 없다.[4] 그렇기 때문에 인과관계가 아니라 상관관계라는 용어를

3) 역학과 그 연구방법에 관해서는 이연갑, "역학연구 결과에 의한 인과관계의 증명," 법조 제670호(2012. 7), 115~119면 참조.

4) 역학적 인과관계와 법적 인과관계의 구별에 관해서는 이연갑(주 3), 136~143면.

사용한 것으로 볼 수 있다.

대법원은 또한 역학적 상관관계와 개별적 인과관계를 구분하고 있다. 역학적 상관관계가 인정되더라도 위험인자와 개인의 질병 사이에 인과관계가 인정되는 것은 아니다. 불법행위로 인한 손해배상책임이 발생하려면 위험인자와 질병 사이에 개별적 인과관계 또는 법적 인과관계가 인정되어야 한다. 위험인자와 질병 사이에 통계적인 상관성이 있더라도 원고들의 질병이 그 위험인자로 인한 것으로 볼 수는 없다.

대법원은 비특이성 질환[5]의 경우에는 특정 위험인자와 그 비특이성 질환 사이에 역학적으로 상관관계가 있음이 인정된다 하더라도, 그 위험인자에 노출된 개인 또는 집단이 그 외의 다른 위험인자에도 노출되었을 가능성이 항시 존재하는 이상, 그 역학적 상관관계는 그 위험인자에 노출되면 그 질병에 걸릴 위험이 있거나 증가한다는 것을 의미하는 데 그칠 뿐, 그로부터 그 질병에 걸린 원인이 그 위험인자라는 결론이 도출되는 것은 아니라고 한다.

대법원은 비특이성 질환의 경우에 "그 위험인자에 노출된 집단과 노출되지 않은 다른 일반 집단을 대조하여 역학조사를 한 결과 그 위험인자에 노출된 집단에서 그 비특이성 질환에 걸린 비율이 그 위험인자에 노출되지 않은 집단에서 그 비특이성 질환에 걸린 비율을 상당히 초과한다는 점을 증명하고, 그 집단에 속한 개인이 위험인자에 노출된 시기와 노출 정도, 발병시기, 그 위험인자에 노출되기 전의 건강상태, 생활습관, 질병 상태의 변화, 가족력 등을 추가로 증명하는 등으로 그 위험인자에 의하여 그 비특이성 질환이 유발되었을 개연성이 있다는 점을 증명하여야 한다."라고 판단하였다. 즉, 비특이성 질환의 경우에 위험인자와 질병 사이의 역학적 상관관계가 높다는 점을 증명하고 원고 개인에 관한 요소들을 추가적으로 증명함으로써 그 위험인자에 의하여 원고 개인에게 그 비특이성 질환이 유발되었을 개연성이 있다는 점을 증명하여야 한다는 것이다. 이것은 공해소송에서 인정되었던 개연성 이론을 따른 것으로 볼 수 있는데, 대법원은 어느 정도의 개연성이 필요한 것인지를 밝히고 있지는 않다.

이 판결은 담배소송에 대한 구체적 판단에서 "흡연과 비특이성 질환인 비소세포암, 세기관지 폐포세포암의 발병 사이에 역학적 인과관계가 인정될 수 있다고 하더라도, 어느 개인이 흡연을 하였다는 사실과 위 비특이성 질환에 걸렸다는 사실이 증명되었다고 하여 그 자체로서 양자 사이의 인과관계를 인정할 만한 개연성이 증명되었다고 단정하기는 어렵다."라고 판단하였다. 이는 담배소송에서 제조물의 결함이 인정된다고 하더라도 그 결함과 흡연자들의 폐암 사이에 인과관계를 인정할 수 없다는 것이다.

흡연자들이 담배의 결함이나 흡연과 폐암 사이의 개별적 인과관계를 증명하는 것은 매우 어렵다. 대법원은 담배의 결함도 인정되지 않고 흡연과 폐암 사이의 인과관계도 인정되지 않는다고 판단하였다. 원고들은 인과관계를 증명하기 위하여 역학적 자료를 제시하였으나, 이것은 통계적인 자료이기 때문에, 원고들이 질병이 걸린 원인이 그 위험인자이라는 것을 증명하는 자료로 보기 어렵다는 것이다. 미국에서도 흡연자들이 제기한 담배소송[6]에서 제조물책임에 기한 손해배상책임을 인정하는 판결을 찾기 어렵다.

5) 의학계에서 특이성 질환과 비특이성 질환을 구분하고 있지 않기 때문에, 비특이성 질환이라는 표현은 부적절하다고 볼 수 있다. 이에 관해서는 이선구, "유해물질소송에서 역학적 증거에 의한 인과관계의 증명: 대법원 판례를 중심으로," 저스티스 제146-1호(2015. 2), 276면 이하 참조.

6) 미국의 담배소송에 관해서는 배금자, "담배소송 — 그 법적·의학적 논리: 미국담배소송의 이론과 한국의 적용가능성," 민주사회를 위한 변론 통권 제32호(1999), 78면 이하; 배금자, "담배소송의 역사와 전개과정," 부산법조 제29호(2012), 18면 이하.

(3) 대법원 판결이 선고된 직후 국민건강보험공단이 담배소송을 제기하였다. 이것은 흡연자 개인이 제기한 소송들과 다른 법적 쟁점들이 있다. 따라서 담배소송은 새로운 국면으로 접어들었다고 볼 수 있다.

제6절 제3자에 의한 채권침해 등

[128] Ⅰ. 경쟁적 계약관계에서 이중계약의 위법성

대판 2001. 5. 8, 99다38699(집 49-1, 민 319)

1. 사실관계

한국도로공사(이하 '도로공사'라고 한다)는 유료도로에 따른 휴게소와 주유소의 설치 및 관리 등의 업무를 맡고 있는데, 1995. 9. 19. 원고와 사이에 석유제품공급에 관한 협약(이하 '이 사건 공급협약'이라고 한다)을 체결하였다. 그 내용은 도로공사가 원고에게 기흥주유소를 포함한 고속도로상의 11개 주유소에 대한 석유제품공급권을 부여하되, 원고는 그가 생산하는 석유제품을 그 주유소들에 공급하며 계약기간은 각 주유소별 운영계약 기간까지로 하였다. 또한 도로공사는 피고와 운영계약을 체결하였는데, 피고가 기흥주유소에 원고의 상표를 표시하고 원고의 제품 외에 다른 제품을 공급받지 않기로 약정하였다. 그러나 피고가 기흥주유소에 현대정유의 상호와 상표를 표시하고 그 석유제품을 공급받았다. 이것이 원고의 도로공사에 대한 기흥주유소 석유제품공급권을 사실상 침해하여 불법행위가 되는지 문제되었다.

2. 원심 및 대법원 판결

원심은 다음과 같은 이유로 원고의 청구를 배척하였고, 대법원도 이 부분에 관하여 원심판결을 지지하였다.

"독립한 경제주체 간의 경쟁적 계약관계에 있어서는 단순히 제3자가 채무자와 채권자 간의 계약내용을 알면서 채무자와 채권자 간에 체결된 계약에 위반되는 내용의 계약을 체결한 것만으로는 제3자의 고의·과실 및 위법성을 인정하기에 부족하고, **제3자가 채무자와 적극 공모하였다거나 또는 제3자가 기망·협박 등 사회상규에 반하는 수단을 사용하거나 채권자를 해할 의사로 채무자와 계약을 체결하였다는 등의 특별한 사정이 있는 경우에 한하여 제3자의 고의·과실 및 위법성을 인정하여야 할 것**"이다.

"따라서 피고의 제2차·제3차 운영계약체결행위 및 그에 따른 주유소운영행위가 원고의 기흥주유소에 대한 석유제품공급권을 침해하기 위한 도로공사와의 적극적인 공모에 의해 이루어진 것이라거나 그 수단이나 목적이 사회상규에 반하는 것으로서 위법하다고 할 수 없다."[1)]

3. 평석

(1) 채권침해의 경우에 일정한 요건 하에 불법행위가 성립할 수 있다는 점에는 이견이 없지만, 그 근거에 관해서는 논란이 있다. 먼저 채권을 포함한 모든 권리는 불가침의 권리이기 때문에, 제3자에 의한 채권침해가 불법행위가 된다는 견해[2)]가 있다. 그러나 채권이 상대권이라는 점은 부정할 수 없다. 채권이 상대권이라는 점과 채권침해의 경우에 불법행위가 성립할 수 있

1) 피고는 1993년부터 원고와의 관계가 악화되기 시작하여 1995. 9. 27. 원고와의 대리점계약을 종료한 상태에서 자신의 활로를 모색하기 위하여 현대정유와 새로 대리점계약을 체결하고 기흥주유소에 대한 종래의 운영권을 계속 유지하기 위하여 다양한 방책을 강구하였다. 그러던 중 마침 공정거래위원회에서 도로공사가 고속도로 주유소에 대한 운영계약을 체결함에 있어 석유제품 공급업체를 지정하는 것이 불공정거래행위라고 하여 시정권고를 하였다. 피고는 위 시정권고가 피고의 경영방침에 부합하는 것이어서 도로공사에게 주유소 운영계약상의 석유제품 공급업체 지정권 관련조항의 부당성을 주장하였다. 도로공사도 공정거래위원회의 시정권고를 수락하고 자신의 판단하에 피고와 제2차 운영계약 및 제3차 운영계약을 체결하였다.

2) 현승종, 채권총론, 1979, 97면.

다는 점이 모순되는 것은 아니다. 물권·채권 준별론은 여전히 우리 민법의 기본태도이다. 다만 물권과 채권을 준별하는 사고가 완화되었다고 볼 수 있다. 현행민법에서는 불법행위의 성립요건을 포괄적으로 규정하고 있기 때문에, 채권침해를 불법행위로 포섭하는 데 큰 어려움이 없다고 볼 수 있다.[3)]

그렇다면 어떠한 경우에 제3자에 의한 채권침해를 이유로 불법행위가 성립하는지 문제된다. 대체로 법규를 위반한 경우, 선량한 풍속 기타 사회질서를 위반한 경우, 사기나 강박 등 부정한 수단을 사용한 경우에 위법성이 인정된다고 한다.[4)] 민법 제750조는 불법행위의 성립요건으로 '위법행위'라는 개념을 사용하고 있다. 여기에는 법규를 위반한 경우뿐만 아니라 사회관념상 위법하다고 판단되는 경우도 포함된다. 그런데 위법행위라는 개념이 매우 모호하기 때문에, 구체적으로 제3자에 의한 채권침해 또는 계약침해에서 위법성을 판단하는 기준을 정하는 것이 중요하다.[5)]

(2) 이 판결에서는 "독립한 경제주체 간의 경쟁적 계약관계"에서 제3자에 의한 계약침해가 문제되고 있다. 이 판결의 원심은 "단순히 제3자가 채무자와 채권자 간의 계약내용을 알면서 채무자와 채권자 간에 체결된 계약에 위반되는 내용의 계약을 체결한 것만으로는 제3자의 고의·과실 및 위법성을 인정하기에 부족"하다고 한다. 채권자와 채무자가 독점적인 공급계약을 체결하고 있는 경우에 제3자가 위와 같은 계약을 알고서 위 계약에 위반되는 계약을 체결하는 것이 허용될 수 있다는 것이다. 이러한 경우에 위법성을 쉽게 인정한다면, 후발주자가 경쟁에 뛰어드는 것이 매우 어려워질 것이다. 그러나 "제3자가 채무자와 적극 공모하였다거나 또는 제3자가 기망·협박 등 사회상규에 반하는 수단을 사용하거나 채권자를 해할 의사로 채무자와 계약을 체결하였다는 등의 특별한 사정이 있는 경우에 한하여 제3자의 고의·과실 및 위법성을 인정"하여야 한다고 하였다. 제3자에게 고의가 있는지 여부와 수단과 목적이 사회상규에 반하는 것인지 여부가 중요한 고려요소이다.

제 3 편 채권법

3) 김증한·김학동, 채권총론, 제6판, 1998, 68면; 서광민 "제3자에 의한 채권침해," 현대민법의 과제와 전망(남송 한봉희교수화갑기념), 1994, 1013면; 이은영, 채권총론, 개정판, 1999, 63면.
4) 곽윤직, 채권총론, 제6판, 2003, 67면.
5) 김재형, "제3자에 의한 채권침해," 민법론 Ⅲ, 2007, 407면.

[129] Ⅱ. 제3자에 의한 계약파기의 유인
대판 2001. 7. 13, 98다51091(공 2001, 1835)

1. 사실관계

이 사건에서 시민단체 대표들이 마이클 잭슨의 공연을 보이코트하기 위하여 입장권판매대행계약을 파기하도록 한 것이 제3자에 의한 채권침해에 해당하는지 문제되었다.

원고는 1996년 10월 마이클 잭슨 내한공연을 개최한 공연기획사로서, 위 공연의 입장권을 판매하기 위하여 1996. 8. 21.경 A, B은행과 입장권판매대행계약을 체결하였다.

피고들은 위 공연반대 공동대책위원회의 공동대표와 간사들인데, 위 은행들에 대하여 위 공연의 폐해와 이에 대한 반대운동의 취지 및 반대운동의 호응도 등에 대한 설명과 함께, '입장권 판매를 즉각 취하'할 것을 요청하고, 그럼에도 불구하고 입장권을 계속 예매할 경우에는 '전 국민적 차원에서 은행의 전 상품 불매운동에 들어갈 예정'임을 밝히는 한편, '이에 대한 은행들의 공식입장을 8월 27일까지 연락해 주기 바라고 연락이 없을 경우 계속진행으로 알고 즉각 불매운동을 전개하겠다'는 서한을 위 공동대책위원회의 명의로 보냈다.

그 후 위 은행들은 원고에게 위 입장권판매대행계약을 취소한다는 통지서를 보냈다. 이에 따라 원고는 부득이 임시 직원을 고용하여 직접 입장권을 판매하는 등 다른 방법으로 입장권을 판매하여 예정대로 1996. 10. 11.과 같은 달 13일 위 공연을 개최하였다.

원고는 피고들이 위 은행들로 하여금 위 입장권판매대행계약을 이행하지 못하게 함으로써, 원고에게 입장권 판매를 위하여 추가로 비용을 지출케 하는 재산적 손해 및 이에 따른 정신적 고통을 입게 하는 불법행위를 하였으므로 위 손해를 배상할 책임이 있다고 주장하였다.

2. 원심 및 대법원 판결

원심판결은 원고의 청구를 배척하였으나, 대법원은 원심판결을 파기환송하였다.

"시민단체 등의 공익목적수행을 위한 정당한 활동은 바람직하고 장려되어야 할 것이나 그러한 목적수행을 위한 활동이라 하더라도 법령에 의한 제한이나 그러한 활동의 자유에 내재하는 제한을 벗어나서는 안 될 것이고, 그러한 활동의 자유의 한계는 그들이 반대의 대상으로 삼은 공연 등의 내용 및 성격과 반대활동의 방법 및 정도 사이의 상관관계에서 결정되어야 할 것이다.

이 사건에서 원고가 기획한 공연에 피고들의 주장과 같은 부정적인 요소가 없는 것은 아니나 그렇다고 하여 그것이 법에 저촉된다거나 반사회적인 것이라고 할 수는 없고, 오히려 관계당국인 문화체육부가 공연윤리위원회의 심의를 거쳐 일부 부정적 요소를 제거하기 위한 조건을 붙여 합법적으로 허가해 준 것이다. 그리고 원고가 위 각 은행과 체결한 입장권판매대행계약 또한 적법한 것으로서 그 계약에 기한 원고의 권리도 보호받아야 하는 것이다.

이러한 점들에 비추어 볼 때 피고들이 그들의 공익목적을 관철하기 위하여 일반시민들을 상대로 공연관람을 하지 말도록 하거나 위 각 은행 등 공연협력업체에게 공연협력을 하지 말도록 하기 위하여 그들의 주장을 홍보하고 각종 방법에 의한 호소로 설득활동을 벌이는 것은 관람이나 협력 여부의 결정을 상대방의 자유로운 판단에 맡기는 한 허용된다고 할 것이고, 그로 인하여 원고의 일반적 영업권 등에 대한 제한을 가져온다고 하더라도 이는 시민단체 등의 정당한 목적수행을 위한 활동으로부터 불가피하게 발생하는 현상으로서 그 자체에 내재하는 위험이라 할 것이므로 피고들의 그와 같은 활동이 위법하다고 할 수는 없을 것이다.

그러나 여기서 더 나아가 피고들이 위 각 은행에게 공연협력의 즉각 중지, 즉 원고와 이미 체결한 입장권판매대행계약의 즉각적인 불이행을 요구하고 이에 응하지 아니할 경우에는 위 각 은행의 전 상품에 대한 불매운동을 벌이겠다는 경제적 압박수단을 고지하여 이로 말미암아 위 각 은행으로 하여금 불매운동으로 인한 경제적 손실을 우려하여 부득이 본의 아니게 원고와 체결한 입장권판매대행계약을 파기케 하는 결과를 가져왔다면 이는 원고가 위 각 은행과 체결한 입장권판매대행계약에 기한 원고의 채권 등을 침해하는 것으로서 위법하다고 하여야 할 것이고, 그 목적에 공익성이 있다 하여 이러한 행위까지 정당화될 수는 없는 것이다."

3. 평석

(1) 이 판결은 제3자에 의한 채권침해의 위법성을 인정한 최초의 대법원 판결이라는 점에서 중요한 의미를 갖는다. 시민단체의 대표들인 피고들이 마이클 잭슨의 공연에 반대하는 것은 얼마든지 가능하다. 그러나 피고들은 입장권판매대행계약을 체결하고 있는 은행들에 위 계약의 즉각적인 불이행을 요구하고 이에 응하지 아니할 경우에는 위 은행들의 전 상품에 대한 불매운동을 벌이겠다는 경제적 압박수단을 고지하였다. 이와 같이 피고들이 은행들에 과도한 압박을 하여 위 계약을 포기하도록 하였다면, 위법성이 인정된다는 것이다.[1)]

(2) 대판 2001. 10. 12, 2000다53342(공 2001, 2456)도 제3자에 의한 채권침해의 위법성을 인정하였다.

이 사건은 제3자가 계약당사자에게 계약을 파기하도록 강요한 것인데, 제3자에 의한 채권침해의 위법성을 인정하고 있다. 위 (1)에서 다룬 판결에서는 시민단체가 그들이 주장하는 공익적 목적을 달성하기 위하여 계약을 파기하도록 하였으나, 이 판결에서는 이와 달리 자신의 사적인 이익을 위하여 계약을 파기하도록 강요한 것에 대하여 불법행위책임을 인정한 것이다. 계약을 파기하도록 압력을 행사하기 위하여 보이코트를 하는 경우에 정당한 이유가 없다면 불법행위가 성립할 것이다. 또한 경제적으로 영향력을 가진 집단이 집단적으로 거래를 거절함으로써 계약을 파기하도록 하는 경우에도 불법행위책임이 성립할 수 있다.

(3) 대판 2003. 3. 14, 2000다32437(공 2003, 965)에서는 A회사가 B회사와의 특약점계약을 통하여 물품의 독점적 판매권을 취득하였는데, B회사에 위 물품을 납품하기로 한 C회사가 위 물품을 시중에 유출한 경우에 A회사는 C회사를 상대로 불법행위책임을 추궁할 수 있다고 하였다.

대법원은 "거래에 있어서의 자유경쟁의 원칙은 법질서가 허용하는 범위 내에서의 공정하고 건전한 경쟁을 전제로 하는 것이므로, 제3자가 채권자를 해한다는 사정을 알면서도 법규에 위반하거나 선량한 풍속 또는 사회질서에 위반하는 등 위법한 행위를 함으로써 채권자의 이익을 침해하였다면 이로써 불법행위가 성립한다고 하지 않을 수 없고, 여기에서 채권침해의 위법성은 침해되는 채권의 내용, 침해행위의 태양, 침해자의 고의 내지 해의의 유무 등을 참작하여 구체적·개별적으로 판단하되, 거래자유 보장의 필요성, 경제·사회정책적 요인을 포함한 공공의 이익, 당사자 사이의 이익균형 등을 종합적으로 고려하여야 할 것이다."라고 판단하였다. 제3자에 의한 채권침해로 인한 불법행위가 성립하려면 제3자가 채권자를 해한다는 사정을 알면서도 위법한 행위를 하여야 한다는 점이 명백히 하고, 그 위법성을 판단하는 기준으로 "채권침

1) 이에 관한 비교법적 검토에 관하여는 권대우, "독일법상 보이콧에 기한 손해배상청구권," 판례실무연구(V), 2001, 327면 이하; 이규호, "미국에 있어서 소비자보이콧(Consumer Boycott)에 관한 판례·학설—그 법적 허용한계의 문제를 중심으로—," 판례실무연구(V), 2001, 352면 이하.

해의 위법성은 침해되는 채권의 내용, 침해행위의 태양, 침해자의 고의 내지 해의의 유무 등"을 들고 있다.

[130] Ⅲ. 제3자에 의한 계약방해
대판 2007. 5. 11, 2004다11162(공 2007, 868)

1. 사실관계와 원심판결

원고는 창원시 지역에서 유일하게 종합유선방송사업 및 중계유선방송사업 허가를 받고 창원시 반림동 A 아파트 입주자대표회의와 유선방송위탁계약을 체결하였다. 피고가 적법한 허가를 받지 않은 채 위 계약의 갱신을 위법한 방법으로 방해함으로써 그 계약을 갱신하지 못하게 하였다. 원심은, 피고의 행위로 인하여 원고의 중계유선방송사업자로서의 법률상 이익이 침해되었으므로 피고는 원고에게 불법행위로 인한 손해배상을 할 책임이 있다고 판단하였다.

2. 대법원 판결

대법원도 이를 지지하였는데, 제3자에 의한 계약방해에 관하여 다음과 같이 판단하고 있다.

"일반적으로 채권에 대하여는 배타적 효력이 부인되고 채권자 상호 간 및 채권자와 제3자 사이에 자유경쟁이 허용되는 것이어서 제3자에 의하여 채권이 침해되었다는 사실만으로 바로 불법행위로 되지는 않는다. 그러나 거래에 있어서의 자유경쟁의 원칙은 법질서가 허용하는 범위 내에서의 공정하고 건전한 경쟁을 전제로 하는 것이므로, 제3자가 채권자를 해한다는 사정을 알면서도 법규에 위반하거나 선량한 풍속 또는 사회질서에 위반하는 등 위법한 행위를 함으로써 채권자의 이익을 침해하였다면 이로써 불법행위가 성립한다. 여기에서 채권침해의 위법성은 침해되는 채권의 내용, 침해행위의 태양, 침해자의 고의 내지 해의의 유무 등을 참작하여 구체적·개별적으로 판단하되, 거래자유 보장의 필요성, 경제·사회정책적 요인을 포함한 공공의 이익, 당사자 사이의 이익균형 등을 종합적으로 고려하여야 한다.[1] 이러한 법리는 제3자가 위법한 행위를 함으로써 다른 사람 사이의 계약체결을 방해하거나 유효하게 존속하던 계약의 갱신을 하지 못하게 하여 그 다른 사람의 정당한 법률상 이익이 침해되기에 이른 경우에도 적용된다."[2]

3. 평석

(1) 제3자가 현재 또는 장래의 계약관계를 방해하는 경우에 채권자는 어떠한 구제수단이 있는가? 종래 제3자에 의한 채권침해론에서는 주로 제3자가 이미 존재하는 채권을 침해하거나 계약의 실현이나 존속을 방해하는 경우를 중심으로 논의를 전개하였다. 그러나 계약이 체결되기 전에 제3자가 계약의 체결 자체를 방해하는 경우도 있고, 계약의 당사자들이 계약기간이 종료한 다음 기간을 갱신하거나 재계약을 체결하는 것을 제3자가 방해하는 경우도 있다.[3]

(2) 이 판결은 제3자에 의한 채권침해에 관한

제3편 채권법

1) 대판 2003. 3. 14, 2000다32437(공 2003, 965) 등 참조.
2) 또한 이 판결은 "방송법은 중계유선방송사업의 허가요건, 기준, 절차에 관하여 엄격하게 규정함으로써 중계유선방송사업의 합리적인 관리를 통하여 중계유선방송사업의 건전한 발전과 이용의 효율화를 기함으로써 공공복리를 증진하려는 목적과 함께 엄격한 요건을 통과한 사업자에 대하여는 사실상 독점적 지위에서 영업할 수 있는 지역사업권을 부여하여 무허가업자의 경업이나 허가를 받은 업자 간 과당경쟁으로 인한 유선방송사업 경영의 불합리를 방지함으로써 사익을 보호하려는 목적도 있다고 할 것이므로, 허가를 받은 중계유선방송사업자의 사업상 이익은 단순한 반사적 이익에 그치는 것이 아니라 방송법에 의하여 보호되는 법률상 이익이라고 보아야 할 것이다."라고 판결하였다.
3) 김재형, "제3자에 의한 契約妨害에 관한 비교법적 고찰 — 현재 또는 장래의 계약관계를 방해하는 경우를 포함하여 —," 민법론 Ⅳ, 2011, 345면. 이 글은 판례실무연구(Ⅸ), 2010, 542면 이하에 수록되어 있는데, 대법원 비교법실무연구회에서 위 판결의 원심판결을 비교법적으로 검토하면서 위 대법원 판결과 같은 결론을 내릴 것을 주장하였다.

판례법리를 재확인하고, "이러한 법리는 제3자가 위법한 행위를 함으로써 다른 사람 사이의 계약체결을 방해하거나 유효하게 존속하던 계약의 갱신을 하지 못하게 하여 그 다른 사람의 정당한 법률상 이익이 침해되기에 이른 경우에도 적용된다."고 판결하였다.

이는 대법원 판결로는 처음으로 제3자에 의한 계약방해에 대해서도 제3자에 의한 채권침해에 관한 판례법리가 적용된다는 것을 밝힌 것이다. 종래에는 제3자가 이미 성립하고 있는 채권을 침해한 경우에 불법행위책임이 있다고 하였으나, 이 판결에서는 제3자가 계약의 체결이나 갱신을 위법하게 방해하는 경우에도 불법행위책임이 성립할 수 있다고 하였다. 계약이 이미 성립하였는지 여부에 따라 불법행위책임의 성립 여부를 가릴 수는 없다. 따라서 계약이 아직 성립하지 않은 경우에도 제3자의 계약방해를 이유로 불법행위책임을 긍정할 수 있다. 다만 계약이 아직 성립되지 않았다면 계약의 교섭을 중단할 가능성이 있고, 계약 교섭의 당사자들도 이를 예상하여야 하기 때문에 불법행위의 위법성을 좀 더 엄격하게 인정하여야 할 것이다.

[131] Ⅳ. 부작위에 의한 불법행위
대판 2012. 4. 26, 2010다8709(공 2012, 841)

1. 대법원 판결
이 판결에서는 부작위에 의한 불법행위, 특히 방조에 관하여 매우 상세하게 판단하고 있다.

"부작위로 인한 불법행위가 성립하려면 작위의무가 전제되어야 하지만, 작위의무가 객관적으로 인정되는 이상 의무자가 그 의무의 존재를 인식하지 못하였더라도 불법행위의 성립에는 영향이 없다. 이는 고지의무 위반에 의하여 불법행위가 성립하는 경우에도 마찬가지이므로 당사자의 부주의 또는 착오 등으로 고지의무가 있다는 것을 인식하지 못하였다고 하여 위법성이 부정될 수 있는 것은 아니다."

"민법 제760조 제3항은 교사자나 방조자는 공동행위자로 본다고 규정하여 교사자나 방조자에게 공동불법행위자의 책임을 부담시키고 있는바, 방조라 함은 불법행위를 용이하게 하는 직접·간접의 모든 행위를 가리키는 것으로서 작위에 의한 경우뿐만 아니라 작위의무 있는 자가 그것을 방지하여야 할 여러 조치를 취하지 아니하는 부작위로 인하여 불법행위자의 실행행위를 용이하게 하는 경우도 포함한다(대법원 2007. 6. 14. 선고 2005다32999 판결 등 참조). 여기서 작위의무는 법적인 의무이어야 하므로 단순한 도덕상 또는 종교상의 의무는 포함되지 않으나 작위의무가 법적인 의무인 한 그 근거가 성문법이건 불문법이건 상관이 없고 또 공법이건 사법이건 불문하므로, 법령, 법률행위, 선행행위로 인한 경우는 물론이고 기타 신의성실의 원칙이나 사회상규 혹은 조리상 작위의무가 기대되는 경우에도 법적인 작위의무는 있다(대법원 1996. 9. 6. 선고 95도2551 판결 등 참조). 다만 신의성실의 원칙이나 사회상규 혹은 조리상의 작위의무는 혈연적인 결합관계나 계약관계 등으로 인한 특별한 신뢰관계가 존재하여 상대방의 법익을 보호하고 그에 대한 침해를 방지할 책임이 있다고 인정되거나 혹은 상대방에게 피해를 입힐 수 있는 위험요인을 지배·관리하고 있거나 타인의 행위를 관리·감독할 지위에 있어 개별적·구체적 사정 하에서 그 위험요인이나 타인의 행위로 인한 피해가 생기지 않도록 조치할 책임이 있다고 인정되는 경우 등과 같이 상대방의 법익을 보호하거나 그의 법익에 대한 침해를 방지하여야 할 특별한 지위에 있음이 인정되는 자에 대하여만 인정할 수 있는 것이고, 그러한 지위에 있지 아니한 제3자에 대하여 함부로 작위의무를 확대하여 부과할 것은 아니다."

이 사건에서 원심은 피고가 아파트개발사업 시행대행자인 주식회사 뉴훼미리(이하 '뉴훼미리'라고 한다)와 함께 이 사건 사업을 주도하면서 뉴훼미리가 원고들에게 정확한 정보를 제공하지 아니하고 원고들과 이 사건 조합원가입계약을 체결한다는 사정을 알았음에도 이를 용인·방치하였다는 이유로 피고가 뉴훼미리의 부작위에 의한 기망행위를 방조하였다고 판단하였다. 그러나 대법원은 위와 같은 법리를 내세워 원심판결을 파기환송하였다.

2. 평석
방조에 관해서는 형법에서 많이 다루어졌다. 이 판결은 기본적으로 형법상의 방조에 관한 법리를 따르지만, 민법과 형법에서 과실을 다르게 취급하고 있기 때문에 방조에 관한 법리에도 차이가 발생하고 있다. 민법상 불법행위에서는 손해의 전보를 목적으로 하는데, 형법과 달리 원칙적으로 과실을 고의와 동일하게 취급하고 있다. 부작위에 의한 불법행위의 경우에 객관적으로 작위의무가 인정되는 것으로 충분하고, 의무자가 그 의무의 존재를 인식하지 못한 경우에도

불법행위가 성립할 수 있다. 또한 민법의 해석으로서는 불법행위의 방조는 과실에 의해서도 가능하다.[1)]

그러나 법령, 법률행위, 선행행위로 인한 경우는 물론이고 기타 신의성실의 원칙이나 사회상규 혹은 조리상 작위의무가 기대되는 경우에도 법적인 작위의무가 인정된다는 점은 형법과 마찬가지이다. 나아가 이 판결은 신의성실의 원칙이나 사회상규 혹은 조리상의 작위의무의 내용과 한계를 명확히 하고 있다. 이 판결에서 위와 같은 작위의무가 인정되는 경우로는 첫째, 혈연적인 결합관계나 계약관계 등으로 인한 특별한 신뢰관계가 존재하여 상대방의 법익을 보호하고 그에 대한 침해를 방지할 책임이 있다고 인정되는 경우, 둘째, 상대방에게 피해를 입힐 수 있는 위험요인을 지배·관리하고 있거나 타인의 행위를 관리·감독할 지위에 있어 개별적·구체적 사정 하에서 그 위험요인이나 타인의 행위로 인한 피해가 생기지 않도록 조치할 책임이 있다고 인정되는 경우 등을 들고 있다. 이 판결은 작위의무를 위와 같이 구체적으로 제시하면서 작위의무의 확대를 경계하고 있다. 부작위에 의한 불법행위를 인정할 것인지 여부는 판단하기 어려운 문제인데, 이 판결은 작위의무의 판단에 관한 기준을 제시하고 있다는 점에서 중요한 의미가 있다.

---

1) 대판 1998. 12. 23, 98다31264(공 1999, 222); 대판 2007. 6. 14, 2005다32999(공 2007, 1045). 대판 2007. 1. 25, 2005다11626(집 55-1, 민3)은 저작권법이 보호하는 복제권의 침해를 방조하는 행위에 관해서도 "복제권 침해행위를 미필적으로만 인식하는 방조도 가능함은 물론 과실에 의한 방조도 가능하다."라고 한다.

제7절 사용자책임

[132] Ⅰ. 사용자책임에서 사무집행관련성
대판 2007. 9. 20, 2004다43886(공 2007, 1615)

1. 사실관계

피고 회사의 평택지점 차장 A는 원고 회사의 경리이사 B와 사이에 원고 회사의 자금을 피고 회사에 예치한 다음, 이를 인출한 금원으로 원고 회사 몰래 주식투자를 하여 수익이 생기면 이를 반씩 나누어 가지기로 합의하였다. 그에 따라 B가 2002. 3. 6. 원고 회사의 자금 5억 원을 위 지점에 개설되어 있던 원고 회사 명의의 환매조건부채권 예금계좌에 입금하자, A가 그 다음 날인 3. 7. 08:50경 위 계좌를 주식투자가 가능한 주식위탁계좌로 전환한 다음, 그 무렵부터 같은 해 9. 23.경까지 총 587회에 걸쳐 위 계좌에 들어 있던 5억 원으로 주식투자를 하였다.

2. 원심 및 대법원 판결

원심은 피고 회사의 직원인 A가 환매조건부채권 예금계좌를 주식위탁계좌로 변경하여 주식거래를 한 횡령행위는 사실적 행위에 속한다는 이유로 A의 위와 같은 횡령행위가 적법한 사무집행행위에 해당하지 않는다는 사정을 원고 회사의 경리이사인 소외인이 알고 있었다고 하더라도, 피고 회사의 사용자책임이 면책된다고 할 수는 없다고 판단하였다. 그러나 대법원은 다음과 같은 이유로 피고의 상고를 받아들여 원심판결을 파기환송하였다.

(1) "피용자의 불법행위가 외관상 사무집행의 범위 내에 속하는 것으로 보이는 경우에도 피용자의 행위가 사용자나 사용자에 갈음하여 그 사무를 감독하는 자의 사무집행행위에 해당하지 않음을 피해자 자신이 알았거나 또는 중대한 과실로 알지 못한 경우에는 사용자 또는 사용자에 갈음하여 그 사무를 감독하는 자에 대하여 사용자책임을 물을 수 없다고 할 것이고,[1] 법인이 피해자인 경우 법인의 업무에 관하여 포괄적 대리권을 가진 대리인이 가해자인 피용자의 행위가 사용자의 사무집행행위에 해당하지 않음을 안 때에는 피해자인 법인이 이를 알았다고 보아야 하고, 이러한 법리는 그 대리인이 본인인 법인에 대한 관계에서 이른바 배임적 대리행위를 하는 경우에도 마찬가지라고 할 것이다."[2]

(2) 이와 같이 피고 회사의 피용자인 A가 원고 회사의 이사인 B와 공모하여 B가 원고 회사의 자금 5억 원을 환매조건부채권 예금계좌에 입금하고 A가 임의로 위 계좌를 주식위탁계좌로 변경하여 주식거래를 한 행위는 A와 B가 원·피고 회사 사이의 거래관계를 이용하여 원고 회사의 자금을 편취 또는 횡령한 것으로 볼 수 있고, A의 행위가 피고 회사의 사무집행행위에 속하지 않는다는 것을 원고 회사의 경리이사로서 자금관리에 관한 포괄적인 대리권을 가지고 있던 B가 알고 있었으므로, 원고 회사가 이를 알았다고 보아야 할 것이고, 따라서 원고는 A의 사용자인 피고 회사에 대하여 사용자책임을 물을 수 없다.

3. 평석

(1) 판례는 사용자책임에서 사무집행관련성을 외형이론 또는 외형표준설에 따라 판단하고 있다. 피해자에게 악의, 중과실이 있는 경우에는

1) 대판 1983. 6. 28, 83다카217(집 31-3, 민103); 대판 1992. 7. 28, 92다10531(공 1992, 2640); 대판 1996. 12. 10, 95다17595(공 1997, 293) 등 참조.
2) 대판 2005. 12. 23, 2003다30159(공 2006, 161) 등 참조.

사용자책임이 성립하지 않는다고 한다. 그러나 이러한 판례법리는 모든 유형의 불법행위에 그대로 통용되지는 않는다. 그리하여 이 문제를 판단할 때 거래적 불법행위와 사실적 불법행위로 구분하는 것이 편리하다.[3] 거래적 불법행위의 경우에는 피해자의 주관적 사정, 즉 악의, 중과실을 고려하여 사용자책임의 성립을 부정하지만, 사실적 불법행위의 경우에는 사용자책임의 성립 여부를 판단할 때 피해자에게 악의, 중과실이 있는지 여부를 고려하지 않는다.

(2) 거래적 불법행위와 사실적 불법행위를 구분하는 것은 어려운 문제이다. 원심은 피고 회사의 직원인 A가 환매조건부채권 예금계좌를 주식위탁계좌로 변경하여 주식거래를 한 횡령행위를 사실적 행위로 파악하고 있다. 그러나 대법원은 피해자가 피용자의 행위가 사용자의 사무집행행위에 속하지 않는다는 것을 안 경우에는 사용자책임을 추궁할 수 없다고 하면서, 사안을 거래관계를 이용하여 원고 회사의 자금을 편취 또는 횡령한 것으로 파악한다. 이것은 명확하지는 않지만 이 사건을 거래적 불법행위로 파악한 것으로 볼 수 있을 것이다.

횡령행위는 피해자와의 거래를 이용한 것이 아니기 때문에, 통상 사실적 불법행위에 속한다고 볼 수 있다. 그러나 이 사건과 같이 피고 회사의 피용자인 A가 원고 회사의 이사인 B와 공모하여 B가 원고 회사의 자금 5억 원을 환매조건부채권 예금계좌에 입금하고 A가 임의로 위 계좌를 주식위탁계좌로 변경하여 주식거래를 한 경우에는 A와 B가 원·피고 회사 사이의 거래관계를 이용하여 원고 회사의 자금을 편취 또는 횡령한 것으로 볼 수 있으므로, 거래적 불법행위라고 볼 수 있을 것이다.

한편 원고회사의 이사인 B가 원고 회사의 자금 5억 원을 피고 회사의 지점에 개설되어 있던 환매조건부채권 예금계좌에 입금하였으므로, 원고는 피고를 상대로 예금반환청구를 하였다면 이것이 인용될 가능성이 높았을 것으로 판단된다. 그러나 이 점에 관해서는 당사자의 청구가 없었던 것으로 보인다. 거래적 불법행위에 관한 사안에서는 먼저 당사자가 계약에 기한 청구를 하고, 예비적으로 사용자책임을 청구하는 것이 유리하다.

3) 김재형, "사용자책임에서 사무집행관련성," 민법론 Ⅱ, 2004, 284면 이하.

[133] Ⅱ. 성추행으로 인한 사용자책임
대판 2009. 2. 26, 2008다89712(공 2009, 421)

1. 사실관계

피고 1은 피고 2 법인이 운영하는 아동복지시설인 A의 원장으로서 A 소속 직원들을 채용하거나 해고할 수 있는 권한을 가지고 있었다. 원고는 대학 2학년 재학중이던 2005. 8. 1. A의 정식 직원으로 채용되어 A의 프로그램 교사로 근무하였다.

피고 1은 2006. 4. 3.부터 같은 달 29.까지 원고를 포함한 A 소속 직원들과의 회식을 마친 후 다른 직원들이 귀가한 다음 원고만 남은 상태에서 원고에게 사회복지분야에서 적절한 업무수행을 하기 위해서는 적극적인 성격이 필요하다고 이야기하다가 자신의 성기를 만져줄 것을 강요하였고, 이러한 피고 1의 지시를 거부하는 경우 해고될 수도 있다는 두려움을 가지고 있던 원고에 대하여 성추행 행위를 개시하였다.

그 후 피고 1은 근무시간에 원고를 원장실로 부르거나, 업무상 출장을 가는 도중 또는 회식을 마친 직후에 피고 2 법인이 제공한 원고의 숙소에 들러서 A 원장으로서의 지위를 이용하여 원고를 여러 차례에 걸쳐 성추행하거나 간음하였다.

2. 원심 및 대법원 판결

원심은, 피고 1의 원고에 대한 이와 같은 성추행 및 간음행위는 원장으로서의 지위를 이용하여 자신의 보호·감독 하에 있는 원고를 위력으로써 성추행 내지 간음한 것으로서 원고의 의사에 반하여 성적 자기결정권을 침해하는 불법행위에 해당하고, 피고 1의 원고에 대한 성추행 및 간음행위에 관하여 피고 2 법인에게 사용자책임이 인정된다고 판단하였다. 피고들이 상고하였으나, 대법원은 이를 기각하면서 다음과 같이 판단하였다.

"피용자가 다른 피용자를 성추행 또는 간음하는 등 고의적인 가해행위를 한 경우, 그 행위가 피용자의 사무집행 자체는 아니라 하더라도, 피해자로 하여금 성적 굴욕감 또는 혐오감을 느끼게 하는 방법으로 업무를 수행하도록 하는 과정에서 피해자를 성추행하는 등 그 가해행위가 외형상 객관적으로 업무의 수행에 수반되거나 업무수행과 밀접한 관련 아래 이루어지는 경우뿐만 아니라, 피용자가 사용자로부터 채용, 계속고용, 승진, 근무평정과 같은 다른 근로자에 대한 고용조건을 결정할 수 있는 권한을 부여받고 있음을 이용하여 그 업무수행과 시간적, 장소적인 근접성이 인정되는 상황에서 피해자를 성추행하는 등과 같이 외형상 객관적으로 사용자의 사무집행행위와 관련된 것이라고 볼 수 있는 사안에서도 사용자책임이 성립할 수 있다."

3. 평석

(1) 이 판결은 피용자의 성추행 등에 대하여 사용자책임을 인정하고 있는데, 피용자가 다른 피용자를 성추행 또는 간음하는 등 고의적인 가해행위를 한 경우에 사용자책임이 인정되는 요건을 구체적으로 제시하고 있다. 특히 "피용자가 사용자로부터 채용, 계속고용, 승진, 근무평정과 같은 다른 근로자에 대한 고용조건을 결정할 수 있는 권한을 부여받고 있음을 이용하여 그 업무수행과 시간적, 장소적인 근접성이 인정되는 상황에서 피해자를 성추행하는 등과 같이 외형상 객관적으로 사용자의 사무집행행위와 관련된 것이라고 볼 수 있는 사안"에서 사용자책임을 긍정하고 있다. 이 사건에서 피용자의 성추행 등의 행위가 '시간적, 장소적인 근접성'과 '피해자에 대한 우월적 지위의 이용'이라는 요건을 갖추었다고 판단하였다.

(2) 이 판결은 성희롱에 의한 불법행위책임을 인정한 대판 1998. 2. 10, 95다39533(집 46-1, 민 1)과 비교해 볼 필요가 있다. 이 사건에서 원고가 서울대학교 자연과학대학 화학과에 NMR기기 담당 유급조교로 고용되어 근무하던 도중 위 기기의 담당교수인 피고 A로부터 일정기간 동안 계속적으로 여러 가지 형태의 성희롱을 당했다고 인정하여 피고 A의 불법행위책임을 인정하였다. 그러나 원고가 당시 서울대학교 총장인 피고 B와 피고 대한민국에 대하여 사용자책임이나 대리감독자로서의 책임을 주장한 부분에 대하여는 대법원이 사용자책임을 부정하였다. 피고 A의 성희롱 행위는 그 직무범위 내에 속하지 아니함은 물론 외관상으로 보더라도 그의 직무권한 내의 행위와 밀접하여 직무권한 내의 행위로 보이는 경우라고 볼 수 없다는 점을 들었다.[1] 그러나 이 판결을 근거로 일반적인 직장 내 성희롱 사건에서 사용자책임을 부정할 수는 없다. 하급심에서 성희롱에 대하여 사용자의 손해배상책임을 인정한 예가 있다.[2] 또한 택시운전사가 택시 안에서 승객을 강간한 경우에 택시회사의 사용자책임을 인정한 대법원 판결도 있다.[3]

성추행과 성희롱은 구별될 수 있지만, 이 판결의 논리는 직장 내 성희롱에도 적용될 것이다. 따라서 직장 내 성희롱의 경우에 이 판결에서 들고 있는 요건을 충족하는 경우에 사용자책임이 성립한다고 보아야 할 것이다. 직장 내 성희롱을 조건적 성희롱[4]과 환경형 성희롱[5]으로 구분할 수 있는데, 이 판결은 사무집행관련성을 판단하는 과정에서 이를 고려하고 있다.

한편 피해자가 피용자의 행위가 사무집행에 속하지 않는다는 사실을 알았거나 알지 못한 데 중대한 과실이 있는 경우에는 사용자책임이 배제된다는 것이 판례이다.[6] 그러나 이와 같은 법리는 이른바 거래적 불법행위에서 문제되는 것이고, 이 사건과 같은 사실적 불법행위에서는 피해자의 악의 또는 중과실이 문제되지 않는다.[7] 이 판결은 "피용자가 다른 피용자를 성추행 또는 간음하는 등 고의적인 가해행위를 한 경우"라고 한정하여 법리를 전개함으로써, 거래적 불법행위와 사실적 불법행위의 구분을 의식하고 있다고 볼 수도 있다.

---

1) 대법원은 원고가 고용계약상의 채무불이행을 이유로 피고 대한민국에 대한 손해배상을 청구한 부분도 받아들이지 않았다.

2) 서울지판 1998. 4. 30, 97나51543(하집 1998-1, 226)은, 노동조합 사무실에서 압수·수색영장 집행 직무를 집행 중이던 경찰관이 그 장면을 비디오 촬영하던 피해자에게 위법한 신체접촉행위를 한 것에 대하여 국가배상책임을 인정하였다. 위 신체접촉행위는 사회통념상 일상생활에서 허용되는 단순한 농담이나 접촉의 범주를 넘어 피해자로 하여금 성적 굴욕감이나 혐오감을 느끼게 하는 것으로서 피해자의 인격권을 침해하는 위법한 행위라고 봄이 상당하고, 한편 위 행위가 압수수색의 직무집행 행위 그 자체는 아니지만 그와 관련하여 행해진 행위라고 하였다. 또한 서울지판 2002. 11. 26, 2000가합57462는 직장 내 성희롱에 대하여 주로 고용계약상의 보호의무 위반을 이유로 사용자의 손해배상책임을 인정하였는데, 사용자책임도 성립할 수 있다는 것을 전제로 판결하고 있다. 후자의 판결에 관하여 상세한 것은 이정, "직장 내 성희롱(sexual harassment)과 사용자책임," 외법논집 제14집(2003. 8), 한국외국어대학교 법학연구소, 95면 이하 참조.

3) 대판 1991. 1. 11, 90다8954(공 1991, 722).

4) 조건적 성희롱은 보복적(quid pro quo: something for something) 성희롱이라고도 하는데, 성적 행위에 대한 거절에 대하여 해고나 승진거절 등 고용상의 차별적 처우를 하는 경우를 말한다.

5) 환경적(environmental) 성희롱은 적대적인 근로환경을 창출하는 성희롱으로서 성적 행위 자체가 피해자로 하여금 성적 굴욕감이나 혐오감을 품게 하여 그의 업무수행이나 근로환경에 부당하고 심각한 불이익을 가져오는 경우를 말한다.

6) 대판 1983. 6. 28, 83다카217(공 1983, 1139) 등 다수.

7) 김재형, "사용자책임에서의 사무집행관련성," 민법론 Ⅱ, 2004, 321면.

제8절 직무상 의무 위반과 불법행위

[134] 공무원의 직무상 의무 위반으로 인한 불법행위책임

대판 2008. 4. 10, 2005다48994(공 2008, 653)

1. 대법원 판결

이 판결은 사회적으로 많은 주목을 받았던 이른바 '군산시 윤락가 화재사건'[1]에 대한 것이다. 이 사건 화재로 사망한 여종업원들(이하 '망인들'이라 한다)이 이 사건 유흥주점들 내부에서 감금된 채로 윤락을 강요받으면서 생활하고 있었는데,[2] 망인들의 유족들이 대한민국, 전라북도, 군산시를 상대로 손해배상을 청구하였다. 공무원의 직무위반과 손해 사이에 상당인과관계가 있는지 문제되고 있는데, 대법원은 대한민국과 군산시에 대한 청구와 전라북도에 대한 청구를 구분하여 판단하고 있다.

(1) 피고 대한민국과 군산시에 대한 청구

"공무원에게 부과된 직무상 의무의 내용이 단순히 공공 일반의 이익을 위한 것이거나 행정기관 내부의 질서를 규율하기 위한 것이 아니고 전적으로 또는 부수적으로 사회구성원 개인의 안전과 이익을 보호하기 위하여 설정된 것이라면, 공무원이 그와 같은 직무상 의무를 위반함으로 인하여 피해자가 입은 손해에 대하여는 상당인과관계가 인정되는 범위 내에서 국가가 배상책임을 지는 것이고, 이때 상당인과관계의 유무를 판단함에 있어서는 일반적인 결과 발생의 개연성은 물론 직무상 의무를 부과하는 법령 기타 행동규범의 목적이나 가해행위의 태양 및 피해의 정도 등을 종합적으로 고려하여야 할 것이며(대법원 1993. 2. 12. 선고 91다43466 판결, 대법원 1998. 5. 8. 선고 97다36613 판결 등 참조), 이는 지방자치단체와 그 소속 공무원에 대하여도 마찬가지라고 할 것이다."

나아가 개별적으로 관련 법령 위반과 망인들의 사망 사이에 인과관계가 있는지에 관하여 다음과 같이 판단하고 있다.

첫째, 경찰관직무집행법이나 형사소송법, 풍속영업의 규제에 관한 법률의 각 규범 목적, 이 사건 화재의 발생 및 망인들이 사망에 이르게 된 경위 등에 비추어 이 사건 경찰공무원들의 직무위반행위와 망인들의 사망 사이에 상당인과관계가 존재하지 않는다.

둘째, 이 사건 화재 발생 후 이 사건 유흥주점들 중 '대가'의 1층 내부에 있던 인화성이 강한 실내장식물 등으로 인하여 유독가스가 발생되어 망인들이 1층 출입문이나 2층을 통하여 미처 피신하지 못하고 질식사하였다. 피고 군산시의 담당 공무원이 이 사건 유흥주점들에 관한 용도변경, 무허가 영업 및 시설기준에 위배된 개축에 대하여 시정명령 등 식품위생법상 취하여야 하는 조치를 게을리한 직무상의 의무위반행위와 망인들의 사망이라는 결과 사이에 상당한 인과관계가 있다고 할 수 없다.

(2) 피고 전라북도에 대한 청구

이 사건 사고 이전인 2000. 9. 19. 군산시 대명동의 유흥주점에서 화재가 발생하여 감금상태에 있던 윤락녀들이 탈출하지 못하고 사망하는 사건이 발생하였고 이에 군산시청, 군산소방서, 군산경찰서 등이 이와 유사한 사고의 발생을 방지할 목적으로 유흥주점 밀집지역에 대한

제3편 채권법

1) 이것은 판례공보에 붙어 있는 제목이다.
2) 원심은, 위와 같은 사정에 관하여 이 사건 경찰공무원들이 이를 쉽게 알 수 있는 상황이었거나 이를 인식하고 있었다고 판단하였고, 대법원은 이와 같은 판단을 지지하고 있다.

합동점검과 교육훈련을 강화하여, 군산소방서가 주관한 합동 소방점검이 2001. 4. 9., 군산경찰서가 주관한 합동 안전시설 점검이 2001. 10. 19. 각 이 사건 유흥주점들에 대하여 실시되었다. 원심은 위 각 합동점검시 피고 전라북도 산하 소방공무원들이 '대가'에 대한 피난·방화시설을 설치·유지하는 데 필요한 시정조치를 명할 권한 등을 행사하지 아니하였더라도 그 권한의 불행사가 현저하게 합리성을 결한 것으로까지는 인정되지 아니하여 구 소방법에서 규정하는 직무를 위배한 위법이 없다고 판단하였다. 그러나 대법원은 이 부분에 대한 원고들의 상고를 받아들여 원심판단을 파기 환송하면서 상세한 이유를 제시하고 있다.

"구 소방법(2003. 5. 29. 법률 제6893호로 제정된 소방기본법에 의하여 폐지되기 전의 것, 이하 같다)은 화재를 예방·경계·진압하고 재난·재해 및 그 밖의 위급한 상황에서의 구조·구급활동을 통하여 국민의 생명·신체 및 재산을 보호함으로써 공공의 안녕질서의 유지와 복리증진에 이바지함을 목적으로 하여 제정된 법으로서, 소방법의 규정들은 단순히 전체로서의 공공 일반의 안전을 도모하기 위한 것에서 더 나아가 국민 개개인의 인명과 재화의 안전보장을 목적으로 하여 두어진 것이라고 봄이 상당하므로, 소방공무원이 소방법 규정에서 정하여진 직무상의 의무를 게을리한 경우 그 의무 위반이 직무에 충실한 보통 일반의 공무원을 표준으로 할 때 객관적 정당성을 상실하였다고 인정될 정도에 이른 경우에는 국가배상법 제2조에서 말하는 위법의 요건을 충족하였다고 봄이 상당하다(대법원 2001. 3. 9. 선고 99다64278 판결 등 참조).

그리고 소방공무원의 행정권한 행사가 관계 법률의 규정 형식상 소방공무원의 재량에 맡겨져 있다고 하더라도 소방공무원에게 그러한 권한을 부여한 취지와 목적에 비추어 볼 때에 구체적인 상황 아래에서 소방공무원이 그 권한을 행사하지 않은 것이 현저하게 합리성을 잃어 사회적 타당성이 없는 경우에는 소방공무원의 직무상 의무를 위반한 것으로서 위법하게 된다고 할 것이다(대법원 1998. 5. 8. 선고 97다54482 판결 등 참조)."

대법원은 나아가 이 사건에서 "경험칙상 위 각 합동점검 당시의 소방공무원들로서도 '대가' 2층 부분이 1층 부분과 함께 사실상 유흥주점에 제공되어 있음을 충분히 알 수 있었다고 봄이 상당"하다고 하고, 두 가지 점에서 소방공무원의 직무 위반과 위 사망의 결과 사이에 상당인과관계가 있다고 판단하였다.

첫째, "위 각 합동점검에 참여한 소방공무원으로서는 실제 영업 현황에 유의하여 구 소방법 제11조의 특수장소의 방염 규정을 적용하고, 비방염제품의 제거 또는 방염성능의 검사를 받도록 하는 등의 조치를 취하여야 할 직무상 의무가 있다고 할 것이고, 앞서 본 법리에 따라 구 소방법에서 특수장소에 대하여 방염 규정을 적용하도록 하고 그 위반사항에 관하여 소방공무원에게 시정조치를 명할 수 있도록 권한을 부여한 취지와 목적, 위에서 살펴본 이 사건 화재 및 망인들이 사망에 이른 경위, 위 합동점검이 계획되고 시행된 과정 등에 비추어 볼 때, 각 합동점검시 '대가'에 대하여 구 소방법상의 방염 규정 위반에 대한 시정조치를 명하지 않은 소방공무원의 직무상 의무 위반은 현저히 불합리한 경우에 해당하여 위법하다고 할 것이며, 이러한 직무상 의무 위반과 망인들이 화재로 사망한 결과와 사이에는 상당인과관계가 존재한다고 봄이 상당하다."

둘째, "위 각 합동점검에 참여한 소방공무원으로서는 위 소방법 관련 규정에 따라 위 잠금장치가 있는 철제문이 화재시 피난에 장애요인이 되는지 여부를 확인하고 그 문이나 잠금장치의 제거 등 시정조치를 취할 직무상 의무가 있다고 할 것인데, 위 철제문의 존재를 인식하고서도 아무런 조치를 취하지 아니한 채 오히려 점검부에는 피난장애시설이 없다는 취지로 허위 기재 및 보고를 한 잘못이 있다 할 것이고, 이러한 소방공무원의 직무상 의무 위반은 앞서 본 제반 법리에 비추어 현저히 불합리하여 위법하다고 할 것이며, 이러한 직무상 의무 위반 역시 망인들의 사망이라는 결과에 상당인과관계가 있다고 봄이 상당하다."

2. 평석

(1) 판례[3]에 따르면, 공무원이 직무상 의무를 위반한 경우에 국가 또는 지방자치단체가 배상책임을 질 수 있는데, 그 판단기준은 직무상 의무의 내용이 사회구성원 개인의 안전과 이익을 보호하기 위하여 설정된 것인지, 그 의무 위반과 손해 사이에 상당인과관계가 있는지 여부이다. 이때 상당인과관계는 일반적인 결과 발생의 개연성, 직무상 의무를 부과하는 법령 기타 행동규범의 목적, 가해행위의 태양, 피해의 정도 등을 종합적으로 고려하여 판단하여야 한다.

3) 대판 1993. 2. 12, 91다43466(집 41－1, 민 125)은 위와 같은 법리를 천명한 다음, 선박안전법이나 '유선 및 도선업법'의 각 규정은 공공의 안전 외에 일반인의 인명과 재화의 안전보장도 그 목적으로 하는 것이라고 할 것이므로, 피고 대한민국의 선박검사관이나 피고 충무시 소속 공무원들이 위와 같은 직무상 의무를 위반하여 시설이 불량한 이 사건 유람선에 대하여 선박중간검사에 합격하였다 하여 선박검사증서를 발급하고, 해당법규에 규정된 조치를 취함이 없이 계속 운항하게 함으로써 이 사건 화재사고가 발생한 것이라고 볼 수 있는 것이라면, 위 유람선 화재사고와 피고들 소속 공무원들의 직무상 의무위반행위와의 사이에는 상당인과관계가 있고, 따라서 피고들은 그로 인한 손해배상책임을 부담하여야 한다고 판결하였다. 이에 관해서는 우선 손지열, "국가배상에 있어서의 위법성과 인과관계," 민사판례연구(XVI), 1994, 202면 이하 참조. 최근 판결로는 대판 2007. 12. 27, 2005다62747(공 2008, 112).

이 판결은 위 판례법리를 유흥주점에 감금된 채 윤락을 강요받으며 생활하던 여종업원들이 유흥주점에 화재가 났을 때 미처 피신하지 못하고 유독가스에 질식해 사망한 사안에 적용한 것이다. 이 사건에서 공무원이 경찰관직무집행법, 형사소송법, 「풍속영업의 규제에 관한 법률」, 식품위생법, 구 소방법을 위반한 것이 문제되었다. 이 부분에 대한 판단을 정리해 보면 다음과 같다.

첫째, 경찰관직무집행법, 형사소송법, 「풍속영업의 규제에 관한 법률」에서 공무원에게 부과하고 있는 직무상 의무의 내용은 사회구성원 개인의 안전과 이익을 보호하는 데에도 그 목적이 있다고 보아야 한다. 그러나 위 법률에서 부과하고 있는 공무원의 직무상의 의무 위반과 이 사건 가해행위 사이에 관련성이 적다고 볼 수 있다. 위와 같은 법률에 따른 의무의 이행을 게을리하지 않았더라도 이 사건 화재사고의 발생을 방지하지는 못했을 것이기 때문에, 책임귀속의 근거로 삼기 어렵다.

둘째, 식품위생법에서 나오는 공무원의 직무상 의무의 내용은 지방자치단체의 담당 공무원이 위 유흥주점의 용도변경, 무허가 영업 및 시설기준에 위배된 개축에 대하여 시정명령 등 식품위생법상 취하여야 할 조치에 관한 것으로 이 사건 화재사고와는 직접적인 관계가 없다.

셋째, "소방법의 규정들은 단순히 전체로서의 공공 일반의 안전을 도모하기 위한 것에서 더 나아가 국민 개개인의 인명과 재화의 안전보장을 목적"으로 하고 있다. 소방공무원이 소방법에서 정하고 있는 직무상의 의무를 위반한 경우 위법성이 인정될 수 있다. 그리고 소방공무원이 위 유흥주점에 대하여 화재 발생 전 실시한 소방점검 등에서의 구 소방법상의 직무상 의무 위반과 이 사건 화재 사고로 인한 위 사망의 결과 사이에 상당인과관계가 존재한다.

위 판단은 위법성 판단과 상당인과관계 판단

으로 구분할 수 있는데, 법률상의 직무 위반 자체는 위법성을 판단하는 근거이고, 법률상의 직무 위반과 손해의 관련성의 존부는 상당인과관계를 판단하는 근거라고 할 수 있다.

(2) 이 사건에서 공무원의 직무 위반으로 인한 지방자치단체의 책임을 넓게 인정한 것은 아닌지 논란이 될 수 있다. 소방공무원이 구 소방법상의 방염 규정 위반에 대하여 시정조치를 명하지 않았다는 이유로 이 사건 화재 사고로 인한 위 사망의 결과 사이에 상당인과관계를 인정한 것은 지나친 것이라고 생각할 수도 있다.

그러나 이 사건에서 소방공무원이 소방법상의 직무상 의무를 위반하였다는 이유로 이 사건 화재로 인한 사망에 대한 손해배상책임을 인정한 결론은 사안에서 나타나는 여러 특수성에 비추어 정당하다고 생각된다. 즉, 이 사건 화재사고 발생 전에 이미 군산시 대명동에서 유흥주점에 화재가 발생하여 윤락녀들이 사망하였다. 그 사건 이후 각종 소방안전대책 관련 지시 및 관계기관 합동점검이 이루어졌는데, 이를 통하여 소방공무원들이 이 사건 유흥주점들과 같은 업소들, 특히 '대가'의 경우 1층 외에 2층을 포함한 건물 내부에서 유흥접객과 윤락행위가 행해지고 있다는 점과 여종업원들에 대한 감시·감금 기타 어떠한 통제를 위하여 1층과 2층 사이의 철제문을 잠가두는 경우에는 화재 등 사고 발생시 위 철제문이 피난에 장애가 될 수 있고 또한 밀폐된 공간구조에서 유독가스의 소통 및 환기에 악영향을 미쳐 결국 건물 내부에 갇힌 자들의 안전에 심각한 영향을 미칠 수 있다는 점을 알았거나 쉽사리 알 수 있었다. "이 사건에서 망인들의 사망의 원인과 태양이 바로 위 철제문에 가로막혀 2층으로 피신하지 못한 채 문 앞에서 모두 질식사"하였는데, 이는 소방공무원의 직무 위반과 밀접하게 관련된 것이다. 나아가 소방공무원이 잠금장치가 있는 철제문의 존재를 인식하고도 아무런 조치를 취하지 아니한 채 점검부에 피난장애시설이 없다는 취지로 허위 기재 및 보고를 하였다. 이와 같은 요소들이 이 사건에서 손해배상책임을 넓게 인정한 요인으로 작용하였다고 보아야 할 것이다.

제9절 카지노 회사의 불법행위책임

[135] 카지노 출입제한 및 베팅한도 규정 위반으로 인한 불법행위책임

대판(전) 2014. 8. 21, 2010다92438(공 2014, 1812)

1. 사실관계

이 판결은 '강원랜드 카지노 이용자의 손해배상청구 사건'에 대한 것이다. 원고는 2003년부터 2006년까지 333회에 걸쳐 피고(강원랜드)의 카지노에 출입하여 회원용 영업장에서 주로 바카라 도박게임을 하다가 231억 원이 넘는 돈을 잃었다. 원고는 피고가 베팅한도액을 제한하거나 출입을 제한하는 규정을 위반하여 위와 같은 손해를 입었다는 이유로 불법행위에 기한 손해배상 청구 등을 하였다.

2. 원심 및 대법원 판결

(1) 원심은 피고에게 직원들의 불법행위에 대하여 사용자책임이 있다고 판단하였다.[1] 그러나 대법원은 피고의 상고를 받아들여 원심판결을 파기환송하였다. 이 판결은 판례를 변경한 것이 아닌데도 전원합의체 판결로 나왔다. 카지노 회사의 보호의무를 인정할 것인지 여부에 관하여 견해가 나뉘어졌다. 출입제한규정 위반행위에 관해서는 다수의견과 반대의견이 7:6으로 팽팽하게 대립하였고, 베팅한도액 제한규정 위반행위에 관해서도 대법관 2인의 반대의견이 있다. 한편 다수의견에 대한 보충의견이 있다.

(2) 다수의견은 먼저 사법질서의 근간을 이루고 있는 사적 자치의 원칙과 과실책임의 원칙에서 자기책임의 원칙을 도출하고, 이 원칙이 계약을 둘러싼 법률관계에도 적용되므로 이 원칙이 적용되어 보호의무나 배려의무가 발생하지 않는 것이 원칙이라고 한다. 즉,

"우리의 사법질서는 사적 자치의 원칙과 과실책임의 원칙 등을 근간으로 한다. 사적 자치의

1) 그 이유는 다음과 같다. (1) 출입제한규정 위반행위: 피고가 구 「관광진흥법 시행규칙」(2007. 8. 28. 문화관광부령 제167호로 개정되기 전의 것) 제36조 단서 [별표 7의2] '폐광지역 카지노사업자의 영업준칙'(이하 '폐광지역 카지노사업자의 영업준칙'이라 한다)의 규정에 따른 출입제한 대상자임을 알면서도 카지노 이용자의 출입제한을 하지 아니하거나 이미 출입제한 요청서가 접수된 자 또는 출입제한이 된 자에 대하여 피고의 '카지노출입관리지침'(2006. 12. 6. 개정되기 전의 것, 이하 같다)을 위반하여 출입제한을 해제함으로써 그 출입제한 대상자가 피고의 카지노에 출입할 수 있도록 한 행위는 카지노 이용자에 대한 보호의무를 위반한 것이다. 원고의 아들 정재영이 피고에게 원고에 대한 출입제한을 요청하였음에도 피고 소속 직원이 '폐광지역 카지노사업자의 영업준칙'이나 '카지노출입관리지침'에 정해진 절차를 거치지 아니한 채 원고가 피고 운영의 카지노에 출입할 수 있도록 허용한 것은 원고에 대한 보호의무를 위반한 행위로서 불법행위를 구성한다.

(2) 베팅한도액 제한규정 위반행위: 구 「폐광지역 개발 지원에 관한 특별법 시행령」(2008. 12. 31. 대통령령 제21214호로 개정되기 전의 것. 이하 '구 폐광지역지원법 시행령'이라 한다)에서 문화체육관광부장관(이하 '장관'이라 한다)이 과도한 사행심 방지를 위하여 피고의 카지노업 영업에 관하여 카지노에 거는 금액을 제한할 수 있다고 정한 것(제14조 제1항 제4호 나목)과 '폐광지역 카지노사업자의 영업준칙'에서 피고의 일반 영업장의 테이블게임과 머신게임의 베팅한도액을 정하고, 회원용 영업장에 대한 운영 및 영업방법에 대하여 장관의 승인을 받도록 정한 것(영업준칙 제4호, 제5호, 제12호)은 피고로 하여금 카지노 이용자의 사행심 유발에 적절한 제한을 가하여 이용자가 카지노 게임을 통하여 지나친 재산상실의 위험에 노출되는 것을 방지함으로써 카지노 이용자 개인의 이익을 보호하기 위한 것이다. 피고 소속 직원들이 원고가 피고의 회원용 영업장 예약실에서 이른바 '병정'들을 이용하여 대리베팅을 하는 방법으로 법령에서 정한 베팅한도액을 초과하여 베팅하는 것을 묵인한 것은 베팅한도액 제한규정을 어기고 카지노 이용자인 원고에 대한 보호의무를 위반한 행위이다.

원칙은 개인이 자신의 법률관계를 그의 자유로운 의사에 의하여 형성할 수 있다는 것을 의미하고, 과실책임의 원칙은 개인이 자신에게 귀책사유가 있는 행위에 대하여만 책임을 지고 그렇지 아니한 타인의 행위에 대하여는 책임을 지지 아니한다는 것을 의미한다. 이에 따라 개인은 자신의 자유로운 선택과 결정에 따라 행위하고 그에 따른 결과를 다른 사람에게 귀속시키거나 전가하지 아니한 채 스스로 이를 감수하여야 한다는 '자기책임의 원칙'이 개인의 법률관계에 대하여 적용되고, 계약을 둘러싼 법률관계에서도 당사자는 자신의 자유로운 선택과 결정에 따라 계약을 체결한 결과 발생하게 되는 이익이나 손실을 스스로 감수하여야 할 뿐 일방 당사자가 상대방 당사자에게 손실이 발생하지 아니하도록 하는 등 상대방 당사자의 이익을 보호하거나 배려할 일반적인 의무는 부담하지 아니함이 원칙이라 할 것이다."

다수의견은 카지노 이용을 둘러싼 법률관계서도 자기책임의 원칙에 따라 카지노 이용자의 이익을 위한 카지노사업자의 보호의무나 배려의무가 인정되지 않는다는 결론을 도출한다. "카지노사업자가 운영하는 카지노 영업장에 찾아가 카지노 게임을 할 것인지는 카지노 이용자 자신이 결정하는 것"이다. 따라서 "카지노 이용자가 게임의 승패에 따라 건 돈을 잃을 위험이 있음을 알면서도 이를 감수하고 카지노 게임에 참여한 이상 그 결과 역시 카지노 이용자 자신에게 귀속"되어야 한다는 것이다. 다만 다음과 같은 예외를 인정하고 있다.

"다만 자기책임의 원칙도 절대적인 명제라고 할 수는 없는 것으로서, 개별 사안의 구체적 사정에 따라서는 신의성실이나 사회질서 등을 위하여 제한될 수도 있는 것이다. 그리하여 ① 카지노 이용자가 자신의 의지로는 카지노 이용을 제어하지 못할 정도로 도박 중독 상태에 있었고 ② 카지노사업자도 이를 인식하고 있었거나 조금만 주의를 기울였더라면 인식할 수 있었던 상황에서, ③ 카지노 이용자나 그 가족이 카지노 이용자의 재산상 손실을 방지하기 위하여 법령이나 카지노사업자에 의하여 마련된 절차에 따른 요청을 하였음에도 ④ 그에 따른 조처를 하지 아니하고 나아가 영업제한규정을 위반하여 카지노 영업을 하는 등 카지노 이용자의 재산상실에 관한 주된 책임이 카지노사업자에게 있을 뿐만 아니라 ⑤ 카지노 이용자의 손실이 카지노사업자의 영업이익으로 귀속되는 것이 사회 통념상 용인될 수 없을 정도에 이르렀다고 볼 만한 특별한 사정이 있는 경우에는, 예외적으로 카지노사업자의 카지노 이용자에 대한 보호의무 내지 배려의무 위반을 이유로 한 손해배상책임이 인정될 수 있을 것이다."

(3) 이 사건의 두 쟁점에 관하여 대법관들의 견해가 다수의견과 반대의견으로 대립한다.2)

㈎ **출입제한규정 위반행위**

다수의견은 출입제한규정을 위반한 경우에 카지노 회사의 책임을 인정할 여지가 있지만 이 사건에서는 위 규정을 위반하지 않았다고 한다.

① '폐광지역 카지노사업자의 영업준칙'에서 정한 출입제한규정은 카지노 이용자가 이미 도박 중독의 징후를 드러내고 스스로 사행심을 제어할 수 없어서 과도한 재산상실의 위험이 현저

2) 다수의견에 대한 대법관 2인의 보충의견도 있는데, 출입제한이나 베팅한도액 제한에 관한 법령은 카지노 이용자의 재산상 이익을 보호하려는 취지가 명백하지 아니하므로 이를 이유로 피고의 보호의무를 인정하기 어렵다. 일부 이용자에 대하여 금전배상을 하는 방식으로 카지노 이용자를 보호하려는 것은 형평에 반하고 도박중독 등의 문제를 해결하지도 못하여 정책적으로 바람직하지 않다고 한다.

히 커진 경우 가족의 요청으로 카지노 이용자의 카지노 출입을 제한함으로써 카지노 이용자와 그 가족을 보호하기 위한 것이다. 카지노 이용자나 그 가족이 '폐광지역 카지노사업자의 영업준칙'과 '카지노출입관리지침'에 정한 절차에 따라 도박 중독을 이유로 카지노 이용자의 출입제한을 요청하는 경우에는 카지노 이용자를 출입제한자 명단에 등록하고 카지노 이용자에 대하여 적정한 기간 동안 카지노 출입을 제한하여야 한다. 만약 피고가 그와 같은 절차를 거쳐 카지노 이용자를 출입제한자 명단에 등록한 다음 그가 도박 중독 상태에 있음을 알거나 쉽게 알 수 있었음에도 정당한 출입제한 해제절차를 거치지 아니하고 카지노 출입을 허용하였다면 그와 같은 행위는 카지노 이용자에 대한 보호의무 위반행위로 평가될 여지가 있다.

② 그런데 이 사건에서는 원고에 대한 출입제한 요청서를 피고가 접수하여 원고를 출입제한자로 등록하기 전에 원고의 아들이 그 요청을 철회하고 출입제한 요청서의 반송을 요구하였다. 따라서 원고에 대한 적법한 출입제한 요청조차 있었다고 보기 어려워 피고에게 원고의 카지노 출입을 제한할 의무가 인정되지 않는다.

이에 대해서는 대법관 6인의 반대의견이 있다.

'폐광지역 카지노사업자의 영업준칙'에서 피고에게 출입제한의무를 부과한 것은 카지노 이용자와 가족이 도박중독으로 인한 재산 상실의 위험 등으로부터 스스로를 보호하기 위하여 카지노사업자에 대하여 자기 배제를 요청할 수 있도록 제도화한 것이다. 카지노 이용자의 가족이 출입제한 요청서를 발송한 이상 그 철회 역시 피고가 정한 카지노출입관리지침에 따라 문서로써 하여야 한다. 원고의 아들이 법령이 정한 절차에 따라 원고의 출입제한을 요청한 이후 다시 전화로 출입제한 요청을 철회하겠다고 한 경우 그 철회 요청은 효력이 없으므로 피고의 직원들이 원고의 카지노 출입을 허용한 것은 원고에 대한 보호의무 위반행위로 불법행위가 성립한다.

(나) 베팅한도액 제한규정 위반행위

다수의견은 이에 관해서도 카지노 회사의 책임을 부정한다. 이와 같은 영업제한규정 중 1회 베팅한도를 제한하는 규정은 그 문언상 과도한 사행심 유발을 방지하기 위한 것이다. 그런데 이러한 규정이 일반 공중의 사행심 유발을 방지하기 위한 것에서 더 나아가 카지노 이용자 개개인의 재산상 손실을 방지하기 위한 규정이라고 볼 수 있는지 문제되는데, 이를 부정한 것이다.

법령 등에서 피고에게 1회 베팅한도액을 설정하여 카지노 영업을 하도록 한 결과 반사적으로 카지노 이용자가 1회 게임을 하여 잃게 되는 재산의 규모가 일정 범위에 한정되는 효과가 발생하더라도 그것 때문에 베팅한도액 제한 관련 법령이 카지노 이용자의 재산상 손실을 방지하여 개별이용자를 보호하기 위한 규정이라고 볼 수는 없다. 따라서 피고 소속 직원들이 베팅한도액 제한규정을 위반하였더라도 피고가 영업정지 등 행정적 제재를 받는 것은 별론으로 하고 그러한 사정만으로 원고에 대한 보호의무를 위반하여 불법행위가 성립한다고 할 수는 없다.

그러나 대법관 2인은 이 점에 관해서도 반대한다.

구 폐광지역지원법 시행령 제14조 제1항 등에서 베팅한도액 제한규정을 둔 것은 베팅금액에 적절한 제한을 가하여 카지노 이용자가 제한된 위험 범위 내에서만 카지노를 이용하게 함으로써 과도한 재산손실의 위험으로부터 카지노 이용자 개인을 보호하기 위한 것이다. 피고가 베팅한도액 제한규정을 위반하여 카지노 이용자에게 재산상 손실을 입게 하였다면, 이는 카지노 이용자에 대한 보호의무를 위반한 행위로서 불법행위가 성립한다.

3. 평석

(1) 이 사건에서 카지노 회사가 출입제한 규정과 베팅한도제한 규정을 위반하여 카지노이용자가 카지노에서 돈을 더 많이 잃게 된 경우에 카지노 회사의 손해배상책임이 인정되는지 문제되고 있다.[3] 비교법적으로 보면, 미국에서 카지노 회사의 불법행위책임을 부정하고 있는 반면, 독일에서는 채무불이행책임 또는 불법행위책임이 인정될 수 있다고 한다. 영국, 캐나다, 호주에서는 카지노 회사의 책임을 예외적으로 인정할 가능성이 있다고 한다.[4]

이처럼 사안이 매우 특수한 것이지만 대법원은 민법의 기본이론에 관한 중요한 판단을 하고 있고 있다. 이 판결이 내린 구체적인 결론의 당부를 떠나 불법행위법상 보호의무에 관한 가장 중요한 선례라고 할 수 있다.

이 판결은 이례적으로 민법의 기본원리에서 출발하여 구체적인 판단을 하고 있다. 대법원은 피고의 책임을 부정하기 위한 주요한 근거를 자기책임의 원칙에서 찾고 있는데, 이 원칙을 민법의 기본원칙인 사적 자치의 원칙과 과실책임의 원칙에서 도출하고 있다. 사적 자치의 원칙과 과실책임의 원칙은 민법의 기본원리로서 당연한 전제라고 할 수 있기 때문에, 굳이 언급할 필요가 없다고 볼 수도 있다. 그러나 대법원은 이러한 판단을 통해서 직접적인 법규정이 없는 경우에 법의 원리에 따라 판결을 해야 한다는 것을 밝히고 있다고 볼 수 있다. 이 사건에서 카지노 회사의 책임을 인정할 것인지 여부에 관하여 구체적인 규정이 없다. 이러한 법적 공백상태를 메워주는 것이 법의 원리라고 할 수 있는데, 대법원은 이 사건에서 법의 원리에 해당하는 사적 자치의 원칙이나 과실책임의 원칙에 따라 구체적인 판단기준을 도출하는 과정을 보여주고 있다고 볼 수 있다.

그러나 다수의견은 "자기책임의 원칙도 절대적인 명제라고 할 수는 없는 것"이라고 하고 "개별 사안의 구체적 사정에 따라서는 신의성실이나 사회질서 등을 위하여 제한될 수도 있는 것"이라고 한다. 그리하여 예외적인 상황에서 카지노사업자의 카지노 이용자에 대한 보호의무 또는 배려의무 위반을 이유로 한 손해배상책임이 인정될 수 있다고 한다. 개인이 스스로 선택과 결정을 한 행위로 인한 결과는 자신이 책임을 지는 것이 원칙이이지만, 예외적으로 상대방의 보호의무 또는 배려의무가 인정될 수 있다는 것이다. 어떠한 경우에 위와 같은 예외적인 상황에 해당하는지가 중요한 문제라고 할 수 있다.

(2) 우리나라에서는 카지노에 관하여 관광진흥법과 그 시행규칙과 폐광지역 개발 지원에 관한 특별법과 그 시행령, 카지노영업준칙 등에서 카지노 출입제한이나 베팅한도에 관하여 규정하고 있다. 이와 같은 행정법규를 위반한 경우에 불법행위책임이 인정되는지 문제되고 있다. 행정법규의 위반은 불법행위의 위법성이나 상당인과관계를 판단하는 데 고려된다. 특히 법규의 보호목적이 무엇인지가 중요하다. 법규의 보호목적이 개인의 이익과 안전을 보호하기 위한 경우에는 이를 위반한 행위가 위법하다고 평가할 수 있다.[5] 필자는 이 사건에 관하여 다음과 같이 주장하였다.[6]

3) 상세한 것은 김재형, "법규 위반과 불법행위책임—카지노 베팅한도 및 출입제한 규정 위반을 중심으로—," 판례실무연구(XI)(상), 2014, 674면 이하 참조.
4) 김재형(주 3), 701면.
5) 김재형(주 3), 708면.
6) 김재형(주 3), 711~712면.

"도박으로 인한 손실은 도박을 한 사람이 책임을 져야 한다. 이것이 자기책임의 원칙에 충실한 것이다. 카지노에서 도박을 하는 사람은 평균적으로 돈을 잃을 수밖에 없을 것이다. 이를 예상하고 도박을 하는 사람을 보호할 필요가 없다. 그러나 카지노를 국가에서 허용하는 것은 카지노 게임 자체가 권장할 만한 오락이라서 허용하는 것이 아니다. 카지노는 원래 불법적이고 반사회적인 도박인데, 법률에서 한정적으로 합법적인 도박으로 만들었다. 그로부터 발생하는 위험을 막을 장치가 필요하다. 특히 도박중독자를 보호하기 위한 조치가 필요하다는 점을 부정할 수 없다.

관광진흥법 등 관련 법령은 매우 불완전하게 카지노 고객을 보호하기 위한 규정을 두고 있다. 민법상의 불법행위에 관한 규정도 다른 나라와는 다르다. 따라서 카지노에 관한 여러 나라의 판례를 살펴보았지만, 외국의 어느 한 나라의 판례를 우리나라에서 그대로 받아들일 수는 없다. 다만 비교법적 고찰을 통하여 미국과 같이 카지노 회사의 책임을 거의 인정하지 않는 나라도 있고, 독일과 같이 책임을 넓게 인정하려고 하는 나라도 있다는 것을 알 수 있다.

여기에서는 이 문제에 관한 잠정적인 결론을 제시하고자 한다. 카지노에 관한 법규에서 베팅한도나 출입금지에 관한 규정을 두고 있다면, 카지노 회사든 고객이든 이와 같은 규정을 준수하여야 한다. 이를 위반한 경우에는 카지노 회사의 불법행위책임이 성립할 수도 있다. 가령 도박중독자나 그 가족이 스스로 출입금지를 신청한 경우에 카지노의 직원들이 도박중독자를 카지노에 출입시키지 않도록 하여야 할 것이고, 이를 이행하지 못하는 경우에는 카지노 회사는 고객에게 손해배상책임을 부담할 수 있을 것이다. 따라서 이 사건에서 대리베팅이 베팅한도에 관한 규정을 위반한 것인지, 대리베팅행위가 어떻게 이루어졌는지, 원고의 가족이 원고에 대한 출입금지신청이 효력을 발생하였는지 여부 등에 대한 구체적인 판단이 필요할 것이다."

(3) 출입제한규정 위반행위에 관해서는 다수의견과 반대의견 사이에 견해 차이가 크지 않다. 다수의견도 출입제한규정을 위반한 경우라면 보호의무 위반을 이유로 손해배상책임이 성립할 여지도 있다고 한다. 그러나 이 사건에서는 카지노 이용자의 아들이 전화로 출입제한 요청을 철회하였다고 하면서 적법한 출입제한 요청조차 있었다고 보기 어렵다고 하여 카지노 회사의 출입제한규정 위반을 부정하고 있다. 이에 반하여 반대의견은 위와 같은 출입제한 요청의 철회가 효력이 없다고 한다. 따라서 출입제한규정 위반행위에 관해서는 다수의견과 반대의견은 '출입제한 요청의 철회 여부'라는 아주 작은 쟁점에서 의견이 엇갈렸다고 볼 수 있다. 다수의견에 따르더라도 카지노 회사가 출입제한 규정을 위반한 경우에는 보호의무 위반을 이유로 한 불법행위책임을 인정할 수 있을 것이다.[7]

다음으로 베팅한도액 제한규정에서 보호의무를 도출할 수 있는지 여부가 문제되었다. 베팅한도액 제한 관련 법령의 성격에 관하여, 다수의견은 행정법령에 불과하다고 본 반면, 반대의견은 카지노 이용자를 보호하기 위한 규정으로 보았다. 영업제한규정 중 1회 베팅한도를 제한하는 규정은 일차적으로 과도한 사행심 유발을 방지하기 위한 것이다. 그런데 이러한 규정이 일반 공중의 사행심 유발을 방지하기 위한 것에서 나아가 카지노 이용자 개개인의 재산상 손실을 방지하기 위한 규정이라고 볼 수도 있을 것이다.

7) 출입제한규정의 경우에는 당사자의 신청에 따라 출입제한을 하기로 하는 약정이 있다고 볼 수 있다. 따라서 카지노 회사가 이 약정을 위반한 경우에는 채무불이행책임이 성립할 여지도 있다.

제10절 제3자에 의한 가족관계의 침해로 인한 불법행위

[136] 혼인파탄 후 제3자와의 성적 행위로 인한 불법행위

대판(전) 2014. 11. 20, 2011므2997(공 2014, 2361)

1. 사실관계와 원심판결

(1) 원고와 소외인은 1992. 10. 19. 혼인신고를 마치고 법률상 부부로서 생활하다 경제적인 문제, 성격 차이 등으로 불화를 겪었다. 소외인은 원고로부터 "우리는 부부가 아니다."라는 말을 듣고 2004. 2.경 가출하여, 이때부터 별거가 시작되었고, 원고는 그 후 소외인을 설득하려는 별다른 노력 없이 소외인을 비난하면서 지내왔다.

(2) 결국 소외인은 2008. 4. 29. 원고를 상대로 이혼청구의 소를 제기하여 2008. 9. 26. 이혼판결이 선고되었다. 이에 원고가 항소하고 2008. 11. 26. 소외인을 상대로 이혼청구의 반소를 제기하였는데, 그 항소심에서 2010. 6. 18. '본소 및 반소에 의하여 소외인과 원고는 이혼하고, 본소 및 반소의 위자료 청구를 모두 기각한다'는 내용의 판결이 선고되었고, 2010. 9. 30. 이에 대한 원고의 상고가 기각됨으로써 그대로 확정되었다.

(3) 한편 피고는 2006년 봄경 등산모임에서 소외인을 알게 되어 연락을 주고받고 금전거래를 하는 등 친밀하게 지내왔는데, 위 이혼소송이 항소심에 계속 중이던 2009. 1. 29. 밤에 소외인의 집에서 소외인과 애무하는 등 신체적 접촉을 가지다가 당시 밖에 있던 원고가 출입문을 두드리는 바람에 그만두었다(이하 이러한 신체적 접촉 행위를 '이 사건 성적 행위'라 한다).

원심은 ① 피고는 이미 원고와 소외인의 혼인관계가 불화 및 장기간의 별거로 파탄되어 그 파탄상태가 고착된 후에 소외인을 만나게 된 것으로 보이고, 이 사건 성적 행위로 인하여 원고와 소외인의 혼인관계가 파탄되었다고 할 수 없다고 하면서도, ② 피고가 소외인이 원고의 배우자라는 사실을 알면서 이 사건 성적 행위를 하였으므로 불법행위를 구성한다고 보아 이로 인하여 원고가 입은 정신적 손해를 피고가 배상할 의무가 있다고 판단하였다.

2. 대법원 판결

그러나 대법원은 피고가 소외인과 위와 같은 성적 행위를 한 것이 원고에 대한 불법행위를 구성하지 않는다고 보아 원심판결을 파기환송하였다. 대법관들은 위와 같은 결론에는 의견이 일치되었으나, 그 이유에 관해서는 다수의견, 별개의견, 다수의견에 대한 보충의견으로 견해가 나뉘고 있다.

(1) 다수의견

"이와 같이 제3자가 부부의 일방과 부정행위를 하여서는 아니 되는 것은 혼인의 본질에 해당하는 부부공동생활이 보호되고 유지되어야 하기 때문이다. 그런데 민법 제840조는 '혼인을 계속하기 어려운 중대한 사유가 있을 때'를 이혼사유로 삼고 있으며, 부부간의 애정과 신뢰가 바탕이 되어야 할 혼인의 본질에 해당하는 부부공동생활 관계가 회복할 수 없을 정도로 파탄되고 그 혼인생활의 계속을 강제하는 것이 일방 배우자에게 참을 수 없는 고통이 되는 경우에는 위 이혼사유에 해당할 수 있다(대법원 2010. 7. 15. 선고 2010므1140 판결 등 참조). 이에 비추어 보면 부부가 장기간 별거하는 등의 사유로 실질적으로 부부공동생활이 파탄되어 실체가 더 이상 존재하지 아니하게 되고 객관적으로 회복할 수 없는 정도에 이른 경우에는 혼인의 본질에 해당하는 부부공동생활이 유지되고 있다고 볼 수 없다. 따라서 비록 부부가 아직 이혼하지 아니하였지만 이처럼 실질적으로 부부공동생활이 파탄되어 회복할 수 없을 정도의 상태에 이르렀다면, 제3자가 부부의 일방과 성적인 행위를 하더라도 이를 두고 부부공동생활을 침해하거나 그 유지를 방해하는 행위라고 할 수 없고 또한 그로 인하여 배우자의 부부공동생활에 관한 권리가 침해되는 손해가 생긴다고 할 수도 없으므로 불법행위가 성립한다고 보기 어렵다. 그리고 이러한 법률관계는 재판상 이혼청구가 계속 중에 있다거나 재판상 이혼이 청구되지 않은 상태라고 하여 달리 볼 것은 아니다."

(2) **대법관 이상훈, 박보영, 김소영의 별개의견**

별개의견은 "부부공동생활이 파탄되어 회복할 수 없는 상태에 이르렀다는 사정만으로 그 후에 이루어진 일방 배우자와 제3자의 부정행위가 불법행위를 구성하지 아니한다는 다수의견"에 대하여 동의할 수 없다고 하면서 그 이유를 상세히 밝히고 있다. 결론적으로 "혼인의 본질에 해당하는 부부공동생활의 실체가 소멸되고 이를 회복할 수 없는 상태에서 부부 일방이 배우자로부터 이혼의사를 전달받았거나, 그의 재판상 이혼청구가 민법 제840조 제6호에 따라 이혼이 허용될 수 있는 상황이었고 실제 재판상 이혼을 청구하여 혼인관계의 해소를 앞두고 있는 경우에는, 그 부부 일방은 배우자에 대한 성적 성실의무를 더 이상 부담한다고 볼 수 없으므로, 그 후에 이루어진 제3자와 부부 중 일방 당사자의 성적 행위는 배우자에 대하여 불법행위를 구성한다고 보기 어렵다고 할 것이다. 그러나 이러한 상황에 이르지 아니한 경우에는 함부로 불법행위의 성립을 부정할 일이 아니다."라고 한다.

3. 평석

(1) 이 판결은 '혼인파탄 후 제3자와의 성적 행위로 인한 손해배상청구 사건'에 대한 것이다. 혼인파탄 후에 제3자가 부부 일방과 성적 행위를 한 경우 불법행위가 성립하는지를 판단하는 기준이나 그 시점에 관하여 다수의견과 별개의견이 대립한다.

다수의견은 "실질적으로 부부공동생활이 파탄되어 회복할 수 없을 정도의 상태"에 이르렀는지 여부를 기준으로 판단하였다. 반면에 별개의견은 "혼인의 본질에 해당하는 부부공동생활의 실체가 소멸되고 이를 회복할 수 없는 상태에서 부부 일방이 배우자로부터 이혼의사를 전달받았거나, 그의 재판상 이혼청구가 민법 제840조 제6호에 따라 이혼이 허용될 수 있는 상황이었고 실제 재판상 이혼을 청구하여 혼인관계의 해소를 앞두고 있는 경우"인지 여부를 기준으로 판단하고 있다.

이 사건에서는 "피고가 소외인과 이 사건 성적 행위를 하였을 당시 이미 원고와 소외인의 혼인생활은 객관적으로 회복할 수 없을 정도로 파탄되어 있었고, 소외인과 원고 사이에 이혼청구의 본소 및 반소가 제기되어 혼인관계의 해소를 앞두고 있었"다. 따라서 피고가 소외인과 위와 같은 성적 행위를 한 것은 원고에 대한 불법행위를 구성하지 않는다는 점에는 다수의견과 별개의견이 동일한 결론에 도달한다.

(2) 부부는 동거하며 서로 부양하고 협조하여야 하는 의무를 진다(제826조). 부부는 정신적·육체적·경제적으로 결합된 공동체로서 서로 협조하고 보호하여 부부공동생활로서의 혼인이 유지되도록 상호 간에 포괄적으로 협력할 의무를 부담하고 그에 관한 권리를 가진다. 이러한 동거의무 내지 부부공동생활 유지의무의 내용으로서 부부는 부정행위를 하지 아니하여야 하는 성적(性的) 성실의무를 부담한다. 이에 따라

부부의 일방이 부정행위를 한 경우에 이는 제840조에 따라 재판상 이혼사유가 되고, 부부의 일방은 그로 인하여 배우자가 입게 된 정신적 고통에 대하여 불법행위에 의한 손해배상의무를 진다.

한편 제3자도 타인의 부부공동생활에 개입하여 그 부부공동생활의 파탄을 초래하는 등 그 혼인의 본질에 해당하는 부부공동생활을 방해하여서는 아니 된다. 제3자가 부부의 일방과 부정행위를 함으로써 혼인의 본질에 해당하는 부부공동생활을 침해하거나 그 유지를 방해하고 그에 대한 배우자로서의 권리를 침해하여 배우자에게 정신적 고통을 가하는 행위는 원칙적으로 불법행위를 구성한다.[1] 이는 제3자가 가족의 구성원이 가족관계에서 나오는 권리를 침해하거나 의무를 위반하도록 함으로써 발생하는 불법행위책임으로서, 제3자에 의한 가족관계의 침해에 대한 불법행위책임으로 파악할 수 있다.

(3) 이 사건의 쟁점은 혼인파탄 후 부부 일방이 제3자와 성적 행위를 하는 것이 불법행위를 구성하는지 여부이다. 이 문제를 둘러싸고 혼인이나 이혼에서 실체를 중시할 것인지 아니면 형식을 중시할 것인지, 이혼사유로 유책주의를 유지할 것인지 파탄주의를 인정할 것인지, 형법상 간통죄의 위헌성에 관하여 어떠한 입장을 취할 것인지에 관하여 대법관들의 견해가 복잡하게 얽혀 있다.

첫째, 다수의견은 법률혼의 존부가 아니라 "실질적으로 부부공동생활이 파탄되어 회복할 수 없을 정도의 상태"에 이르렀는지 여부를 기준으로 판단하고 있다.[2] 이를 '실질설' 또는 '실체설'이라고 할 수 있다. 이에 대하여 별개의견은 다수의견 이 우리나라가 채택하고 있는 법률혼주의와 일부일처제도를 훼손할 우려가 있다고 한다.[3] 이 사건에서는 불법행위로 인한 손해배상청구권의 성립여부가 문제되고 있기 때문에, 부부공동생활이나 그에 대한 배우자의 권리가 침해되었는지 여부가 관건이고 법률혼주의나 일부일처제주의 자체가 문제되는 것은 아니다. 다수의견은 혼인파탄 후 한쪽 부부와 제3자의 성적 행위가 법률혼이나 일부일처제 자체를 침해하는 것은 아니라고 본 것이 아닌가 생각된다.

둘째, 판례상 이혼사유에 관하여 파탄주의를 채택하지 않고 있는 이 시점에서 다수의견이 종전의 판례와 모순되는지 문제된다. 부부는 부정행위를 해서는 안 된다는 성적(性的) 성실의무를 부담하지만, 대법원은 실질적으로 부부공동생활이 파탄에 이른 상태에서는 더 이상 이러한 의무를 부과할 수 없다고 본 것이다. 특히 다수의견에 대한 보충의견은 "부부공동생활이 파탄되어 객관적으로 회복할 수 없는 정도에 이른 경우에 민법 제840조에서 재판상 이혼 사유로 정한 '혼인을 계속하기 어려운 중대한 사유가 있을 때'에 해당하면 이혼사유가 될 수 있"다고 함으로써, 파탄주의를 채택해야 한다는 점을 시사하고 있다고 볼 수 있다.[4]

셋째, 다수의견에 따르면 간통죄와 관련하여 법체계상 모순되는 결과가 발생하는지 문제된

1) 대판 2005. 5. 13, 2004다1899(공 2005, 938) 등 참조.

2) 특히 다수의견에 대한 대법관 민일영, 김용덕의 보충의견은 "부부공동생활의 실체가 소멸하여 객관적으로 회복할 수 없는 상태에 이른 이상, 개인의 존엄과 양성평등의 원칙에 비추어 독립된 인격체로서의 사생활에 관여하여 회복 불가능한 부부공동생활을 강제하기는 어렵다."라고 하고 있다.

3) 별개의견은 "부부공동생활이 파탄되어 회복할 수 없는 상태에 이르렀다는 사정만으로 혼인에 따른 가장 본질적인 의무 중 하나인 부부 상호 간의 성적 성실의무의 소멸을 쉽게 인정하는 것은 법률상 부부라는 존재와 실체를 무의미하게 취급하는 것이 되어 우리나라가 취하는 법률혼주의를 훼손시킬 우려가 있다."라고 한다.

4) 물론 이혼사유와 불법행위책임은 별개의 문제라고 볼 수도 있다.

다. 이에 대한 별개의견의 지적에 대하여, 다수의견에 대한 보충의견은 "간통죄에 의한 형사적인 처벌과 제3자의 부부의 일방과의 성적 행위로 인한 민사적인 불법행위책임은 그 제도의 입법 목적과 법적 효과가 다르므로 항상 동일한 결론에 이르러야 한다고 단정하기 어렵다."라고 한다. 또한 "간통죄의 보호법익은 일반적으로 건전한 성풍속·성도덕이나 일부일처주의에 터 잡은 혼인제도라고 설명되며 이와 아울러 부부간의 성적 성실의무가 거론"된다고 한다. 간통죄가 부부간의 성적 성실의무를 보호하는 데 목적이 있다고 본다면, 간통죄로 형사처벌을 하면서 민사상 불법행위책임을 부정하는 것은 체계적합성이 없다. 이러한 관점에서는 다수의견의 결론은 간통죄가 위헌이라는 판단을 전제로 한 것이라고 할 수 있다. 다수의견에 대한 보충의견은 "성적 자기결정권 행사 및 개인적인 사생활에 대하여 간통죄를 통하여 형사처벌의 대상으로 삼는 제도의 위헌성 여부 등을 둘러싸고 형사정책적·입법적 논쟁이 계속되고 있음"을 언급하고 있다(실제로 이 판결 이후인 2015. 2. 26. 간통죄가 위헌이라는 헌법재판소 결정[5]이 나왔다). 이 판결은 간통죄 위헌을 예견한 판단으로 보아야 할지도 모른다.

5) 헌재 2015. 2. 26, 2009헌바17(공보 221, 349).

제11절 손해배상

[137] I. 휴업손해

대판(전) 2004. 3. 18, 2001다82507(집 52-1, 민 124)

1. 사실관계와 원심판결

원고들은, 원고들의 피상속인인 소외 A가 이 사건 사고로 인하여 그 소유의 피해 선박이 침몰로 멸실되자 대체 선박을 마련한 후 1999. 11. 9.부터 어업을 재개하였다고 주장하면서 사고일인 같은 해 7. 11.부터 조업재개일인 같은 해 11. 9.까지 약 4개월간 A가 입은 영업수익 상실손해인 금 76,273,648원의 지급을 구하는 청구를 하였다.

원심은, 선박이 침몰하여 멸실된 경우 선박소유자가 입은 손해액은 그 멸실된 선박의 교환가격에 그치고 그 이외에 선박을 이용하여 얻을 수 있는 수입 상당은 그 교환가격의 이자 상당액에 포괄된다 할 것이어서 교환가격의 배상을 구하는 외에 선박을 이용함으로써 얻을 수 있었던 이익을 별도의 손해로 청구할 수는 없다고 하였다.

2. 대법원 판결

그러나 대법원은 원고들의 상고를 받아들여 원심판결을 파기환송하였다.

"그러나 불법행위로 영업용 물건이 멸실된 경우, 이를 대체할 다른 물건을 마련하기 위하여 필요한 합리적인 기간 동안 그 물건을 이용하여 영업을 계속하였더라면 얻을 수 있었던 이익, 즉 휴업손해는 그에 대한 증명이 가능한 한 통상의 손해로서 그 교환가치와는 별도로 배상하여야 하고, 이는 영업용 물건이 일부 손괴된 경우, 수리를 위하여 필요한 합리적인 기간 동안의 휴업손해와 마찬가지라고 보아야 할 것이다."[1)]

3. 평석

이 전원합의체 판결은 불법행위로 영업용 물건이 멸실된 경우, 교환가치 상당액 이외에 휴업손해도 배상할 범위에 포함된다고 보았다.

불법행위로 인한 손해배상은 불법행위가 없었더라면 있었을 상태를 회복하도록 하는 것이다. 불법행위로 영업용 물건이 멸실된 경우에 그 물건의 교환가치만을 배상하면 충분하다는 종전의 판례는 손해배상의 목적에 비추어 부당하다.[2)] 영업용 물건이 멸실된 경우에 그 교환가치와 함께 휴업손해도 배상하여야 할 것이다. 이와 같은 휴업손해는 통상적으로 발생하는 손해라고 볼 수 있을 것이다.[3)]

그 후 대판 2005. 10. 13, 2003다24147(공 2005, 1779)은 "영업용 택시 같은 수익용 차량이 손상되어 수리가 불가능한 경우에 새 차를 구입하여

1) 불법행위로 영업용 선박, 자동차, 건물 등의 물건이 멸실된 경우에 그 물건의 교환가격 상당액의 배상 이외에 그 물건을 대체할 다른 물건의 제조 또는 구입시까지의 기간 동안 그 멸실된 물건을 사용·수익하지 못하여 입은 손해의 배상을 구할 수 없다는 판례[대판 1980. 12. 9, 80다1840(공 1981, 13459); 대판 1990. 8. 28, 88다카30085(공 1990, 2011); 대판 1990. 10. 16, 90다카20210(공 1990, 2272); 대판 2001. 1. 16, 2000다29325]는 이 판결로써 변경되었다.

2) 박동진, "손해배상액의 산정," 민사법학 제36호 (2007. 5), 554면 이하; 장상균, "영업용 물건의 멸실로 인한 손해배상의 범위," 대법원판례해설 제49호(2004), 62면.

3) 대판 2000. 11. 24, 2000다38718, 38725(공 2001, 137)는 건물이 화재로 인하여 수선 가능한 정도로 손괴되어 건물의 통상용법에 따른 사용이 불가능하게 되었다면 수선에 소요되는 상당한 기간 중 이를 사용하지 못함으로 인한 손해는 손괴로 인한 통상의 손해이고, 또 이와 같은 손괴에 대하여 사회통념상 곧바로 수선에 착수할 수 없는 특별한 사정이 있는 경우에는 수선의 착수가 가능한 시점까지 이를 사용을 하지 못함으로 인한 손해 역시 통상의 손해라고 한다.

영업을 개시할 수 있을 때까지의 기간 동안 영업을 하지 못한 휴업손해는 통상손해에 해당한다고 봄이 상당하다."고 함으로써, 동일한 취지로 판단하고 있다.

[138] Ⅱ. 서류를 위조하여 소유권이전등기를 경료한 경우 불법행위에 기한 손해배상의 범위

대판 2007. 11. 16, 2005다55312(공 2007, 1922)

1. 사실관계와 원심판결

피고(경기도) 산하 김포군 교육청 관리과 경리계 소속 지방기능직 10급 공무원인 소외인이 1987. 5.경 김포군 소유의 이 사건 토지를 원고에게 매각하기로 하여 원고로부터 매매대금으로 35,386,000원을 지급받은 후 김포군 교육장의 직인을 도용하여 매도증서 등 소유권이전등기에 필요한 서류를 임의로 작성한 다음 이러한 사정을 모르는 원고에게 건네주었고, 원고는 그 서류를 이용하여 이 사건 토지에 관하여 원고 명의로 소유권이전등기를 마쳤다.

원고는 1995. 1. 28. 주식회사 기산(1998. 10. 21. 파산선고를 받았는데, 이하 '기산'이라고만 한다)에게 이 사건 토지를 2,504,903,729원에 매도하고 소유권이전등기를 마쳤다. 그 후 김포군으로부터 이 사건 토지의 소유권을 승계한 피고는 소외인의 위법한 매각행위를 확인하고 원고를 상대로 이 사건 토지에 관한 소유권이전등기말소청구의 소를 제기하여 2000. 9. 8. 피고 승소의 판결이 확정되고 원고 명의의 소유권이전등기가 말소되었다. 그에 따라 기산은 이 사건 토지에 관한 매매계약에 기한 원고의 담보책임을 묻는 매매대금반환 등 청구의 소를 제기하여 2004. 12. 9. 원고는 기산에게 4,938,666,000원(위 소유권이전등기말소청구의 소에 관하여 피고 승소의 판결이 확정된 2000. 9. 8. 당시 이 사건 토지의 시가이다) 및 지연손해금을 지급하라는 내용의 판결이 확정되었고, 원고가 기산에게 위 손해배상금을 모두 지급하였다.

원심은 이러한 경우 소외인의 위와 같은 불법행위로 인하여 원고가 입은 통상의 손해는 이 사건 토지를 유효하게 취득하기 위하여 출연한 위 매매대금과 이 사건 토지를 유효하게 취득하였다고 믿고 타인에게 매도하였다가 담보책임에 기하여 지급하게 된 손해배상금에서 매수인으로부터 지급받은 매매대금을 공제한 나머지 금액을 합한 금액이라고 봄이 상당하다는 이유로 이 사건 원고의 손해액은 2,469,148,271원{= 35,386,000원 + (4,938,666,000원 − 2,504,903,729원)}이라고 판단하였다.

2. 대법원 판결

원심의 위 판단 부분에 대하여 원고가 상고하였으나, 대법원은 다음과 같은 이유로 상고를 기각하였다.

"불법행위로 인한 재산상 손해는 위법한 가해행위로 인하여 발생한 재산상 불이익, 즉 그 위법행위가 없었더라면 존재하였을 재산상태와 그 위법행위가 가해진 현재의 재산상태의 차이를 말한다(대법원 1992. 6. 23. 선고 91다33070 판결 등 참조).

부동산의 매수인이 불법행위자가 타인의 소유의 토지에 관하여 등기관계서류를 위조하여 매각한다는 사정을 알지 못한 채 불법행위자에게 매매대금을 지급하고 자신의 명의로 원인무효의 소유권이전등기를 마친 다음 유효하게 부동산을 취득한 것으로 믿고 다른 사람에게 이를 양도하여 중간 매도인이 되었으나, 후에 진정한 소유자가 중간 매도인을 상대로 말소등기청구소송을 제기하여 승소함에 따라 중간 매도인 명의로 된 소유권이전등기가 말소됨으로써 최종 매수인에 대하여 매도인의 담보책임을 부담하게 되고 그 이행으로 손해배상금을 지급하게 된 경우, 불법행위로 인하여 중간 매도인이 입은 통상의 손해는, 부동산의 시가가 하락하는 등의 특별한 사정이 없는 이상, 담보책임의 이행으로 지급한 손해배상금에서 자신이 전매를 통하여 취한 이득을 공제한 금액 상당이라고 봄이 상당하고, 그 금액은 중간 매도인이 부동산을 유효하게 취득하기 위하여 출연한 매매대금과 매도인의 담보책임의 이행으로 지급한 손해배상금에서 최종 매수인으로부터 지급받은 매매대금을 공제한 나머지 금액을 합한 것과 같다."[1]

3. 평석

(1) 중간매도인의 최종매수인에 대한 손해배상책임 — 매도인의 담보책임

이 사건의 실체를 좀 더 정확하게 이해하기 위해서는 위 사안에서 최종매수인(기산)이 중간매도인(원고)을 상대로 매도인의 담보책임을 추궁한 소송에 관하여 살펴보아야 한다. 그 소송에서 중간매도인과 최종매수인 사이의 이 사건 토지에 관한 매매는 민법 제569조 소정의 타인의 권리의 매매에 해당하고, 원고의 기산에 대한 손해배상액은 이 사건 토지에 관한 위 말소등기절차이행 청구소송에서 매도인의 패소가 확정된 때의 목적물의 시가를 표준으로 결정하였다.[2]

매도인의 담보책임에서 이행이익을 배상하여야 하는지, 아니면 신뢰이익의 배상으로 충분한지 논란이 있다. 신뢰이익설은 매도인의 담보책임이 무과실책임이라는 점을 든다.[3] 그러나 대법원은 타인의 권리매매의 경우에 이행이익설을 따르고 있다. 즉, 대판(전) 1967. 5. 18, 66다2618(집 15-2, 민 11)은 "매매의 목적이 된 권리가 타인에게 속한 경우에 매도인이 그 권리를 취득하여 매수인에게 이전할 수 없을 때에는 매매의 목적이 된 권리가 매도인에게 속하지 아니함을 알지 못한 매수인이 매도인에게 대하여 손해배상을 청구함에는 매도인은 계약이 완전히 이행된 것과 동일한 경제적 이익을 배상함이 상당할 것임으로 그 손해는 매수인이 입은 손해뿐만 아니라 얻을 수 있었던 이익의 상실도 포함된다."라고 판결하였다. 매도인이 선의인 경우에도 마찬가지이다.[4] 타인의 권리매매의 경우에 매도인은 권리를 취득하여 매수인에게 이전할 의무가 있으므로(민법 제569조), 이러한 의무를 이행하지 못함으로써 발생한 손해를 배상하여야 할 것이다. 따라서 채무불이행으로 인한 손해배상의 경우와 마찬가지로 이행이익의 배상을 인정하여야 한다.[5]

매도인의 담보책임에서 손해배상의 범위를 신뢰이익에 한정하여야 할 것인지는 그 당부를 떠나 실익이 크지 않다. 매도인의 담보책임이 인정되는 경우에도 매수인은 매도인을 상대로 채무불이행책임을 추궁할 수 있는데,[6] 매도인의 담보책임에 기한 손해배상의 범위가 신뢰이익에 한정된다고 볼 경우에는 대부분 매수인이 매도인을 상대로 채무불이행책임을 주장할 수

1) 또한 피고 소속 직원인 소외인의 불법행위로 인하여 이 사건 토지에 관하여 원고 명의로 원인무효의 소유권이전등기가 경료되었다가 피고가 위 소유권이전등기가 원인무효임을 들어 소유권이전등기말소청구의 소를 제기하여 승소한 이 사건에 있어서는 위 소송의 판결이 확정된 때에 비로소 손해의 결과발생이 현실화되었다고 볼 것이고, 원고의 피고에 대한 불법행위를 원인으로 하는 손해배상청구권의 기산점이 되는 '불법행위를 한 날'은 위 판결이 확정된 날이라고 하였다.

2) 서울고판 2002. 5. 22, 2001나70551. 그 상고심인 대판 2004. 12. 9, 2002다33557(공 2005, 73)도 원심판결을 지지하고 있다.

3) 곽윤직, 채권각론, 제6판, 2003, 140면. 다만 이 견해도 타인의 권리매매의 경우에 이행이익의 배상을 인정하여야 한다고 한다.

4) 대판 1975. 5. 13, 75다21(공 1975, 8511)은 원소유자의 매도인을 상대로 한 소유권이전등기의 말소등기이행 청구의 소송에서 매도인의 패소가 확정되어 그 등기가 말소되게 되었을 경우에는 매도인은 매수인에 대하여 타인의 권리의 매매의 이행불능으로 인한 손해배상책임을 져야 할 것이고, 이 책임은 매도인이 매매당시 매매 목적물의 권리가 자기에게 속하지 아니함을 알든 모르든 민법 제571조의 규정상 영향이 없다고 하였다.

5) 민법주해[XIV], 1997, 252면(남효순 집필).

6) 대판 1993. 11. 23, 93다37328(공 1994, 186); 민법주해[IX], 1995, 231면(양창수 집필); 김재형, "부동산의 미등기전매가 타인의 권리매매에 해당하는지 여부," 민법론 Ⅱ, 2004, 129, 136면.

있기 때문이다.

(2) **불법행위책임에 기한 손해배상액**

대법원 2007. 11. 16. 판결은 서류를 위조하여 소유권이전등기를 경료한 경우 불법행위에 기한 손해배상액에 관한 것이다. 그런데 이러한 판단이 종래의 판결과 합치하는지 검토할 필요가 있다.

이 판결이 인용하고 있는 대판(전) 1992. 6. 23, 91다33070(집 40-2, 민 119)[7]은 위와 같은 사안에서 이 판결과는 달리 손해배상액을 출연금액이라고 하였다. 그 사안은 다음과 같다. 원고 소속 공무원인 A가 피고와 더불어 국유의 이 사건 각 토지에 관하여 매도증서, 위임장 등 관계서류를 위조하여 자기 또는 제3자 명의로 원인무효의 소유권이전등기를 마친 다음, 이를 다른 사람에게 매도하여 순차로 소유권이전등기를 마쳤다. 그 후 원고가 최종 매수인들을 상대로 말소등기청구의 소를 제기하여 원고 승소의 판결이 확정되었다.

대법원은 일반론으로 "불법행위로 인한 재산상 손해는 위법한 가해행위로 인하여 발생한 재산상 불이익, 즉 그 위법행위가 없었더라면 존재하였을 재산상태와 그 위법행위가 가해진 현재의 재산상태의 차이를 말하는 것이고, 그것은 기존의 이익이 상실되는 적극적 손해의 형태와 장차 얻을 수 있을 이익을 얻지 못하는 소극적 손해의 형태로 구분된다."라고 전제한다. 이는 손해배상에 관한 차액설을 따른 것이다.

대법원은 그 다음에 이 사건에 대한 구체적 판단으로, "A 등의 불법행위로 인하여 최종 매수인들이 입은 손해는 무효의 소유권이전등기를 유효한 등기로 믿고 이 사건 각 토지를 매수하기 위하여 출연(出捐)한 금액, 즉 매매대금이라고 하겠고, 이는 기존이익의 상실인 적극적 손해에 해당한다."고 판단하고 있다. 나아가 "최종 매수인들은 처음부터 이 사건 각 토지의 소유권을 취득하지 못한 것이어서 위 말소등기를 명하는 판결의 확정으로 비로소 이 사건 각 토지의 소유권을 상실한 것이 아니므로 이 사건 각 토지의 소유권상실이 그 손해가 될 수 없음은 두말할 나위도 없다."[8]고 한다. 피고와 A가 관계문서를 위조하여 불법등기를 경료한 경우에는 위와 같은 불법행위가 없었다면 이 사건 각 토지에 대한 최종 매수인들 앞으로의 매도행위 자체도 있을 수 없어 최종 매수인들이 그 소유권을 취득할 수가 없으므로, 위와 같은 불법행위가 없었더라면 이 사건 각 토지의 소유권을 취득할 수 있었을 것을 전제로 한 소극적 손해는 이를 인정할 여지가 없다는 것이다.[9]

이 사안에서 불법행위로 인한 손해배상액을 토지에 대한 소유권 상실이 아니라 토지를 매수

7) 원고 산하 국방부 관재과 주류군계 소속 8급 공무원인 A는 피고와 공모하여 1984. 10. 4.경 국유의 토지들에 관하여 국방부장관 명의의 매도증서, 위임장 등을 위조한 후 이를 이용하여 피고와 A 또는 피고의 아들인 B 앞으로 각 소유권이전등기를 경료하였다가, 그 해 11. 27. 위 토지들을 C 등에게 매도하여 소유권이전등기를 마치는 등으로 처분하였다. 그 후 위와 같은 사실을 알게 된 원고는 1986년경 피고와 A, B 등을 상대로 동인들 명의의 위 각 소유권이전등기의 말소를 구하는 소를 제기하여 원고 승소의 판결이 선고되어 확정되었다. 원심은 피고 및 A의 위와 같은 불법행위로 말미암아 이 사건 각 해당 토지의 최종 매수인들이 입은 손해는 원고의 위 이기진 등에 대한 위 각 소유권이전등기의 말소소송이 원고승소로 확정된 때에 확정적으로 발생한 것으로서 그 손해액은 위 최종 매수인들이 위 각 해당 토지의 소유권을 취득할 수 없게 됨으로써 발생된 손해라고 전제하고, 위 각 말소소송이 원고 승소로 확정된 때의 시가를 기준으로 손해액을 산정하였다. 그러나 대법원은 다음과 같은 이유로 이 부분에 대한 상고를 받아들여 원심판결을 일부 파기환송하였다.

8) 이에 대한 참조판결로 대판 1978. 3. 14, 77다2423(공 1978, 10731); 대판 1982. 7. 27, 81다1006, 81다카558(공 1982, 812)을 들고, 이에 배치되는 판결인 대판 1988. 10. 11, 85다카693(공 1988, 1394)을 폐기하고 있다.

9) 대판 1998. 7. 10, 96다38971(공 1998, 2054); 대판 2004. 4. 28, 2003다66905.

하기 위하여 출연한 금액, 즉 매매대금으로 본 구체적 판단은 차액설과 합치하는 것으로 보인다. 그런데 최종 매수인이 직전 매도인을 상대로 매도인의 담보책임 또는 채무불이행책임을 추궁하는 경우에 그 손해액은 통상 부동산의 시가 상당액이다. 따라서 부동산의 시가가 상승하는 통상적인 경우에 최종 매수인은 매도인을 상대로 소를 제기하는 것이 유리하다. 이러한 결론이 합리적인 것인지는 의문이다.

한편 위와 같은 사안에서 "불법행위가 없었더라면 존재하였을 재산상태"와 "그 위법행위가 가해진 현재의 재산상태"를 정확하게 파악하고 있는지 검토해 볼 필요가 있다. A의 불법행위가 없었더라면 최종 매수인이 문제의 토지에 관한 소유권을 취득할 수 없었을 것임은 분명하다. 그러나 최종 매수인은 토지에 대한 매매대금을 다른 곳에 투자하였을 수 있다. 그 투자가 실패로 끝날 수도 있지만, 부동산가격이 상승하는 상황에서는 매매대금과 그 법정이자보다는 더 많은 이익을 창출하였을 것이라고 보아야 할 것이다.[10)]

여기에서는 최종 매수인이 불법행위에 기한 손해배상을 청구하고 있지만, 중간 매도인의 경우에는 그의 매수인에게 매도인의 담보책임이나 채무불이행책임을 져야 한다. 부동산의 가액이 전반적으로 상승하는 상황에서 중간 매도인은 매매대금과 그 법정이자보다 많은 손해를 배상하여야 할 것이다. 이러한 손해도 "불법행위가 없었더라면 존재하였을 재산상태"와 "그 위법행위가 가해진 현재의 재산상태"의 차이라는 공식에 반영되어야 한다.

2007년 판결에서 위와 같은 불법행위로 인하여 중간 매도인이 입은 손해에 관하여 '부동산을 유효하게 취득하기 위하여 출연한 매매대금'에 한정하지 않고 있다. 이러한 경우에 통상손해는, 부동산의 시가가 하락하는 등의 특별한 사정이 없는 이상, 담보책임의 이행으로 지급한 손해배상금에서 자신이 전매를 통하여 취득한 이득을 공제한 금액 상당이고, 그 금액은 중간 매도인이 부동산을 유효하게 취득하기 위하여 출연한 매매대금과 매도인의 담보책임의 이행으로 지급한 손해배상금에서 최종 매수인으로부터 지급받은 매매대금을 공제한 나머지 금액을 합한 것과 같다고 한다.

2007년 판결은 기존의 판례의 자구에 얽매이지 않고 당사자의 피해를 구제하기 위한 판결이라고 볼 수 있다. 다만 위와 같은 손해 전체를 통상손해로 본 것이 타당한 것인지 검토해 볼 필요가 있다. 이 판결에서 말하는 손해를 편의상 출연금액과 전매손해로 구분해 볼 수 있다. 매도인의 채무불이행으로 인하여 매수인이 전매에 따른 의무를 이행하지 못함으로써 위약금을 배상하여야 하는 경우에, 이와 같은 위약금은 특별한 사정으로 인한 손해라고 볼 수 있다.[11)] 출연금액은 통상손해라고 볼 수 있지만, 전매손해는 특별한 사정으로 인한 손해로 보아야 할 것이다. 다만 불법행위자가 이와 같은 손해를 예견할 수 있었다고 볼 수 있다.[12)] 한편, 최종 매수인이 불법행위로 인한 손해배상을 청구하는 경우에 그 손해가 출연금액에 한정되는 것은 아니다. 이 경우에도 특별한 사정으로 인

10) 이영애, "불법행위로 인한 원인무효의 등기를 믿고 부동산을 매수한 사람의 손해," 민사판례연구(XV), 1993, 181면 이하는 1992년 대법원 판결에 대한 비판적인 평석인데, 부동산가격이 상승하는 경우에 최종매수인은 가격상승분만큼의 기회비용에 해당하는 특별손해를 입었고, 이것은 예견이 가능하여 손해배상의 범주에 든다고 한다(특히 위 글, 196면 이하).

11) 대판 1985. 9. 10, 84다카1532(집 33-3, 민 1); 대판 1997. 11. 11, 97다26982, 26999(공 1997, 3762).

12) 불법행위에 기한 손해배상의 범위에서 예견가능성 이론을 따르는 것에 대해서는 비판적인 견해가 많다. 양삼승, "손해배상범위에 관한 기초적 연구," 서울대 법학박사학위논문, 1988, 354면 이하. 그러나 이 사건과 같이 거래와 관련하여 불법행위가 행해진 경우에는 손해배상의 범위를 판단하는 데 예견가능성 이론을 따르는 것이 부당하지 않을 것이다.

한 손해가 인정될 수 있는데, 가령 최종 매수인의 투자기회상실이라는 손해가 이에 해당한다.

1992년 판결은 최종 매수인이 불법행위책임을 추궁한 경우이고, 2007년 판결은 중간 매도인이 불법행위를 청구한 경우라는 점에서 사안이 다르고, 이에 따라 그 손해배상액도 달라졌다고 볼 수 있다. 또한 1992년 판결에서는 위와 같은 사안에서 소유권 상실로 인한 손해를 불법행위로 인한 손해로 인정하지 않은 것인 반면, 2007년 판결은 소유권 상실로 인한 손해가 아니라 전매손실을 손해배상에 포함시켰기 때문에, 그 내용이 다르다고 볼 수도 있다. 그러나 위와 같은 부동산을 매수한 경우에 부동산의 시가에 상당하는 금액의 손해를 입었다고 볼 수도 있을 것이다. 매수인이 위와 같은 부동산을 매수하지 않았더라면 그와 동등한 정도의 가치가 있는 부동산을 매수하였다고 보는 것이 합리적인 경우가 많을 것이기 때문이다. 위와 같은 불법행위가 없었더라면 다른 부동산을 구입하는 데 금전을 사용하지 않았을 수도 있고, 다른 부동산을 구입하였다고 하더라도 그 부동산의 가격이 하락하여 손해를 입었을 수도 있다. 따라서 위와 같은 불법행위로 인한 손해를 엄밀하게 산정하는 것은 불가능하다. 그러나 부동산 매수인의 투자기회 상실이라는 손해를 부동산 가격으로 평가하여 금액으로 산정하는 것이 합리적이라고 생각된다.

한편 매수인인 원고가 부동산을 다시 매도하였다가 매도인으로서 담보책임을 지는 손해를 입은 경우에 이를 통상손해로 볼 수 있는지, 매매계약 체결 후 13년이 경과하는 동안 부동산의 가액이 폭등함으로써 손해액이 매매대금을 월등하게 초과하는 경우에 이를 통상손해로 볼 수 있는지 문제된다. 대법원은 이러한 손해를 통상손해로 파악하고 있으나, 오히려 특별손해에 해당한다고 보아 예견가능성이 있는지 여부를 검토해 보아야 할 것이다.

[139] Ⅲ. 불법행위에서 상당인과관계와 예견가능성
대판 2009. 7. 23, 2006다81325(공 2009, 1470);
대판 2009. 7. 23, 2006다87798(공 2009, 1475)

1. 대판 2009. 7. 23, 2006다81325(공 2009, 1470)

(1) 사실관계

우편집배원 A는 1998. 10. 26. 원고가 B에게 내용증명우편으로 발송한 '자동차분납보험료 납입최고 및 계약해지 통보서'(이하 '이 사건 우편물'이라고 한다)를 배달하기 위하여 B가 거주하는 아파트를 방문하였다. B의 가족 모두 부재하여 위 우편물을 배달할 수 없게 되자, A는 마치 B가 위 우편물을 직접 수령한 것처럼 등기우편물 배달증 원부의 수령인란에 직접 무인하고, 비고란에 'B(이하 주민등록번호 생략)'라고 허위로 기재하였고, 이로 인하여 A는 허위공문서작성죄로 유죄판결을 선고받아 그 판결이 확정되었다.

원고는 A의 직무규정 위반을 이유로 피고 대한민국을 상대로 국가배상책임을 청구하였다.

(2) 대법원 판결

대법원은 원고의 청구를 받아들이지 않았는데, 그 이유는 다음과 같다.

㈎ 등기우편물에 관한 우편역무종사자가 직무상 의무를 위반할 경우 국가가 부담하게 되는 손해배상책임은 그 직무상 의무 위반과 상당인과관계 있는 손해에 한하여 인정될 수 있으므로, 비록 우편역무종사자가 그 직무 수행 과정에서 우편법 관계 법령 등을 위반하는 행위를 하였다고 하더라도, 그 결과로서 발생한 손해와의 사이에 상당인과관계가 인정되지 아니하는 경우에는 국가에 손해배상책임을 물을 수 없다. 그리고 등기우편물에 관한 우편역무종사자의 직무상 의무 위반과 피해자가 입은 손해 사이의 상당인과관계의 유무를 판단함에 있어서는 일반적인 결과발생의 개연성은 물론 직무상 의무를 부과하는 법령 기타 행동규범의 목적, 그 수행하는 직무의 목적 내지 기능으로부터 예견가능한 행위 후의 사정, 가해행위의 태양 및 피해의 정도 등을 종합적으로 고려하여야 한다(대법원 1998. 9. 22. 선고 98다2631 판결, 대법원 2007. 12. 27. 선고 2005다62747 판결 등 참조).

㈏ 물론 내용증명우편물에는 거래관계의 이행·성립·소멸 등에 중요한 영향을 미치는 의사표시가 담겨 있을 수 있다. 그러나 위와 같이 접수우체국에서는 발송인 등과 제3자의 거래내용을 일일이 확인하여 차등을 두어 우편역무를 제공하지 않고 있고, 그 우편물에 담긴 의사표시가 도달되지 않거나 그 도달에 관한 증명기능이 발휘되지 아니할 경우 그 거래에 관련하여 발생할 수 있는 손해의 발생 위험까지 감안하여 요금 등을 책정하고 우편역무를 제공하는 것이 아니며, 나아가 이를 배달하는 우편집배원으로서도 일반적으로 그와 같은 거래관계의 존부 및 내용을 예견할 수 없음에도 불구하고, 그 우편물에 담긴 의사표시가 도달되지 않거나 그 도달에 관한 증명기능이 발휘되지 아니할 경우 발생할 수 있는 손해에 대해서까지 국가에 손해배상책임을 부담시키게 된다면, 발송인 등이 제3자와 개별적으로 맺은 각양각색의 거래관계와 관련하여 발생한 손해에 대하여 무차별적으로 국가에 책임을 추궁하고, 그 거래관계를 둘러싼 분쟁에 국가를 끌어들여 많은 노력과 비용을 지출하는 결과를 초래하게 된다. 이는 결과발생에 대한 예견가능성의 범위를 넘어서는 것임은 물론이고, 한정된 인원과 비용의 제약 아래 대량의 우편물을 신속·원활하면서도 저렴한 비용으로 널리 공평하게 우편역무를 제공함으로써 공공의 복지증진에 기여하려는 구 우편법의 목적

과 기능 및 그 보호법익의 보호범위를 넘어서는 것이다.

따라서 우편역무종사자가 내용증명우편물을 배달하는 과정에서 구 우편법 관계 법령에서 정한 직무규정을 위반하였다고 하더라도, **우편역무종사자가 발송인 등과 제3자와의 거래관계의 내용을 인식하고 그 내용증명우편물을 배달하지 아니할 경우 그 거래관계의 성립·이행·소멸이 방해되어 발송인 등에게 손해가 발생할 수 있다는 점을 알았거나 알 수 있었다는 등의 특별한 사정이 없는 한**, 그 직무상 의무 위반과 내용증명우편물에 기재된 의사표시가 도달되지 않거나 그 도달에 대한 증명기능이 발휘되지 못함으로써 발송인 등이 제3자와 맺은 거래관계의 성립·이행·소멸 등과 관련하여 입게 된 손해 사이에는 상당인과관계가 있다고 볼 수 없다.

다만, 우편집배원의 고의 또는 중과실에 의한 직무상 의무 위반으로 내용증명우편물이 도달되지 않거나 그 증명기능이 발휘되지 못하게 된 경우, 발송인 등이 그로 인하여 정신적 고통을 입었을 것임은 경험칙상 넉넉히 인정할 수 있고, 이러한 정신적 고통은 단순히 내용증명우편물의 발송비용을 전보받는 것만으로 회복된다고 볼 수 없으므로, 이러한 경우에는 당해 발송인 등은 그 정신적 고통에 대한 위자료를 통상 손해로서 청구할 수 있을 것이다.

2. 대판 2009. 7. 23, 2006다87798(공 2009, 1475)

(1) 사실관계

원고는 1998. 12. 17. 수원지방법원 98타기20447, 20448호로 A회사가 B회사로부터 받을 계약이행보증금 반환채권 2억 원 중 1억 원에 대하여 채권압류 및 전부명령(이하 '이 사건 압류 및 전부명령'이라고 한다)을 받았다. 서울 마포우체국 소속 우편집배원인 C는 이 사건 채권압류 및 전부명령 결정정본(이하 '이 사건 결정정본'이라고 한다)을 제3채무자인 B회사에 송달하기 위하여 1998. 12. 21. D 기업의 직원으로서 인근 신축공사현장의 경비반장을 맡고 있는 E에게 이 사건 결정정본을 건네주고는 B회사의 사무원에게 이를 건네주었다고 표시하여 일응 적법한 보충송달을 한 것으로 보고함으로써, 1999. 1. 13.자로 위 전부명령이 확정된 것 같은 외관이 형성되었다. 당시 우편집배원 C가 작성한 우편송달보고서의 좌측 상단에는 비교적 큰 글씨로 '결정정본 압류 및 전부명령 결정'이라고 기재되어 있었다. 원고는 2003. 5. 17. 이 사건 압류 및 전부명령에 기하여 제3채무자인 B식회사를 상대로 전부금청구소송을 제기하였으나, 위 소송에서 우편집배원 C로부터 이 사건 결정정본을 건네받은 E는 제3채무자인 B회사의 사무원, 고용인도 아니고 그 밖에 아무런 고용관계도 없으며 단지 위 신축공사현장의 경비용역 업무를 맡은 D 기업의 고용인에 불과하므로 위 송달은 보충송달의 요건을 흠결한 부적법한 것이어서 이 사건 압류 및 전부명령은 그 효력이 없다는 이유로 패소판결을 받았고, 그 판결은 원고의 항소·상고를 거쳐 2005. 5. 13. 최종 확정되었다.

(2) 대법원 판결

구 우편법(2005. 3. 31. 법률 제7446호로 개정되기 전의 것, 이하 같다) 제15조 제2항 및 구 우편법 시행규칙(1999. 1. 21. 정보통신부령 제64호로 개정되기 전의 것, 이하 같다) 제25조 제1항 제6호에 정한 '특별송달'에 관하여 적용되는 위 시행규칙 제62조, 제63조는, 민사소송법 제176조에 따라 송달기관으로 정해진 우편집배원이 같은 법에 따라 송달을 시행하기 위하여 마련된 규정들이다. 민사집행법 제23조에 의하여 민사집행 및 보전처분의 절차에 준용되는 민사소송법상의 송달은, 재판에 관한 서류를 법정의 방식에 따라 당사자 기타 소송관계인에게 교부하여 그 내용을 알리거나 알 수 있는 기회를 부여하고 이를 공증하는 행위로서 적법하게 송달이 이루어진 경우에 법령에서 정한 일정한 효과가 발생하는 것이므로 국민의 권리를 실현하는 절차의 진행에 불가결한 반면, 송달서류가 적정한 절차에 따라 확실하게 수송달자에게 송달되는 것에 대하여 큰 이해관계를 갖고 있는 당사자는 다른 송달수단을 전혀 갖고 있지 아니하여 송달기관이 직권으로 실시하는 송달을 신뢰할 수밖에 없으므로, 부적법한 송달이 적법한 송달처럼 취급되어 민사집행 절차 등이 진행되다가 후에 이것이 밝혀지면 적법한 송달을 전제로 진행된 민사집행 등이 무효로 될 수 있어 당사자는 불측의 피해를 입을 수밖에 없다. 이와 같은 사정에, 우편법 시행규칙 제62조 제2항이 특별송달우편물을 발송할 때에는 그 표면의 왼쪽 중간에 '특별송달'의 표시를 하고, 그 뒷면에 송달상 필요한 사항을 기재한 우편송달통지서용지를 첨부하여야 하도록 규정하고 있고, 법원의 송달실무상 특별송달우편물을 발송할 때 첨부하는 우편송달통지서 양식에는 법원사무관 등이 '송달서류', '발송하는 사람', '송달받을 사람'을 기재하고, '송달서류'란에는 예컨대 압류 및 전부명령 결정정본 등 '송달서류'의 명칭을 특정할 수 있도록 기재하는 것이 일반적인 점을 아울러 고려하여 보면, **특별송달우편물의 배달업무에 종사하는 우편집배원으로서는 위와 같이 기재된 해당 송달서류에 대하여 적법한 송달이 이루어지지 아니할 경우에는 법령에 정해진 일정한 효과가 발생하지 못하고 그로 인하여 국민의 권리 실현에 장애를 초래하여 당사자가 불측의 피해를 입게 될 수 있음을 충분히 예견할 수 있다**고 봄이 상당하다.

따라서 우편집배원이 압류 및 전부명령 결정정본을 특별송달하는 과정에서 민사소송법을 위반하여 부적법한 송달을 하고도 적법한 송달을 한 것처럼 우편송달보고서를 작성하여 압류 및 전부의 효력이 발생한 것과 같은 외관을 형성시켰으나, 실제로는 압류 및 전부의 효력이 발생하지 아니하여 집행채권자로 하여금 피압류채권을 전부받지 못하게 함으로써 손해를 입게 한 경우에는, 우편집배원의 위와 같은 직무상 의무위반과 집행채권자의 손해 사이에는 상당인과관계가 있다고 봄이 상당하고, 국가는 국가배상법에 의하여 그 손해에 대하여 배상할 책임이 있다고 할 것이다(대법원 2008. 2. 28. 선고 2005다4734 판결 등 참조).

3. 평석

(1) 같은 날 선고된 이 두 판결에서는 직무상 의무 위반으로 인한 불법행위책임[1]을 판단하는데 예견가능성이 중요한 판단근거로 작용하고 있는데, 정반대의 결론에 도달하고 있다.

위 1 판결은 우편역무종사자가 내용증명우편물을 배달하는 과정에서 구 우편법 관계 법령에서 정한 직무규정을 위반하였다고 하더라도, 우편역무종사자가 발송인 등과 제3자와의 거래관계의 내용을 인식하고 그 내용증명우편물을 배달하지 아니할 경우 그 거래관계의 성립·이행·소멸이 방해되어 발송인 등에게 손해가 발생할 수 있다는 점을 알았거나 알 수 있었다는 등의 특별한 사정이 없는 한, 그 직무상 의무 위반과 내용증명우편물에 기재된 의사표시가 도달되지 않거나 그 도달에 대한 증명기능이 발휘되지 못함으로써 발송인 등이 제3자와 맺은 거래관계의 성립·이행·소멸 등과 관련하여 입게 된 손해 사이에는 상당인과관계가 있다고 볼 수 없다고 한다.[2]

---

1) 우편법 제38조 이하에서 손해배상의 범위 등에 관한 규정을 두고 있는데, 이 판결들에서는 고의 또는 중대한 과실이 있는 경우에는 민법 또는 국가배상법이 적용될 수 있다는 것을 전제하고 있다. 이에 관해서는 제철웅, "우편배달사고로 인한 국가의 손해배상책임," 민사판례연구[XXXVIII(상)], 501면.

2) 이 판결에서 우편집배원의 고의 또는 중과실에 의한

반면에 위 2 판결은 우편집배원이 압류 및 전부명령 결정 정본을 특별송달하는 과정에서 민사소송법을 위반하여 부적법한 송달을 하고도 적법한 송달을 한 것처럼 우편송달보고서를 작성하여 압류 및 전부의 효력이 발생한 것과 같은 외관을 형성시켰으나, 실제로는 압류 및 전부의 효력이 발생하지 아니하여 집행채권자로 하여금 피압류채권을 전부받지 못하게 함으로써 손해를 입게 한 경우에는, 우편집배원의 위와 같은 직무상 의무위반과 집행채권자의 손해 사이에는 상당인과관계가 있다고 봄이 상당하고, 국가는 국가배상법에 의하여 그 손해에 대하여 배상할 책임이 있다고 한다.

(2) 내용증명우편의 경우와 특별송달우편의 경우 우편역무종사자나 우편집배원의 직무상 의무에 차이가 있다는 점에서 위와 같은 결론이 나왔다고 볼 수 있다.

먼저 내용증명우편의 경우에는 접수우체국에서는 발송인 등과 제3자의 거래내용을 일일이 확인하여 차등을 두어 우편역무를 제공하지 않고 있고, 그 우편물에 담긴 의사표시가 도달되지 않거나 그 도달에 관한 증명기능이 발휘되지 아니할 경우 그 거래에 관련하여 발생할 수 있는 손해의 발생 위험까지 감안하여 요금 등을 책정하고 우편역무를 제공하는 것이 아니며, 나아가 이를 배달하는 우편집배원으로서도 일반적으로 그와 같은 거래관계의 존부 및 내용을 예견할 수 없다. 그런데도 그 우편물에 담긴 의사표시가 도달되지 않거나 그 도달에 관한 증명기능이 발휘되지 아니할 경우 발생할 수 있는 손해에 대해서까지 국가에 손해배상책임을 부담시키게 된다면, 이는 결과발생에 대한 예견가능성의 범위를 넘어서는 것임은 물론이고, 한정된 인원과 비용의 제약 아래 대량의 우편물을 신속·원활하면서도 저렴한 비용으로 널리 공평하게 우편역무를 제공함으로써 공공의 복지증진에 기여하려는 구 우편법의 목적과 기능 및 그 보호법익의 보호범위를 넘어서는 것이다.

이에 반하여 특별송달우편물의 배달업무에 종사하는 우편집배원으로서는 압류 및 전부명령 결정 정본에 대하여 적법한 송달이 이루어지지 아니할 경우에는 법령에 정해진 일정한 효과가 발생하지 못하고 그로 인하여 국민의 권리실현에 장애를 초래하여 당사자가 불측의 피해를 입게 될 수 있음을 충분히 예견할 수 있다고 볼 수 있다.

결국 내용증명우편과 특별송달우편의 경우에는 우편집배원의 직무상 의무 위반으로 인한 결과를 예견할 수 있는지 여부에서 차이가 있다고 볼 수 있다. 내용증명우편의 경우에는 우편집배원이 우편물이 도달하지 않음으로써 발생하는 손해를 예견할 수 없기 때문에 상당인과관계를 부정하는 반면, 특별송달우편의 경우에는 우편집배원이 압류 및 전부명령 결정 정본의 부적법한 송달로 인한 손해를 예견할 수 있기 때문에, 상당인과관계를 긍정하고 있다.

(3) 위 두 판결은 국가배상책임이 성립하려면 우편집배원의 직무상 의무 위반과 그로 인한 손해 사이에 상당인과관계가 있어야 한다는 점을 전제로 하고, 예견가능성은 상당인과관계를 판단하는 요소라고 보고 있다.

민법 제393조 제2항은 채무불이행책임에서 특별한 사정으로 인한 손해의 배상에 관하여 예견가능성 법리를 채택하고 있고, 제763조는 이 규정을 불법행위로 인한 손해배상에 준용하고 있다. 이는 손해배상의 범위를 정하는 단계에서 예견가능성에 따라 판단하여야 한다는 것을 의

직무상 의무 위반으로 내용증명우편물이 도달되지 않거나 그 증명기능이 발휘되지 못하게 된 경우, 발송인 등이 정신적 고통에 대한 위자료를 통상손해로 배상해야 한다고 하고 있다는 점도 중요한 판단이다.

미한다.[3] 그러나 위 두 판결에서는 우편역무종사자 등의 직무 위반과 손해 사이의 상당인과관계를 판단하는 단계에서 예견가능성을 고려하고 있다는 점에서도 주목을 끈다. 이는 손해배상의 범위에 관한 상당인과관계론과 예견가능성론이 결합될 수 있다는 점을 시사하는 것이라고 볼 수도 있다.

3) 채무불이행에 관해서는 위 [55] 2. (2) 참조.

[140] Ⅳ. 불법행위로 인한 위자료에 대한 지연손해금의 발생시기

대판 2011. 1. 13, 2009다103950(공 2011, 319)[1]

1. 사실관계와 원심판결

피고 소속 공무원인 경찰 수사관들이 1975. 2. 13. 원고 1을 강제연행하여 1개월 동안 영장 없이 불법구금하고 고문과 가혹행위를 하여 간첩혐의에 대한 허위자백을 받아내는 등의 방법으로 증거를 조작함으로써 그가 추후 구속 기소되어 유죄판결을 받고 그 형집행을 당하도록 하는 등의 불법행위를 저질렀다. 원고 1은 1975. 6. 20. 법원으로부터 징역 8년에 자격정지 8년을 선고받아 징역형의 집행을 마치고 1983. 3. 22. 만기출소하였으며, 1991. 3. 21. 자격정지형의 집행도 마쳤고, 1991. 10.경까지 사회안전법에 의한 보호관찰 등과 보안관찰법에 의한 보안관찰도 받았다. 진실·화해를 위한 과거사정리위원회에서 2008. 3. 11. 위 사건에 대한 진실규명결정을 내리자, 2008. 4. 23. 원고들은 피고를 상대로 공무원의 직무상 불법행위로 인한 국가배상청구의 일환으로 이 사건 위자료청구의 소를 제기하였다.

원심은 피고가 그 소속 공무원들의 불법행위로 인하여 원고들이 입은 일체의 비재산적 손해에 대하여 국가배상법에 따른 위자료배상책임이 있다고 판단하고 검찰송치일인 1975. 4. 1.부터 지연손해금을 지급하여야 한다고 판결하였다.

2. 대법원 판결

이에 대하여 원·피고가 상고하였는데, 대법원은 원심판결을 파기환송하였다. 위자료의 산정과 그 지연손해금의 기산점에 관한 판단 부분은 다음과 같다.

① "물론 불법행위가 없었더라면 피해자가 그 손해를 입은 법익을 계속해서 온전히 향유할 수 있었다는 점에서 불법행위로 인한 손해배상채무에 대하여는 원칙적으로 별도의 이행 최고가 없더라도 공평의 관념에 비추어 그 채무성립과 동시에 지연손해금이 발생한다고 보아야 한다. 그런데 위자료를 산정함에 있어서는 사실심 변론종결 당시까지 발생한 일체의 사정이 그 참작대상이 될 뿐만 아니라, 위자료 산정의 기준이 되는 국민소득수준이나 통화가치 등도 변론종결 시의 것을 반영해야만 하는바, 불법행위가 행하여진 시기와 가까운 무렵에 통화가치 등의 별다른 변동이 없는 상태에서 위자료 액수가 결정된 경우에는 위와 같이 그 채무가 성립한 불법행위 시로부터 지연손해금이 발생한다고 보더라도 특별히 문제될 것은 없으나, 불법행위 시와 변론종결 시 사이에 장기간의 세월이 경과되어 위자료를 산정함에 있어 반드시 참작해야 할 변론종결 시의 통화가치 등에 불법행위 시와 비교하여 상당한 변동이 생긴 때에도 덮어놓고 불법행위 시로부터 지연손해금이 발생한다고 보는 경우에는 현저한 과잉배상의 문제가 제기된다. 왜냐하면, 이때에는 위와 같이 변동된 통화가치 등을 추가로 참작하여 위자료의 수액을 재산정해야 하는데, 이러한 사정은 불법행위가 행하여진 무렵의 위자료 산정의 기초되는 기존의 제반 사정과는 명백히 구별되는 것이고, 변론종결의 시점에서야 전적으로 새롭게 고려되는 사정으로서 어찌 보면 변론종결 시에 비로소 발생한 사정이라고도 할 수 있어, 이처럼 위자료 산정의 기준되는 통화가치 등의 요인이 변론종결 시에 변동된 사정을 참작하여 위자료가 증액된 부분에 대하여 불법행위 시로부터 지연손해금을 붙일 수 있는 근거는 전혀 없다고 할 것이기 때문이다. … 따라서 이처럼 **불법행위 시와 변론종결 시 사이에 장기간의 세월이 경과됨으로써 위자료를 산정함에 있어 반드시 참작해**

---

1) 대판 2011. 1. 13, 2010다53419(종합법률정보)도 같은 취지로 판결하고 있다.

야 할 변론종결 시의 통화가치 등에 불법행위 시와 비교하여 상당한 변동이 생긴 때에는, 예외적으로라도 불법행위로 인한 위자료배상채무의 지연손해금은 그 위자료 산정의 기준시인 사실심 변론종결 당일로부터 발생한다고 보아야만 할 것이다."

② "한편 위와 같이 불법행위로 인한 위자료배상채무의 지연손해금이 그 위자료 산정의 기준시인 사실심 변론종결 당일로부터 발생한다고 보아야만 하는 예외적인 경우에는 논리상 변론종결 시 이전에는 지연손해금을 붙일 수 없는 결과, 위자료채무가 성립한 불법행위 시로부터 지연손해금을 붙이는 원칙적인 경우와는 달리, 불법행위 시로부터 변론종결 시까지 상당한 장기간(이 사건에서는 34년) 동안 배상이 지연됨에도 그 기간에 대한 지연손해금이 전혀 가산되지 않게 된다는 사정까지 참작하여 변론종결 시의 위자료 원금을 산정함에 있어 이를 적절히 증액할 여지가 있을 수 있다.

이 사건 역시 위와 같은 점을 함께 고려하여 사실심 변론종결 시를 기준으로 위자료 원금을 다시 산정하게 하기 위하여 위자료 원금에 관한 부분을 함께 파기하기로 한다."

3. 평석

(1) 이 판결은 불법행위로 인한 위자료청구권이 인정되는 경우 그 지연손해금의 발생시기에 관하여 획기적인 판단을 하고 있다.

불법행위에 기한 손해배상은 불법행위가 없었더라면 있었을 상태를 회복시키는 것이다. 판례는 "불법행위로 인한 재산상 손해는 위법한 가해행위로 인하여 발생한 재산상 불이익, 즉 그 위법행위가 없었더라면 존재하였을 재산상태와 그 위법행위가 가해진 현재의 재산상태의 차이를 말하는 것"이라고 한다.[2] 이는 재산적 손해에 관하여 차액설을 따르는 것이다. 한편 비재산적 손해의 경우에 대해서 위자료를 인정하고 있는데, 이는 불법행위로 인한 정신적 고통을 금전으로 위자하는 것이다.

종래 판례[3]는 불법행위로 인한 손해배상금에 대해서는 불법행위 시부터 지연손해금이 발생한다고 하였다.[4] 불법행위 시를 기준으로 손해액을 산정할 경우 그때부터 지연손해금을 인정하여야 불법행위가 없었더라면 있었을 상태를 회복할 수 있다. 불법행위 시를 기준으로 산정한 손해배상액을 지급받지 못하고 있는 사이에 지연손해금에 해당하는 금원의 손실을 입고 있다고 볼 수 있기 때문이다. 따라서 불법행위 시를 기준으로 손해배상액을 산정하고 그때부터 지연손해금을 인정하는 것은 불법행위로 인한 손해배상의 목적에 비추어 정당화될 수 있다.

그러나 위자료의 경우에는 통상 변론종결 시를 기준으로 그 액수를 정하고 있기 때문에, 그 때부터 지연손해금을 인정하는 것이 적절할 것이다. 그렇지 않으면 정신적 고통에 대한 위자료를 변론종결 시까지 등귀한 물가 등을 기준으로 정하였는데, 이에 더하여 불법행위 시부터 지연손해금을 인정할 경우에는 이중 배상 또는 과잉 배상의 위험이 있기 때문이다. 또한 지연손해금은 이행지체로 인한 손해에 해당하는데, 변론종결 시를 기준으로 정한 위자료를 그때까지 지급하지 않았다고 해서 그 이행을 지체한

2) 대판 2010. 4. 29, 2009다91828(공 2010, 990); 대판 2010. 7. 8, 2010다21276(공 2010, 1540).

3) 대판 1975. 5. 27, 74다1393; 대판 1993. 3. 9, 92다48413(공 1993, 1154); 대판 2010. 7. 22, 2010다18829.

4) 제387조 제2항은 "채무이행의 기한이 없는 경우에는 채무자는 이행청구를 받은 때로부터 지체책임이 있다."라고 정하고 있다. 불법행위에 기한 손해배상채무도 이행기의 정함이 없는 채무라고 볼 수 있다. 이러한 견해에 따른다면 국가 공무원의 불법행위로 인하여 정신적 고통이 발생한 경우에도 이행청구를 한 때, 가령 소장송달을 한 때부터 지체책임이 있다고 볼 수 있다. 그러나 판례는 불법행위로 인한 손해배상채무의 경우에는 그 채무가 발생한 날로부터 지체책임을 진다고 하고 있다.

것은 아니라고 볼 수도 있다.

(2) 독일 민법에서 불법행위로 인한 손해배상액을 산정하는 기준시는 이행청구시가 원칙이다.[5] 정신적 손해에 대한 위자료를 인정하는 경우에는 소송이자에 관한 독일 민법 제291조에 따라 소송이 계속된 소장송달 시부터 소송이자를 지급하고 있다.[6] 다만 독일 민법 제849조에서 예외적으로 불법행위 시 또는 손해발생 시를 기준으로 지연손해금을 기산하고 있다.[7] 독일 연방대법원은 "불법행위로 인한 손해배상청구권에 대하여 그 권리가 성립한 시점으로부터 법정이율에 따라 이자가 지급되어야 한다는 일반적인 법원칙은 독일법에서는 생소하다. 독일 민법 제849조에서 오히려 이러한 '자동적인' 이자의 발생이 예외적이라는 것과 이 규정에서 규율된 물건의 침탈 또는 훼손의 경우에 한하여 적용되어야 한다는 것이 도출된다."라고 한다.[8] 독일 민법에서 이와 같이 불법행위로 인한 손해배상에 대하여 지연이자를 불법행위 시부터 기산하는 것은 예외적인 경우인데, 이러한 경우에는 불법행위 시를 기준으로 배상액을 산정하고 있다는 점에서 일관성이 있다.

불법행위로 인한 손해배상액을 불법행위 시를 기준으로 산정한다면, 그때부터 지연손해금을 붙이는 것이 논리적으로 일관성이 있다고 볼 수 있다. 그러나 위자료와 같이 변론종결 시를 기준으로 그 금액을 산정하는 경우에는 그 이후부터 지연손해금을 붙여야 할 것이다. 불법행위 시부터 불법행위로 인한 지연손해금을 붙이려면 그때를 기준으로 손해배상액을 산정하여야 할 것이다.

(3) 이 판결에서는 "불법행위 시와 변론종결 시 사이에 장기간의 세월이 경과됨으로써 위자료를 산정함에 있어 반드시 참작해야 할 변론종결 시의 통화가치 등에 불법행위 시와 비교하여 상당한 변동이 생긴 때에는, 예외적으로라도 불법행위로 인한 위자료배상채무의 지연손해금은 그 위자료 산정의 기준시인 사실심 변론종결 당일로부터 발생한다."고 보고 있다. 이러한 경우에 불법행위 시로부터 지연손해금이 발생한다고 본다면 '현저한 과잉배상의 문제'가 생기기 때문이다. 이 사건에서는 피고 소속 공무원들에 의하여 원고 1에 대한 불법구금이 개시된 1975. 2. 13.로부터 원심의 변론종결일인 2009. 9. 25.까지 34년 이상의 오랜 세월이 경과하였기 때문에 불법행위 시부터 지연손해금이 발생한다고 보는 경우에는, 합리적인 이유 없이 현저하게 과잉된 지연배상을 허용하는 결과가 된다고 한다. 이와 같은 판단은 정당하다.

불법행위 시부터 지연손해금을 인정하는 법리는 이 판결에 의하여 사실상 부분적으로 변경되었다고 볼 수 있다. 그 계기는 이론적 탐구에서 시작되었다기보다는 이 사건의 특수성에 기인한다.

(4) 그 후 이 판결과 동일한 취지로 판단한 대판 2011. 1. 27, 2010다6680에 대하여 재심이 청구되었는데, 대법원[9]은 종전 대법원 판결들[10]

5) 불법행위로 인한 손해배상채권에 대해서도 채권총칙에 있는 독일 민법 제280조 이하의 규정이 적용된다. MünchKomm/Ernst (5. Aufl., 2007), §286 Rn. 5. 불법행위로 인한 손해배상에 대한 지연손해금도 독일 민법 제280조, 제286조 제1항에 따라 최고를 한 후에 비로소 발생하는 것이 원칙이다.

6) BGH NJW 1965, 531; NJW-RR 1987, 386; NJW 2008, 2710.

7) 독일 민법 제849조에 의하면, 물건의 침탈 또는 훼손으로 그 감소가액을 배상해야 하는 경우에 손해배상액의 지연이자는 가액결정의 기준이 되는 시기부터 이자를 청구할 수 있는데, 그 시기는 침해 또는 손해발생시기를 가리킨다. Staudinger/Vieweg (2007), §849 Rn. 9; BGH NJW 1965, 392.

8) BGH NVwZ 1994, 409.

9) 대판(전) 2011. 7. 21, 2011재다199(공 2011, 1709).

10) 위 주 2.

과 재심대상판결은 서로 다른 사안에서 불법행위로 인한 손해배상채무의 지연손해금의 기산일에 관하여 원칙과 예외에 속하는 법리를 각각 선언하고 있다고 하여 종래 대법원이 표시한 의견을 변경한 경우에는 해당하지 않는다고 하였다. 즉, 불법행위로 인한 손해배상에 있어 재산상 손해에 대한 배상액은 그 손해가 발생한 불법행위 당시를 기준으로 하여 액수를 산정하여야 하고, 공평의 관념상 별도의 이행최고가 없더라도 그 불법행위 당시부터 지연손해금이 발생하는 것이 원칙이다. 이에 비하여 정신상 손해에 대한 배상인 위자료는 사실심 변론종결 시를 기준으로 그 수액이 결정되어야 하고, 그 결과 불법행위 시부터 사실심 변론종결 시까지 사이에 장기간이 경과하고 통화가치 등에 상당한 변동이 생긴 경우에는, 그와 같이 변동된 사정까지를 참작하여 사실심 변론종결 시를 기준으로 한 위자료의 수액이 결정되어야 하는 것이므로, 사실심 변론종결일 이후의 기간에 대하여 지연손해금을 지급하도록 하여야 한다는 것이다.

제12절 위법행위에 대한 금지청구권

[141] 위법행위에 대한 금지청구권
대결 2010. 8. 25, 2008마1541(공 2010, 1855)

1. 사실관계와 원심결정

채권자[1](엔에이치엔 주식회사)는 장기간 동안 상당한 노력과 투자에 의하여 정보검색, 커뮤니티, 오락 등의 다양한 서비스를 제공하는 국내 최대의 인터넷 포털사이트인 '네이버'(그 도메인 이름은 www.naver.com이고, 이하 '네이버'라 한다)를 구축하여 인터넷 사용자들로 하여금 위 서비스 이용 등을 위하여 네이버를 방문하도록 하고, 이와 같이 확보한 방문객에게 배너광고를 노출시키거나 우선순위 검색결과 도출서비스를 제공하는 방법 등으로 광고영업을 해 오고 있다.

채무자(네오콘소프트 주식회사)가 제공한 이 사건 프로그램을 설치한 인터넷 사용자들이 네이버를 방문하면 그 화면에 채권자의 광고 대신 같은 크기의 채무자의 배너광고가 나타나거나(이른바 '대체광고 방식'), 화면의 여백에 채무자의 배너광고가 나타나거나(이른바 '여백광고 방식'), 검색창에 키워드를 입력하면 검색결과 화면의 최상단에 위치한 검색창과 채권자의 키워드광고 사이에 채무자의 키워드광고가 나타나는(이른바 '키워드삽입광고 방식') 등으로, 채무자의 광고가 대체 혹은 삽입된 형태로 나타난다.

채권자는 채무자를 상대로 위와 같은 광고 등의 금지를 구하는 가처분신청을 하였다. 원심은 "이러한 신청인의 광고 방식은 결국 신청인의 인터넷 포털사이트의 신용과 고객흡인력을 자신의 영업을 위하여 무단으로 이용하고 신청인이 장기간의 노력과 투자에 의하여 구축한 저명한 인터넷 포털사이트라는 콘텐츠에 무임승차하려는 것으로 공정한 경쟁질서 내지 상거래 질서에 위반하는 행위라 할 것이고, 이로 인하여 신청인의 광고에 관한 영업상의 이익을 침해할 위험이 크다고 할 것이므로 이는 신청인의 인터넷 사이트에 관한 업무를 방해하는 부정경쟁행위로서 불법행위에 해당한다고 보아야 할 것"이라고 하면서 신청인의 신청 중에서 광고 등의 금지를 구하는 부분을 인용하였다.[2]

2. 대법원 결정

대법원도 다음과 같은 이유로 원심결정을 지지하였다.[3]

(1) 경쟁자가 상당한 노력과 투자에 의하여 구축한 성과물을 상도덕이나 공정한 경쟁질서에 반하여 자신의 영업을 위하여 무단으로 이용함으로써 경쟁자의 노력과 투자에 편승하여 부당하게 이익을 얻고 경쟁자의 법률상 보호할 가치가 있는 이익을 침해하는 행위는 부정한 경쟁행위로서 민법상 불법행위에 해당하는바, **위와 같은 무단이용 상태가 계속되어 금전배상을 명하는 것만으로는 피해자 구제의 실효성을 기대하기 어렵고 무단이용의 금지로 인하여 보호되는 피해자의 이익과 그로 인한 가해자의 불이익을 비교·교량할 때 피해자의 이익이 더 큰 경우에는 그 행위의 금지 또는 예방을 청구할 수 있다**고 할 것이다.

---

1) 이 결정에서 당사자를 채권자, 채무자로 표시하고 있으나, 임시의 지위를 정하는 가처분이기 때문에, 신청인, 피신청인으로 기재하는 것이 좋을 것이다.

2) 서울고결 2008. 9. 23, 2008라618. 이 결정을 소개한 것으로는 백강진, "인터넷 포털을 대상으로 한 대체광고 등 서비스의 적법성 여부," Law & technology 제4권 제5호(2008. 11), 90면 이하.

3) 결정문의 원문과 동일한 것은 아니고 요약하여 정리한 부분이 있다.

(2) 채권자의 네이버를 통한 이러한 광고영업의 이익은 법률상 보호할 가치가 있는 이익이다. 그런데 채무자의 이러한 광고는 위와 같이 인터넷 사용자들이 네이버에서 제공하는 서비스 등을 이용하기 위하여 네이버를 방문할 때 나타나는 것이므로, 이는 결국 네이버가 가지는 신용과 고객흡인력을 무단으로 이용하는 셈이 된다. 뿐만 아니라 그 광고방식도 채권자가 제공하는 광고를 모두 사라지게 하거나(대체광고 방식) 채권자가 제공하는 검색결과의 순위를 뒤로 밀리게 하는(키워드삽입광고 방식) 등의 방법을 사용함으로써 채권자의 영업을 방해하면서 채권자가 얻어야 할 광고영업의 이익을 무단으로 가로채는 것이다. 채무자의 위와 같은 광고행위는 인터넷을 이용한 광고영업 분야에서 서로 경쟁자의 관계에 있는 채권자가 상당한 노력과 투자에 의하여 구축한 네이버를 상도덕이나 공정한 경쟁질서에 반하여 자신의 영업을 위하여 무단으로 이용함으로써, 채권자의 노력과 투자에 편승하여 부당하게 이익을 얻는 한편, 앞서 본 바와 같이 법률상 보호할 가치가 있는 이익인 네이버를 통한 채권자의 광고영업 이익을 침해하는 부정한 경쟁행위로서 민법상 불법행위에 해당한다고 할 것이다.

(3) 채무자의 위와 같은 광고행위가 일회적인 것이 아니라 이 사건 프로그램을 설치한 인터넷 사용자들이 네이버에 접속할 때마다 계속적으로 반복되는 것이다. 나아가 이 사건 프로그램에 의한 광고행위의 성질상 채권자가 인터넷 사용자들의 이 사건 프로그램의 설치현황 및 그로 인한 네이버에서의 채무자의 광고현황 등을 일일이 파악하여 대응하기가 매우 곤란할 것으로 보이는 점과 채무자의 광고내용에 따라서는 채권자의 신용, 명성 등 무형적인 가치까지도 손상시킬 수 있을 것으로 보이는 점 등을 고려할 때 채무자에게 금전배상을 명하는 것만으로는 채권자 구제의 실효성을 기대하기 어렵다고 할 것이다. 나아가 채무자의 이 사건 프로그램에 의한 네이버에서의 광고행위를 그대로 방치하는 경우 결국 네이버에서의 광고영업을 그 수익모델로 삼고 있는 채권자 회사의 존립 자체를 위협할 수 있다는 점에서 채무자의 위와 같은 광고행위를 금지함으로써 보호되는 채권자의 이익이 그로 인한 채무자의 영업의 자유에 대한 손실보다 더 크다고 할 것이다. 따라서 채권자는 채무자에 대하여, 네이버에 접속한 인터넷 사용자들의 모니터에서 이 사건 프로그램을 이용한 광고행위를 하는 것의 금지 또는 예방을 청구할 수 있다고 봄이 상당하다.

3. 평석

(1) 이 결정은 위법행위에 대한 금지 또는 예방청구권을 인정하였다.

소유권 등 물권에 기해서 방해의 제거 또는 예방을 청구할 수 있다는 점은 민법에서 명문으로 인정하고 있다(제214조 등). 저작권법 등 개별 법률에서 금지청구권을 인정하는 경우도 점차 늘어나고 있다(저작권법 제123조, 부정경쟁방지 및 영업비밀보호에 관한 법률 제4조, 제10조 등). 인격권의 경우에는 법률에 근거규정이 없는 상태에서도 판례가 금지청구권을 인정하였다. 그 이유로 명예나 신용 등 인격권은 그 성질상 일단 침해된 후의 구제수단(금전배상이나 명예회복 처분 등)만으로는 그 피해의 완전한 회복이 어렵고 손해전보의 실효성을 기대하기 어렵다는 점을 들었다.[4]

여기에서 나아가 채권 그 밖의 권리나 이익을 방해하는 경우에도 그 방해의 제거나 예방을 청구할 수 있는지 문제된다. 현행민법이 시행되기 전에 채권에 기한 방해배제가 허용된다고 한 대법원 판결이 있다.[5]

4) 대판 1996. 4. 12, 93다40614(공 1996, 1486); 대판 1997. 10. 24, 96다17851(공 1997, 3574).

5) 대판 1953. 2. 21, 4285민상129(집 1-6, 민 1).

"채권은 특정인에 대하여 특정행위를 청구하는 권리임으로 채권자는 채무자에 대하여서만 권리의 목적인 행위를 청구할 수 있고 제3자에 대하여 이를 청구하지 못할 것은 물론 제3자도 이에 응할 의무 없는 것이다. 그리고 채권은 소위 상대권으로 동일 채무자에 대하여 동일행위를 목적하는 수개의 채권이 동시에 성립할 수 있고 또 양자는 채권평등원칙에 따라 각별히 그 권리를 행사할 수 있는 것이나, 채권도 법률이 보호하는 권리인 이상 일반인은 이를 존중하여야 하며 정당한 이유 없이는 이를 침해치 못할 법률상 의무가 있다 할 것이며 만일 정당한 이유 없이 이를 침해한 때에는 채권자에 대한 불법행위가 성립되어 채권자는 그 제3자에 대하여 이로 인한 손해의 배상을 청구할 수 있고 또 정당한 이유 없는 제3자의 행위로 인하여 채무의 이행이 방해될 우려가 있을 때에는 그 제3자에 대하여 방해행위의 배제를 청구할 수 있을 것이다."

현행민법 시행 이후 법원의 실무는 제3자에 의한 채권침해에 대하여 방해배제청구권을 부정하였다.[6] 가처분 등 보전처분을 신청하려면 피보전권리가 있어야 하는데, 채권에 기하여 제3자에 대해서 금지청구권을 행사할 수 없다는 것이다. 가령 대판 2001. 5. 8, 99다38699(집 49-1, 민 319)는 "원고가 도로공사에 대하여 기흥주유소에 원고의 상표를 표시하고 원고의 석유제품을 공급할 권리가 있다 하더라도 이는 채권적 권리에 불과하여 대세적인 효력이 없으므로 피고가 기흥주유소에 현대정유의 상호와 상표를 표시하고 그 석유제품을 공급받음으로써 원고의 위 권리가 사실상 침해되었다는 사정만으로 곧 제3자인 피고에게 현대정유와 관련된 시설의 철거나 상호·상표 등의 말소 및 판매금지 등을 구할 수는 없다."라고 판단하였다. 채권에는 물권과는 달리 배타적 효력이 없기 때문에, 채권의 효력으로서 방해배제를 청구할 수 없다는 것이 우리나라의 실무라고 할 수 있었다.

그러나 제3자에 의한 채권침해가 임박한 경우에 그 금지청구를 허용하는 것이 손해배상이라는 사후적인 구제수단보다 효율적이라고 할 수 있다. 따라서 제3자가 채권을 침해하려고 하고 있고, 이를 방치한다면 회복할 수 없는 손해를 입을 우려가 있는 경우에는 금지청구를 허용해야 할 필요성이 있다. 학설에서도 제3자에 의한 채권침해의 경우에 금지청구권을 인정할 것인지에 관하여 논란이 계속되었다.[7] 필자는 제3자에 의한 채권침해와 관련하여 다음과 같이 주장한 바 있다.

"결론적으로 제3자에 의한 채권침해의 우려가 급박한 경우에는 예외적으로 방해예방 또는 금지청구를 인정하여야 한다고 생각한다. 손해가 발생할 가능성이 명백한데도 손해발생을 억제하기 위한 아무런 조치를 취하지 못하고 나중에 손해의 발생을 기다렸다가 그 배상만을 청구할 수 있도록 하는 것은 받아들이기 힘든 결론이다. 제3자에 의한 채권침해의 경우에 방해예방 또는 금지청구권을 인정한다면 물권과 채권을 준별하는 태도에 배치된다는 비판이 있을 수 있다. 그러나 물권에 기한 방해예방청구권도 물권의 절대성이나 배타성에서 선험적으로 도출된 것이라기보다는 물권에 대한 불법적인 방해를 사전적으로 예방하는 것이 합리적이라는 점에서 그 실질적인 이유를 찾을 수 있다. 이를 설명하는 것이 물권의 배제 권능이라는 매개개념

6) 권성 외 5인, 가처분의 연구, 1994, 52면.

7) 채권침해의 경우 방해배제청구권의 인정 여부에 관하여 견해가 대립하고 있고, 이를 인정하는 견해는 다시 물권과 유사하게 방해배제청구권을 넓게 인정하여야 할 것인지, 아니면 부동산임차권 등에 한정하여 이를 인정할 것인지 여부를 둘러싸고 견해가 대립하고 있다. 이에 관해서는 김용한, 채권법총론, 1983, 117~118면; 김증한·김학동, 채권각론, 72면; 김형배, 채권각론, 334~340면; 현승종, 채권총론, 1979, 104면; 민법주해[IX], 1995, 61~63면 참조.

이다. 채권의 경우에는 일반적으로 배제 권능을 인정할 수는 없다고 하더라도 채권에 대한 방해가 임박한 것이 명백한 경우에는 그 방해를 예방할 필요가 있다. 따라서 제3자가 계약의 실현을 방해하거나 계약 자체를 파기하도록 유도함으로써 회복할 수 없는 손해를 입힐 우려가 있는 경우에는 그 방해예방 또는 금지청구를 할 수 있다고 보아야 한다. 또한 부정경쟁이나 부당한 광고 등이 문제되는 경우에는 부정경쟁방지법 제4조나 표시광고의 공정화에 관한 법률 제3조의 규정을 적용 또는 유추적용하여 금지청구권을 도출할 수 있다."[8]

한편 불법행위에 대한 구제수단으로 금지청구권을 인정할 것인지 문제된다. 독일에서는 채무불이행이나 불법행위로 인한 손해배상은 원상회복이 원칙이고(제249조 제1항), 불법행위의 경우에 소유권에 관한 규정 등 여러 법률 규정을 유추적용하여 부작위청구권을 인정하고 있다.[9] 미국에서는 불법행위를 막기 위하여 형평법상의 금지명령이 이용되는데, 반복적으로 손해가 발생할 우려가 있는 등 일정한 요건을 갖추어야 한다.[10] 우리 민법에서는 불법행위에 대한 구제수단으로 금지청구를 인정하는 규정이 없다. 그러나 입법론으로 불법행위의 구제수단으로 방해예방 또는 금지청구권을 도입하여야 한다는 주장이 있다.[11] 해석론으로 불법행위에 대한 구제수단으로 금지청구권을 인정해야 한다는 주장도 있다.[12] 우리 민법상 불법행위의 효과는 손해배상인데, 이는 손해를 사후적으로 배상하는 것에 불과하여 미리 불법행위를 막는 데는 한계가 있다. 그리하여 불법행위를 미리 막기 위하여 금지청구권을 인정할 필요가 있을 것이다.[13]

위법행위에 대한 금지청구권의 근거가 무엇인지 문제된다. 개별적인 법률에서 명시적인 규정이 있는 경우에 그 규정에 따르면 된다. 유사한 문제에 관하여 금지청구권을 인정하는 규정이 있는 경우에는 그 규정을 유추적용해야 한다. 가령 인격권에 관하여 물권적 청구권에 관한 규정을 유추적용하여 금지청구권을 도출할 수 있다.[14] 물건에 대한 권리를 배타적으로 보호하는 것과 마찬가지로 사람 자신에 대한 권리도 보호해야 하기 때문이다. 그리고 위에서 보았듯이 부정경쟁행위에 대해서는 부정경쟁방지법 제4조를 유추적용할 수 있고, 부당광고에 대해서는 표시광고의 공정화에 관한 법률 제3조를 유추적용할 수 있음은 물론이다. 경우에 따라서는 2개 또는 그 이상의 규정을 유추적용할 수도 있을 것이다.

(2) 이 결정은 물권 등 소유권이 침해되지 않

제 3 편 채권법

8) 김재형, "제3자에 의한 채권침해," 민법론 III, 2007, 431면.
9) Larenz/Canaris, Lehrbuch des Schuldrechts II/2, 13. Aufl., 1994, §86 I 1, §86 VII; MünchKomm/Wagner (5. Aufl., 2009), Vor §823, Rn. 35.
10) 가령 Prosser & Keeton on Torts, 5th ed., 1984, p. 1002.
11) 양창수, "손해배상의 범위와 방법," 민법산고, 1998, 256면.
12) 권영준, "불법행위와 금지청구권," Law & technology 제4권 제2호(2008), 55면 이하.
13) 이 결정 이후 민법개정위원회에서 제766조의2를 신설하여 '금지청구'에 관한 규정을 신설할 것을 제안하고 있다. 제1항은 "타인의 위법행위로 인하여 손해를 입거나 입을 염려가 있는 자는 손해배상에 의하여 손해를 충분히 회복할 수 없고 손해의 발생을 중지 또는 예방하도록 함이 적당한 경우에는 그 행위의 금지를 청구할 수 있다."라고 정하고, 제2항은 "제1항의 금지를 위하여 필요한 경우에는 손해를 입거나 입을 염려가 있는 자는 위법행위에 사용되는 물건의 폐기 또는 그 밖에 적절한 조치를 청구할 수 있다."라고 정하고 있다. 이 민법개정안은 금지청구의 요건으로 '불법행위의 성립'을 요구하고 있지 않다. 그리고 손해가 발생한 경우뿐만 아니라 손해를 입을 염려가 있는 경우에도 금지청구를 할 수 있도록 하고 있다.
14) 김재형, "언론에 의한 인격권 침해에 대한 구제수단," 언론과 인격권, 2012, 206~209면.

았는데도 부정한 경쟁행위에 대하여 금지청구권을 인정하였다는 점에서 선례로서 매우 중요한 의미가 있다. 이 사건에서 신청인의 이익은 법률상 보호할 이익에 해당하고 이에 대한 침해가 위법하다고 볼 수 있기 때문에 불법행위에 해당한다. 또한 신청인의 이익을 보호하기 위해서 피신청인의 무단이용행위를 금지할 필요성도 충분하다. 따라서 이 결정의 결론을 지지할 수 있다.

(3) 이 결정과 관련하여 금지청구권을 인정하는 근거가 무엇인지 논란이 있다. 이 사건에서 문제된 위법행위는 부정경쟁행위에 해당하는 것이기 때문에, 부정경쟁법 제4조를 유추적용해야 할 것이다.[15] 물론 사안이 이와 다른 것이라면 다른 법률을 유추적용하는 것을 배제하는 것이 결코 아니다.[16] 특히 이 판결 이후인 2013. 7. 30. 부정경쟁방지법 개정으로 제2조 제1호 차목을 신설하여 "그 밖에 타인의 상당한 투자나 노력으로 만들어진 성과 등을 공정한 상거래 관행이나 경쟁질서에 반하는 방법으로 자신의 영업을 위하여 무단으로 사용함으로써 타인의 경제적 이익을 침해하는 행위"를 부정경쟁행위에 포함시켰다는 점을 주목할 필요가 있다. 따라서 이제는 이 결정에서 다룬 사안은 부정경쟁방지법이 적용된다는 것이 분명해졌다. 이것은 이 결정에서 문제된 부정경쟁행위는 당시의 부정경쟁방지법을 유추적용해야 했다는 것을 반증하는 것이라고 볼 수 있다.

(4) 이 결정이 제시하는 금지청구권의 요건에 관해서 생각해 볼 필요가 있다. 먼저 판결의 논리는 대체로 다음과 같이 정식화할 수 있다.

첫째, 법률상 보호할 가치가 있는 이익이 있을 것. 이 사건에서 채권자의 네이버를 통한 광고영업의 이익을 법률상 보호할 가치가 있는 이익으로 보았는데, 채권자가 상당한 노력과 투자에 의하여 구축한 성과물에 해당하기 때문이다.

둘째, 부정한 경쟁행위가 있을 것. 채무자가 상도덕이나 공정한 경쟁질서에 반하여 자신의 영업을 위하여 무단으로 이용함으로써 경쟁자의 노력과 투자에 편승하여 부당하게 이익을 얻고 경쟁자의 법률상 보호할 가치가 있는 이익을 침해한 경우에 부정한 경쟁행위가 있다고 볼 수 있다.

셋째, 부정한 경쟁행위가 계속되어 금전배상을 명하는 것만으로는 피해자 구제의 실효성을 기대하기 어렵고, 무단이용의 금지로 인하여 보호되는 피해자의 이익이 그로 인한 가해자의 불이익보다 클 것. 이 사건에서는 채무자의 위와 같은 광고행위가 계속적으로 반복된다는 점, 채권자가 대응하기가 매우 곤란하다는 점, 채무자의 광고내용에 따라서는 채권자의 신용, 명성 등 무형적인 가치까지도 손상시킬 수 있을 것으로 보이는 점 등을 고려하여 채무자에게 금전배상을 명하는 것만으로는 채권자 구제의 실효성을 기대하기 어렵다고 보았다. 나아가 채무자의 이 사건 프로그램에 의한 네이버에서의 광고행위를 그대로 방치하는 경우 결국 네이버에서의 광고영업을 그 수익모델로 삼고 있는 채권자 회사의 존립 자체를 위협할 수 있다는 점에서 채무자의 위와 같은 광고행위를 금지함으로써 보호되는 채권자의 이익이 그로 인한 채무자의 영업의 자유에 대한 손실보다 더 크다고 하였다.

첫 번째와 두 번째 요건을 갖추면 불법행위가 성립한다. 이 판결은 위 두 요건에 이어서 세 번째 요건을 갖추면 금지청구권이 발생한다는 논리구성을 하고 있다고 볼 수 있다. 그러나 첫 번째 요건과 두 번째 요건을 갖추지 못한 경우에 금지청구권이 발생하지 않는다고 판결한 것은

15) 김재형, "2010년 분야별 중요판례분석(5) 민법(하)," 법률신문 2011년 4월 7일자.

16) 이 사안에서 문제되는 것보다 넓게 위법행위에 대한 금지청구권을 인정할 것인지는 별개의 문제이다. 위 (1) 참조.

아니다.

위 세 가지 요건을 모두 갖춘 경우에 불법행위도 성립하고 금지청구권도 발생할 것이다. 그러나 불법행위의 요건을 갖추지 못한 상태에서도 금지청구권이 인정될 수 있다고 생각한다. 이를 물권적 청구권과 비교하여 설명해 보고자 한다.

물권적 청구권은 불법행위와 직접적인 관련은 없다. 불법행위에서 일반적으로 요구되는 고의나 과실은 물권적 청구권의 요건이 아니다. 또한 불법행위로 인한 손해배상은 손해가 발생한 경우에 이를 배상하는 것이지만, 불법행위가 성립하기 전이라도 방해가 발생하거나 발생할 우려가 있으면 물권적 청구권이 성립할 수 있다. 이와 마찬가지로 금지청구권의 경우에도 불법행위의 요건, 특히 고의 또는 과실, 손해의 발생과 같은 요건을 갖추지 않은 경우에도 인정될 수 있다고 보아야 한다.

한편 이 결정에서 부정한 경쟁행위가 있을 것을 금지청구권의 요건으로 하고 있는데(위 두 번째 요건), 이는 이 사안에 부정경쟁행위 유형에 속하기 때문이다. 이 점에서도 이 사안에 관해서는 부정경쟁법을 유추적용하여 문제를 해결하는 것이 바람직하다고 볼 수 있다. 부정경쟁행위 유형이 아니라면 이러한 요건은 필요하지 않다.

또한 위 세 번째 요건 중에서 '부정한 경쟁행위가 계속되어 금전배상을 명하는 것만으로는 피해자 구제의 실효성을 기대하기 어려운 경우'에 금지청구권을 인정해야 한다는 것은 부적절하다. 부정경쟁행위가 예상되는 경우에도 금지청구의 대상이 될 수 있을 뿐만 아니라, 금전배상만으로 피해자 구제의 실효성이 있는지 여부도 금지청구의 요건으로 볼 수는 없다. 실제로 금지청구권에 관한 여러 규정에서 위와 같은 내용을 요건으로 규정하는 것을 찾을 수 없다.

결국 위법행위, 그중에서도 부정경쟁행위에 대한 금지청구의 요건으로 가장 중요한 것은 무단이용의 금지로 인하여 보호되는 피해자의 이익이 그로 인한 가해자의 불이익보다 클 것인지라고 할 수 있다.

제 4 편

친족 · 상속법

民法判例分析

제1장 친족

[142] Ⅰ. 제사주재자와 유체인도

대판(전) 2008. 11. 20, 2007다27670(공 2008, 1727-1762)

1. 사실관계와 원심판결

A는 1947년 B와 혼인하여 원고 등 3남 3녀의 자녀를 두었고, 1961년 이후 B와 떨어져 C와 동거하면서 자녀로 피고들을 두었는데, 2006. 1. 8. A가 사망하자 피고들은 A의 유체를 양평공원묘원에 있는 분묘에 매장하였다. A의 장남인 원고는 피고들을 상대로 A의 유체를 인도하라는 청구를 하였다.

원심은, 관습상 종손이 있는 경우라면 그가 제사를 주재하는 자의 지위를 유지할 수 없는 특별한 사정이 있는 경우를 제외하고는 종손에게 제사주재자의 지위가 인정된다고 전제한 다음, 원고가 종손으로서 그에 대한 제사를 주재할 자의 지위에 있다는 이유로 원고의 청구를 받아들였다.

2. 대법원 판결

이에 피고들이 상고하였으나, 대법원은 전원합의체 판결로서 상고를 기각하였다. 이 판결에는 다수의견 외에도 3개의 반대의견과 3개의 보충의견이 있는데, 의견들의 분량도 많아 정리하는 것 자체가 쉽지 않아 여기에서는 다수의견과 반대의견만을 간략하게 정리하였다.

(1) 제사주재자의 결정 방법

민법 제1008조의3은 "분묘에 속한 1정보 이내의 금양임야와 600평 이내의 묘토인 농지, 족보와 제구의 소유권은 제사를 주재하는 자가 이를 승계한다."라고 규정하고 있다. 종래 대법원은, 공동상속인 중 종손이 있다면 그에게 제사를 주재하는 자의 지위를 유지할 수 없는 특별한 사정이 있는 경우[1]를 제외하고는 통상 종손이 제사주재자가 된다고 하였다.[2] 그러나 이 판결의 다수의견은 판례를 변경하였다. 그 논리는 다음과 같다.

① "우리 사회 구성원들의 생활양식과 각종 법률 및 제도가 변화함에 따라 상속인들간의 협의와 무관하게 적장자가 우선적으로 제사를 승계해야 한다는 종래의 관습은, 가족 구성원인 상속인들의 자율적인 의사를 무시하는 것이고 적서간에 차별을 두는 것이어서 개인의 존엄과 평등을 기초로 한 변화된 가족제도에 원칙적으로 부합하지 않게 되었고, 이에 대한 우리 사회 구성원들의 법적 확신 역시 상당 부분 약화되었으므로, 더 이상 관습 내지 관습법으로서의 효력을 유지할 수 없게 되었으며, 그러한 관습에 터잡은 종래의 대법원 판결들 역시 더 이상 판례법으로서의 효력을 유지할 수 없게 되었다."[3] ② 누가 제사주재자가 되는지에 관하여는 법률에 아무런 규정이 없고, 제사주재자에 관한 종래의 관습 내지 판례법이 그 효력을 유지할 수

1) 이 판결은 제사주재자의 지위를 유지할 수 없는 특별한 사정이 있는 경우로 중대한 질병, 심한 낭비와 방탕한 생활, 장기간의 외국 거주, 생계가 곤란할 정도의 심각한 경제적 궁핍, 평소 부모를 학대하거나 심한 모욕 또는 위해를 가하는 행위, 선조의 분묘에 대한 수호·관리를 하지 않거나 제사를 거부하는 행위, 합리적인 이유 없이 부모의 유지(遺志) 내지 유훈(遺訓)에 현저히 반하는 행위 등으로 인하여 정상적으로 제사를 주재할 의사나 능력이 없다고 인정되는 경우를 들고 있다.

2) 대판 1997. 11. 25, 97누7820; 대판 1997. 11. 28, 96누18069; 대판 2004. 1. 16, 2001다79037 등 참조.

3) 사회의 거듭된 관행으로 생성한 사회생활규범으로서의 관습 내지 관습법이라고 할지라도, 헌법을 최상위 규범으로 하는 전체 법질서에 반하여 정당성과 합리성이 없는 때에는 이를 법적 규범으로 삼아 법원(法源)으로서의 효력을 인정할 수 없다. 대판(전) 2003. 7. 24, 2001다48781.

없게 되었으므로, 조리에 의해 제사주재자를 정해야 한다.[4] ③ 공동상속인들이 있는 경우에는 그 공동상속인들 사이의 협의에 의해 제사주재자가 정해져야 한다. ④ 그러나 "망인의 공동상속인들 사이에 협의가 이루어지지 않는 경우에는 적서를 불문하고 장남 내지 장손자가, 공동상속인들 중 아들이 없는 경우에는 장녀가 제사주재자가 된다고 보는 것이 다른 상속인을 제사주재자로 하는 것보다는 사회통념상 상대적으로 정당성이 있고, 예측가능성도 어느 정도 확보된다고 볼 수 있어 가장 조리에 부합한다."[5)6)]

이에 대하여 두 개의 반대의견이 있다. 하나는 제사주재자는 우선 공동상속인들의 협의에 의해 정하되, 협의가 이루어지지 않는 경우에는 다수결에 의해 정해야 한다고 한다.[7] 다른 하나는 민법 제1008조의3에 정한 제사주재자라 함은 조리에 비추어 제사용 재산을 승계받아 제사를 주재하기에 가장 적합한 공동상속인을 의미하는데, 공동상속인 중 누가 제사주재자로 가장 적합한 것인가를 판단함에 있어서 공동상속인들 사이에 협의가 이루어지지 아니하여 제사주재자의 지위에 관한 분쟁이 발생한 경우에는 민법 제1008조의3의 문언적 해석과 그 입법 취지에 충실하면서도 인격의 존엄과 남녀의 평등을 기본으로 하고 가정평화와 친족상조의 미풍양속을 유지·향상한다고 하는 가사에 관한 소송의 이념 및 다양한 관련 요소를 종합적으로 고려하여 개별 사건에서 당사자들의 주장의 당부를 심리·판단하여 결정하여야 한다고 한다.[8]

(2) 유체·유골의 처분방법 또는 매장장소 지정의 효력

다수의견은 유체·유골에 관해서도 민법 제1008조의3에 따라 처리하여야 한다고 한다. 즉, ① 사람의 유체·유골은 매장·관리·제사·공양의 대상이 될 수 있는 유체물로서, 분묘에 안치되어 있는 선조의 유체·유골은 민법 제1008조의3 소정의 제사용 재산인 분묘와 함께 그 제사주재자에게 승계되고, 피상속인 자신의 유체·유골 역시 위 제사용 재산에 준하여 그 제사주재자에게 승계된다. ② 피상속인이 생전행위 또는 유언으로 자신의 유체·유골을 처분하거나 매장장소를 지정한 경우에, 선량한 풍속 기타 사회질서에 반하지 않는 이상 그 의사는 존중되어야 하고 이는 제사주재자로서도 마찬가지라고 할 것이지만, 피상속인의 의사를 존중해야 하는 의무는 도의적인 것에 그치고, 제사주재자가 무조건 이에 구속되어야 하는 법률적 의무까지 부담한다고 볼 수는 없다.[9]

이에 대해서도 2개의 반대의견이 있다. 먼저 피상속인의 유체·유골은 제사용 재산인 분묘와 함께 제사주재자가 이를 승계한다고 본 다수의견에는 찬성하지만, 제사주재자가 피상속인의 유체·유골에 대한 관리·처분권을 가지고 있다고 하여 정당한 사유 없이 피상속인의 의사에 반하여 유체·유골을 처분하거나 매장장소를 변경하는 것까지 허용되지는 않는다는 의견이 있다.[10] 이와 달리 유체의 귀속은 아예 분묘의 귀

4) 민법 제1조는 민사에 관하여 법률에 규정이 없으면 관습법에 의하고 관습법이 없으면 조리에 의하도록 정하고 있다.

5) 이 사건에서 A의 장남인 원고와 피고들을 비롯한 다른 공동상속인들 사이에서 누구를 위 망인의 제사주재자로 할 것인지에 관한 협의가 이루어지지 않았으므로, 위 법리에 따라 A의 장남인 원고가 위 망인의 제사주재자가 된다고 하였다.

6) 다수의견에 대한 대법관 이홍훈, 김능환의 보충의견이 있다.

7) 대법관 박시환, 전수안의 반대의견.

8) 대법관 김영란, 김지형의 반대의견.

9) A의 생전 의사에 따라 일부 공동상속인들이 A의 유체를 이 사건 분묘에 매장한 것이라 하더라도 A가 생전에 자신의 유체를 처분하는 행위는 A의 사후에 그 유체에 대한 권리를 취득한 원고에 대하여 법률상 구속력이 없다는 것이다.

10) 대법관 박시환, 전수안의 반대의견.

속과 분리하여 처리하여야 한다는 의견이 있다. 즉, ① 장례의 방식이 다양화하여 분묘 없는 장례가 빈번하게 되고 또한 매장 또는 분묘개설을 강행할 근거가 없는 이상, 유체의 귀속은 분묘의 귀속과 분리하여 처리되어야 한다. ② 망인이 자신의 장례 기타 유체를 그 본래적 성질에 좇아 처리하는 것에 관하여 생전에 종국적인 의사를 명확하게 표명한 경우에는, 그 의사는 법적으로도 존중되어야 하며 일정한 법적 효력을 가진다. ③ 나아가 망인의 의사대로 이미 장례나 분묘개설 기타 유체의 처리가 행하여진 경우에는, 다른 특별한 사정이 없는 한 유체의 소유자라고 하더라도 그 소유권에 기하여 그 분묘를 파헤쳐 유체를 자신에게 인도할 것을 청구할 수 없다.[11)]

3. 평석

이 전원합의체 판결은 우리나라 대법원 판결에서는 보기 드물게 다양한 의견들로 구성되어 있는데,[12)] 현 상황에서 생각할 수 있는 거의 모든 주장과 반박이 이어졌다. 가히 의견들이 쟁투를 벌이고 있다고 말할 수 있다. 다수의견이 다룬 주요 쟁점, 즉 제사주재자의 결정방법에 관해서는 이 사건의 해결과 무관하다고 보아 찬부 의견을 밝히지 않는 반대의견도 있다. 혼란스러운 면도 없지 않지만, 법적 논의의 예리함을 보여주는 소중한 판결로 남을 것이라고 생각한다. 항상 같은 구성과 전개만으로는 발전을 기대하기 어려울 것이다. 이렇게 흩어져야 그 속에서 조금씩, 아니 현격하게 진보가 이루어지지 않을까 한다.

이 판결에 대해서는 다양한 측면에서 상세한 논의 — 제사주재자의 의미, 그 결정방법, 관습 또는 관습법의 존부와 그 효력, 법률의 흠결의 인정 여부, 조리의 판단방법 등 — 가 필요하겠지만, 여기에서는 사람이 죽은 다음 그 유체의 처리에 대하여 死者의 의사가 어떠한 의미가 있는지에 관해서 살펴보고자 한다.

다수의견에서는 유체의 처리에 관하여 死者의 의사를 존중해야 하는 의무는 도의적인 것에 그치고, 제사주재자가 무조건 이에 구속되어야 하는 법률적 의무가 아니라고 한다. 그러나 반대의견[13)]에서는 "피상속인의 유체·유골의 처분이나 장례방법에 관한 생전 의사표시에 법적 구속력을 인정"한다. 과연 유체의 처리에 관하여 사자의 의사를 존중하는 것이 도의적 의무인가 아니면 법적 의무인가? 반대의견은 유체의 사후처리에 관하여는 망인의 종국적인 의사가 1차적인 기준이라고 한다. 그 근거는 먼저 사자의 인격권에서 찾을 수 있다.

"자신의 신체에 대한 권리는 인격권의 핵심에 해당하고, 신체에 대한 자기결정권은 당사자가 살아 있는 동안에는 물론 그 사후에도 최대한 존중되어야 한다. 사람이 사망한 후에는 더 이상 권리의무의 주체가 되지 못한다는 것이 현행법의 일반원칙이기는 하나, 그렇다고 하여 권리능력을 상실하기 전에 생전행위 또는 유언으로 자기 신체의 처분이나 장례방법·매장장소 등에 관한 의사를 표시한 경우 그 의사표시의 효력을 사후에까지 유지시켜 법적 구속력을 인정하는 것까지 부정되어야 할 필요는 없다."

이 견해는 유체를 포함한 분묘가 제사주재자에게 승계된다는 견해를 따르더라도 피상속인의 생전 의사를 무시하고 마음대로 유체를 처분하거나 다른 방법으로 장례를 치르는 것은 허용되지 않는다고 한다. 이는 다른 유족들의 망인에 대한 경애·추모의 정을 훼손하는 행위로서

11) 대법관 안대희, 양창수의 반대의견.

12) 이 판결은 원문이 60면으로서 판례공보에 무려 36면에 걸쳐 수록되어 있는데, 대법원 판결 중 가장 긴 민사판결로 생각된다.

13) 대법관 박시환, 전수안의 반대의견.

제사주재자에게 주어진 권한을 넘어선다고 한다. 또 다른 반대의견[14]은 사람의 신체에 관하여 다음과 같이 설명하고 있다.

"사람의 신체는 그의 본질적 속성이다. 그리고 신체는 가장 뚜렷한 '내 것'으로서, 내가 소유하는 어떠한 물건보다도 더욱 현저하게 나에게 속하며 나의 의사에 의하여 지배된다. 그런데 사람의 사망으로 생전에 신체가 속하던 그 '사람'은 사라지고, 유체의 처리는 살아 있는 자들의 일이 된다. 유체가 이제 '물건'이 되어서 그에 대하여 소유권이 성립한다고 하더라도, 그것은 오로지 장례와 같은 사후처리, 나아가 제사·공양 등을 할 수 있는 권능, 또 그와 같은 의무가 따르는 특수한 객체임은 물론이다."

나아가 이 반대의견은 사람이 자신의 신체에 대하여 가지는 권리가 인격권적인 성질을 갖고 있고 자신의 유체에 대한 사후처리에 관한 한, 이른바 '사후적(死後的) 인격보호'의 한 내용으로서 법적 효력을 가진다고 하면서 "인간의 존엄은 그의 사망에 의하여 완전한 무로 돌아가는 것은 아니며, 살아 있는 사람에 대한 인격 보호의 필요는 사망으로 인하여 완전히 소멸하지 않는다."라고 한다.[15] 또한 우리나라의 법률도 유체에 대한 망인의 의사지배를 기본적으로 인정하는 바탕 위에 서 있다고 한다. 「장기등 이식에 관한 법률」[16]은 본인이 장기의 적출에 관하여 자신의 종국적인 의사를 밝힌 한에서는 그 의사가 1차적인 기준이 되며 유족의 의사는 부차적으로만 고려된다는 것이다.

이에 대하여 다수의견에 대한 보충의견에서 사자의 인격권을 인정할 수 없다고 논박한다. 사람은 생존하는 동안 권리와 의무의 주체가 된다(민법 제3조). 따라서 사망한 후에는 그 주체가 될 수 없다. 법률에서 망인의 인격권의 행사방법 등을 규정하고 있는 경우가 아닌 한 망인의 인격권을 쉽사리 인정하는 것은 경계해야 한다는 것이다.

사람이 사망 후에 남는 시신이 소유권의 객체인 물건인지에 관해서는 논란이 있다. 다수설은 소유권의 객체가 된다고 보았으나,[17] 이를 부정하는 견해[18]도 있다.[19] 시신을 소유권의 객체로 보는 견해도 그 소유권의 내용은 보통의 소유권과 같이 사용·수익·처분할 수는 없고, 오로지

14) 대법관 안대희, 양창수의 반대의견.

15) 이에 대하여 대법관 안대희는 다음과 같은 보충의견을 내고 있다. 헌법 제10조는 인간의 본질이며 고유한 가치인 개인의 인격권과 행복추구권을 보장하고 있고, 이러한 개인의 인격권과 행복추구권은 개인의 자기(운명)결정권을 전제하고 있으며(헌법재판소 1990. 9. 10. 선고 89헌마82 결정), 이 자기결정권은 인격체인 인간이 내리는 모든 자율적 결정을 보장하는 것으로, 여기에는 신체에 대한 자기결정권, 특히 사후(死後)에 자신의 장기(臟器)나 유체·유골을 기증하거나 처분할 자유 및 유체·유골의 매장방법 내지 매장장소를 결정할 자유를 포함한다. 만약 사람의 사후에 그 인격이 비하된다면 인간의 존엄과 가치는 훼손되고 살아 있는 동안의 인간의 존엄성 보장조차 유지될 수 없다. 이는 인간의 존엄성에 기초한 우리 헌법의 기본 정신과 헌법 제10조에 근거한 개인의 인격권 보장의 이념에 반하는 것으로 받아들일 수 없다.

16) 제18조 제3항: 뇌사자와 사망한 자의 장기등은 다음 각호의 1에 해당하는 경우에 한하여 이를 적출할 수 있다. 다만, 정신질환자 및 정신지체인의 장기등의 경우에는 제1호의 경우에 한하여 이를 적출할 수 있다.

1. 본인이 뇌사 또는 사망전에 장기등의 적출에 동의한 경우. 다만, 그 가족 또는 유족이 장기등의 적출을 명시적으로 거부하는 경우를 제외한다.
2. 본인이 뇌사 또는 사망 전에 장기등의 적출에 동의 또는 반대하였다는 사실이 확인되지 아니한 경우로서 그 가족 또는 유족이 장기등의 적출에 동의한 경우. 다만, 본인이 16세 미만의 미성년자인 경우에는 그 부모(부모 중 1인이 사망하였거나 행방불명 그 밖에 대통령령이 정하는 부득이한 사유로 동의를 할 수 없는 때에는 부모 중 나머지 1인)가 장기등의 적출에 동의한 경우에 한한다.

17) 곽윤직·김재형, 민법총칙, 제9판, 2015, 221면.

18) 이영준, 민법총칙, 개정증보판, 2007, 988면.

19) 이에 관해서는 양창수, "분리된 인체부분의 법적 성격," 민법연구 제9권, 2007, 79면. 이 책, 97면에서는 인체부분은 "인격의 물적 요소의 연장으로서의 성질"을 부인할 수 없다고 한다.

매장, 제사 등을 할 수 있는 권능과 의무가 따르는 특수한 것이라고 한다.[20]

우리나라에서 死者 자신의 인격권을 인정하는 견해,[21] 이를 부정하고 유족에 대한 불법행위로 해결해야 한다는 견해[22]가 대립하고 있다. 『무궁화꽃이 피었습니다』와 『소설 이휘소』에 대한 출판금지가처분 사건,[23] 영화 『그때 그 사람』[24]에 관한 사건에서 법원이 사자의 인격권을 긍정한 적이 있다.

필자는 사람이 이미 사망한 이후에도 그 인격권을 보호하여야 한다고 주장하였다.[25] 현행법에서 사자의 인격권을 보호하는 규정들이 있다. 형법상 사자의 명예훼손죄(형법 제308조), 저작자 사망 후의 저작인격권을 보호하는 규정(저작권법 제14조 제2항), 언론의 보도에 대한 사자의 인격권을 보호하는 규정(언론중재 및 피해구제 등에 관한 법률 제5조 제3항 내지 제5항)이 그것이다. 한편 민법 제3조는 "사람은 생존한 동안 권리와 의무의 주체가 된다."라고 규정하고 있다. 따라서 사람은 사망으로 인하여 권리의무의 주체가 될 수 없다. 그러나 사자의 명예를 훼손시키는 행위를 금지시킬 수 없다면, 인간의 존엄과 가치라는 헌법상의 기본권을 실효성 있게 보장할 수 없기 때문에, 사자의 인격권을 인정하여야 한다.

다수의견에 대한 보충의견은 유족 고유의 인격권 보호를 통해 망인의 인격권을 간접적으로 보호함으로써 위와 같은 문제점을 해소할 수 있을 것이라고 한다. 그러나 이 사건은 유족 고유의 인격권 보호를 통해서는 사자의 인격권을 보호할 수 없는 경우에 해당한다. 이 사건은 사자의 인격권을 인정할 실익이 있다는 것을 보여주고 있다. 인격적 이익에 대한 사자의 의사나 이익과 유족의 의사나 이익이 충돌하는 경우에 사자의 인격권을 인정할 필요성이 있는데,[26] 이 사건에서 일부 유족의 의사와 사자의 의사가 충돌하고 있기 때문이다.

한편 사자의 인격권이 인정되는 경우에도 그 유족들의 사자에 대한 경애·추모의 감정 등 유족들 고유의 인격권 또한 그와 별개로 보호되어야 하나, 이 사건과 같이 사자의 유체처리가 문제되는 경우에는 사자의 의사 또는 인격권이 우위에 있다고 보아야 할 것이다. 이로 인하여 유족 자신의 명예가 침해되는 것이 아니고 사자에 대한 경애·추모감정만이 문제되고 있고, 이러한 경우에는 사자의 의사를 존중하여야 하기 때문이다.

20) 곽윤직·김재형(주 17), 221면.
21) 민법주해[I], 1992, 256면(양삼승 집필); 손동권, "언론보도와 사자의 명예훼손," 언론중재, 1992. 봄, 9면. 이은영, 채권각론, 제5판, 2007, 974면은 종전판에서와는 달리 사자(死者)에 대한 명예훼손을 인정한다.
22) 지홍원, "인격권의 침해," 사법논집 10집, 226면; 주석 채권각칙(IV), 132~133면(박철우 집필); 한위수, "명예의 훼손과 민사상의 제문제," 사법논집 제24집, 1993, 401~402면.
23) 서울지판 1995. 6. 23, 94카합9230(하집 1995-1, 323).
24) 서울중앙지판 2006. 8. 10, 2005가합16572.
25) 김재형, "모델소설과 인격권," 인권과 정의 제255호(1997. 11), 66면 이하.
26) 김재형(주 25), 66면. 사자의 인격권이 침해되었지만, 유족의 인격권이 침해되지는 않았거나 그 침해의 정도가 매우 적어서 유족의 인격권에 기해서는 금지청구 등을 할 수 없는 경우가 있다. 이 경우에 사자의 인격권에 관한 논의가 실익이 있게 된다.

[143] Ⅱ. 미성년자인 자녀가 있는 성전환자의 성별정정의 허용 여부
대결(전) 2011. 9. 2, 2009스117(공 2011, 2087)

1. 사실관계와 대법원 결정

신청인은 가족관계등록부상 남성으로 등재되어 있으나 학창시절부터 여성복을 즐겨 입고, 여성을 동성처럼 여기는 등 여성적 성향을 보이며 심한 성정체성 장애를 겪어 왔으며, 그 때문에 수차례 정신과 치료를 받아오다가 2006. 8. 8. 태국에서 성전환수술과 유방성형수술을 받아 여성의 외부 성기와 신체 외관을 갖추게 되었고, 그 후 현재까지 계속하여 여성호르몬제를 투약해 왔다. 신청인이 1992. 10. 21. 혼인을 한 적이 있고, 당시 부인과 사이에 1994. 11. 8.에 태어난 아들을 두었다.

원심은 신청인의 가족관계등록부상 성별을 남성에서 여성으로 정정하는 것은 신분관계에 중대한 변동을 초래한다고 하여, 이 사건 신청을 받아들이지 않았다.

대법원은 원심이 과거의 혼인경력을 들어 성별정정을 불허한 것처럼 판시한 것은 잘못이지만, 미성년자인 자녀가 있는 신청인의 성별정정 신청을 기각한 조치는 그 결론에 있어 정당하다고 하였다.

2. 평석

(1) 이 결정에서는 혼인을 한 적이 있거나 미성년자인 자녀가 있는 경우 성전환자의 성별정정을 허가할 것인지 여부가 문제되었다. 이 결정은 먼저 대결(전) 2006. 6. 22, 2004스42(집 54－1, 가 290)에서 확립된 법리를 재확인하고 있다.

위 2006년 대법원 결정은 성전환자의 성별정정을 허용하기 위한 요건을 다음과 같이 제시하고 있다. 첫째, 신청인이 의학적으로 성전환증(Transsexualism)의 진단을 받고 상당기간 정신과적 치료나 호르몬 치료 등을 실시하여도 여전히 위 증세가 치유되지 않으며 반대의 성에 대한 정신적·사회적 적응이 이루어져야 한다. 둘째, 신청인이 일반적인 의학적 기준에 의하여 성전환수술을 받아 외부 성기를 비롯한 신체적 성징도 반대의 성으로 변경되었을 뿐 아니라 전환된 성을 가진 사람으로서 만족감을 느끼고 공고한 성정체성의 인식 아래 그 성에 맞춘 의복, 두발 등의 외관을 하고 성관계 등 개인적인 영역 및 직업 등 사회적인 영역에서 모두 전환된 성으로서의 역할을 수행하여 주위 사람들로부터도 그 성으로 인식되는 정도에 이르러 사회통념상으로 볼 때 전환된 성을 갖추고 있다고 인정되어야 한다. 셋째, 신청인이 전환된 성을 그 사람의 성이라고 보더라도 다른 사람들과의 신분관계에 중대한 변동을 초래하지 아니하는 등 사회규범적으로도 허용될 수 있어야 한다.

요컨대 의학적으로 성전환증의 진단을 받아 그 증세가 치유되지 않고 반대의 성에 대한 정신적·사회적 적응이 이루어지고, 성전환수술을 받아 신체적 성징도 반대의 성으로 변경되었을 뿐 아니라 사회통념상으로 볼 때 전환된 성을 갖춘 것으로 인정되어야 하며, 이에 따른 성별정정이 사회규범적으로 허용될 수 있어야 한다. 이와 같은 세 가지 요건을 충족하는 성전환자의 경우에 가족관계의 등록 등에 관한 법률 제104조의 절차에 따라 가족관계등록부의 성별란 기재의 성을 전환된 성에 부합하게 수정하는 것이 허용된다.

(2) 혼인 중에 있거나 미성년자인 자녀가 있는 경우 성별정정을 허가할 것인지 여부에 관하여 견해가 대립하고 있다. 다수의견은 성별정정으로 배우자나 자녀와의 신분관계에 중대한 변경을 초래하거나 사회에 미치는 부정적 영향이 현저한 경우 등 특별한 사정이 있다면, 성별정정을 허용해서는 안 된다고 하면서, 구체적으로

현재 법률상 혼인 상태에 있지 아니할 것과 미성년자인 자녀가 없어야 한다는 점을 요구하고 있다. 그 결론 부분을 옮기면 다음과 같다.

"성전환수술에 의하여 출생 시의 성과 다른 반대의 성으로 성전환은 이미 이루어졌고, 정신과 등 의학적 측면에서도 이미 그 전환된 성으로 인식되고 있다면, 전환된 성으로 개인적 행동과 사회적 활동을 하는 데에까지 법이 관여할 방법은 없다. 그러나 성전환자가 혼인 중에 있거나 미성년자인 자녀가 있는 경우에는, 가족관계등록부에 기재된 성별을 정정하여, 그 배우자나 미성년자인 자녀의 법적 지위와 그에 대한 사회적 인식에 곤란을 초래하는 것까지 허용할 수는 없으므로, **현재 혼인 중에 있거나 미성년자인 자녀를 둔 성전환자의 성별정정은 허용되지 않는다**고 할 것이다."

이에 대한 대법관 양창수, 이인복의 반대의견의 결론부분은 다음과 같다.

"결국 **미성년자인 자녀가 있다는 사정**은 이와 더불어 그 자녀의 연령과 취학 여부, 부모의 성별정정에 대한 자녀의 이해나 동의 여부, 자녀에 대한 보호·교양·부양의 모습과 정도, 기타 가정환경 등 제반사정과 함께 **그 성전환자가 사회통념상 전환된 성을 가진 자로서 인식될 수 있는지 여부를 결정하는 여러 가지 요소들의 일부로 포섭하여 법원이 구체적 사안에 따라 성별정정의 허가 여부를 결정하면 충분**하고, 미성년자인 자녀가 있다는 사정을 성별정정의 독자적인 소극적 요건으로 설정할 것이 아니다."

여기에서 나아가 대법관 박시환, 김지형, 전수안의 반대의견은 "미성년자인 자녀가 있는 성전환자의 경우 그 성별정정을 허용할 것인지 여부는 입법정책의 문제에 속하는 것이며, 나아가 이미 부모의 전환된 성에 따라 자연스러운 가족관계가 형성된 경우 등에서는 그 성별정정을 허용하지 않는 것이 오히려 미성년자의 복리에 장애가 될 수 있다."고 한다. 또한 현재 혼인 중에 있다는 사정을 성별정정의 독자적인 소극적 요건으로 보는 것에도 반대한다. 혼인 중에 있다고 하더라도, 성별정정신청 당시 그 혼인관계의 실질적 해소 여부와 그 사유, 혼인관계의 실질적 해소로부터 경과한 기간, 실질적으로 해소된 혼인관계의 부활가능성 등 제반사정을 종합적으로 고려하여 가족관계등록부상의 성별란 정정이 신분관계에 혼란을 줄 염려가 있는지를 가리고 그에 따라 성별정정 여부를 결정하면 충분하다고 한다.

(3) 위 2006년 대법원 전원합의체 결정에서 성전환자의 성별정정을 허용한 것은 획기적인 결정으로 받아들여지고 있다.[1)]

독일에서는 성전환자에 대한 성별변경을 허용하지 않다가 연방헌법재판소 1978. 10. 11. 결정에서 이를 허용하였다.[2)] 그 후 1980년 성전환법(Transsexuellengesetz)[3)]을 제정하였는데, 성별변경의 요건으로 신청자가 혼인하지 않은 상태여야 할 것이 필요하다(성전환법 제8조 제1항 제2호). 만일 혼인을 하였으면 성별변경 전에 이혼을 하

1) 이 결정에 관해서는 민유숙, "성전환자의 호적정정의 가부," 대법원판례해설 2006년 상반기(통권 제60호), 2006, 559면 이하 참조.
2) BVerfGE 49, 286 = NJW 1979, 595. 이 결정은 "인간의 존엄과 인격의 자유로운 발현에 대한 기본권에 비추어보면, 의학적으로 회복불가능한 성전환증에 해당하고 성에 맞는 수술이 행해진 경우에는 출생부에 성전환자를 남성으로 기재한 것을 변경하여야 한다. 수술이 의학적으로 적합했다면, 그와 같이 정정하였다고 하여 양속규범을 침해하는 것이 아니다. 특별한 법규정이 없다면, 법원은 출생부의 성별기재를 변경할 헌법상 의무가 있다."라고 하였다.
3) 정식명칭은 Gesetz über die Änderung der Vornamen und die Feststellung der Geschlechts- zugehörigkeit in besonderen Fällen이다.

여야 한다고 한다. 그러나 신청자가 혼인중의 자녀 또는 혼인 외의 자녀를 갖고 있는지 여부는 중요하지 않다.[4] 성전환자의 권리와 의무는 법원의 판단에 따라 변경된 새로운 성별에 따라 정해진다(성전환법 제10조). 성전환자의 성별이 변경되는 효과는 소급하지 않기 때문에, 성전환자의 자녀에 대한 법률관계도 변경되지 않는다(성전환법 제11조).

우리나라에서는 성전환자에 관한 법률이 없기 때문에, 성전환자가 혼인 중이거나 미성년의 자녀가 있는 경우 성별정정을 허용할 것인지가 명확하지 않다. 성전환자가 혼인 중인 경우에 성별정정을 허용할 경우 동성혼을 허용하고 있지 않는 것과 부합하지 않게 된다. 따라서 이혼을 하기 전에는 성별정정을 허용할 수 없을 것이다. 그러나 미성년의 자녀가 있다고 해서 무조건 성전환자의 성별정정을 금지할 것은 아니고 성별정정을 허가하는 데 고려요소로 삼는 것으로 충분할 것이다.

4) Rainer Frank(김재형 번역), "유럽, 특히 독일에서 성별의 변경," 서울대학교 법학 제47권 1호(2006. 3), 290면. 이 글은 원래 2005년 9월 비교법실무연구회에서 발표된 것이다.

[144] Ⅲ. 채무를 분담하기로 하는 재산분할의 허용 여부

대판(전) 2013. 6. 20. 2010므4071, 4088(공 2013, 1332)

1. 사실관계와 원심판결

이 사건은 채무초과 부부재산분할청구 사건이다. 원고 겸 반소피고(이하 '반소피고'라 한다)의 적극재산으로는 우체국 장기주택마련보험 해약환급금 예상액 5,509,190원과 대구은행 예금채권 234,820원이 있고, 소극재산으로는 대구은행 대출금채무 3,529,280원이 있는 반면, 피고 겸 반소원고(이하 '반소원고'라 한다)의 적극재산으로는 시가 185,000,000원 상당의 아파트 1채가 있고, 소극재산으로는 위 아파트에 대한 임대차보증금반환채무 100,000,000원, 국민은행에 대한 대출금채무 96,045,008원, 삼성화재에 대한 대출금채무 11,776,021원, 대한생명에 대한 대출금채무 15,870,000원, 교보생명에 대한 대출금채무 3,180,000원이 있어서, 반소원고가 주장하는 소외인 등 4인에 대한 차용금채무를 제외하고도 총 226,871,029원의 채무가 있다. 원심은, 결국 반소원고와 반소피고의 총재산가액 190,744,010원(= 5,509,190원 + 234,820원 + 185,000,000원)에서 채무액 230,400,309원(= 3,529,280원 + 226,871,029원)을 공제하면 남는 금액이 없으므로, 반소원고의 재산분할 청구는 받아들여질 수 없다고 판단하였다.

2. 대법원 판결

그러나 대법원은 반소원고의 상고를 받아들여 원심판결을 파기환송하였다. 다수의견은 상세한 이유를 들고 있는데, 그 결론은 다음과 같다.

"이혼 당사자 각자가 보유한 적극재산에서 소극재산을 공제하는 등으로 재산상태를 따져 본 결과 재산분할 청구의 상대방이 그에게 귀속되어야 할 몫보다 더 많은 적극재산을 보유하고 있거나 소극재산의 부담이 더 적은 경우에는 적극재산을 분배하거나 소극재산을 분담하도록 하는 재산분할은 어느 것이나 가능하다고 보아야 하고, 후자의 경우라고 하여 당연히 재산분할 청구가 배척되어야 한다고 할 것은 아니다."

이 사건에 대한 구체적 판단에서 "재산분할 청구인인 반소원고는 적극재산보다 소극재산이 더 많아 적어도 순재산으로 41,871,029원(= 226,871,029원 − 185,000,000원)의 채무를 부담하고 있는 반면 상대방인 반소피고는 2,214,730원(= 5,509,190원 + 234,820원 − 3,529,280원)의 적극재산을 보유하고 있는 셈이다. 그러므로 앞서 본 법리에 비추어, 원심으로서는 부부의 총 적극재산 가액이 채무액보다 적다는 그 이유만으로 재산분할 청구는 당연히 인정될 수 없다고 할 것이 아니라, 반소원고와 반소피고의 순재산관계를 기초로 채무초과의 실질적인 이유 등을 살펴보고 반소원고 명의로 된 채무 일부를 반소피고도 분담하게 하는 것이 합당하다고 할 만한 사정이 인정된다면 적절한 분담 방법을 정하여 반소원고의 재산분할 청구를 받아들일 수도 있었다고 할 것이다."라고 한다.

그러나 대법관 이상훈, 김소영의 반대의견은 다수의견에 반대한다. 대법관 고영한, 김신의 별개의견은 "청산의 대상이 되는 소극재산의 총액이 적극재산의 총액을 초과하여 남는 금액이 없더라도 재산분할 청구의 상대방 명의로 순재산[이하 양(+)의 순재산을 의미한다]이 남아 있는 경우 그 가액을 한도로 재산분할이 가능하나 그 이외에는 재산분할을 허용하여서는 아니 된다."고 한다. 또한 대법관 김용덕의 별개의견은 "아무런 적극재산이 없고 채무밖에 없는 경우에는 재산분할을 청구할 수 없다."고 하면서도, "재산분할 청구 상대방에게 적극재산이 있는 한 재산분할이 가능하므로, 비록 상대방이 가지고 있는 소극재산이 적극재산을 초과한다는 사정만으로 재산분할 청구가 반드시 불가능하다고 제한할 필요는 없다."고 한다. 이에 대하여 다수의견에 대한 대법관 양창수, 민일영, 박병대, 박보영의 보충의견이 있다.

3. 평석

(1) 부부가 이혼할 때 소극재산이 적극재산보다 많아 채무초과상태에 있는 경우에 재산분할 청구를 할 수 있는지 문제된다. 이에 관하여 견해가 대립하고 있다.[1] 기존의 대법원 판결 중에는 기존에 부부의 일방이 청산의 대상이 되는 채무를 부담하고 있어 총 재산가액에서 채무액을 공제하면 남는 금액이 없는 경우에 상대방의 재산분할 청구를 받아들여서는 안 된다고 판결한 적이 있다.[2]

그러나 이 판결은 위 판례를 변경하여 부부가 이혼할 때 쌍방의 소극재산 총액이 적극재산 총액을 초과하여 재산분할을 한 결과가 결국 채무의 분담을 정하는 것이 되는 경우에도 재산분할 청구를 받아들일 수 있다고 판단하였다.

(2) 다수의견은 이혼 당사자 각자가 보유한 적극재산에서 소극재산을 공제하는 등으로 재산상태를 따져 본 결과 재산분할 청구의 상대방이 그에게 귀속되어야 할 몫보다 더 많은 적극재산을 보유하고 있거나 소극재산의 부담이 더 적은 경우에는 적극재산을 분배하거나 소극재산을 분담하도록 하는 재산분할은 어느 것이나 가능하다고 한다. 이것이 "부부가 혼인 중 형성한 재산관계를 이혼에 즈음하여 청산하는 것을 본질로 하는 재산분할 제도의 취지에 맞고, 당사자 사이의 실질적 공평에도 부합"한다는 것이다.

그러나 반대의견은 "부부의 채무액이 총 재산가액을 초과하여 혼인생활 중에 형성된 공동재산이 없는 경우에도 재산분할 청구가 가능하다고 본다면, 이는 재산분할 제도의 본질과 대상을 오해한 것"이라고 다수의견을 비판한다. 반대의견은 "재산분할 제도의 도입 목적과 취지"에 비추어 "민법 제839조의2에 규정된 재산분할 청구권은 이혼한 부부의 일방이 상대방으로부터 부부 공동의 노력으로 이룩한 재산 중 일부를 분할받을 권리"라고 파악한다. 나아가 "부부 공동재산제를 채택하고 있는 국가와 달리 부부 별산제를 시행하고 있는 우리 민법하에서 부부 공동의 재산관계 청산이라는 개념은 성립하기 어렵다."라고 한다. "따라서 우리 민법이 채택한 재산분할청구권이란, 비록 상대방 배우자 명의로 되어 있으나 부부 공동의 노력으로 형성한 재산에 대한 재산분할 청구인의 실질적인 기여를 인정하여 혼인관계가 해소될 때 상대방 배우자에게 그 재산에 대한 권리 이전을 요구하거나 그 권리에 상당하는 대가, 즉 대상(代償)으로서 금전의 지급을 청구할 수 있는 권리를 의미한다."라고 한다. 재산분할청구권의 개념을 이와 같이 이해하기 때문에, "재산분할청구권은 상대방 명의로 되어 있는 재산이 존재하고 그 재산이 혼인생활 중에 부부 공동의 노력으로 형성되었을 것을 필수불가결한 전제"로 한다고 본다. 따라서 "부부의 채무액이 총 재산가액을 초과하여 혼인생활 중에 형성된 공동재산이 없는 경우에도 재산분할 청구가 가능하다고 본다면, 이는 재산분할 제도의 본질과 대상을 오해한 것이다."라고 함으로써, 다수의견과 정반대의 결론에 도달한다.

반대의견은 제839조의2의 문언해석을 토대로 분할대상이 되는 재산에 채무가 포함되지 않는다고 하면서, 다수의견이 "가능한 문언의 의미를 넘어 법률을 해석함으로써 새로운 입법을 하

1) 이에 관해서는 진현민, "채무초과인 경우의 재산분할 허용 여부," 민사판례연구(XXXVI), 2014, 743면 이하 참조.
2) 대판 1997. 9. 26, 97므933; 대판 2002. 9. 4, 2001므718.

는 것"이라고 비판한다. 제839조의2 제2항에서 "제1항의 재산분할에 관하여 협의가 되지 아니하거나 협의할 수 없는 때에는 가정법원은 당사자의 청구에 의하여 당사자 쌍방의 협력으로 이룩한 재산의 액수 기타 사정을 참작하여 분할의 액수와 방법을 정한다."라고 정하고 있다. 이 조항에서 말하는 '재산'이란 '당사자 쌍방의 협력으로 이룩한' 것임을 명시하고 있으므로, 부부의 채무를 '부부 쌍방의 협력으로 이룩한' 것이라고 하는 것은 통상의 어법에 맞지 않는다고 한다. 따라서 제839조의2에서 재산분할의 대상으로 삼은 '재산'에는 부부의 채무가 포함되지 않는다는 것이다. 제2항의 문구만을 본다면 반대의견의 위 설명이 설득력이 있는 것처럼 보인다.[3)]

그러나 제839조의2 제2항에서는 법원이 재산분할의 액수와 방법을 정할 때 고려하는 요소로 "당사자 쌍방의 협력으로 이룩한 재산의 액수 기타 사정"을 참작할 것을 정하고 있을 뿐이다. 당사자 쌍방의 협력으로 이룩한 재산이 아니더라도 재산분할에 참작할 수 있다는 점은 '기타 사정'을 부가하고 있는 점만으로도 명백하다. 실제로 재산분할의 액수와 방법을 정할 때 부부의 채무를 참작할 수 있음은 일반적으로 받아들여지고 있다. 나아가 재산분할청구권의 근거가 되는 조항은 제839조의2 제1항으로서, 제1항에 따른 재산분할의 대상이 되는 재산을 해석할 때에는 제2항에 의하여 반드시 기속되는 것은 아니다. 만일 "당사자 쌍방의 협력으로 이룩한 재산"만을 재산분할의 대상으로 하려면 제1항에서 그와 같이 한정했어야 할 것이다.

반대의견에 따르면, "채무는 분할대상재산이 아니지만, 재산분할심판을 위한 심리의 대상이 되고 분할대상재산에 대한 분할비율을 산정할 때 고려해야 하는 요소로 작용"한다고 한다. 재산분할의 비용을 산정할 때 고려하는 요소에는 포함되지만, 분할의 대상이 되지 않는다는 것이 논리적으로 타당한지에 관해서는 논란이 있을 수 있다. 하지만 반대의견도 채무가 제839조의2 제2항에서 정한 '기타 사정'에 포함된다는 점은 인정하고 있다. 따라서 제839조의2 제2항의 표현을 들어 제1항에서 말하는 재산에는 채무가 포함되지 않는다는 결론을 도출할 수는 없을 것이다.

재산이 무엇을 의미하는지에 관해서는 논란이 있을 수 있다. 재산 개념에 자산이나 재화가 포함될 뿐이고 채무는 포함되지 않는다고 생각할 수도 있고, 그와 반대로 채무도 소극재산으로 재산 개념에 포함된다고 생각할 수도 있다. 이 점에 관하여 반대의견과 다수의견에 대한 보충의견은 정반대의 견해를 밝히고 있다. 그러나 법규정에서 채무를 배제한다는 내용이나 취지가 드러나지 않는다면, 재산은 적극재산과 소극재산으로 구분되고 채무는 소극재산에 포함된다고 이해해야 할 것이다. 적어도 재산에서 소극재산을 당연히 배제하여야 하는 것은 아니다. 민법에서도 재산이라는 개념에 채무가 포함되어 있는 경우가 있다.[4)]

(3) 반대의견은 재산분할 청구인의 채무가 재산분할의 대상이 된다고 할 경우에 그 방법을 정하는 것이 매우 어려울 뿐만 아니라 여러 가지 복잡한 법률문제를 발생시킨다고 지적한다. 다수의견은 "재산분할에 의하여 채무를 분담하게 되면 그로써 채무초과 상태가 되거나 기존의

3) 그러나 다수의견에 대한 보충의견은 반대의견의 위와 같은 해석에 반대하면서 "법률 조문에 담긴 문언의 의미는 그 조문 속의 다른 문언과 조화롭게 파악하여야 하고, 제도의 취지를 고려한 목적론적·체계적 해석도 마땅히 고려하여야 하는 것"이라고 한다.

4) 다수의견에 대한 대법관 양창수, 민일영, 박병대, 박보영의 보충의견은 민법의 재산관리인 조항, 상속재산에 관한 규정, 혼인의 '재산적 효력'이라는 표제에서 말하는 '재산'은 소극재산을 포함하는 것이고, 부부재산약정에 관한 제829조나 부부별산제를 규정한 제830조에서 말하는 재산 등이 적극재산에 한정되지 않는다는 점을 지적하고 있다.

채무초과 상태가 더욱 악화되는 것과 같은 경우에는 채무부담의 경위, 용처, 채무의 내용과 금액, 혼인생활의 과정, 당사자의 경제적 활동능력과 장래의 전망 등 제반 사정을 종합적으로 고려하여 채무를 분담하게 할지 여부 및 분담의 방법 등을 정"해야 한다고 한다. 다수의견의 입장에서 채무를 분할하는 방법에 관하여 명확한 해결책을 제시하기 어려운 점이 있다. 그러나 이와 같은 사유를 들어 채무를 재산분할의 대상에서 제외할 수는 없다.

다수의견은 "소극재산의 총액이 적극재산의 총액을 초과하여 재산분할을 한 결과가 결국 채무의 분담을 정하는 것이 되는 경우에도 법원은 그 채무의 성질, 채권자와의 관계, 물적 담보의 존부 등 일체의 사정을 참작하여 이를 분담하게 하는 것이 적합하다고 인정되면 그 구체적인 분담의 방법 등을 정하여 재산분할 청구를 받아들일 수 있다."고 한다. 나아가 다수의견에 대한 보충의견은 "구체적 사건에서 채무의 인수를 명하는 방식이나 금전지급을 명하는 방식 또는 그 혼합적 형태 등 다양한 방법으로 적합한 재산분할 방식을 찾을 수 있을 것이고, 이야말로 비송사건에서 발휘될 수 있는 유연한 판단을 위한 여유 공간"이라고 하면서, "제도가 얼마나 성숙하고 원만하게 운영되느냐는 제도 자체의 적용범위를 어떻게 이해할 것인가 하는 것과는 전혀 다른 차원의 문제"라고 한다.

재산분할은 재산을 새로운 귀속주체에 양도하는 것이 아니라, 원래 있어야 할 귀속주체에게 재산을 옮겨놓는 절차라고 할 수 있다. 이것이 재산분할을 소송이 아니라 비송으로 처리하는 이유라고 할 수 있다. 따라서 법원은 재량으로 재산분할의 방법을 유연하게 결정할 수 있다. 재산분할의 방법이 재산의 양도나 채무의 인수 등에 관한 요건이나 절차를 엄밀하게 충족하지 못하는 경우에도 넓게 허용된다고 보아야 한다.

[145] Ⅳ. 장래의 퇴직금과 공무원 퇴직연금수급권이 재산분할의 대상이 되는지 여부

대판(전) 2014. 7. 16, 2013므2250(공 2014, 1589);
대판(전) 2014. 7. 16, 2012므2888(공 2014, 1583)

1. 대법원 판결

(1) 대판(전) 2014. 7. 16, 2013므2250은 '장래 퇴직급여 재산분할 청구 사건'에 대한 전원합의체 판결이다.[1] 이 판결은 부부 일방이 이혼 당시 아직 퇴직하지 않은 채 직장에 근무하고 있는 경우, 퇴직급여채권이 재산분할의 대상에 포함되는지 여부와 그 대상 채권의 범위에 관하여 판단하고 있다.

"근로자퇴직급여보장법, 공무원연금법, 군인연금법, 사립학교교직원연금법이 각 규정하고 있는 퇴직급여는 사회보장적 급여로서의 성격 외에 임금의 후불적 성격과 성실한 근무에 대한 공로보상적 성격도 지닌다(대법원 1995. 9. 29. 선고 95누7529 판결, 대법원 1995. 10. 12. 선고 94다36186 판결 등 참조). 그리고 이러한 퇴직급여를 수령하기 위하여는 일정기간 근무할 것이 요구되는바, 그와 같이 근무함에 있어 상대방 배우자의 협력이 기여한 것으로 인정된다면 그 퇴직급여 역시 부부 쌍방의 협력으로 이룩한 재산으로서 재산분할의 대상이 될 수 있는 것이다.

[중략]

위와 같은 재산분할제도의 취지 및 여러 사정들에 비추어 볼 때, 비록 이혼 당시 부부 일방이 아직 재직 중이어서 실제 퇴직급여를 수령하지 않았더라도 이혼소송의 사실심 변론종결 시에 이미 잠재적으로 존재하여 그 경제적 가치의 현실적 평가가 가능한 재산인 퇴직급여채권은 재산분할의 대상에 포함시킬 수 있으며, 구체적으로는 이혼소송의 사실심 변론종결 시를 기준으로 그 시점에서 퇴직할 경우 수령할 수 있을 것으로 예상되는 퇴직급여 상당액의 채권이 그 대상이 된다고 할 것이다."

(2) 대판(전) 2014. 7. 16, 2012므2888은 '공무원 퇴직연금수급권의 재산분할 청구 사건'에 대한 것이다. 이미 발생한 공무원 퇴직연금수급권도 재산분할의 대상이라고 하고 그 분할 방법 등에 관한 기준을 제시하고 있다.

"이혼소송의 사실심 변론종결 당시에 부부 중 일방이 공무원 퇴직연금을 실제로 수령하고 있는 경우에, 위 공무원 퇴직연금에는 사회보장적 급여로서의 성격 외에 임금의 후불적 성격이 불가분적으로 혼재되어 있으므로(대법원 1995. 9. 29. 선고 95누7529 판결 등 참조), 혼인기간 중의 근무에 대하여 상대방 배우자의 협력이 인정되는 이상 공무원 퇴직연금수급권 중 적어도 그 기간에 해당하는 부분은 부부 쌍방의 협력으로 이룩한 재산으로 볼 수 있다. 따라서 재산분할제도의 취지에 비추어 허용될 수 없는 경우가 아니라면, 이미 발생한 공무원 퇴직연금수급권도 부동산 등과 마찬가지로 재산분할의 대상에 포함될 수 있다고 봄이 상당하다."

2. 평석

(1) 종전의 판례는 부부 일방이 이혼 당시 이미 퇴직하여 수령한 퇴직금은 재산분할의 대상이 되지만,[2] 이혼 당시 아직 퇴직하지 아니한 채 직장에 근무하고 있는 경우에는 그의 퇴직일과 수령할 퇴직금이 확정되었다는 등의 특별한 사정이 없는 한 그가 장차 퇴직금을 받을 개연성이 있다는 사정만으로 그 장래의 퇴직금을 청산의 대상이 되는 재산에 포함시킬 수는 없고, 다만 위와 같이 장래 퇴직금을 받을 개연성이

1) 다음에서 보는 판결과 함께 2014년에 나온 판결 중에서 가장 전향적인 전원합의체 판결로 받아들여졌다.

2) 대판 1995. 3. 28, 94므1584(공 1995, 1752).

있다는 사정은 민법 제839조의2 제2항 소정의 분할의 액수와 방법을 정하는 데 필요한 기타 사정으로 참작하면 충분하다고 하였다.[3] 이에 대해서는 이미 수령한 퇴직금이나 가까운 장래에 발생할 수 있는 퇴직금은 재산분할의 대상이 된다는 견해도 있었지만,[4] 장래의 퇴직금도 재산분할의 대상이 되어야 한다는 견해가 많았다.[5] 이번 전원합의체 판결은 다수의 견해에 따라 장래의 퇴직금이나 공무원연금수급권을 재산분할의 대상에 포함시켰다.[6]

장래의 퇴직금도 재산에 속한다. 그런데도 재산분할의 대상이 아니라고 할 수는 없다. 이혼 당시 장래 수령할 퇴직금을 수령할 것인지 여부나 그 금액에 관하여 불확실성이나 변동가능성이 있을 수 있다. 그렇다고 해서 장래의 퇴직금이 재산이 아니라고 할 수 없다. 이것을 재산분할의 대상에서 제외하는 것은, 대법원 판결(위 (1) 판결)의 표현대로, "부부가 혼인 중 형성한 재산관계를 이혼에 즈음하여 청산·분배하는 것을 본질로 하는 재산분할제도의 취지에 맞지 않고, 당사자 사이의 실질적 공평에도 반하여 부당하다."

공무원 퇴직연금도 마찬가지로 보아야 한다. 위 (2) 판결이 이혼소송의 사실심 변론종결 당시에 부부 중 일방이 공무원 퇴직연금을 실제로 수령하고 있는 경우, 예외적인 사정이 없는 한 이미 발생한 퇴직연금수급권이 재산분할의 대상에 포함된다고 한 것은 정당하다.

(2) 장래의 퇴직금을 어떻게 분할할 것인지는 어려운 문제이다. 위 (1) 판결에서는 "원고와 피고의 퇴직급여채권은 모두 재산분할의 대상이 될 수 있고, 구체적으로는 이혼 확정 전의 사실심 변론종결 시를 기준으로 그 시점에서 퇴직할 경우 받을 수 있는 예상퇴직급여 상당액을 각자의 적극재산에 포함시켜 다른 재산과 함께 일괄하여 청산하거나 이에 준하는 적절하고 합리적인 방법으로 재산분할을 할 수 있다."라고 하였다. 위 (2) 판결에서는 연금수급권자인 배우자가 매월 수령할 퇴직연금액 중 일정 비율에 해당하는 금액을 상대방 배우자에게 정기적으로 지급하는 방식의 재산분할도 가능하다고 하였다.[7] 위 두 판결에서 제시하는 재산분할의 방법은 예시적인 것이고, 반드시 위 두 판결에서 제시한 방법에 따라야 하는 것은 아니다. 민법에서 재

3) 대판 1995. 5. 23, 94므1713, 1720(공 1995, 2265); 대판 1998. 6. 12, 98므213(공 1998, 1888).

4) 김영갑, "재산분할청구권," 사법논집 제16집, 법원행정처, 1991, 238면("가까운 장래에 받을 수 있는 경우"에는 퇴직금이 재산분할의 대상이 된다고 한다); 김주수·김상용, 친족상속법, 제10판, 2011, 239면.

5) 민유숙, "재산분할 대상이 되는 재산의 확정에 관한 몇 가지 문제점 —비교법적 고찰을 중심으로—," 법조 제535호(2001. 4), 131면; 배인구, "연금의 재산분할 대상성에 관한 검토," 사법논집 제50호, 2011, 235~237면.

6) 이 판결에 비판적인 견해로는 이진기, "재산분할의 대상으로서 장래의 퇴직급여채권," 가족법연구 제28권 제3호(2014. 11), 383면 이하가 있고, 찬성하는 견해로는 박보영, "장래의 퇴직급여가 이혼시 재산분할의 대상이 되는지 여부," 가족법연구 제28권 제3호(2014. 11), 417면 이하가 있다.

7) 이 판결은 나아가 "공무원 퇴직연금수급권에 대하여 위와 같이 정기금 방식으로 재산분할을 할 경우에는 대체로 가액을 특정할 수 있는 다른 일반재산과는 달리 공무원 퇴직연금수급권은 연금수급권자인 배우자의 여명을 알 수 없어 가액을 특정할 수 없는 등의 특성이 있으므로, 재산분할에서 고려되는 제반 사정에 비추어 공무원 퇴직연금수급권에 대한 기여도와 다른 일반재산에 대한 기여도를 종합적으로 고려하여 전체 재산에 대한 하나의 분할비율을 정하는 것이 형평에 부합하지 아니하는 경우도 있을 수 있다. 그러한 경우에는 공무원 퇴직연금수급권과 다른 일반재산을 구분하여 개별적으로 분할비율을 정하는 것이 타당하고, 그 결과 실제로 분할비율이 달리 정하여지더라도 이는 분할비율을 달리 정할 수 있는 합리적 근거가 있는 경우에 해당한다고 할 것이다. 그 경우에 공무원 퇴직연금의 분할비율은 전체 재직기간 중 실질적 혼인기간이 차지하는 비율, 당사자의 직업 및 업무내용, 가사 내지 육아 부담의 분배 등 상대방 배우자가 실제로 협력 내지 기여한 정도 기타 제반 사정을 종합적으로 고려하여 정하여야 한다."라고 한다.

산분할의 방법에 관하여 명시하고 있지 않기 때문에, 법원은 각각의 재산의 특성을 고려하여 합리적이라고 판단되는 방식으로 재산분할을 하면 충분할 것이다.

[146] Ⅴ. 이혼에 따른 재산분할과 채권자취소권의 대상과 범위

대판 2000. 7. 28, 99다6180

1. 사실관계

피고는 1982. 6. 17. A와 혼인신고를 마쳤다가 가정불화로 말미암아 1998. 3. 5.경 협의에 의한 이혼을 하면서 A는 피고에게 이 사건 아파트를 이혼에 따른 위자료 등 명목으로 증여하기로 함으로써 실질적으로 협의에 의한 재산분할의 취지를 포함하여 이 사건 부동산을 양도하였다. 원심은 채무자가 부도나기 두 달 전에 협의이혼에 따른 위자료조로 그의 유일한 재산인 이 사건 아파트를 처이던 피고에게 증여함으로써 무자력으로 되었으므로, 이 증여행위는 사해행위에 해당하고, 피고의 악의는 추정된다고 하여 증여계약의 전부를 취소하였다.

2. 대법원 판결

이혼에 따른 재산분할은 혼인 중 쌍방의 협력으로 형성된 공동재산의 청산이라는 성격에 상대방에 대한 부양적 성격이 가미된 제도임에 비추어, 이미 채무초과 상태에 있는 채무자가 이혼을 하면서 배우자에게 재산분할로 일정한 재산을 양도함으로써 결과적으로 일반 채권자에 대한 공동담보를 감소시키는 결과로 되어도, 그 재산분할이 민법 제839조의 2 제2항의 규정 취지에 따른 상당한 정도를 벗어나는 과대한 것이라고 인정할 만한 특별한 사정이 없는 한, 사해행위로서 취소되어야 할 것은 아니다. 다만 상당한 정도를 벗어나는 초과부분에 대하여는 적법한 재산분할이라고 할 수 없기 때문에 이는 사해행위에 해당하여 취소의 대상으로 될 수 있을 것이나, 이 경우에도 취소되는 범위는 그 상당한 정도를 초과하는 부분에 한정하여야 하고, 위와 같이 상당한 정도를 벗어나는 과대한 재산분할이라고 볼 만한 특별한 사정이 있다는 점에 관한 입증책임은 채권자에게 있다고 보아야 할 것이다.[1)]

3. 평석

최근 채권자취소권에 관한 사건이 급증하고 있고, 이에 관한 주목할 만한 판결들이 나왔다. 대상판결은 이혼에 따른 재산분할을 사해행위라는 이유로 취소할 수 있는지 여부에 관한 것이다. 종래 판례가 다소의 혼란을 보였다. 우리 민법에서 재산분할제도가 도입되기 전의 판결로서 대판 1984. 7. 24, 84다카68(집 32−3, 민 194)은 이혼에 따른 재산분여행위를 채권자를 해하는 사해행위로 보려면 이혼에 따른 재산분여행위가 상당정도를 넘는 과대한 것인지 여부 등을 확정하여야 한다고 하여 상당성기준설을 채택하였다.[2)] 그러나 대판 1990. 11. 23, 90다카24762(공 1991, 176)는 채권자가 채무자를 상대로 손해배상채권을 보전하기 위하여 그 소유의 부동산에 대하여 가압류결정을 받기 하루 전에 채무자가 합의이혼을 하고 처에 대한 위자료 및 자녀의 양육비조로 그의 유일한 재산인 위 부동산을 처에게 무상양도하였다면 그 양도경위에 비추어 채무자는 그 양여행위로써 자신이 무자력에 빠지게 되어 채권자를 해한다는 사실을 알고 있었다고 보여지므로 위 양여행위는 채권자에 대한 사해행위가 된다고 하였다.

이 판결은 대법원 1984년 판결과 마찬가지로 다시 상당성기준설을 명백히 채택하였다는 점에 의미가 있다.[3)] 즉 이혼에 따른 재산분할이

---

1) 同旨: 대판 2000. 7. 28, 2000다14101(공 2000, 1940) 참조.

2) 민법주해[IX], 1995, 819면(김능환 집필); 한애라, "협의재산분할과 사해행위취소," 인권과 정의 제271호(1999. 3), 61면. 日最判 1983(昭和 58). 12. 19(民集 37−10, 1532)도 마찬가지이다.

3) 대판 2000. 9. 29, 2000다25569(공 2000, 2207)도 동일한 취지이다.

상당한 정도를 벗어난 것인지 여부를 기준으로 사해행위인지 여부를 판단하여야 하고, 취소범위는 그 상당한 정도를 초과하는 부분에 한정하였다. 나아가 채권자가 상당한 정도를 벗어나는 과대한 재산분할이라고 볼 만한 특별한 사정이 있다는 점에 관한 증명책임을 진다고 한 점도 중요한 의미가 있다. 채권자로서는 이혼에 따른 재산분할이 상당한 것인지를 알기 힘들기 때문에, 재산분할의 상당성을 주장하는 자에게 입증책임이 있다고 볼 여지도 있다. 그런데도 대상판결이 채권자에게 증명책임을 지운 것은 민법에서 이혼에 따른 재산분할제도를 보장하고 있는 취지를 존중하여 외부의 제3자가 함부로 이를 무시할 수 없도록 한 것이다.

제2장 상속

[147] Ⅰ. 상속의 포기가 사해행위취소의 대상인지 여부

대판 2011. 6. 9, 2011다29307(공 2011, 1376)

1. 사실관계와 원심판결

원고는 A를 상대로 2억 8천만 원 및 그에 대한 지연손해금의 지급을 구하는 소를 제기하여 2007. 10. 23. 승소판결을 받았고, 그 판결은 그 무렵 확정되었다. 한편 A와 피고들의 어머니인 망 B가 2009. 12. 4. 사망하였다. 그러자 망인의 공동상속인 중 A는 상속포기기간 동안인 2010. 1. 28. 서울가정법원에 상속포기의 신고를 하였고, 위 신고는 2010. 3. 15. 위 법원에 의하여 수리되었다. A를 제외한 나머지 공동상속인인 피고들은 위 상속포기의 신고와 같은 날인 2010. 1. 28. A를 제외한 채 망인의 상속재산인 이 사건 부동산의 망인 소유 지분(이하 '이 사건 상속재산'이라고 한다)에 관하여 상속재산분할협의를 한 다음 2009. 12. 4.자 협의분할로 인한 재산상속을 원인으로 하여 각 지분소유권이전등기를 마쳤다. 원고는 이미 채무초과상태에 있던 A가 2009. 12. 4. 공동상속인들인 피고들과 사이에 이 사건 상속재산 중 자신의 상속분에 관한 권리를 포기하는 내용으로 행한 상속재산분할협의는 채권자인 원고를 해하는 사해행위에 해당하므로 취소되어야 하고, 그 원상회복으로 피고들은 위 각 지분소유권이전등기의 말소등기절차를 이행할 의무가 있다고 주장하였다.

원심은 A의 법정상속분에 상당하는 지분을 포함하여 이 사건 상속재산 전부에 관하여 A를 제외한 피고들 앞으로 위 각 지분소유권이전등기가 행하여진 것은 A가 상속을 포기함으로써 그가 처음부터 상속인이 아니게 된 데서 연유한 것으로서 이를 원고의 주장과 같이 A와 피고들 사이에서 A가 자신의 상속분에 관한 권리를 포기하는 내용으로 상속재산분할협의를 한 결과로 볼 수 없다고 전제한 다음, 나아가 상속의 포기는 사해행위 취소의 대상이 된다고 할 수 없다는 이유로 원고의 청구를 기각하였다.

2. 대법원 판결

원고가 상고하였으나, 대법원은 다음과 같은 이유로 원고의 상고를 기각하였다.

"한편 상속의 포기는 비록 포기자의 재산에 영향을 미치는 바가 없지 아니하나(그러한 측면과 관련하여서는 '채무자 회생 및 파산에 관한 법률' 제386조도 참조) 앞서 본 대로 상속인으로서의 지위 자체를 소멸하게 하는 행위로서 이를 순전한 재산법적 행위와 같이 볼 것이 아니다. 오히려 **상속의 포기는 1차적으로 피상속인 또는 후순위상속인을 포함하여 다른 상속인 등과의 인격적 관계를 전체적으로 판단하여 행하여지는 '인적 결단'으로서의 성질을 가진다**고 할 것이다. 그러한 행위에 대하여 비록 상속인인 채무자가 무자력상태에 있다고 하여서 그로 하여금 상속포기를 하지 못하게 하는 결과가 될 수 있는 채권자의 사해행위 취소를 쉽사리 인정할 것이 아니다. 그리고 상속은 피상속인이 사망 당시에 가지던 모든 재산적 권리 및 의무·부담을 포함하는 총체재산이 한꺼번에 포괄적으로 승계되는 것으로서 다수의 관련자가 이해관계를 가지는 바인데, 위와 같이 상속인으로서의 자격 자체를 좌우하는 상속포기의 의사표시에 사해행위에 해당하는 법률행위에 대하여 채권자 자신과 수익자 또는 전득자 사이에서만 상대적으로 그 효력이 없는 것으로 하는 채권자취소권의 적용이 있다고 하면, 상속을 둘러싼 법률관계는 그 법적 처리의 출발점이 되는 상속인 확정의 단계에서부터 복잡하게 얽히게 되는 것을 면할 수 없다. 또한 이 사건에서의 원고와 같이 상속인의 채권자의 입장에서는 상속의 포기가 그의 기대를 저버리는 측면이 있다고 하더라도 채무자인 상속인의 재산을 현재의 상태보다 악화시키지 아니한다. 이러한 점들을 종합적으로 고려하여 보면, **상속의 포기는 민법 제406조 제1항에서 정하는 "재산권에 관한 법률행위"에 해당하지 아니하여 사해행위 취소의 대상이 되지 못한다**고 함이 상당하다."

3. 평석

(1) 대판 2000. 7. 28, 2000다14101(공 2000, 1940)은 이혼에 따른 재산분할이 채권자취소권의 대상이 되는지 여부에 관하여 재산분할이 제839조의2 제2항의 규정 취지에 따른 상당한 정도를 벗어나는 과대한 것이라고 인정할 만한 특별한 사정이 없는 한, 사해행위로서 취소되어야 할 것은 아니지만, 상당한 정도를 벗어나는 초과부분에 대하여는 적법한 재산분할이라고 할 수 없기 때문에 이는 사해행위에 해당하여 취소의 대상으로 될 수 있다고 하였다.[1] 또한 대판 2001. 2. 9, 2000다51797(집 49-1, 민 89)은 "상속재산의 분할협의는 상속이 개시되어 공동상속인 사이에 잠정적 공유가 된 상속재산에 대하여 그 전부 또는 일부를 각 상속인의 단독소유로 하거나 새로운 공유관계로 이행시킴으로써 상속재산의 귀속을 확정시키는 것으로 그 성질상 재산권을 목적으로 하는 법률행위이므로 사해행위취소권 행사의 대상이 될 수 있다."고 판결하였다. 상속재산분할협의는 상속재산을 취득하였음을 전제로 그 재산을 분할하는 것이기 때문에, 위와 같은 결론에 반대하는 견해를 찾기 어렵다.

(2) 상속의 포기가 사해행위취소의 대상이 되는지 여부에 관해서는 논란이 있었다. 상속의 포기도 채권자취소권의 대상이 된다는 유력한 견해[2]가 있는데, 상속의 포기도 재산권을 목적으로 한 법률행위라고 하고, 특히 파산절차에서 상속인이 상속을 포기한 경우에 그 효력을 제한하고 있는 규정[3]을 들어 상속포기의 자유를 제한할 수 있다고 한다.

통설은 이를 부정하고 있는데,[4] 특히 "흔히 일신상의 사유에 의하여 상속 자체의 승인 여부가 정하여지는, 말하자면 「人的 決斷」으로서의 상속의 포기 등(그로 인하여 재산이 감소되었다면, 이는 그 부수적인 결과에 불과한 것이다)과 이미 행하여진 상속에 기하여 상속재산의 귀속을 정하는 상속재산분할협의를 같이 취급하기는 어렵고, 아마도 부정하는 것이 타당할 것이다."라고 설명하는 견해가 있다.[5]

이 판결은 상속의 포기를 사해행위취소의 대상에서 배제하였는데, 이는 선례로서 중요한 의미가 있다. 상속재산의 분할협의에 관하여서는 재산권을 목적으로 한 법률행위라고 보아 채권자취소권의 대상이 된다고 하였으나, 이와 달리 상속의 포기에 관해서는 상속의 포기가 피상속인 또는 후순위상속인을 포함하여 다른 상속인 등과의 인격적 관계를 전체적으로 판단하여 행

1) 민법주해[IX], 1995, 819면(김능환 집필); 한애라, "협의재산분할과 사해행위취소," 인권과 정의 제271호(1999. 3), 61면. 日最判 1983(昭和 58). 12. 19(民集 37-10, 1532)도 마찬가지이다.

2) 윤진수, "상속법상의 법률행위와 채권자취소권," 민법논고 V, 2011, 278면 이하.

3) 채무자 회생 및 파산에 관한 법률 제386조는 파산선고 후의 상속포기에 관하여 규정하고 있는데, 제1항은 "파산선고 전에 채무자를 위하여 상속개시가 있는 경우 채무자가 파산선고 후에 한 상속포기도 파산재단에 대하여는 한정승인의 효력을 가진다."라고 정하고, 제2항은 "파산관재인은 제1항의 규정에 불구하고 상속포기의 효력을 인정할 수 있다. 이 경우 포기가 있은 것을 안 날부터 3월 이내에 그 뜻을 법원에 신고하여야 한다."라고 정하고 있다.

4) 최성경, "상속법상의 법률행위와 채권자취소권: 상속의 승인·포기와 포괄적 유증의 승인·포기를 중심으로," 법조 제56권 제9호(2007. 9), 223면 이하.

5) 양창수, "최근 중요 민사판례 동향," 민법연구 제7권, 2005, 391면.

하여지는 '인적 결단'으로서의 성질을 가진다는 점을 강조하면서 제406조 제1항에서 정하는 '재산권을 목적으로 한 법률행위'에 해당하지 않는다고 한 것이다. 또한 상속이 개시된 때를 기준으로 본다면, 상속의 포기로 인하여 채무자인 상속인의 재산상태가 악화되지 않기 때문에 상속의 포기를 채권자취소권의 대상으로 삼을 필요성이 크다고 볼 수는 없는 반면에, 상속의 포기를 사해행위라는 이유로 취소할 경우에 법률관계가 복잡하게 될 수 있다는 점을 고려하고 있다.

채무자 회생 및 파산에 관한 법률 제386조 제1항에 따르면, 파산선고 전에 채무자를 위하여 상속개시가 있는 경우 채무자가 파산선고 후에 한 상속포기도 파산재단에 대하여는 한정승인의 효력을 가진다. 그러나 파산선고 전에 상속을 포기한 경우에 대해서는 위 법률에서 아무런 규정을 두고 있지 않고, 위 규정에 대응하는 민법 규정도 없다. 따라서 파산선고 전의 상속포기의 경우에는 채무자가 채무초과상태에 있더라도 한정승인의 효력이 있는 것이 아니고 상속포기의 효과가 그대로 발생한다. 한편, 파산선고 후의 상속포기는 위 규정에 따라 한정승인의 효력이 있기 때문에, 파산절차상 부인권의 대상으로 삼고 있지 않다.[6] 따라서 위 규정이 상속포기가 채권자취소권의 대상이 되는지를 판단하는 데 직접적인 영향을 미치지는 않는다. 또한 파산절차에서는 파산선고 후에 한 상속포기의 효력이 위 규정에 따라 명확하게 규율되고 있다고 볼 수 있다. 만일 상속의 포기를 채권자취소권의 대상이 된다고 하는 경우에는 법률관계가 명확하지는 않게 된다. 결국 이 판결은 파산절차에서 상속인이 상속을 포기한 경우에 그 효력을 제한하고 있는 위 규정에 관해서는 명시적인 판단을 하고 있지는 않지만, 파산절차가 개시되기 전에는 채무자가 자신의 의사에 따라 상속을 포기하는 데 위 규정이 아무런 영향을 미치지 않는다고 본 것이다.

6) 민법상 채권자취소권에 대응하는 것은 채무자 회생 및 파산에 관한 법률 제391조 이하에서 정하고 있는 부인권이다.

[148] Ⅱ. 한정승인과 담보권

대판(전) 2010. 3. 18, 2007다77781(공 2010, 737)

1. 사실관계와 원심판결

A가 2002. 11. 7. 사망하자 A의 법정상속인들 중 자녀들은 상속을 포기하고 처인 B가 서울가정법원에 상속재산목록을 첨부해 한정승인신고를 하여 위 법원이 2003. 4. 30. 이를 수리하였다. 그 후 B는 2003. 5. 29. 위 상속재산목록 제1, 2 부동산(이하 '이 사건 각 부동산'이라 한다)에 관하여 상속을 원인으로 한 소유권이전등기를 마치고, 2003. 7. 28. 피고에게 채권최고액 1천만 원의 근저당권을 설정하여 주었다. 한편 A에게 금원을 대여하였던 원고는 A의 사망에 따라 B를 상대로 대여금청구의 소를 제기하여, 2004. 4. 27. 'B는 원고에게 5억 원 및 이에 대한 지연손해금을 A로부터 상속받은 재산의 한도 내에서 지급하라'는 내용의 판결을 선고받고, 위 판결의 가집행선고에 기하여 그 판결금 중 2억 원을 청구채권으로 하여 2004. 9. 16. 이 사건 각 부동산 등에 관하여 강제경매신청을 하였다. 이에 따라 강제경매절차를 진행한 경매법원은 2006. 5. 3. 배당기일에서 이 사건 각 부동산에 관하여 근저당권자인 피고가 상속채권자인 원고에 대한 관계에서 우선변제권을 주장할 수 있음을 전제로 하여, 실제 배당할 금액 중 위 근저당권의 채권최고액에 해당하는 1천만 원을 피고에게 먼저 배당하고, 나머지 금원은 원고를 포함한 일반채권자들에게 안분하여 배당하는 취지의 배당표를 작성하였다. 원고는 위 배당기일에 피고의 위 배당액에 대하여 이의를 하였다.

원심은 이 사건 각 부동산의 매각대금이 상속채권자인 원고에게 우선적으로 배당되어야 한다는 이유로 원고의 청구를 받아들여 배당표를 경정한다고 판단하였다.

2. 대법원 판결

그러나 대법원은 상속채권자인 원고가 이 사건 각 부동산에 관하여 한정승인자인 B로부터 근저당권을 취득한 피고에 대하여 우선적 지위를 주장할 수 없다고 하여 원심판결을 파기환송하였다. 이 판결에는 다수의견, 반대의견, 보충의견이 있다.

(1) 다수의견

"민법 제1028조는 "상속인은 상속으로 인하여 취득할 재산의 한도에서 피상속인의 채무와 유증을 변제할 것을 조건으로 상속을 승인할 수 있다."라고 규정하고 있다. 이에 따라 법원이 한정승인신고를 수리하게 되면 피상속인의 채무에 대한 상속인의 책임은 상속재산으로 한정되고, 그 결과 상속채권자는 특별한 사정이 없는 한 상속인의 고유재산에 대하여 강제집행을 할 수 없다(대법원 2003. 11. 14. 선고 2003다30968 판결 참조).

그런데 민법은 한정승인을 한 상속인(이하 '한정승인자'라 한다)에 관하여 그가 상속재산을 은닉하거나 부정소비한 경우 단순승인을 한 것으로 간주하는 것(제1026조 제3호) 외에는 상속재산의 처분행위 자체를 직접적으로 제한하는 규정을 두고 있지 않기 때문에, 한정승인으로 발생하는 위와 같은 책임제한 효과로 인하여 한정승인자의 상속재산 처분행위가 당연히 제한된다고 할 수는 없다.

또한 민법은 한정승인자가 상속재산으로 상속채권자 등에게 변제하는 절차는 규정하고 있으나(제1032조 이하), 한정승인만으로 상속채권자에게 상속재산에 관하여 한정승인자로부터 물권을 취득한 제3자에 대하여 우선적 지위를 부여하는 규정은 두고 있지 않으며, 민법 제1045조 이하의 재산분리 제도와 달리 한정승인이 이루어진 상속재산임을 등기하여 제3자에 대항할 수 있게 하는 규정도 마련하고 있지 않다.

따라서 한정승인자로부터 상속재산에 관하여 저당권 등의 담보권을 취득한 사람과 상속채권자 사이의 우열관계는 민법상의 일반원칙에 따라야 하고, 상속채권자가 한정승인의 사유만으로 우선적 지위를 주장할 수는 없다고 할 것이다. 그리고 이러한 이치는 한정승인자가 그 저당권 등의 피담보채무를 상속개시 전부터 부담하고 있었다고 하여 달리 볼 것이 아니다."

⑵ **대법관 김영란, 박시환, 김능환의 반대의견**

"한정승인자의 상속재산은 상속채권자의 채권에 대한 책임재산으로서 상속채권자에게 우선적으로 변제되고 그 채권이 청산되어야 하는 것이다. 그리고 그 반대해석상, 한정승인자의 고유채권자는 상속채권자에 우선하여 상속재산을 그 채권에 대한 책임재산으로 삼아 이에 대하여 강제집행할 수 없다고 보는 것이 형평에 맞으며, 한정승인제도의 취지에 부합한다. 이와 같이, 상속채권자가 한정승인자의 고유재산에 대하여 강제집행할 수 없는 것에 대응하여 한정승인자의 고유채권자는 상속채권자에 우선하여 상속재산에 대하여 강제집행할 수 없다는 의미에서, 상속채권자는 상속재산에 대하여 우선적 권리를 가진다고 할 것이다."

"한정승인자가 상속채권자의 강제집행이 개시되기 전에 상속재산을 처분하여 그 소유권을 상실한 경우에는, [중략] 파산절차에 있어서의 부인권이나 별제권 등에 유사한 권리를 행사할 수는 없다. 이러한 의미에서 한정승인자의 상속재산 처분은 유효하고, 상속채권자가 그 재산에 추급하여 강제집행할 수 없다.

그러나 한정승인자가 그 고유채무에 관하여 상속재산에 담보물권 등을 설정한 경우와 같이, 한정승인자가 여전히 상속재산에 대한 소유권을 보유하고 있어 상속채권자가 그 재산에 대하여 강제집행할 수 있는 한에 있어서는, 그 상속재산에 대한 상속채권자의 우선적 권리는 그대로 유지되는 것으로 보아야 할 것이다."

⑶ **다수의견에 대한 대법관 양창수, 민일영의 보충의견**

① 한정승인으로 "상속채권자에게 상속재산에 관하여 '대세적으로 우선하는 권리'를 인정할 법적 근거가 없다." 우리 민법상의 한정승인 제도는 "상속채권자의 보호보다는 상속인이 피상속인의 채무를 무한정 상속하여 파탄에 빠지는 것을 막아 상속인을 보호하려는 데 본래의 목적이 있다." 결국 반대의견은 "한정승인에 관한 현행 민법의 규정내용 및 제도 이념과 조화를 이루지 않는다." ② 반대의견은 "상속채권자의 강제집행이 개시되기 전에 한정승인자가 상속재산을 처분하여 소유권을 상실한 경우와 담보물권 등을 설정하여 준 경우를 구분하여, 후자에 관하여만 추급을 인정하여 상속채권자의 우선적 지위를 그대로 인정하고, 전자에 관하여는 이를 인정하지 않는다." 이는 "일종의 평가모순의 오류"이다. ③ 부동산에 관하여 원칙적 공시방법인 등기부에 한정승인 사실을 등기하는 방법이 마련되어 있지 않은데, "이와 같이 공시방법이 극히 미약한 상태에서 대세적으로 우선하는 권리를 해석론으로 도출하는 것은 거래의 안전을 크게 해치는 결과가 되어 가능한 한 피하는 것이 합당한 태도"이다. ④ "법률에 규정이 없고 등기부에 전혀 나타나지 않는 우선적 권리를 해석론으로 도출하려는 시도는 오히려 어떤 권리나 효력의 대세적 주장에는 원칙적으로 공시의 원칙을 요구하는 우리 법체계와 쉽사리 조화하지 않으며, 따라서 권리의 선후나 우열관계를 민법상의 일반원칙에 따라 가리려는 다수의견의 견해에 대하여 본말이 전도되었다고 비난하는 것에는 동의할 수 없다." ⑤ "결론적으로 반대의견은, 한정승인으로 상속인의 책임이 제한되긴 하지만 그로 인하여 한정승인자의 처분행위가 제한되거나 상속재산과 한정승인자의

고유재산이 완전히 분리되는 것이 아님에도 불구하고, 상속재산에 관하여 한정승인자로부터 담보물권을 취득한 사람보다 상속채권자에게 우선적 권리를 해석론으로 도출하여 인정하려는 태도라 할 것인데, 이는 우선 우리 민법상의 한정승인제도가 기본적으로 상속채권자가 아니라 상속인의 보호를 위하여 마련된 것이라는 제도적 의미를 충분히 고려하지 아니한 것이라고 할 것이고, 나아가 우리 민법이 부동산의 물권변동이나 우선변제권과 같이 이해관계인들 사이에서 우열을 따지는 첨예한 이익 대립의 국면에서는 원칙적으로 등기와 같은 대외적 표상인 공시방법에 의하여 문제를 처리하는 것을 기본적 입장으로 하고 있는 것과 배치된다고 할 것이다."

3. 평석

이 판결은 한정승인이 이루어진 경우 상속채권자가 상속재산에 관하여 한정승인자로부터 담보권을 취득한 고유채권자에 대하여 우선적 지위를 주장할 수 없다고 하였다.

한정승인이 이루어진 경우 상속채권자가 상속재산에 관하여 한정승인자로부터 담보권을 취득한 고유채권자에 대하여 우선적 지위를 주장할 수 있는지에 관해서는 민법에 명확한 규정이 없다. 따라서 이 문제는 우리 민법상의 한정승인제도의 목적을 어떻게 파악할 것인지, 부동산물권에 관한 공시제도를 어떻게 볼 것인지에 대한 태도에 따라 견해가 달라질 수 있을 것이다.

우리 민법상 한정승인제도는 1차적으로 상속인을 보호하는 데 중점이 있다. 한정승인자의 상속재산만이 상속채권자의 채권에 대한 책임재산이 되고, 한정승인자의 고유재산은 상속채권자의 채권에 대한 책임재산에 포함되지 않는다. 그러나 한정승인자가 상속재산을 처분하는 것을 막고 있지는 않다.

제3자가 한정승인자로부터 상속재산에 대한 소유권이나 담보권을 취득한 경우에 담보권자에게 우선권을 인정하는 것이 불합리한 결과를 초래할 수도 있지만, 그 반대로 상속채권자에게 우선권을 부여하는 것은 또 다른 불합리한 결과를 초래한다. 이와 같은 경우에는 민법의 일반원칙에 따라 권리의 선후를 정해야 할 것이다. 결국 부동산물권의 우열관계는 원칙적으로 등기의 선후에 따라 정해지기 때문에, 한정승인자로부터 상속재산에 관하여 저당권 등의 담보권을 취득한 사람에 대하여 상속채권자가 우선한다는 법규정이 없는 상태에서는 상속채권자의 우선권을 인정할 수 없을 것이다.

판례색인

(이 책의 분석 판례는 **굵은 글자**로 표시하였습니다)

사항색인

■ㄱ■

■ㅊ■

김재형

- 서울대학교 법과대학 졸업
- 법학박사(서울대학교)
- 서울지방법원 등 판사
- 서울대학교 법과대학·법학대학원 교수
- 현 : 대법관

주요 저서·역서

根抵當權硏究(2000)
民法論 Ⅰ, Ⅱ(2004), Ⅲ(2007), Ⅳ(2011), Ⅴ(2015)
언론과 인격권(2012)
계약법〔민법 Ⅰ〕(제 3 판, 2020)(共著)
민법총칙〔민법강의 Ⅰ〕(제 9 판, 2013)(共著)
물권법〔민법강의 Ⅱ〕(제 8 판 보정, 2015)(共著)
民法注解 제16권(1997)(分擔執筆)
주석 민법－물권 제 4 권(2011)(分擔執筆)
주석 민법－채권각칙 제 6 권(2016)(分擔執筆)
기업회생을 위한 제도개선방향(2001)
채무불이행과 부당이득의 최근 동향(2013)(共編)
金融去來法講義 Ⅱ(2001)(共編)
倒産法講義(2005)(共編)
統合倒産法(2006)(共編)
한국법과 세계화(2006)(共編)
민법개정안연구(2019)(共編)
판례민법전(2020)(編)

란도/빌 編, 유럽계약법원칙 제1·2부(2013)

민법판례분석

초판발행 2015년 8월 30일
중판발행 2021년 3월 10일

지은이 김재형
펴낸이 안종만·안상준

편　집 김선민·문선미
기획/마케팅 조성호
표지디자인 김문정
제　작 우인도·고철민

펴낸곳 (주) 박영사
서울특별시 금천구 가산디지털2로 53, 210호(가산동, 한라시그마밸리)
등록 1959. 3. 11. 제300-1959-1호(倫)
전　화 02)733-6771
f a x 02)736-4818
e-mail pys@pybook.co.kr
homepage www.pybook.co.kr
ISBN 979-11-303-2755-6 93360

정 가 27,000원